Sue Wainess
19030 Pasadeus dr.
Tarzana
344-1313
344-6790

LECTURAS AMENAS

LECTURAS
AMENAS

LLOYD A. KASTEN

AND

EDUARDO NEALE-SILVA

of the University of Wisconsin

HARPER & ROW, PUBLISHERS

NEW YORK, EVANSTON, AND LONDON

Dedicamos
este volumen a nuestro buen amigo
y apreciado maestro

DON JOAQUÍN ORTEGA

TABLE OF CONTENTS

PREFACE

The publication of this collection of readings is an attempt to supply popular reading texts for the second year of college Spanish. For some time the selections included have been favorites with Spanish classes, and their appearance in one convenient volume should provide an interesting program of reading in class and outside, for work of intermediate grade.

The selections are varied in nature, including short stories, novels, plays, and poetry, thus affording training in all types of writing which a student may encounter later in his more advanced work. This material is arranged so as to provide a variety of types in a gradually progressing scale of difficulty. The writers chosen are modern Spanish and Spanish American authors, most of whom were leading figures of their generation. A short biographical sketch of each author accompanies the works selected for inclusion.

No attempt has been made to simplify the selections. In many cases they are published in their entirety. Some were cut down in order to bring them within the limits of this volume. The presentation of an unsimplified text has necessarily introduced a certain number of relatively infrequent words. The vocabulary was checked with the Buchanan list, and words not represented there are translated in footnotes. Exceptions to this practice were made in the case of obvious cognates, environmental vocabulary, and words which become frequent in any given work presented here. Also included in footnotes are the more unusual idioms, complicated constructions, geographical and historical data as well as a few explanations of the literal meaning of certain idiomatic expressions. The more frequent translation problems appear in the footnotes several times, so that the student may become thoroughly familiar with them in a short time. Words and expressions included in the footnotes are also found in the general vocabulary, which is intended to be complete.

There has been no attempt made to include grammatical exercises, but brief discussions of points offering difficulties in translation from Spanish into English have been introduced at intervals. All too often oral explanations given in class are either forgotten or ignored. In order to avoid constant repetition on the part of teachers, the editors of this volume have made an effort to include the most frequent transla-

ix

tion problems encountered by students within a given portion of a text. The class may be readily referred to a translation aid for further study. Several examples are given in most cases with references to page and line. In the translation aids the student will also find lists of deceptive cognates which need careful watching.

The selections included in this volume are in most cases adaptable to oral work. The two shorter plays are well suited to classroom production. The dramatic nature and conversational form of much of the remaining material will also be found suitable for conversation exercises.

The editors wish to express at this time their gratitude to Mr. Victor R. B. Oelschläger and Mr. William E. Bull of the University of Wisconsin for their many helpful suggestions.

LLOYD A. KASTEN

EDUARDO NEALE-SILVA

DECALOGUE OF DON'TS

1. Do not translate literally but idiomatically.

> ### Todo el mundo lo sabía.

WRONG: All the world knew it.
RIGHT: Everybody knew it.

2. Do not forget that the verb is usually the most important element in a sentence. Be sure you have the proper tense and person.

> ### Los compró ayer.

WRONG: I bought them yesterday.
RIGHT: He bought them yesterday.

3. Do not translate Spanish words by their English cognates unless the latter mean the same and fit in the sentence being translated.

> ### Lo vi en la librería.

WRONG: I saw it in the library.
RIGHT: I saw it in the bookstore.

4. Do not use the same translation for Spanish words that have several meanings. Examples:

> **Andar:** to walk, walk about, pace, go, go about, go away, be going, pass, behave, work, move, function, progress, act, get along, be, be involved, feel, etc.
> **El cabo:** end, cord, line, rope, cable, cape, master, chief, corporal, tip, extreme, end, holder, etc.

5. Do not let the word order of the Spanish sentence determine the English word order unless you are certain that the latter is acceptable.

> ### De tales meditaciones vino a sacarle la voz lastimera de un hombre que allí cerca se quejaba.

WRONG: From such meditations came to arouse him the sorrowful voice of a man who was moaning near there.
RIGHT: The sorrowful voice of a man who was moaning near by came to arouse him from those meditations.
OR: He was aroused from those meditations by the sorrowful voice of a man who was moaning near by.

6. Do not use, in translating, words which do not fit the person speaking, the situation involved, or the tone of the passage.

> **— Es una real moza — exclamaba el coronel de milicias.**

WRONG: "She is a beautiful woman," exclaimed the colonel of the militia.

RIGHT: "She is a swell girl," exclaimed the colonel of the militia.

7. Do not ignore the little words. Study their function carefully.

> **En la mesa inmediata a la en que se sentó . . .**

WRONG: At the next table, at which he was seated . . .

RIGHT: At the table next to the one at which he was seated . . .

8. Do not translate in piecemeal fashion. Translate thought units, clauses, sentences.

> **Lo mismo Capistun que Martín tenían como punto de descanso el pueblo de Zaro.**

WRONG: Capistun, the same as Martin, had as their headquarters the town of Zaro.

RIGHT: Capistun, as well as Martin, had made the town of Zaro his headquarters.

9. Do not forget that a good translation is impossible unless you have first found the subject.

> **Dentro de la casa habían cesado ya tiempo hacía los ruidos del fregado de los platos.**

WRONG: Inside the house they had stopped some time before the noise of dish-washing.

RIGHT: Inside the house the noise of dish-washing had ceased some time before.

10. Do not translate mechanically. Strive to blend accuracy with good taste even if it becomes necessary to omit or supply a word or to break a sentence into two parts.

> **Como soy tan vieja no he sabido enseñarle la vida.**

WRONG: Since I am so old I have not known how to teach life to her.

RIGHT: Since I am so old I have been unable to teach her anything about life.

EXAMPLE

In the following passage the figures refer to specific *don'ts*.

ORIGINAL SPANISH:	**A los diez y seis años,**
TRANSLATION (LITERAL):	*At the ten and six years,*
TRANSLATION (ACCEPTABLE):	At sixteen (1)

era un muchacho robusto de facciones correctas,
he was a boy   robust,   of features correct,
he was a robust lad, (4)   with features (3) which,

aunque algo desfiguradas
although somewhat disfigured
although fine, (3) were somewhat disfigured

por los rigores de la intemperie, tardo en sus movimientos como
by the rigors   of the bad weather, slow in his movements   like
by exposure   to bad weather,   slow in his movements   like

todos los marinos, que hablaba poco y   sonreía tristemente,
all the sailors,   who spoke   little and smiled sadly,
all sailors. (10)   He spoke   little and smiled sadly,

sujeto a la autoridad   maternal, lo mismo que cuando
subject to the authority   maternal, the same   as when
and was under his mother's authority just   as he was (8) when

tenía   siete años.   Mostró
he had seven years.   He showed
he was seven years old. He (9) proved

ser en la mar diligente y animoso,   y ganó   por esta
to be on the sea diligent and courageous   and gained for this
to be (1) industrious and courageous at sea, (5) and   for this

razón primero que otros la soldada completa.
reason first   than others the pay   complete.
reason he earned a full day's pay before the other boys. (10)

A los diez y nueve años, seducido por un capitán de barco,
At the ten and nine years,   tempted   by a   captain of ship,
At nineteen,   tempted by a   ship's captain,

dejó   la pesca y comenzó a navegar   en una fragata
he left   the fishing and began to navigate   in a frigate
he gave up (4) fishing   and began to sail on (6) a frigate

que seguía la carrera   de América. Pero el apego
that followed the course   of America. But the attachment
that followed the sea-lanes (3) to America. But his fondness

a su pueblo,   el recuerdo de sus compañeros de infancia,
to his village,   the memory of his companions of infancy,
for his home town, (4) his memory of his childhood companions,

y   por más que parezca raro,   el amor a su   familia,
and for more than it seems strange,   the love to his   family,
and, however strange it may seem, (10) his love for his family,

fueron poderosos　　**a hacerle**　　**abandonar, al cabo de**
were powerful　　　　*to make him*　*abandon,*　　*at the end*
were powerful enough (10) to make him give up sailing the high seas

algunos años, la navegación de altura,　**y emprender nuevamente**
of some years,　*the navigation*　*of high seas, and undertake*　*again*
at the end of a few years (5)　　　　　　and take up　anew

el oficio de pescador.　**En el tiempo que**　**navegó,**
the trade of fisherman.　*In the time that*　　*he navigated*
the fisherman's trade.　　During (7) the time he (9) went to sea

consiguió　juntar　　**de sus pacotillas algún dinero, y con él**
he succeeded　to collect　*from his ventures　some money*　*and with it*
he managed to get together some money from his ventures,　and with it

compró　una lancha.　　　**Entre los marineros**
he bought　a launch.　　　*Among the mariners*
he bought a fishing smack. (6)　The combination (10) of respect for his

fué casi un personaje,　**uniéndose al respeto de la posición**
he was almost a personage, uniting itself to the respect of the position
position and admiration for his courage and skill made him almost a

el aprecio　　**a su valor y**　**destreza.**　**En obra de dos años**
the appreciation to his valor and dexterity.　*In work of two years*
celebrity (4) among the sailors. (5)　　In about (1) two years

ahorró lo bastante para construir otra lancha.
he saved enough in order to construct another launch.
he (9) saved enough to　have another fishing smack (6) built.

LECTURAS AMENAS

ঌ৹৻৹

¡FUEGO!

JULIO CAMBA*

ᶜᵃ

— ¡Fuego! . . . ¡Fuego! . . .

Estamos en el piso número doce de un edificio de oficinas, y la perspectiva de un incendio no nos parece nada sonriente.

— ¡Fuego! . . .

Nos precipitamos hacia el ascensor, pero el ascensor no funciona. Queremos echarnos escaleras abajo,[1] y un bombero nos detiene.

— La escalera está ardiendo — dice —. Váyanse ustedes a las escaleras de salvamento.[2]

Estas escaleras de salvamento, unas escalerillas al aire,[3] se encuentran al respaldo del edificio, con cuyas ventanas comunican. Las ventanas 10 ya están abiertas, y junto a ellas se agitan más de doscientas personas.

— *Ladies first!* (Primero las mujeres) — grita una voz heroica.

— *Ladies first!* — repiten cincuenta voces, que en su mayoría son voces de mujeres.

El incendio debe de ser[4] grande. Abajo hay tres o cuatro automóviles del cuerpo de bomberos. Varias bombas[5] funcionan a todo vapor.[6] Se oyen pitidos[7] y voces de mando.

---

* Julio Camba (1884–) Escritor gallego, periodista, autor de varios libros de ensayos. Entre los humoristas españoles contemporáneos no tiene igual. Sus observaciones sobre la vida humana, sea en un país u otro, le hacen inconfundible por el espíritu alegre y benévolo que las inspira. Pasó algunos años en Italia, Inglaterra y Alemania. Conoce también a los Estados Unidos. Resultados de sus observaciones son las selecciones que aquí presentamos.

[1] *escaleras abajo,* down the stairs.
[2] *escaleras de salvamento,* fire escape.
[3] *al aire,* in the open.
[4] *debe de ser,* must be.
[5] *bombas,* pumps.
[6] *a todo vapor,* full force.
[7] *pitidos,* whistles.

1

Los policías contienen a la multitud, que nos contempla alegremente, considerando que, por el precio, le damos un espectáculo bastante divertido.

Y a todo esto,[8] no hay tiempo que perder.

— Los minutos son preciosos — dice uno.

— ¡Serenidad! ¡Serenidad! — dice otro, con una voz vacilante, y, según mis sospechas, con el propósito exclusivo de tranquilizarse él mismo.

Habíamos quedado en [9] que las mujeres tomarían la escalera antes que los hombres, pero las mujeres tienen miedo. Una de ellas ha sacado sus piernas por la ventana y no se atreve a seguir.

Desde abajo aplauden.

Un bombero coge a la chica y la baja en brazos.[10] Ovación, entusiasmo, griterío. . . . Un griterío formidable,[11] en el que destacan órdenes arbitrarias, recomendaciones de conservar la sangre fría,[12] manifestaciones de un gran espíritu de sacrificio e insultos terribles.

— ¡Abajo! ¡A la escalera! . . .

Como las mujeres vacilan, se lanzan algunos hombres. Luego quieren lanzarse más de veinte personas juntas, entre hombres y mujeres.[13] El tumulto es espantoso. Una muchacha se desmaya en mis brazos, y yo no puedo evitarme una amarga reflexión:

— ¡Estas americanas! . . . ¡Qué poco sentido de la oportunidad el suyo! [14] . . .

Hombre galante,[15] sin embargo, me considero en el deber de [16] bajar la escalera con mi preciosa carga. Ya veo a los fotógrafos revelando [17] sus instantáneas.[18] Ya veo a los *repórters* acribillándome a [19] preguntas. Ya veo una edición especial del *Evening Telegram* anunciando mi proeza en letras de a palmo: [20] EL INCENDIO MÁS GRANDE DEL MUNDO. UN HÉROE ESPAÑOL. PROBABLE ALIANZA DE LOS ESTADOS UNIDOS CON ESPAÑA.

---

[8] *a . . . esto*, in the meantime.
[9] *quedado en*, agreed.
[10] *en brazos*, in his arms.
[11] *formidable*, tremendous.
[12] *conservar . . . fría*, to keep one's head.
[13] *entre . . . mujeres*, both men and women.
[14] *¡Qué . . . suyo!* How little they make of their opportunities!
[15] *Hombre galante*, As a gallant man.
[16] *en . . . de*, duty bound to.
[17] *revelando*, developing.
[18] *instantáneas*, snapshots.
[19] *acribillándome a*, riddling me with.
[20] *de a palmo*, eight inches high.

Pero en este momento llega un teniente del cuerpo de bomberos y nos dice:

— Señoras y señores: Muchas gracias. Pueden volver a su trabajo. *It is all right.*

— ¿Cómo [21] *all right?* — preguntamos —. ¿Quiere usted decir que ya ha sido sofocado el fuego?

— No ha habido fuego ninguno, afortunadamente. Esto era una prueba.[22]

Y entonces me entero de que aquí, para organizar la extinción de los incendios en una forma eficaz, los bomberos no sólo se ensayan 10 entre ellos, sino que ensayan también al público, y de que [23] lo ensayan sin ponerlo en el secreto.[24] El caso es asustar al público realmente, para saber, más o menos, cómo se conducirá en un momento de pánico. Si se le dice que se trata de una prueba, el público no se asusta y el factor pánico sigue siendo una incógnita [25] para los bomberos. Ahora bien: el factor pánico . . .

Así se explica el teniente, y nosotros nos sentimos un poco en ridículo.[26] Mi chica recobra la razón, cosa siempre desagradable en una chica, y piensa que, como su desmayo obedecía [27] a una falsa alarma, mi protección no merece apenas gratitud. Ya no tenemos 20 público. Los papanatas [28] que nos observaban desde la calle se consideran estafados [29] y se van en son de protesta.

Y yo me digo que estas pruebas a que nos someten los bomberos americanos están muy bien, porque nos servirán en los casos de incendio, pero que, después de todo, yo prefiero la posibilidad de morir quemado a la evidencia de enfermar del corazón.[30]

---

[21] *¿Cómo . . . ?* What do you mean?
[22] *prueba*, drill.
[23] *de que*, dependent on *me entero*.
[24] *ponerlo . . . secreto*, letting it in on the secret.
[25] *incógnita*, unknown quantity.
[26] *en ridículo*, ridiculous.
[27] *obedecía*, was due.
[28] *papanatas*, ninnies.
[29] *estafados*, swindled.
[30] *evidencia . . . corazón*, certainty of having heart trouble.

UNA PELUQUERÍA AMERICANA

JULIO CAMBA

No hay nada tan americano como una peluquería americana. ¡No, nada!... Ni los rascacielos [1] americanos, ni las bebidas americanas, ni el reporterismo [2] americano.... Una peluquería americana es algo mucho más enérgico, mucho más complicado, mucho más mecánico, mucho más rápido, mucho más caro y mucho más americano que todo eso. Uno entra, e inmediatamente se encuentra atacado por dos o tres boxeadores que le despojan del sombrero, de la chaqueta, del chaleco, del cuello y de la corbata. El procedimiento es eficaz, pero demasiado 10 violento.

— ¿Por qué me boxean ustedes? — dicen que dijo una vez un extranjero —. No es necesario. Yo no hago resistencia ninguna....

Consumado el despojo,[3] uno es conducido a una silla que en una fracción de segundo se convierte en cama de operaciones. Entonces un hombre, con una mano enorme, le coge a uno la cabeza como pudiera coger un melocotón,[4] y poniéndole con la otra mano una navaja [5] cerca del cuello, le pregunta:

— ¿Qué va a ser? ¿Afeitar? ¿Cortar el pelo? [6] ¿Masaje facial? ¿Arreglar las uñas? [7] ¿Limpiar las botas? [8] ¿Masaje craneano? [9] 20 ¿Champoing? [10] ¿Quinina?...

[1] *rascacielos*, skyscrapers.
[2] *reporterismo*, journalism.
[3] *Consumado el despojo*, When the plunder has been completed.
[4] *melocotón*, peach.
[5] *navaja*, razor.
[6] *¿Cortar el pelo?* Haircut?
[7] *¿Arreglar las uñas?* Manicure?
[8] *¿Limpiar las botas?* Shoe shine?
[9] *craneano*, scalp, cranial.
[10] *champoing*, shampoo.

Uno está completamente a la merced de aquel hombre y no puede negarle nada.

— Sí — va diciendo [11] uno —. Lo que [12] usted quiera. . . .

El hombre da ciertas órdenes, que nosotros no percibimos porque previamente, y de un solo golpe de brocha,[13] nos ha tapado los ojos y los oídos con una capa de jabón. Notamos que alguien nos [14] trabaja en las manos, y adivinamos que es una manicura. Algún negro debe también de estarnos limpiando las botas. Mientras tanto, el peluquero nos somete a unos procedimientos científicos de tortura. . . . Ya estamos afeitados, y a la capa de jabón ha sucedido una capa de pomada. La mano enorme nos da masaje. Luego nos tapa la cara con una toalla caliente, que nos abrasa. En seguida la toalla caliente es substituida por una toalla empapada en agua fría. No podemos ver, hablar ni respirar. ¿Cuál será [15] la intención de este hombre al someternos a temperaturas alternas? ¿No es ése un procedimiento que se usa para matar cierta clase de microbios?

Libres de la última toalla, podemos ver a la manicura que arregla nuestras uñas, al peluquero y a los negros. Todas nuestras extremidades están en manos ajenas. Numerosas personas trabajan por nuestra cuenta, y no deja de haber [16] cierta satisfacción en pensar que uno le da de vivir a [17] tanta gente.

— ¿No podría usted emplear conmigo a alguien más? — pregunta a veces un millonario.

En realidad, nosotros no hemos enumerado a todas las personas que nos sirven. Hay todavía un hombre, en un ángulo de la peluquería, dedicado [18] a limpiar, planchar [19] y cepillar [20] nuestro sombrero. El sombrero también recibe su correspondiente masaje. Es nuestra sexta extremidad, como si dijéramos.[21]

Y nuestro suplicio continúa. Ahora estamos sometidos a una fuerte corriente eléctrica. El peluquero pasa por nuestra cara un aparato vibratorio, que nos hace el efecto de una máquina apisonadora.[22] Ya

---

[11] *va diciendo*, keeps on saying.
[12] *Lo que*, Whatever.
[13] *brocha*, brush.
[14] *nos* (indirect object showing possession), our (hands).
[15] *será* (future of probability), can be.
[16] *no . . . haber*, one does not fail to get.
[17] *da de vivir a*, is providing a living for.
[18] *dedicado*, who devotes himself.
[19] *planchar*, to press.
[20] *cepillar*, to brush.
[21] *como si dijéramos*, so to speak.
[22] *apisonadora*, tamping.

tenemos las botas limpias.[23]   La manicura abandona nuestra mano derecha y se nos apodera de la izquierda, mientras el peluquero comienza a cortarnos el pelo.   Y, en medio de todo,[24] estas torturas no carecen de voluptuosidad.

Por fin, el suplicio termina.   Es decir, todavía hay que pagar la cuenta. . . .   Sacamos un fajo [25] de billetes y los distribuimos entre la multitud.

Y todo esto, incluso el pago, que es lo que nos ha parecido más largo, no ha durado ni un cuarto de hora.   Todo se ha hecho rápidamente y con mucha maquinaria.   No hay duda de que una peluquería americana es la cosa más americana del mundo.

[23] *Ya . . . limpias*, Our shoes are now shined.
[24] *en . . . todo*, with all this.
[25] *fajo*, roll.

LOS ESTADOS ENGOMADOS

JULIO CAMBA

Se ha dicho que el francés es un hombre muy condecorado y [1] que come mucho pan. El americano, a su vez, es un hombre sin condecoraciones y [1] que masca mucha goma.

Mascar goma: he aquí el gran vicio nacional de los Estados Unidos de Norteamérica. Los americanos mascan goma así como [2] los chinos fuman opio. La goma de mascar es el paraíso artificial de este pueblo. En el tranvía o en el ferrocarril, yo he visto a veces frente a mí 15 ó 20 personas en fila abriendo y cerrando la boca,[3] como si fueran peces, y con una expresión beatífica en los ojos. Esta expresión respondía al gusto que experimentaban mascando goma.

El año pasado, los americanos han mascado goma por valor de 30 millones de dólares. Es decir, que han gastado en mascar muy poco menos de lo que un pueblo como España gasta en comer. La cifra es realmente asombrosa, porque, si bien hay personas que usan una goma nueva para cada rato de masticación, hay, en cambio, otras que se guardan la goma mascada y la remascan otra vez y otra más, haciéndola durar semanas enteras.

Cuando se tiene poco dinero, es preciso estirar la goma, y aprovecharla mientras dé de sí.[4]

La goma de mascar es una goma perfumada y sumamente blanda, que se vende en forma de pastillas. Las [5] familias pobres, sin embargo, yo creo que compran neumáticos [6] viejos y que los mascan en común; esto es, que el padre y la madre y los hijos y las muchachas se sientan todos alrededor del neumático y que le meten el diente [7] simultáneamente. Un neumático de automóvil, utilizado en esta forma, puede durarle a una familia todo el año.

---

[1] *y*, omit in translation.
[2] *así como*, just as.
[3] *la boca*, their mouths; a distributive construction. The singular is used when each member of a group possesses one of the object mentioned.
[4] *dé de sí*, it lasts.
[5] *Las*, supply: As for.
[6] *neumáticos*, automobile tires.
[7] *le . . . diente*, bite into it.

Yo no sé si ustedes han oído hablar de la mandíbula [8] americana, esta mandíbula prominente, de la que se envanecen [9] los americanos, considerándola un signo de gran energía.   Pues, para mí,[10] la mandíbula americana se forma en fuerza de mascar goma.

No quiero entrar en detalles sobre la manera americana de masticar; pero sí advertiré [11] que los americanos jamás se esconden ni se cohiben [12] para la masticación.   Hasta hay quien [13] considera que el acto de mascar goma es un acto lleno de poesía.

Todo el mundo masca goma en América, los ricos y los pobres, los negros y los blancos y los amarillos, los americanos de origen inglés o francés y los germanoamericanos.   Y aquí es donde aparecen la utilidad y la trascendencia social y política de la goma de mascar.   No tan [14] sólo el hábito de mascar goma constituye algo común para las diferentes razas que pueblan los Estados Unidos, algo que iguala entre ellos [15] a los americanos de procedencias [16] más diversas, y que los diferencia, al mismo tiempo, de los ciudadanos de otros países, sino que, poco a poco, la masticación va creando [17] unos rasgos fisionómicos típicamente americanos, entre los que predomina la mandíbula,[18] como he dicho antes.   Si, en el porvenir, llega a existir [19] un tipo americano tan característico como lo [20] son hoy el tipo inglés, o el francés, o el español, los americanos podrán decir que, para formarlo, se han gastado en goma millones y millones de dólares.   Este país va adquiriendo [21] cohesión a fuerza de goma.   Según las estadísticas del Ministerio de Comercio, es por valor de 30 millones de dólares la cantidad de goma que se echa cada año en el *melting pot* o crisol [22] de las razas.   Los Estados Unidos, como pueblo, puede decirse que están pegados con goma.   Son los Estados Unidos con Goma, o los Estados Engomados.

[8] *mandíbula*, jaw.

[9] *se envanecen*, are proud.

[10] *para mí*, in my opinion.

[11] *sí advertiré*, I shall point out; *sí* is merely emphatic.

[12] *se cohiben*, restrain themselves.

[13] *quien*, those who.

[14] *tan*, omit in translating.

[15] *entre ellos*, among themselves.

[16] *procedencias*, origin.

[17] *va creando*, is gradually developing; *ir* + pres. part. designates a more active cype of progression than would the progressive form with *estar*.

[18] *mandíbula*, jaw.

[19] *llega a existir*, there comes into existence.

[20] *lo* refers to *característico;* do not translate.

[21] *va adquiriendo*, is gradually acquiring.

[22] *crisol*, crucible.

EL NIÑO

LUIS TABOADA*

ℒℒℒℒℒℒℒℒℒℒℒℒℒℒℒℒℒℒℒℒℒℒℒℒℒℒℒℒℒℒℒℒℒℒℒℒℒℒℒ

— ¿Está [1] D. Casimiro?

— Sí, señor; pase usted.

— ¡Hombre! ¿Usted por aquí?

— Vengo a que hablemos del asunto aquel.[2] . . .

— ¡Ah, sí! ¿De las acciones [3] de la Tabacalera?

— Eso es.

— Pues siéntese usted. . . . ¡Vaya,[4] vaya! . . . Dispense usted un momento. . . . ¡Pepa! ¡Pepa! . . . ¿Dónde está el niño?

PEPA (*desde el comedor*). — Está aquí.

— ¿Qué hace?   10

PEPA. — Está rompiendo el retrato de la señorita.

— Perfectamente. . . . Pues sí, amigo mío; deseaba que habláramos de las acciones, porque, la verdad, yo creo que . . . ¡Pepa! ¡Pepa! Lo mejor será [5] que traigas al niño aquí, porque el pobre se va a cansar de no verme. . . . ¿Tiene usted hijos?

— Sí, señor.

— ¡Ah, pues entonces ya sabe usted lo que son estas cosas! Yo tengo uno que ahora verá usted; es precioso, y está algo consentido [6] porque le damos todos los gustos.[7] ¡Como no tenemos otro! . . . Ven acá tú, ángel de la casa. Dale un besito a este señor.   20

---

* LUIS TABOADA (1848-1906). Taboada, gallego como Camba, es autor de artículos periodísticos sobre lo ridículo y lo incongruente en la vida pública o doméstica de los españoles. Escribió sus pequeños ensayos sin grandes pretensiones. Sus fines eran dos: hacer reír y dar pequeñas lecciones de sentido común.

[1] *¿Está . . . ?* Is . . . at home?

[2] *Vengo . . . aquel,* I have come so that we can talk about that matter. . . .

[3] *acciones,* stocks.

[4] *¡Vaya!* Well!!

[5] *Lo . . . será,* It will be best.

[6] *consentido,* spoiled.

[7] *le . . . gustos,* we indulge him in everything.

9

El Niño. — No *tero*.[8]

El Papá. — Vamos; sé amable, Casimirín.

El niño se me acerca, y lo primero [9] que hace es morderme una mano.[10] El papá se ríe; yo también me río, como los conejos desgraciados; pero hay que disimular.

El Papá. — Las acciones están en alza, según noticias.

Yo. — Efectivamente.

El Papá. — Anda, Casimirín, dile a este señor cómo hace la abuelita cuando le pegas en la cabeza con la palmatoria.[11] . . . Anda, cielín.[12] . . . Es una monada [13] este chico, sólo que ahora no quiere hacer cosa alguna, porque le da vergüenza. . . . ¿Qué quieres, hijo mío? ¿Subirte encima de la mesa? Pues súbete. ¿Quieres jugar con el tinterito? Pues te lo voy a dar. . . . ¡Ay, amigo mío! Estos muchachos hacen de uno lo que quieren. . . . Por supuesto, las acciones tendrán doble valor [14] cuando pasen unos días.

El Niño (*metiéndole a su papá una pluma por un ojo*). — Estate quieto.[15]

El Papá. — ¡Por Dios, Casimirín; me vas a hacer pupa! [16]

El Niño. — Pues *tero*.

El Papá. — ¡Hijo de mi alma! ¡Qué mono es! ¡Y qué listo! Fíjese usted: el pobrecito quiere saltarme un ojo y no puede.

Yo. — Es una monería.[17]

El Papá. — ¡Y si viera usted cómo nos pega a todos! Mi suegra tiene el cuerpo lleno de cardenales,[18] porque todo el gusto de este chico [19] es coger un bastón y darnos con él en cualquier sitio.[20] El otro día por poco mata [21] a la criada. ¡Inocente criatura! Figúrese usted que ella salía a la compra,[22] y el chico, desde el balcón, la tiró un tiesto.

Yo. — ¡Qué inocente!

---

[8] *tero = quiero*, wanna.

[9] *lo primero*, the first thing.

[10] *morderme . . . mano*, to bite my hand; *me* is indirect object denoting possession.

[11] *palmatoria*, candle holder.

[12] *cielín*, honey.

[13] *monada*, cute little tyke.

[14] *tendrán . . . valor*, will be worth twice as much.

[15] *queto = quieto*.

[16] *hacer pupa*, to hurt.

[17] *monería*, cute little trick.

[18] *cardenales*, welt, black and blue spots.

[19] *todo . . . chico*, this child's only joy.

[20] *cualquier sitio*, anywhere at all.

[21] *por . . . mata*, he almost killed.

[22] *salía . . . compra*, was going out shopping.

EL PAPÁ. — Después, cuando vió que no había realizado su capricho, se tiró en el suelo, y allí se estuvo más de una hora llorando. . . . Vamos, Casimirín, no llores, hijo de mi alma, que te vas a sofocar.

EL NIÑO. — *Tero* melón. Ji [23] . . . ji . . . ji . . .

En aquel momento aparece en la puerta del despacho la madre de la criatura, y sin saludarme ni nada, se dirige a su esposo, diciéndole:

— ¿Qué le haces al niño? ¡Hijo mío de mis entrañas!

EL PAPÁ. — Quiere melón.

EL NIÑO. — *Tero* melón.

EL PAPÁ. — ¿Estás loco, Casimirín? ¿Melón en febrero?   10

EL NIÑO. — *Tero* melón.

Y Casimirín comienza a gritar y a sacudir patadas [24] a los papeles que hay sobre la mesa. No contento con aquel destrozo, coge el tubo del quinqué,[25] y le [26] tira, haciéndole mil pedazos; después se agarra a los bigotes del papá, lanzando gritos.

LA MAMÁ. — Ya decía yo que algo se le había antojado al pobrecito; pero tú no haces más que contrariarle. . . . Ven, Casimirín, que yo [27] te daré lo que quieras. . . . ¡Pepa, Pepa!

PEPA (*entrando*). — ¿Qué manda usted?

LA MAMÁ. — Vete corriendo a una frutería y que te den [28] un 20 melón. Di que le escojan bueno,[29] que es [30] para un niño muy delicado y muy mono.

Casimirín, al ver satisfecho su capricho, deja de llorar en el acto; pero vuelve a decir que le suban a la mesa y le den unas tijeras para cortar papelitos.

Los papás se apresuran a complacerle, y yo aprovecho la tranquilidad del chico, para reemprender [31] mi conversación sobre las acciones.

YO. — Conque, D. Casimiro, usted dirá.[32]

— ¿Qué?

— Si vende usted esas acciones.   30

— ¡Ah, sí! Puede usted contar con . . . ¡Cuidado, Casimirín, que te vas a meter las tijeras por un ojo! (*A su esposa:*) ¿No ha vuelto Pepa con el melón?

[23] *ji*, word imitating the sound of sobs.
[24] *sacudir patadas*, to kick like a fury.
[25] *tubo del quinqué*, lamp chimney.
[26] *le*, see Translation Aid XVIII, No. 3, p. 529.
[27] *que yo*, and I.
[28] *que . . . den*, have them give you.
[29] *Di . . . bueno*, Tell them to pick out a good one.
[30] *que es*, because it is.
[31] *reemprender*, to resume.
[32] *usted dirá*, it's up to you.

La Esposa. — No.

El niño, que se ha cansado de recortar papeles, quiere bajarse de la mesa a toda prisa, pero se le tuerce[33] un pie y cae de cabeza[34] contra un mueble.

Los Papás (*acudiendo en su socorro*). — ¡Hijo de mi corazón!

Llora el niño como si le estuvieran arrancando el pellejo a tiras. La mamá lanza gritos de angustia; el papá se lleva las manos a la cabeza con frenesí, y a todo esto la criada aparece con el melón. El niño le ve, y quiere hincarle el diente;[35] la mamá se apresura a buscar el cuchillo, el papá sale de la habitación en busca de un plato, y la criada menea la cabeza con aire burlón y me dice confidencialmente:

— Caballero, no venga usted jamás a esta casa a hablar de negocios, porque será inútil. Aquí nadie piensa más que[36] en el niño.

Yo cogí el sombrero y salí a la calle murmurando:

— ¡Ay, qué niño!

---

[33] *se le tuerce*, he twists.
[34] *de cabeza*, head first.
[35] *hincarle el diente*, to bite into it.
[36] *nadie . . . que*, one thinks only.

¡MI MISMO NOMBRE!

LUIS TABOADA

¡Qué sastre aquél! [1] ¡Qué hombre tan fino y tan cariñoso!

Cuando fuí a que me tomaran medida [2] del traje, el hombre se deshizo en obsequios.

— Tome usted un cigarrito — me decía alargándome la petaca. [3]
— ¿Quiere usted un fósforo? Siéntese usted en este rincón que estará más abrigado.

Después nos pusimos a escoger la tela.

— Guíese usted por mí. Lleve usted ésta que es de mucha duración. [4] Quiero que salga usted satisfecho de mi casa. Mire usted, mire usted, qué punto de color [5] tan elegante. Días pasados le hice un traje igual a D. Venancio González.

Todo aquello me sedujo y acabé por aprobar la elección del maestro, que me llevó a un cuartito obscuro y se puso a medirme la espalda, y los brazos, y el pecho y todo lo demás, diciendo con voz campanuda: [6] veintidós . . . cuarenta y cinco . . . once . . . dieciocho . . .

Un dependiente iba apuntando [7] estas cifras en un cuaderno, y yo me dejaba sobar [8] por el sastre sin oponer la menor resistencia.

— Ya sabe usted que quiero larguita [9] la manga — me permití decirle.

Y él contestó con cierto orgullo de artista sublime:

— Ya lo sé, hombre, ya lo sé.
— El cuello altito. [10]

---

[1] *¡Qué . . . aquél!* What a tailor that was!
[2] *me . . . medida*, have them take my measurements.
[3] *petaca*, cigarette case.
[4] *es . . . duración*, wears very well.
[5] *punto de color*, shade.
[6] *campanuda*, pompous.
[7] *iba apuntando*, kept putting down.
[8] *sobar*, be pummeled.
[9] *larguita*, nice and long.
[10] *altito*, a tiny bit high.

13

— No tiene usted que hacerme ninguna advertencia.

— Es que [11] . . .

— A callar.[12] . . .

Habíamos convenido en que yo le daría diez duros en el acto de [13] entregarme las prendas, y los otros diez a fines de octubre. Una mañana entró en mi cuarto el dependiente y mostrándome el traje nuevo me habló así:

— Dice el maestro que se lo pruebe usted por si tiene algo que corregir, aunque no lo creemos.

10 Quise ponerme el pantalón y no me entraba por los pies.[14]

— Eso se arregla al momento — dijo el dependiente.

Fuí a probarme la americana y parecía una blusa de ésas [15] que usan los papelistas.[16]

— ¿Pero esto qué es? — hube de [17] preguntar al dependiente.

— Que ha salido un poco ancha, pero tiene fácil arreglo.[18]

Y cogiendo las prendas salió de mi casa diciéndome:

— Cuando usted pueda, pásese por casa y el maestro hará las correcciones oportunas.

El maestro no me recibió con la amabilidad acostumbrada. Antes 20 por el contrario, comenzó a gruñir al ver que el pantalón estaba estrecho, y la cazadora [19] ancha y el chaleco corto.

— A ver; vuélvase usted — me decía empujándome sin ninguna consideración. — Tiene usted el cuerpo más irregular que he visto en toda mi vida. Encoja usted el vientre, hombre de Dios. Suba usted esos hombros,[20] levante usted el brazo. . . .

El traje, después de muchas reformas quedó convertido en un adefesio; [21] pero no tuve más remedio que admitirlo,[22] y lo que es peor dar las cincuenta pesetas convenidas.

— Ya sabe usted que a fines de octubre debo recibir los otros diez 30 duros, — me dijo el sastre al despedirme.

— Sí, señor; pierda usted cuidado.

---

[11] *Es que* . . . , But . . .
[12] *A callar*, Hush.
[13] *en* . . . *de*, at the time of.
[14] *no* . . . *pies*, I couldn't get my feet through them.
[15] *una* . . . *ésas*, one of those blouses.
[16] *papelistas*, paper hangers.
[17] *hube de*, I had to.
[18] *tiene* . . . *arreglo*, it can be fixed easily.
[19] *cazadora*, double-breasted coat.
[20] *esos hombros*, those awful shoulders of yours.
[21] *adefesio*, mess.
[22] *admitir*, accept.

Pero a los ocho días me dejaron cesante [23] y comencé a comer mal y a sufrir todo género de privaciones. Llegó mi desgracia [24] hasta el punto de tener que renunciar al amor de una señorita, a quien obsequiaba frecuentemente con yemas de coco.[25]

— ¿Me traes las yemas? — me preguntó un día.

— No, cielín [26] — le contesté.

— Tú ya no me amas, Secundino — replicó ella.

— Más que a mi vida — exclamé yo.

Pero la mamá intervino en el asunto, asegurando que el hombre que no obsequia a la mujer amada no merece consideración, y dijo, por último, con acento [27] de amargo reproche:

— ¿Dónde están aquellos *bisteques* con que nos obsequiaba usted al principio de *nuestras* relaciones?

Yo enmudecí, apoyé la cabeza entre ambas manos, y fuíme a casa para no volver [28] a la de mi encantadora Mariquita.

Al día siguiente recibí carta del sastre. Rompí el sobre y me puse pálido.

La carta decía:

«Sr. D. Secundino López.

«Tres beces estubo eldependiente acobrar las 50 pesetas que usted me hadeuda, lo cual quespero me las rremita sinperdida de tiempo.» [29]

¿Dónde encontrar las 50 pesetas? ¿Dónde? Recurrí a la amistad; escribí a un tío sacerdote que tengo en Vigo, y que me contestó enviándome su bendición y una merluza. Todos mis pasos fueron inútiles; pero a los ocho días recibí otra carta del sastre, diciendo que me iba a dar un golpe dondequiera que me encontrara.

Y desde aquel momento ya no tuve reposo. A cada paso creía ver los ojos del sastre que me miraban con ira reconcentrada; no me atrevía a salir a la calle, ni a pisar fuerte, ni a estornudar,[30] temiendo que mi acreedor estuviese escondido detrás de la puerta.

Cada dos o tres días llegaba a mis manos una carta de mi verdugo concebida en esta forma:

[23] *me . . . cesante*, they dismissed me, fired me.
[24] *desgracia*, misfortune.
[25] *yemas de coco*, coconut balls, candied egg yolks with coconut.
[26] *cielín*, honey.
[27] *acento*, tone.
[28] *para no volver*, never to return.
[29] With proper orthography the letter would read «Tres veces estuvo el dependiente a cobrar las 50 pesetas que usted me adeuda (owe) lo cual que (las cuales) espero me las remita sin pérdida de tiempo.»
[30] *estornudar*, to sneeze.

«Donde le encuentre a usted, le estropeo.» [31]

Una tarde tuve que salir de mi domicilio contra todo mi deseo. Habíame citado [32] un personaje para ver si era posible meterme en ferrocarriles.[33] Yo iba ocultando el rostro con el embozo [34] de la capa, y de pronto . . . ¡horror! . . . vi al sastre parado en una esquina, con un palo muy gordo en la mano derecha y unos ojos verdes ribeteados de grana,[35] que despedían chispas.[36]

— ¡Dios mío! ¡Él! — dije yo sintiendo que mis piernas flaqueaban [37] y que el corazón latía con violencia. — ¿Dónde me meto? [38] Ese hombre está esperándome para cometer conmigo un atropello.[39] . . No me queda más recurso que [40] subir a una casa cualquiera. ¡Pero él me seguirá! ¡De seguro! . . . Ya sé; voy a llamar en cualquier piso; preguntaré por el primer nombre que se me venga a la boca. . . . Preguntaré por mí mismo. Sí, daré mi nombre y así no me expongo [41] a que me contesten afirmativamente.

Y subí las escaleras de una casa de lujoso aspecto. Llegué al piso principal y apoyé el dedo en el botón del timbre.

— ¿Quién? — preguntó un criado por el ventanillo.

— Servidor.[42]

— ¿A quién busca usted?

— ¿No vive aquí D. Secundino López?

— Sí, señor; pase usted.

— (¡¡!!)

---

[31] *Donde . . . estropeo*, If I get hold of you, I'll break your neck.

[32] *Habíame citado*, had made an appointment with me; obj. pr. often follows the finite verb when it is in an initial position.

[33] *meterme en ferrocarriles*, to place me in a railway office.

[34] *embozo*, muffler.

[35] *ribeteados de grana*, rimmed with red.

[36] *despedían chispas*, were flashing, were aflame.

[37] *flaqueaban*, were growing weak.

[38] *meto*, translate as future.

[39] *para . . . atropello*, to beat me up.

[40] *No . . . que*, The only thing left for me is.

[41] *no me expongo*, I shall not run the risk.

[42] *Servidor*, I.

JOSÉ

ARMANDO PALACIO VALDÉS*

෩෩෩෩෩෩෩෩෩෩෩෩෩෩෩෩෩෩෩෩෩෩෩෩෩෩෩෩෩෩෩෩෩

Si algún día venís a la provincia de Asturias no os vayáis sin echar una ojeada a Rodillero. Es el pueblo más singular y extraño [1] de ella, ya que no [2] el más hermoso. Y todavía en punto a belleza considero [3] que se las puede haber [4] con cualquier otro, aunque no sea ésta la opinión general. La mayoría de las personas, cuando hablan de Rodillero, sonríen con lástima, lo mismo que cuando se mienta [5] en la [6] conversación a un cojo o corcovado [7] o a otro [8] mortal señalado de modo ridículo por la mano de Dios. Es [9] una injusticia.

Rodillero es un pueblo de pescadores. Las casas, por lo común, son pequeñas y pobres, y no tienen vista más que por delante; por detrás se las quita [10] la peña adonde están adosadas.[11] Hay algunas,

---

* ARMANDO PALACIO VALDÉS (1853–1938). Novelista español nacido en Asturias, región que describe en *José*. Entre sus obras más conocidas figuran *La hermana San Sulpicio* (1889), el bello cuento *¡Solo!* (1889), *Los majos de Cádiz* (1896), *La aldea perdida* (1903), *La novela de un novelista* (1921), y su obra maestra *Marta y María* (1883).

En muchas de sus obras van incluidos datos autobiográficos que nos revelan el temperamento del autor: hombre afable y sincero, sin pretensiones, buen observador de las realidades humanas, las cuales trata, algunas veces, con amable espíritu humorístico.

Entre los autores españoles Palacio Valdés es de los más populares en los Estados Unidos. Muchas de sus obras han sido traducidas a lenguas extranjeras.

[1] (*más*) *extraño*.

[2] *ya . . . no*, even if not.

[3] *considero*, I believe.

[4] *se . . . haber*, it can vie, compete; see Translation Aid VIII, No. 4, p. 510.

[5] *se mienta*, one mentions; see Translation Aid II. No. 1, a, p. 500.

[6] *la*, omit in translating.

[7] *corcovado*, hunchback.

[8] *a otro*, some other.

[9] *Es*, This is.

[10] *se las quita*, the view is obstructed by.

[11] *adosadas*, attached.

17

menos malas,[12] que pertenecen a las pocas personas de lustre que habitan en el lugar, enriquecidas la mayor parte en el comercio del escabeche:[13] suelen tener detrás un huerto labrado sobre la misma montaña, cuyo ingreso está en el piso segundo. Hay, además, tres o cuatro caserones solariegos,[14] deshabitados, medio derruidos.[15] Se conoce que los hidalgos que los habitaban han huido[16] hace tiempo de la sombría y monótona existencia de aquel pueblo singular.

En Rodillero, no obstante, nadie se aburre. No hay tiempo para ello. La lucha ruda, incesante, que aquel puñado de seres necesita
10 sostener con el Océano para poder alimentarse, de tal modo absorbe su atención, que no se[17] echa a menos ninguno de los goces que proporcionan las grandes ciudades. Los hombres salen a la mar por la mañana o a medianoche, según la estación, y regresan a la tarde; las mujeres se ocupan en llevar el pescado a las villas inmediatas o en freírlo para escabeche en las fábricas; en tejer y remendar las redes, coser las velas y en los demás quehaceres domésticos. Adviértense[18] entre los dos sexos extraordinarias diferencias en el carácter y en el ingenio. Los hombres son comúnmente graves, taciturnos, sufridos, de escaso entendimiento y noble corazón. En la escuela se observa
20 que los niños son despiertos de espíritu y tienen la inteligencia lúcida; pero según avanzan en años se va apagando[19] ésta poco a poco, sin poder atribuirlo[20] a otra causa que[21] a la vida exclusivamente material que observan, apenas comienzan a ganarse el pan: desde la mar a la taberna, desde la taberna a casa, desde casa otra vez a la mar, y así un día y otro día,[22] hasta que se mueren o inutilizan. Hay, no obstante, en el fondo de su alma[23] una chispa de espiritualismo que no se apaga jamás, porque la mantiene viva la religión. Los habitantes de Rodillero son profundamente religiosos. El peligro constante en que viven les mueve a poner el pensamiento y la esperanza en Dios. El pescador
30 todos los días se despide para el mar, que es lo desconocido; todos

---

[12] *menos malas*, less wretched, the better ones.
[13] *escabeche*, pickled fish.
[14] *solariegos*, ancestral.
[15] *derruidos*, in ruins.
[16] *han huido*, pres. pfct. for pret.
[17] *se*, use impersonal they.
[18] *Adviértense*, One can notice; see Translation Aid II, No. 2, p. 501.
[19] *se va apagando*, gradually becomes dim. *Ir* is used with other verbs to denote gradual progression; cf. p. 19, l. 4. See Translation Aid II, No. 3, p. 501.
[20] *sin . . . atribuirlo* (*yo*), without my being able to attribute it.
[21] *a . . . que*, to any cause other than.
[22] *un . . . día*, one day after another.
[23] *su alma*, translate as plural; cf. l. 29. See Translation Aid VI, No. 3, b. p. 505.

los días se va a perder [24] en ese infinito azul de agua y de aire sin saber si volverá. Y algunas veces, en efecto, no vuelve. No se pasan nunca muchos años sin que Rodillero pague su tributo de carne al Océano. Poco a poco esta existencia va labrando su espíritu, despegándoles de los intereses materiales, haciéndoles generosos, serenos, y con la familia tiernos. No abundan entre los marinos los avaros, los intrigantes y tramposos,[25] como entre los campesinos.

La mujer es muy distinta. Tiene las cualidades de que carece su esposo, pero también los [26] defectos. Es inteligente, de genio vivo y emprendedor,[27] astuta y habilidosa,[28] por lo cual lleva casi siempre la dirección [29] de la familia. En cambio, suele ser codiciosa, deslenguada y pendenciera.[30] Esto en cuanto a la moral. Por lo que toca a lo corporal, no hay más que rendirse y confesar que no hay en Asturias, y por ventura en España, quien sostenga comparación con ellas. Altas, esbeltas, de carnes macizas y sonrosadas, cabellos negros abundosos, ojos negros también y rasgados, que miran con severidad como las diosas griegas; la nariz, recta o levemente aguileña, unida a la frente por una línea delicada, termina con ventanas un poco dilatadas y de movilidad extraordinaria, indicando bien su natural [31] impetuoso y apasionado; la boca fresca, de un rojo vivo que contrasta primorosamente con la blancura de los dientes. Caminan con majestad, como las romanas; hablan velozmente y con acento musical, que las hace reconocer [32] en seguida dondequiera que van; sonríen poco, y eso con cierto desdén olímpico. No creo que en ningún otro rincón de España se pueda presentar un ramillete [33] de mujeres tan exquisito.

I

Eran las dos de la tarde. El sol resplandecía vivo, centelleante,[1] sobre el mar. La brisa apenas tenía fuerza para hinchar las velas de las lanchas pescadoras que surcaban el Océano a la ventura. Los picos salientes de la costa y las montañas de tierra adentro se veían a lo lejos

---

[24] *se . . . perder*, he disappears; see Translation Aid II, No. 2, p. 501.
[25] *intrigantes y tramposos*, schemers and cheats.
[26] *los*, his.
[27] *emprendedor*, enterprising.
[28] *habilidosa*, capable.
[29] *lleva . . . la dirección*, manages.
[30] *deslenguada y pendenciera*, evil-tongued and quarrelsome.
[31] *natural*, nature.
[32] *las . . . reconocer*, makes them recognizable.
[33] *ramillete*, group.

---

[1] *centelleante*, sparkling.

envueltos en un finísimo cendal azulado.[2] Los pueblecillos costaneros[3] brillaban como puntos blancos en el fondo de las ensenadas.[4] Reinaba el silencio, el silencio solemne, infinito, de la mar en calma. La mayor parte de los pescadores dormían o dormitaban en varias y caprichosas actitudes. Todos conservaban en la mano derecha los hilos de los aparejos,[5] que cortaban el agua por detrás de la lancha en líneas paralelas. La costumbre les hacía no soltarlos ni en el sueño más profundo. Marchaban treinta o cuarenta embarcaciones a la vista unas de otras,[6] formando a modo de escuadrilla,[7] y resbalaban tan despacio por la tersa y luciente superficie del agua, que a ratos parecían[8] inmóviles. La lona[9] tocaba a menudo en los palos, produciendo un ruido sordo que convidaba al sueño. El calor era sofocante y pegajoso,[10] como pocas veces acontece en el mar.

El patrón de una de las lanchas abandonó la caña del timón[11] por un instante, sacó el pañuelo y se limpió el sudor de la frente. Después volvió a empuñar la caña y paseó una mirada escrutadora[12] por el horizonte, fijándose en una lancha que se había alejado bastante. Presto volvió a su actitud descuidada, contemplando con ojos distraídos a sus dormidos compañeros. Era joven, rubio, de ojos azules; las facciones, aunque labradas y requemadas[13] por la intemperie,[14] no dejaban de ser graciosas. La barba, cerrada y abundante; el traje, semejante al de todos los marinos, calzones y chaqueta de algodón azul y boina blanca; algo más fino, no obstante, y mejor arreglado.

Uno de los marineros levantó al cabo la frente del carel,[15] y, restregándose los ojos, articuló obscuramente y con mal humor:

— ¡El diablo me lleve si no vamos a estar encalmados[16] todo el día!

— No lo creas — repuso el patrón escrutando[17] de nuevo el hori-

---

[2] *cendal azulado,* bluish haze.
[3] *costaneros,* coastal.
[4] *ensenadas,* small bays, coves.
[5] *aparejos,* tackle.
[6] *a . . . otras,* within sight of one another.
[7] *escuadrilla,* small squadron.
[8] *parecían,* supply: to be.
[9] *lona,* sail.
[10] *pegajoso,* sticky, sultry.
[11] *timón,* helm.
[12] *escrutadora,* searching.
[13] *requemadas,* tanned.
[14] *intemperie,* rough weather.
[15] *carel,* bends (of a boat), gunwale.
[16] *encalmados,* becalmed.
[17] *escrutando,* scrutinizing.

zonte; — antes de una hora ventará fresco [18] del Oeste. Tomás ya amuró [19] para ir al encuentro.[20]

— ¿Dónde está Tomás? — preguntó el marinero, mirando al mar, con la mano puesta sobre los ojos a guisa de pantalla.

— Ya no se le ve.[21]

— ¿Pescó algo?

— No me parece . . .; pero pescará . . . y todos pescaremos.[22] Hoy no nos vamos sin bonito [23] a casa.

— Allá veremos — gruñó el marinero, echándose nuevamente de bruces [24] para dormir.

El patrón tornó a ser el único hombre despierto en la embarcación. Cansado de mirar el mar y las lanchas, puso los ojos en un marinero viejo que dormía boca arriba debajo de los bancos, con tal expresión de ferocidad en el rostro, que daba miedo. Mas el patrón, en vez de mostrarlo, sonrió con placer.

— Oye, Bernardo — dijo tocando en el hombro al marinero con quien acababa de hablar; — mira qué cara tan fea pone el Corsario para dormir.

El marinero levantó otra vez la cabeza y sonrió también con expresión de burla.

— Aguarda un poco, José; vamos a darle un chasco. . . . Dame acá esa piedra. . . .

El patrón, comprendiendo en seguida, tomó un gran pedrusco [25] que servía de lastre [26] en la popa y se lo llevó en silencio a su compañero. Éste fué sacando [27] del agua con mucha pausa y cuidado [28] el aparejo del Corsario. Cuando hubo topado con el anzuelo,[29] le amarró con fuerza el pedrusco y lo dejó caer muy delicadamente en el agua. Y con toda presteza se echó de nuevo sobre el carel [30] en actitud de dormir.

— ¡Ay, María! — gritó despavorido [31] el marinero al sentir la fuerte

[18] *ventará fresco*, there will be a fresh wind.
[19] *amuró*, tacked.
[20] *para ir al encuentro*, to go to meet it.
[21] *Ya . . . ve*, He is out of sight now.
[22] *pescaremos*, supply: something.
[23] *bonito*, striped tunny (a fish).
[24] *de bruces*, face down.
[25] *pedrusco*, rough stone.
[26] *lastre*, ballast.
[27] *fué sacando*, cf. note, p. 18, l. 21.
[28] *con . . . cuidado*, very slowly and carefully.
[29] *anzuelo*, hook.
[30] *carel*, bends (of a boat), gunwale.
[31] *despavorido*, terrified.

sacudida del aparejo. La prisa de [32] levantarse le hizo dar un testarazo [33] contra el banco; pero no se quejó.

Los compañeros todos despertaron y se inclinaron de la banda de
babor,[34] por donde el Corsario comenzaba a tirar ufano de su aparejo.
Bernardo también levantó la cabeza, exclamando con mal humor:

— ¡Ya pescó [35] el Corsario! ¡Se necesita que no haya un pez en el
mar para que este recondenado no lo aferre![36]

Al decir esto guiñó el ojo [37] a un marinero, que a su vez dió un
codazo [38] a otro, y éste a otro, de suerte que en un instante casi todos
10 se pusieron al tanto de la broma.

— ¿Es grande, Corsario? — dijo otra vez Bernardo.

— ¿Grande? . . . Ven aquí a tener; [39] verás cómo tira.

El marinero tomó la cuerda que el otro le tendía, y haciendo grandes
muecas de asombro frente a sus compañeros, exclamó en tono solemne:

— ¡Así Dios me mate,[40] si no pesa treinta libras! Será el mejor
animal de la costera.[41]

Mientras tanto el Corsario, trémulo, sonriente, rebosando de orgullo,
tiraba vigorosamente, pero con delicadeza, del aparejo, cuidando de
arriar [42] de vez en cuando para que no se le escapara la presa. Los
20 rostros de los pescadores se inclinaban sobre el agua, conteniendo a
duras penas la risa.

— Pero, ¿qué [43] imán o qué mil diablos traerá consigo este ladrón,
que hasta dormido aferra los peces? [44] — seguía exclamando Bernardo
con muecas cada vez más grotescas.

El Corsario notó que el bonito, contra su costumbre, tiraba siempre
en dirección al fondo; pero no hizo caso, y siguió trayendo el aparejo,
hasta que se vió claramente la piedra al través del agua.

¡Allí fué Troya! [45] Los pescadores soltaron todos a la vez el hilo

---

[32] de, in.
[33] le . . . testarazo, made him strike his head.
[34] banda de babor, port side.
[35] pescó, supply: something.
[36] Se . . . aferre, There would have to be no fish in the sea for this confounded
fellow not to catch any.
[37] guiñó el ojo, winked.
[38] dió un codazo, nudged.
[39] tener, feel it.
[40] ¡Así . . . mate! May Heaven strike me dead.
[41] costera, fishing season.
[42] arriar, let out line.
[43] ¿qué . . . ? I wonder what kind of . . . ; see Translation Aid XVIII,
No. 1, c, p. 528.
[44] que . . . peces, to be able to catch fish even when he is sleeping.
[45] ¡Allí fué Troya! Then the fun began!

de la risa, que harto lo necesitaban, prorrumpieron en gritos de alegría, se apretaban los ijares [46] con los puños y se retorcían sobre los bancos sin poder sosegar el flujo [47] de las carcajadas.

— ¡Adentro con él, Corsario, que ya está cerca!

— No es bonito, pero es un pez muy estimado por lo tierno.

— Sobre todo con aceite y vinagre y un si es no es de pimentón.[48]

— Apostad a que no pesa treinta libras como yo decía.

El Corsario, mohino, fruncido y de malísimo talante, metió a bordo el pedrusco, lo desamarró [49] y soltó de nuevo el aparejo al agua. Después echó una terrible mirada a sus compañeros, y murmuró:

10

— ¡Cochinos, si os hubierais visto en los apuros que yo,[50] no tendríais gana de bromas!

Y se tendió de nuevo, gruñendo feos juramentos. La risa de los compañeros no se calmó por eso. Prosiguió viva un buen rato, reanimada, cuando estaba a punto de fenecer, por algún chistoso comentario. Al fin se calmó, no obstante, o más bien se fué transformando en alegre plática, y ésta, a la postre, en letargo y sueño.

Empezaba a refrescar la brisa. Al ruido de la lona en los palos sucedió [51] el susurro [52] del agua en la quilla.[53]

El patrón, con la cabeza levantada, sin perder de vista las lanchas, 20 aspiraba con delicia este viento precursor del pescado. Echó una mirada a los aparejos para cerciorarse [54] de que no iban [55] enredados, orzó [56] un poco para ganar el viento, atesó [57] cuanto pudo la escota [58] y se dejó ir. La embarcación respondió a estas maniobras ladeándose [59] para tomar vuelo. Los ojos de lince del timonel [60] observaron que una lancha acababa de aferrar.[61]

— Ya estamos sobre el bonito — dijo en voz alta; pero nadie despertó.

[46] *ijares*, sides.
[47] *flujo*, stream.
[48] *un . . . pimentón*, a dash of pepper.
[49] *desamarró*, untied.
[50] *que yo*, in which I was.
[51] *Al . . . sucedió*, The . . . was followed by; See Translation Aid XIX, No. 1, b, p. 530.
[52] *susurro*, murmur.
[53] *quilla*, keel.
[54] *cerciorarse*, to make sure.
[55] *iban*, were.
[56] *orzó*, turned into the wind.
[57] *atesó*, tightened.
[58] *escota*, sheet-rope.
[59] *ladeándose*, leaning on one side.
[60] *timonel*, helmsman.
[61] *aferrar*, to anchor.

Al cabo de un momento, el marinero más próximo a la proa, gritó reciamente:

— ¡Ay, María!

El patrón largó [62] la escota para suspender la marcha. El marinero se detuvo antes de tirar, asaltado por el recuerdo de la broma anterior, y echando una mirada recelosa a sus compañeros, preguntó:

— ¿Es una piedra también?

— ¡Tira, animal! — gritó José temiendo que el pescado se fuese.

El bonito había arrastrado ya casi todo el aparejo. El marinero comenzó a tirar con fuerza. A las pocas brazas de hilo que metió dentro,[63] lo arrió [64] de nuevo, porque el pez lo mantenía harto vibrante, y no era difícil que lo quebrase. Volvió a tirar y volvió a arriar. Y de esta suerte, tirando y arriando, consiguió pronto que se distinguiese [65] allá en el fondo un bulto obscuro que se revolvía furioso despidiendo destellos de plata.[66] Y cuanto más se le acercaba [67] al haz del agua, mayores eran y más rabiosos sus esfuerzos para dar la vuelta y escapar. Y unas veces, cuando el pescador arriaba el cabo,[68] parecía conseguirlo, remedando en cierto modo al hombre que, huyendo, se juzga libre de su fatal destino; y otras,[69] rendido y exánime,[70] se dejaba arrastrar [71] dócilmente hacia la muerte. Al sacarlo de su nativo elemento y meterlo a bordo, con sus saltos y cabriolas [72] salpicó de agua a toda la tripulación.[73] Después, cuando le arrancaron el anzuelo de la boca, quedó inmóvil un instante, como si hiciese la mortecina.[74] Mas de pronto comenzó a sacudirse debajo de los bancos con tanto estrépito y furor, que en poco estuvo no saltase [75] otra vez al agua. Pero ya nadie hacía caso de él. Otros dos bonitos habían aferrado casi al mismo tiempo, y los pescadores se ocupaban en meterlos dentro.

[62] *largó*, let go.
[63] *A . . . dentro*, After pulling in a few fathoms of line.
[64] *lo arrió*, he let out line.
[65] *consiguió . . . distinguiese*, he soon succeeded in bringing into view.
[66] *despidiendo . . . plata*, emitting silvery flashes.
[67] *Y . . . acercaba*, The closer he was brought; see Translation Aid II, No. 1, b, p. 500.
[68] *arriaba el cabo*, let out line.
[69] *otras* (*veces*).
[70] *exánime*, lifeless.
[71] *se . . . arrastrar*, use the passive voice.
[72] *cabriolas*, capers.
[73] *tripulación*, crew.
[74] *hiciese la mortecina*, were feigning death.
[75] *en . . . saltase*, it almost jumped.

La pesca fué abundante.   En obra de tres o cuatro horas entraron a bordo [76] ciento dos bonitos.

— ¿Cuántos? — preguntaron desde una lancha que pasaba cerca.

— Ciento dos.   ¿Y vosotros?

— Sesenta.

— ¡No os lo dije yo! — exclamó Bernardo dirigiéndose a sus compañeros.   — Ya veréis cómo [77] no llega a [78] ochenta la que más lleve a casa.   Cuando un hombre se quiere casar, aguza las uñas que asombra.[79] . . .

Todos los rostros se tornaron sonrientes hacia el patrón, en cuyos 10 labios también se dibujó una sonrisa, que hizo más bondadosa aún la expresión de su rostro.

— ¿Cuándo te casas, José? — preguntó uno de los marineros.

— Tomás y Manuel ya amuraron para tierra [80] — profirió [81] él sin contestar.

— ¿Preguntabais cuándo se casa José? . . .   Pues bien claro está. . . . En cuanto se bote al agua la lancha.

— ¿Cuándo le dan brea? [82]

— Muy pronto.   El calafate [83] me dijo que antes de quince días quedaría lista — repuso Bernardo.   20

— Habrá tocino y jamón aquel día, ¿eh, José?

— Y vino de Rueda superior — dijo otro.

— Y cigarros de la Habana — apuntó un tercero.

— Yo se lo perdonaba todo — dijo Bernardo — con tal que el día de la boda nos llevase a ver la comedia a Sarrió.

— Imposible; ¿no consideras que aquella noche José no puede acostarse tarde?

— Bien; pues entonces que nos dé los cuartos para ir, y que él se quede en casa.

El patrón lo escuchaba todo sin decir palabra, con la misma sonrisa 30 benévola en los labios.

— ¡Qué mejor comedia — exclamó uno — que casarse con la hija de la maestra!

---

[76] *entraron a bordo,* were taken in.

[77] *cómo,* that.

[78] *no llega a,* does not even come up to.

[79] *aguza . . . asombra,* he becomes a frightful grabber.   Literally: sharpens his nails in an astonishing manner.

[80] *amuraron . . . tierra,* tacked for land (changing the direction of a vessel by shifting the sails).

[81] *profirió,* uttered.

[82] *¿Cuándo . . . brea?* When will they caulk it?

[83] *calafate,* caulker.

II

Comenzaba el crepúsculo cuando las barcas entraron en la ensenada de Rodillero. Una muchedumbre, formada casi toda de mujeres y niños, aguardaba en la ribera, gritando, riendo, disputando. Los viejos se mantenían algo más lejos, sentados tranquilamente sobre el carel [1] de alguna lancha que dormía sobre el guijo [2] esperando la carena. [3] La gente principal o de media levita contemplaba la entrada de los barcos desde los bancos de piedra que tenían delante las casas más vecinas a la playa. Antes de llegar, con mucho, [4] ya sabía la muchedumbre de la ribera, por la experiencia de toda la vida, [5] que traían bonito. Y
10 como sucedía siempre en tales casos, esta noticia se reflejaba en los semblantes en forma de sonrisa. Las mujeres preparaban los cestos a recibir la pesca, y se remangaban [6] los brazos con cierta satisfacción voluptuosa. [7] Los chicos escalaban los peñascos más próximos a fin de averiguar prontamente lo que guardaba el fondo de las lanchas. Éstas se acercaban lentamente. Los pescadores, graves, silenciosos, dejaban caer perezosamente los remos sobre el agua.

Una tras otra fueron embarrancando [8] en el guijo de la ribera. Los marineros se salían de ellas dando un gran salto para no mojarse. Algunos se quedaban a bordo para descargar el pescado, que iban
20 arrojando pieza tras pieza a la playa. Recogíanlas [9] las mujeres, y con increíble presteza las despojaban de la cabeza y la tripa, las amontonaban después en los cestos, y remangándose las enaguas, [10] se entraban algunos pasos [11] por el agua a lavarlas.

En cuanto saltaron a tierra, los patrones formaron un grupo y señalaron el precio del pescado. Los dueños de las bodegas de escabeche y las mujerucas que comerciaban con lo fresco esperaban recelosos a cierta distancia el resultado de la plática.

Una mujer vestida con más decencia que las otras, vieja, de rostro enjuto, nariz afilada y ojos negros y hundidos, se acercó a José cuando
30 éste se apartó del grupo, y le preguntó con ansiedad:

[1] *carel*, gunwale.
[2] *guijo*, gravel.
[3] *carena*, careening, repairing.
[4] *con mucho*, long before.
[5] *de . . . vida*, lifelong.
[6] *remangaban*, bared, rolled up their sleeves.
[7] *con . . . voluptuosa*, with an intense satisfaction.
[8] *fueron embarrancando*, they ran aground; see Translation Aid II, No. 3, p. 501.
[9] *Recogíanlas, las* refers to an implied antecedent: *piezas;* see Translation Aid II, No. 2, a, p. 501.
[10] *remangándose . . . enaguas*, tucking up their skirts.
[11] *se . . . pasos*, took a few steps (into).

— ¿A [12] cómo?

— A real y medio.

— ¡A real y medio! — exclamó con acento colérico. — ¿Y cuándo pensáis bajarlo? [13] ¿Os figuráis que lo vamos a pagar lo mismo [14] cuando haya mucho que cuando haya poco?

— A mí no me cuente nada,[15] señá Isabel — repuso avergonzado José. — Yo no he dicho esta boca es mía. Allá ellos lo arreglaron.[16]

— Pero tú has debido advertirles — replicó la vieja con el mismo tono irritado — que no es justo; que nos estamos arruinando miserablemente; y en fin, que no podemos seguir así. . . .   10

— Vamos, no se enfade, señora. . . . Haré lo que pueda por que mañana se baje.[17] Además, ya sabe. . . .

— ¿Qué?

— Que los dos quiñones de la lancha y el mío [18] los puede pagar como quiera.

— No te lo he dicho por eso — manifestó la señá Isabel endulzándose repentinamente; — pero bien te haces cargo de que perdemos el dinero; que el maragato, siguiendo [19] así, nos devolverá los barriles. . . . Mira, allí tienes [20] a Elisa pesando. Ve allá, que más ganas tendrás [21] de dar la lengua [22] con ella que conmigo.   20

José sonrió, y diciendo adiós, se alejó unos cuantos pasos.

— Oye, José — le gritó la señá Isabel enviándole una sonrisa zalamera. — ¿Conque, al fin, a cómo me dejas eso? [23]

— A como [24] usted quiera; ya se lo he dicho.

— No, no; tú lo has de decidir.

— ¿Le parece mucho a real y cuartillo? [25] — preguntó tímidamente.

— Bastante — respondió la vieja sin dejar la sonrisa aduladora.[26]
— Vamos, para no andar en más cuestiones, será a real, ¿te parece?

[12] ¿A . . . ? omit in translating.
[13] lo, antecedent: el pescado; cf. p. 28, l. 19.
[14] lo mismo = el mismo precio.
[15] A . . . nada, Don't blame me!
[16] Allá . . . arreglaron, They settled it (without me); see Translation Aid XVII, No. 2, p. 527.
[17] por . . . baje, to have it at a lower price tomorrow.
[18] los . . . mío, the two shares received as owner of the launch plus one, as a fisherman.
[19] siguiendo, if it goes on.
[20] Allí tienes, There is.
[21] tendrás, fut. of probability; see Translation Aid XVIII, No. 1, p. 528.
[22] dar la lengua, to chat.
[23] ¿a . . . eso? at what price will you let me have it?
[24] A como = al precio que.
[25] cuartillo, one-fourth (of one real).
[26] aduladora, flattering.

José se encogió de hombros en señal de resignarse,[27] y encaminó los pasos hacia una de las varias bodegas que con el pomposo nombre de fábricas rodeaban la playa. A la puerta estaba una hermosa joven, alta, fresca, sonrosada, como la mayor parte de sus convecinas,[28] aunque de facciones más finas y concertadas que el común de ellas. Vestía asimismo de modo semejante; pero con más aliño y cuidado. El pañuelo, atado a la espalda, no era de percal, sino de lana; los zapatos de becerro fino, las medias blancas y pulidas. Tenía los brazos desnudos, y, cierto, eran de lo más primoroso y acabado en su orden. Estaba embebecida [29] y atenta a la operación de pesar el bonito que en su presencia ejecutaban tres o cuatro mujeres ayudadas de un marinero. A veces ella misma tomaba parte sosteniendo el pescado entre las manos.

Cuando sintió los pasos de José, levantó la cabeza, y sus grandes ojos rasgados y negros sonrieron con dulzura.

— Hola, José; ¿ya has despachado?

— Nos falta arrastrar los barcos. ¿Trajeron todo el pescado?

— Sí, aquí está ya. Dime — continuó, acercándose a José, — ¿a cómo lo habéis puesto?[30]

— A real y medio; pero a tu madre se lo he puesto a real.

El rostro de Elisa se enrojeció súbitamente.

— ¿Te lo ha pedido ella?

— No.

— Sí, sí; no me lo niegues; la conozco bien. . . .

— Vaya,[31] no te pongas seria. . . . Se lo he ofrecido yo a ese precio, porque comprendo que no puede ganar de otro modo. . . .

— Sí gana,[32] José, sí gana — repuso con acento triste la joven. — Lo que hay es que quiere ganar más. . . . El dinero es todo para ella.

— Bah, no me arruinaré por eso.

— ¡Pobre José! — exclamó ella después de una pausa, poniéndole cariñosamente una mano sobre el hombro; — ¡qué bueno eres! . . . Por fortuna, pronto se concluirán estas miserias que me avergüenzan. ¿Cuándo piensas botar la lancha?

— Veremos si puede ser el día de San Juan.[33]

— Entonces, ¿por qué no hablas ya con mi madre? El plazo que ha señalado ha sido ése: bueno será recordárselo.

[27] *en . . . resignarse*, in token of submission.
[28] *convecinas*, companions.
[29] *embebecida*, absorbed.
[30] *puesto*, set.
[31] *Vaya*, see Translation Aid XII, No. 1, p. 516.
[32] *Sí gana*, But she does.
[33] *el . . . Juan*, June 24.

— ¿Te parece que debo hacerlo?

— Claro está; el tiempo se pasa, y ella no se da por entendida.

— Pues le hablaré en seguida; así que arrastremos la lancha. . . . Si es que me atrevo — añadió un poco confuso.

— El que no se atreve, José, no pasa la mar [34] — expresó la joven sonriendo.

— ¿Hablaré a tu padrastro [35] también?

— Es lo mismo.   De todos modos, ha de ser lo que ella quiera.

— Hasta luego, entonces.

— Hasta luego.   Procura abreviar, para que no nos cojas cenando. 10

José se encaminó de nuevo a la ribera, donde ya los marineros comenzaban a poner la lancha en seco, con no poca [36] pena y esfuerzo. El crepúsculo terminaba y daba comienzo la noche.   Las mujeres y los chicos ayudaban a sus maridos y padres en aquella fatigosa tarea de todos los días.   Oíanse [37] los gritos sostenidos de los que empuja-ban, para hacer simultáneo el esfuerzo; y entre las sombras, que comen-zaban a espesarse,[38] veíanse sus siluetas formando apretado grupo en torno de las embarcaciones.   Éstas subían con marcha interrumpida [39] por la playa arriba haciendo crujir el guijo.   Cuando las alejaron bas-tante del agua para tenerlas a salvo, fueron recogiendo los enseres de 20 la pesca que habían dejado esparcidos por la ribera, y echando una última mirada al mar, inmóvil y obscuro, dejaron aquel sitio y se entraron poco a poco en el lugar.

José también enderezó los pasos hacia él cuando hubo dado las órdenes necesarias para el día siguiente.   Siguió rápidamente la única calle, bastante clara a la sazón por el gran número de tabernas que estaban abiertas.   De todas salía formidable rumor de voces y risas. Y sin hacer caso de los amigos que le llamaban a gritos invitándole a beber, llegó hasta muy cerca de la salida del pueblo y entró en una tienda cuya claridad rompía alegremente la obscuridad de la calle.   En 30 aquella tendezuela angosta y baja de techo como la cámara de un barco, se vendía de todo: [40] bacalao,[41] sombreros, cerillas,[42] tocino, catecismos [43] y coplas.   Ocupaban lugar preferente, no obstante, los

---

[34] El . . . mar, The one who does not try never gets anywhere.

[35] padrastro, stepfather.

[36] con . . . poca, not without great.

[37] Oíanse, see Translation Aid II, No. 2, a, p. 501.

[38] espesarse, to deepen.

[39] con . . . interrumpida, in short jogs, jerkily.

[40] de todo, all kinds of goods.

[41] bacalao, codfish.

[42] cerillas, matches.

[43] catecismos, catechisms.

instrumentos de pesca y demás enseres marítimos.[44] Tres o cuatro
rollos grandes de cable yacían en el suelo sirviendo de taburetes;[45]
sartas de anzuelos [46] colgaban de un remo atravesado de una pared a
otra; y algunos botes de alquitrán [47] a medio consumir esparcían por
la estancia un olor penetrante que mareaba a quien no estuviese avezado a sufrirlo. Pero la nariz [48] de los tertulianos [49] asiduos de la
tienda no se daba por ofendida. Quizás no advertía siquiera la presencia de tales pebeteros.[50]

Sentada detrás de la tabla de pino que servía de mostrador estaba la
10 señá Isabel. Su esposo, don Claudio, maestro de primeras letras
(y últimas también, porque no había otras) de Rodillero, se mantenía
en pie a un lado cortando gravemente en pedazos una barra de jabón.
La luenga levita que usaba, adornada a la sazón por un par de manguitos [51] de percalina sujetos con cintas al brazo, y la rara erudición
y florido lenguaje de que a menudo hacía gala, no eran parte a [52] des-
viarle de esta ocupación grosera. Diez años hacía que estaba casado
con la viuda del difunto Vega, tendero y fabricante de escabeche, y
en todo este tiempo había sabido [53] compartir noblemente, y sin daño,
las altas tareas del magisterio [54] con las menos gloriosas del comercio,
20 prestando igual atención, como él solía decir, a Minerva y a Mercurio.
Tenía cincuenta años, poco más o menos,[55] el color tirando a amarillo,
la nariz abierta, el cabello escaso, los ojos salidos, con expresión inmutable de susto o sorpresa, cual si estuviese continuamente en presencia de alguna escena trágica visible sólo para él. Era de condición
apacible y benigna, menos en la escuela, donde atormentaba a los
chicos sin piedad, no por inclinación de su temperamento, sino por
virtud de doctrinas arraigadas en el ánimo profundamente. Las disciplinas, la palmeta, los estirones de orejas y los coscorrones [56] formaban para don Claudio parte integral del sistema de la ciencia, lo mismo

[44] *enseres marítimos*, maritime goods.
[45] *taburetes*, stools.
[46] *sartas de anzuelos*, strings of hooks.
[47] *alquitrán*, tar, pitch.
[48] *la nariz*, distributive construction; use plural. See Translation Aid VI,
No. 3, a, p. 505.
[49] *tertulianos*, guests.
[50] *pebeteros*, perfume censers.
[51] *manguitos*, oversleeves.
[52] *parte a*, sufficient reason to.
[53] *sabido*, been able.
[54] *magisterio*, teaching.
[55] *poco . . . menos*, or thereabout.
[56] *Las . . . coscorrones*, The cat-o'-nine-tails, the ruler, the ear-pulling and the
knuckle blows on the head.

que las letras y los números. Todo ello estaba comprendido bajo el
nombre genérico de *castigo*. Don Claudio pronunciaba siempre esta
palabra con veneración. Procuraba rodear los castigos de aparato, a
fin de obtener corrección y ejemplaridad; [57] nunca los infligía con
ímpetu y apresuradamente. Primero se enteraba bien de la falta come-
tida, y después de pesarla en la balanza de la justicia, sentenciaba al
reo y apuntaba la condena [58] en un papel. El penado iba a juntarse
en un rincón de la escuela con otros galeotes,[59] y allí esperaba con
saludables espasmos de terror la hora fatal. Al terminarse las lecciones,[60] recorría don Claudio el boletín [61] de castigos, y en vista de 10
él, comenzaba, por orden de antigüedad, a ejecutar los suplicios en
presencia de toda la escuela. Una vez que daba remate [62] a esta tarea,
solía aplicar algunas palmaditas paternales en los rostros llorosos de
los chicos vapuleados,[63] diciéndoles cariñosamente:

— Vaya, hijos míos, a casa [64] ahora, a casa. Algún día me agrade-
ceréis estos azotes que os he dado.

En el lugar era bienquisto [65] y se le recibía en todas partes con la
benevolencia, no exenta de desdén, con que se mira siempre en este
mundo a los seres inofensivos. Los vecinos todos sabían que don
Claudio vivía en casa aherrojado; [66] que su mujer «le tenía en un 20
puño»: [67] no sólo porque su condición humilde y apocada [68] se pres-
tase a ello, sino también porque en la sociedad conyugal él era el pobre
y su mujer la rica. La riqueza de la señá Isabel, no obstante, era sólo
temporal, porque procedía del difunto Vega. Toda debía recaer a su
tiempo en Elisa. Mas como ella la manejaba, y la había de manejar
aún por mucho tiempo, pues Elisa sólo contaba doce años a la muerte
de su padre, don Claudio pensó hacer [69] una buena boda casándose
con la viuda. Tal era, por lo menos, la opinión unánime del
pueblo. Por eso no se compadecían como debieran de sus sinsa-

[57] *ejemplaridad*, to set an example.
[58] *condena*, penalty.
[59] *galeotes*, galley slaves, culprits.
[60] *Al . . . lecciones*, When the lessons were over.
[61] *boletín*, list.
[62] *daba remate*, had finished.
[63] *vapuleados*, who had been whipped.
[64] *a casa*, go home.
[65] *bienquisto*, esteemed, respected.
[66] *aherrojado*, chained.
[67] *le . . . puño*, kept him under her thumb; see Translation Aid XXII, No. 1,
p. 538.
[68] *apocada*, timid, weak.
[69] *pensó hacer*, thought that he would make; see Translation Aid III, No. 1, a,
p. 501.

bores [70] domésticos; antes solían decir las comadres del lugar en tono sarcástico:

— ¿No quería mujer rica? . . .   Pues ya la tiene.[71]

III

— Buena marea hoy, ¿eh, José?

— A última hora.[1]   Bien pensé no traer[2] veinte libras a casa.

— ¿Cuántas[3] pesó el pescado?

— No lo sé . . .; allá la señá Isabel.[4]

Ésta, que debía de saberlo[5] perfectamente, levantó, sin embargo, la vista hacia Elisa, y preguntó:

10   — ¿Cuántas, Elisa?

— Mil ciento cuarenta.

— Pues estando a[6] real y medio, tú debes de levantar hoy muy cerca de quince duros — manifestó el primer interlocutor, que era el juez de paz de Rodillero en persona.

Elisa, al oír estas palabras, se encendió de rubor otra vez.   José bajó la cabeza algo confuso, y dijo entre dientes:

— No tanto, no tanto.

La señá Isabel siguió impasible cosiendo.

— ¿Cómo no tanto? — saltó don Claudio recalcando fuertemente 20 las sílabas, según tenía por costumbre.   — Me parece que aún se ha quedado corto el señor juez.[7]   Nada más fácil que justipreciar[8] exactamente lo que te corresponde.   Es una operación sencillísima de aritmética elemental.   Espera un poco — añadió dirigiéndose a un estante y sacando papel y pluma de ave.

La señá Isabel le clavó una mirada fría y aguda que le hubiera anonadado[9] a no encontrarse[10] en aquel instante de espaldas.   Sacó del bolsillo un tintero y lo destornilló[11] con trabajo.

---

[70] *sinsabores*, troubles.

[71] *la tiene*, he has one.

---

[1] *hora*, minute.

[2] *Bien . . . traer*, I certainly didn't think that I would bring.

[3] *¿Cuántas (libras)?*

[4] *allá . . . Isabel*, that is señá Isabel's business.

[5] *debía . . . saberlo*, must have known it; see Translation Aid III, No. 2, p. 502.

[6] *Pues . . . a*, Since the price is.

[7] *el . . . juez*, his honor, the judge.

[8] *justipreciar*, to calculate.

[9] *anonadado*, annihilated.

[10] *a no encontrarse*, if he had not been.

[11] *destornilló*, unscrewed.

— Vamos a ver. Problema. Mil ciento cuarenta libras de bonito a real y medio la libra, ¿cuántos reales serán? Debemos multiplicar mil ciento cuarenta por uno y medio. Es la multiplicación de un entero por un mixto. Necesitamos reducir el mixto a quebrado . . .; uno por dos es dos. Tenemos dos medios más un medio. Tienen el denominador común: sumemos los numeradores. Dos y uno tres. Tres medios. Multipliquemos ahora el entero por el quebrado. Tres por cero es cero; tres por cuatro doce, llevo uno. . . .

— ¿Quieres [12] dejarnos en paz, querido? — interrumpió la señá Isabel, conteniendo a duras penas la cólera. — Estamos cansados de lo que lleves y traigas tantos quebrados y tantos mixtos para nada.

— Mujer . . ., ¿pretendes que yo cuente por los dedos? . . . La ciencia . . .

— ¡Bah, bah, bah! . . . Aquí no estás en la escuela. Hazme el favor de callar.

Don Claudio hizo una mueca de resignación, volvió a atornillar [13] el tintero, lo sepultó en el fondo de la levita y se puso de nuevo a partir jabón.

Después de una pausa, el juez municipal mitigó el desaire [14] de don Claudio haciendo una apología [15] acabada de la aritmética. Para él no había más ciencias exactas que las exactas. Pero don Claudio, aunque agradecido al socorro, se mostró contrario a las afirmaciones de la autoridad, y se entabló disputa acerca del orden y dignidad de las ciencias.

El juez municipal de Rodillero era un capitán de Infantería, retirado hacía ya bastantes años. Vivía o vegetaba en su pueblo natal con los escasos emolumentos [16] que el Gobierno le pagaba tarde y de mal modo. Una hermana, más vieja que él, cuidaba de su casa y hacienda. Era hombre taciturno, caviloso [17] y en grado sumo susceptible.

A su lado estaba un caballero anciano, de nobles y correctas facciones, con grandes bigotes blancos y perilla [18] prolongada hasta [19] el medio del pecho. El cabello largo también y desgreñado,[20] los ojos negros y ardientes, la mirada altiva y la sonrisa desdeñosa. Su figura exigua [21] y torcida no era digno pedestal para aquella hermosa cabeza.

[12] ¿Quieres . . . ? Will you . . . ?
[13] atornillar, to screw shut.
[14] desaire, rebuff.
[15] apología, eulogy.
[16] emolumentos, salary.
[17] caviloso, brooding.
[18] perilla, goatee.
[19] prolongada hasta, reaching down to.
[20] desgreñado, disheveled.
[21] exigua, small.

Además, la levita sucia y raída [22] que gastaba, los pantalones de paño burdo [23] y los zapatos claveteados [24] de labrador contribuían mucho a menoscabar su prestigio. Llamábase don Fernando de Meira, y pertenecía a una antigua y noble familia de Rodillero, totalmente arruinada hacía ya muchos años.[25] Los hijos de esta familia se habían desparramado por el mundo en busca del necesario sustento. El único que permanecía pegado al viejo caserón solariego, como una ostra, era don Fernando, al cual su carrera de abogado no le había servido jamás para ganarse la vida, o por falta de aptitudes para 10 ejercerla, o por el profundo desprecio que al noble vástago de la casa de Meira le inspiraba toda ocupación que no fuese la caza o la pesca. Vivía en una de las habitaciones menos derruidas de su casa, la cual se estaba [26] viniendo abajo por diferentes sitios no hacía ya poco tiempo.[27] Servíanle de compañeros en ella los ratones, que escaramuzaban [28] y batallaban libremente por todo su ámbito, las tímidas lagartijas,[29] que anidaban en las grietas de las paredes, y una muchedumbre de murciélagos [30] que volteaban por las noches con medroso rumor. Nadie le conocía renta o propiedad de donde se sustentase, y pasaba como artículo de fe en el pueblo que el anciano caballero 20 veía el hambre de cerca en bastantes ocasiones.

Cuando más joven, salía de caza y acostumbraba a traer provisión abundante, pues era el más diestro cazador de la comarca. Al faltarle las fuerzas [31] consagróse enteramente a la pesca. En este arte dió señales de ser tan avisado [32] como en la caza. Del pescado que le sobraba solía regalar a los particulares de Rodillero, porque don Fernando se hubiera dejado morir de hambre [33] antes que vender un solo pez cogido por su mano. Pero estos regalos engendraban en justa correspondencia otros, y merced a ellos, el caballero podía atender a las más apremiantes [34] necesidades de su cocina, la leña, el aceite, los 30 huevos, etcétera, y aún autorizarse en ocasiones algún exceso. Él mismo se aderezaba los manjares que comía, y no con poca [35] inte-

---

[22] *raída*, threadbare.
[23] *burdo*, coarse.
[24] *claveteados*, hob-nailed.
[25] *hacía . . . años*, for many years now.
[26] *estaba*, had been.
[27] *no . . . tiempo*, for a long time now.
[28] *escaramuzaban*, skirmished.
[29] *lagartijas*, lizards.
[30] *murciélagos*, bats.
[31] *Al . . . fuerzas*, When his strength failed him.
[32] *avisado*, skillful.
[33] *se . . . hambre*, would rather have starved.
[34] *apremiantes*, pressing.
[35] *no . . . poca*, with much.

ligencia, al decir de las gentes. Se hablaba con mucho encomio [36] de una caldereta [37] singular que el señor de Meira guisaba como ningún cocinero.[38] Pero llegó un día en que el pueblo supo con sorpresa que el caballero había vendido su bote a un comerciante de Sarrió. La razón todos la adivinaron, por más que él la ocultó diciendo que lo había enajenado para comprar otro mejor. Desde entonces, en vez de salir al mar, pescaba desde la orilla con la caña, o lo que es igual,[39] en vez de ir al encuentro de los peces, los esperaba pacientemente sentado sobre alguna peña solitaria. Cuando no venían, observaban los vecinos que no salía humo por la chimenea de la casa de Meira. 10

— Madre, ¿no arregla [40] la cuenta a José? . . . Es ya hora de cenar — dijo Elisa a la señá Isabel.

— ¿Tienes despierto el apetito? — respondió ésta, dibujándose en sus labios una sonrisa falsa. — Pues aguárdate, hija mía, que [41] necesito concluir lo que tengo entre manos.

Desde que José había entrado en la tienda, Elisa no había dejado de hacerle señas con disimulo, animándole a llamar aparte a su madre y decirle lo que tenían convenido. El marinero se mostraba tímido, vacilante, y manifestaba a su novia, también por señas, que aguardaba a que los tertulianos se fuesen. Ella replicaba que éstos no se irían 20 sino cuando [42] llegase el momento de cenar. José no acababa de decidirse.[43] Finalmente, la joven, cansada de la indecisión de su novio, se arrojó a proponer a su madre lo que acabamos de oír, con el fin de que pasase a la trastienda [44] y allí se entablase la conversación que apetecía. La respuesta de la señá Isabel los dejó tristes y pensativos.

Habían entrado en la tienda, después de nuestro José, otros tres o cuatro marineros, entre ellos Bernardo. La conversación rodaba, como casi siempre, sobre intereses: quién tenía más, quién tenía menos.

— Madre, ya es hora de cenar — dijo Elisa. — José tendrá [45] ganas de irse. 30

La señá Isabel no contestó. Su ojo avizor [46] había descubierto, hacía ya rato largo, que don Fernando trataba de hablar reservadamente

---

[36] *encomio*, praise.
[37] *caldereta*, fish stew.
[38] *como . . . cocinero*, better than any chef.
[39] *o . . . igual*, that is to say, or in other words.
[40] *¿no arregla?* supply: won't you? aren't you going to?
[41] *que*, see Translation Aid IV, No. 4, c, p. 503.
[42] *sino cuando*, until.
[43] *no . . . decidirse*, could not come to a decision.
[44] *trastienda*, back room.
[45] *tendrá*, fut. of probability; see Translation Aid XVIII, No. 1, p. 528.
[46] *ojo avizor*, eagle eye.

con su esposo. En el momento en que Elisa volvía a su tema, observó que el señor de Meira tiraba disimuladamente de la levita a don Claudio, marchándose después hacia la puerta como en ademán de [47] investigar el tiempo. El maestro le siguió.

— Claudio — dijo la señá Isabel antes de que pudiesen entablar conversación, — alcánzame el paquete de los botones de nácar que está empezado.

Don Claudio volvió sobre sus pasos; arrimóse a la estantería [48] y empinándose cuanto pudo, sacó los botones del último estante. En
10 el momento de entregarlos, su esposa le dijo por lo bajo con acento perentorio: [49]

— Sube.

El maestro abrió más sus grandes ojos saltones,[50] sin comprender.

— Que [51] te vayas de aquí — dijo su esposa tirándole de una manga con fuerza.

Don Claudio se apresuró a obedecer sin pedir explicaciones. Salió por la puerta que daba al portal, y subió las escaleras de la casa.

— El señor de la casa de Meira necesita cuartos — dijo Bernardo al
20 oído del marinero que tenía cerca.[52] — ¿No has visto qué pronto lo ha olido la señá Isabel? ¡Si se descuida [53] en echar fuera al maestro! . . .

El marinero sonrió, mirando al caballero, que seguía a la puerta en espera de don Claudio.

— Señores, ¿gustan ustedes de cenar? —dijo la señá Isabel levantándose de la silla.

Los tertulios [54] se levantaron también.

— José, tú subirás con nosotros, ¿verdad?

— Como usted quiera. Si mañana le viene mejor arreglar eso . . .
30 — Bien; si a ti te parece . . .

Elisa no pudo reprimir un gesto de disgusto, y dijo precipitadamente:

— Madre, mañana es mal día; ya lo sabe. . . . Tenemos que cerrar una porción de barriles, y luego la misa, que siempre enreda algo . . .

[47] *como . . . de*, as if.
[48] *estantería*, shelves.
[49] *perentorio*, authoritative, peremptory.
[50] *saltones*, bulging.
[51] *Que*, see Translation Aid VII, No. 1, d, p. 506.
[52] *tenía cerca*, was near him.
[53] *Si . . . descuida*, If she had neglected.
[54] *tertulios*, guests.

— No te apures tanto, mujer . . ., no te apures . . .; lo arregla-
remos hoy todo — contestó la señá Isabel, clavando en su hija una
mirada fría y escrutadora [55] que la hizo turbarse.

Los tertulianos se fueron, dando las buenas noches. La señá Isabel, después de atrancar [56] la puerta, recogió el velón [57] y subió la
escalera, seguida de Elisa y José.

Cuando entraron en la sala, don Claudio, que estaba asomado al
corredor, se salió dejándoles el recinto libre. La señá Isabel pasó a
la alcoba en busca del cuaderno [58] sucio y descosido [59] en donde llevaba las cuentas todas de su comercio. Elisa aprovechó aquel mo- 10
mento para decir rápidamente a su novio:

— No dejes de hablarle.

Hizo un signo afirmativo José, aunque dando a entender el miedo
y la turbación que le producía aquel paso. La joven se salió también
cuando su madre tornó a la sala.

— El domingo, trescientas siete libras — dijo la señá Isabel, colocando el velón sobre la mesa y abriendo el cuaderno, — a real y cuartillo. El lunes, mil cuarenta, a real; el martes, dos mil doscientas, a
medio real. El miércoles no habéis salido. El jueves, doscientas
treinta y cinco, a dos reales; el viernes, nada; hoy, mil ciento cuarenta, 20
a real y medio . . . ¿No es esto, José?

— Allá usted, señora; yo no llevo apunte.[60]

— Voy a echar la cuenta.

La vieja comenzó a multiplicar. No se oía en la sala más que el
crujir de la pluma. José esperaba el resultado de la operación dando
vueltas a la boina que tenía en la mano. No el interés o [61] afán de
saber cuánto dinero iba a recibir ocupaba en aquel instante su ánimo.
Todo él estaba embargado y perplejo, ante la idea de tratar el negocio
de su matrimonio. Buscaba con anhelo manera hábil de entrar en
materia, concluida que fuese la cuenta.[62]   30

— Son cuatro mil setecientos tres reales y tres cuartillos — dijo la
señá Isabel levantando la cabeza.

José calló en señal de asentimiento. Hubo una pausa.

— Hay que quitar de esto — manifestó la vieja bajando la voz y

[55] *escrutadora*, scrutinizing.
[56] *atrancar*, barring, bolting.
[57] *velón*, brass lamp.
[58] *cuaderno*, notebook.
[59] *descosido*, ripped, with broken back.
[60] *apunte*, memorandum.
[61] *No . . . o*, Neither . . . nor.
[62] *concluida . . . cuenta* (participial construction), as soon as the accounting
should be finished; see Translation Aid VI, No. 2, p. 505.

dulcificándola [63] un poco — la rebaja [64] que me has hecho en tu quiñón y en los de la lancha. . . . El domingo me lo has puesto a real;
el lunes, a tres cuartillos; el martes no hubo rebaja por estar barato;
el jueves, a real y medio, y hoy, a real.   ¿No es eso?

— Sí, señora.

— La cuenta es mala de echar. . . . ¿Quieres que lo pongamos [65]
a tres cuartillos, para evitar equivocaciones? . . . Me parece que
pierdo en ello. . . .

José consintió, sin pararse a pensar si ganaba o perdía.   La vieja
comenzó de nuevo a trazar números en el papel y José a excogitar [66]
los medios de salir de aquel mal paso.

Terminó al fin la señá Isabel.   Aprobó José su propio despojo y
recibió de mano de aquélla un puñado de oro, para repartir al día
siguiente entre sus compañeros.   Después que lo hubo encerrado en
su bolsillo de cuero y colocado entre los pliegues de la faja, se puso
otra vez a dar vueltas a la boina con las manos temblorosas.   Había
llegado el instante crítico de hablar.   José nunca había sido un orador
elocuente.   En aquella sazón se sintió desposeído como nunca de las
cualidades que lo constituyen.[67]   Un flujo [68] de sangre le subió a la
garganta y se la atascó.[69]   Apenas acertaba a responder con mono-
sílabos a las preguntas que la señá Isabel le dirigía acerca de los sucesos de la pesca y de las esperanzas que cifraba para lo sucesivo.   La
vieja, después de haberle chupado la sangre, se esforzaba en mostrarse
amable con él.   Mas la conversación, a pesar de esto, fenecía, sin que
el marinero lograse dar forma verbal a lo que pensaba.   Y ya la señá
Isabel se disponía a darla por terminada, levantándose de la silla, cuando
Elisa abrió repentinamente la puerta y entró, con pretexto de recoger
unas tijeras que le hacían falta.   Al salir, y a espaldas de su madre,
le hizo un sinnúmero de señas y muecas, encaminadas todas a exigirle
el cumplimiento de su promesa.   Fueron tan imperativas y terminantes,[70] que el pobre marinero, sacando fuerzas de flaqueza y haciendo
un esfuerzo supremo, se atrevió a decir:

— Señá Isabel . . .

El ruido de su voz le asustó, y sorprendió también, por lo extraño,[71]
a la vieja.

[63] *dulcificándola*, softening it.
[64] *rebaja*, discount.
[65] *pongamos*, figure.
[66] *excogitar*, to devise.
[67] *lo constituyen*, make one; see Translation Aid V, No. 1, c, p. 504.
[68] *flujo*, flow.
[69] *atascó*, obstructed.
[70] *terminantes*, peremptory.
[71] *por . . . extraño*, because of its strangeness.

— ¿Qué decías, querido?

La mirada que acompañó a esta pregunta le hizo bajar la cabeza. Estuvo algunos instantes suspenso y acongojado.[72] Al cabo, sin levantar la vista y con la voz enronquecida, dijo:

— Señá Isabel, el día de San Juan pienso botar la lancha al agua. . . .

Contra lo que esperaba, la vieja no le atajó con ninguna palabra. Siguió mirándole fijamente.

— No sé si recordará lo que en el invierno me ha dicho. . . .

La señá Isabel permaneció muda.

— Yo no quisiera incomodarla . . .; pero como el tiempo se va 10 pasando, y ya no hay mayormente ningún estorbo[73] . . ., y después la gente le pregunta a uno para cuándo[74] . . ., y tengo la casa apalabrada.[75] . . . Lo mejor sería despachar el negocio antes de que el invierno se eche encima.[76] . . .

Nada;[77] la maestra no chistaba.[78] José se iba turbando cada vez más. Miraba al suelo con empeño, deseando quizás que se abriese.

La vieja se dignó al fin exclamar alegremente:

— ¡Vaya un susto que me has dado, querido! Pensé al verte tan azorado que ibas a soltarme una mala noticia, y resulta que me hablas de lo que más gusto me puede dar.[79]

20

El semblante del marinero se iluminó repentinamente.

— ¡Qué alegría, señora! Tenía miedo. . . .

— ¿Por qué? ¿No sabes que yo lo deseo con tanto afán como tú? . . . José, tú eres un buen muchacho, trabajador, listo, nada vicioso. ¿Qué más puedo desear para mi hija? Desde que empezaste a cortejarla te he mirado con buenos ojos, porque estoy segura de que la harás feliz. Hasta ahora hice[80] cuanto estaba en mi mano por vosotros, y Dios mediante, pienso seguir haciéndolo. En todo el día no os quito del pensamiento.[81] No hago otra cosa que dar vueltas[82] para ver de qué modo[83] arreglamos pronto ese dichoso 30 casorio.[84] . . . Pero los jóvenes sois[85] muy impacientes y echáis a

---

[72] *acongojado*, distressed.
[73] *no . . . estorbo*, there isn't anything special in the way.
[74] *para cuándo*, when it is going to be.
[75] *apalabrada*, engaged, spoken for.
[76] *se . . . encima*, is upon us.
[77] *Nada*, Silence; see Translation Aid X, No. 2, p. 512.
[78] *no chistaba*, did not say a word.
[79] *más . . . dar*, gives me the greatest pleasure.
[80] *hice*, pret. for pres. pfct.
[81] *no . . . pensamiento*, I don't leave you out of my thoughts.
[82] *No . . . vueltas*, I do nothing but pace up and down.
[83] *de . . . modo*, how.
[84] *casorio*, marriage.
[85] *los . . . sois*, you young people are.

perder las cosas con vuestra precipitación. . . . ¿Por qué tanta prisa? Lo mismo tú que Elisa sois bastante jóvenes, y aunque, gracias a Dios, tengáis lo bastante para vivir, mañana u otro día, si os vienen [86] muchos hijos, acaso no podáis decir lo mismo. . . . Tened un poco de paciencia. Trabaja tú cuanto puedas para que nunca haya miedo al hambre, y lo demás ya [87] vendrá.

El semblante de José se obscureció de nuevo.

— Mientras tanto — prosiguió la vieja, — pierde cuidado en lo que toca a Elisa. Yo velaré porque [88] su cariño no disminuya y sea siem-
10 pre tan buena y hacendosa como hasta aquí.[89] . . . Vamos, no te pongas triste. No hay tiempo más alegre que el que se pasa de novio. Bota pronto la lancha al agua para aprovechar la costera del bonito. Cuando concluya, si ha sido buena, ya [90] hablaremos.

Al decir esto se levantó. José hizo lo mismo, sin apartar los ojos del suelo; tan triste y abatido, que inspiraba lástima. La señá Isabel le dió algunas palmaditas cariñosas en el hombro, empujándole al mismo tiempo hacia la puerta.

— Ea, vamos a cenar, querido, que tú ya tendrás gana,[91] y nosotros también. Elisa — añadió alzando la voz, — alumbra a José que se va.
20 Vaya, buenas noches, hasta mañana. . . .

— Que [92] usted descanse, señora — respondió José con voz apagada.

Elisa bajó con él la escalera, y le abrió la puerta. Ambos se miraron tristemente.

— Tu madre no quiere — dijo él.

— Lo he oído todo.

Guardaron silencio un instante; él de la parte de fuera, ella dentro del portal, con el velón en una mano y apoyándose con la otra en el quicio [93] de la puerta.
30 — Ayer — dijo la joven — había soñado [94] con zapatos . . .; es de buen agüero: [95] por eso tenía tanto empeño en que le hablases.

— Ya ves — replicó él sonriendo con melancolía — que no hay que fiar de sueños.

---

[86] *si os vienen*, if you have.
[87] *ya*, see Translation Aid III, No. 4, c, p. 502.
[88] *porque*, so that (when followed by the subjunctive).
[89] *como . . . aquí*, as she has been up till now.
[90] *ya*, see Translation Aid III, No. 4, d, p. 502.
[91] *tendrás gana (de comer).*
[92] *Que*, I hope.
[93] *quicio*, hinge.
[94] *había soñado*, plupfct. for pret.
[95] *agüero*, omen.

Después de otro instante de silencio, los dos extendieron las manos y se las estrecharon, diciendo casi al mismo tiempo:

— Adiós, Elisa.

— Adiós, José.

IV

Cuando la pesca anda escasa por la costa de Vizcaya, suelen venir algunas lanchas de aquella tierra a pescar en aguas de Santander y de Asturias. Sus tripulantes [1] eligen el puerto que más les place y pasan en él la costera del bonito, que dura, próximamente, desde junio a septiembre. Mientras permanecen a su abrigo, observan la misma vida que [2] los marineros del país, salen juntos a la mar y tornan a la 10 misma hora. La única diferencia es que los vizcaínos comen y duermen en sus lanchas, donde se aderezan toscamente una vivienda para la noche, protegiéndolas con toldos [3] embreados [4] y tapizándolas [5] con alguna vela vieja, mientras los naturales se van tranquilamente a reposar en sus casas.

Uno de tales vizcaínos fué el padre de José. Cuando vino con otros un verano a la pesca, la madre era una hermosa joven, viuda, con dos hijas de corta edad, que se veía y deseaba [6] para alimentarlas trabajando de tostadora [7] en una bodega de escabeche. El padre de José trabó relaciones con ella, y la sedujo dándole palabra de casamiento. 20 La bella Teresa esperó en vano por él. A los pocos meses [8] supo que había contraído matrimonio con otra de su país.

Teresa era de temperamento impetuoso y ardiente, apasionada en sus amores como en sus odios, pronta a enojarse por livianos motivos, desbocada [9] y colérica. Tenía el amor propio brutal de la gente ignorante, y le faltaba el contrapeso [10] del buen sentido que ésta suele poseer. Sus reyertas [11] con las vecinas eran conocidas de todos; se había hecho temible por su lengua, tanto como por sus manos. Cuando la cólera la prendía, se metamorfoseaba [12] en una furia. Sus

[1] *tripulantes*, sailors.
[2] *que*, see Translation Aid IV, No. 4, b, p. 503.
[3] *toldos*, awnings, canvas.
[4] *embreados*, tarred.
[5] *tapizándolas*, carpeting them.
[6] *que . . . deseaba*, who worked very hard.
[7] *tostadora*, toaster.
[8] *A . . . meses*, A few months later.
[9] *desbocada*, foul-mouthed.
[10] *contrapeso*, counterpoise.
[11] *reyertas*, quarrels.
[12] *se metamorfoseaba*, she was transformed.

grandes ojos negros y hermosos adquirían expresión feroz y todas sus facciones se descomponían. Los habitantes de Rodillero, al oírla vociferar en la calle, sacudían la cabeza con disgusto, diciendo: «Ya está [13] escandalizando esa loca de Ramón de la Puente» (así llamaban a su difunto marido).

La traición de su amante la hizo adolecer de rabia. Hubiera quedado satisfecha con tomar de él [14] sangrienta venganza. Las pobres hijas pagaron durante una temporada el delito del seductor: no se dirigía a ellas sino con gritos que las aterraban: la más mínima falta les cos-
10 taba crueles azotes. En todo el día no se oían más que golpes y lamentos en la obscura bodega donde la viuda habitaba.

Bajo tales auspicios salió nuestro José a la luz del día. Teresa no pudo ni quiso criarlo. Entrególo a una aldeana que se avino a hacerlo mediante algunos reales, y siguió dedicada a las penosas tareas de su oficio. Cuando al cabo de dos años la nodriza se lo trajo, no supo qué hacer de él; dejólo entregado a sus hermanitas, que a su vez le abandonaban para irse a jugar. El pobre niño lloraba horas enteras tendido sobre la tierra apisonada [15] de la bodega, sin recibir el consuelo de una caricia. Cuando lo arrastraban consigo a la calle era para
20 sentarlo en ella medio desnudo, con riesgo de ser pisado por las bestias o atropellado por un carro. Si alguna vecina lo recogía por caridad, Teresa, al llegar a casa, en vez de agradecérselo, la apostrofaba [16] «por meterse en la vida ajena.» [17]

Cuando José creció un poco, esta aversión se manifestó claramente en los malos tratos que le hizo padecer. Si había sido siempre fiera y terrible con sus hijas legítimas, cualquiera puede figurarse lo que sería con aquel niño, hijo de un hombre aborrecido, testimonio vivo de su flaqueza. José fué mártir en su infancia. No se pasaba día [18] sin que por un motivo o por otro no sintiese los estragos de la mano
30 maternal.

Asistió poco tiempo a la escuela, donde mostró una inteligencia viva y lúcida, que se apagó muy pronto con las rudas faenas de la pesca. A los doce años le metió su madre de *rapaz* [19] en una lancha, a fin de que, con el medio quiñón que le tocaba en el reparto, ayudase al sostenimiento [20] de la casa. Halló el cambio favorable. Pasar el

---

[13] *Ya está* . . . , There is. . . .
[14] *con* . . . *él,* by taking . . . on him.
[15] *apisonada,* hard.
[16] *apostrofaba,* insulted, abused.
[17] *meterse* . . . *ajena,* sticking her nose into someone's business.
[18] *No* . . . *día,* Not a single day passed.
[19] *rapaz,* helper.
[20] *sostenimiento,* support, maintenance.

día en la mar era preferible a pasarlo en la escuela recibiendo los palmetazos [21] del maestro. El patrón rara vez le pegaba, los marineros le trataban casi como un compañero. La mayor parte de los días se iba a la cama sin haber recibido ningún golpe: sólo a la hora de levantarse para salir a la mar acostumbraba su madre a despabilarle [22] con algunos mojicones.[23] Además, sentía orgullo en ganar el pan por sí mismo.

A los dieciséis años era un muchacho robusto, de facciones correctas, aunque algo desfiguradas por los rigores de la intemperie, tardo en sus movimientos como todos los marinos, que hablaba poco y sonreía tristemente, sujeto a la autoridad maternal, lo mismo que cuando tenía siete años. Mostró ser [24] en la mar diligente y animoso, y ganó por esta razón primero que otros la soldada [25] completa. A los diecinueve años, seducido por un capitán de barco, dejó la pesca y comenzó a navegar en una fragata que seguía la carrera de América.[26] Gozó entonces de independencia completa, aunque voluntariamente remitía a su madre una parte del sueldo. Pero el apego al [27] pueblo, el recuerdo de sus compañeros de infancia, y por más que parezca raro, el amor a su familia, fueron poderosos a hacerle abandonar, al cabo de algunos años, la navegación de altura, y emprender nuevamente el oficio de pescador. Fué, no obstante, con mejor provisión y aparejo.[28] En el tiempo que navegó consiguió juntar de sus pacotillas algún dinero, y con él compró una lancha. Desde entonces cambió bastante su suerte. El dueño de una lancha, en lugar tan pobre como Rodillero, juega papel principal. Entre los marineros fué casi un personaje, uniéndose [29] al respeto de la posición el aprecio de su valor y destreza. Comenzó a trabajar con mucha fortuna. En obra de dos años, como sus necesidades no eran grandes, ahorró lo bastante para construir [30] otra lancha.

Por este tiempo fijó su atención en Elisa, que era hermosa entre las hermosas de Rodillero, buena, modesta, trabajadora y con fama de rica.[31] Si no la hubiera fijado, le hubieran obligado a ello las palabras

[21] *palmetazos*, blows with the ruler.
[22] *despabilarle*, rouse him.
[23] *mojicones*, slaps.
[24] *Mostró ser*, He proved to be.
[25] *soldada*, wages, pay.
[26] *que . . . América*, that followed the sea-lanes to America.
[27] *apego al*, attachment to his.
[28] *aparejo*, equipment.
[29] *uniéndose*, see Decalogue of Don'ts.
[30] *para construir* (causative sense), to have . . . built.
[31] *de* (*ser*) *rica*.

de sus amigos y los consejos de las comadres del pueblo. «José, ¿por qué no cortejas a la hija de la maestra? No hay otra en Rodillero que más te convenga. — José, tú debías casarte con la hija de la maestra; es una chica como una plata, buena y callada; no seas tonto, dile algo. — La mejor pareja para ti, José, sería la hija de la maestra . . .» Tanto se lo repitieron, que al fin comenzó a mirarla con buenos ojos. Por su parte ella escuchaba idénticas sugestiones respecto al marinero, dondequiera que iba. No se cansaban de encarecerla[32] su gallarda presencia, su aplicación y conducta.

10 Pero José era tímido con exceso. En cuanto se sintió enamorado, lo fué mucho más. Por largo tiempo, la única señal que dió el tierno sentimiento que Elisa le inspiraba fué seguirla tenazmente con la vista dondequiera que la hallaba, huyendo, no obstante, el tropezar con ella cara a cara. Lo cual no impidió que la joven se pusiera al tanto muy pronto de lo que en el alma del pescador acaecía. Y en justa correspondencia, comenzó a dirigirle con disimulo alguna de esas miradas como relámpagos con que las doncellas saben iluminar el corazón de los enamorados. José las sentía, las gozaba; pero no osaba dar un paso para acercarse a ella. Un día confesó a su amigo Bernardo sus 20 ansias amorosas y el vivo deseo que tenía de hablar con la hija de la maestra. Aquél se rió no poco de su timidez, y le instó fuertemente para que la venciese; mas por mucho que hizo, no consiguió nada.

El tiempo se pasaba y las cosas seguían en tal estado, con visible disgusto para el joven, que desconfiaba ya de verlas nunca en vías de arreglo. Bernardo, observando a su amigo cada día más triste y vergonzoso, determinó sacarle de apuros. Una tarde de romería[33] paseaban ambos algo apartados de la gente por la pradera, cuando vieron llegar[34] hacia ellos, también de paseo, a varias jóvenes. Elisa venía entre ellas. Sonrió maliciosamente el festivo marinero, halagado por 30 una idea que en aquel momento se le ocurrió. Hizo algunas maniobras a fin de pasar muy cerca de las jóvenes, y cuando le fué posible, ¡zas!, da[35] un fuerte empujón a su amigo y le hace chocar con Elisa, diciendo al mismo tiempo: «Elisa, ahí tienes a José.» Después se alejó velozmente. José, confuso y ruborizado, quedó frente a frente de la hermosa joven, también ruborizada y confusa. «Buenas tardes,» acertó al fin a decir. «Buenas tardes,» respondió ella. Y fué cosa hecha.[36]

El amor en los hombres reflexivos, callados y virtuosos, prende, casi

---

[32] *encarecerla, la* for *le.*
[33] *romería,* pilgrimage, picnic.
[34] *llegar,* coming.
[35] *da,* pres. for pret.; see Translation Aid VII, No. 2, a, p. 506.
[36] *Y . . . hecha,* And it was settled.

siempre, con fortaleza. La pasión de José, primera y única de su vida, echó profundas raíces en poco tiempo. Elisa pagó cumplidamente [37] su deuda de cariño. Mostróse propicia la astuta maestra. Los vecinos lo vieron con agrado. Todo sonrió en un principio a los enamorados.

Mas he aquí que [38] a la entrada misma del puerto, cuando ya el marinero tocaba su dicha con la mano, comienza el barco a hacer agua. Quedó aturdido y confuso. El corazón le decía que el obstáculo no era de poco momento, sino grave. Una tristeza grande, que semejaba desconsuelo, se apoderó de su ánimo al sentir detrás el golpe de la puerta de Elisa y quedar en las tinieblas de la calle. Cruzaron por su [10] imaginación muchos presentimientos. El pecho se le oprimió,[39] y sin haber corrido nada, se detuvo un instante a tomar aliento. Después, mientras caminaba, hizo esfuerzos vanos para apartar de sí la tristeza por medio de cuerdas reflexiones. Nada estaba perdido todavía: la señá Isabel no había hecho más que aplazar [40] la boda sin oponerse a ella. En último resultado, sin su anuencia [41] se podía llevar a cabo.

Sumido en sus cavilaciones, no vió el bulto de una persona que venía por la calle hasta tropezar con ella.

— Buenas noches, don Fernando — dijo al reconocerlo.

— Hola, José; me alegro de encontrarte. Tú me podrás decir cuál [20] es el camino mejor para ir al Robledal . . ., mejor dicho, a la casa de don Eugenio Soliva.

— El mejor camino es el de Sarrió hasta Antromero, y allí tomar el de Nueva, pasando por delante de la iglesia. Es un poco más largo; pero ahora de noche hay peligro en ir por la playa . . . Pero, ¿cómo hace usted un viaje tan largo a estas horas? Son cerca de dos leguas . . .

— Tengo negocios que ventilar [42] con don Eugenio — dijo el señor de Meira con ademán misterioso.

Los labios del marinero se contrajeron con una leve sonrisa.

— Yo voy a entrar en la taberna a tomar algo. ¿Quiere acompa- [30] ñarme antes de seguir su viaje, don Fernando?

— Gracias, José; acepto el convite para darte una prueba más de mi estimación — respondió el señor de Meira, colocando su mano protectora sobre el hombro del marinero.

Ambos entraron en la taberna más próxima y se fueron a sentar en un rincón apartado. Pidió José pan, queso y vino. Comió y bebió

---

[37] *cumplidamente*, fully, amply.

[38] *he aquí que*, lo and behold!

[39] *El . . . oprimió*, His heart felt heavy; see Translation Aid XXI, No. 1, p. 534.

[40] *no . . . aplazar*, had only postponed.

[41] *anuencia*, consent.

[42] *ventilar*, transact.

el señor de Meira con singular apetito. El joven le miraba con el rabillo del ojo [43] y sonreía. Cuando terminaron, salieron otra vez a la calle, despidiéndose como buenos amigos. El pescador siguió un instante con la vista al caballero y murmuró:

— ¡Pobre don Fernando, tenía hambre!

La figura de éste se borró entre las sombras de la noche. Iba, como otras muchas veces, a pedir dinero a préstamo. En el pueblo todos tenían noticia de estas excursiones secretas por los pueblos comarcanos.[44] A veces extendía sus correrías [45] hasta los puntos más lejanos de la provincia, siempre de noche y con sigilo.[46] Por desgracia, el señor de Meira tornaba casi siempre como había ido, con los bolsillos vacíos; pero erguido siempre y con alientos para emprender otra campaña.

Prosiguió José su camino hacia casa, adonde llegó a los pocos instantes. Halló a su madre en la cocina y cerca de ella a sus dos hermanas. Al verlas se obscureció aún más su semblante. Estas hermanas, de más edad que él, estaban casadas hacía ya largo tiempo: una de ellas tenía seis hijos. Vivían cada cual en su [47] casa. El marinero sabía por experiencia que siempre que se juntaban con su madre, de quien habían heredado el genio y la lengua, caía sobre él algún daño. Aquel conciliábulo [48] a hora inusitada [49] le pareció de muy mal agüero.[50] Y él, que todos los días arrostraba las iras del Océano, se echó a temblar delante de aquellas tres mujeres reunidas a modo de tribunal. Antes de que la borrasca, que presentía, se desatase, trató de marchar a la cama, pretextando cansancio.

— ¿No cenas,[51] José? — le preguntó su madre.

— No tengo gana; he tomado algo en la taberna.

— ¿Has hecho cuenta con la señá Isabel?

Esta pregunta era el primer trueno. José la escuchó con terror, respondiendo, no obstante, en tono indiferente:

— Ya la hemos hecho.

— ¿Y cuánto te ha tocado de estas mareas? — volvió a preguntar la madre mientras revolvía el fuego afectando distracción.[52]

[43] con . . . ojo, out of the corner of his eye.
[44] comarcanos, neighboring.
[45] correrías, expeditions.
[46] con sigilo, secretly.
[47] su, her own.
[48] conciliábulo, assembly.
[49] inusitada, unusual.
[50] de . . . agüero, very ominous.
[51] ¿No cenas? Aren't you going to have supper?
[52] distracción, absent-mindedness.

El segundo trueno había estallado mucho más cerca.

— No lo sé — respondió José, fingiendo como antes indiferencia.

— ¿No traes [53] ahí el dinero?

— Sí, señora; pero hasta mañana que [54] haga cuenta con la compaña,[55] no sé a punto fijo lo que me corresponde.

Hubo una pausa larga. El marinero, aunque tenía [56] los ojos en el suelo, sentía sobre el rostro las miradas inquisitoriales de sus hermanas, que hasta entonces no habían abierto la boca. Su madre seguía revolviendo el fuego.

— ¿Y a cómo le has puesto el bonito hoy? — dijo al fin ésta.   10

— ¿A cómo se lo había de poner,[57] madre . . ., no lo sabe? — respondió José titubeando.

— No; no lo sé — replicó Teresa dejando el hierro sobre el hogar y levantando con resolución la cabeza.

El marinero bajó la suya y balbució más que dijo:

— Al precio corriente . . ., a real y medio . . .

— ¡Mientes!, ¡mientes! — gritó ella con furor avanzando un paso y clavándole sus ojos llameantes.[58]

— ¡Mientes, mientes! — dijeron casi al mismo tiempo sus hermanas.

José guardó silencio sin osar disculparse.   20

— ¡Lo sabemos todo . . ., todo! — prosiguió Teresa en el mismo tono. — Sabemos que me has estado engañando miserablemente desde que comenzó la costera, gran tuno; [59] que estás regalando el bonito a esa bribona, mientras tu madre está trabajando como una perra, después de haber sudado toda su vida para mantenerte. . . .

— Si trabaja es porque quiere; bien lo sabe — dijo el marinero humildemente.

— ¡Y todo por quién! — siguió Teresa sin querer escuchar la advertencia de su hijo. — Por esa sinvergüenza [60] que se ríe de ti, que te roba el sudor echándote de cebo [61] a su hija, para darte a la postre con 30 la puerta en los hocicos.[62] . . .

Estas palabras hirieron a José en lo más vivo del alma.

— Madre — exclamó con emoción, — no sé por qué ha tomado

---

[53] *no traes*, pres. for pret.

[54] *que*, when; see Translation Aid IV, No. 4, a, p. 503.

[55] *compaña*, crew.

[56] *tenía*, were fixed.

[57] *se . . . poner*, should I sell it to her.

[58] *llameantes*, flashing.

[59] *tuno*, rascal.

[60] *sinvergüenza*, shameless witch.

[61] *cebo*, bait.

[62] *para . . . hocicos*, only to slam the door in your face.

tanta ojeriza [63] a Elisa y a su madre. Aunque me case, por eso no la abandono.[64] La lancha que ahora tengo queda para usted [65] . . ., y si más le hace falta, más tendrá.[66] . . .

— ¿Pero tú crees casarte,[67] inocente? — dijo una de las hermanas sonriendo sarcásticamente.

— Nada tenéis que partir vosotras en este negocio — replicó el marinero volviéndose airado [68] hacia ella.

— Tiene razón tu hermana, ¡tonto!, ¡tonto! — vociferó de nuevo la madre. — ¿No ves que estás sirviendo de hazmerreír [69] al pueblo? ¿No ves que esa bruja te está engañando como a un chino para chu-
10 parte la sangre?

El pobre José, hostigado [70] de tan cruel manera, no pudo guardar más tiempo la actitud humilde que tenía [71] frente a su madre, y replicó alzando la cabeza con dignidad:

— Soy dueño de dar lo que es mío a quien me parezca.[72] Usted, madre, no tiene razón ninguna para quejarse. . . . Hasta ahora lo que he ganado ha sido de usted. . . .

— ¿Y me lo echas en cara, pícaro? — gritó aquélla cada vez más furiosa. — ¡No me faltaba ya más que eso! . . . Después de haber
20 pasado tantos trabajos para criarte; después de quemarme la cara al pie de las calderas,[73] y andar arrastrada de día y de noche para llevarte a ti y a tus hermanas un pedazo de pan, ¿me insultas de ese modo? . . .

Aquí Teresa se dejó caer sobre una silla y comenzó a sollozar fuertemente.

— ¡Quiero morir antes de [74] verme insultada por mi hijo! — siguió diciendo entre gemidos y lágrimas. — ¡Dejadme morir! . . . ¡Para qué estoy yo en el mundo,[75] si el único hijo que tengo me echa en cara el pan que como! . . .

Y a este tenor prosiguió desatándose en quejas y lamentos, sacu-
30 diendo la cabeza con desesperación y alzando las manos al cielo.

Las hijas acudieron solícitas a consolarla. José, asustado del efecto

[63] *ojeriza*, grudge.
[64] *abandono*, pres. for fut.
[65] *queda* . . . *usted*, will be yours.
[66] *tendrá*, supply: it.
[67] *casarte*, see Translation Aid III, No. 1, a, p. 501.
[68] *airado*, angrily; see Translation Aid IV, No. 2, p. 503.
[69] *estás* . . . *hazmerreír*, are the laughing-stock.
[70] *hostigado*, harassed.
[71] *tenía*, had maintained.
[72] *me parezca*, I like.
[73] *calderas*, kettles.
[74] *Quiero* . . . *de*, I'd rather die than.
[75] *¿Para* . . . *mundo?* What's the use of living?

de sus palabras, no sabía qué hacer. Ni tuvo ánimo para contestar
a sus hermanas, que mientras cuidaban de su madre se volvían hacia
él apostrofándole: [76]

— ¡Anda tú, mal hijo! ¡Vergüenza había de darte! [77] ¿Quieres
matar a tu madre, verdad? Algún día te ha de [78] castigar Dios. . . .

Aguantó el chubasco [79] con resignación, y cuando vió a su madre
un poco más sosegada, se retiró silenciosamente a su cuarto. Llevaba
el corazón tan oprimido, [80] que no pudo en largo espacio conciliar el
sueño.

V

Con la llegada del nuevo día mitigóse su pesar. Entendió clara- 10
mente que no había motivo para tanto apesadumbrarse. [1] El obstáculo
que de noche le había parecido insuperable, a la luz del sol lo juzgó
liviano. Crecieron sus ánimos [2] para vencerlo, y la esperanza volvió
a inundar su corazón.

Y en efecto, pareció que los acontecimientos justificaban este salto
repentino de la tristeza a la alegría. En los días siguientes halló a la
señá Isabel más amable que nunca, favoreciendo con empeño sus
amores, dándole a entender con obras, ya que no de palabra, que sería,
más tarde o más temprano, el marido de Elisa. Ésta cobró también
confianza y se puso a hacer cuentas galanas [3] para lo porvenir, espe- 20
rando vencer la resistencia de su madre y abreviar el plazo del casamiento.

Por otra parte, la fortuna siguió sonriendo a José. El día de San
Juan, según tenía pensado, botó al agua la nueva lancha, la cual
comenzó a brincar [4] suelta y ligera sobre las olas, prometiéndole
muchos y muy buenos días de pesca. [5] Vino el cura a bendecirla, y
hubo después en la taberna el indispensable jolgorio [6] entre la gente
llamada a tripularla. [7] Encargóse el mismo José del mando [8] de ella,

---

[76] *apostrofándole*, reproaching him.
[77] *¡Vergüenza . . . darte!* You ought to be ashamed of yourself!
[78] *ha de*, will; see Translation Aid XIV, No. 3, p. 521.
[79] *chubasco*, squall.
[80] *Llevaba . . . oprimido*, His heart felt so heavy.

---

[1] *apesadumbrarse*, worry
[2] *ánimos*, see Translation Aid IV, No. 1, p. 503.
[3] *hacer . . . galanas*, to build castles in the air.
[4] *brincar*, to leap.
[5] *muchos . . . pesca*, many days of fishing and good ones.
[6] *jolgorio*, celebration.
[7] *tripularla*, to man it.
[8] *mando*, command.

dejando la vieja a otro patrón. Desde el día siguiente principió a hacerla trabajar [9] en la pesca del bonito. Ésta fué abundante, como pocas veces se había visto; [10] tanto que nuestro marinero, a pesar de las sangrías que la señá Isabel le hacía [11] en cada saldo [12] de cuentas, iba en camino de hacerse rico.

¡Qué verano tan dichoso aquél! Elisa, a fuerza de instancias, consiguió arrancar a su madre el permiso para casarse al terminar la costera, o sea en el mes de octubre. Y dormidos inocentemente sobre esta promesa, los amantes gozaron de la dulce perspectiva de su próxi-
10 ma unión; entraron en esa época de la vida, risueña como ninguna, en que el cielo sólo ofrece sonrisas y la tierra flores a los enamorados. El trabajo era para ambos un manantial riquísimo de placeres.

La hora más feliz para Elisa era la que precedía a la cena. Entonces llegaba José a la tienda y se formaba una sabrosa tertulia, que les consentía acercarse uno a otro y cambiar frecuentes palabras y miradas. Rara vez se decían amores: no había necesidad. Para los que aman mucho,[13] cualquier conversación va [14] empapada de amor. De esta hora, los minutos más dichosos eran aquellos en que se despedían; ella con el velón en la mano, él de la parte de fuera, apoyado en el
20 marco de la puerta. En estos momentos solían cambiar [15] con labio trémulo algo de lo que llenaba por entero sus corazones, hasta que la voz de la señá Isabel, llamando a su hija, rompía tristemente el encanto.

Aun por el día gozaba la hermosa doncella de otra hora feliz. Era la de la siesta. Cuando su madre, después de comer, se acostaba un poco [16] sobre la cama, acostumbraba Elisa salirse de casa y subir a uno de los montes que rodean el pueblo a disfrutar de la vista y del fresco de la mar. A esta hora, en los días de julio y agosto, el calor era sofocante en Rodillero. La brisa del Océano no penetraba más que en las primeras revueltas,[17] dejando la mayor parte del lugar asfixiada entre
30 las montañas laterales. La joven ascendía lentamente por un ancho sendero abierto entre los pinos, hasta la capilla de San Esteban, colocada en la cima del monte, y se sentaba a la sombra.

Los ojos de Elisa iban presurosos a buscar en las profundidades del mar las lanchas pescadoras que acostumbraban a mantenerse frente a

---

[9] *hacerla trabajar*, use it.
[10] *como . . . visto*, as it had seldom been before.
[11] *las . . . hacía*, the cheating done by señá Isabel.
[12] *saldo*, settlement.
[13] *mucho*, dearly.
[14] *va*, is.
[15] *cambiar*, tell each other.
[16] *un poco*, for a short time.
[17] *revueltas*, turns of the ravine.

la boca de Rodillero, a larga distancia, borrándose casi [18] entre la tenue ceniza suspendida sobre el horizonte.   Contaba con afán aquellos puntos blancos, y se esforzaba con ilusión en averiguar [19] cuál de ellos sería [20] la lancha de su novio.

A veces advertía que tomaban todas el camino del puerto.   Entonces torcía el gesto, exclamando: «¡Malo!   Hoy no hay mucho bonito.» Pero en el fondo de su alma luchaba el gozo con la tristeza, porque de este modo iba a ver antes a su amante.   Aguardaba todavía un rato [21] hasta [22] verlas salir poco a poco del vapor ceniciento [23] que las envolvía, y entrar en la región luminosa.   Parecían, con sus velas [10] apuntadas, blancos fantasmas resbalando suavemente sobre el agua.

Cuando ya las veía próximas se bajaba al pueblo a toda prisa.   A nadie daba cuenta, ni aun al mismo José, de aquellos instantes de dicha que en la soledad del monte de San Esteban gozaba.

El tiempo se iba deslizando, no tan veloz como nuestros enamorados deseaban,[24] pero sí mucho más [25] de lo que a la señá Isabel convenía.   Ésta no podía pensar en el matrimonio de Elisa sin sentir movimientos de terror y de ira, pues al realizarse [26] era forzoso [27] dejar la fábrica y otros bienes de su difunto esposo en poder del de [28] su hija.   Y aunque estaba resuelta en cualquier caso a oponerse con [20] todas sus fuerzas a esta boda, todavía le disgustaba mucho el verse obligada a poner de manifiesto su oposición, temiendo que el amor guiase a Elisa a algún acto de rebeldía.   Por eso su cabeza, rellena de maldades, no se cansaba de trabajar arbitrando [29] recursos para deshacer aquel lazo y volver sobre la promesa que le habían arrancado.   Al fin pensó hallar [30] uno seguro, mediante cierta infame maquinación [31] que el demonio, sin duda, le sugirió, estando [32] desvelada en la cama.

Había en el pueblo un mozo, reputado entre la gente por [33] tonto

[18] *borrándose casi*, almost lost.
[19] *se . . . averiguar*, with the aid of her imagination she tried to find out.
[20] *sería*, cond. of probability.   See Translation Aid XVIII, No. 2, p. 528.
[21] *todavía . . . rato*, for a while longer.
[22] *hasta*, see Translation Aid III, No. 1, b, p. 502.
[23] *vapor ceniciento*, gray mist.
[24] *deseaban*, supply: it.
[25] *más (veloz)*.
[26] *al realizarse*, when it took place.
[27] *era forzoso*, supply: for her.
[28] *del de*, antecedent: *esposo*.
[29] *de . . . arbitrando*, of devising.
[30] *hallar*, (that) she had found; see Translation Aid III, No. 1, a, p. 501.
[31] *maquinación*, scheme.
[32] *estando*, when she was.
[33] *reputado . . . por*, said by the people to be.

o mentecato, hijo del sacristan de la parroquia. Contaba ya veinte años bien cumplidos[34] y no conocía las letras, ni se ocupaba en otra cosa que en[35] tocar las campanas de la iglesia (por cierto con arte magistral)[36] y en discurrir solitario[37] por las orillas de la mar extrayendo de los huecos de las peñas lapas, cangrejos, bígaros y pulpos,[38] en cuyas operaciones era también maestro. Mofábanse de él[39] los muchachos, y le[40] corrían a menudo por la calle con grita intolerable. Lo que más le vejaba[41] al pobre Rufo (tal era su nombre) era el oír que su casa se estaba cayendo. Bastaba esto para que los chicuelos le dieran en lo vivo sin cansarse jamás. Dondequiera que iba, oía una voz infantil que de lejos o de cerca, ordinariamente de lejos, le gritaba: «Cayó, Rufo, cayó.» Enojábase el infeliz al escucharlo, como si fuera una injuria sangrienta; llameaban[42] sus ojos y echaba espuma por la boca, y en esta disposición corría como una fiera detrás del chicuelo, que tenía buen cuidado de poner al instante tierra por medio, cuanta más, mejor.

Sabíase en el pueblo que Rufo alimentaba en su pecho una pasión viva y ardiente hacia la hija de la maestra. Esto servía también de pretexto para embromarlo,[43] si bien eran hombres ya los que se placían en ello. Al pasar por delante de un grupo de marineros, le llamaban casi siempre para darle alguna noticia referente a Elisa. Una vez le decían que ésta se había casado por la mañana, lo cual dejaba yerto y acongojado[44] al pobre tonto; otro día le aconsejaban que fuese a pedir su mano a la señá Isabel, porque sabían de buena tinta que la niña estaba enamorada de él en secreto, o bien que la robase, si la maestra no consentía en hacerlos felices. También mezclaban el nombre de José en estas bromas. Decían pestes de él, llamándole feo, intrigante y mal pescador, lo cual hacía reír y hasta dar saltos al idiota, y poniéndole en parangón con él,[45] aseguraban muy serios que Rufo era incomparablemente más gallardo, y que si no pescaba tanto,[46]

---

[34] *Contaba . . . cumplidos*, He was at least. . . .
[35] *ni . . . en*, nor did he do anything except.
[36] *magistral*, masterly.
[37] *solitario*, see Translation Aid IV, No. 2, p. 503.
[38] *lapas . . . pulpos*, barnacles, crabs, large sea snails and cuttlefish.
[39] *Mofábanse de él*, made fun of him.
[40] *le*, after him.
[41] *vejaba*, vexed.
[42] *llameaban*, flashed.
[43] *embromarlo*, to tease him.
[44] *yerto y acongojado*, petrified and sorrowful.
[45] *poniéndole . . . él*, comparing him with the other.
[46] *pescaba tanto*, catch so many fish.

en cambio tocaba mejor las campanas. De esta suerte,[47] al compás que iba creciendo en el pecho del tonto la afición a Elisa, iba aumentando también el odio hacia José, a quien consideraba como su enemigo mortal, hasta el punto de que no tropezaba jamás con él sin que dejase de echarle miradas iracundas y murmurase palabras injuriosas,[48] de las cuales, como era natural, se reía el afortunado marinero.

Elisa se reía también de este amor, que lisonjeaba,[49] no obstante, su vanidad de mujer. Porque la admiración es bien recibida, aunque venga de los tontos. Cuando encontraba a Rufo por la calle le ponía semblante halagüeño y le hablaba en el tono protector y cariñoso que se dispensa a los niños.

La señá Isabel imaginó utilizar la pasión de este mentecato para romper, o por lo menos aplazar, la unión de su hija con José. Un día salió paseando por las orillas de la mar, donde sabía que Rufo se hallaba a caza de cangrejos, y se hizo con él encontradiza.[50]

— ¿Qué tal, Rufo, caen muchos? [51]

El tonto levantó la cabeza, y al ver a la madre de Elisa, sonrió.

— Marea muerta, coge poco — respondió en el lenguaje incompleto y particular que usaba.

— Vaya, vaya, no son tan pocos — replicó la señá Isabel acercándose más y echando una mirada al cestillo donde tenía la pesca. — Buena fortuna tiene contigo tu padre; [52] todos los días le llevas a casa un cesto de cangrejos.

— Padre no gusta [53] cangrejos . . ., tira todos a la calle . . . y pega a Rufo con un palo. . . .

— ¿Te pega porque coges cangrejos?

— Sí, señá Isabel.

— Pues no tiene gusto tu padre; los cangrejos son muy ricos. Mira, cuando tu padre no los quiera, me los llevas [54] a mí. A Elisa le gustan mucho.

El rostro flaco y taciturno del idiota se animó repentinamente al escuchar el nombre de Elisa.

— ¿Gusta Elisa cangrejos?

— Mucho.

---

[47] *De esta suerte*, see Translation Aid V, No. 3, p. 504.
[48] *injuriosas*, offensive.
[49] *lisonjeaba*, flattered.
[50] *se . . . encontradiza*, pretended to have met him by chance.
[51] *¿ . . . caen muchos?* are you catching many?
[52] *Buena . . . padre*, Your father is lucky to have you.
[53] *(A mi) padre no (le) gusta(n)*.
[54] *llevas*, translate as a command; see Translation Aid VII, No. 1, b, p. 506.

— Todos, Elisa;[55] todos, Elisa — dijo con énfasis, extendiendo las manos y señalando la orilla de la mar.

— Gracias, Rufo, gracias. Tú quieres mucho a Elisa, ¿verdad?

— Sí, señá Isabel, yo quiero mucho a Elisa.

— ¿Te casarías con ella de buena gana?

El rostro del tonto se contrajo extremadamente por una sonrisa. Quedó confuso y avergonzado mirando a la señá Isabel sin atreverse a contestar.

— Vamos, di, ¿no te casarías?

— Usted no quiere[56] — dijo al fin tímidamente.

— ¿Yo no quiero? ¿Quién te ha dicho[57] eso?

— Usted quiere José.[58]

— ¡Bah! Si José fuese pobre no le querría. Tú me gustas más; eres guapo, y no hay en Rodillero quien toque[59] como tú las campanas.

— José no sabe — dijo el idiota con acento triunfal, manifestando una gran alegría.

— ¡Qué ha de saber! José no sabe más que pescar bonito y merluza.[60] . . .

— Y besugo[61] — apuntó Rufo, pasando súbito[62] del gozo a la tristeza.

— Bueno; besugo también; ¿y qué? Tú pescas solo, sin ayuda de nadie, mientras José necesita que le ayuden los amigos. ¿Quieres decirme lo que pescaría José si no tuviese una lancha?

— Tiene dos — volvió a apuntar tristemente Rufo.

— Bien; pero la vieja ya vale poco. . . . ¡Si no fuese por la nueva! . . . Si no fuese por la nueva no le daría yo a Elisa, ¿sabes tú? . . .

Los ojos zarcos[63] y apagados del idiota brillaron un instante con expresión de ira.

— Yo echo pique[64] lancha nueva — exclamó dando con las tenazas que tenía en la mano sobre la peña.

— Porque José tiene obligaciones a que atender — siguió la vieja como si no hubiese oído estas palabras. — Necesita alimentar a su

---

[55] *Todos (serán para) Elisa.*
[56] *Usted no quiere,* You wouldn't permit it.
[57] *ha dicho,* pres. pfct. for pret.
[58] *quiere (a) José.*
[59] *toque,* can ring.
[60] *merluza,* hake.
[61] *besugo,* sea bream.
[62] *súbito,* see Translation Aid IV, No. 2, p. 503.
[63] *zarcos,* light blue.
[64] *echo (a) pique,* I will sink.

madre, que pronto dejará de trabajar, mientras que tú eres libre. Tu padre gana bastante para mantenerse. Además, tienes un hermano rico en la Habana. . . .

— Tiene reloj — dijo Rufo interrumpiéndola.

— Sí, ya lo sé.

— Y cadena de oro que cuelga, señá Isabel.

— Ya sé, ya sé; tú también la tendrías si te casases con mi hija. Serías amo de la fábrica, y ganarías mucho dinero . . . y comprarías un caballo para ir a las romerías [65] con Elisa: ella delante y tú detrás, como va el señor cura [66] de Arnedo con el ama.[67] . . . Y tendrías botas de montar, como el hijo de don Casimiro.

La vieja fué desenvolviendo un cuadro de dicha inocente sin olvidar ningún pormenor, por sandio [68] que fuese, que pudiese halagar al tonto. Éste la escuchaba embebecido y suspenso, sonriendo beatíficamente, como si tuviese delante una visión celestial. Cuando terminó la señá Isabel su descripción, hubo un rato de silencio. Al fin volvió a decir, sacudiendo la cabeza con pesar:

— ¡Si no fuese por José! — Y se quedó mirando reflexivamente al mar.

Rufo se estremeció como si le hubiesen pinchado; puso el semblante hosco,[69] y miró también fijamente al horizonte.

— Vaya, Rufo, me voy hacia casa, que ya me estará [70] esperando Elisa; hasta la vista.

— Adiós — dijo el tonto, sin volver siquiera la cabeza.

La señá Isabel se alejó lentamente. Cuando estuvo ya a larga distancia, se volvió para mirarle. Seguía inmóvil, con los ojos clavados en el mar, como le había dejado.

VI

Acaeció como todos los años.[1] El número harto considerable de lanchas vizcaínas ocasionó, al fin de la costera del bonito, algún malestar en Rodillero. Eran tantas las embarcaciones que se juntaban por las tardes en la ribera, que los pescadores no podían botarlas todas a tierra. Por muy arriba que subiesen [2] las primeras que llegaban de la

---

[65] *romerías*, picnics.
[66] *señor cura*, the priest.
[67] *ama*, housekeeper.
[68] *sandio*, stupid.
[69] *puso . . . hosco*, assumed a gloomy air.
[70] *estará*, fut. of probability.

---

[1] *como . . . años*, as in previous years.
[2] *subiesen*, they would take.

mar, las últimas no tenían ya sitio,[3] y se veían precisados sus dueños a dejarlas en los dominios de la marea, amarradas a las otras. Esto causaba algunos disgustos y desazones.[4] Se murmuraba bastante, y se dirigían de vez en cuando vivas reclamaciones al cabo de mar; pero éste no podía impedir que los vizcaínos continuasen en el puerto, mientras la comandancia[5] de Sarrió no ordenase su partida. Las reyertas, sin embargo, no eran tantas ni tan ásperas como pudiera esperarse, debido al temperamento pacífico, lo mismo de los naturales que[6] de los forasteros.

10 Mientras el tiempo fué propicio (y lo es casi siempre allí en los meses de junio, julio y agosto), todo marchó bastante bien. Mas al llegar septiembre, creció la discordia y la murmuración, con el peligro de las embarcaciones que quedaban a flote.

La mar hacía bailar a las lanchas; embestían unas con otras duramente, y rechinaban cual si se quejasen de los testarazos,[7] produciendo en el silencio y la obscuridad rumor semejante al de una muchedumbre agitada. Parecía en ocasiones plática sabrosa que unas con otras tenían entablada acerca de los varios lances de su vida azarosa;[8] otras veces, disputa[9] acalorada, donde todas a la vez querían mezclarse y 20 dar su opinión; otras,[10] grave y encendida pelea, en que algunas iban a perecer[11] deshechas.

Un suceso desdichado vino al fin a dar la razón a los que más levantiscos andaban[12] y[13] con más afán pedían la salida de los vizcaínos. En cierta noche obscura, aunque serena, del citado mes, la conversación de las lanchas empezó a ser muy animada desde las primeras horas. Pronto degeneró en disputa, que por momentos se fué acalorando.[14] A la una de la madrugada estalló una verdadera y descomunal batalla entre ellas, como nunca antes se había visto. Los vizcaínos, que dormían a bordo, se vieron necesitados a ponerse en pie a toda 30 prisa y a maniobrar[15] oportunamente para no padecer avería.[16] Al fin

---

[3] *las . . . sitio,* there wasn't any room left for the last ones.
[4] *desazones,* uneasiness.
[5] *comandancia,* authorities.
[6] *lo mismo . . . que,* both . . . and. See Translation Aid XI, No. 1, b, p. 514.
[7] *testarazos,* bumps.
[8] *azarosa,* hazardous.
[9] *disputa,* understood: *parecía.*
[10] *otras (veces, parecía).*
[11] *perecer,* to die.
[12] *más . . . andaban,* felt most restless.
[13] *y,* supply: who.
[14] *se . . . acalorando,* became more and more heated.
[15] *maniobrar (las lanchas).*
[16] *avería,* damage.

redobló de tal modo la furia de la marejada,[17] que, juzgándose impo-
tentes para evitar una catástrofe, corrieron por el pueblo dando la voz
de alarma. Acudieron al instante la mayor parte de los hombres y
bastantes mujeres. Cuando llegaron, algunos barcos se habían abierto
ya a poder de las repetidas embestidas.[18] Un vizcaíno llamó con
violencia a la puerta de José:

— José, levántate en seguida; tienes [19] perdida la lancha.

El marinero se alzó despavorido [20] de la cama, se metió los pantalones
y la chaqueta apresuradamente, y corrió descalzo y sin nada en la cabeza
a la ribera. Antes de llegar, con mucho,[21] su oído delicado percibió entre
el estruendo de las olas un ruido seco de malísimo agüero. El espectáculo que confusamente se ofreció a su vista le dejó suspenso.

La mar estaba picada de veras. El trajín [22] de las lanchas que habían
quedado a flote era vertiginoso. Las embestidas menudeaban.[23] Entre el rumor estruendoso [24] de las olas escuchábase más claramente
aquel ruido seco semejante al crujido [25] de huesos. Uníanse a este
formidable rumor las voces de los hombres, cuyas siluetas se agitaban
también vivamente entre las sombras, acudiendo a salvar sus barcos.
Increpábanse [26] mutuamente por no evitar [27] el choque de las lanchas;
pedían cabos para sujetarlas; procuraban a toda costa apartarlas y
dejarlas aisladas. Gritaban las mujeres temiendo más por la vida de
los suyos que por las ruinas de los barcos; respondían los hombres a
sus llamamientos [28] con terribles interjecciones. Todo ello formaba un
ruido infernal que infundía tristeza y pavor. La obscuridad no era tanta
que no consintiese distinguir los bultos. Muchos habían traído farolillos,
que cruzaban velozmente de un lado a otro como estrellas filantes.[29]

Repuesto [30] José de la sorpresa, corrió al sitio donde había quedado
su lancha nueva, que era la que estaba en peligro, pues la vieja se encontraba en seco. Su temor, sin embargo, no era tan grande, porque

[17] *marejada*, swell.
[18] *embestidas*, clashing.
[19] *tienes*, is.
[20] *despavorido*, terrified.
[21] *con mucho*, long before.
[22] *trajín*, coming and going.
[23] *menudeaban*, was frequent.
[24] *estruendoso*, uproarious.
[25] *crujido*, crunching.
[26] *Increpábanse*, They scolded each other.
[27] *no evitar*, not having avoided.
[28] *llamamientos*, calls.
[29] *filantes*, shooting.
[30] *Repuesto* (participial construction). Having recovered; see Translation Aid
VI, No. 2, p. 505.

había tenido la fortuna de llegar a tiempo para anclar [31] detrás de una peña que avanzaba por el mar formando un muelle natural. Saltó en la embarcación más próxima a la orilla, y de una en otra fué pasando hasta el sitio donde la había dejado; pero al llegar se halló con que había desaparecido. En vano la buscó con los ojos en la vecindad; en vano preguntó a sus compañeros. Nadie daba cuenta [32] de ella. Por fin, uno que llevaba farol le gritó desde tierra:

— José, yo he visto [33] hace rato escapar una lancha; no sé si sería la tuya.

10 El pobre José recibió un golpe en el corazón. No podía ser otra, porque las demás estaban allí.

— Si es la tuya, no pudo ir muy lejos — le dijo el marinero que estaba a su lado. — El poco viento que hay es forano; [34] la mar la habrá echado en seguida a tierra.

Estas palabras fueron dichas con ánimo de darle algún consuelo, y nada más. Bien sabía el que las pronunció que con la resaca [35] de aquella noche tanto montaba ser arrastrada por la mar, como echada a tierra.

Sin embargo, José concibió esperanzas.

— ¡Gaspar, dame el farol! — gritó al de tierra.

20 — ¿Dónde vas?

— Por la orilla adelante, a ver si la encuentro.

El marinero que le había consolado, movido de lástima, le dijo:

— Yo te acompaño, [36] José.

El del farol dijo lo mismo. Y los tres juntos dejaron apresuradamente la ribera de Rodillero y siguieron el borde de la mar, registrando escrupulosamente todos los parajes donde pensaban en que la lancha pudiera quedar [37] varada. [38] Después de caminar cerca de una milla entre peñas, salieron a una vasta playa de arena. Allí era donde José tenía cifrada principalmente su esperanza. Si la lancha hubiese varado 30 en ella, estaba salvada. Mas después de recorrerla toda despacio, nada vieron.

— Me parece que es inútil ir más adelante, José — dijo Gaspar.

— El camino de [39] las peñas debe de estar ya tomado [40] por la mar; está subiendo todavía. . . .

[31] *anclar*, to anchor.
[32] *daba cuenta*, could account.
[33] *he visto*, pres. pfct. for pret.
[34] *forano* (*foráneo*), from the sea.
[35] *resaca*, undertow.
[36] *acompaño*, pres. for fut.; see Translation Aid VII, No. 2, b, p. 506.
[37] *pudiera quedar*, might have.
[38] *varada*, run aground.
[39] *de*, over.
[40] *tomado*, flooded.

José insistió en seguir. Tenía esperanza de hallar su lancha en la pequeña ensenada de los Ángeles. Pero la ribera estaba, en efecto, invadida por el agua, y por mucho que se arrimaban a la montaña, todavía los golpes de la mar les salpicaban. Uno de éstos, al fin, bañó completamente a José y le apagó el farol. Entonces los marineros se negaron resueltamente a dar un paso más. Nadie traía cerillas [41] para encenderlo de nuevo. Caminar sin luz era expuesto a romperse la cabeza,[42] o por lo menos una pierna, entre las peñas. José les invitó a volverse, pero negándose a seguirles.

Quedó solo y a obscuras entre la montaña que se alzaba a pico sobre 10 su cabeza, y la mar hirviente y furiosa, cuyas olas, al llegar a tierra, semejaban enormes y obscuras fauces [43] que quisieran tragarlo. Saltando de peña en peña y aprovechando los instantes de calma para salvar los pasos difíciles, consiguió llegar, ya bastante tarde, a la bahía de los Ángeles. Tampoco allí vió nada, por más que se entretuvo buen espacio a reconocer una por una las peñas todas que la cerraban. Rendido, al fin, y maltrecho,[44] con los pies abiertos, empapado y transido,[45] dió la vuelta para casa.

Cuando llegó a la gran playa cercana a Rodillero ya había amanecido. El sol brillaba sobre el horizonte y comenzaba a ascender majestuosa- 20 mente por un cielo azul. El mar seguía embravecido.[46] José detuvo un instante el paso delante de las olas y contempló el panorama con la curiosidad del marino, la cual jamás se agota. No había en su mirada rencor ni desesperación. Avezados [47] a tener su vida y su hacienda en poder de la mar y a ser derrotados en las luchas que con ella sostienen, los pescadores sufren sus inclemencias con resignación y respetan su cólera como la de un Dios irritado y omnipotente. En aquel momento le preocupaba más al marinero un barco que veía allá en los confines del horizonte, batiéndose con las olas, que su propia lancha. Después de observar con atención inteligente sus maniobras 30 un buen rato, siguió caminando hacia el pueblo. Al divisar las primeras casas le asaltó una idea muy triste. Pensó que la pérdida de la lancha iba a estorbar de nuevo su matrimonio ya próximo. Y como si entonces tan sólo se diese cuenta de que iba medio desnudo y mojado, comenzó a tiritar [48] fuertemente.

[41] *cerillas*, matches.
[42] *expuesto . . . cabeza*, exposing oneself to breaking one's neck.
[43] *fauces*, gullet.
[44] *maltrecho*, bruised.
[45] *transido*, exhausted.
[46] *embravecido*, enraged.
[47] *Avezados*, Accustomed.
[48] *tiritar*, to shiver.

VII

La lancha de José había sido la única arrastrada por el agua, lo cual llamó un poco la atención,[1] porque las amarras[2] de tierra no estaban rotas, sino que habían marchado enteras con el barco. Esto no era fácil de explicar, suponiendo, como es lógico, que estuviesen anudadas. Cuando en la baja mar sacó José del agua el ancla de cuatro lengüetas[3] que usan las lanchas, fué grande su sorpresa al ver que el cable no estaba roto por la fuerza de un tirón, sino por medio de un cuchillo o navaja.[4] En vano trató de explicarse de un modo natural aquel extraordinario fenómeno; todo el trabajo de su cerebro[5] era 10 inútil ante la realidad que tenía delante. Al fin, y bien a su pesar,[6] brotó en su alma la sospecha de que allí había andado[7] una mano alevosa. Pero esto le causaba aún mayor sorpresa. ¿De quién podía ser aquella mano? Solamente de un enemigo, y él no tenía ninguno. En el pueblo no había, a su entender, persona[8] capaz de tal villanía. Y para no calumniar a nadie, obrando con su acostumbrada lealtad, determinó no pensar más en ello, ni dar noticia del terrible descubrimiento. Guardólo, pues, en el fondo de su espíritu, haciendo lo posible[9] por olvidarlo enteramente. La pérdida de la lancha no abatió su ánimo, ni mucho menos; pero las consecuencias que consigo trajo 20 le llenaron de amargura.

La señá Isabel mostró tomar parte principal[10] en su pesadumbre; se deshizo en quejas y lamentos; rompió en apóstrofes[11] violentísimos contra los vizcaínos. En todas sus palabras dejaba, sin embargo, traslucir[12] que consideraba muy grave el contratiempo.

— ¿No es una vergüenza que esos zánganos[13] forasteros sean los causantes de la ruina de los vecinos de Rodillero? . . .

Y dirigiéndose a José:

— No te apures, querido, no te apures por quedar arruinado. . . . No te faltará Dios, como no te ha faltado hasta ahora. . . . Trabaja

[1] *llamó . . . atención,* caused some surprise.
[2] *amarras,* cables.
[3] *ancla . . . lengüetas,* anchor with four flukes.
[4] *navaja,* razor.
[5] *trabajo . . . cerebro,* reasoning.
[6] *bien . . . pesar,* much to his regret.
[7] *allí . . . andado,* in all this . . . was involved.
[8] *persona,* anybody.
[9] *lo posible,* everything possible; see Translation Aid V, No. 1, e, p. 504.
[10] *mostró . . . principal,* seemed to share.
[11] *apóstrofes,* imprecations.
[12] *dejaba . . . traslucir,* let it be inferred, however.
[13] *zánganos,* good-for-nothing.

con fe, que mientras uno es joven, siempre hay esperanza de mejorar de fortuna.

Estas palabras de consuelo dejaban profundamente desconsolado a nuestro marinero, pues le advertían bien claramente de que no había que [14] hablar de matrimonio por entonces. Y, en efecto, dejó correr los días sin soltar palabra alguna referente a él, ni delante de la maestra ni a solas [15] con su novia. Pero la tristeza que se reflejaba en el rostro acusaba perfectamente el pesar que embargaba su alma. Algo semejante le acontecía a Elisa. También comprendía que era inútil hablar de boda a su madre, y trataba de ocultar su desazón [16] sin conseguirlo. 10 En las breves conversaciones que con José tenía, ni uno ni otro osaban decirse nada de aquel asunto; pero en lo inseguro de la voz, en las tristes y largas miradas que se dirigían y en el ligero temblor de sus manos al despedirse, manifestaban sin necesidad de explicarse más claramente que la misma idea les hacía a ambos desgraciados. Lo peor de todo era que no podían calcular ya cuándo se calmarían sus afanes. Pensar en que José ahorrase de nuevo para comprar otra lancha, valía tanto como dilatar su unión algunos años.

Mientras los amantes padecían de esta suerte, comenzó a correr por el pueblo, sin saber quién la soltara, la especie de que la pérdida de 20 la lancha no había sido fortuita, sino intencional. La circunstancia de haber marchado enteras las amarras se prestaba mucho a este supuesto. Además, se había sabido también que el cable del ancla no estaba roto, sino cortado. Teresa fué una de las primeras en tener noticia de ello. Y con la peculiar lucidez [17] de la [18] mujer y de los temperamentos fogosos,[19] puso en seguida el dedo en la llaga.

— ¡Aquí anduvo la mano de la maestra! [20]

En vano las comadres le insinuaban la idea de que José tenía en el lugar envidiosos de su fortuna.[21] No quiso oírlas.

—A mi hijo nadie le quiere mal. Aunque haya alguno que le en- 30 vidie, no es capaz de hacerle daño.

Y de esto no había quien la moviera.[22] Irritósele la bilis [23] pen-

[14] *no . . . que*, there was no use; he should not.

[15] *a solas*, alone.

[16] *desazón*, uneasiness.

[17] *lucidez*, lucidity, intelligence.

[18] *la*, a.

[19] *fogosos*, fiery.

[20] *¡Aquí . . . maestra!* The schoolmaster's wife had a hand in this!

[21] *José . . . fortuna*, in the village there were people envious of José's good fortune.

[22] *Y . . . moviera*, And there was no one who could make her change her mind about this.

[23] *bilis*, wrath.

sando en su enemiga, hasta un punto que causaba miedo.[24]   Aquellos
días primeros apenas osaba nadie dirigirle la palabra.   Se puso flaca y
amarilla; pasaba el tiempo gruñendo por casa como una fiera hambrienta.

Por fin, una vez se plantó delante de José con los brazos en jarras,
y dijo:

— ¿Cuánto vamos a apostar [25] a que cojo a la madre de tu novia
por el pescuezo y se lo retuerzo?

José quedó aterrado.

— ¿Por qué, madre? — preguntó con voz temblorosa.

10 — Porque sí; porque se me antoja. . . . ¿Qué tienes que decir a
esto? — repuso ella clavándole una mirada altiva.

El marinero bajó la cabeza sin contestar.   Conociendo bien a su
madre, esperó a que se desahogara.

Viendo que él no replicaba, Teresa prosiguió, pasando súbito de su
aparente calma a una furiosa exaltación:

— Sí; un día la cojo por los pocos pelos que le quedan y la arrastro
hasta la ribera . . . ¡A esa bribona! . . . ¡A esa puerca! . . . ¡A
esa sinvergüenza! [26] . . .

Y siguió recorriendo fogosamente todo el catálogo de los dicterios.[27]

20 José permaneció mudo mientras duró la granizada.[28]   Cuando se fué
calmando, tornó a preguntar:

— ¿Por qué, madre?

— ¿Por qué? ¿Por qué? Porque ella ha sido,[29] ¡esa infame!, quien
te hizo perder la lancha. . . .

— ¿Y cómo sabe usted eso? — preguntó el pescador con calma.[30]

Teresa no lo sabía, ni mucho menos; pero la ira le hizo mantener
en aquel momento que sí,[31] que lo sabía a ciencia cierta, y no teniendo
datos ni razones que exponer en apoyo de su afirmación, las suplía
con gritos, con insultos y amenazas.

30 José trató de disuadirla con empeño, representándole el grave
pecado que era achacar a cualquiera persona una maldad semejante
sin estar bien seguro de ello; pero la viuda no quiso escucharle.
Siguió cada vez con mayor cólera profiriendo amenazas.   Entonces
el marinero, atribulado,[32] pensando en que si su madre llegaba a

[24] *hasta . .   miedo*, to a dangerous point.
[25] *cuánto . . . apostar*, what will you bet.
[26] *sinvergüenza*, shameless hag.
[27] *dicterios*, insults.
[28] *granizada*, hail storm.
[29] *ha sido*, was the one.
[30] *con calma*, see Translation Aid IV, No. 3, p. 503.
[31] *que sí*, that she was the one.
[32] *atribulado*, distressed.

hacer [33] lo que decía, sus relaciones con Elisa quedaban rotas para siempre, exclamó con angustia:

— ¡Madre, por Dios [34] le pido que no me pierda! [35]

Fué tan dolorido el acento con que estas palabras se pronunciaron, que tocó el corazón de Teresa, el cual no era perverso sino cuando la ira le cegaba. Quedó un momento suspensa. Murmuró aún algunas frases duras. Finalmente se dejó ablandar, y prometió estarse quieta. Mas a los tres o cuatro días, en un arranque de mal humor, rompió otra vez en amenazas contra su enemiga. Con esto José andaba triste y sobresaltado,[36] esperando que la hora menos pensada se armase un escándalo que diera al traste con [37] sus vacilantes relaciones.

Teresa no sosegaba tampoco, queriendo a toda costa convertir en certidumbre [38] la sospecha que le roía el corazón. Corría por las casas del pueblo interrogando a sus amigas, indagando con más destreza y habilidad que un experimentado agente de policía. Al cabo pudo averiguar que, días [39] antes del suceso, la señá Isabel había tenido larga plática con Rufo, el tonto, a la orilla del mar. Este dato bañó de luz el tenebroso asunto. Ya no había duda. La maestra era la inteligencia, y Rufo el brazo que había cometido el delito. Entonces Teresa, para obtener la prueba de ello, se valió de un medio tan apropiado a su genio como [40] oportuno en aquella sazón. Buscó inmediatamente a Rufo. Hallólo en la ribera rodeado de unos cuantos marineros que se solazaban zumbándole,[41] y dirigiéndose a él de improviso, lanzando rayos de cólera por los ojos,[42] le dijo:

— ¿Conque has sido [43] tú, gran pícaro, el que soltó los cabos de la lancha de mi hijo para que se perdiese? ¡Ahora mismo vas a morir a mis manos!

El tonto, sorprendido de este modo, cayó en el lazo. Dió algunos pasos atrás, empalideció [44] horriblemente, y plegando las manos, comenzó a decir lleno de miedo:

— ¡Peldóneme,[45] señá Telesa! . . . ¡Peldóneme, señá Telesa! . . .

---

[33] *llegaba a hacer*, should finally do.
[34] *por Dios*, for Heaven's sake.
[35] *que . . . pierda*, not to spoil everything for me.
[36] *sobresaltado*, fearful.
[37] *diera . . . con*, would ruin.
[38] *certidumbre*, certainty.
[39] *días*, a few days.
[40] *como*, as it was.
[41] *se . . . zumbándole*, found pleasure in teasing him.
[42] *lanzando . . . ojos*, her eyes flashing with rage.
[43] *has sido*, pres. pfct. for pret.
[44] *empalideció*, became pale.
[45] *Peldóneme = Perdóneme.*

Entonces ella se vendió [46] a su vez. En vez de seguir en aquel tono irritado y amenazador,[47] dejó que apareciese en su rostro una sonrisa de triunfo.

— ¡Hola! ¿Conque has sido tú, de veras? . . . Pero de ti no ha salido esa picardía [48] . . ., eres demasiado tonto. . . . Alguien te ha inducido a ello. . . . Te lo ha aconsejado la maestra, ¿verdad?

El tonto, repuesto ya del susto y advertido por aquella sonrisa, tuvo la suficiente malicia para no comprometer a la madre de su ídolo.

— No, señola; no, señola; fuí yo solo. . . .

10 Teresa trató con empeño de arrancarle el secreto; pero fué en vano. Rufo se mantuvo firme. Los marineros, cansados de aquella brega,[49] dijeron a una voz:

— Vamos, déjele ya, señá Teresa; no sacará nada en limpio.

La viuda, persuadida hasta la evidencia de que la autora de su infortunio era la señá Isabel, y rabiosa y enfurecida por no habérselo podido [50] sacar del cuerpo al idiota, corrió derechamente a casa de aquélla. Estaba a la puerta de la tienda cosiendo. Teresa la vió de lejos y gritó con acento jocoso: [51]

— ¡Hola, señá maestra! [52] ¿Está usted cosiendo? Allá voy a ayu-20darla a usted un poquito.

No sabemos lo que la señá Isabel encontraría [53] en aquella voz de extraordinario, ni lo que vería en los ojos de la viuda al levantar la cabeza. Lo cierto es que se alzó súbitamente de la silla, se retiró con ella y atrancó la puerta, todo con tal presteza, que por mucho que Teresa corrió, ya no pudo alcanzarla. Al verse defraudada, empujó con rabia la puerta, gritando:

— ¿Te escondes, bribona? ¿Te escondes? . . .

Pero al instante apareció en la ventana la señá Isabel diciendo con afectado sosiego:

30 — No me escondo, no; aquí me tienes.[54]

— Baje usted un momento, señora — replicó Teresa disfrazando con una sonrisa el tono amenazador que usaba.

— ¿Para qué me quieres abajo? ¿Para verte mejor esa cara de zorra vieja que te ha quedado? [55]

---

[46] *se vendió*, gave herself away.
[47] *amenazador*, threatening.
[48] *de . . . picardía*, that dirty trick wasn't thought up by you.
[49] *brega*, quarrel.
[50] *por . . . podido*, because she had been unable.
[51] *con . . . jocoso*, in a joking tone.
[52] *señá maestra*, translate: madam.
[53] *encontraría*, could have found.
[54] *me tienes*, I am.
[55] *¿Para . . . quedado?* For me to see your old foxy face better?

Este feroz insulto fué dicho con voz tranquila, casi amistosa. Teresa se irguió bravamente sintiendo el acicate,[56] y alzando los puños a la ventana, gritó:

— ¡Para arrancarte esa [57] lengua de víbora y echársela a los perros, malvada!

Algunos curiosos rodeaban ya a la viuda; otros se asomaban a las ventanas de las casas vecinas esperando con visible satisfacción el espectáculo tragicómico que se iniciaba.

— A los perros hace tiempo que estás echada tú,[58] pobrecilla — dijo, contestando sin inmutarse a la terrible amenaza de Teresa. 10

— ¡Eso quisieras tú; echarme a los perros! Para empezar me quieres echar a pedir limosna,[59] quitándome el pan.

— ¿Qué te he quitado yo?

— La lancha nueva de mi hijo, ¡infame!

— ¿Que me he comido yo la lancha de tu hijo? ¡No creía tener tan buenas tragaderas! [60]

Los curiosos rieron. Teresa, encendida de furor, gritó:

— Ríete, pícara, ríete, que ya sabe todo el pueblo que has sido [61] tú la que indujo al tonto del sacristán a cortar los cables de la lancha.

La maestra empalideció [62] y quedó un instante suspensa; pero re- 20 puesta en seguida, dijo:

— Lo que sabe todo el pueblo es que hace tiempo que debieras estar encerrada, por [63] loca.

— Encerrada, pronto lo [64] serás tú en la cárcel. ¡Te he de llevar a la cárcel, o poco he de poder! [65]

— Calla,[66] tonta, calla — dijo la maestra, dejando aparecer en su boca una sonrisa; — ¿no ves que se están riendo de ti?

— ¡A la cárcel! ¡A la cárcel! — repitió la viuda con energía; y volviéndose a los circunstantes, preguntó enfáticamente: — ¿Habéis visto nunca mujer más perversa? . . . La madre murió de un golpe 30 que le dió esta bribona con una sartén, bien lo sabéis. . . . Echó de casa a su hermano y le obligó a sentar plaza. . . . A su marido, que era un buen hombre, le dejó morir como a un perro, sin médico

---

[56] *acicate*, sting.
[57] *esa*, your.
[58] *A . . . tú*, You went to the dogs a long time ago.
[59] *me . . . limosna*, you want to make a beggar out of me.
[60] *tan . . . tragaderas*, such a wide gullet.
[61] *has sido*, pres. pfct. for pret.
[62] *empalideció*, became pale.
[63] *por*, as.
[64] *lo*, see Translation Aid V, No. 1, b, p. 504.
[65] *o . . . poder*, if it is the last thing I do.
[66] *Calla*, Keep quiet!

y sin medicinas, por no gastarse los cuartos . . ., que tampoco eran suyos. Y si no mata a este que ahora tiene, consiste en que [67] es un calzonazos [68] que no la estorba para nada.

En este momento, don Claudio, que estaba [69] detrás de su mujer sin atreverse a intevenir en la contienda, sacó su faz deprimida [70] y más fea aún por la indignación que reflejaba, diciendo:

— ¡Cállese usted, deslenguada; [71] váyase usted de aquí, o doy parte en seguida al señor alcalde!

Pero la maestra, que refrenaba con grandísimo trabajo la ira, halló
10 medio de darla algún respiro [72] sin comprometerse, y extendiendo el brazo, le pegó un soberbio mojicón de mano vuelta en el rostro. El pobre pedagogo, al verse maltratado tan inopinadamente, [73] sólo tuvo ánimo para exclamar, llevándose las manos a la parte dolorida:

— ¡Mujer!, ¿por qué me castigas?

Teresa estaba tan embebida en la enumeración de las maldades de su enemiga, que no advirtió aquel chistoso incidente, y siguió diciendo a la muchedumbre que la rodeaba:

— Ahora roba el dinero de su hija, lo que el difunto tenía [74] de sus padres, y no la deja casarse por no soltar la tajada. . . . ¡Antes
20 dejará los dientes en ella! [75] . . .

La señá Isabel lanzó una carcajada estridente.

— ¡Vamos, ya pareció aquello! [76] Estás ofendida porque no quiero que mi hija se case con el tuyo, [77] ¿verdad? Quisieras echar las uñas a mi dinero y divertirte con él, ¿verdad? Lámete, [78] pobrecilla, lámete, que tienes el hocico untado. [79]

La viuda se puso encarnada como una brasa.

— Ni mi hijo ni yo necesitamos de tu dinero. Lo que queremos es que no nos robes. ¡Ladrona!, ¡ladrona! . . ., ¡ladrona! . . ., ¡ladrona!

El furor de que estaba poseída le hizo repetir innumerables veces
30 esta injuria, exponiéndose a ser procesada. [80] En cambio, la maestra procuraba insultarla a mansalva. [81]

---

[67] *consiste en que,* it is because.
[68] *calzonazos,* "sissy."
[69] *estaba,* was standing.
[70] *deprimida,* dejected.
[71] *¡Cállese . . . deslenguada!* Shut your loud mouth!
[72] *respiro,* outlet.
[73] *inopinadamente,* unexpectedly.
[74] *tenía,* had received.
[75] *¡Antes . . . ella!* She would rather lose her teeth holding on to it!
[76] *ya . . . aquello,* now you are coming out with it.
[77] *el tuyo,* your son.   [78] *lámete,* lick yourself.
[79] *que . . . untado,* for you won't get more than a taste of it.
[80] *procesada,* sued.   [81] *a mansalva,* without risk.

— ¡Ladrona!, ¡ladrona!, ¡ladrona! — gritaba la viuda, a quien ahogaba el coraje.

— Calla, tonta, calla — decía la señá Isabel sin caérsele la sonrisa de los labios.[82] — Vamos, por lo visto, tú quieres que te llame *aquello.* . . .

— ¡Has de parar en la horca, bribona!

— No te empeñes en que te llame *aquello*, porque no quiero. — Y volviéndose a los circunstantes, exclamaba con zumba:[83] — ¡Será terca esta mujer,[84] que se empeña en que le llame *aquello!* . . . ¡Y yo, no quiero! . . . ¡Y yo, no quiero!   10

Al decir estas palabras abría los brazos con una resolución tan graciosa, que excitaba la risa de los presentes. El furor de Teresa había llegado al punto máximo. Las injurias que salían de su boca eran cada vez más groseras y terribles.

Por último, rendida a[85] tanto esfuerzo y casi perdida la voz, se alejó definitivamente. Los curiosos la perdieron de vista entre las revueltas de la calle. La señá Isabel, victoriosa, le gritó aún desde la ventana:

— ¡Anda, anda; vete a casa y toma tila[86] y azahar; no sea cosa que[87] te dé la perlesía,[88] y revientes!

Teresa padecía, en efecto, del corazón, y solía resentirse cuando 20 experimentaba algún disgusto. En cuanto llegó a casa cayó en un accidente[89] tan grave, que fué necesario llamar apresuradamente al cirujano[90] del lugar.

VIII

Cuando a la tarde llegó José de la mar y se enteró de lo acaecido,[1] experimentó el más fiero dolor de su vida. No pudo medirlo bien, sin embargo, hasta que su madre salió del accidente. Los cuidados que exigía y la zozobra que inspiraba le hacían olvidar en cierto modo su propia desdicha. Mas al ponerse buena[2] a los dos o tres días, sintió tan viva y tan cruel la herida de su alma, que estuvo a punto de

---

[82] *sin . . . labios*, without the smile leaving her lips.
[83] *con zumba*, jestingly; see Translation Aid IV, No. 3, p. 503.
[84] *¡Será . . . mujer!* This woman certainly is stubborn!
[85] *a*, by.
[86] *tila*, tea of linden flowers.
[87] *no . . . que*, you might.
[88] *perlesía*, palsy.
[89] *cayó . . . accidente*, had an attack.
[90] *cirujano*, doctor.

---

[1] *lo acaecido*, what had happened.
[2] *al . . . buena*, when she recovered.

adolecer.[3] No salió de sus labios, a pesar de esto, una palabra de recriminación. Enterró su dolor en el fondo del pecho y siguió ejecu-
tando la tarea cotidiana con el mismo sosiego aparente. Pero al llegar
de la mar por las tardes, en vez de ir a la tienda de la maestra o pasar
un rato en la taberna con sus amigos como antes, se metía en casa,
así que despachaba los negocios del pescado, y no volvía a salir hasta
el siguiente día a la hora de embarcarse.

Esta resignación mortificaba aún más a Teresa que una reyerta cada
hora. Andaba inquieta y avergonzada. Su corazón de madre padecía
al ver el dolor mudo y grave de su hijo. Aunque no se hubiese apagado, ni mucho menos,[4] en su alma la hoguera de la cólera, y deseaba
frenéticamente tomar venganza acabada de la señá Isabel, empezaba a
sentir algo parecido al remordimiento. Pero no fué parte esto a impedir que demandase judicialmente al sacristán reclamándole los daños
causados por su hijo Rufo, quien por su inocencia no era responsable
ante la Ley. Y como el hecho estaba bien probado, el juez de Sarrió
condenó al cabo al sacristán a encerrar en casa al tonto y a resarcir [5]
el valor de la lancha a José. Lo primero fué ejecutado al punto; mas
a lo segundo no era fácil darle cumplido efecto. El sacristán vivía de
los escasos emolumentos [6] que el cura le pagaba, y no se le conocían
más bienes de fortuna.[7] Cuando el escribano fué a embargarle la
hacienda vióse necesitado [8] de tomar los muebles, los enseres [9] de
cocina y las ropas de cama, todo lo cual, viejo y estropeado, produjo
poquísimo dinero. Mas la sacristana debía de estimarlo [10] como si
fuese de oro y marfil, a juzgar por el llanto y los suspiros que le costó
desprenderse de ello. Tenía esta mujer opinión de [11] bruja en el
pueblo. Las madres la miraban con terror y ponían gran cuidado en
que no besara a sus pequeños; los hombres la consultaban algunas
veces cuando hacían un viaje largo para saber su resultado.

Al ver que le arrebataban de casa sus muebles, prorrumpió en maldiciones tan espantosas contra Teresa y su hijo, que consiguió horrorizar a los curiosos que, como sucede siempre en tales casos, habían
seguido al escribano y al alguacil.

---

[3] *adolecer*, becoming ill.
[4] *Aunque . . . menos*, Although . . . was far from being extinguished.
[5] *resarcir*, to make good.
[6] *emolumentos*, fees.
[7] *no . . . fortuna*, he was not known to have other means.
[8] *necesitado*, forced.
[9] *enseres*, utensils.
[10] *debía . . . estimarlo*, must have valued it all. See Translation Aid III, No.
2, p. 502.
[11] *opinión de*, reputation of being a.

— ¡Permita Dios que esa bribona pida limosna por las calles y la ahorquen después por ladrona! ¡Permita Dios que se le haga veneno lo que coma! ¡Permita Dios que su hijo vaya un día a la mar y no vuelva!

Mientras los ministros de la justicia desempeñaron su tarea, no cesó de invocar al cielo y al infierno contra sus enemigos. Los vecinos que se hallaban presentes marcharon aterrados.

— No quisiera estar ahora en el pellejo de José el de [12] la viuda — decía un marinero viejo a los que iban con él. Hay que temer las maldiciones de esta mujer.

— No será tanto [13] — repuso otro más joven y más despreocupado.[14] 10

Cuando los demás vecinos tuvieron noticia de las tremendas maldiciones proferidas [15] por la mujer del sacristán, también compadecieron sinceramente a José. La misma Teresa, al saberlo, se sintió atemorizada, por más que la soberbia le hiciese ocultar el miedo.

A la hora de comer, la señá Isabel, que lo había aprendido en la calle, se lo notificó a su hija con extremado deleite.

— ¿No [16] sabes una cosa, Elisa?

— ¿Qué?

— Que [17] hoy fueron a embargar los muebles a Eugenia la sacristana por lo que hizo su hijo Rufo con la lancha de José. . . . ¡Pero anda, 20 que no les arriendo la ganancia ni a éste ni a su madre! [18] . . . Las maldiciones que aquella pobre mujer les echó no son para dichas.[19] . . . Creo que daban miedo.

Elisa, cuya alma impresionable [20] y supersticiosa conocía bien la maestra, se puso pálida.

— ¡Fueron espantosas, según cuentan! — prosiguió la vieja, relamiéndose [21] interiormente. — Que había de verles pidiendo limosna por las calles . . .; que ojalá José necesitase robar para comer y le viese después colgado de una horca, o que saliese un día a la mar y no volviese. . . . 30

Las manos de Elisa temblaban al llevar la cuchara a la boca, mientras su madre, con refinada crueldad, repetía una por una las atrocidades

---

[12] *el de* = *el hijo de.*
[13] *No . . . tanto,* It can't be as bad as that.
[14] *otro . . . despreocupado,* a younger and more unconventional man.
[15] *proferidas,* uttered.
[16] *No,* omit in translating.
[17] *Que,* see Translation Aid IV, No. 4, e, p. 503. See also line 21.
[18] *¡Pero . . . madre!* Honestly, I would not like to be in the shoes of either the son (the latter) or the mother!
[19] *no . . . dichas,* are too terrible to be repeated.
[20] *impresionable,* sensitive.
[21] *relamiéndose,* rejoicing.

que por la mañana había proferido la sacristana. Al fin, algunas lágrimas salieron rodando de sus ojos hermosos. La maestra, al verlas, se indignó terriblemente.

— ¿Por qué lloras, mentecata? ¿Habrá [22] en el mundo muchacha más bobalicona? [23] . . . ¡Aguarda un poco, que yo te daré motivo para llorar! [24]

Y levantándose de la silla, le aplicó un par de soberbias bofetadas, que enrojecieron las mejillas de la cándida doncella.

Mientras tales sucesos acaecían, estaba feneciendo en Rodillero la
10 costera del bonito; por mejor decir, había terminado enteramente. Corrían los postreros días de octubre. El tiempo estaba sereno. La mar se rizaba levemente en toda su extensión [25] al paso de [26] las brisas frías del otoño.

Había llegado la época propicia para la pesca de la sardina, más descansada y de menos peligro que la del bonito. Desgraciadamente, aquel año se presentó muy poca en la costa. Las lanchas salían por mañana y tarde y regresaban la mayor parte de los días sin traer sobre los paneles [27] el valor de la raba [28] que habían echado al agua como cebo. ¡Qué distinto aquel año del anterior, en que se pescaba en una
20 hora lo bastante para tornarse a casa satisfechos!

El hambre iba, pues, a presentarse muy pronto en Rodillero, porque los pescadores viven ordinariamente para el día, sin acordarse del siguiente. Algunos de ellos, no obstante, se defendían de la miseria persistiendo en salir al [29] bonito, aunque éste andaba escaso también, y se corría ya, por lo avanzado de la estación, grave riesgo en pescarlo. La mar, en esta época, se alborota presto. El viento, a veces, también cae de un modo repentino,[30] y las lanchas necesitan alejarse mucho para hallar aquel pescado. José era uno de estos marineros temerarios; pero vencido al fin de [31] las amonestaciones de los viejos y de
30 su propia experiencia, que también se lo mandaba, determinó de suspender las salidas al bonito [32] y dedicarse a la sardina,[33] aunque con poquísimas esperanzas de obtener buen resultado.

[22] *¿Habrá . . . ?* Can there possibly be . . . ?
[23] *bobalicona,* stupid.
[24] *motivo . . . llorar,* something to cry about.
[25] *en . . . extensión,* over its entire expanse.
[26] *al . . . de,* under.
[27] *paneles,* floor boards (of a boat).
[28] *raba,* codfish roe.
[29] *salir al,* going out fishing for.
[30] *cae . . . repentino,* comes all of a sudden.
[31] *vencido . . de,* finally yielding to.
[32] *las . . . bonito,* the fishing trips after bonito.
[33] *a la sardina,* to the fishing of sardines.

Antes de emprender esta[34] pesca se fué una mañana por tierra a Sarrió con el objeto de comprar raba. Había amanecido un día sereno. El mar presentaba un color lechoso.[35] El sol se mantuvo largo rato envuelto en leve gasa blanca; los cabos, en vapor transparente y azulado. Sobre la llanura del mar, el cielo aparecía estriado[36] de nubes matizadas[37] de violeta y rosa. A las diez de la mañana el sol rompió su envoltura, disipáronse las nubes, y comenzó a ventar[38] fresco del Nordeste. A la una de la tarde la brisa se fué calmando, y apareciendo[39] por la parte de tierra algunas nubecillas blancas como copos de lana. Se indicó el contraste.[40] A la media hora ya se había decla- 10 rado.[41] El viento del Oeste consiguió la victoria sobre su enemigo, y comenzó a soplar reciamente, pero sin inspirar cuidado. Sin embargo, su fuerza fué aumentando poco a poco, de suerte que a las tres soplaba ya huracanado.[42]

Los marineros que estaban en el pueblo habían acudido todos a la ribera. A partir de esta hora, fué aumentando por momentos la fuerza del vendaval. Comenzó a sentirse en el pueblo la agitación[43] del miedo — un rumor sordo y confuso producido por las idas y venidas[44] de la gente, por las preguntas que los vecinos se dirigían unos a otros. Las mujeres dejaban las ocupaciones de la casa y salían a las puertas 20 y a las ventanas, y se miraban asustadas, y se interrogaban con los ojos y con la lengua:[45]

— ¿Han llegado las lanchas?

— ¿Están las lanchas fuera?

Y unas después de otras, las que tenían a los suyos en el mar enderezaron sus pasos hacia la ribera, formando grupos y comunicándose sus temores. Mas antes de que pudiesen llegar allá, el viento se desató violento e iracundo, como pocas veces se había visto.[46] En pocos minutos se convirtió en un terrible y pavoroso huracán. Al cruzar por el estrecho barranco de Rodillero, con ruido infernal, batió 30 furiosamente las puertas de las casas, arrebató algunas redes que se

---

[34] *esta*, this kind of.
[35] *lechoso*, milky.
[36] *estriado*, streaked.
[37] *matizadas*, tinted.
[38] *ventar*, to blow.
[39] *y (fueron) apareciendo*.
[40] *Se . . . contraste*, A sudden change of weather became evident.
[41] *declarado*, begun.
[42] *soplaba ya huracanado*, was blowing a hurricane.
[43] *la agitación*, a flurry.
[44] *idas y venidas*, see Translation Aid V, No. 2, p. 504.
[45] *la lengua*, distributive construction; see Translation Aid VI, No. 3, a, p. 505.
[46] *se . . . visto*, they had seen.

hallaban tendidas en las ventanas, y arrojó remolinos de inmundicia a los ojos de los vecinos. Las mujeres, embargadas por el miedo, suspendieron toda conversación y corrieron desaladas [47] a la playa. Los demás habitantes, hombres, mujeres y niños, que no tenían ningún pariente en la mar, dejaron también sus casas y las siguieron. Por la calle no se oía más que este grito: «¡Las lanchas!, ¡las lanchas!»

Al desembocar aquella muchedumbre en la ribera, el mar ofrecía un espectáculo hermoso más que imponente. Los vientos repentinos no traen consigo gran revolución en las aguas por el momento, sino una
10 marejada viva y superficial. Así que la vasta llanura sólo estaba fuertemente fruncida. Brillaban en toda su extensión infinitos puntos blancos, surgiendo y desapareciendo alternativamente, a modo de mágico chisporroteo.[48] Pero los centenares de ojos clavados en el horizonte con ansiedad no vieron señal ninguna de barco. Entonces una voz gritó: — «¡A San Esteban! . . . ¡A San Esteban!» — Todos dejaron la ribera para subir a aquel monte, que señoreaba [49] una extensión inmensa de agua. La mayoría se fué a buscar corriendo el camino que por detrás del pueblo conducía a él; mas los niños y las pobres mujeres que tenían a sus esposos y hermanos en la mar se pusieron a
20 escalarlo a pico. La impaciencia, el terror, el ansia, les daban fuerza para trepar por las rocas puntiagudas y la maleza.

Cuando llegaron a la cima y tendieron la vista por la gran planicie [50] del Océano, vieron en los confines del horizonte tres o cuatro puntos blancos. Eran las lanchas. Después fueron apareciendo [51] sucesivamente otros varios, mostrándose unos y otros cada vez con más precisión.

El viento hacía tremolar [52] vivamente los pañuelos de las mujeres, y obligaba a los hombres que gastaban sombrero a tenerlo sujeto en la mano. Reinaba silencio ansioso en aquel puñado de seres humanos.
30 El huracán zumbaba con fuerza en los oídos, hasta aturdirlos y ensordecerlos.[53] Todos los ojos estaban clavados en aquellos puntitos blancos que parecían [54] inmóviles allá en el horizonte. Después de aguardar largo rato, apareció por el Cuerno una lancha con el borriquete [55] solamente a medio izar.[56]

[47] *desaladas*, hastily.
[48] *chisporroteo*, scintillation.
[49] *señoreaba*, overlooked.
[50] *planicie*, surface.
[51] *fueron apareciendo*, began to appear.
[52] *tremolar*, flutter.
[53] *aturdir . . . ensordecer*, translate in the past.
[54] *parecían*, supply: to be.
[55] *borriquete*, top mast sail.   [56] *a . . . izar*, half hoisted.

— ¡Es la de Nicolás de la Tejera! — dijeron a un tiempo varias voces.

— ¡Alabado sea Dios! — ¡Bendita sea la Virgen Santísima! — ¡El Santo Cristo hermoso los ha salvado! — dijeron casi a un tiempo las esposas y las madres de los que la tripulaban.

Luego vino otra, y luego otra, y así sucesivamente fueron apareciendo unas tras otras las lanchas. El grupo del monte de San Esteban iba mermando poco a poco a medida que las barcas entraban en la ensenada de Rodillero. Pronto quedó reducido a un puñado de personas. Faltaba una sola lancha. En la ribera se sabía ya que aquella lancha no había de llegar, porque había zozobrado; [57] pero [10] nadie osaba subir a San Esteban a notificarlo. Las pobres mujeres que allí estaban esperaban con sus pequeñuelos de la mano, silenciosas, inmóviles, presintiendo su desgracia, y haciendo esfuerzos por alejar del pensamiento la terrible idea.

El sol se ocultaba ya entre rojizos [58] resplandores. El viento aun persistía en soplar furiosamente. Las aguas del Océano dejaban de fruncirse y comenzaban a hincharse con soberbia. Las esposas y madres seguían con los ojos clavados en el mar, esperando siempre ver aparecer los suyos. Nadie se decía una palabra ni de temor ni de consuelo; mas, sin advertirlo ellas mismas, algunas lágrimas saltaban [20] a los ojos. El viento las secaba prontamente.

Mientras esto acaecía en Rodillero, José caminaba apresuradamente la vuelta de él por la carretera de Sarrió. Como marino experimentado, comprendió a las primeras señales de contraste [59] que iba a caer un viento peligroso. Al observar la violencia inusitada [60] de las ráfagas, se dijo lleno de tristeza: — «Es imposible que hoy no suceda ninguna desgracia en Rodillero.» — Y apretó cuanto pudo el paso. De vez en cuando se detenía unos instantes para subir a alguna eminencia del camino y escrutar atentamente los horizontes de la mar en busca de las lanchas. Cuando el huracán llegó a su mayor poder,[61] no le fué [30] dado resistir la impaciencia. Dejó el barril de raba que había comprado en manos de otro caminante [62] que halló por casualidad, y se dió a correr como un gamo [63] hasta perder el aliento.

Cuando alcanzó las primeras casas del pueblo era ya muy cerca del obscurecer. Un grupo de chicos estaba jugando a los bolos [64] en las afueras. Al pasar por delante, uno de ellos le dijo:

[57] *zozobrado*, capsized.
[58] *rojizos*, reddish.
[59] *contraste*, sudden change of weather.
[60] *inusitada*, unusual.
[61] *mayor poder*, peak.
[62] *caminante*, traveler.
[63] *gamo*, deer.
[64] *jugando . . . bolos*, playing at ninepins.

— José, la lancha de Tomás se perdió.

El marinero detuvo el paso y preguntó visiblemente conmovido:

— ¿Donde iba mi cuñado Nicasio?

El muchacho bajó la cabeza sin contestar, asustado ya y arrepentido de habérselo dicho.

José se puso terriblemente pálido. Quitóse la boina y comenzó a mesarse [65] los cabellos, dejando escapar [66] palabras de dolor y gemidos.[67] Siguió caminando hacia el pueblo, y entró en él escoltado [68] por el grupo de chicos y por otros muchos que se les fueron agregando.

10 — «Ahí va José; ahí va José el de la viuda» [69] — se decían los vecinos acercándose a las puertas y ventanas para verle pasar descolorido y con la boina en la mano. Al cruzar por delante de una taberna, salieron de ella tres o cuatro voces llamándole; y otros tantos marineros acudieron a detenerle, y le hicieron entrar. Bernardo era uno de ellos; otro, el Corsario.

— Acaban de decirme que se perdió la lancha de Tomás. . . . ¿No se salvó ninguno? — preguntó temblándole la voz, al poner el pie en la taberna.

Ninguno de los marineros esparcidos por ella le respondió. Después de algunos instantes de silencio, uno le dijo:

20 — Vamos, José; toma un vaso de vino, y serénate. Todos estamos sujetos a lo mismo.[70]

José se dejó caer sentado [71] sobre el banco próximo al mostrador, y metió la cabeza entre las manos, sin hacer caso del vaso que su compañero le puso delante. Al cabo de un rato, sin embargo, alargó la mano para cogerlo y bebió con avidez. Pensaba que su hermana quedaba con seis niños, el mayor de once años, sin más amparo que la capa del cielo. Y por más que sus hermanas jamás habían sido buenas para él y le habían ocasionado muchos pesares,[72] todavía les dedicaba [73] en su corazón un cariño inmenso.

30 He aquí que [74] se oyen [75] fuertes gritos en la calle, y casi en el mismo instante entra en la taberna, con violencia, la hermana de nuestro

[65] mesarse, to tear.
[66] dejando escapar, uttering.
[67] gemidos, moans.
[68] escoltado, escorted.
[69] el (el hijo) de la viuda.
[70] lo mismo, the same fate.
[71] se . . . sentado, dropped.
[72] muchos pesares, much sorrow.
[73] les dedicaba, had . . . for them.
[74] He . . . que, Suddenly.
[75] se oyen, pres. for pret. to make the action more dramatic; see Translation Aid VII, No. 2, a, p. 506.

marinero, la que acababa de quedar viuda, suelto el cabello, el rostro demudado [76] y rodeada de sus hijos. Se abalanza [77] a José y se arroja en sus brazos rompiendo en agudos gemidos, que dejan silenciosos y graves a todos los marineros. Aquél la recibe también llorando. Cuando se separan, la mujer recoge sus niños y, empujándolos hacia José, les dice, con cierta expresión teatral que repugna a los circunstantes, bien enterados de lo mucho [78] que aquél había sufrido por su causa: [79]

— Hijos míos, ya no tenéis quien os mantenga; pedid de rodillas a vuestro tío que sea vuestro padre; él, que es tan bueno, os amparará. 10

El noble marinero no advierte, como los demás, la hipocresía de su hermana. Abraza a los niños y les besa diciendo:

— No tengáis cuidado, pobrecitos; mientras yo tenga un pedazo de pan, será vuestro y de vuestra madre.

Después se limpia las lágrimas y dice a su hermana:

— Vaya, llévalos a casa, que ya es de noche.

José permanecía silencioso al lado del mostrador, apurando de vez en cuando el vaso de vino que la tabernera [80] le presentaba. Al fin, tanto fué lo que bebió, sin advertirlo, que perdió la cabeza y fué pre- 20 ciso transportarlo a casa en completo estado de embriaguez.[81]

IX

Recogió, en efecto, a la viuda y sus hijos en casa y los mantuvo todo lo bien que le consentían sus escasos recursos. Pero éstos, en vez de aumentar, fueron disminuyendo. La costera de la sardina fué desdichada hasta el fin. No hubo apenas congrio ni merluza.[1] Cuando llegó la del besugo,[2] por los meses de diciembre y enero, José estaba empeñado en más de mil reales, y aún le faltaba pagar cuatro barriles de raba, que ascendían a una respetable cantidad. Viéndose perseguido por los acreedores, se deshizo de su lancha, la cual, por ser vieja y venderse con prisa, le valió poco dinero. Una vez sin lancha, 30

[76] *demudado*, distorted.
[77] *Se abalanza*, She rushed to.
[78] *lo mucho*, see Translation Aid V, No. 1, d, p. 504.
[79] *por su causa*, on their account.
[80] *tabernera*, innkeeper's wife.
[81] *completo . . . embriaguez*, state of complete drunkenness.

---

[1] *congrio ni merluza*, conger eel or hake.
[2] *besugo*, sea bream.

no tuvo más remedio que entrar de simple compañero [3] en otra, ganando, como los demás, una soldada,[4] que aquel año era cortísima.

Agregábase a estas calamidades la de no tener sosiego en su casa. Su madre no sufría con paciencia los reveses de la fortuna: se rebelaba contra ella, armando por el más liviano motivo una batahola,[5] que se oía de todos los rincones del pueblo. Dentro de casa, su hija, sus nietos y el mismo José, cuando llegaba de la mar, eran víctimas de aquella cólera que se le había derramado por el cuerpo y que la aho-
10 gaba. Por otra parte, la hermana casada no veía con buenos ojos que la viuda y sus hijos se estuviesen comiendo todo lo que había en casa de su madre y la dejasen arruinada, cuando ella no había sacado ni un mal jergón [6] (eran sus palabras); y no dejaba de echárselo en cara siempre que podía, y de ahí se originaban pendencias repugnantes que convertían la vivienda en un verdadero infierno.

La miseria, el trabajo, la discordia doméstica, no serían poderosos a [7] abatir el ánimo del pescador si a ellos no se añadiese la soledad del corazón, que es el desengaño. Educado en la desgracia, padeciendo desde que nació todos los rigores de la suerte, luchando con la fero-
20 cidad de la mar y con los caracteres no menos feroces de su madre y hermanas, poco le importaría [8] un latigazo [9] más de la fortuna si su vida no hubiera sido iluminada un instante por el sol de la dicha. Pero había tropezado con el amor en su monótona existencia, y había tropezado [10] al tiempo mismo en que alcanzaba también el bienestar material. De pronto, bienestar y amor se habían huido. Apagóse el rayo de luz. Quedó sumido en las tinieblas de la miseria y la soledad. Y si es cierto que no existe mayor dolor que recordar el tiempo feliz en la desgracia, no es maravilla que el pobre José buscase un leni-tivo [11] al suyo y el olvido momentáneo de sus penas en la ficticia ale-
30 gría que el vino comunica.

Desde la reyerta [12] de su madre con la señá Isabel no había vuelto a hablar con Elisa, ni la había visto sino de lejos. En cuanto divisaba su figura (y era pocas veces, porque se pasaba el día entero en la mar),

[3] *no . . . compañero*, he could do nothing but work as an ordinary sailor.
[4] *una soldada*, wages, a day's pay.
[5] *armando . . . batahola*, raising . . . such a rumpus.
[6] *jergón*, (straw) mattress.
[7] *no . . . a*, would not have been powerful enough to.
[8] *importaría*, translate with a cond. pfct.
[9] *latigazo*, lash.
[10] *tropezado*, found it.
[11] *lenitivo*, relief.
[12] *reyerta*, quarrel.

se alejaba corriendo o se mezclaba en un grupo para no tropezar con ella, o buscaba asilo en la taberna inmediata. Al principio esto fué por vergüenza y miedo. Temía que Elisa estuviese ofendida y no le quisiera saludar. Más adelante la maledicencia, que en tales casos nunca deja de andar suelta, trajo a sus oídos la noticia de que la joven estaba ya inclinada a despreciarle, que su madre había logrado persuadirla a ello, y que pronto se casaría con un piloto de Sarrió. Entonces, por dignidad, evitó cuidadosamente su encuentro.[13] Los contratiempos que después padeció ayudaron también mucho a alejarle de ella. Pensaba, y no le faltaba razón,[14] que un hombre arruinado y con tantas obligaciones como él tenía, no era partido para ninguna muchacha, y menos [15] para una tan codiciada como la hija de la maestra.

Así estaban las cosas cuando un día en que por falta de viento no salieron a la mar, le propuso su madre ir [16] a Peñascosa, distante de Rodillero poco más de media legua. Tenía allí Teresa una hermana que le había ofrecido patatas de su huerta y algunas otras legumbres, que en el estado de pobreza en que se hallaban, eran un socorro muy aceptable. Decidieron ir por la tarde y tornar al obscurecer, para que José no pasase en medio del día, cargado, por el pueblo. Aunque había camino real para ir a Peñascosa, la gente de este pueblo y la de Rodillero acostumbraba servirse cuando no llevaba carro o caballería, de una trocha [17] abierta a orillas de la mar. Ésta fué la que siguieron madre e hijo cuando ya el sol declinaba.

Era un día transparente y frío del mes de febrero. El mar ofrecía un color [18] azul obscuro. Como la vereda no consentía que fuesen pareados,[19] la madre caminaba delante y el hijo la seguía. Marchaban silenciosos y tristes. Hacía tiempo que la alegría había huido de sus corazones. Cuando se hallaban a medio camino próximamente, en un paraje en que la trocha dejaba las peñas de la costa y entraba por un vasto y alegre campo, vieron a lo lejos otras dos [20] personas que hacia ellos venían.

— Oye, José, ¿aquellas dos mujeres no te parece que son la señá Isabel y Elisa?

— Creo que sí — respondió el marinero sordamente.

— ¡Ah! — exclamó Teresa con feroz regocijo, y apretó un poco el

---

[13] *su encuentro*, meeting her.
[14] *no . . . razón*, not without reason.
[15] *menos*, even less.
[16] *ir*, that they go.
[17] *trocha*, trail.
[18] *ofrecía un color*, appeared.
[19] *pareados*, side by side.
[20] *otras dos*, see Translation Aid V, No. 2, p. 504.

paso sin pronunciar palabra, temiendo, sin duda, que el hijo tratase de estorbar el proyecto que había nacido súbitamente en su imaginación.

José la siguió con el corazón angustiado, sin osar decirle nada. No obstante, después que hubieron caminado algunos pasos, pudo más [21] el temor de una escena violenta y escandalosa que el respeto filial, y se aventuró a decir severamente:

— Madre, haga el favor, por Dios, de no comprometerse ni comprometerme.

10 Pero Teresa siguió caminando sin contestarle, como si quisiera evitar razonamientos.

Un poco más allá tornó a decirle aún con más severidad:

— ¡Mire bien lo que va a hacer, madre!

El mismo silencio por parte de Teresa. En esto [22] se habían acercado ya bastante los que iban [23] y los que venían de Peñascosa. Cuando estuvieron a un tiro de piedra, próximamente, la señá Isabel detuvo el paso y vaciló un instante ante seguir o retroceder, porque había advertido la resolución nada pacífica con que Teresa caminaba hacia ella. Por fin adoptó el término medio de estarse quieta. Teresa 20 avanzó rápidamente; pero al hallarse a una distancia de veinte o treinta pasos, se detuvo también, y poniendo los brazos en jarras, comenzó a preguntar a su enemiga en el tono sarcástico que la ira le hacía siempre adoptar:

— ¡Hola, señora! . . . ¿Cómo está usted, señora? . . . ¿Está usted buena? . . . ¿El esposo bueno también? . . . Hacía tiempo que no tenía el gusto de verla. . . .

— ¡José, ten cuidado con tu madre que está loca! — gritó la señá Isabel con el semblante demudado.

— ¡Ah, señora! ¿Conque después de haberle echado a pedir limosna 30 y haberse reído de él, le pide usted todavía que la socorra? — Y cambiando repentinamente la expresión irónica de su rostro por otra iracunda y feroz, salvó como un tigre la distancia que la separaba de su enemiga, y se arrojó sobre ella, gritando:

— ¡Tú me has vuelto loca, bribona! . . . ¡Pero ahora me las vas a pagar todas! [24]

La lucha fué tan rabiosa como repugnante. La viuda, más fuerte y más nerviosa, consiguió en seguida arrojar al suelo a la señá Isabel; pero ésta, apelando a todos los medios de defensa, arrancó los pen-

---

[21] *pudo más*, was more powerful.
[22] *En esto*, By this time.
[23] *iban*, supply: to.
[24] *todas*, for everything.

dientes a su enemiga, rajándole [25] las orejas y haciéndole sangrar [26] por ellas copiosamente.

José de un lado y Elisa de otro se habían precipitado a separar a sus madres, y se esforzaban inútilmente por conseguirlo. Elisa tenía el rostro [27] bañado de lágrimas. José estaba pálido y conmovido. Sus manos, en uno de los lances de la faena, se encontraron casualmente. Y por un movimiento simultáneo, alzaron ambos ia cabeza, se miraron con amor y se las estrecharon tiernamente.

Al fin José, cogiendo a su madre por medio del cuerpo, la levantó en el aire y fué a depositarla [28] algunos pasos lejos. Elisa ayudó a ₁₀ levantarse a la suya.[29] Unos y otros [30] se apartaron, siguiendo su camino. Las madres iban delante murmurando sin cesar injurias. Los hijos volvían a menudo la cabeza para mirarse, hasta que se perdieron enteramente de vista.

X

Don Fernando, de la gran casa de Meira, se paseaba una noche, dos meses después del suceso que acabamos de referir, por el vasto salón feudal de su casa solariega.

Sus pasos retumbaban huecos y profundos en el vetusto caserón. Mas los ratones, habituados desde muy antiguo a escucharlos, no mostraban temor alguno y persistían tranquilamente en su obra devas- ₂₀ tadora,[1] rompiendo el silencio de la noche con un leve y continuado crujido. Los murciélagos, con menos temor aún, volaban en danza fantástica sobre la cabeza del anciano con sordo y medroso zumbido.

En aquel momento don Fernando se hubiera metamorfoseado [2] de buena gana en ratón, y, acaso, en murciélago. Por muy triste que fuese roer en la madera sepultado en un tétrico agujero, o yacer aletargado [3] durante el día sobre la cornisa de una puerta, para volar únicamente en las lúgubres horas de la noche, ¿lo era menos,[4] por ventura, verse privado de salir a la luz del sol y caminar al aire libre después de conocer las dulzuras de uno y otro? Pues esto, ni más ni menos, ₃₀

---

[25] *rajándole*, tearing.
[26] *sangrar*, bleed.
[27] *Elisa . . . rostro*, Elisa's face was.
[28] *fué a depositarla*, set her down.
[29] *a . . . suya*, her mother.
[30] *Unos y otros*, Both groups.

---

[1] *devastadora*, destructive.
[2] *metamorfoseado*, changed.
[3] *aletargado*, in a lethargy.
[4] *menos (triste)*.

era lo que acaecía al noble vástago [5] de la casa de Meira, hacía ya cerca de un mes. Y todo, ¿por qué? Por una cosa tan insignificante como no tener camisa.[6]

Hacía ya bastante tiempo que don Fernando sólo tenía [7] una; pero con ella se daba traza para ir tirando. Cuando estaba sucia la lavaba con sus propias manos, y la tendía en un patinejo [8] que había detrás de la casa, y después que se secaba, bien aplanchada [9] con las manos, se la ponía. Mas sucedió que una mañana, estando la camisa tendida al sol, y el señor de Meira esperando en su mansión que se secase,
10 acertó a entrar en el patio, por una de sus múltiples brechas, el asno de un vecino. El señor de Meira le vió acercarse a la camisa, sin sospechar nada malo. Le vió llevar el hocico a ella, y todavía no comprendió sus planes. Sólo al contemplarla entre los dientes del jumento se hizo cargo de su imprevisión, y sintió el corazón desgarrado; y la camisa también. Desde entonces, don Fernando no puso más los pies en la calle a las horas del día.[10]

Entre los villanos corría como muy cierta la voz de que don Fernando estaba pasando «las de Caín.» Y aunque el hambre se cernía como águila rapaz sobre la cabeza de casi todos los vecinos de Rodi-
20 llero, no faltaban corazones compasivos que procuraban socorrer al noble caballero sin ofender su extraordinaria y delicadísima susceptibilidad. El que más se distinguía en esta generosa tarea era nuestro José, el cual apelaba a mil ardides y embustes para obligar al señor de Meira a que aceptase sus auxilios. Don Fernando, que conocía la precaria situación del marinero, rechazaba con heroísmo aquellos tan apetecidos socorros, y sólo después de largo pugilato lograba José que los aceptase,[11] volviendo la cabeza para no ver las lágrimas de agradecimiento que el anciano caballero no era poderoso a contener. Pero éstos y otros socorros no bastaban algunas veces. Había días en
30 que nadie parecía por el lóbrego caserón, y entonces era cuando don Fernando pasaba «aquellas de Caín» [12] a que la voz pública se refería.

Ahora las [13] está pasando más terribles y crueles que nunca. Hace veinticuatro horas que no ha entrado alimento alguno [14] en el estó-

---

[5] *vástago*, scion.
[6] *Por . . . camisa*, For the insignificant reason that he had no shirt.
[7] *tenía*, had had.
[8] *patinejo*, small courtyard.
[9] *aplanchada*, pressed.
[10] *a . . . día*, in the daytime.
[11] *que . . . aceptase*, making him accept.
[12] *«aquellas de Caín,»* the terrible times.
[13] *las* refers to *las de Caín*.
[14] *no . . . alguno*, no food has entered.

mago del noble caballero. Y según se puede colegir,[15] no es fácil[16] que entre[17] todavía en algunas[18] más, pues son las doce de la noche y se encuentran todos los vecinos reposando. A medida que el tiempo pasa crece su congoja. Los paseos[19] no son tan vivos. De vez en cuando se pasa la mano por la frente, donde corren ya algunas gotas de sudor frío, y deja escapar algunos suspiros que mueren tristemente sin llegar a todos los ámbitos del tenebroso salón. El último vástago de la alta y poderosa casa de Meira está a punto de desfallecer. De pronto, sin darse él mismo cuenta cabal de lo que hace, movido, sin duda, del puro instinto de conservación, abandona rápidamente la 10 estancia, baja las ruinosas escaleras en pocos saltos y se lanza a la calle. Una vez en ella, se queda inmóvil sin saber adónde dirigirse.

Era una noche templada y obscura de primavera. Espesos nubarrones[20] velaban por completo el fulgor de las estrellas. Don Fernando gira la vista en torno con dolorosa expresión de angustia. Después de vacilar unos instantes, empieza a caminar lentamente a lo largo de la calle en dirección de la salida del pueblo. Al pasar por delante de las casas vacila, medita si llamará[21] en demanda de socorro; pero un vivo sentimiento de vergüenza se apodera de él en el momento de acercarse a las puertas, y sigue su camino. Sigue siempre, bien 20 convencido, sin embargo, de que pronto caerá rendido a la miseria. Empieza a sentir vértigos y nota que la vista se le turba. Al llegar delante de la casa de la señá Isabel, que es una de las últimas del lugar, se detiene. . . . ¿Adónde va? ¿A morir quizá como un perro en la carretera solitaria? Entonces vuelve a mirar en torno suyo[22] y ve a su izquierda blanquear la tapia de la huerta del maestro. Es una huerta amplia y feraz,[23] llena de frutas y legumbres; la mejor que hay en el pueblo, o por mejor decir, la única buena. El pensamiento criminal de entrar en aquella huerta y apoderarse de algunas legumbres asalta al buen hidalgo. Lo rechaza al instante. Le acomete otra vez. 30 Torna a rechazarlo. Finalmente, después de una lucha tenaz, pero desigual, vence el pecado. Don Fernando se dijo para cohonestar[24] el proyecto de robo:

[15] *colegir*, (be) inferred.
[16] *fácil*, probable.
[17] *entre*, understood: *alimento.*
[18] *algunas (horas).*
[19] *paseos*, pacing.
[20] *nubarrones*, clouds.
[21] *si llamará*, whether he should call.
[22] *vuelve . . . suyo*, looks about him again.
[23] *feraz*, fertile.
[24] *cohonestar*, to justify.

«¿Pues qué, voy a dejarme morir de hambre? Unas cuantas patatas más o menos no suponen [25] nada a la maestra. Bastante tiene . . ., mal adquirido a costa de los pobres pescadores.»

Y he aquí cómo [26] el hambre hizo socialista en un instante al último vástago de la gran casa de Meira.

Siguió la tapia a lo largo, torció a la izquierda y buscó por detrás de la casa el sitio más accesible para entrar. La pared por aquel sitio no era tan alta y estaba descascada [27] y ruinosa en algunos trozos. Don Fernando, apoyando los pies en los agujeros, logró colocarse
10 encima. Una vez allí, se agarró a las ramas de un pomar [28] y descendió por ellas lentamente y con mucha cautela hasta el suelo. Después de permanecer algunos momentos inmóvil para cerciorarse [29] de que nadie le había sentido, se introdujo muy despacito en la huerta. Lo primero que hizo en cuanto se halló entre los cuadros de las legumbres, fué arrancar una cebolla y echarle los dientes. En cuanto la engulló, arrancó otras tres o cuatro y se las metió en los bolsillos. Después se volvió otra vez a paso de lobo hacia la tapia. Mas antes de llegar a ella percibió con terror que se movían las ramas del pomar por donde había saltado, y a la escasísima claridad de la noche observó
20 que el bulto de un hombre se agitaba entre ellas y se dejaba caer al suelo, como él había hecho. Don Fernando quedó petrificado. Y mucho más creció su miedo y su vergüenza cuando el hombre dió unos cuantos pasos por la huerta y se vino hacia él. Lo primero que se le ocurrió fué echarse al suelo. El hombre pasó rozando con él. Era José.

«¿Vendrá también a robar?» pensó don Fernando; pero José dejó salir de su boca un silbido prolongado; y el señor de Meira vino a entender [30] que se trataba de una cita amorosa, cosa que le sorprendió bastante, pues creía, como todo el pueblo, que las relaciones de Elisa
30 y el marinero estaban [31] rotas hacía ya largo tiempo. No tardó en aparecer otro bulto por el lado de la casa, y ambos amantes se aproximaron y comenzaron a hablar en voz tan baja que don Fernando no oyó más que un levísimo cuchicheo. La situación del caballero era un poco falsa. Si a los jóvenes les diese por [32] recorrer la huerta o estuviesen en ella hasta que el día apuntase y le viesen, ¡qué vergüenza!

---

[25] *no suponen,* do not mean.
[26] *Y . . . cómo,* And this is how.
[27] *descascada,* broken down.
[28] *pomar,* apple tree.
[29] *cerciorarse,* to make sure.
[30] *vino . . . entender,* finally realized.
[31] *estaban,* use plupfct.
[32] *Si . . . por,* If the young people should take a notion to.

Para evitar este peligro se arrastró lenta y suavemente hasta el pomar y se ocultó entre unas malezas que cerca de él había, esperando que José marchase para escalar de nuevo el árbol y retirarse a su casa. Mas al poco rato de estar allí [33] comenzaron a caer algunos goterones [34] de lluvia. Los amantes vinieron también a refugiarse debajo del pomar, que era uno de los pocos árboles copudos [35] y frondosos de la huerta y el más lejano de la casa. Don Fernando se creyó perdido [36] y comenzó a sudar de miedo. Ni un dedo se atrevió a mover. Elisa y José se sentaron en el suelo, uno al lado del otro, dando la espalda [37] al caballero, sin sospechar su presencia.   10

— ¿Y por qué crees que tu madre presume algo? — dijo José en voz baja.

— No sé decirte; [38] pero de algunos días a esta parte [39] me mira mucho y no me deja un instante sola. El otro día, mientras estaba barriendo la sala, me puse a cantar. Al instante subió ella y me dijo: «¡Parece que estás contenta, Elisa! Hacía ya mucho tiempo que no te salía la voz del cuerpo»: [40] Me lo dijo de un modo [41] y con una sonrisa tan falsa, que me puse colorada y me callé.

— ¡Bah, son cavilaciones tuyas! [42] — replicó el marinero.

Guardó silencio, sin embargo, después de esta exclamación, y al 20 cabo de un rato lo rompió diciendo:

— Bueno es estar prevenidos.[43] Ten cuidado no te sorprenda.

— ¡Desgraciada de mí entonces! Más me valiera no haber nacido [44] — repuso la joven con acento de terror.

Ambos volvieron a quedar silenciosos. Elisa, cabizbaja [45] y distraída, jugaba con las hierbas del suelo. José alargó la mano tímidamente y, simulando jugar con el césped,[46] consiguió rozar suavemente los dedos de su novia. La lluvia, que comenzaba a arreciar, batía las hojas del pomar con redoble [47] triste y monótono. La huerta exhalaba ya un olor penetrante de tierra mojada.   30

[33] *al . . . allí*, after having been there a short while.
[34] *goterones*, big drops.
[35] *copudos*, thick-topped.
[36] *se . . . perdido*, believed that he was caught.
[37] *dando . . . espalda*, with their backs turned to.
[38] *No . . . decirte*, I can't explain it.
[39] *de . . . parte*, for some days past.
[40] *que . . . cuerpo*, you had not uttered a sound.
[41] *de . . . modo*, in such a peculiar way.
[42] *¡son . . . tuyas!* it is only your imagination!
[43] *Bueno . . . prevenidos*, It is a good idea to be on our guard.
[44] *no . . . nacido*, if I had not been born.
[45] *cabizbaja*, pensive.
[46] *césped*, grass.   [47] *redoble*, patter.

— ¿Pensáis salir mañana a la mar? — preguntó Elisa al cabo de un rato, levantando sus hermosos ojos rasgados hacia el marinero.

— Me parece que no — repuso éste. — ¿Para qué? — añadió con amargura. — Hace ocho días que no traemos valor de cinco duros.

— Ya lo sé, ya lo sé. Este año no hay merluza [48] en la mar.

— ¡Este año no ha habido nada! — exclamó José con rabia.

Otra vez quedaron silenciosos. Elisa seguía jugando con las hierbecitas del suelo. El marinero le había aprisionado un dedo entre los suyos y lo estrechaba suavemente, sin osar apoderarse de la mano.

10 Al cabo de un rato, Elisa, sin levantar la cabeza, comenzó a decir en voz baja y temblorosa:

— Yo creo, José, que la causa de todo lo que nos está pasando, es la maldición que te ha echado la sacristana. ¿Por qué no vas a pedirla que te la levante? . . . Desde que esa mujer te maldijo no te ha salido nada bien.

— Y antes tampoco — apuntó José con sonrisa melancólica.

— Otros muchos [49] lo han hecho antes que tú — siguió diciendo la joven, sin hacer caso de la observación de su amante. — Mira, Pedro el de [50] la Matiella, ya sabes cómo estaba, flaco y amarillo que 20 daba lástima [51] verlo. . . . Todo el mundo pensaba que se moría.[52] En cuanto pidió perdón a la sacristana, empezó a ponerse bueno, y ya ves hoy cómo está.

— No creas esas brujerías,[53] Elisa — dijo el marinero, con una inflexión de voz en que se adivinaba que él andaba muy cerca de creerlas también.

Elisa, sin contestar, se agarró fuertemente a su brazo con un movimiento de terror.

— ¿No has oído? [54]

— ¿Qué?

30 — ¿Ahí entre las zarzas? [55]

— No he oído nada.

— Se me figuró escuchar [56] la respiración de una persona.

Ambos quedaron un momento inmóviles con el oído atento.[57]

---

[48] *merluza*, hake.
[49] *otros muchos*, see Translation Aid V, No. 2, p. 504.
[50] *el (hijo) de*.
[51] *daba lástima*, it made me feel sorry.
[52] *se moría*, impfct. for cond.
[53] *brujerías*, superstitions.
[54] *¿No has oído?* pres. pfct. for pret.
[55] *zarzas*, brambles.
[56] *escuchar*, see Translation Aid III, No. 1, a, p. 501.
[57] *con . . . atento*, listening intently.

— ¡Qué miedosa [58] eres, Elisa! — dijo riendo el marinero. — Es el ruido de la lluvia al pasar entre las hojas hasta el suelo.

— ¡Me parecía . . .! — repuso la joven sin quitar los ojos de la maleza donde estaba oculto el señor de Meira y aflojando poco a poco el brazo de su novio.

Mientras tanto, aquél sudaba copiosamente temiendo que José viniese a explorar las zarzas. Afortunadamente no fué así. Elisa se tranquilizó pronto, y viendo a su amante triste y cabizbajo, cambió de conversación con ánimo de alegrarle.

— Comienza el buen tiempo . . ., y vendrán en seguida las rome- 10 rías. . . . ¡Qué gusto! [59] . . . La de la Luz [60] es ya de mañana en un mes — dijo Elisa esforzándose por aparecer alegre.

— ¡Qué importa que comiencen las romerías, si yo no puedo acompañarte en ellas! — exclamó el marinero con acento dolorido.

— No te dejes acobardar,[61] José, que todo se arreglará. . . . Hay que tener confianza en Dios. . . . Yo todos los días le pido al Santo Cristo que te dé buena suerte y que le toque en el corazón a mi madre.

— Es difícil,[62] Elisa . . ., es muy difícil. . . . Si no me ha querido [63] cuando tenía algunos cuartos, ¿cómo me ha de querer hoy que soy 20 un pobrete, y tengo sobre los hombros tanta familia? [64]

Elisa comprendió la justicia de esta observación; pero repuso con la tenacidad sublime que el amor comunica a las mujeres:

— No importa. . . . Yo creo que se ablandará. Tengamos confianza en el Santo Cristo de Rodillero, que otros milagros mayores ha sabido [65] obrar. . . .

La lluvia arreciaba con ímpetu; [66] de tal suerte, que ya el árbol no bastaba a proteger a los amantes. Las hojas se doblaban al peso del agua, y la dejaban caer en abundancia sobre sus cabezas. Pero ellos ni lo advertían siquiera,[67] embargados enteramente por el deleite de 30 hallarse juntos; las manos enlazadas, los ojos en extática contemplación.

Elisa logró al cabo ahuyentar la melancolía de su novio. Su plática

---

[58] *miedosa*, fearful.
[59] *¡Qué gusto!* Isn't it wonderful!
[60] *Luz = Santa María de la Luz.*
[61] *No . . . acobardar*, Don't lose courage.
[62] *difícil*, unlikely.
[63] *ha querido*, pres. pfct. for pret.
[64] *tanta familia*, such a big family.
[65] *sabido*, been able.
[66] *arreciaba con ímpetu*, fell steadily faster.
[67] *siquiera*, see Translation Aid V, No. 2, p. 504.

tomó un sesgo[68] risueño. Hablaron de los incidentes ocurridos en pasadas romerías, y rieron de buena gana recordándolos.

Pero Elisa creyó percibir otra vez la respiración que antes la asustara.[69] Se quedó algunos instantes distraída. Y no queriendo decir nada a José, porque no la llamase otra vez medrosa,[70] optó[71] por separarse.

— Ya debe ser muy tarde, José — dijo levantándose. — Además, nos estamos poniendo como una sopa.[72]

El marinero se levantó también, aunque no de buen grado.

— ¡Qué bien se pasa el tiempo a tu lado, Elisa! — dijo tímidamente.

10 La joven sonrió con dulzura oyendo aquella declaración que el marinero no había osado pronunciar hasta entonces, y un poco ruborizada le tendió la mano.

— Hasta mañana, José.

José tomó aquella mano, la estrechó tierna y largamente, y respondió con melancolía:

— Hasta mañana.

Pero no acababa de soltarla. Fué necesario que Elisa dijese otra vez:

— Hasta mañana, José.

Tiró de ella[73] con fuerza y se alejó rápidamente en dirección a la 20 casa. El marinero no se movió hasta que calculó que estaba ya dentro. Luego escaló cautelosamente[74] la cerca, montó sobre ella y desapareció por el otro lado.

Algunos instantes después salía de su escondite[75] el señor de Meira mojado hasta los huesos.

— ¡Pobres muchachos! — exclamó, sin acordarse de su propia miseria y trepando con trabajo por el pomar. Y una vez en la calle, enderezó los pasos hacia su mansión feudal, acariciando en la mente un noble cuanto singular proyecto.[76]

XI

Pocos días después don Fernando de Meira se personó[1] en casa de 30 José, muy temprano, cuando éste aún no había salido a la mar.

---

[68] *sesgo*, turn.
[69] *asustara*, see Translation Aid VII, No. 2, e, p. 507.
[70] *medrosa*, faint-hearted.
[71] *optó*, she chose.
[72] *nos . . . sopa*, we are getting soaked to the skin.
[73] *de ella*, omit in translating.
[74] *cautelosamente*, cautiously.
[75] *escondite*, hiding place.
[76] *un . . . proyecto*, a project as noble as it was singular.

[1] *se personó*, presented himself.

— José, necesito hablar contigo a solas. Ven a dar una vuelta conmigo.

El marinero pensó que llegaba en demanda de socorro, aunque hasta entonces jamás se lo había pedido directamente.

Guióle don Fernando fuera del pueblo. Cuando estuvieron a alguna distancia,[2] cerca ya de la gran playa de arena, rompió el silencio diciendo:

— Vamos a ver, José, tú debes andar algo apuradico de[3] dinero, ¿verdad?

José pensó que se confirmaba lo que había imaginado; pero le 10 sorprendió un poco el tono de protección con que el hidalgo le hacía aquella pregunta.

— Psch . . ., así, así, don Fernando. No estoy muy sobrado . . .; pero, en fin, mientras uno es joven y puede trabajar, no suele faltar[4] un pedazo de pan.

— Un pedazo de pan es poco. . . . No sólo de pan vive el hombre — manifestó el señor de Meira sentenciosamente. Y después de caminar algunos instantes en silencio, se detuvo repentinamente, y encarándose con[5] el marinero, le preguntó:

— Tú te casarías de buena gana con Elisa, ¿verdad? 20

José quedó sorprendido y confuso.

— ¿Yo? . . . Con Elisa no tengo nada[6] ya. . . . Todo el mundo lo sabe . . .

— Pues sabe una gran mentira, porque estás en amores con Elisa; me consta — afirmó el caballero resueltamente.

José le miró asustado, y empezaba a balbucir ya otra negación cuando don Fernando le atajó diciendo:

— No te molestes en negarlo, y dime con franqueza si te casarías gustoso.

— ¡Ya lo creo! — murmuró el marinero bajando la cabeza. 30

— Pues te casarás — dijo el señor de Meira ahuecando la voz todo lo posible y extendiendo las dos manos hacia adelante.

José levantó la cabeza vivamente y le miró, pensando que se había vuelto loco. Después, bajándola de nuevo, dijo:

— Eso es imposible, don Fernando. . . . No pensemos en ello.

— Para la casa de Meira no hay nada imposible — respondió el caballero con mucha mayor solemnidad.

[2] *distancia*, supply: away.
[3] *apuradico de*, pressed for.
[4] *no . . . faltar*, there will always be.
[5] *encarándose con*, facing.
[6] *nada*, supply: to do.

José sacudió la cabeza, atreviéndose a dudar del poderío de aquella ilustre casa.

— Nada hay imposible — volvió a decir don Fernando lanzándole una mirada altiva, propia de un guerrero de la reconquista.[7]

José sonrió con disimulo.

— Cuando a un Meira se le mete algo entre ceja y ceja [8] — siguió el hidalgo — ¡hay que temblar! [9] . . . Toma — añadió sacando del bolsillo un paquetito y ofreciéndoselo. — Ahí tienes diez mil reales. Cómprate una lancha y deja lo demás de mi cuenta.[10]

10   El marinero quedó pasmado, y no se atrevió a alargar la mano pensando que aquello era una locura del señor de Meira, a quien ya muchos no suponían en su cabal juicio.[11]

— Toma, te digo. Cómprate una lancha . . . y a trabajar.

José tomó el paquete, lo desenvolvió y quedó aún más absorto al ver que eran monedas de oro. Don Fernando, sonriéndose orgullosamente, continuó:

— Vamos a otra cosa [12] ahora. Dime: ¿cuántos años tiene Elisa?

— Veinte.

— ¿Los ha cumplido ya? [13]

20   — No, señor; me parece que los cumple [14] el mes que viene.

— Perfectamente. El mes que viene te diré lo que has de hacer. Mientras tanto, procura que nadie se entere de tus amores. . . . Mucho sigilo [15] y mucha prudencia.

Don Fernando hablaba con tal autoridad y arqueaba las cejas tan extremadamente, que a pesar de su figurilla menuda y torcida, consiguió infundir respeto al marinero. Casi llegó a creer en el misterioso e invencible poder de la casa de Meira.

— A otra cosa. . . .   ¿Tú puedes disponer de la lancha esta noche?

— ¿Qué lancha? ¿La de mi patrón?

30   — Sí.

— ¿Para ir adónde?

— Para dar un paseo.

— Si no es más que para eso. . . .

---

[7] *reconquista*, reconquest; refers to the reconquest of Spain from the Moors, covering the period from 718 to 1492.

[8] *se . . . ceja*, gets something into his head.

[9] *¡hay . . . temblar!* you had better look out!

[10] *de . . . cuenta*, up to me.

[11] *a . . . juicio*, who was thought by many not to be in his right mind.

[12] *Vamos . . . cosa*, Let's talk about something else.

[13] *¿Los . . . ya?* Is she fully twenty?

[14] *los cumple*, will be twenty.

[15] *sigilo*, secrecy.

— Pues a las doce de la noche pásate por mi casa dispuesto a salir a la mar. Necesito de tu ayuda para una cosa que ya sabrás. . . . Ahora vuélvete a casa y comienza a gestionar [16] la compra de la lancha. Ve a Sarrió por ella, o construyela [17] aquí; como mejor te parezca.

Confuso y en grado sumo perplejo se apartó [18] nuestro pescador del señor de Meira. Todo se volvía cavilar [19] mientras caminaba la vuelta de su casa de qué modo habría [20] llegado aquel dinero a manos del arruinado hidalgo. Se propuso no hacer uso de él en tanto que no [21] lo averiguase.

Los enigmas, particularmente los enigmas de dinero, duran en las 10 aldeas cortísimo tiempo. No se pasaron [22] dos horas sin que supiese que don Fernando había vendido su casa el día anterior a don Anacleto, el cual la quería para hacer de ella una fábrica de escabeche,[23] no para otra cosa, pues en realidad estaba inhabitable. El señor de Meira la tenía hipotecada [24] ya hacía algún tiempo a un comerciante de Peñascosa en nueve mil reales. Don Anacleto pagó esta cantidad y le dió, además, otros catorce mil. En vista de esto, José se determinó a devolver los cuartos al generoso caballero tan pronto como le viese. Le pareció indecoroso aceptar, aunque fuese en calidad de préstamo, un dinero de que tan necesitado estaba su dueño. 20

Todavía le seguía preocupando, no obstante, aquella misteriosa cita de la [25] noche, y aguardaba con impaciencia la hora para ver lo que era. Un poco antes de dar las doce por el reloj de los Consistoriales [26] enderezó los pasos hacia el palacio de Meira. Llamó con un golpe a la carcomida [27] puerta, y no tardó mucho el propio don Fernando en abrirle.

— Puntual eres, José. ¿Tienes la lancha a flote?

— Debe de estar, sí, señor.

— Pues bien; ven aquí y ayúdame a llevar a ella esto.

Don Fernando le señaló a la luz de un candil un bulto que descansaba en el zaguán [28] de la casa, envuelto en un pedazo de lona [29] y 30 amarrado con cordeles.

---

[16] *gestionar*, negotiate.
[17] *construyela*, have it built.
[18] *se apartó (de)*, left.
[19] *Todo . . . cavilar*, All he could do was to wonder.
[20] *habría* (cond. of probability), could have.
[21] *no*, see Translation Aid VI, No. 4, p. 506.
[22] *se pasaron*, pret. for plupfct.
[23] *escabeche*, pickled fish.
[24] *hipotecada*, mortgaged.
[25] *de la*, for that.
[26] *antes . . . Consistoriales*, before twelve by the town hall clock.
[27] *carcomida*, worm-eaten.
[28] *zaguán*, vestibule.　　　　　　[29] *lona*, canvas.

— Es muy pesado, te lo advierto.

Efectivamente, al tratar de moverlo se vió que era casi imposible llevarlo al hombro. José pensó que era una caja de hierro.

— En hombros no podemos llevarlo, don Fernando. ¿No sería mejor que lo arrastremos poco a poco hasta la ribera?

— Como a ti te parezca.[30]

Arrastráronlo, en efecto, fuera de la casa. Apagó don Fernando el candil, cerró la puerta, y dándole vueltas, no con poco trabajo, lo llevaron lentamente hasta colocarlo cerca de la lancha. El señor de Meira iba taciturno y melancólico, sin despegar los labios. José le seguía el humor; pero sentía al propio tiempo bastante curiosidad [31] por averiguar lo que aquella pesadísima caja contenía.

Fué necesario colocar dos mástiles desde el suelo a la lancha, y gracias a ellos hicieron rodar la caja hasta meterla a bordo. Entraron después, y con el mayor silencio posible se fueron apartando de las otras embarcaciones.

La noche era de luna, clara y hermosa. El mar tranquilo y dormido como un lago. El ambiente, tibio como en estío. José empuñó dos remos, contra la voluntad del hidalgo, que pretendía tomar uno, y apoyándolos suavemente en el agua, se alejó de la tierra.

El señor de Meira iba sentado a popa, tan silencioso y taciturno como había salido de casa. José, tirando acompasadamente [32] de los remos, le observaba con interés. Cuando estuvieron a unas dos millas de Rodillero, después de doblar la punta del Cuerno, don Fernando se puso en pie.

— Basta, José.

El marinero soltó los remos.

— Ayúdame a echar este bulto al agua.

José acudió a ayudarle; pero deseoso, cada vez más, de descubrir aquel extraño misterio, se atrevió a preguntar sonriendo:

— ¿Supongo que no será dinero lo que usted eche al agua, don Fernando?

Éste, que se hallaba en cuclillas [33] preparándose a levantar el bulto, suspendió de pronto la operación, se puso en pie, y dijo:

— No, no es dinero. . . . Es algo que vale más que el dinero. . . . Me olvidaba de que tú tienes derecho a saber lo que es, puesto que me has hecho el favor de acompañarme.

[30] *Como . . . parezca*, Just as you like.
[31] *sentía . . . curiosidad*, was . . . very curious.
[32] *acompasadamente*, rhythmically.
[33] *en cuclillas*, crouching.

— No se lo decía por eso, don Fernando. A mí no me importa nada lo que hay ahí dentro.

— Desátalo.

— De ningún modo, don Fernando. Yo no quiero que usted piense. . . .

— ¡Desátalo, te digo! — repitió el señor de Meira en un tono que no daba lugar a réplica.

Obedeció José, y después de separar la múltiple envoltura de lona que le cubría, descubrió, al cabo, el objeto. No era otra cosa que un trozo de piedra toscamente labrado.   10

— ¿Qué es esto? — preguntó con asombro.

Don Fernando, con palabra arrastrada y cavernosa,[34] respondió:

— El escudo de la casa de Meira.

Hubo después un silencio embarazoso.[35] José no salía de su asombro y miraba de hito en hito[36] al caballero, esperando alguna explicación; pero éste no se apresuraba a dársela. Con los brazos cruzados sobre el pecho y la cabeza doblada hacia adelante, contemplaba sin pestañear[37] la piedra que el marinero acababa de poner al descubierto. Al fin dijo, en voz baja y temblorosa:

— He vendido mi casa a don Anacleto . . ., porque un día u otro 20 yo moriré, y ¿qué importa que[38] pare en manos extrañas antes o después? . . . Pero se la vendí bajo condición de arrancar[39] de ella el escudo. . . . Hace unos cuantos días que trabajo por las noches en separar la piedra de la pared. . . . Al fin lo he conseguido . . .

Como don Fernando se callase después de pronunciar estas palabras, José se creyó en el caso de preguntarle:

— ¿Y por qué lo echa usted al agua?

El anciano caballero le miró con ojos de indignación.

— ¡Zambombo![40] ¿Quieres que el escudo de la gran casa de Meira esté sobre una fábrica de escabeche?[41]   30

Y aplacándose de pronto, añadió:

— Mira esas armas. . . . Repáralas bien. . . . Desde el siglo xv están colocadas[42] sobre la puerta de la casa de Meira. . . .

Quedó repentinamente silencioso, y así estuvo buen rato, hasta que comenzó a decir, bajando mucho la voz y con acento triste:

[34] *cavernosa*, deep.
[35] *embarazoso*, embarrassing.
[36] *miraba . . . hito*, stared.
[37] *pestañear*, blinking.
[38] *que*, whether.
[39] *arrancar*, I might take out.
[40] *¡Zambombo!* Why, you idiot!
[41] *escabeche*, pickled fish.   [42] *están colocadas*, have stood.

— Mi hermano mayor, Pepe, fué un perdido . . ., bien lo sabrás. . . .

En efecto, era lo único que José sabía de la familia de Meira.

— Le arruinó una bailarina. . . . Los pocos bienes que a mí me habían tocado me los llevó amenazándome [43] con casarse con ella si no se los cedía. . . . Yo, para salvar el honor de la casa, los cedí. . . . ¿No te parece que hice bien?

José asintió otra vez.

— Desde entonces, José, ¡cuánto he sufrido!

El hidalgo se pasó la mano por la frente con abatimiento.[44]

— La gran casa de Meira muere conmigo. . . . Pero no morirá deshonrada, José; ¡te lo juro!

Después de hacer este juramento, quedó de nuevo silencioso en actitud melancólica. El mar seguía meciendo la lancha. La luna rielaba su pálida luz [45] en el agua.

Al cabo de un largo espacio, don Fernando salió de su meditación,[46] y volviendo sus ojos rasados [47] de lágrimas hacia José, que le contemplaba con tristeza, le dijo lanzando un suspiro:

— Vamos allá.[48] . . . Suspende por ese lado la piedra: yo tendré por éste . . .

Entre uno y otro lograron apoyarla sobre el carel.[49] Después don Fernando la dió un fuerte empujón.[50] El escudo de la casa de Meira rompió el haz de agua con estrépito y se hundió en sus senos obscuros. Las gotas amargas que salpicó bañaron el rostro del anciano, confundiéndose con lágrimas no menos amargas que en aquel instante vertía.

Quedóse algunos instantes inmóvil, con el cuerpo doblado sobre el carel, mirando al sitio por donde la piedra había desaparecido. Levantándose después, dijo sordamente:

— Boga para tierra, José.

Y fué a sentarse de nuevo a la popa. El marinero comenzó a mover los remos sin decir palabra. Aunque no comprendía el dolor del hidalgo y andaba cerca de pensar, como los demás vecinos, que no estaba sano de la cabeza, al verle llorar sentía profunda lástima; no osaba turbar su triste enajenamiento.[51] Mas el propósito de devol-

---

[43] Supply: by, before *amenazándome.*
[44] *abatimiento,* weariness.
[45] *La* . . . *luz,* The pale light of the moon glistened.
[46] *meditación,* meditative mood.
[47] *rasados,* filled.
[48] *Vamos allá,* Let us get to work.
[49] *carel,* gunwale.
[50] *empujón,* push.
[51] *enajenamiento,* rapture.

verle el dinero no se apartaba de su cabeza.   Veía claramente que tal
favor, en las circunstancias en que se hallaba don Fernando, era una
verdadera locura.   Le bullía el deseo de [52] acometer el asunto, pero no
sabía de qué manera comenzar.   Tres o cuatro veces tuvo la palabra [53]
en la punta de la lengua, y otras tantas [54] la retiró por no parecerle
adecuada.   Finalmente, viéndose ya cerca de tierra, no halló traza
mejor para salir del aprieto que sacar los diez mil reales del bolsillo
y presentárselos al caballero, diciendo algo avergonzado:

— Don Fernando . . ., usted, por lo que veo, no está muy sobrado
de dinero . . .   Yo le agradezco mucho lo que quiere hacer por mí; 10
pero no debo tomar esos cuartos haciéndole falta. . . .

Don Fernando, con ademán descompuesto y soltando chispas de
indignación por los ojos,[55] le interrumpió gritando:

— ¡Zambombo!   ¡Después que te hice el honor de confesarte mi
ruina, me insultas!   Guarda ese dinero ahora mismo, o lo tiro [56] al
agua. . . .

José comprendió que no había más remedio que guardarlo otra
vez.   Y así lo hizo después de pedirle perdón por el supuesto insulto.
Formó intención, no obstante, de vigilar para que nada le faltara y
devolvérselo en la primera ocasión favorable.   20

Saltaron en tierra y se separaron como buenos amigos.

XII

Guardó el secreto de todo aquello José.[1]   Así se lo había pedido
con insistencia don Fernando.   Volvió éste a prometerle que se casaría
con Elisa si ejecutaba punto por punto cuanto le ordenase, y le hizo
creer que del sigilo [2] con que se llevase el asunto pendía enteramente
el suceso de él.

Mediante la cantidad de [3] seis reales cada día, halló el buen caballero
hospedaje,[4] si no adecuado a la antigüedad y nobleza de su estirpe,
suficiente para no perder la vida de hambre, como no había estado lejos
de acontecer,[5] según sabemos.   Y, ¡caso raro!, desde que se vió con 30

[52] *Le . . . de,* He was very anxious to.
[53] *palabra,* translate in the plural.
[54] *tantas (veces).*
[55] *soltando . . . ojos,* his eyes flashing indignantly.
[56] *tiro,* pres. for fut.

[1] *Guardó . . . José,* José kept all that a secret.
[2] *del sigilo,* on the secrecy.
[3] *Mediante . . . de,* Through the payment of.
[4] *hospedaje,* lodging.
[5] *como . . . acontecer,* as it had almost happened.

algunos cuartos en el bolsillo, subió todavía algunos palmos su orgullo
nobiliario.[6] Andaba por el pueblo con la cabeza erguida, el paso
sosegado y firme, echando a los vecinos miradas muy más propias de
la Edad Media que de nuestros días, saludando a las jóvenes con sonrisa galante y protectora.

Dondequiera que [7] la ocasión se ofrecía, brindaba a sus vasallos
con alguna copa de vino, y a las vasallas con golosinas de la confitería.[8]   Pero hay que declarar, a fuer de verídicos,[9] que los villanos y
las villanas de Rodillero no aceptaban los favores de don Fernando con
10 aquel respeto y sumisión con que sus mayores en otros tiempos recibían los desperdicios [10] feudales de la gran casa de Meira.

Elisa, una de las feudatarias [11] más hermosas que el señor de Meira
tenía en Rodillero, era asimismo una de las más rebeldes.   En vano
el noble señor se esforzaba en brindarla protección siempre que la
hallaba al paso; en vano le ofreció repetidas veces un cartuchito [12] de
almendras traídas ex profeso [13] de Sarrió; en vano desenvolvía con ella
todos los recursos de la más refinada galantería, que recordaba los
buenos tiempos de la casa de Austria.   La linda zagala acogía aquellos
homenajes con sonrisa dulce y benévola, donde no se advertía ni
20 rastro de admiración o temor.   Algunas veces, cuando los acatamientos [14] ceremoniosos y las frases melifluas [15] subían de punto, hasta se
vislumbraba [16] detrás de sus ojos tristes y suaves cierta leve expresión
de burla.

Por dos o tres veces le había preguntado, rompiendo súbitamente
el hilo de sus discreteos [17] clásicos:

— ¿Cuántos años tienes?

— Veinte.

La última vez le dijo:

— ¿Tienes la fe de bautismo?

30 — Me parece que sí, señor.

— Pues tráemela mañana.   ¡Pero cuidado que nadie sepa nada!
Yo he resuelto que tú y José os caséis a la mayor brevedad.

[6] *orgullo nobiliario*, pride of nobility.
[7] *Dondequiera que*, Wherever.
[8] *golosinas . . . confitería*, sweets from the confectionery.
[9] *a . . . verídicos*, to be truthful.
[10] *desperdicios*, leftovers.
[11] *feudatarias*, vassals.
[12] *cartuchito*, small (paper) bag.
[13] *ex profeso*, especially, expressly.
[14] *acatamientos*, deferences.
[15] *melifluas*, honeyed.
[16] *hasta . . . vislumbraba*, one could even catch a glimpse of.
[17] *discreteos*, witticisms.

Al escuchar estas palabras volvió a aparecer en los labios de Elisa aquella sonrisa benévola y compasiva de que hemos hecho mención, y al separarse del caballero, después de un rato de plática, no pudo menos de murmurar:

«¡Pobre don Fernando; qué rematado está!»

Sin embargo, por [18] consejo de José, que algo, aunque no mucho, fiaba en [19] el poder de la casa de Meira, le llevó al día siguiente el documento. Nada se perdía con [20] ello y se complacía al buen señor. La joven, que no tenía motivo alguno para fiar en aquel poder, como su novio, tomó el asunto en chanza. 10

Lo que tomaba muy en serio era la maldición de la sacristana; cada día más.[21] En su alma candorosa [22] siempre había echado raíces la superstición. Al ver ahora la constancia implacable con que la suerte se empeñaba en estorbar su felicidad, era natural que lo achacase a una potencia oculta y misteriosa, la cual, bien considerado,[23] no podía ser otra que la malquerencia [24] de aquella bruja. Para deshacer o contrarrestar [25] su poder acudía a menudo en oración al camarín [26] del Santísimo Cristo de Rodillero, famosa imagen, encontrada en medio de la mar por unos pescadores hace algunos siglos.

Pero en vano fué que en poco tiempo le [27] pusiera más de una docena de cirios [28] y le rezase más de un millón de padrenuestros; [29] en vano también que se ofreciese a pasar un día entero en el camarín sin probar bocado, y lo cumpliese. El Santo Cristo, o no la escuchaba, o quería experimentar aún más su fortaleza. El negocio de sus amores iba [30] cada día peor. Pensando serenamente, podía [31] decirse que estaba perdido. José cada vez más azotado por la desgracia. Ella cada vez más sometida al yugo pesado de su madre, sin osar moverse sin su permiso ni replicarle palabra.

En tan triste situación, comenzó a acariciar la idea de desagraviar [32]

[18] *por*, on (the).
[19] Order: *que fiaba algo, aunque no mucho, en. . . .*
[20] *con*, by.
[21] *más*, more so.
[22] *candorosa*, innocent.
[23] *bien considerado*, when properly examined.
[24] *malquerencia*, hatred.
[25] *contrarrestar*, to counteract.
[26] *camarín*, small chamber.
[27] *le*, before Him.
[28] *cirios*, wax tapers.
[29] *padrenuestros*, Lord's prayers.
[30] *iba*, was faring.
[31] *podía*, it might.
[32] *desagraviar*, to conciliate.

a la sacristana, y vencer de esta suerte el influjo desgraciado que pudiera tener en su vida. Lo primero que se le ocurrió fué que José le pidiese perdón. Repetidas veces se lo aconsejó con instancia. Pero viendo que aquél se negaba resueltamente a ello,[33] y conociendo su carácter tenaz y decidido, se determinó ella misma a humillarse.

Una tarde, a la hora de la siesta, dejando la casa sosegada, salióse sin ser vista y enderezó los pasos por el camino escarpado [34] que conducía a la casa del sacristán, la cual estaba vecina de la iglesia, y una y otra apartadas bastante del pueblo, sobre una meseta que for-
10 maba hacia la mitad de la montaña. Como iba tan preocupada y confusa, no vió a la madre de José, que estaba cortando tojo [35] para el horno, no muy lejos del camino. Ésta levantó la cabeza y se dijo con sorpresa:

«¡Calle! ¿Adónde irá [36] Elisa a estas horas?»

Siguióla con la vista primero, y, llena de curiosidad, echó a andar en pos de ella para no perderla. Vió que se detenía a la puerta de la casa del sacristán, que llamaba y que entraba.

«¡Ah, grandísima pícara! — dijo con voz irritada. — ¡Conque eres uña y carne de la sacristana! ¡Ya me parecía a mí que con esa cara
20 de mosquita muerta no podías ser cosa buena! [37] . . . ¡Yo te arreglaré, buena pieza; yo te arreglaré!»

Salió Eugenia a recibir a la joven y quedó grandemente sorprendida de su visita; pero al saber el objeto de ella, mostróse muy satisfecha y triunfante. Elisa se lo explicó ruborizada y balbuciendo. La sacristana, hinchándose hasta un grado indecible, se negó a otorgar su perdón mientras la misma Teresa y José no viniesen [38] a pedírselo. En vano fué que Elisa se lo suplicase con lágrimas en los ojos; en vano que se arrojase a sus pies y con las manos cruzadas le pidiese misericordia. Nada pudo conseguir. La sacristana, gozándose en aquella
30 humillación y casi creyendo en el poder sobrenatural que los sencillos pescadores le atribuían, repetía siempre [39] en actitud soberbia:

— No hay [40] perdón, mientras la misma Teresa no venga a pedirlo de rodillas . . ., así, como tú estás ahora.

Elisa se retiró con el alma acongojada. Bien comprendía que era

---

[33] *a ello*, to do it.
[34] *escarpado*, steep.
[35] *tojo*, furze.
[36] *¿Adónde irá?* I wonder where . . . is going? See Translation Aid XVIII, No. 1, c, p. 528.
[37] *cosa buena*, any good.
[38] *no viniesen*, see Translation Aid VI, No. 4, p. 506. See also line 32.
[39] *repetía siempre*, kept repeating.
[40] *hay*, pres. for fut.

de todo punto imposible decidir a la madre de su novio a dar este paso. Y viendo que la sacristana se negaba a levantarla,[41] creyó aún con más firmeza en la virtud de su maldición.

Caminaba con paso vacilante, los ojos en el suelo, meditando en la desgracia que había acompañado siempre a sus amores. Sin duda, Dios no los quería,[42] a juzgar por los obstáculos que sobre ellos había amontonado en poco tiempo. El camino por donde bajaba era revuelto y pendiente. De trecho en trecho tenía algunos espacios llanos a manera de descansos.

Al llegar a uno de ellos, salióle inopinadamente[43] al encuentro Teresa. Como a pesar del desabrimiento[44] de las dos familias nunca le había demostrado la madre de José antipatía, Elisa sonrió para saludarla; pero Teresa, acercándose, contestó al saludo con una terrible bofetada.

Al verse maltratada tan inesperadamente, la pobre Elisa quedó sobre-cogida.[45] En vez de defenderse, se llevó las manos a los ojos y rompió a sollozar con gran sentimiento.

Teresa, después de este acto de barbarie, quedó a su vez suspensa y descontenta de sí misma. La actitud humilde y resignada de Elisa la sorprendió. Y para cohonestar[46] su acción indigna, o por ventura para aturdirse[47] y escapar al remordimiento, comenzó a vociferar, como tenía por costumbre, injuriando[48] a su víctima:

— ¡Anda, pícara, ve a reunirte otra vez con la sacristana! ¿Estás aprendiendo para[49] bruja? Yo te regalaré el palo de la escoba. ¡Vaya, vaya con la mosquita muerta![50] ¡Y cómo saca los pies de las alforjas! ¡Yo pensé que no necesitabas salir fuera de casa para aprender brujerías![51]

Tal efecto hicieron sobre la infeliz muchacha estos insultos injustificados después del golpe, que no pudiendo resistir a la emoción, se dejó caer desmayada al suelo. Esto acabó enteramente de desconcertar[52] a la viuda. Y por un impulso del corazón, muy natural en

---

[41] *levantarla* refers to *la maldición*.
[42] *no . . . quería*, did not approve of it.
[43] *inopinadamente*, unexpectedly.
[44] *desabrimiento*, disagreement.
[45] *sobrecogida*, surprised.
[46] *cohonestar*, to justify.
[47] *aturdirse*, to dull her conscience.
[48] *injuriando*, insulting.
[49] *para*, to be.
[50] *¡Vaya . . . muerta!* A fine hypocrite you are!
[51] *brujerías*, witchcraft.
[52] *acabó . . . desconcertar*, completely disconcerted.

su carácter arrebatado, pasó repentinamente de la cólera a la compasión, y corriendo a sostener a Elisa en sus brazos, comenzó a decirle al oído:

— ¡Pobrecilla! ¡Pobrecilla! ¡No hagas caso de mí, pichona! . . . Te he hecho daño, ¿verdad? . . . ¡Soy una loca! . . . ¡Pobrecilla mía! ¡Pegarte, siendo tan buena y tan hermosa! ¡Qué dirá mi José cuando lo sepa!

Y viendo que Elisa no volvía en sí, comenzó a mesarse el cabello con desesperación.

— ¡Bestia, bestia! ¡No hay mujer más bestia que yo! ¡Santo
10 Cristo bendito, ayúdame y socorre a esta niña! . . . ¡Elisa, Elisita, vuelve en ti, por Dios, mi corazón!

Pero la joven no acababa de salir del síncope.[53] Teresa giraba la vista en torno buscando agua para echarle a la cara. Al fin, no viéndola por ninguna parte y no atreviéndose a dejar sola a Elisa, tomó el partido de levantarla en sus robustos brazos y llevarla a cuestas hasta una fuente que había algo más abajo. Cuando la hubo rociado las sienes con agua, recobró el conocimiento. La viuda se apresuró a besarla y pedirle perdón; pero aquellas vivas y extremadas caricias, en vez de tranquilizarla, estuvieron a punto de hacerla perder de nuevo el
20 sentido: tanto la sorprendieron. Por fin, entre sollozos y lágrimas, pudo decir:

— Muchas gracias. . . . Es usted muy buena. . . .

— ¡Qué he de ser buena![54] — prorrumpió Teresa con gran vehemencia. — Soy una loca rematada. . . . La buena eres tú, mi palomita. . . . ¿Estás bien? . . . ¿Te he hecho mucho daño? . . . ¡Qué dirá mi José cuando lo sepa!

— Fuí a casa de la sacristana a pedirla que le levantase la maldición. . . .

Teresa al oír esto comenzó otra vez a mesarse el cabello.

30 — ¡Si[55] soy una bestia! ¡Si soy una loca! Razón tienen en decir que debiera estar atada. . . . ¡Pegar a esta criatura por hacerme[56] un beneficio!

Fué necesario que Elisa la consolase. Sólo después de afirmar repetidas veces que no la había hecho daño, que ya le había pasado el susto y que la perdonaba y la quería, logró calmarla.

En esto ya la joven se había levantado del suelo. Teresa le sacudió la ropa cuidadosamente, le enjugó las lágrimas con su delantal, y abrazándola y besándola con efusión gran número de veces, la fué acom-

---

[53] no . . . síncope, still did not recover consciousness.
[54] ¡Qué . . . buena! I know that I am not good!
[55] Si, omit in translating.
[56] por hacerme, because she did me

pañando por la calzada de la iglesia, llevándola abrazada por la cintura,[57] hasta que dieron en el pueblo. Por el camino hablaron de José (¿de qué otra cosa podían hablar de más gusto para las dos?). Elisa manifestó a Teresa que, o se casaba con su hijo, o con ninguno. Ésta se mostró altamente satisfecha y lisonjeada [58] de este cariño. Se hicieron mutuas confidencias y revelaciones; [59] se prometieron trabajar con alma y vida para que aquella unión se realizase, y, por último, al llegar al pueblo se despidieron muy cariñosamente. Teresa, todavía avergonzada de lo que había hecho, preguntó a la joven antes de separarse:

— ¿No es verdad, Elisita, que me perdonas de corazón?

— ¡Bah! — repuso ésta con sonrisa dulce y graciosa. — Si usted me ha pegado, es porque puede hacerlo. . . . ¿No soy ya su hija?

Teresa la abrazó de nuevo, llorando.

XIII

El suceso anterior, que pudo muy bien desbaratar los planes tenebrosos de la casa de Meira, respecto a la suerte de Elisa y José, vino por su dichosa resolución a secundarlos.[1] Porque a partir de este día, se entabló una firme amistad entre Elisa y la madre de su novio, la cual procuraron ambas mantener oculta por necesidad. Veíanse furtivamente, cambiábanse rápidamente la palabra y se daban recados de José y para José. Las entrevistas de éste con la joven continuaban siendo en las horas más silenciosas de la noche. En el pensamiento de los tres estaba el excogitar [2] los medios de realizar el apetecido matrimonio contra la voluntad de la maestra, pues ya estaban bien convencidos de que nada lograrían de ella. Elisa se representaba bien claramente que la causa de aquella ruda oposición no era otra que la avaricia, el disgusto de entregar los bienes que pertenecían a su difunto padre. Pero no sólo no lo confesaba a nadie, sino que hacía esfuerzos por no creerlo y alejar de sí [3] tal pensamiento. Y aún se prometía muchas veces despojarse de su hacienda cuando llegase el caso, para no causar pesadumbre alguna a su madre.

Mas aunque en ella y en José tal pensamiento estuviese presente, no acertaban a dar un paso para ponerlo en vías de obra. La rudeza del pobre marinero y la supina ignorancia de las mujeres no les con-

[57] *llevándola . . . cintura*, with her arm around her waist.
[58] *lisonjeada*, flattered.
[59] *Se . . . revelaciones*, They exchanged secrets and confidences.

[1] *secundarlos*, to aid them.
[2] *el excogitar*, the problem of devising; see Translation Aid VI, No. 1, p. 505.
[3] *de sí*, from her mind.

sentía ver en aquel asunto un solo rayo de luz. En esta ocasión, como en tantas otras durante la Edad Media, fué necesario que el castillo [4] viniese en socorro del estado llano.[5] La casa de Meira, sin que ellos lo supiesen, ni menos persona alguna de Rodillero, trabajaba en favor suyo silenciosamente, con el misterio y sigilo [6] diplomáticos que han caracterizado siempre a los grandes linajes. Más de media docena de veces había ido don Fernando a Sarrió y había vuelto sin que nadie se enterase del verdadero negocio que allá le llevaba. Unas veces era para comprar aparejos [7] de pesca, otras para encargarse unos zapatos,
10 otras a ver un pariente enfermo, etc., etc.; siempre mintiendo y engañando sutilmente a todo el mundo con un refinamiento verdaderamente florentino. Lo mismo Teresa que Elisa, no dejaban de advertir que la sombra del noble vástago las protegía; había señales ciertas para pensarlo. Cuando cruzaba a su lado les dirigía hondas miradas de inteligencia acompañadas a veces de ciertos guiños inexplicables, otras de alguna palabra misteriosa, como «esperanza»; «los amigos velan»; «silencio y reserva»; y así por el estilo otras varias destinadas a conmoverlas y sobresaltarlas.[8] Pero ellas la mayor parte de las veces no se daban por entendidas, o porque no las entendieran realmente,
20 o porque no concediesen a los manejos diplomáticos del caballero toda la importancia que tenían. Sólo José estaba al tanto de ellos en cierta manera, aunque no mucho confiaba en su eficacia.

Un día don Fernando le llamó a su posada, y presentándole un papel, le dijo:

— Es necesario que firme Elisa este documento.

— Pero, ¿cómo?

— Llévalo en el bolsillo. Provéete de un tintero y una pluma . . ., y a la primera ocasión . . ., ¿entiendes?

— Sí, señor.

30 — Quedamos en eso.[9]

Devuelto [10] el papel al cabo de algunos días con la firma, el caballero le dijo:

— Es necesario que preguntes a Elisa si está dispuesta a todo; a desobedecer [11] a su madre y a vivir fuera de su casa algunos meses para casarse contigo.

---

[4] *castillo*, nobility.
[5] *estado llano*, commoners.
[6] *sigilo*, secrecy.
[7] *aparejos*, tackle.
[8] *sobresaltarlas*, to startle them.
[9] *Quedamos . . . eso*, We'll leave it at that.
[10] *Devuelto*, see Translation Aid VI, No. 2, p. 505.
[11] *desobedecer*. Spanish law provides that a minor who wishes to marry without

Esta comisión fué de mucho mayor empeño y dificultad para el marinero. Elisa no podía decidirse a dar un paso tan atrevido. No el temor de cometer un pecado y faltar a sus deberes filiales la embarazaba.[12] Por el cura que la confesaba sabía que siendo la oposición de los padres irracional [13] o fundada únicamente sobre motivos de intereses, estaba en su derecho faltando a la obediencia.[14] Pero siempre había vivido tan supeditada [15] a su madre, tenía tantísimo miedo a su cólera fría y cruel, que la idea de aparecer en plena rebelión ante ella la aterraba. Fué necesario que pasasen muchos días, que José le suplicase infinitas veces hasta con lágrimas en los ojos, y que ella se 10 persuadiese a que no había absolutamente otro recurso ni otro medio de salir de aquella angustiosa situación y alcanzar lo que tan ardientemente deseaba, para que al fin viniese a consentir en ello.

Noticioso [16] el señor de Meira de esta concesión, dijo a José en el tono imperativo propio de su rango: [17]

— Esta tarde ven a buscarme; tenemos [18] que hacer juntos.

José inclinó la cabeza en testimonio de sumisión.

— ¿Te encuentras resuelto a todo?

La misma señal de respeto.

— Perfectamente. No desmereces [19] del alto concepto que de ti 20 había formado.[20]

— ¿Y a qué hora quiere que vaya a buscarle? — preguntó José temiendo, con razón, que el caballero se descarriase,[21] como solía acontecer.

— Después de comer . . .; a la una.

— Pues, con su permiso, don Fernando . . .; tengo que componer una red. . . .

— Bien, bien; hasta la vista.

A la hora indicada fué el marinero a la posada del señor de Meira. Al poco rato salieron juntos y enderezaron los pasos por la calle abajo 30

the consent of her parents may be placed under the guardianship of a third person (depósito) for three months, if parental authority is found to have been unreasonably exercised. Cf. p. 101, l. 4 ff., p. 102, l. 19 ff., p. 103, l. 25 and p. 108, ll. 22.

[12] embarazaba, upset.
[13] irracional, unreasonable.
[14] estaba . . . obediencia, it was her right to disobey.
[15] supeditada, subjected.
[16] Noticioso, Having been informed.
[17] rango, rank.
[18] tenemos, supply: something.
[19] No desmereces, You are worthy.
[20] había formado, I have.
[21] se descarriase, should go astray.

en dirección de la ribera. Antes de llegar a ella, don Fernando se
detuvo delante de una casa algo más decente que las contiguas.

— Alto; vamos a entrar aquí.

— ¿En casa de don Cipriano?

— En casa de don Cipriano.

El señor de Meira llamó a la puerta y preguntó si se podía ver [22]
al señor juez municipal. La vieja que les salió a abrir, hermana de éste,
les dijo que estaba durmiendo la siesta. Don Fernando insistió; era
un negocio urgente. La vieja, malhumorada [23] y gruñendo, porque
10 estaba lejos de reconocer en el señor de Meira derechos señoriales,[24]
se fué al cabo a despertar a su hermano.

Don Cipriano, a quien ya tenemos el honor de conocer por haberle
visto [25] en la tienda de la maestra, los recibió afablemente, aunque
mostrando sorpresa.

— ¿Qué hay de nuevo, don Fernando?

Éste sacó del bolsillo de su raidísima [26] levita un papel, lo desdo-
bló [27] con lentitud académica y lo presentó gravemente al juez.

— ¿Qué es esto?

— Una solicitud de doña Elisa Vega pidiendo que se la saque del
20 poder de su madre y se la deposite [28] con arreglo a la ley para contraer matrimonio.

Don Cipriano dió un salto atrás.

— ¿Cómo . . ., Elisita . . ., la hija de la maestra?

Don Fernando inclinó la cabeza en señal de asentimiento.

El juez municipal se apresuró a tomar las gafas de plata que tenía
sobre la mesa y a ponérselas, para leer el documento.

La lectura fué larga, porque don Cipriano, en achaque de letras se
había andado toda su vida con pies de plomo.[29] Mientras duró, José
tenía los ojos clavados ansiosamente en él. El señor de Meira se
30 acariciaba distraídamente su luenga perilla blanca.

— ¡No sospechaba esto! — exclamó el juez levantando al fin la
cabeza. — Y a la verdad no puedo menos de confesar que lo siento.
. . . Al cabo, la maestra y su marido son amigos . . ., y van a llevar un
disgusto grande.[30] . . . ¿Ha escrito usted esta solicitud, don Fernando?

— ¿Está en regla, señor juez? — respondió éste gravemente.

— Sí, señor.

— Pues basta; no hay necesidad de más.[31]

Don Cipriano se puso pálido; después, rojo. No había hombre de más extraña susceptibilidad en todo el mundo. Una mirada le hería; una palabra le ponía fuera de sí. Pensó que don Fernando había querido darle una lección de delicadeza y se inmutó notablemente.

— Señor don Fernando ..., yo no pretendía.... Esas palabras ... Me parece ...

— No ha sido [32] mi ánimo ofender a usted, señor juez. Quería 10 solamente hacer constar mis derechos a callarme delante del funcionario.[33] ... Por lo demás, usted es mi amigo hace tiempo, y he tenido siempre un gran placer en tenderle mi mano. Basta que usted haya pertenecido a los ejércitos de su majestad, para que sea acreedor a la más alta consideración por parte de todos los hombres bien nacidos.

El tono y la actitud con que don Fernando pronunció estas palabras debían de [34] semejar mucho a los que usaban en tiempos remotos los nobles al dirigirse a algún miembro del estado llano, cuando éste entró a deliberar con ellos en los negocios del gobierno. Pero don 20 Cipriano que no estaba al tanto de estos ademanes puramente históricos, en vez de ofenderse más, se tranquilizó repentinamente.

— Gracias, don Fernando; muchas gracias. Como yo aprecio tanto a esa familia.[35] ...

— Yo la aprecio también. Pero vamos al caso. Elisa se quiere casar con este muchacho. Su madre se lo impide sin razón alguna ..., porque es pobre tal vez ..., o tal vez (esto no lo afirmo, lo doy como hipótesis) por no entregar la herencia del difunto Vega, con la cual comercia y se lucra.[36] No hay otro medio que acudir pidiendo protección a la ley; y la muchacha ha acudido. 30

— Está muy bien. Ahora lo que procede es que yo vaya a preguntar a la chica si se ratifica en [37] lo que aquí demanda. En caso afirmativo, procederemos al depósito.

— ¿Y cuándo?

— Hoy mismo. ... Esta misma tarde, si ustedes quieren.

— Por la tarde, señor juez — apuntó José, — se va a enterar todo el

[31] *más*, anything else.
[32] *ha sido*, pres. pfct. for pret.; see Translation Aid VII, No. 2, c, p. 506.
[33] *funcionario*, civil authority.
[34] *debían de*, must have (+ p. p.); see Translation Aid III, No. 2, p. 502.
[35] *familia* refers to Elisa's family.
[36] *comercia . . . lucra*, does business and profits.
[37] *se ratifica en*, confirms.

pueblo y habrá un escándalo. . . . Si usted consintiera en dejarlo para después de que obscurezca. . . .

— Como quieras. A mí me es igual. Pero te advierto que es necesario la presencia del secretario, y está hoy en Peñascosa.

— Don Telesforo estará aquí entre luz y luz — dijo el señor de Meira.

— Entonces no tengo nada que objetar. Al obscurecer les espero a ustedes.

— Ahora, don Cipriano — dijo el señor de Meira inclinándose grave-
10 mente, — yo espero que nada se sabrá de lo que ha pasado aquí. . . .

— ¿Qué quiere usted decir con eso, don Fernando? — preguntó el juez, poniéndose otra vez pálido.

Don Fernando sonrió con benevolencia.

— Nada que pueda ofender a usted, señor juez. . . . Usted es un hombre de honor y no necesita que le recomienden el secreto [38] en los negocios que lo exigen. Quería decir únicamente que en este asunto necesitamos el mayor sigilo; [39] que nadie sospeche nuestro propósito, ni se trasluzca absolutamente nada.

— Eso es otra cosa — repuso don Cipriano sosegándose.

20 — Quedamos, pues, en que después que anochezca nos espera usted, ¿no es eso?

— Sí, señor.

— Hasta la vista, entonces.

El prócer [40] alargó su mano al representante del tercer estamento.[41]

— Adiós, don Fernando; adiós, José.

Así que cerró la noche, una noche de agosto calurosa [42] y estre-
llada, don Fernando, don Telesforo (que había llegado oportunamente momentos antes) y José se dirigieron otra vez a casa del juez. Subió don Telesforo únicamente. Aguardaron a la puerta el noble y el mari-
30 nero. Al poco rato salió don Cipriano acompañado de cerca [43] por su notable bastón con puño de oro y borlas, y algo más lejos por el secretario del Juzgado.[44] Los cuatro, después de cambiar un saludo amical en tono de falsete, enderezaron los pasos silenciosamente por la calle arriba en dirección a la casa del maestro.

Cuando llegaron frente a la casa de la maestra, el juez se detuvo y les dijo bajando cuanto pudo la voz:

---

[38] *no . . . secreto*, it is not necessary that you be charged with secrecy.
[39] *sigilo*, reserve, secrecy.
[40] *prócer*, nobleman.
[41] *estamento*, estate.
[42] *calurosa*, warm.
[43] *acompañado . . . cerca*, in close company with.
[44] *Juzgado*, Court of Justice.

— Ahora voy a entrar yo solamente con don Telesforo. Usted, don Fernando, puede quedarse con José cerca de la puerta, por si hacen falta para dar valor a la chica.

Asintió el marinero de todo corazón, pues en aquel instante podía ahogársele con un cabello.[45] Don Cipriano y don Telesforo se apartaron de ellos.[46] La luz de la tienda los iluminó por un momento. Entraron. Un estremecimiento de susto y pavor sacudió fuertemente el cuerpo de José.

XIV

En la tienda de la maestra se habían congregado, como todas las noches a primera hora,[1] unos cuantos marineros y algunas mujerucas,[2] que rendían parias[3] a la riqueza y a la importancia de la señá Isabel. Estaban[4] además el cabo de mar y un maragato[5] que traficaba[6] con el escabeche. La tertulia se mantenía silenciosa y pendiente de los labios del venerable don Claudio, quien, sentado detrás del mostrador en un antiguo sillón de vaqueta,[7] leía en alta voz a la luz del velón en un libro manoseado y grasiento.[8]

Era costumbre entre ellos solazarse[9] en las noches con la lectura de alguna novela. Las mujeres, particularmente, gozaban mucho siguiendo sus peripecias[10] dolorosas. Porque era siempre una historia tristísima la que se narraba, y si no los tertulianos[11] se aburrían.

La señá Isabel cosía, como de costumbre, detrás del mostrador al lado de su fiel esposo. No parecía muy apenada por las desgracias de los jóvenes amantes. Elisa también estaba sentada cosiendo; pero a menudo se levantaba de la silla con distintos pretextos, descubriendo cierta inquietud que desde luego llamó la atención de la sagaz maestra.

— ¡Pero, muchacha, hoy tienes azogue![12]

[45] *podía . . . cabello*, he could have been knocked down with a feather. Literally, he could have been strangled with a hair.
[46] *se . . . ellos*, left them.

---

[1] *a . . . hora*, early.
[2] *mujerucas*, ordinary women.
[3] *parias*, homage.
[4] *Estaban* (*presentes*).
[5] *maragato*, native of a region in León called *la Maragatería*.
[6] *traficaba*, traded.
[7] *vaqueta*, heavy leather.
[8] *manoseado y grasiento*, dog-eared and greasy.
[9] *solazarse*, to enjoy themselves.
[10] *peripecias*, adventures.
[11] *tertulianos*, guests.
[12] *tienes azogue*, you are so fidgety.

No azogue, sino miedo y muy grande tenía la pobre.[13] ¡Cuántas veces se arrepintió de haber cedido a los ruegos de José! Pensando en lo que iba a suceder aquella noche, sentía escalofríos.[14] El corazón le bailaba dentro del pecho con tal celeridad,[15] que se extrañaba de que los demás no lo advirtiesen. Había rezado ya a todos los santos del cielo y les había prometido mil sacrificios si la sacaban con bien [16] de aquel aprieto. «¡Dios mío — solía decirse, — que [17] no vengan!» Y a cada instante dirigía miradas de terror a la puerta. La señá Isabel observó que unas veces estaba descolorida, y otras, roja como una
10 amapola.[18]

— Oye, Elisa; tú estás enferma. . . .

— Sí, madre, me siento mal — repuso ella vislumbrando con alegría la idea de marcharse.

— Pues anda, vete a la cama; será [19] principio de un catarro.[20]

La joven no lo quiso ver mejor.[21] Soltando la obra que tenía en las manos, desapareció rápidamente por la puertecilla de la trastienda.[22] Subió la escalera a saltos como si huyese de un peligro inminente; pero al llegar a la sala quedó petrificada oyendo en la tienda la voz de don Cipriano.
20 En efecto, éste y don Telesforo entraban en aquel instante.

— Buenas noches, señores.

— Buenas noches — respondieron todos.

La maestra quedó muy sorprendida, porque don Telesforo hacía bastante tiempo que estaba reñido con ella y no frecuentaba la tienda. Después de un momento de silencio algo embarazoso,[23] don Cipriano preguntó con amabilidad:

— ¿Y Elisita?

— Ahora se ha ido [24] a la cama: se siente un poco mal — repuso la señá Isabel.
30 — Pues necesito hablar con ella dos palabritas — replicó el juez apelando siempre a los diminutivos.

La maestra se puso terriblemente pálida porque adivinó la verdad.

---

[13] No . . . pobre, The poor thing was not fidgety but scared and very much so.
[14] escalofríos, chills.
[15] le . . . celeridad, beat so fast.
[16] la . . . bien, they got her out safely.
[17] que, I hope (that).
[18] amapola, poppy.
[19] será, fut. of probability.
[20] catarro, cold.
[21] no . . . mejor, did not wish for anything better.
[22] trastienda, back room.
[23] embarazoso, embarrassing.
[24] se ha ido, pres. pfct. for pret.; see Translation Aid VII, No. 2, c, p. 506.

— Bueno; la llamaré — dijo con voz opaca levantándose de la silla.

— No es necesario que usted la moleste; yo subiré, si es que [25] no se ha acostado.

— Subiremos cuando usted quiera. . . .

El juez extendió la mano como para detenerla, diciendo:

— Permítame usted, señora Isabel. . . . El negocio que vamos a tratar es reservado. . . . El único que debe subir conmigo es don Telesforo.

La maestra le clavó una mirada siniestra. Don Cipriano se puso un poco colorado.

— Yo lo siento mucho, señora, pero es necesario . . .

Y por no sufrir más tiempo los ojos de la vieja, se apresuró a subir a la casa,[26] seguido del secretario.

La maestra, inmóvil, clavada al suelo en el mismo sitio en que la había dejado don Cipriano, no perdía de vista la puerta por donde éste había salido.

— Vamos — dijo al fin con ira concentrada, pasándose la mano por el rostro; — la niña está en el celo.[27] Hay que casarla a escape.[28]

— ¿Cómo casarla? — preguntó don Claudio.

Su mujer le echó una mirada de desprecio, y volviéndose a los circunstantes, que estaban pasmados sin saber lo que era aquello, añadió:

— ¿Qué? ¿no se han enterado ustedes todavía? . . . Pues está bien claro; que ese perdido de [29] la viuda necesita cuartos, y quiere llevarme [30] a Elisa.

José oyó perfectamente estas palabras, y se estremeció como si le hubiesen pinchado. Don Fernando trató de sosegarlo, poniéndole una mano sobre el hombro; pero él mismo estaba muy lejos de hallarse tranquilo. Por más que se atusase [31] gravemente su luenga perilla blanca hasta arrancársela, la procesión le andaba por dentro.[32]

— Yo creía — dijo uno de los tertulios — que eso había concluido hacía ya mucho tiempo.

— En la apariencia, sí — respondió la maestra; — pero ya ven ustedes cómo se las ha arreglado ese borrachín para engatusarla [33] otra vez.

---

[25] *si es que*, in case.
[26] *casa*, living quarters.
[27] *está . . . celo*, is in love.
[28] *a escape*, in a hurry.
[29] *(hijo) de.*
[30] *llevarme*, to take away from me.
[31] *se atusase*, stroked.
[32] *la . . . dentro*, he was tied up in knots inside.
[33] *engatusarla*, to fool her.

— Pero ése es un acto de rebelión por parte de Elisa que merece un castigo ejemplar — saltó don Claudio. — Yo la encerraría en la bodega y la tendría quince días a pan y agua.

— Y yo te encerraría a ti en la cuadra [34] por [35] borrico — dijo la señá Isabel, descargando sobre su consorte el fardo de cólera que le abrumaba.

— ¡Mujer! . . . Esa severidad . . ., ¿a qué conduce? . . . Me parece que te ha cegado la pasión en este momento.

El rostro del maestro al proferir [36] estas palabras reflejaba la indig-
10 nación y el miedo a un mismo tiempo, y guardaba, aunque no esté bien el decirlo, más semejanza que nunca [37] con el de un perro dogo.[38]

Su esposa, sin hacerle caso alguno, siguió hablando con aparente calma.

— ¡Vaya, ya se le contentó el antojo a la viuda! . . . Hay que alegrarse, porque si no,[39] el día menos pensado se queda en un patatús.[40]

— ¡Pero quién había de decir que una chica tan buena como Elisa . . .! — exclamó una de las mujerucas.

— A la pobre le han llenado la cabeza de viento — dijo la maestra.

— Se figura que hay en casa torres y montones,[41] y que todos son de
20 ella. . . . ¡No se van a llevar mal chasco [42] ella y su galán!

— Señora Isabel — dijo el juez, que bajaba en aquel momento.

— Elisa ha solicitado el depósito [43] para casarse, y acaba de ratificarse en su petición. . . . No me queda más remedio que decretarlo. . . . Siento en el alma darle este disgusto . . .; pero la Ley . . . Yo no puedo menos.

La maestra, después de mirarle fijamente, hizo un gesto despreciativo [44] con los labios.

— No se disguste usted, don Cipriano, que va a enfermar.

Una ola formidable de sangre subió al rostro del susceptible fun-
30 cionario.

— Señora, tenga usted presente con quien habla.

---

[34] cuadra, stable.
[35] por, because you are.
[36] proferir, uttering.
[37] guardaba . . . semejanza, más que nunca, resembled . . . now more than ever.
[38] perro dogo, bulldog.
[39] si no, if it had not been so.
[40] se . . . patatús, pres. for fut.; see Translation Aid VII, No. 2, b, p. 506.
[41] montones (de dinero).
[42] No . . . chasco, The joke will be on . . . .
[43] depósito, sequestration; cf. p. 100, note 11.
[44] despreciativo, scornful.

— Con el hijo de Pepa la panadera [45] — dijo ella, bajando la voz y volviéndole la espalda.

El capitán don Cipriano era hijo, en efecto, de una humilde panadera, y había ascendido desde soldado. No era de los que ocultasen su origen, ni se creía deshonrado por esto; mas el tono de desprecio con que la maestra pronunció aquellas palabras le hirió tan profundamente, que no pudo articular ninguna. Después de mover varias veces los labios sin producir sonido alguno, al fin rompió, diciendo en voz temblorosa:

— Calle usted, mala lengua . . ., o por vida de Dios que la llevo a usted a la cárcel.

La maestra no contestó, temiendo sin duda que el juez, exasperado, cumpliese la amenaza; se contentó con reírse frente a sus tertulios.

Don Cipriano, repuesto de su emoción dolorosa, o convaleciente, por lo menos, dijo con acento imperativo:

— A ver . . ., designe usted la persona que ha de encargarse de su hija mientras permanezca en depósito.

La maestra volvió la cabeza, le miró otra vez con desdén, y se puso a cantar frente a sus amigas:

Tan tarantán, [46] *los higos son verdes.* [47]

Viendo lo cual don Cipriano, dijo con más imperio aún:

— Venga usted acá, don Telesforo. . . . Certifique usted ahora mismo que la señora no ha querido designar persona que se encargue de tener a su hija en casa mientras esté depositada.

Después de dar esta orden, salió de la tienda y se fué al portal. Allí estaba Elisa a obscuras y temblando de miedo. Cuando hubo hablado con ella algunas palabras, volvió a entrar.

— En uso de la facultad que la Ley me concede, designo a doña Rafaela Morán, madrina de la interesada, para que la tenga en su poder hasta que cese el depósito.

Mientras don Telesforo extendía estas diligencias, los marineros y las mujerucas comenzaron a consolar a la señá Isabel, y a poner infinitos comentarios y glosas [48] a la escena que se estaba efectuando. Repuestos [49] de la sorpresa que les había producido, se les desató la lengua de forma que la tienda parecía un gallinero.[50]

[45] *panadera,* baker's wife.
[46] *Tan tarantán* (sound of a drum).
[47] *los . . . verdes,* the figs are still green, and will stay green, *i.e.,* you won't get anywhere with this; your plans will fall through.
[48] *glosas,* remarks.
[49] *Repuestos,* participial construction; see Translation Aid VI, No. 2, p. 505.
[50] *gallinero,* chicken coop.

— ¡Pero cómo se atrevería [51] esa chica a dar un paso semejante! — decía uno.

— A mí me daba en la nariz que Elisa tenía algún secreto — apuntó un marinero anciano. — Por dos veces la vi hablando con don Fernando de Meira, camino del monte de San Esteban, y noté que en cuanto me atisbaron echaron a correr, uno para un lado y otro para otro.[52]

— Pues otra cosa me pasó a mí — dijo el cabo de mar. — Iba una tarde hacia Peñascosa, y a poco más de media milla de aquí me en-
10 contré a don Fernando en [53] gran conversación con Elisa, y noté que acababa de separarse de ellos la viuda de Ramón de la Puente.

— ¡Ya me parecía que aquí había de andar [54] la mano del señor de esa maldita casa de Meira! — exclamó la maestra.

Oyendo aquel insulto, don Fernando no pudo contenerse y entró como un huracán por la puerta de la tienda, con las mejillas pálidas y los ojos centelleantes.[55]

— ¡Oiga usted, grandísima tarasca, [56] enjuáguese [57] usted la boca antes de hablar de la casa de Meira!

— ¡No lo dije yo! — exclamó la maestra soltando al mismo tiempo
20 una carcajada estridente. — ¡Ya pareció el marqués de los calzones rotos! — Y encarándose con [58] él, añadió sarcásticamente: — ¿Cuántos zoquetes [59] de pan le han dado, señor marqués, por encargarse de este negocio?

Los tertulios rieron. El pobre caballero quedó anonadado.[60] La cólera y la indignación se le subieron a la garganta, y en poco estuvo que no le ahogasen. Comprendió que era imposible luchar con la desvergüenza y procacidad [61] de aquella mujer, y se salió de la tienda pálido y convulso. Pero la maestra, viendo que se le escapaba la presa, le gritó:
30 — ¡Ande usted, pobretón! Le habrán llenado la panza para servir de pantalla, ¿verdad? Ande, váyase y no vuelva, ¡gorrón!, ¡pegote!, ¡chupón! [62]

[51] se atrevería. cond. of probability.
[52] uno . . . otro, in opposite directions.
[53] en, having a.
[54] había . . . andar. was involved.
[55] centelleantes, flashing.
[56] grandísima tarasca, you old witch.
[57] enjuáguese, rinse out.
[58] encarándose con, facing.
[59] zoquetes, chunks.
[60] anonadado, overwhelmed.
[61] procacidad, impudence.
[62] ¡gorrón! . . . ¡chupón! parasite, sponge, hanger-on!

El noble señor de Meira, al recibir por la espalda aquella granizada [63] de injurias, se volvió, agitó los puños y tuvo fuerzas para preguntar:

— ¿Pero no hay quien clave un hierro candente [64] en la lengua a esa infame mujer?

Al decir esto recordaba, sin duda, los terribles castigos que sus antepasados [65] infligían a los villanos insolentes.   Pero en la tienda estas aterradoras palabras fueron acogidas con una risotada general.

Don Telesforo, en tanto, había concluido de escribir.   El juez, cada vez más ofendido con la maestra, dijo al secretario:

— Haga usted el favor de notificar a la madre de la joven que debe 10 entregar la cama y la ropa de su uso.[66]

— Yo no entrego nada, porque lo que hay en casa es mío — dijo la vieja poniéndose seria.

— Dígale usted a la señora — continuó el juez, dirigiéndose a don Telesforo — que eso ya se verá.[67]   Por lo pronto, que [68] entregue la cama y la ropa que la Ley concede a la depositada.

— Pues yo no entrego nada.

— ¡Pues se lo tomaremos! — exclamó don Cipriano exasperado. — A ver, dos de ustedes que [69] vengan conmigo a servir de testigos. . . .   20

Y señalando a un par de marineros, les obligó a subir con él al cuarto de Elisa.   Ésta sollozaba en el portal escuchando con terror los atroces insultos que a ella, a su novio y a la familia de éste lanzaba su madre dando vueltas por la tienda como una fiera.

Al cabo de un instante bajó don Cipriano.

— Elisa, sube conmigo a señalar tu ropa.

— ¡Por Dios, señor juez! ¡Déjeme usted, por Dios! No quiero llevarme nada. . . .

Don Cipriano, respetando el dolor de la joven y su delicadeza, no quiso insistir.   Pero se fué a la calle en busca de José, le llevó arriba 30 y le hizo cargar con la ropa y la cama de Elisa.   Después sacó a ésta del portal, la colocó entre don Fernando de Meira y él, y se dirigieron a casa de la madrina escoltados [70] por el secretario y algunas mujeres y marineros que se habían juntado a la puerta de la tienda.   José marchaba delante trotando con su grata carga.

---

[63] *granizada*, hail storm.
[64] *candente*, white hot.
[65] *antepasados*, ancestors.
[66] *de . . . uso*, that belong to her.
[67] *eso . . . verá*, that remains to be seen.
[68] *que*, see Translation Aid IV, No. 4, d, p. 503.
[69] *que*, omit in translating.
[70] *escoltados*, escorted.

XV

Transcurrieron los tres meses que la Ley señala para esperar el consejo paterno. No se pasaron tan alegres como podía presumirse. Elisa no estaba contenta en casa de su madrina. Era una vieja egoísta e impertinente que no cesaba en todo el día de reñir con las gallinas, con el cerdo y con los gatos. Acostumbrada a este gruñir y rezar constante, pronto consideró a su ahijada[1] como uno de tantos animales domésticos. De vez en cuando le echaba en cara directa o indirectamente el favor que le hacía; favor que la joven había prometido pagar cuando estuviese en posesión de sus bienes. Además, la rebe-
10 lión contra su madre la traía pesarosa;[2] sentía remordimientos; lloraba a menudo. Más de una vez se sintió tentada a volverse a casa, echarse a los pies de la señá Isabel y pedirle perdón. José la sostenía con su pasión enérgica y dulce a la par en estos momentos de flaqueza, tan propios en una hija buena y sencilla.

No salía apenas a la calle. Sólo a la hora de obscurecer, cuando su novio venía de la mar, hablaba algunos cortos instantes con él a la puerta de casa, delante de su madrina, quien no se alejaba un punto de ellos, más por el gusto de estorbarles, que para guardar a su ahijada.
Tal vez que otra, muy rara, salían de paseo los tres por algún camino
20 extraviado, de suerte que nadie los viese. La inocente muchacha imaginaba que su conducta era juzgada severamente en Rodillero, y que todos la reprobaban. No era verdad. Los vecinos del lugar, sin faltar uno, hallaban justificada su resolución, y se habían alegrado no poco de ella. La maestra era generalmente odiada.

Hubo un suceso también que les impresionó dolorosamente, lo mismo a ella que a José, y que hizo bastante ruido en el pueblo. Don Fernando de la casa de Meira había desaparecido de Rodillero pocos días después de haberse depositado a Elisa. De nadie se despidió, y nadie supo adónde se había dirigido. Todas las indagaciones[3]
30 que se hicieron para averiguar su paradero[4] fueron infructuosas.[5]
José experimentó un gran disgusto. Precisamente tenía ya ahorrados de la costera del bonito cerca de tres mil reales, que pensaba darle en seguida a cuenta de los diez mil que de él había recibido, figurándose, no sin razón, que los dineros con que se había quedado de los catorce mil que don Anacleto le había pagado por la casa, andarían[6] muy

[1] *ahijada*, goddaughter.
[2] *pesarosa*, sad.
[3] *indagaciones*, inquiries.
[4] *paradero*, whereabouts.
[5] *infructuosas*, in vain, fruitless.
[6] *andarían*, cond. of probability; cf. p. 113, l. 2.

cerca de concluirse. Volvíase loco pensando que acaso hostigado [7] por la necesidad, y no queriendo de vergüenza pedirle nada, se habría huido por el mundo el buen caballero a quien tantos favores debía. Salió expeditamente [8] él mismo en su busca, abandonando para ello lancha y trabajo. Después de recorrer durante cuatro días todos los contornos y haber extendido la excursión a varios puntos distantes de la provincia, preguntando en todos los parajes,[9] vióse necesitado a regresar sin saber nada. Esto le tenía muy apesadumbrado.[10]

La costera del bonito había sido tan buena aquel año como el anterior. La lancha que José había comprado a un armador [11] vizcaíno trabajó admirablemente todo el verano. La compaña,[12] en la cual figuraban como antes el satírico Bernardo y el tremendo Corsario, estaba contentísima, no sólo por las ganancias que percibía, sino por ver al pobre José, a quien todos apreciaban de veras, al cabo de su desgracias y en vísperas de ser feliz.

Sucedió lo que era de esperar: en pos de los bienes, los males. Terminada [13] la costera del bonito, y también casi dando las boqueadas [14] la de la sardina, quedaron las lanchas paradas algún tiempo esperando la merluza y el congrio.[15] Los marineros, durante este tiempo de holganza,[16] vivían en las tabernas o se paseaban en pandillas,[17] según su costumbre, por las riberas de la mar, escrutando [18] y dando su opinión sobre las velas que cruzaban por el horizonte. En estos días se comieron lo que les restaba de los pingües quiñones [19] del verano.

Pero el invierno no se presentó benigno. Cuando empezaron a salir al congrio y la merluza, volvían la mayor parte de los días sin nada o con muy poco pescado. Además, en varias ocasiones sintieron algunos latigazos [20] del Noroeste, que les puso en cuidado. Dejaron entonces de pescar, y aguardaron que llegase la época propicia para el besugo.[21] El mes de diciembre siguió aún más rudo y

[7] *hostigado*, harassed.
[8] *expeditamente*, hurriedly.
[9] *parajes*, places.
[10] *apesadumbrado*, downcast.
[11] *armador*, boat-builder.
[12] *compaña*, crew.
[13] *Terminada*, participial construction; see Translation Aid VI, No. 2, p. 505.
[14] *casi . . . boqueadas*, nearly over.
[15] *merluza . . . congrio*, hake . . . conger eel.
[16] *holganza*, idleness.
[17] *pandillas*, groups.
[18] *escrutando*, scrutinizing.
[19] *pingües quiñones*, liberal shares.
[20] *latigazos*, lashes.
[21] *besugo*, sea bream.

tornadizo[22] que el de noviembre. Mas como no había otro remedio que ir a la mar, bajo pena de morirse de hambre o salir a pedir limosna por las aldeas, cosa que solamente hacían en el último aprieto, comenzaron a trabajar en la pesca del besugo, aunque recelosos y prevenidos para cualquier evento. El tiempo fué de mal en peor. Algunos días serenos llegaban que les hacían concebir esperanzas de mejoría;[23] pero al instante se cambiaba y volvía a mostrarse con cariz[24] feo y huraño.[25] Cierta especie propalada por el lugar les infundió aún más recelo. Se decía que un muchacho había visto varias noches salir de 10 la ribera tres de las lanchas, tripuladas[26] por hombres vestidos de blanco, y que al cabo de dos o tres horas las veía entrar de nuevo solas.[27] No es fácil representarse el terror que esta noticia produjo en el pueblo, sobre todo entre las mujeres. Los hombres también estaban tristes y medrosos, pero lo disimulaban.

A la general tristeza que en el pueblo reinaba, y de la cual participaban, no en pequeña porción, Elisa y José, se añadió para éstos una desgracia que les conmovió hondamente. Se supo de modo evidente que don Fernando de Meira había sido encontrado muerto en un camino de sierra, allá hacia la montaña de León. Se dió por supuesto 20 entre los vecinos que el caballero iría[28] a buscar dinero a réditos[29] por la noche, según su costumbre, y se habría matado de una caída. Pero algunos aseguraban que don Fernando iba pidiendo limosna y había muerto de hambre y de frío. Sea de esto lo que quiera, su muerte causó en todo el pueblo triste impresión, porque era universalmente querido. Elisa le lloró como a un padre; José anduvo muchos días caviloso y taciturno. Al cabo, los preparativos de boda consiguieron secar las lágrimas de ambos y ocupar exclusivamente su atención. Habían pensado casarse en los primeros días de diciembre. No fué posible por algunas dificultades que el cura puso y necesitaron vencer; 30 y también porque no hallaron casa. José no quería de modo alguno vivir con su madre. Conociéndole el genio, sabía que Elisa iba a tener disgustos, por más que aquélla ya la amase entrañablemente. Quedó aplazado el matrimonio para Año Nuevo. Los preliminares, tan sabrosos siempre para los enamorados, no lo fueron tanto en esta ocasión por las particulares circunstancias en que se hallaban y por la atmósfera de tristeza que pesaba sobre el pueblo.

[22] *tornadizo*, changeable.
[23] *mejoría*, improvement.
[24] *cariz*, appearance.
[25] *huraño*, sullen.
[26] *tripuladas*, manned.
[27] *solas*, without a crew.
[28] *iría*, cond. of probability; cf. l. 21.
[29] *a réditos*, at interest.

El tiempo vino tan recio y la desconfianza de la marinería [30] era tanta, que, reunidos los patrones [31] de las lanchas, acordaron velar todas las noches tres de ellos para reconocer atentamente el estado de la mar y del cielo, y en vista de sus observaciones, decidir si se había de llamar a la gente o no. Además, como generalmente se salía antes de amanecer, se previno que la lancha que saliese primero o fuese delante pusiese una luz en la proa en caso de que hallase peligroso el continuar: esto serviría de señal a las otras para volverse al puerto. Dos noches antes del suceso que vamos a narrar le tocó a José hacer la guardia con otros dos. Vieron malo el cariz y no quisieron avisar. 10 Pero como hacía ya algunos días que estaba la pesca parada y comenzaba a dejarse sentir el hambre, algunos murmuraron en la taberna de esta determinación. El día había mejorado un poco, aunque no mucho. Por la noche se quedaron de vela otros tres patrones, los cuales vacilaron mucho tiempo antes de dar al muchacho la orden de *revolver*, porque el semblante era feo y sucio como pocas veces.[32] Al fin la dieron, pensando en la miseria de la gente, o temiendo acaso las murmuraciones.

José fué uno de los primeros que llegaron a la ribera.

— ¡Ave María, qué barbaridad! — exclamó mirando al cielo. 20 — ¡Vaya una noche que han escogido para salir a la mar!

Pero era demasiado prudente para alarmar a sus compañeros, y demasiado bravo para negarse a salir. Se calló y, ayudado de sus compañeros, botó al agua la lancha. Como estaba la más próxima, quedó a flote y aparejada la primera. En cuanto la compaña [33] estuvo a bordo, comenzaron a bogar.

Después que se hubieron apartado [34] del puerto una milla, José lió la orden de izar [35] vela.

— ¿Qué izamos, José? — preguntó uno.

— Los trinquetes [36] — respondió éste secamente. 30

La noche estaba obscura, pero no encapotada.[37] El cielo se mostraba despejado a ratos. Las nubes negras y redondas corrían con extraña velocidad, lo cual manifestaba claramente que el viento soplaba huracanado [38] arriba, por más que abajo no se hubiese aún dejado

---

[30] *marinería*, sailors.

[31] *reunidos . . . patrones* (participial construction), the skippers . . . having held a meeting.

[32] *pocas veces*, supply: before.

[33] *compaña*, crew.

[34] *apartado*, gone out (from).

[35] *izar*, to hoist.

[36] *trinquetes*, foresails.

[37] *encapotada*, overcast.   [38] *soplaba huracanado*, blew a hurricane.

sentir con fuerza.[39] Esto tenía sumamente inquieto y preocupado a José, quien no apartaba la vista del cielo. Iban todos silenciosos y tristes. El frío les paralizaba las manos, y el temor, que no podían ocultar, la lengua.[40] Echaban también frecuentes miradas al firmamento, por donde corrían cada vez con más furia las nubes. La mar estaba gruesa y sospechosa.

Así caminaron un cuarto de hora, hasta que José rompió de súbito el silencio lanzando una interjección:

— . . . ¡Esto es una porquería! [41] ¡Hoy no salen a la mar ni los 10 perros!

Tres o cuatro marineros se apresuraron a decir:

— Tienes razón. — Es un tiempo cochino. — Está bueno para los cerdos, no para los hombres.

— Por nosotros, José — concluyó uno, — no sigas adelante. . . . Si te parece, da la vuelta . . .

José no respondió. Siguió callado unos minutos hasta que, levantándose de pronto, dice en tono resuelto:

— Muchacho, enciende ese farol. . . . A cambiar.

El rapaz [42] encendió el farol, y lo colocó en la proa con visible satis-
20 facción. Los marineros ejecutaron la maniobra satisfechos también, aunque sin mostrarlo.

La lancha comenzó a navegar orzada [43] hacia Rodillero. Al instante vieron encendidas allá a lo lejos, unas después de otras, las luces de todas las barcas. Esto significaba que todas habían visto la señal y se volvían al puerto.

— ¡Si no podía menos! — dijo uno.

— ¡Quién va con ganas a la mar hoy! — exclamó otro.

— Pero esos borricos de Nicolás y Toribio, ¿por qué mandaron revolver?

30 Se les había desatado la lengua a todos. Mas después de caminar un rato hablando, observó José por sotavento [44] el bulto de una lancha que pasaba no muy lejos de la suya sin luz en la proa.

— ¡Alto, muchachos! — dijo. — ¿Qué diablos es esto? ¿Adónde va esa lancha?

— Pregunta.

El patrón se puso en pie y, haciendo con las manos una bocina,[45] gritó:

[39] *no . . . fuerza,* its violence had not yet been felt.
[40] *lengua,* distributive construction; see Translation Aid VI, No. 3, a, p. 505.
[41] *¡Esto . . . porquería!* This is awful!
[42] *rapaz,* helper.
[43] *orzada,* luffed.
[44] *por sotavento,* under the lee, to leeward.
[45] *bocina,* megaphone.

— ¡Ah de la lancha!

— ¿Qué quieres, José? — contestó el de la otra, que le conoció por la voz.

— ¿Adónde vas, Hermenegildo? — preguntó José, que también le había conocido.

— A la playa [46] — repuso el otro acercándose cuanto pudo.

— Pero, ¿no habéis encendido los faroles después que yo lo puse?

— Sí; pero conozco bien a este pueblo. Te habrán enseñado los faroles, sin hacer maldito el caso. . . . ¿Cuánto me apuestas a que todos los barcos amanecen hoy en la playa?

— ¡Malditos envidiosos! — exclamó José por lo bajo; y dirigiéndose a la tripulación: [47] — A cambiar otra vez. . . . El día menos pensado va a haber una desgracia por estas cicaterías.[48] . . .

Los marineros ejecutaron la maniobra de mal humor.

— Ya veréis, si cualquier día sucede algo — dijo otra vez José, — cómo no ha de faltar a quién echar la culpa.

— Eso siempre [49] — repuso Bernardo con gravedad cómica.

Después de estas palabras reinó silencio en la lancha. Los marineros contemplaban taciturnos el horizonte. El patrón observaba cuidadosamente el cariz y se mostraba cada vez más inquieto, a pesar de que hubo un instante en que el cielo apareció despejado casi por entero. Pero no tardó en cubrirse de nuevo. Sin embargo, el viento no soplaba duro sino arriba. Hacia el amanecer también aquí se calmó. La aurora fué triste y sucia como pocas. La luz se filtraba con enorme trabajo por una triple capa de nubes.

Cuando llegaron a la playa, vieron, en efecto, a casi todas las lanchas de Rodillero que ya habían echado al agua las cuerdas y pescaban no muy lejos unas de otras. Hicieron ellos otro tanto después de arriar las velas, y metieron a bordo durante dos horas algunos besugos,[50] no muchos. A eso de las diez se ennegreció [51] más el cielo y cayó un chubasco [52] que arrastró consigo un poco de viento. A la media hora vino otro, y el viento sopló más fuerte. Entonces algunas lanchas recogieron los aparejos, e izaron vela poniendo la proa a tierra. Las demás, unas primero y otras después, siguieron el ejemplo.

Estaban a unas diez o doce leguas de la costa. Antes de haberse acercado dos millas a ella, vieron que el cielo se ennegrecía fuertemente

46 *playa*, shoal; cf. l. 26.
47 *tripulación*, crew.
48 *cicaterías*, stinginess.
49 *siempre*, supply: happens.
50 *besugos*, sea breams.
51 *se ennegreció*, grew darker.
52 *chubasco*, heavy shower.

hacia el Oeste.   Fué tal la negrura,[53] que los marineros se miraron unos
a otros despavoridos.

— ¡Madre del alma, lo que allí viene! — exclamó uno.

La negrura se iba acercando rápidamente.   Cuando José sintió en
el rostro el fresco que precede al chubasco, se puso en pie gritando:

— ¡Arriar en banda, escotas y drizas! [54]

Los marineros, sin darse cuenta tan cabal del peligro, se apresuraron, no obstante, a obedecer.   Las velas cayeron pesadamente [55] sobre
los bancos.   Fué bien a punto, porque una ráfaga violentísima cruzó
10 silbando por los palos y empujó con fuerza el casco de la embarcación.
Los marineros dirigieron una mirada a José, que era un voto de gracias
y confianza.

— ¡Cómo has olido el trallazo,[56] recondenado! [57] — dijo uno.

Pero al dirigir la vista al mar, observaron que una de las lanchas
había zozobrado.[58]   Otra vez volvieron los rostros a José, pálidos
como difuntos.

— ¿Has visto,[59] José? — le preguntó uno con voz ronca y temblorosa.

El patrón cerró los ojos en señal de afirmación.   Pero el rapaz que
20 estaba a proa, al enterarse de lo que había ocurrido, comenzó a lamentarse a voces:

— ¡Ay, Virgen Santísima!, ¿qué va a ser de nosotros?   ¡Madre mía!,
¿qué va a ser de nosotros?

José, encarándose con él, los ojos centelleantes de cólera, gritó:

— ¡Silencio, cochino, o te echo al agua ahora mismo!

El chiquillo, asustado, se calló.

José arribó cuanto pudo, teniendo cuidado de no perder la línea de
Rodillero.   La lancha comenzó a navegar con extraordinaria velocidad,
porque el viento soplaba impetuoso y cada vez más recio.   No se
30 pasaron muchos minutos sin que se levantase una formidable marejada o mar del viento,[60] que les impidió ver el rumbo de las otras lanchas: a intervalos cortos llovía copiosamente.   La salsa [61] les incomodaba bastante, y fué necesario que varios hombres se empleasen

---

[53] *negrura*, darkness.
[54] *¡Arriar . . . drizas!*   Down with the main sheets and halyards!   See Translation Aid VII, No. 1, a, p. 506.
[55] *pesadamente*, heavily.
[56] *trallazo*, lash (of the squall).
[57] *recondenado*, you old fox.
[58] *zozobrado*, capsized.
[59] *¿Has visto?* pres. pfct. for pret.;   see Translation Aid VII. No. 2, c, p. 506.
[60] *marejada . . . viento*, swell or wind-blown sea.
[61] *salsa*, spray.

constantemente en achicar [62] el agua. Pero José atendía más al viento que a ésta. Soplaba tan desigual y traidoramente, que al menor descuido estaba seguro de zozobrar.[63] Otras dos veces se vió precisado a arriar [64] de golpe las velas para eludir [65] la catástrofe. Últimamente, viendo la imposibilidad de navegar con dos velas, mandó izar sola la unción.[66] Los marineros le miraban consternados.[67] A varios de ellos les temblaban las manos al ejecutar la maniobra.

— Hay que arribar del todo — dijo José, con la voz ronca ya por los gritos que había dado. — No podemos entrar en Rodillero. Entraremos en Sarrió.

— Me parece que ni en Sarrió tampoco — repuso un viejo por lo bajo.

— Nada de amilanarse,[68] muchachos; ¡ánimo, que esto no es nada! — replicó el patrón con energía.

Desde el momento en que se resignaron a no entrar en Rodillero y pusieron la popa al viento, éste, ya no dió cuidado, máxime [69] llevando tan poquísimo trapo.

Pero el mar comenzaba a inspirar mucho miedo. La marejada, ayudada de la mar gruesa de la noche, se había convertido en verdadera mar de fondo, terrible e imponente. Los golpes que recibían por la popa eran tan fuertes y continuados, que al fin hubo necesidad de orzar [70] un poco. Así y todo, los marineros no cesaban de achicar agua. El movimiento de ésta seguía aumentando. Las olas eran cada vez más altas. La lancha desaparecía debajo de ellas y por milagro volvía a salir. Uno de los golpes les llevó el timón.[71] José tomó apresuradamente el que tenía de reserva; pero al engancharlo,[72] otro golpe se lo arrancó de las manos y metió dos o tres pipas de agua a bordo.

El rapaz [73] volvió a exclamar sollozando:

— ¡Ay, madre de mi alma, estamos perdidos!

José le arrojó la caña del timón, que había quedado sobre el banco, a la cabeza.

[62] *achicar*, to bail out.
[63] *zozobrar*, capsize.
[64] *arriar*, lower.
[65] *eludir*, avoid.
[66] *unción*, storm trysail.
[67] *consternados*, terrified.
[68] *amilanarse*, flinch.
[69] *máxime*, especially.
[70] *orzar*, to luff.
[71] *timón*, helm.
[72] *engancharlo*, connecting it.
[73] *rapaz*, helper.

— ¡Cállate, ladrón, o te mato!

Y viendo en los rostros de algunos compañeros señales de terror, les dijo echándoles una mirada feroz:

— ¡Al que me dé un grito, le retuerzo el pescuezo!

Aquella ferocidad era necesaria. Si el pánico se apoderaba de la compaña y dejaba un instante de achicar, se iban a pique sin remedio. Para sustituir al timón, puso un remo en la popa. Con las velas izadas [74] es de todo punto imposible gobernar con el remo; pero como no llevaban más que la unción, pudo, a costa de grandes es-10 fuerzos, sujetar la lancha. Cada golpe que recibían metía una cantidad extraordinaria de agua a bordo. Y a pesar de que un hombre, traba-jando bien, puede achicar [75] con el balde una pipa en ocho o diez minutos, era imposible echarla toda fuera; les llegaba casi siempre cerca de la rodilla. José no cesaba un momento de gritar, con la poca voz que le quedaba:

— ¡Achicar,[76] muchachos, achicar! ¡Ánimo, muchachos! . . . ¡Achicar, achicar!

Una oleada [77] llevó la boina a Bernardo.

— ¡Anda — dijo éste con rabia, — que pronto irá la cabeza!

20 La situación era angustiosa. Aunque procuraban disimularlo, el terror se había apoderado de todos igualmente. Entonces José, viendo que las fuerzas les iban a faltar muy pronto, les dijo:

— Muchachos, estamos corriendo un temporal deshecho; ¿queréis que acudamos al Santo Cristo de Rodillero para que nos saque de él?

— Sí, José — respondieron todos con una precipitación que mos-traba la congoja de su espíritu.

— Pues bien; le ofreceremos ir descalzos a oír una misa, si queréis. . . . Pero es menester que esto sirva para darnos valor. . . . Nada 30 de asustarse. ¡Ánimo, y achicar; achicar, muchachos!

La oferta les dió confianza, y siguieron trabajando con fe. En pocos minutos echaron la mayor parte del agua fuera, y la lancha quedó desa-hogada. José observó que el palo del medio les estorbaba.

— Vamos a desarbolar [78] del medio — dijo, y él mismo se abalanzó a poner las manos en el mástil.

Pero en aquel instante vieron con espanto venir hacia ellos una ola inmensa, alta como una montaña y negra como una cueva.

---

[74] *izadas*, hoisted.
[75] *achicar*, to bail out.
[76] *Achicar*, see Translation Aid VII, No. 1, a, p. 506.
[77] *oleada*, big wave.
[78] *desarbolar*, to cut off the mainmast.

— ¡José, ya no hay [79] comedia! — exclamó Bernardo resignado a morir.

El golpe fué tan rudo, que hizo caer de bruces [80] a José, batiéndolo contra los bancos. La lancha quedó inundada, casi entre aguas. Pero aquél, aunque aturdido, se alzó bravamente gritando:

— ¡Achicar, achicar! ¡Esto no es nada!

XVI

Por la tarde aplacó un poco la mar. Gracias a esto pudo, aunque con peligro, entrar un grupo numeroso de lanchas en Rodillero. Más tarde entraron otras cuantas; pero al cerrar la noche faltaban cinco. Una de ellas era la de José. Los marineros, que sabían a qué atenerse acerca de su suerte, porque habían visto perecer alguna, no se atrevían a decir palabra: respondían con evasivas [1] a las infinitas preguntas que les dirigían. Ninguno sabía nada; ninguno había visto nada. La ribera siguió llena de gente hasta las altas horas de la noche; pero según avanzaba ésta, iba creciendo el desaliento. Poco a poco también la ribera se fué despoblando.[2] Sólo quedaron en ella las familias de los que aún estaban en la mar. Al fin éstas, perdida [3] casi enteramente la esperanza, abandonaron la playa y entraron en el pueblo con la muerte en el alma.

¡Horrible [4] noche aquélla! El pueblo ofrecía un aspecto sombrío, espantoso. La gente discurría por la calle en grupos, formaba corros a la puerta de las casas. Todos se hablaban a voces. Las tabernas estaban abiertas, y en ellas los hombres disputaban acaloradamente, echándose unos a otros la culpa de la desgracia. De vez en cuando una mujer desgreñada,[5] convulsa, cruzaba por la calle lanzando gritos horrorosos que erizaban los cabellos. Dentro de las casas también sonaban gemidos y sollozos.

A este primer momento de confusión y estrépito sucedió otro de calma, más triste aún y más aciago, si posible fuera. La gente se fué encerrando en sus viviendas, y el dolor tomó un aspecto más resignado. ¡Dentro de aquellas pobres chozas, cuántas lágrimas se derramaron! En una de ellas, una pobre vieja que tenía a sus dos hijos en

---

[79] *no hay*, won't be.
[80] *de bruces*, face down.

[1] *con evasivas*, evasively.
[2] *se . . . despoblando*, became deserted.
[3] *perdida*, participial construction; see Translation Aid VI, No. 2, p. 505.
[4] *¡Horrible . . . !* What a terrible . . . !
[5] *desgreñada*, disheveled.

la mar lanzaba chillidos tan penetrantes, que las pocas personas que cruzaban por la calle se detenían horrorizadas. En otra, una infeliz mujer que había perdido a su marido, sollozaba en un rincón, mientras dos criaturitas de tres o cuatro años jugaban cerca de ella comiendo avellanas.[6]

Cuando Dios amaneció,[7] el pueblo parecía un cementerio. El cura hizo sonar las campanas llamando a la iglesia, y concertó con los fieles que acudieron, celebrar al día siguiente un funeral por el reposo de los que habían perecido.

10 Pero hacia el mediodía corrió la voz, sin saber quién la trajera, de que algunas lanchas de Rodillero habían arribado al puerto de Banzones, distante unas siete leguas. Tal noticia causó una emoción inmensa en el vecindario. La esperanza, muerta ya, renació de pronto en los corazones. Tornaron a reinar la confusión y el ruido en la calle. Despacháronse propios[8] veloces para que indagasen la verdad. Los comentarios, las hipótesis que se hacían en los corrillos eran infinitos. El día y la noche se pasaron en una ansiedad y congoja lastimosas. Las pobres mujeres corrían de grupo en grupo, pálidas, llorosas, queriendo sorprender en las conversaciones de los hombres 20 algo que las animase.

Por fin, a las doce llegó la nueva de que eran dos lanchas solamente las que habían arribado a Banzones. ¿Cuáles? Los propios no lo sabían, o no querían decirlo. Sin embargo, al poco rato comenzó a cundir secretamente la noticia de que una de ellas era la de José, y otra la de Toribio.

Allá, a la tarde, un muchacho llegó desalado, cubierto de sudor y sin gorra.

— ¡Ahí están, ahí están!

— ¿Quiénes?

30 — ¡Muchos, muchos! ¡Vienen muchos! — acertó a decir con trabajo, pues le faltaba respiración. — Estarán ahora en Antromero.

Entonces se operó una revolución indescriptible en el pueblo. Los vecinos todos, sin exceptuar uno, salieron de sus casas, se agitaron en la calle breves instantes con estruendo, y formando una masa compacta, abandonaron presurosos el lugar. Aquella masa siguió el camino de Antromero, orillas de la mar, en un estado de agitación y angustia que es difícil representarse. Los hombres charlaban, haciendo cálculos acerca del modo que habrían tenido sus compañeros de salvarse. Las mujeres iban en silencio arrastrando a los niños, que se

---

[6] *avellanas*, hazelnuts.
[7] *Cuando . . . amaneció*, When dawn came.
[8] *propios*, messengers.

quejaban en vano de cansancio. Después de caminar media legua, en cierto paraje descubierto alcanzaron a ver a lo lejos un grupo de marineros que hacia ellos venían con los remos al hombro. Un clamor formidable salió de aquella muchedumbre. El grupo de los pescadores respondió ¡hurra!, agitando en el aire las boinas.[9] Otro grito de acá; otro en seguida de allá. De esta suerte se fueron acercando a toda prisa, y muy pronto llegaron a tocarse.

¡Escena gozosa y terrible a la vez! Al confundirse el grande y el pequeño grupo estallaron a un tiempo ayes de dolor y gritos de alegría. Las mujeres abrían los ojos desmesuradamente [10] buscando a los suyos, y no hallándolos rompían en gemidos lastimeros y se dejaban caer al suelo retorciéndose los brazos con desesperación. Otras, más afortunadas, al tropezar con el esposo o con el hijo se arrojaban a ellos como fieras, y permanecían clavadas a su pecho sin que fuerza en el mundo fuera bastante a despegarlas. Los pobres náufragos, objeto de aquella calurosa [11] acogida, sonreían queriendo ocultar su emoción; pero las lágrimas les resbalaban, a su pesar, por las mejillas.

Elisa, que iba entre la muchedumbre, al ver a José, sintió en la garganta un nudo tan estrecho que pensó ahogarse. Llevóse las manos al rostro y rompió a sollozar procurando no hacer ruido. El marinero sintióse sujeto, casi asfixiado, por los brazos de su madre; mas por encima del hombro de ésta buscó con afán a su prometida. Elisa levantó el rostro hacia él, y sus ojos se encontraron y se besaron.

Aquella misma tarde se convino dar gracias a Dios al día siguiente con una solemne fiesta. Resultó que casi todos los marineros salvados habían ofrecido lo mismo, oír misa descalzos en el altar del Cristo. Era una oferta muy común en Rodillero en los momentos de peligro y que venía de padres a hijos. Y, en efecto, a la mañana siguiente se reunieron en la ribera, y desde allí cada compaña,[12] con su patrón a la cabeza, se encaminaron lentamente hacia la iglesia, descalzos todos y con la cabeza descubierta. Marchaban graves, callados, pintada en sus ojos serenos la fe sencilla y ardiente a la vez del que no conoce de esta vida más que las amarguras. Detrás marchaban las mujeres, los niños y los pocos señores que había en el pueblo, silenciosos también, embargados por la emoción al ver a aquellos hombres tan fuertes y tan ásperos humillarse como débiles criaturas.

Y en la pequeña iglesia de Rodillero el milagroso [13] Cristo les aguar-

---

[9] *boinas*, caps.
[10] *desmesuradamente*, very wide.
[11] *calurosa*, warm.
[12] *compaña*, crew.
[13] *milagroso*, miraculous.

daba pendiente de la cruz con los brazos abiertos. Él era también un pobre náufrago, libertado de las aguas por la piedad de unos pescadores; había probado como ellos la tristeza y la soledad del Océano y el amargor [14] de sus olas. Doblaron la rodilla y hundieron la cabeza en el pecho, mientras la boca murmuraba plegarias aprendidas en la niñez, nunca pronunciadas con más fervor. Los cirios [15] de que estaba rodeada la sacrosanta imagen chisporroteaban [16] tristemente. De la muchedumbre salía un murmullo levísimo. La voz cascada [17] y temblorosa del sacerdote que oficiaba rompía de vez en cuando el
10 silencio majestuoso del templo.

Al concluirse el oficio, Elisa y José se encontraron en el pórtico [18] de la iglesia y se dirigieron una tierna sonrisa. Y con ese egoísmo inocente y perdonable que caracteriza al amor, olvidaron en un punto toda la tristeza que en torno suyo reinaba, y en viva y alegre plática bajaron emparejados [19] la calzada del pueblo, dejando señalado, antes de llegar a casa, el día de su boda.

FIN

[14] *amargor*, bitterness.
[15] *cirios*, wax tapers.
[16] *chisporroteaban*, sputtered.
[17] *cascada*, cracked.
[18] *pórtico*, entrance.
[19] *emparejados*, side by side.

LAS CODORNICES

JUGUETE CÓMICO

en un acto y en prosa

original de

VITAL AZA*

Estrenado en el Teatro Lara la noche del 20 de noviembre de 1882

PERSONAJES

ANDRÉS . . . . Joven recién casado
CLARA . . . . Esposa de Andrés
DOÑA TOMASA . . . . Esposa de don Facundo
DON FACUNDO . . . . Tío de Andrés
JUAN . . . . Criado
EL SEÑOR GARCÍA . . . . . . Amigo de Andrés

La acción en Madrid. Época actual.

ACTO ÚNICO

Gabinete elegante. Puertas al foro y laterales. Mesa de despacho.
Sobre la mesa un álbum de retratos. Sillas, butacas, etc.

ESCENA PRIMERA

ANDRÉS y CLARA, *sentados*

ANDRÉS.   ¡Repito que no es cierto!
CLARA.   ¡Yo te digo que sí!
ANDRÉS.   Pues no, señor.

* VITAL AZA (1851–1912).   Uno de los más conocidos cultivadores de la composición dramática corta y ligera (género chico).   Escribió un gran número de juguetes cómicos con el solo fin de hacer reír.   Su obra, aunque de segunda categoría, se recordará siempre por el humorismo de las situaciones y del lenguaje. Preparó muchas de sus obras en colaboración con Miguel Ramos Carrión, bien conocido también como cultivador del mismo género.   Entre sus obritas más conocidas conviene mencionar *El sueño dorado*, *La Praviana* y *Zaragüeta*.

CLARA. Pues sí, señor. Y eso prueba que tú ya no me quieres. (*Lloriqueando.*[1])

ANDRÉS. Pero, Clara, por Dios . . . ¿No he de quererte,[2] cuando no hace más que tres meses que nos hemos casado?

CLARA. Justo. Eso es decir que dentro de un año ya no me querrás absolutamente nada.

ANDRÉS. No, señor. Dentro de un año te querré más,[3] si [4] es posible. Tú sabes, Clara mía, que te adoro con toda mi alma, que a tu lado soy el hombre más feliz de la tierra.

CLARA. ¡Sí! ¡A mi lado! Y sin embargo, quieres abandonarme.[5]

ANDRÉS. No, mujer. Se trata simplemente de una cacería,[6] de una ausencia de una semana.

CLARA. ¡Dios mío! ¡Una semana sin verte! ¡Yo me voy a morir de tristeza!

ANDRÉS. ¡Vaya! ¡No llores más! Eres una chiquilla.[7] Me obligarás a que falte a la palabra que he dado a mis amigos, y tendrán razón más que sobrada para decir lo que dicen.

CLARA. ¿Qué dicen tus amigos?

ANDRÉS. Que desde que me he casado estoy hecho un <u>cartujo</u>.[8] Mas ya que lo deseas, está bien. No saldré de Madrid. (*Se levanta y va a sentarse al extremo opuesto. Pausa.*)

CLARA. (¡Pobrecito!) (*Acercándose a él.*) Oye, Andrés, ¿te has incomodado conmigo?

ANDRÉS. No. (*Con sequedad.*)

CLARA. Pues yo digo que sí. ¿A qué viene [9] esa seriedad? Yo no quiero verte de ese modo. Vamos, Andrés mío, perdóname. (*Acariciándole.*)

ANDRÉS. Déjame en paz. (*Bruscamente.*)

CLARA. Eso es. Así pagas mis pruebas de cariño. (*Vuelve a llorar.*) Si [10] la culpa me la tengo yo. Si no debía quererte tanto como te quiero. (*Lloriqueando va a sentarse al otro extremo de la escena.*)

ANDRÉS (*se levanta y se acerca a Clara*). ¡Clara, por la Virgen San-

---

[1] *Lloriqueando*, Whimpering.
[2] *¿No . . . quererte?* Why shouldn't I love you?
[3] *más*, even more.
[4] *si*, supply: that.
[5] *abandonarme*, to leave me alone.
[6] *cacería*, hunting trip.
[7] *una chiquilla*, just like a child.
[8] *cartujo*, Carthusian monk, hermit.
[9] *¿A qué viene?* Why?
[10] *Si*, omit in translating.

tísima! Acabemos [11] de una vez. No quiero verte llorar. Ya sabes que yo soy esclavo de tus menores caprichos. Dime que no quieres que me marche y vive tranquila; no me marcharé. Repito que sólo deseo estar constantemente a tu lado.

CLARA. ¿De veras? (*Tranquilizándose.*)

ANDRÉS. Sí, hija, sí. De veras.

CLARA. Pues bien: ya que eres tan bueno y tan cariñoso, no quiero de ninguna manera que dejes de ir.

ANDRÉS. ¿Eh?

CLARA. No debo ser la causa de que tus amigos te llamen cartujo. [10]

ANDRÉS. Es que te advierto que antes eres tú [12] que todos los amigos del mundo. (*Con mucho mimo, abrazándola.*)

CLARA. ¡Claro! Con esas zalamerías [13] haces siempre lo que deseas. Dime, ¿está muy lejos ese monte a donde vais?

ANDRÉS. No, muy lejos no: unas veinte leguas.

CLARA. ¡Dios mío! ¡Veinte leguas! ¿Y por qué no vais más cerca?

ANDRÉS. Mujer, porque más cerca no hay caza.

CLARA. Sí que la hay. El chico de Martínez sale de caza todos los domingos después de almorzar, y antes de la hora de comer ya [20] está de vuelta en su casita.

ANDRÉS. Ya lo creo. Porque el chico de Martínez se dedica a cazar gorriones; [14] pero como nosotros vamos de caza mayor . . .

CLARA. ¿Caza mayor? ¿Y qué es eso?

ANDRÉS. Pues es la de venados, jabalíes. [15]

CLARA. ¡Ay, qué miedo! ¡Por Dios, ten cuidado, Andrés mío!

ANDRÉS. No, no temas. Si [16] yo no cazo. Voy encargado de la comida.

CLARA. ¡Ah! Eso es mejor. Y volveréis pronto, ¿verdad?

ANDRÉS. Sí. Dentro de una semana próximamente. [30]

CLARA. ¿Te acordarás mucho de mí? [17]

ANDRÉS. Muchísimo.

CLARA. ¿Me escribirás todos los días?

ANDRÉS. Hija, eso no es posible. En el monte no hay medio de . . .

CLARA. Pues yo no quiero estar tanto tiempo sin saber de ti. (*Empieza a llorar.*)

[11] *Acabemos*, supply: this.

[12] *antes . . . tú*, you are more important (to me).

[13] *zalamerías*, flattery.

[14] *se . . . gorriones*, spends his time hunting sparrows.

[15] *venados, jabalíes*, deer, wild boars.

[16] *Si*, see Translation Aid IX, No. 1, p. 510.

[17] *¿Te . . . mí?* Will you think often of me?

ANDRÉS. Bueno, mujer, bueno. Te mandaré todos los días una cartita con un propio.[18] ¡Barata me va a salir la correspondencia! [19]

CLARA. ¡Qué bueno eres, Andrés de mi alma!

ANDRÉS. ¡Y tú, qué chiquilla, Clara de mi corazón! (*Suena la campanilla.*) ¿Han llamado? Serán [20] los tíos. Esto de que la tía viva [21] en el principal de al lado, me carga.

CLARA. ¡Hombre, por Dios! ¡Si es tan buena!

ANDRÉS. ¡Sí! Muy buena, pero muy impertinente. (*Se oye la voz de doña Tomasa.*) Lo que decía, ellos son. [22]

ESCENA II

DICHOS, DOÑA TOMASA y DON FACUNDO

10   DOÑA TOMASA. Buenos días, hijos míos. ¿Qué tal [1] desde anoche? ¿Habéis descansado? Así me gusta veros. Siempre juntitos.[2] Los buenos maridos deben estar constantemente al lado de sus mujeres. Aprende, Pérez. (*A don Facundo.*) Aprende de tu sobrino.

DON FACUNDO. Mujer, mi sobrino está todavía en la luna de miel.

DOÑA TOMASA. Es que la luna de miel debe ser eterna en los matrimonios.

DON FACUNDO. Sí que debe serlo, pero no lo [3] es.

DOÑA TOMASA. ¿No es verdad, hija mía?

CLARA. Sí, señora, tiene usted mucha razón.

20   DOÑA TOMASA. ¡Pero, calla! ¿Has llorado? Se te conoce en [4] los ojos. ¿Qué es eso? ¿Habéis tenido algún disgusto?

CLARA. No, no señora; no lo crea usted.

DOÑA TOMASA. ¿Alguna infidelidad de tu marido?

ANDRÉS. ¡Por Dios, tía!

DOÑA TOMASA. Sí, es verdad.[5] Tú no eres como otros. (*Mirando a Facundo.*)

---

[18] *propio*, messenger.

[19] *¡Barata . . . correspondencia!* This correspondence is going to cost me plenty! See Translation Aid VIII, No. 1, p. 508.

[20] *Serán*, fut. of probability.

[21] *Esto . . . viva*, This business of having your aunt living. . . .

[22] *ellos son*, it is they.

---

[1] *¿Qué tal . . . ?* How have you been . . . ? See Translation Aid VIII, No. 2, p. 509.

[2] *juntitos*, see Translation Aid VIII, 3, c, p. 509.

[3] *lo*, omit in translating; used here to refer to *eterna*.

[4] *Se . . . en*, I can tell by.

[5] *es verdad*, you are right.

Don Facundo. ¡Ya pareció aquello![6]

Clara. Pero, siéntense ustedes.

Doña Tomasa. No, hija, no. Tengo mucha prisa. Vengo a buscarte para que me acompañes a hacer unas compras.

Clara. Con mucho gusto. Me arreglaré en seguida.

Doña Tomasa. Iré a ayudarte, porque si no . . . Las[7] chicas del día tardáis un siglo en vestiros. Vamos.

Clara. Hasta luego. (*Vase puerta primera izquierda.*)

Doña Tomasa (*volviendo*). ¡Ah! Pérez.

Don Facundo. ¿Qué quieres, Tomasita?

Doña Tomasa. Espérame aquí, que te necesito.

Don Facundo. Está bien. Aquí esperaré tus órdenes. (*Vase doña Tomasa.*) ¡Y todavía se atreve a hablarme de luna de miel!

Andrés. ¡Pobre tío!

ESCENA III

Andrés y don Facundo

Don Facundo. Oye, Andrés.

Andrés. Mande usted, tío.

Don Facundo. ¿Es cierto eso de que[1] ha llorado tu mujer?

Andrés. ¿Cómo? ¿También usted?

Don Facundo. ¡Por algo lo pregunto![2] ¡Ten cuidado, hijo mío, mucho cuidado! ¡No le faltes nunca, porque puede costarte muy caro![20]

Andrés. ¡Si no hay semejante cosa![3] El llanto de Clara ha sido[4] simplemente porque la disgustaba que yo fuese esta tarde a una cacería.

Don Facundo. ¡A una cacería! ¡Malo! ¡Malo! ¡Conozco el sistema!

Andrés. ¿Qué?

Don Facundo. Ése es el pretexto para cometer una infidelidad.

Andrés. ¡Pero, tío, por Dios! . . .

Don Facundo. ¡Séme franco! ¿Hay o no hay alguna cita misteriosa?[30]

---

[6] *¡Ya . . . aquello!* She is bringing that up again!
[7] *Las,* supply: You.

---

[1] *eso de que,* that.
[2] *Por . . . pregunto,* I have a good reason for asking.
[3] *¡Si . . . cosa!* But it's nothing like that! See Translation Aid IX, No. 1, p. 510.
[4] *El . . . sido,* Clara has been weeping. . . .

ANDRÉS. ¡Qué ha de haber! [5] ¡Se lo juro a usted! Soy incapaz de semejante infamia. En fin, ¿qué más prueba? [6] Véngase usted de caza con nosotros. Vamos [7] unos cuantos amigos. ¡Se divertirá usted!

DON FACUNDO. ¿Quién, yo? ¿Ir yo a una cacería?

ANDRÉS. ¿Qué hay en ello de malo? [8]

DON FACUNDO. ¡Ay, sobrino de mi alma! ¡Pues si de una cacería me viene a mí todo esto! [9]

ANDRÉS. No comprendo.

10 DON FACUNDO. Es verdad, que [10] nunca te lo he contado. Pero escucha, y no lo olvides, porque puede servirte de lección.

ANDRÉS. Diga usted. (*Se sientan.*)

DON FACUNDO. No llevaba yo más que unos meses de casado; hace de esto la friolera de veintitrés años; [11] ¡fué el [12] cincuenta y nueve! ¡Tu tía estaba entonces muy guapa, porque te advierto que Tomasa ha sido una real moza!

ANDRÉS. No; todavía está buena.

DON FACUNDO. ¡Pche! Ahora está regular, nada más que regular . . . ¡Pues bien; a pesar de tener yo una mujer hermosísima, 20 como los [13] hombres somos así, un día me tentó el diablo!

ANDRÉS. ¿El diablo?

DON FACUNDO. Sí; el diablo, disfrazado de bailarina.

ANDRÉS. ¡Ya!

DON FACUNDO. ¡Y qué bailarina, chico!

ANDRÉS. Guapa, ¿eh?

DON FACUNDO. ¡Quiá! [14] ¡Muy fea! ¡Pero eso sí! [15] ¡Tenía muchísimo salero, y unos [16] ojos . . . y una [16] boca, sobre todo la boca! ¡Qué manera de comer! ¡Las raciones de langostinos [17] que me costó aquella criatura! En fin, esto era lo de menos. [18] Lo grave fué lo que 30 me sucedió un día ¡el 27 de mayo! no lo olvidaré jamás. Era la

[5] *¡Qué . . . haber!* How could there be!
[6] *¿ qué más prueba?* See Translation Aid VIII, No. 2, p. 509.
[7] *Vamos,* Only . . . are going.
[8] *¿Qué . . . malo?* What's wrong with it?
[9] *¡Pues . . . esto!* Why, a hunting trip is the cause of all my troubles!
[10] *que,* omit in translating.
[11] *hace . . . años,* this was a mere twenty-three years ago.
[12] *el,* supply: *año mil ochocientos.*
[13] *los,* supply: we.
[14] *¡Quiá!* Not at all!
[15] *¡Pero . . . sí!* But, let me tell you!
[16] *unos, una,* omit in translating.
[17] *raciones de langostinos,* servings of crawfish.
[18] *lo de menos,* the least of it.

época de las fresas.[19] A la bailarina le gustaban de una manera extraordinaria, casi tanto como los langostinos. No contenta con comerse
diariamente cuatro o cinco libras, que yo le llevaba en un gran cucurucho,[20] se le antojó que nos fuéramos a pasar un día en Aranjuez,
donde, según ella, había las mejores fresas del mundo. Yo, al principio, me resistí; pero la proposición, francamente, era tentadora. . . .
Lo difícil era buscar un pretexto para pasar todo un día fuera de casa.
El recurso de acompañar a un amigo enfermo, estaba ya muy gastado
por aquella época. ¿Qué medio inventar para que mi mujer no sos-
pechara? Después de muchas cavilaciones [21] se me ocurrió una gran
idea: ¡La caza! En efecto, le dije a mi esposa que varios amigos
habíamos proyectado salir a cazar codornices. Ella se lo creyó y no
opuso resistencia. A la mañana siguiente me levanté muy tempranito; [22] salí de mi casa, fuí a buscar a mi bailarina, nos metimos en
un coche, llegamos a la estación y ¡zas! [23] ¿Con qué dirás que nos
encontramos? [24]

ANDRÉS. Con [25] que ya había salido el tren.

DON FACUNDO. ¡No, señor! ¡Con mi mujer, que lo había averi-
guado todo y nos estaba esperando! ¡Qué escena aquélla! [26] «Infame, ¿son éstas las codornices que tú buscas? ¡Canalla! ¡Pillo!...»
¡En fin, excuso decirte cómo se pondría Tomasa [27] con ese genio que
Dios le ha dado, y que es lo único que conserva todavía! ¡Su venganza fué terrible! ¡Cuatro meses me tuvo comiendo nada más que
codornices! ¡Las he aborrecido para toda la vida! Desde entonces
no hay quien convenza [28] a mi mujer de que no he vuelto a faltarle.
¡Y te lo juro! ¡Aquella fué mi primera y última calaverada! [29] Desde
aquel día — y hace, como te he dicho, veintitrés años — me he condenado a ¡Tomasa perpetua!

ANDRÉS. ¡Pobre tío!

DON FACUNDO. Conque ya lo sabes. ¡Mucho ojo con los belenes! [30]

ANDRÉS. Descuide usted. Conozco mis deberes de marido, y me
he propuesto ser un modelo de rectitud y de fidelidad.

[19] *fresas*, strawberries.
[20] *cucurucho*, paper cone.
[21] *muchas cavilaciones*, a lot of thinking.
[22] *tempranito*, see Translation Aid VIII, No. 3, f, p. 509.
[23] *¡zas!* bang!
[24] *¿Con . . . encontramos?* What do you think we found?
[25] *Con*, omit in translating; cf. l. 18.
[26] *aquélla*, supply: was.
[27] *cómo . . . Tomasa*, how furious Tomasa became.
[28] *convenza*, supply: can.
[29] *calaverada*, escapade.
[30] *¡Mucho . . . belenes!* Look out for mix-ups!

Don Facundo. Así me gusta.

Andrés. ¡Bastantes calaveradas ha hecho uno de soltero! [31] Y a propósito. . . .

Don Facundo. ¿Qué?

Andrés. Ayer me encontré en la calle con una de mis víctimas, es decir, creo que la víctima era yo.

Don Facundo. Siempre sucede lo mismo. Nos las echamos de calaveras [32] y resulta que somos unos [33] tontos.

Andrés. Pues, como decía, ayer me encontré con Adela, una de
10 mis antiguas conquistas, una mujer de muchísima historia,[34] que me costó algunos disgustos y no pocos miles de reales. Hacía un año que no nos veíamos. Desde que empecé mis relaciones con Clara. Adela ignora que me he casado, y la verdad, yo no me he atrevido a decírselo, porque como a ella le había dado palabra de casamiento . . .

Don Facundo. ¡Vamos! ¡Sí! Todo lo comprendo. Acabasteis por daros una cita, y tú has inventado eso de la caza para ir a verla.

Andrés. ¡Quiá! ¡Todo lo contrario!

Don Facundo. ¿Cómo? ¿Vendrá ella a verte aquí?

Andrés. ¡Líbrenos Dios! Capaz sería de hacerlo; pero tuve muy
20 buen cuidado de no decirle dónde vivía, y cuando al despedirse me pidió una tarjeta, me disculpé con que [35] no llevaba ninguna [36] y que estaba para mudar de casa de un día a otro. Figúrese usted si iba yo a [37] . . .

Don Facundo. ¡Muy bien hecho! ¡Moralidad, sobrino, moralidad!

Andrés. ¡En seguida me coge a mí la tal Adelita! [38]

ESCENA IV

Dichos y Juan, *con un paquete*

Juan. Señorito.

Andrés. ¿Qué ocurre?

Juan. Esto que [1] acaban de traer.

---

[31] Subject of sentence: *uno.*
[32] *Nos . . . calaveras,* We brag of being rakes; see Translation Aid VIII, No. 4, p. 510.
[33] *unos,* a bunch of.
[34] *muchísima historia,* shady past, long past.
[35] *con que,* saying that.
[36] *ninguna,* supply: with me.
[37] *Figúrese . . . a . . .* You wouldn't think that I would give her . . .
[38] *¡En seguida . . . Adelita!* That confounded Adelita won't catch me! See Translation Aid VIII, No. 1, p. 508.

[1] *que,* omit in translating.

ANDRÉS. ¿Para quién?

JUAN. Para usted. Han preguntado por el señor Pérez.

DON FACUNDO. Hombre, acaso sea para mí; como los dos somos Pérez.

ANDRÉS. Dame acá. (*Juan le da el paquete y vase por el foro.*) ¡María Santísima!

DON FACUNDO. ¿Qué?

ANDRÉS. ¡De Adela!

DON FACUNDO. ¡Caracoles! ¡A ver, a ver! ¿Qué es ello?

ANDRÉS. Una cartita y un tarjetero[2] con su retrato.

DON FACUNDO. ¡Estas cosas me rejuvenecen![3]

ANDRÉS. ¡Era lo que me faltaba![4] ¡Cuando[5] le digo a usted que[6] es una mujer temible!

DON FACUNDO. ¿Qué te dice?

ANDRÉS (*lee*). «Inolbidable nene[7] mío!»

DON FACUNDO. ¡Nene mío! Así me llamaba también mi bailarina. Sigue, sigue.

ANDRÉS. «Deseo que bolbamos a bernos.» — ¡Un demonio! — «Yo te llamo más que nunca.» — ¡Y me ama con hache!

DON FACUNDO. ¡Claro! Esas mujeres aman siempre sin ortografía.

ANDRÉS. «Ayer no quisiste decirme dónde bibías. Pero yo te seguí.»

DON FACUNDO. ¿Conque te *sigió*? ¡Tiene gracia!

ANDRÉS. «Te seguí hasta tu casa . . . Ingratón . . . Ai.»

DON FACUNDO. ¿Qué? ¿Se queja?

ANDRÉS. No. «Ai . . . » ahí.

DON FACUNDO. ¡Ah, vamos!

ANDRÉS. «Ahí te mando ese *recurdo* . . .» Recuerdo «para que no te *degues* . . .»

DON FACUNDO. Degues, ¿eh? ¡sije, sije!

ANDRÉS. «Para que no te *degues* las tarjetas en casa, y mi retrato para que no me olvides.» ¡Es claro! Como si yo fuese el tonto de antes.[8]

DON FACUNDO. ¡Lo dicho; estas cosas me rejuvenecen!

ANDRÉS. ¿Decía[9] usted?

DON FACUNDO. No, nada. Decía que es preciso que le devuelvas esto inmediatamente. (*Cogiendo el tarjetero.*)

---

[2] *tarjetero*, card case.
[3] *me rejuvenecen*, make me feel young again.
[4] *¡Era . . . faltaba!* This is the last straw!
[5] *Cuando*, omit in translating.
[6] *que*, omit in translating.
[7] *nene*, baby.
[8] *de antes*, I was before.
[9] *Decía*, supply: what.

ANDRÉS. ¡Sí que lo haré!

DON FACUNDO. ¡Un buen marido se debe a su esposa y nada más que a su esposa! El matrimonio es un lazo sagrado e indisoluble, muy indisoluble! ¡Imita mi conducta; sé rígido y severo en tus costumbres. (*Abriendo el tarjetero.*) ¡Y, sobre todo, moralidad, mucha moralidad! ¡Caracoles! ¡Hermosa mujer! Vaya unos [10] ojos, y [11] una nariz, y un . . . Oye, ¿dónde vive esta chica?

ANDRÉS. ¡Tío!

DON FACUNDO. ¡No! No es más que para ir a reprenderla; a
10 evitar un peligro.

ANDRÉS. ¡Ay, Dios mío! (*Leyendo la carta.*) ¡Aquí está el peligro!

DON FACUNDO. ¡Eh!

ANDRÉS. Que [12] no había leído la posdata. [13] «Cuando menos lo esperes me verás en tu casa . . . Ya sabes que yo soy así.» ¡Ya lo creo que lo sé! Por eso la temo.

DON FACUNDO. ¡Chico, chico, eso es muy grave!

ANDRÉS. ¡Por Dios, tío! Sáqueme usted de este aprieto.

DON FACUNDO. ¿Yo? ¡Cómo!

ANDRÉS. Vaya usted a verla. Dígale que no lleve a cabo su deter-
20 minación, porque es una locura. . . . ¡En fin, convénzala usted!

DON FACUNDO. Bueno, bueno. Siendo [14] por la felicidad de tu matrimonio, soy capaz hasta de este sacrificio. ¿Dónde vive?

ANDRÉS. Pues . . . no lo sé. Ayer me dijo las señas de su casa; pero como no me importaba, ni me fijé siquiera. Vaya usted a la calle del Colmillo, 57, donde antes vivía, y acaso allí puedan enterarle. . . .

DON FACUNDO. Voy, voy en seguida. ¡Pero conste que [15] lo hago por tu bien! ¡Y, sobre todo, por la moral!

ANDRÉS. ¡Sí, sí . . . yo se lo agradezco!

DON FACUNDO. Voy corriendo. (*Se dirige al foro.*)
30 DOÑA TOMASA (*dentro*). ¡Pérez!

DON FACUNDO (*volviendo*). ¡Cielos! ¡Tomasa! ¡La voz de mi conciencia! Ya no me acordaba. [16]

ANDRÉS. Ande usted. Yo le disculparé.

DON FACUNDO. ¡Imposible! ¡Con esa mujer no hay disculpa que valga! Toma, [17] toma . . .

[10] *Vaya unos* . . . , what. . . .

[11] *y*, supply: what.

[12] *Que*, omit in translating.

[13] *posdata*, postscript.

[14] *Siendo*, Since it is.

[15] *conste que*, understand.

[16] *Ya . . . acordaba*, I had completely forgotten.

[17] *Toma*, supply: it.

ANDRÉS.   Pero, tío . . .

DON FACUNDO.   ¡No puede ser, no puede ser!   Si Tomasa supiera
que yo . . . ¡Virgen del Carmen!   ¡Ella!   Toma y guarda eso, por
Dios.   (*Entrega el tarjetero a Andrés, que lo guarda precipitadamente en
el cajón de la mesa, echando la llave.   Doña Tomasa aparece puerta izquierda.*)

DOÑA TOMASA.   ¿Eh?

DON FACUNDO.   (*Como siguiendo una conversación*).   ¡Pues como te
decía, sobrino, el actual ministerio no tiene razón de ser!

ESCENA V
DICHOS y DOÑA TOMASA

DOÑA TOMASA.   ¡Lo que no tiene razón de ser es que yo te llame y [10]
tú no me contestes!

DON FACUNDO.   Perdona, hija mía.   Teníamos [1] una acalorada discusión.   Hablaba de la . . .

DOÑA TOMASA.   ¿Adela?   ¿Qué Adela es ésa?

DON FACUNDO.   ¡No, mujer, no.   Hablaba de la política interior.

DOÑA TOMASA.   ¡Bueno!   Pues no te metas en interioridades [2] que
no te importan, y ve a casa a ponerte el gabán, porque nos acompañarás
a hacer esas compras.

DON FACUNDO.   Pero, mujer . . .

DOÑA TOMASA.   ¡Andando!   Ya sabes que no me gusta repetir las [20]
cosas.

DON FACUNDO.   Voy, voy corriendo.   (¿Lo ves?   (*A Andrés.*)
¡Así estamos [3] desde el año cincuenta y nueve!   ¡Pero a todo se acos-
tumbra uno . . . a todo, menos a las codornices!)   Hasta luego.
(*Vase foro.*)

ANDRÉS.   Adiós, tío.   (*Coge un periódico y se sienta a leer.*)

ESCENA VI
DOÑA TOMASA y ANDRÉS

DOÑA TOMASA.   (Mucho [1] me equivoco o aquí pasa algo.   ¿Qué
habrá [2] guardado ése tan precipitadamente en el cajón de la mesa?)

---

[1] *Teníamos*, translate using a progressive form.
[2] *interioridades*, domestic affairs.
[3] *¡Así estamos . . . !*   This is how we've been carrying on . . . !

[1] *Mucho*, supply: either, before translating *mucho*.
[2] *¿Qué habrá . . . ?* (fut. of probability), I wonder what . . . has . . . ?

Hombre, no seas grosero que estoy yo delante. (*Quitándole el periódico.*)

ANDRÉS. ¡Ah! usted dispense, no había reparado . . .

DOÑA TOMASA. ¡Contenta tienes a tu mujer[3] . . . !

ANDRÉS. ¿Qué dice[4] usted?

DOÑA TOMASA. Que Clara está disgustadísima, y con sobrada razón. ¡Ya le he abierto los ojos!

ANDRÉS. ¡Señora![5]

DOÑA TOMASA. Conque una semanita[6] de caza ¿eh?

10 ANDRÉS. ¡Sí, señora!

DOÑA TOMASA. ¡Pues, no señor! Eres sobrino de tu tío, y de casta le viene al galgo[7]. . . .

ANDRÉS. Señora, no creo que . . .

DOÑA TOMASA. ¡Nada, nada![8] ¡No hay tu tía![9]

ANDRÉS. ¿Y dice usted que Clara está disgustada? Voy a consolarla en seguida. ¡Pobrecita de mi alma! (*Vase primera izquierda.*)

ESCENA VII

Doña Tomasa

¿Pobrecita? ¿Ha dicho pobrecita? Ciertos son los toros.[1] Cuando un hombre llama pobrecita a su mujer, es que se la pega.[2] ¡No falla nunca! Si yo pudiera descubrir lo que ha guardado en este cajón. . . .
20 Eso sería abusar de la confianza. . . . ¡No! Pues yo no me quedo con la curiosidad. Está cerrado. Francamente, yo no debo meterme . . . pero . . . ¿a ver si alguna de estas llaves? . . . (*Saca un llavero y prueba algunas llaves.*) Si Andrés supiera que yo . . . Ésta es muy grande. Ésta es demasiado pequeña. . . . ¡Ah! ¡Ésta es buena![3]

---

[3] *Contenta . . . mujer,* That's a fine way to make your wife happy! See Translation Aid VIII, No. 1, p. 509.

[4] *dice,* pres. for pret.; cf. l. 15.

[5] *¡Señora!* I beg your pardon!

[6] *una semanita,* (you'll have) a nice week.

[7] *de . . . galgo,* blood will tell. The complete saying is: «*De casta le viene al galgo el ser rabilargo*»: the greyhound has a long tail because of his breed. In ordinary conversation this saying is used to imply that children usually inherit the bad qualities of their parents.

[8] *¡Nada, nada!* No use talking!

[9] *¡No . . . tía!* You can't fool me!

---

[1] *Ciertos . . . toros,* Then, it is true, as sure as shooting.

[2] *se la pega,* he is duping her.

[3] *es buena,* fits.

¡Ajajá! (*Abre.*) Papel y sobre . . . cuentas pagadas . . . cajas de plumas . . . un mazo [4] de cigarros . . . ¿Eh? ¿Qué es esto? (*Sacando el tarjetero.*) ¡Un tarjetero . . . y un retrato de mujer! ¿No lo decía yo? Si no hay de quien fiarse.[5] Ya no cabe duda. Esta . . . *señora* es la caza mayor de mi sobrino, como la bailarina era las codornices de mi marido. ¿Tendrá [6] dedicatoria? [7] ¡A ver! (*Lo saca.*) «Para mi nene.» ¡No está mal *nene* el sobrinito! [8] ¡Y esa infeliz que jura y perjura [9] que él es incapaz de engañarla! . . . ¡Pobrecita! Descubrirla esto sería hacerla desgraciada. ¡No! Me libraré muy bien de decírselo. . . . Pero en cuanto a Andrés . . . ése merecía que yo . . . ¡Ah! ¡Qué idea! ¡Esto es lo mejor! Pondré aquí el retrato de Clara para avergonzarle. (*Saca del álbum un retrato y lo coloca en el tarjetero guardándose en el bolsillo el otro retrato.*) ¡Así! que se encuentre con lo que no espera. Esto le servirá de lección. ¡Ah! ¡Ellos! [10] Lo volveré a su sitio. (*Lo guarda en el cajón de la mesa y echa la llave.*) ¡Y vienen tan contentos como si tal cosa! [11] Ya la ha tranquilizado. ¡Si [12] esa chica es tonta de la cabeza!

ESCENA VIII

DICHA, CLARA y ANDRÉS

CLARA. Cuando usted guste, tía. Conque, palabra, ¿eh? (*A Andrés.*)

ANDRÉS. ¡Palabra! ¡No salgo [1] de Madrid! Ahora mismo voy a escribir a los compañeros diciéndoles que no cuenten conmigo.

CLARA. ¡Qué bueno eres! ¿Vamos, tía?

DOÑA TOMASA. Cuando quieras, sobrina.

CLARA. Hasta luego.

ANDRÉS. Que ustedes se diviertan.

DOÑA TOMASA. ¡Adiós, nene! (*Vanse Clara y doña Tomasa.*)

---

[4] *mazo*, package.
[5] *Si . . . fiarse*, You can't trust anybody.
[6] *¿Tendrá . . . ?* (fut. of probability), I wonder if it has.
[7] *dedicatoria*, inscription.
[8] *¡No . . . sobrinito!* A fine "baby" my nephew turned out to be!
[9] *jura y perjura*, swears and swears again.
[10] *¡Ellos!* Here they come!
[11] *¡como . . . cosa!* as if nothing has happened!
[12] *Si*, see Translation Aid IX, No. 1, p. 510.

---

[1] *salgo*, pres. for fut.

ESCENA IX

Andrés, luego Juan

Andrés. ¿Eh? ¡Caracoles! Me parece que mi tía ha dicho eso de [1] *nene* con mucho retintín.[2] ¿Si habrá [3] descubierto? . . . ¡No! El cajón sigue [4] cerrado. (*Lo abre.*) Y aquí está todavía el dichoso tarjetero. ¡Bah! ¡Aprensiones [5] mías! Basta de temores,[6] y pensemos sólo en complacer a mi querida Clara. Escribiré a los amigos pretextando cualquiet cosa.[7] Diré que estoy enfermo . . . ¡No! Y la verdad es que no me siento bien. La carta de Adela me ha puesto nervioso. Y ahora recuerdo . . . Me amenaza con venir a verme . . . ¡Esto sólo me faltaba!

10   Juan. ¡Señorito!

Andrés. ¿Qué ocurre?

Juan. Que ahí preguntan por usted.

Andrés. ¡Dios mío! ¡Adela! Dile que no estoy en casa, que ya no vivo aquí, ¡que me he muerto! ¡Anda! ¡Pronto!

Juan. Voy, voy, pero le advierto que él me ha dicho que es de confianza.[8]

Andrés. *Él.* ¿Has dicho *él?*

Juan. ¡Sí, señorito! El caballero que pregunta por usted.

Andrés. ¡Pues, no decías que era una señora?

20   Juan. No, señorito; si [9] yo . . .

Andrés. Tienes razón. . . . Pues anda, pregúntale quién es . . .

Juan. Creo que ha dicho que se llama don Indalecio García.

Andrés. ¿Es posible? ¡Que pase inmediatamente! ¡El amigo García en Madrid! ¡Cuánto lo celebro!

Juan. Por aquí, pase usted. . . . (*Yendo al foro.*)

Andrés. ¡Adelante, hombre, adelante! (*Desde el foro.*)

---

[1] *eso de*, the word.
[2] *retintín*, irony.
[3] *Si habrá* (fut. of probability), I wonder if . . . .
[4] *sigue*, is still.
[5] *Aprensiones*, supply: just.
[6] *Basta de temores*, Away with fears.
[7] *pretextando . . . cosa*, giving some sort of excuse.
[8] *de confianza*, a good friend of yours.
[9] *si*, omit in translating.

ESCENA X

ANDRÉS y GARCÍA, *que entra en traje de viaje con un enorme frasco, maleta y sombrerera.*[1] *Luego* JUAN.

GARCÍA.   ¡Pérez de mi alma!   (*Abrazándole.*)

ANDRÉS.   ¡Qué agradable sorpresa!   ¿Usted por aquí?

GARCÍA.   Sí, señor, aquí me tienes.   En este momento acabo de llegar, y mi primera visita es para ti.

ANDRÉS.   ¡Pues no faltaba más![2]   Aquí está usted como en su casa.   Ya sabe el amigo García[3] que se le quiere[4] de veras.

GARCÍA.   ¡Sí, sí!   Mucho[5] cariño y te pasas tres años sin escribirme una sola carta.   ¡Descastadote![6]

ANDRÉS.   Tiene usted razón; confieso mi culpa.   Mas no por eso crea usted[7] que me olvido de mis antiguos amigos.

GARCÍA.   Oye, eso de antiguo, no lo dirás por mi edad;[8] porque me parece que me conservo bastante bien.

ANDRÉS.   ¡Vaya si se conserva usted![9]   ¡Si está usted más joven que nunca; sí, señor, mucho más joven!   ¡Como que[10] ahora no tiene usted ni una cana!

GARCÍA.   La química,[11] hijo, la química.   ¡A ti se te puede decir! ¡Todo esto es pintura!   ¡Je, je! uso unos frasquitos de aceite al negro de humo. . . .

ANDRÉS.   ¿De aceite?

GARCÍA.   ¡Sí!   ¡Me pinto al óleo![12]   ¡Je, je!

ANDRÉS.   ¡Siempre de tan buen humor!   Siéntese usted.   (*Se sienta.*)

GARCÍA.   ¡Vaya con Perecito![13]   ¡Tú sí que estás[14] bueno!   ¡Anda,

---

[1] *sombrerera*, hat box.

[2] *¡Pues . . . más!*   Naturally!

[3] *Ya . . . García*, My dear Garcia, you already know.

[4] *se le quiere*, I . . . like you.

[5] *Mucho . . .*, You profess much . . . .

[6] *¡Descastadote!*   You inconsiderate rascal!

[7] Order: *No crea usted por eso . . .*

[8] *eso . . . edad*, I hope you are not using the word "old" on account of my age.

[9] *¡Vaya . . . usted!*   I should say you are well preserved; see Translation Aid IX, No. 1, p. 510.

[10] *Como que*, Why, . . .

[11] *La química*, Dyes.

[12] *¡Me . . . óleo!*   I make an oil painting of myself!

[13] *¡Vaya . . . Perecito!*   So this is old *Perecito!*

[14] *estás*, look.

anda! ¡Y vaya un lujo de casa![15] ¡Qué diferencia con la de nuestra patrona de la calle del Pez! ¡Buen pez estaba la tal[16] doña Basilisa! ¡Nunca olvidaré aquellas chuletas fósiles[17] y aquellos garbanzos de la edad de piedra! . . . ¡Chico, aborrezco a las patronas!

ANDRÉS. Supongo que seguirá usted empleado en Hacienda.

GARCÍA. ¡Siempre! ¡Soy una lapa![18]

ANDRÉS. ¡Ea, ea! Vaya usted[19] quitándose ese[20] abrigo. Mandaré que le arreglen el gabinete. ¡Juan! (*Llamando.*)

GARCÍA. Pero, hombre, ¿qué va a decir tu mujer? Y a propósito, 10 preséntame a ella, deseo conocerla.

ANDRÉS. Ha salido de compras. No tardará en venir.

JUAN. ¿Qué desea el señorito?

ANDRÉS. Dispón el gabinete para este caballero.

JUAN. Está muy bien. (*Vase.*)

ANDRÉS. Pero, cuidado que está usted hecho un buen mozo.[21] (*Abrazándole.*)

GARCÍA. ¡Je, je! Esta semiobscuridad[22] me favorece. Chico, aborrezco la luz. El sol me pone de veinticinco colores.[23] No hay pintura posible.[24] Pero, así. . . . (*Mirándose al espejo.*) ¡Vaya si estoy 20 aceptable![25] Con tu permiso voy a cepillarme un poco. (*Lo hace.*)

ANDRÉS. Deje usted, llamaré al criado.

GARCÍA. Quita, hombre, estoy acostumbrado a servirme solito.

ANDRÉS. ¡Sí! ¡Y a servir a los demás! ¡Qué bien nos las arreglábamos[26] los dos cuando vivíamos juntos! Es decir, qué bien me lo arreglaba usted todo, porque yo nunca me ocupé en ciertas cosas. El amigo García era siempre el encargado de guardar mi ropa, de doblarla cuidadosamente, de ver si faltaba algún botón. ¡Qué tiempos aquéllos![27]

GARCÍA. ¡Es que tú eras de lo más desordenado![28] . . .

[15] *¡Y . . . casa!* What a luxurious house!
[16] *la tal*, that confounded.
[17] *fósiles*, fossilized.
[18] *lapa*, barnacle.
[19] *Vaya usted . . .*, Start . . .
[20] *ese*, your.
[21] *cuidado . . . mozo*, my, what a dashing young fellow you have become!
[22] *semiobscuridad*, dim light.
[23] *me . . . colores*, makes me look like the rainbow.
[24] *No . . . posible*, No painting is of any avail.
[25] *¡Vaya . . . aceptable!* Blessed if I don't look acceptable!
[26] *. . . nos . . . arreglábamos . . .*, *. . .* we two managed our affairs; see Translation Aid VIII, No. 4, p. 510.
[27] *aquéllos*, supply: were.
[28] *de . . . desordenado*, terribly disorderly.

ANDRÉS. El reverso de usted, siempre tan cuidadoso, tan limpio, tan pulcro.[29]

GARCÍA. Hijo mío, gracias a eso he podido ir viviendo. ¿Ves esta levita? Pues es aquélla, la de las solemnidades, la contemporánea de Mendizábal. A la pobrecita le pasa lo mismo que a mí.[30] Esta media luz la favorece. Con tu permiso, voy a cepillarla un poquito. (*Se la quita y la cepilla* [31] *cuidadosamente.*)

ANDRÉS. Y yo a [32] escribir una carta.

GARCÍA. Si no es reservada y quieres dictar, yo la escribiré.

ANDRÉS. No, gracias.   10

GARCÍA. Ya sabes que no es la primera vez.

ANDRÉS. ¡Ya lo creo! Todavía recuerdo aquella carta-declaración que usted me escribió para la vecina del segundo.[33]

GARCÍA. ¡Justo! Y que yo mismo fuí a llevársela,[34] y resultó que la tal vecinita estaba casada y el marido me tiró por las escaleras. . . . ¡Je, je! siempre me han gustado estas aventuras. . . .

ANDRÉS. (¡Ah, qué idea! ¡Éste es mi hombre!)

GARCÍA. Y que [35] aquella mujer era una jamona [36] preciosa. ¡Tunante! [37] ¡Cómo te gustaban las jamonas! Pero, chitón; [38] hoy eres un hombre casado, y mis circunstancias no me permiten tam- 20 poco. . . .

ANDRÉS. ¡Sus circunstancias!

GARCÍA. Es verdad que tú no sabes todavía el objeto de mi viaje.

ANDRÉS. Cierto que no.

GARCÍA. ¡Pues vengo . . . a casarme!

ANDRÉS. ¡Casarse usted! ¡Bah! ¡Eso no es posible!

GARCÍA. Pues sí, señor, que lo es.[39] Me caso con una chica preciosa.

ANDRÉS. ¡Ay, qué pillo!

GARCÍA. Una conquista de este verano.

ANDRÉS. ¿Conquista de a media luz?   30

GARCÍA. No, señor; de pleno día.

ANDRÉS. Hombre, cuénteme usted.

---

[29] *pulcro,* tidy.
[30] *A . . . mí,* The poor thing is in the same predicament in which I am.
[31] *cepilla,* brushes.
[32] *Y yo (voy) a . . .*
[33] *del segundo (piso).*
[34] *fuí a llevársela,* took to her.
[35] *Y (resultó) que.*
[36] *jamona,* plump woman.
[37] *¡Tunante!* Rascal!
[38] *chitón,* hush.
[39] *que . . . es,* it is.

GARCÍA. Verás tú cómo ha sido.[40] Con tu permiso, voy a cepillar el chaleco. (*Se lo quita y lo cepilla.*) Pues, señor, es el caso que una mañana, al ir hacia la oficina, vi en un balcón de la Plaza de Guipúzcoa a una muchacha preciosísima; noté que ella me miraba también, y continué mi camino diciendo para mis adentros: «Bonita mujer, sí, señor; muy bonita!» A los pocos días y al pasar, según mi costumbre, por delante de la casa de Serafina — se llama Serafina — noté que caía a mis pies un perfumado papelito, en que estaban escritas estas cinco palabras, que son todo un poema: «¡Ay, caballero, soy muy desgra-
10 ciada!»

ANDRÉS. ¡Caracoles!

GARCÍA. Eso dije yo: «¡Caracoles!» Subí inmediatamente a la casa, me hicieron pasar a un gabinetito, y allí me encontré a la pobre chica hecha un mar de lágrimas.[41] La infeliz me contó que aquella mañana, paseando por el mar con su doncella — una especie de institutriz,[42] porque la chica es de muy buena familia — había perdido un bolsillo con cinco mil reales. . . .

ANDRÉS. Vamos, sí, y deseaba que usted, como empleado en el gobierno civil, diera los [43] pasos. . . .

20 GARCÍA. No, lo que quería la pobrecita es que yo saliera fiador [44] en la casa de huéspedes donde estaban, pues aquel mismo día se cumplía el mes,[45] y la pícara de la patrona les [46] amenazaba con echarlas a la calle si no pagaban inmediatamente. ¡Cuando digo [47] que por algo aborrezco yo a las patronas!

ANDRÉS. ¿Y qué hizo usted?

GARCÍA. ¡Toma! ¿Qué había de hacer? Ir a mi casa por mis únicos ahorros, cuatro mil reales, con lo que pagaron lo que debían y dos billetes de primera [48] hasta Madrid, para donde [49] salieron aquella misma tarde.

30 ANDRÉS. ¡Bravo! Le reconozco a usted en [50] ese rasgo. Supongo que una vez en Madrid le mandarían . . .

GARCÍA. Sí, señor. Ya lo creo. ¡Pobrecitas! En cuanto llegaron

---

[40] *ha sido*, it happened.
[41] *hecha . . . lágrimas*, swimming in a sea of tears, bathed in tears.
[42] *institutriz*, governess.
[43] *los*, supply: necessary.
[44] *yo . . . fiador*, I should serve as guarantor.
[45] *se . . . mes*, was the end of the month.
[46] *les* for *las*.
[47] *¡Cuando digo . . . !* I tell you; I must say.
[48] *de primera* (*clase*).
[49] *para donde*, for which place.
[50] *en*, by.

a Madrid me mandaron un cariñoso telegrama concebido en estos tér-
minos: «Gracias *expresivas*. Llegamos bien *exprés*. Familia envía
expresiones.» Ya ves que el parte [51] no podía ser más *expresivo*. Lo
cierto es que ya estamos completamente de acuerdo, y que antes de
quince días habremos pasado a mejor vida, es decir, nos habremos
casado . . . Chico, soy lo que se llama un hombre completamente
feliz. Quedamos en que tú me apadrinarás.

ANDRÉS. Sí, señor; acepto con gusto esa carga, digo, cargo; pero,
favor por favor . . .

GARCÍA. Tú dirás.[52]   10

ANDRÉS. Me encuentro en una situación muy apurada. Una mujer,
con la que he estado en relaciones,[53] me amenaza con venir a verme.

GARCÍA. Pero, hombre, ¿todavía andamos en eso? [54]

ANDRÉS. No, le juro a usted que no tengo nada [55] con ella: pero
acabo de recibir este regalo suyo (*Le entrega el tarjetero.*) con una
cartita en que me dice que pasará por aquí.

GARCÍA. No, lo que es eso no será [56] mientras yo esté en esta casa.

ANDRÉS. Ya sabía yo que usted me había de [57] salvar en esta
ocasión.

GARCÍA. Pues claro está. Déjala que venga, ya verás tú. . . .   20

ANDRÉS. No, si [58] lo que yo quiero evitar a todo trance es que
venga, para lo cual va usted a hacerme el obsequio de ir a su casa.

GARCÍA. Hombre, antes me permitirás que vaya a la de Serafina.

ANDRÉS. Mire [59] usted que esto es urgentísimo.

GARCÍA. Está bien. ¿Y qué le digo? [60]

ANDRÉS. Pues dígale usted a la tal Adelita que le devuelvo su tarjetero y su retrato.

GARCÍA. ¡Ah! ¿Conque está aquí su retrato? (*Abriendo el tarjetero.*) Hombre, y es muy bonita. Tiene unos ojos muy expresivos
y una fisonomía muy inocente.   30

ANDRÉS. Sí, no está mala inocencia la suya.[61] (*Vistiéndose para
salir a la calle.*)

---

[51] *parte*, message.
[52] *Tú dirás*, At your service.
[53] *he . . . relaciones*, I was at one time in love.
[54] *¿todavía . . . eso?* is this sort of thing still going on?
[55] *nada*, supply: to do.
[56] *lo . . . será*, such a thing will not happen.
[57] *había de*, would.
[58] *si*, omit in translating.
[59] *Mire*, But, look here.
[60] *digo*, pres. for fut.; cf. p. 144, ll. 2, 20.
[61] *no . . . suya* a fine innocence hers is!

144   VITAL AZA

GARCÍA. ¡Cómo engañan algunas mujeres!

ANDRÉS. Lo que es a mí ya no me engaña ésa. Dígale usted que la[62] prohibo terminantemente[63] que se acuerde del santo de mi nombre.[64]

GARCÍA. Hombre, del santo que se acuerde todo lo que quiera.

ANDRÉS. Bueno; pero que[65] no piense más en mí; que[66] hemos concluido para siempre; que hoy mismo salgo para el extranjero, y en fin, si persiste en sus propósitos, dígale usted que me he casado; que lo sepa de una vez.

GARCÍA. Lo sabrá, lo sabrá.

10 ANDRÉS. En sus manos de usted encomiendo la tranquilidad de mi espíritu.

GARCÍA. Pues deja,[67] que en buenas manos está el pandero.[68] ¿Dónde vive esta señora?

ANDRÉS. Colmillo, cincuenta y siete, enterarán a usted.[69]

GARCÍA. Oye, no vaya a resultar[70] que ésta también esté casada y el marido me arroje por las escaleras.

ANDRÉS. Descuide usted. No hay ese peligro.

GARCÍA. Pues en seguida voy. En cuanto me arregle un poquito.

ANDRÉS. Mientras usted acaba de vestirse, voy ahí cerca a ver a 20 unos amigos que estarán esperándome. En seguida estoy de vuelta. De todos modos, queda usted en su casa. Hasta luego, amigo García. ¡Es usted de lo que no hay![71] ¡Qué regalo voy a hacer a su futura! (*Le abraza y vase por el foro.*)

GARCÍA. Vete con Dios, buena pieza.

ESCENA XI

GARCÍA, *solo*

¡Estos chicos son el demonio![1] ¡Mire usted que andar todavía con estos belenes![2] Pero convengamos en que con Adela ha faltado a la

[62] *la* for *le.*

[63] *terminantemente,* absolutely.

[64] *santo . . . nombre,* the saint after whom I was named, i.e., (even) my (first) name. In the next line García takes this expression literally.

[65] *que . . .* (optative), let her; cf. l. 7.

[66] *que,* tell her that. See Translation Aid XIII, No. 1, e, p. 518.

[67] *Pues deja,* Leave it to me.

[68] *que . . . pandero,* the whole thing is in good hands now.

[69] *usted,* supply: there.

[70] *no . . . resultar,* I hope it won't turn out.

[71] *¡Es . . . hay!* You are one in a million!

[1] *demonio,* supply: himself.

[2] *¡Mire . . . belenes!* Imagine! Still carrying on these affairs!

tradición. Esta chica (*Mirando el retrato.*) lo más, lo más que tiene,[3] son veinte años. ¡Y vaya si es bonita! ¡Qué lástima de muchacha!

ESCENA XII

Dicho y Clara, *al ver a García en mangas de camisa, se detiene sorprendida. Durante la escena, García acabará de vestirse.*

Clara.　¿Qué es esto?

García (*mirando otra vez el retrato*).　(¡Caracoles! ¡Adela!)

Clara.　¡Caballero! . . . (*Con cierto respeto.*)

García.　¡Señora! (*Con altanería.[1]*)

Clara.　Permita usted que me sorprenda.

García.　¿De qué? ¿De verme así? Estoy en mi casa; soy como de la familia.

Clara.　¡Dios mío! ¿Pero . . . quién es usted? 　　　　10

García.　¿Que [2] quién soy yo? Pues yo, señora, soy un hombre decente que vela por la honra de los amigos, por la paz de los matrimonios. Vendrá [3] usted en busca de Pérez, ¿no es eso?

Clara.　Sí, señor; vengo a buscar a Andrés.

García.　Pues bien. Aquí estoy yo para ponerla a usted de patitas en la calle.

Clara.　¿Eh? ¿Cómo?

García.　¿Le parece a usted decoroso [4] lo que hace?

Clara.　Caballero . . . yo . . .

García.　¡Nada, nada! Es preciso que esto se acabe para siempre. 20 Pérez no existe para usted.

Clara.　¡Eh! ¿Que [5] no existe?

García.　No, señora.

Clara.　¡Dios mío! ¿Qué dice ese hombre?

García.　No vuelva usted a acordarse de él, ya que él no se acuerda de usted para nada absolutamente.

Clara.　¡Pero señor, si esto no es posible! ¡Andrés! ¡Andrés!

García.　No se moleste usted en llamarle. A [6] estas horas está ya muy lejos de Madrid.

Clara.　¿Cómo? ¿Que se ha marchado? 　　　　30

---

[3] *lo . . . tiene,* the oldest, the very oldest she can be.

[1] *con altanería,* haughtily.
[2] *Que,* omit in translating.
[3] *Vendrá,* fut. of probability; cf. p. 146, l. 8.
[4] *decoroso,* decent.
[5] *Que,* omit in translating; cf. l. 30.
[6] *A,* Bv.

GARCÍA. Sí, señora.

CLARA. A una cacería, ¿eh?

GARCÍA. ¡Justo! ¡A una cacería! A Rusia, a cazar osos blancos.'

CLARA. ¡Ay! ¡Dios mío de mi alma! (*Llorando.*) ¡Bien me aconsejaba mi tía! ¡Ay, qué desgraciada soy!

GARCÍA. ¡Vaya, vaya! ¡Hija mía! . . . (*Con bondad.*) ¡Reflexione usted en estas cosas! . . . Márchese usted de esta casa . . . usted tendrá familia. . . .

CLARA. Sí, señor, tengo a mi papá. . . . (*Sollozando.*)

10 GARCÍA. Bueno; pues, váyase usted con 8 su papá.

CLARA. Está en Filipinas.

GARCÍA. Algo lejos está eso 9 para ir ahora . . . pero . . .

CLARA. En Madrid solo tengo a mis tíos.

GARCÍA. Bien; pues, váyase usted con ellos. — ¡Ah! y llévese eso que Pérez me ha mandado entregarle. (*Dándole el tarjetero.*)

CLARA. ¿Qué? (*Viendo el retrato.*) ¡Virgen santa! Mi retrato de novia! (*Llorando.*)

GARCÍA. ¡Sí, señora! Él ya no puede guardar cierta clase de recuerdos, porque . . .

20 CLARA. ¿Por qué? ¡Dígalo usted pronto! (*Guarda el tarjetero en el bolsillo.*)

GARCÍA. ¡Pues . . . señora! La noticia quizá le sorprenda, pero no hay más remedio. Usted necesita saberlo. . . . ¡Pérez está casado!

CLARA. ¿Eh? ¿Qué? ¿Andrés casado?

GARCÍA. Sí, señora, sí.

CLARA. ¿Casado con otra?

GARCÍA. ¿Cómo con otra? ¡No, señora! ¡Casado con una! ¡Con su mujer!

CLARA. ¡Pero . . . caballero . . . advierto a usted que yo soy 30 Clara! 10

GARCÍA. ¿Clara, eh? Pues a mí también me gusta ser muy claro. Conque basta de lagrimitas 11 y márchese usted inmediatamente.

CLARA. ¡Ay, ay, Dios mío! . . . ¡Yo me pongo mala! ¡Yo me muero! . . . (*Se desmaya en brazos de García.*)

GARCÍA. ¿Eh? ¿Qué? ¡Señora! ¡Calle! ¡Se ha desmayado de verdad! ¿Y qué hago 12 yo? ¡Señora, señora! (*Le hace aire con la*

---

7 *osos blancos*, polar bears.

8 *váyase . . . con*, go and live with.

9 *eso*, that place.

10 *Clara;* a pun: *claro, -a* also means "frank," "straightforward." García interprets this in the latter sense.

11 *lagrimitas*, see Translation Aid VIII, No. 3, d, p. 509.

12 *hago*, pres. for fut.; cf. p. 147, l. 2.

mano. Se oye la voz de doña Tomasa.) ¡María Santísima! ¡Viene
gente! Pero, ¿qué hago yo con esta mujer? ¿Dónde la escondo?
¡A ver! *(Puerta primera izquierda.)* ¡Sí; esto es lo mejor! *(La
lleva a la habitación primera izquierda, saliendo en seguida y echando la
llave.)* ¡Ajajá! ¡Ahora sólo falta que vuelva en sí! [13] No se quejará
Pérez. Creo que he estado bastante enérgico.

ESCENA XIII

Dicho, doña Tomasa *en traje de casa y con un lío de tela*

Doña Tomasa.   Me parece que nos han cobrado de más. ¿Eh? . . .
¡Caballero!

García.   Señora. . . . (¡Canastos! [1] ¿Si será? [2] . . .)

Doña Tomasa.   Tome usted asiento.   10

García.   Mil gracias. ¿Es la señora de Pérez a quien tengo el
gusto de saludar?

Doña Tomasa.   Servidora de usted. . . . *(Se sienta.)*

García.   Celebro tanto. . . . (¡Lo que [3] dije! ¡La afición a las
jamonas!) *(Pausa corta.)*

Doña Tomasa.   ¿Conque es usted amigo de mi esposo?

García.   ¡Sí, señora! Nos conocemos hace muchos años. Hemos
vivido juntos.

Doña Tomasa.   ¡Bien la habrán corrido ustedes! [4]

García.   No, señora, no lo crea usted. Pérez ha sido siempre muy 20
formalito.

Doña Tomasa.   ¡Sí, mucho!

García.   (¡Si ella supiera!). . . . Y luego, que [5] como yo le he
querido siempre como a un hijo. . . .

Doña Tomasa.   ¿Eh? ¿Como a un hijo?

García.   ¡Naturalmente! ¡La diferencia de edad!

Doña Tomasa.   Pues me parece que no será [6] tanta la diferencia.

García.   Gracias, señora, usted me favorece. Pero lo menos que
yo le llevo a su esposo de usted son veinticinco años.[7]

---

[13] *¡Ahora . . . sí!* The last straw would be for her to come to!

---

[1] *¡Canastos!* The deuce!
[2] *¿ Si será?* . . . fut. of probability.
[3] *Lo que*, supply: just, at the beginning of this sentence.
[4] *¡Bien . . . ustedes!* I'll bet you had a very gay time together!
[5] *que*, omit in translating; cf. p. 148, l. 19.
[6] *no será*, cannot be.
[7] *Pero . . . años*, But I am at least twenty-five years older than your husband.

Doña Tomasa. ¡Qué barbaridad! Pues, hijo, juraría que eran ustedes contemporáneos. ¡Vaya si se conserva usted!

García. ¡Pchs!

Doña Tomasa. ¡Vea usted! ¡Quién habría de decirlo! [8] ¡Podría usted ser mi padre!

García. ¿Eh?

Doña Tomasa. ¡Claro está! Pérez me lleva [9] a mí diez años.

García. (¡Pero, hombre, con qué frescura [10] mienten las mujeres!)

Doña Tomasa. ¿Andrés estará [11] en su cuarto, eh?

10 García. No, señora, ha salido. Por él supe que estaba usted de compras.

Doña Tomasa. Sí; hemos ido [12] a comprar unas cosillas. . . . Catorce varas a diez y siete reales. . . . ¡Nada, no sale!

García. (¡Está preocupada! . . . ¿Si sospechará [13] algo?)

Doña Tomasa. ¡Caballero! . . . (Levantándose.) Con su permiso . . . (Dirigiéndose primera puerta izquierda.)

García. ¡Señora! . . . (Conteniéndola.)

Doña Tomasa. ¿Eh?

García. ¡No, nada! . . . ¡Que he tenido tanto gusto! . . .

20 Doña Tomasa. ¡Jesús! ¡Me había asustado! ¡Voy a buscar a esa chica!

García. ¡Señora! (Volviendo a contenerla.)

Doña Tomasa. ¿Otra vez?

García. ¡Usted dispense! ¿Ha dicho [14] usted que iba a buscar a esa chica?

Doña Tomasa. Sí, señor.

García. ¿Luego usted sabe que esa chica ha venido?

Doña Tomasa. Naturalmente; como que ha entrado delante de mí.

García. Pues, bien, señora, tranquilícese usted. Su esposo es 30 inocente.

Doña Tomasa. ¡Eh!

García. Él no tiene la culpa de que esa mujer le persiga.

Doña Tomasa. ¿Qué? ¿Qué dice usted?

García. Lo cierto, señora. Pérez me lo ha confesado todo. ¡Es un hombre honrado!

Doña Tomasa. Pero, ¿qué mujer es ésa? . . .

[8] *¡Quién . . . decirlo!* Who would have thought it!
[9] *me lleva*, is . . . older than I.
[10] *con . . . frescura*, with what nerve!; how whole-heartedly!
[11] *estará*, fut. of probability.
[12] *hemos ido*, pres. pfct. for pret.
[13] *Si sospechará* (fut. of probability), I wonder if she suspects.
[14] *¿Ha dicho . . . ?* Pres. pfct. for pret.; cf. l. 28.

García. ¡Pues ésa! ¡La que se ha atrevido a venir, y a quien he puesto en la calle inmediatamente!

Doña Tomasa. ¿Qué? ¿Cómo? . . . ¡Explíquese usted!

García. ¡Señora! Ya he dicho a usted que se tranquilice.

Doña Tomasa. ¿Sí, eh? ¡Pues buena soy yo [15] para oír estas cosas con calma! ¿Conque [16] una cita amorosa? ¡Ah, pillo!

García. Conste, señora, que Pérez no ha dado semejante cita; ella fué la que primero tuvo la osadía de mandarle su retrato, y luego . . .

Doña Tomasa. ¿Qué escucho? ¿Conque la señora del tarjetero? . . .

García. ¡Cómo! ¿Usted sabía ya? . . .

Doña Tomasa. ¡Sí, señor! ¡Digo, no! ¡Es decir, sí! ¡Lo sabía! Lo que no sabía es [17] que mi marido era el *nene*. ¡Le mato,[18] vamos, le mato!

García. ¡Por Dios, señora!

Doña Tomasa. ¿Y dice [19] usted que él se lo ha confesado todo?

García. Todo, y conste que él . . .

Doña Tomasa. ¿Conque sí? [20] ¡Ahora verá! . . .

García. Reflexione usted . . .

Doña Tomasa. Déjeme usted en paz. No me contenga usted. ¡Le voy a estrangular! (*Vase furiosa por el foro.*)

ESCENA XIV

García y luego Andrés

García. ¡Ay! ¡menos mal que [1] se ha marchado! Ahora podré... ¿Seguirá [2] desmayada todavía? (*Va puerta primera izquierda.*) ¡Eh, señora, señora! (*Buscando algo.*) Si hubiera agua de colonia o vinagre. . . . ¡Ah! El frasco de aguardiente. . . . (*Coge su frasco de viaje.*) Puede [3] que con esto . . . (*Se dirige a la habitación. Oye ruido y cierra la puerta inmediatamente.*) ¡Eh! ¡Alguien viene!

Andrés. Ya estoy de vuelta.

García. Pues llegas en magnífica ocasión.

Andrés. ¿Qué pasa?

---

[15] *¡Pues . . . yo . . . !* I'm no woman . . . ! See Translation Aid VIII, No. 1, p. 509.

[16] *¿Conque . . . ?* Supply: it was.

[17] *es*, was.

[18] *mato*, pres. for fut.

[19] *dice*, pres. for pret.

[20] *¿Conque sí?* See Translation Aid VIII, No. 2, p. 509.

---

[1] *¡menos . . . que . . . !* at any rate. . . .

[2] *¿Seguirá . . . ?* fut. of probability.   [3] *Puede (ser).*

GARCÍA. ¡Una friolera! Ahí la tienes.

ANDRÉS. ¿A quién?

GARCÍA. A Adelita.

ANDRÉS. ¡Adela aquí!

GARCÍA. No, aquí no; allí (*Señalando la puerta.*) Está desmayada.

ANDRÉS. Pero esto [4] es un compromiso. Puede venir mi mujer.
. . . (*Se dirige a la habitación.*)

GARCÍA. No. Si [5] tu mujer ha venido ya.

ANDRÉS. ¿Eh? (*Volviendo.*)

10 GARCÍA. Y se ha enterado de todo.

ANDRÉS. ¡Dios santo!

GARCÍA. Es decir, ella ya lo sabía.

ANDRÉS. ¡Cómo! ¿Que [6] ella sabía? . . .

GARCÍA. Sí, señor; sí. Lo sabía todo, y se ha marchado furiosa.

ANDRÉS. ¡Buena la ha hecho usted! [7]

GARCÍA. Hombre, no faltaba sino que tú me echaras ahora la culpa. [8]

ANDRÉS. ¡Qué escándalo! Yo debo tomar una determinación. [9]

GARCÍA. No, lo que debes tomar es un coche para que se lleven a
esa chica inmediatamente.

20 ANDRÉS. Dice usted bien. ¡Juan!

GARCÍA (*tapándole la boca*). ¡Calla! Que no [10] se enteren los
criados.

ANDRÉS. Sí, es verdad. Amigo García, por favor, salga usted a
la calle . . . busque usted un simón, [11] un ómnibus . . . un tranvía.

GARCÍA. Voy . . . voy. ¡Ah! Dale a oler ese frasco para que
vuelva en sí. (*Se lo da.*)

ANDRÉS. No habrá necesidad. Será [12] fingido. La conozco demasiado. (*Al dirigirse García al foro y Andrés a la puerta primera
izquierda, se oyen las voces de doña Tomasa.*)

30 DOÑA TOMASA (*dentro*). ¡Anda, ven y atrévete a negarlo!

GARCÍA (*volviéndose del foro*). ¡María Santísima! ¡Tu mujer!

ANDRÉS. ¡Cielos! ¡Mi tía! (*A un tiempo, García se vuelve de
espaldas para no presenciar la escena y Andrés queda como pegado a la
puerta primera izquierda.*)

---

[4] *esto*, supply: indeed.

[5] *Si*, omit in translating.

[6] ¿*Que* . . . ? omit in translating.

[7] ¡*Buena* . . . *usted!* A fine mess you've made of things! See Translation
Aid VIII, No. 4, p. 510.

[8] *no* . . . *culpa*, it would be the last straw that you should now blame me!

[9] *tomar una determinación*, to find a scheme

[10] *Que no*, Don't let.

[11] *simón*, cab. [12] *será*, fut. of probability.

ESCENA XV

Dichos, doña Tomasa y don Facundo

Don Facundo. Repito que es falso. (*A Tomasa.*)

Doña Tomasa. Ahora lo veremos. (*Entrando.*) Ahí le tienes. (*Indicándole a García.*) Pregúntaselo.

Don Facundo. Claro que sí. ¡Caballero! (*Dándole una palmada en el hombro.*)

García. ¿Eh? (*Volviéndose asustado.*) Servidor de usted.

Don Facundo. ¿Dónde y cuándo nos hemos conocido nosotros?

García. ¿Nosotros? Pues me parece que en ninguna parte.

Doña Tomasa. ¿Cómo que no? [1] ¿Pues no dice [2] usted que es muy amigo de mi esposo? 10

García. Sí, señora.

Don Facundo. No, señor. (*Muy irritado.*)

García. Pero, hombre, ¿y usted qué sabe?

Don Facundo. ¡Caballero!

García. Pero, chico, ¿no lo oyes? Dicen que no nos conocemos. (*Pasando al lado de Andrés.*)

Don Facundo. ¿Y yo qué tengo que ver con que usted conozca [3] a mi sobrino?

García. ¡Ah! ¿Conque el [4] señor es tu tío?

Andrés. Sí. Mi tío Facundo. 20

Doña Tomasa. Y yo su tía.

García. ¿Eh? ¿Te has casado con tu tía?

Andrés. ¡Jesús!

Don Facundo. ¿Qué dice este hombre?

Doña Tomasa. ¿Está usted loco?

García. Pero, señores, entendámonos. ¿No es usted la esposa de este sobrino? (*A doña Tomasa.*)

Doña Tomasa. No, señor; soy la esposa de este tío.[5] (*Por [6] don Facundo.*)

García. ¡Acabáramos! [7] Ya me parecía a mí . . . Chico dis- 30 pensa . . . Entonces tu mujer no sabe nada. (*Aparte a Andrés.*)

---

[1] *¿Cómo que no?* What do you mean nowhere? See Translation Aid VIII, No. 2, p. 509.

[2] *dice*, pres. for pret.

[3] *con . . . conozca*, with your knowing.

[4] *el*, this.

[5] *tío*; a pun, since *tío* may also mean "simpleton."

[6] *Por*, Referring to.

[7] *¡Acabáramos!* That's a horse of a different color!

ANDRÉS.   (¡Ay, respiro![8])

DON FACUNDO.   ¿Te has convencido ya?   (*A Tomasa.*)

DOÑA TOMASA.   De lo que me he convencido es de que aquí hay gato encerrado.[9]   (*Se oyen golpes en la puerta.*)

ANDRÉS.   (¡Caracoles!)

DOÑA TOMASA.   ¿Eh?   ¿Qué ruido es ése?

ANDRÉS.   No . . . nada. . . .   Soy yo con este frasco.   (*Golpeando con el frasco en la puerta.   Continúa el ruido interior.*[10])

DOÑA TOMASA.   Conque [11] tú, ¿eh?

10   GARCÍA.   Sí, señora; es él con el frasco.

DOÑA TOMASA.   ¿Quién está en ese cuarto?

ANDRÉS.   Nadie, señora, nadie.   (*Sigue el ruido.*)

CLARA (*dentro*).   ¡Abrid!

DOÑA TOMASA.   ¿Eh?

ANDRÉS.   (Esa voz . . .)

CLARA (*dentro*).   ¡Abrid, soy yo! . . .

ANDRÉS.   (¡Mi mujer aquí!)

DOÑA TOMASA.   Pero, señor, ¿por qué está encerrada esa chica?

ANDRÉS.   Pero, señora, ¡yo qué sé! [12]

20   DOÑA TOMASA.   ¡Abre, hombre, abre!

ANDRÉS.   ¡Ya voy, ya voy!   (*Abre la puerta.*)

GARCÍA.   (¡Cataplum! [13])

ANDRÉS.   Pero, ¿qué significa esto?   (*A Clara, que le abraza.*)

ESCENA ÚLTIMA

DICHOS y CLARA

CLARA.   ¡Ay, Andrés mío de mi alma!   ¡Si [1] no sé lo que me sucede!

ANDRÉS.   ¡Ni yo!

CLARA.   Pero al fin veo que tú no me has olvidado, que me quieres siempre, ¿verdad?

ANDRÉS.   Sí, hija, sí; te quiero más que a mi vida.   (*Abrazándola.*)

GARCÍA.   ¡Qué escándalo!   ¡Y se abrazan delante de los tíos!

30   CLARA.   ¡Qué!   ¿Todavía está aquí ese caballero?   (*A Andrés indicándole a García.*)

[8] *¡Ay, respiro!* How relieved I am!
[9] *hay . . . encerrado*, there's some mystery here.
[10] *interior*, inside.
[11] *Conque*, supply: it is.
[12] *¡Yo qué sé!* How do I know!
[13] *¡Cataplum!* This is the end!

[1] *Si*, omit in translating; cf. p. 153, ll. 1, 9.

ANDRÉS. Si es mi amigo García. . . .

CLARA. ¿Tu amigo? Pues él fué quien me dijo que tú me despreciabas, que te habías marchado a cazar osos blancos y que estabas casado con otra.

ANDRÉS. ¡Jesús, María y José! ¡Pero señor de[2] García! (Increpándole.[3])

GARCÍA. ¡Pero señor de Pérez! (En el mismo tono.) ¿Es esto casa o manicomio?[4] ¡Ya me voy yo cargando![5]

CLARA. No. Déjale. (A Andrés.) Si ese señor no debe estar bueno.[6] ¿Cómo es posible que tú le mandaras esto? (Saca el tarjetero.)

ANDRÉS. ¿Eh? (Aterrado.)

DOÑA TOMASA. ¡Ah! (Comprendiendo la equivocación.)

ANDRÉS. ¡El tarjetero! ¡Perdóname, esposa mía!

GARCÍA. ¡Su esposa!

ANDRÉS. ¡Te juro que yo! . . .

CLARA. ¡Claro está! ¡Cómo habías tú[7] de devolverme mi retrato de novia!

ANDRÉS. ¿Eh? ¿Tu retrato? . . .

DOÑA TOMASA. ¡Sí, hombre, sí! (Cogiendo el tarjetero y enseñándoselo a Andrés.) ¡Su retrato! ¡Míralo!

ANDRÉS (a doña Tomasa). ¿Pero qué escamoteo[8] ha sido éste?

DOÑA TOMASA. No te apures; yo he sido la Benita Anguinet.[9] (Aparte a Andrés.)

ANDRÉS. ¿Qué?

DOÑA TOMASA. ¡La prestidigitadora![10] (Siguen hablando Andrés y doña Tomasa.)

GARCÍA. Caballero. (A don Facundo.) ¿Quiere usted hacerme el obsequio de decirme cuál es la verdadera esposa de su sobrino de usted?

DON FACUNDO. ¡Pero, hombre, todavía!

GARCÍA. Sí, señor. Todavía no sé si estoy en Madrid o en Leganés.

DON FACUNDO. ¡Donde está usted es en Babia![11] ¿Cuál ha de ser[12] su mujer? ¡Aquélla! ¡Mi sobrina!

---

[2] de, omit in translating; cf. l. 7.

[3] Increpándole, Scolding him.

[4] manicomio, insane asylum.

[5] ¡Ya . . . cargando! I am getting "fed up"!

[6] no . . . bueno, probably isn't in his right mind.

[7] habías tú, could you

[8] escamoteo, sleight-of-hand.

[9] Benita Anguinet, apparently a contemporary magician.

[10] prestidigitadora, magician.

[11] ¡Donde . . . Babia! You are a fool!   [12] ha de ser, do you suppose . . . is.

ANDRÉS (*aparte a doña Tomasa*). Bien, ¿pero y [13] el otro retrato?

DOÑA TOMASA (*aparte a Andrés*). ¡Tómalo, aquí está! (*Dándoselo.*)

CLARA. ¿Eh? ¿Qué hablan ustedes? [14]

ANDRÉS. ¡No . . . nada! (¡Tome usted!) (*A don Facundo, dándole el retrato.*)

DON FACUNDO. (*contemplando el retrato*). (¡Ésta es la culpable de todo! ¡Pero qué ojos tiene esta mujer!)

DOÑA TOMASA. ¡Pérez! ¿Qué miras ahí?

10 DON FACUNDO. ¡Nada . . . nada. . . . Mujer! (Tome usted eso.) (*A García, dándole el retrato.*)

GARCÍA. ¡Cielos! ¡Serafina!

ANDRÉS. ¡Santo Dios!

GARCÍA. Caballero, ¿cómo [15] tiene usted el retrato de mi futura?

DON FACUNDO. ¡Su futura de usted! (*Riéndose.*)

CLARA. ¡Cuando le digo a usted [16] que ese hombre está loco! (*A Tomasa.*)

ANDRÉS (*aparte*). Amigo García, resignación.

GARCÍA (*ídem*). ¡Mírala! ¡Ella! [17]

20 ANDRÉS (*ídem*). ¡Sí! ¡Adela!

GARCÍA. ¡No! ¡Serafina!

ANDRÉS. (¡Es igual! No le choque a usted. ¡Yo la he conocido ya con cuatro nombres distintos!)

GARCÍA. ¡Dios mío! ¿Pero es esto verdad? ¿Conque ésta es . . . aquélla? ¡Ay! ¡A mí me va a dar algo! [18] (*Desmayo cómico.*)

DOÑA TOMASA. ¿Qué es eso? Otro lío, ¿eh?

GARCÍA. ¡Sí, señora, y gordo!

DOÑA TOMASA. ¡Amigo, lo que es para poner paz [19] en los matrimonios es usted que ni pintado! [20]

30 GARCÍA. ¡Señora! ¡El que [21] yo me pinte [22] es cuenta mía, y a nadie le importa nada! (*Vase.*)

FIN

[13] *y*, what about.

[14] *¿ . . . hablan ustedes?* are you talking about?

[15] *¿cómo . . . ?* how do you happen (to have)?

[16] *Cuando . . . usted*, I am telling you.

[17] *¡Ella!* It is she!

[18] *¡A . . . algo!* I'm going to faint!

[19] *lo . . . paz*, when it comes to bringing peace.

[20] *es . . . pintado*, you are a dyed-in-the-wool failure! See Translation Aid VIII, No. 1, p. 509.

[21] *El (hecho) que*.

[22] *me pinte*, I dye my hair.

ZALACAÍN EL AVENTURERO

(Historia de las buenas andanzas y fortunas
de Martín Zalacaín el Aventurero)

PÍO BAROJA*

ᘏᑐᖽᐸᘏᑐᖽᐸᘏᑐᖽᐸᘏᑐᖽᐸᘏᑐᖽᐸᘏᑐᖽᐸᘏᑐᖽᐸᘏᑐᖽᐸᘏᑐᖽᐸᘏᑐᖽᐸᘏᑐᖽᐸᘏᑐᖽᐸᘏᑐᖽᐸᘏᑐᖽᐸ

NOTA PRELIMINAR

*To the student: The period covered by the novel of Pío Baroja that you
are about to read is that of the last Carlist War. For a better understanding of the historical background keep in mind the following facts:*

Las guerras carlistas fueron motivadas por las pretensiones del infante don Carlos y sus descendientes al trono de España.

Tres años antes de su muerte, Fernando VII hizo anular el decreto
por el cual se daba preferencia a los hermanos varones del rey sobre
sus hijas en materia de sucesión.   Quedaba así legalizado el derecho
de Isabel, hija única de Fernando.   Con ello Don Carlos, hermano del
rey, vió frustradas sus esperanzas de llegar al trono.

Ya en 1832 comenzaban las intrigas entre los partidarios de don
Carlos y los de Isabel.   En 1833, muerto Fernando VII, subió al trono
Isabel, quedando de regente su madre, durante la minoría de la princesa. 10

---

* Pío Baroja (1872–   ). Novelista vasco que ha interpretado en muchas de
sus obras la vida de las provincias vascongadas.

Rebelde al principio, con trazas de nihilista en sus opiniones, Baroja ha ido
cambiando notablemente con los años.

Su estilo es abrupto, personal.   A Baroja no le interesa mucho la forma.   Sus
novelas, siempre llenas de movimiento, tienen el encanto de las descripciones y
la agudeza intelectual de un espíritu dinámico moderno.   Sus ideas, sean en pro
o en contra de algo, se prestan a la discusión.

Entre sus novelas más conocidas se destacan *Camino de perfección* (1902), *El
mayorazgo de Labraz* (1903), *Zalacaín, el aventurero* (1909), *Las inquietudes de
Shanti Andía* (1911), *El árbol de la ciencia* (1911), *Juventud, egolatría* (1917), y
su famosa trilogía *La lucha por la vida*, la epopeya de los barrios bajos.   En ella
hay todo un mundo de pícaros, trabajadores, vagabundos, ladrones, etc.

En octubre del mismo año estalló la guerra civil.   Por siete años se
suceden victorias y desastres tanto para un partido como para otro.
Las más veces las victorias fueron para las fuerzas de Don Carlos, al
mando de Zumalacárregui, único militar de nota en aquella época.   Tal
era la falta de armonía entre los defensores de Isabel que el ejército
carlista llegó a las puertas de Madrid en 1837.   Sin embargo, a causa
de una rebelión en su propio campo, no llegó el pretendiente a una
victoria decisiva.   Por fin, en 1839 se llegó a un acuerdo (el Convenio
de Vergara).   Don Carlos se internó en Francia y las fuerzas de
Espartero y O'Donnell dispersaron las últimas partidas carlistas.

En 1845 murió don Carlos habiendo renunciado sus derechos al
trono español en favor de su hijo, el conde de Montemolín (Carlos VI,
para los carlistas).   La situación interna de España no mejoraba.   La
discordia entre políticos y militares, acentuada por disensiones de partido, trajo como resultado la salida de la reina (1868) y, más tarde, la
elección de Amadeo, hijo segundo del rey Víctor Manuel, para ocupar
el trono (1869).   Los carlistas iniciaron nuevas revueltas y creyeron
en un éxito seguro al entrar el segundo pretendiente en España el 2 de
mayo de 1872; pero el 4 del mismo mes el carlismo sufría una nueva
derrota que obligó a don Carlos a repasar la frontera.

Aunque animado de buenas intenciones, Amadeo no pudo acabar
con los desórdenes.   Predicó hasta con el ejemplo, pero no fué comprendido.   En 1873, hallándose incapaz para calmar los ánimos, decidió abdicar.   Días más tarde se proclamó la república con nuevas
esperanzas de armonía y paz.

Al año siguiente, entró en España un tercer pretendiente, sobrino del
conde de Montemolín, Carlos VII, según los carlistas.   «El carlismo
— dice Baroja — se extendía y marchaba de triunfo en triunfo. . . .
Aldeanos y viejos hidalgos de Vasconia creían en aquel Borbón . . . y
estaban dispuestos a morir por satisfacer las ambiciones de un aventurero.»   Sobrevinieron la sangrienta batalla de Somorrostro (26 a 28
de marzo), el sitio de Bilbao (2 de mayo) y el encuentro de Estella
(27 de junio) en que murió el general Concha, jefe de las tropas del
gobierno (*Zalacaín*, pp. 215 ss.).   En octubre de 1874 Don Carlos
bombardeó a Irún, pero no pudo apoderarse de la ciudad.

La república fué un fracaso.   En 1874 Alfonso XII, hijo de Isabel II,
fué proclamado rey, y con él volvieron los Borbones al trono de
España.   Pero la causa del pretendiente no moría.   Por fin, con el
desastre de Treviño (1876) comenzó «La deshecha» en el campo
enemigo (*Zalacaín*, pp. 250 ss.).   La vuelta del pretendiente a Francia
y la realidad de la restauración borbónica pusieron fin a la larga guerra
fratricida que por tantos años agitó al pueblo español.

LIBRO PRIMERO

La Infancia de Zalacaín

CAPÍTULO PRIMERO

Cómo vivió y se educó Martín Zalacaín

Un camino en cuesta [1] baja [2] de la Ciudadela, pasa por encima del cementerio y atraviesa el portal de Francia.[3] Este camino, en la parte alta, tiene a los lados varias cruces de piedra, que terminan en una ermita, y por la parte baja, después de entrar en la ciudad, se convierte en calle. A la izquierda del camino, antes de la muralla,[4] había hace años un caserío [5] viejo, medio derruido,[6] con el tejado terrero [7] lleno de pedruscos [8] y la piedra arenisca [9] de sus paredes desgastada [10] por la acción de la humedad y del aire. En el frente de la decrépita [11] y pobre casa, un agujero indicaba dónde estuvo en otro tiempo [12] el escudo, y debajo de él se adivinaban, más bien que se leían, varias letras que componían una frase latina: *Post funera virtus vivit.*[13]

En este caserío nació y pasó los primeros años de su infancia [14] Martín Zalacaín de Urbia, el que, más tarde, había de ser [15] llamado Zalacaín el Aventurero; en este caserío soñó sus primeras aventuras y rompió los [16] primeros pantalones.

Los Zalacaín vivían a pocos pasos de Urbia, pero ni Martín ni su familia eran ciudadanos; [17] faltaban a su casa unos metros para [18] formar parte de la villa.

[1] *en cuesta,* steep.
[2] *baja,* a verb.
[3] *portal de Francia,* gate of France; in this case the city gate through which passes the road leading to France.
[4] *antes . . . muralla,* before reaching the wall.
[5] *caserío,* farmhouse.
[6] *derruido,* ruined.
[7] *tejado terrero,* earth roof.
[8] *pedruscos,* large, rough stones.
[9] *piedra arenisca,* sandstone.
[10] *desgastada,* eroded.
[11] *decrépita,* tumbledown.
[12] *estuvo . . . tiempo,* had been in former times.
[13] *Post . . . vivit,* Virtue lives after death.
[14] *infancia,* childhood.
[15] *había de ser,* was to be.
[16] *los,* his.
[17] *ciudadanos,* city dwellers.
[18] *faltaban . . . para,* their house was several meters short of.

El padre de Martín fué labrador,[19] un hombre obscuro [20] y poco comunicativo, muerto [21] en una epidemia de viruelas; la madre de Martín tampoco era mujer de carácter; [22] vivió en esa obscuridad [23] psicológica normal entre la gente del campo, y pasó de soltera a casada y de casada a viuda con absoluta inconsciencia.[24] Al morir su marido, quedó con dos hijos, Martín y una niña menor, llamada Ignacia.

El caserío donde habitaban los Zalacaín pertenecía a la familia de Ohando, familia la más antigua, aristocrática y rica de Urbia.

Vivía la madre de Martín casi de la misericordia de los Ohandos.

10 En tales condiciones de pobreza y de miseria, parecía lógico que, por herencia y por la acción del ambiente, Martín fuese como su padre y su madre, obscuro, tímido y apocado; [25] pero el muchacho resultó decidido, temerario y audaz.

En esta época, los chicos no iban tanto a la escuela como ahora, y Martín pasó mucho tiempo sin sentarse en sus bancos. No sabía de ella más sino [26] que era un sitio obscuro, con unos cartelones [27] blancos en las paredes, lo cual no le animaba a entrar. Le alejaba también de aquel modesto centro de enseñanza el ver [28] que los chicos de la calle [29] no le consideraban como uno de los suyos,[30] a causa de vivir fuera del 20 pueblo y de andar siempre hecho un andrajoso.[31]

Por este motivo les tenía algún odio; así que cuando algunos chiquillos de los caseríos de extramuros entraban en la calle y comenzaban a pedradas [32] con los ciudadanos, Martín era de los más encarnizados [33] en el combate; capitaneaba las hordas bárbaras, las dirigía y hasta las dominaba.

Tenía entre los demás chicos el ascendiente de su audacia y de su temeridad. No había rincón del pueblo que Martín no conociera. Para él, Urbia era la reunión [34] de todas las bellezas, el compendio de todos los intereses y magnificencias.

[19] *labrador*, farmer.
[20] *obscuro*, gloomy.
[21] *muerto*, who had died.
[22] *carácter*, strong character.
[23] *obscuridad*, apathy.
[24] *inconsciencia*, lack of comprehension.
[25] *apocado*, poor spirited.
[26] *No . . . sino*, He knew of it only.
[27] *cartelones*, placards.
[28] *el ver*, subject of *alejaba*.
[29] *calle*, town; the part of town within the city walls.
[30] *los suyos*, them.
[31] *hecho un andrajoso*, looking ragged.
[32] *comenzaban a pedradas*, began to throw stones.
[33] *encarnizados*, bloodthirsty.
[34] *reunión*, composite.

Nadie se ocupaba de él, no compartía con los demás chicos la escuela y huroneaba [35] por todas partes. Su abandono [36] le obligaba a formarse sus ideas espontáneamente y a templar la osadía con la prudencia.

Mientras los niños de su edad aprendían a leer, él daba la vuelta a la muralla, sin que le asustasen las piedras derrumbadas, ni las zarzas [37] que cerraban el paso.

Sabía dónde había palomas torcaces [38] e intentaba coger sus nidos, robaba fruta y cogía moras y fresas silvestres.[39]

A los ocho años,[40] Martín gozaba de una mala fama [41] digna ya de un hombre. Un día, al salir de la escuela, Carlos Ohando, el hijo de 10 la familia rica que dejaba por limosna [42] el caserío a la madre de Martín, señalándole con el dedo, gritó:

— ¡Ése! Ése es un ladrón.

— ¡Yo! — exclamó Martín.

— Tú, sí. El otro día te vi que [43] estabas robando peras en mi casa. Toda tu familia es de [44] ladrones.

Martín, aunque respecto a él no podía negar la exactitud del cargo, creyó no debía permitir este ultraje dirigido a los Zalacaín y, abalanzándose [45] sobre el joven Ohando, le dió una bofetada morrocotuda.[46] Ohando contestó con un puñetazo,[47] se agarraron los dos y cayeron 20 al suelo; se dieron de trompicones,[48] pero Martín, más fuerte, tumbaba siempre al contrario. Un alpargatero [49] tuvo que intervenir en la contienda y, a puntapiés y a empujones,[50] separó a los dos adversarios. Martín se separó triunfante y el joven Ohando, magullado y maltrecho,[51] se fué a su casa.

La madre de Martín, al saber [52] el suceso, quiso [53] obligar a su hijo a presentarse en casa de Ohando y a pedir perdón a Carlos, pero Martín

[35] *huroneaba*, ferreted about.
[36] *abandono*, solitude.
[37] *zarzas*, brambles.
[38] *palomas torcaces*, wild pigeons.
[39] *fresas silvestres*, wild strawberries.
[40] *A . . . años*, At the age of eight.
[41] *fama*, reputation.
[42] *por limosna*, as charity.
[43] *que*, omit in translating.
[44] *de*, a bunch of.
[45] *abalanzándose*, rushing.
[46] *morrocotuda*, hard.
[47] *puñetazo*, punch.
[48] *trompicones*, blows.
[49] *alpargatero*, sandal-maker.
[50] *a . . . empujones*, by means of kicking and shoving.
[51] *magullado y maltrecho*, bruised and battered.
[52] *saber*, learning of.   [53] *quiso*, tried.

afirmó que antes lo matarían.⁵⁴ Ella tuvo que encargarse de dar toda clase de excusas y explicaciones a la poderosa familia.

Desde entonces, la madre miraba a su hijo como a un réprobo.

— ¡De dónde ha salido este chico así! ⁵⁵ — decía, y experimentaba al pensar en él un sentimiento confuso de amor y de pena, sólo comparable con el asombro y la desesperación de la gallina, cuando empolla ⁵⁶ huevos de pato y ve que sus hijos se zambullen ⁵⁷ en el agua sin miedo y van nadando valientemente.

CAPÍTULO II

Donde se habla del viejo cínico Miguel de Tellagorri

Algunas veces, cuando su madre enviaba por vino o por sidra a la
10 taberna de Arcale a su hijo Martín, le solía decir:

— Y si le encuentras, al viejo Tellagorri, no le hables, y si te dice algo, respóndele a todo que no.¹

Tellagorri, tío-abuelo ² de Martín, hermano de la madre de su padre, era un hombre flaco, de nariz enorme y ganchuda,³ pelo gris, ojos grises, y la pipa de barro siempre en la boca. Punto fuerte ⁴ en la taberna de Arcale, tenía allí su centro de operaciones, allí peroraba,⁵ discutía y mantenía vivo el odio latente que hay entre los campesinos por el propietario.

Vivía el viejo Tellagorri de una porción de pequeños recursos que
20 él se agenciaba,⁶ y tenía mala fama ⁷ entre las personas pudientes ⁸ del pueblo. Era, en el fondo, un hombre de rapiña,⁹ alegre y jovial, buen bebedor, buen amigo y en el interior de su alma bastante violento para pegarle un tiro a uno o para incendiar el pueblo entero.

La madre de Martín presintió que, dado el carácter de su hijo, terminaría haciéndose ¹⁰ amigo de Tellagorri, a quien ella consideraba

---

⁵⁴ *antes lo matarían,* he would rather be killed.
⁵⁵ *¡De . . . así!* Where does this boy get that from?
⁵⁶ *empolla,* she hatches.
⁵⁷ *se zambullen,* dive.

---

¹ *respóndele . . . no,* answer no to everything.
² *tío-abuelo,* great-uncle.
³ *ganchuda,* hooked.
⁴ *punto fuerte,* outstanding figure.
⁵ *peroraba,* he made speeches.
⁶ *se agenciaba,* he managed to get for himself.
⁷ *fama,* reputation.
⁸ *pudientes,* powerful.
⁹ *hombre de rapiña,* predatory man; cf. *ave de rapiña,* bird of prey.
¹⁰ *haciéndose,* by becoming.

como un hombre siniestro. Efectivamente, así fué;[11] el mismo día en que el viejo supo[12] la paliza que su sobrino había adjudicado[13] al joven Ohando, le tomó bajo su protección y comenzó a iniciarle en su vida.

El mismo señalado día en que Martín disfrutó de la amistad de Tellagorri, obtuvo también la benevolencia de *Marqués*. *Marqués* era el perro de Tellagorri, un perro chiquito, feo, contagiado hasta tal punto con las ideas, preocupaciones y mañas de su amo, que era como él; ladrón, astuto, vagabundo, viejo, cínico, insociable e independiente. Además, participaba del odio de Tellagorri por los ricos, cosa rara en un perro. Si *Marqués* entraba alguna vez en la iglesia, era para ver si los chicos habían dejado en el suelo de los bancos[14] donde se sentaban algún mendrugo de pan, no por otra cosa. No tenía veleidades[15] místicas. A pesar de su título aristocrático, *Marqués* no simpatizaba ni con el clero ni con la nobleza. Tellagorri le llamaba siempre *Marquesch*, alteración que en vasco parece más cariñosa.

Tellagorri poseía un huertecillo que no valía nada, según los inteligentes,[16] en el extremo opuesto de[17] su casa, y para ir a él le era indispensable recorrer todo el balcón de la muralla. Muchas veces le propusieron comprarle[18] el huerto, pero él decía que le venía[19] de familia y que los higos de sus higueras[20] eran tan excelentes, que por nada del mundo vendería aquel pedazo de tierra.

Todo el mundo creía que conservaba el huertecillo para tener derecho de pasar por la muralla y robar, y esta opinión no se hallaba, ni mucho menos, alejada de la realidad.

Tellagorri era un individualista convencido, tenía el individualismo del vasco reforzado y calafateado[21] por el individualismo de los Tellagorris.

— Cada cual que conserve[22] lo que tenga y que robe lo que pueda — decía.

Ésta era la más social de sus teorías, las más insociables se las callaba.

---

[11] *así fué*, so it happened.
[12] *supo*, learned of.
[13] *adjudicado*, administered.
[14] *suelo . . . bancos*, bottom boards of the pews.
[15] *veleidades*, desires.
[16] *inteligentes*, experts.
[17] *en . . . de*, at the end of town opposite.
[18] *comprarle*, to buy from him.
[19] *venía*, had come.
[20] *higos . . . higueras*, figs from his trees.
[21] *calafateado*, strengthened.
[22] *Cada . . . conserve*, Let each one keep.

Tellagorri no necesitaba de nadie para vivir. Él se hacía la ropa, él se afeitaba y se cortaba el pelo, se fabricaba las abarcas,[23] y no necesitaba de nadie, ni de mujer ni de hombre. Así al menos lo aseguraba él.

Tellagorri, cuando le tomó por su cuenta a Martín,[24] le enseñó toda su ciencia. Le explicó la manera de acogotar[25] una gallina sin que alborotase, le mostró la manera de coger los higos y las ciruelas[26] de las huertas sin peligro de ser visto, y le enseñó a conocer las setas buenas de las venenosas por el color de la hierba en donde se crían.

Esta cosecha de setas y la caza de caracoles constituía un ingreso
10 para Tellagorri, pero el mayor[27] era otro.

Había en la Ciudadela, en uno de los lienzos[28] de la muralla, un rellano[29] formado por tierra, al cual parecía tan imposible llegar subiendo como bajando. Sin embargo, Tellagorri dió con la vereda para escalar aquel rincón y, en este sitio recóndito y soleado,[30] puso una verdadera plantación de tabaco, cuyas hojas secas vendía al tabernero Arcale.

El camino que llevaba a la plantación de tabaco del viejo, partía de una heredad de los Ohandos y pasaba por un foso[31] de la Ciudadela. Abriendo una puerta vieja y carcomida[32] que había en este foso, por
20 unos escalones cubiertos de musgo,[33] se llegaba al rincón de Tellagorri.

Tellagorri era un sabio, nadie conocía la comarca como él, nadie dominaba[34] la geografía del río Ibaya, la fauna y la flora de sus orillas y de sus aguas como este viejo cínico.

Guardaba, en los agujeros del puente romano, su aparejo y su red para cuando[35] la veda; sabía pescar al martillo,[36] procedimiento que se reduce a golpear algunas losas del fondo del río y luego a levantarlas, con lo que quedan las truchas que han estado debajo inmóviles y aletargadas.[37]

Sabía cazar los peces a tiros; ponía lazos a las nutrias[38] en la cueva

[23] *abarcas*, sandals.
[24] *le . . . Martín*, he took Martin in hand, in charge.
[25] *acogotar*, to kill (with a blow on the neck).
[26] *ciruelas*, plums.
[27] *mayor*, supply: *ingreso*.
[28] *lienzos*, sections.
[29] *rellano*, landing, flat surface.
[30] *soleado*, sunny.
[31] *foso*, moat.
[32] *carcomida*, worm-eaten.
[33] *musgo*, moss.
[34] *dominaba*, knew so well.
[35] *cuando*, the time of.
[36] *al martillo*, by percussion.
[37] *aletargadas*, stunned.

[38] *nutrias*, otters.

de Amaviturrieta, que se hunde en el suelo y está a medias llena de agua; echaba las redes en Ocin beltz, el agujero negro en donde el río se embalsa;[39] pero no empleaba nunca la dinamita porque, aunque vagamente, Tellagorri amaba la Naturaleza y no quería empobrecerla.

Le gustaba también a este viejo embromar a la gente: decía que nada gustaba tanto a las nutrias como un periódico con buenas noticias, y aseguraba que si se dejaba un papel a la orilla del río, estos animales salen a leerlo; contaba historias extraordinarias de la inteligencia de los salmones y de otros peces. Para Tellagorri, los perros si no hablaban[40] era porque no querían, pero él los consideraba con 10 tanta inteligencia como una persona.

Cuando no tenían, el viejo y el chico, nada que hacer, iban de caza con *Marquesch* al monte. Arcale le prestaba a Tellagorri su escopeta. Tellagorri, sin motivo conocido, comenzaba a insultar a su perro. Para esto siempre tenía que emplear el castellano:

— ¡Canalla! ¡Granuja! — le decía —. ¡Viejo cochino! ¡Cobarde!

Marqués contestaba a los insultos con un ladrido[41] suave, que parecía una quejumbrosa[42] protesta, movía la cola como un péndulo y se ponía a andar en zigzag, olfateando por todas partes. De pronto veía que algunas hierbas se movían y se lanzaba a ellas como una flecha. 20

Martín se divertía muchísimo con estos espectáculos. Tellagorri lo tenía como acompañante para todo, menos para ir a la taberna; allí no le quería a Martín. Al anochecer, solía decirle, cuando él iba a perorar[43] al parlamento de casa de Arcale:

— Anda, vete a mi huerta y coge unas peras de allí, del rincón, y llévatelas a casa. Mañana me darás la llave.

Y le entregaba un pedazo de hierro que pesaba media tonelada por lo menos.

Martín recorría el balcón de la muralla. Así sabía que en casa de Tal[44] habían plantado alcachofas y en la de Cual[45] judías. El ver las 30 huertas y las casas ajenas desde lo alto de la muralla, y el contemplar los trabajos de los demás, iba dando a Martín cierta inclinación a la filosofía y al robo.

Como en el fondo el joven Zalacaín era agradecido y de buena pasta,[46] sentía por su viejo mentor un gran entusiasmo y un gran

---

[39] *se embalsa*, forms a pool.
[40] *los . . . hablaban = si no hablaban los perros.*
[41] *ladrido*, bark.
[42] *quejumbrosa*, plaintive.
[43] *perorar*, to orate.
[44] *Tal*, So-and-so.
[45] *Cual*, such-and-such a person.
[46] *pasta*, disposition.

respeto. Tellagorri lo sabía, aunque daba a entender que lo ignoraba; pero en buena reciprocidad,[47] todo lo que comprendía que le gustaba al muchacho o servía para su educación, lo hacía si estaba en su mano.[48]

¡Y qué rincones conocía Tellagorri! Como buen vagabundo era aficionado a la contemplación de la Naturaleza. El viejo y el muchacho subían a las alturas de la Ciudadela, y allá, tendidos sobre la hierba, contemplaban el extenso paisaje.

Mientras los demás chicos estudiaban la doctrina[49] y el catón,[50] Martín contemplaba los espectáculos de la Naturaleza, entraba en la 10 cueva de Erroitza en donde hay salones inmensos llenos de grandes murciélagos[51] que se cuelgan de las paredes por las uñas de sus alas membranosas, se bañaba en Ocin beltz, a pesar de que todo el pueblo consideraba este remanso[52] peligrosísimo, cazaba y daba grandes viajatas.

Tellagorri hacía que su nieto entrara[53] en el río cuando llevaban a bañar los caballos de la diligencia, montado en uno de ellos.

— ¡Más adentro! ¡Más cerca de la presa, Martín! — le decía.

Y Martín, riendo, llevaba los caballos hasta la misma presa.

Algunas noches, Tellagorri le llevó a Zalacaín al cementerio.

— Espérame aquí un momento — le dijo.

20 — Bueno.

Al cabo de media hora, al volver por allí le preguntó:

— ¿Has tenido miedo, Martín?

— ¿Miedo de qué?

— ¡Arrayua! Así hay que ser[54] — decía Tellagorri —. Hay que estar firmes, siempre firmes.[55]

CAPÍTULO III

Que se refiere a la noble casa de Ohando

A la entrada del pueblo nuevo, en la carretera, y por lo tanto, fuera de las murallas, estaba la casa más antigua y linajuda de[1] Urbia: la casa de Ohando.

---

[47] *en . . . reciprocidad*, in fair exchange.
[48] *mano*, power.
[49] *doctrina*, catechism.
[50] *catón*, primer.
[51] *murciélagos*, bats.
[52] *remanso*, pool.
[53] *hacía . . . entrara*, made his great-nephew enter.
[54] *¡Arrayua . . . ser*, Good for you! That's the way to be.
[55] *firmes*, brave.

---

[1] *linajuda de*, aristocratic in.

Los Ohandos constituyeron durante mucho tiempo la única aristocracia de la villa; fueron en tiempo remoto grandes hacendados[2] y fundadores de capellanías,[3] luego algunos reveses de fortuna y la guerra civil amenguaron sus rentas[4] y la llegada de otras familias ricas les quitó la preponderancia absoluta que habían tenido.

La casa Ohando estaba en la carretera, lo bastante retirada de ella[5] para dejar sitio a un hermoso jardín, en el cual, como haciendo guardia, se levantaban seis magníficos tilos.[6] Entre los grandes troncos de estos árboles crecían viejos rosales que formaban guirnaldas en la primavera cuajadas de flores.   10

Otro rosal trepador, de retorcidas ramas y rosas de color de té, subía por la fachada extendiéndose como una parra y daba al viejo casarón un tono delicado y aéreo.   Tenía además este jardín, en el lado que se unía con la huerta, un bosquecillo de lilas y saúcos.[7]   En los meses de abril y mayo, estos arbustos[8] florecían y mezclaban sus tirsos[9] perfumados, sus corolas blancas y sus racimillos[10] azules.

En la casa solar, sobre el gran balcón del centro, campeaba[11] el escudo de los fundadores tallado en arenisca roja;[12]   se veían esculpidos[13] en él dos lobos rampantes con unas manos cortadas en la boca y un roble en el fondo.   En el lenguaje heráldico, el lobo indica 20 encarnizamiento[14] con los enemigos;   el roble, venerable antigüedad.

A juzgar por el blasón de los Ohandos, éstos eran de una familia antigua, feroz con los enemigos.   Si había que dar crédito a[15] algunas viejas historias, el escudo decía únicamente la verdad.

La familia de los Ohandos se componía de la madre, doña Águeda, y de sus hijos Carlos y Catalina.

Doña Águeda, mujer débil, fanática y enfermiza,[16] de muy poco carácter,[17] estaba dominada constantemente en las cuestiones de la casa por alguna criada antigua y en las cuestiones espirituales por el confesor.

[2] *hacendados*, landholders.
[3] *capellanías*, chaplaincies.
[4] *amenguaron sus rentas*, diminished their income.
[5] *lo . . . ella*, far enough back from it.
[6] *tilos*, linden trees.
[7] *lilas y saúcos*, lilacs and alders.
[8] *arbustos*, shrubs.
[9] *tirsos*, lilac-like blossoms.
[10] *racimillos*, spikes.
[11] *campeaba*, was displayed.
[12] *tallado . . . roja*, carved in red sandstone.
[13] *esculpidos*, carved.
[14] *encarnizamiento*, cruelty.
[15] *Si había . . . a*, If one were to believe.
[16] *enfermiza*, sickly.   [17] *carácter*, strength of character.

Carlos de Ohando, el hijo mayor de doña Águeda, era un muchacho cerril,[18] obscuro,[19] tímido y de pasiones violentas. El odio y la envidia se convertían en él en verdaderas enfermedades.

A Martín Zalacaín le había odiado desde pequeño; cuando Martín le calentó las costillas [20] al salir de la escuela, el odio de Carlos se convirtió en furor. Cuando le veía a Martín andar a caballo y entrar en el río, le deseaba un desliz [21] peligroso.

Le odiaba frenéticamente.

Catalina, en vez de ser obscura y cerril como su hermano Carlos, 10 era pizpireta,[22] sonriente, alegre y muy bonita. Cuando iba a la escuela con su carita sonrosada, un traje gris y una boina roja en la cabeza rubia, todas las mujeres del pueblo la acariciaban, las demás chicas querían siempre andar con ella y decían que, a pesar de su posición privilegiada, no era nada [23] orgullosa.

Una de sus amigas era Ignacita, la hermana de Martín.

Catalina y Martín se encontraban muchas veces y se hablaban; él la veía desde lo alto de la muralla, en el mirador [24] de la casa, sentadita y muy formal,[25] jugando o aprendiendo a hacer media.[26] Ella siempre estaba oyendo hablar de las calaveradas [27] de Martín.

20 — Ya está ese diablo ahí en la muralla — decía doña Águeda —. Se va a matar el mejor día.[28] ¡Qué demonio de chico! [29] ¡Qué malo es!

Catalina ya sabía que diciendo ese demonio, o ese diablo, se referían a Martín.

Carlos alguna vez le había dicho a su hermana:

— No hables con ese ladrón.

Pero a Catalina no le parecía ningún crimen que Martín cogiera frutas de los árboles y se las comiese, ni que corriese por la muralla. A ella se le antojaban extravagancias,[30] porque desde niña [31] tenía un ins-
30 tinto de orden y tranquilidad y le parecía mal que Martín fuese tan loco.

[18] *cerril*, surly.
[19] *obscuro*, gloomy.
[20] *le . . . costillas*, beat him up.
[21] *desliz*, slip.
[22] *pizpireta*, lively.
[23] *nada*, not at all.
[24] *mirador*, bay window.
[25] *sentadita . . . formal*, sitting quietly and very well behaved.
[26] *hacer media*, to knit.
[27] *calaveradas*, pranks.
[28] *el mejor día*, some fine day.
[29] *¡Qué . . . chico!* What a little devil!
[30] *extravagancias*, folly.
[31] *desde niña*, since childhood.

Los Ohandos eran dueños de un jardín próximo al río, con grandes magnolias y tilos [32] y cercado por un seto de zarzas. [33]

Cuando Catalina solía ir allí con la criada a coger flores, Martín las seguía muchas veces y se quedaba a la entrada del seto.

— Entra si quieres — le decía Catalina.

— Bueno — y Martín entraba y hablaba de sus correrías, [34] de las barbaridades [35] que iba a hacer y exponía las opiniones de Tellagorri, que le parecían artículos de fe.

— ¡Más te valía [36] ir a la escuela! — le decía Catalina.

— ¡Yo! ¡A la escuela! — exclamaba Martín —. Yo me iré a Amé- 10 rica o me iré a la guerra.

Catalina y la criada entraban por un sendero del jardín lleno de rosales y hacían ramos de flores. Martín las veía y contemplaba la presa, cuyas aguas brillaban al sol como perlas y se deshacían en espumas blanquísimas.

— Yo andaría por ahí, si tuviera una lancha — decía Martín.

Catalina protestaba.

— ¿No se te van a ocurrir más que tonterías siempre? ¿Por qué no eres como los demás chicos?

— Yo les pego a todos — contestaba Martín, como si esto fuera 20 una razón.

. . . En la primavera, el camino próximo al río era una delicia. Las hojas nuevas de las hayas [37] comenzaban a verdear, [38] el helecho [39] lanzaba al aire sus enroscados [40] tallos, los manzanos y los perales [41] de las huertas ostentaban sus copas nevadas por la flor [42] y se oían los cantos de los malvices [43] y de los ruiseñores en las enramadas. [44] El cielo se mostraba azul, de un azul suave, un poco pálido y sólo alguna [45] nube blanca, de contornos duros, como si fuera de mármol, aparecía en el cielo.

Los sábados por la tarde, durante la primavera y el verano, Catalina 30

[32] *tilos*, linden trees.
[33] *seto de zarzas*, bramble hedge.
[34] *correrías*, forays.
[35] *barbaridades*, terrible things.
[36] *Más te valía*, It would be better for you.
[37] *hayas*, beeches.
[38] *verdear*, to get green.
[39] *helecho*, fern.
[40] *enroscados*, curled up.
[41] *perales*, pear trees.
[42] *nevadas . . . flor*, snow-white with blossoms.
[43] *malvices*, redwings.
[44] *enramadas*, groves.
[45] *alguna*, an occasional.

y otras chicas del pueblo, en compañía de alguna buena mujer, iban al campo santo.[46]   Llevaba cada una un cestito de flores, hacían una escobilla con los hierbajos [47] secos, limpiaban el suelo [48] de las lápidas [49] en donde estaban enterrados los muertos de su familia y adornaban las cruces con rosas y con azucenas.   Al volver hacia casa todas juntas, veían cómo en el cielo comenzaban a brillar las estrellas y escuchaban a los sapos, que lanzaban su misteriosa nota de flauta [50] en el silencio del crepúsculo . . .

Muchas veces, en el mes de mayo, cuando pasaban Tellagorri y Martín
10 por la orilla del río, al cruzar por detrás de la iglesia, llegaban hasta [51] ellos las voces de las niñas, que cantaban en el coro las flores de María.[52]

Emenche gauzcatzu ama
(Aquí nos tienes,[53] madre.)

Escuchaban un momento, y Martín distinguía la voz de Catalina, la chica de Ohando.[54]

— Es *Cataliñ*, la de Ohando — decía Martín.
— Si no eres tonto tú, te casarás con ella — replicaba Tellagorri.
Y Martín se echaba a reír.

CAPÍTULO IV

DE CÓMO MURIÓ MARTÍN LÓPEZ DE ZALACAÍN, EN EL AÑO DE GRACIA [1] DE MIL CUATROCIENTOS DOCE

Uno de los vecinos que con más frecuencia paseaba por la acera de
20 la muralla era un señor viejo, llamado don Fermín Soraberri.   Durante muchísimos años, don Fermín desempeñó el cargo [2] de secretario del Ayuntamiento de Urbia, hasta que se retiró, cuando su hija se casó con un labrador de buena posición.

El señor don Fermín Soraberri era un hombre alto, grueso, pesado, con la cara hinchada.   Solía llevar una gorrita con dos cintas colgantes

[46] *campo santo,* cemetery.
[47] *hierbajos,* weeds.
[48] *suelo,* face.
[49] *lápidas,* tombstones.
[50] *nota de flauta,* flutelike note.
[51] *llegaba hasta,* reached.
[52] *flores de María,* hymns to the Virgin, sung during May.
[53] *Aquí nos tienes,* here we are.
[54] *la . . . Ohando,* the Ohando girl.

[1] *año de gracia,* year of our Lord.
[2] *desempeñó el cargo,* filled the office.

por detrás, una esclavina [3] azul y zapatillas.[4] La especialidad de don Fermín era la de ser distraído. Se olvidaba de todo.

Casi todos los días el exsecretario se encontraba con Tellagorri y cambiaban un saludo y algunas palabras acerca del tiempo y de la marcha de los árboles frutales. Al comenzar a verle acompañado de Martín, el señor Soraberri se extrañó. Pensó en dirigirle alguna pregunta, pero tardó varios días, porque el señor Soraberri era tardo en todo. Al último le dijo, con su majestuosa lentitud·

— ¿De quién es este niño, amigo Tellagorri?

— ¿Este chico? Es un pariente mío.

— ¿Algún Tellagorri?

— No; se llama Martín Zalacaín.

— ¡Hombre! ¡Hombre! Martín López de Zalacaín.

— No, López no — dijo Tellagorri.

— Yo sé lo que me digo.[5] Este niño se llama realmente Martín López de Zalacaín y será de ese caserío que está ahí cerca del portal de Francia.

— Sí, señor; de ahí es.

— Pues conozco su historia, y López de Zalacaín ha sido y López de Zalacaín será, y si quiere usted mañana vaya usted a mi casa y le leeré a usted un papel que copié del archivo del Ayuntamiento acerca de esa cuestión.

Tellagorri dijo que iría y, efectivamente, al día siguiente, pensando que quizá lo dicho [6] por el exsecretario tuviese alguna importancia, se presentó con Martín en su casa.

Al señor Soraberri se le había olvidado el asunto, pero recordó pronto de qué se trataba; [7] encargó a su hija que trajese un vaso de vino para Tellagorri, entró él en su despacho y volvió poco después con unos papeles viejos en la mano; se puso los anteojos, carraspeó,[8] revolvió sus notas, y dijo:

— ¡Ah! Aquí están. Esto — añadió — es una copia de una narración que hace el cronista Iñigo Sánchez de Ezpeleta acerca de cómo fué vertida la primera sangre en la guerra de los linajes, en Urbia, entre el solar de Ohando y el de Zalacaín, y supone que estas luchas comenzaron en nuestra villa a fines del siglo xiv o a principios del xv.

— ¿Y hace mucho tiempo de eso? [9] — preguntó Tellagorri.

— Cerca de quinientos años.

[3] *esclavina*, shoulder cape.
[4] *zapatillas*, slippers.
[5] *me digo*, I am talking about.
[6] *lo dicho*, what had been said.
[7] *de . . . trataba*, what it was about.
[8] *carraspeó*, he cleared his throat.
[9] *¿Y . . . eso?* Was that a long time ago?

— ¿Y ya existían Zalacaín [10] entonces?

— No sólo existían, sino que eran nobles.

— Oye, oye — dijo Tellagorri dando un codazo [11] a Martín, que se distraía.

— ¿Quieren ustedes que lea lo que dice el cronista?

— Sí, sí.

— Bueno. Pues dice así: «Título: De cómo murió Martín López de Zalacaín, en el año de gracia de mil cuatrocientos doce.»

Leído esto,[12] Soraberri tosió y comenzó esta relación con gran solem-
10 nidad:

«Enemistad antigua había entre el solar de Ohando, que es del reino de Navarra, y el de Zalacaín, que es de tierra de la Borte. Dícese [13] que la causa de ella fué la envidia y cuál de ellos valía más. Los de Zalacaín quemaron vivo al señor de San Pedro en una pelea, y porque no dejó hijo el dicho señor de San Pedro, casaron una hija suya con Martín López de Zalacaín, hombre muy andariego.[14]

«Dicho [15] Martín López habiendo venido a la villa de Urbia fué desafiado por Mosén de San Pedro, del solar de Ohando, que era sobrino del otro señor de San Pedro. Venía el dicho Martín López
20 encima de su caballo, y antes de pelear con Mosén de San Pedro fué herido de una saeta que le entró por un ojo, y cayó muerto del caballo en medio del prado. El que preparó la asechanza,[16] y armó la ballesta,[17] y la disparó fué Velche de Micolalde, deudo y amigo de Mosén de San Pedro de Ohando.

«Cuando lo supo [18] la mujer de Martín López, fué la triste al prado de Santa Ana, y cuando vió el cuerpo de su marido, sangriento y mutilado, se puso de rodillas, le tomó en los brazos y comenzó a llorar, maldiciendo la guerra y su mala fortuna. Esto pasaba en el año de Nuestro Señor de mil cuatrocientos doce.»

30 Cuando concluyó el señor Soraberri, miró a través de sus anteojos a sus dos oyentes. Martín no se había enterado de nada; [19] Tellagorri dijo:

— Sí, esos Ohandos es gente falsa. Mucho ir a la iglesia, pero luego matan a traición.

[10] *Zalacaín;* plural. The plural of proper names usually remains the same as the singular.

[11] *dando un codazo,* nudging.

[12] *Leído esto,* When he had read this; see Translation Aid VI, No. 2, p. 505.

[13] *Dícese = se dice;* possible construction since the verb is in initial position; here it gives an archaic touch.

[14] *andariego,* restless, roving.

[15] *Dicho,* The aforementioned.

[16] *asechanza,* ambush.

[17] *ballesta,* crossbow.

[18] *lo supo,* found it out.   [19] *no . . . nada,* had understood nothing.

CAPÍTULO V

Cómo Tellagorri supo proteger a los suyos[1]

A la muerte de la madre de Martín, Tellagorri, con[2] gran asombro del pueblo, recogió a sus sobrinos y se los llevó a su casa. La señora de Ohando dijo que era una lástima que aquellos niños fuesen a vivir con un hombre desalmado, sin religión y sin costumbres.[3]

La buena señora se lamentó, pero no hizo nada, y Tellagorri se encargó de cuidar y alimentar a los huérfanos.

La Ignacia[4] entró en la posada de Arcale de niñera[5] y hasta los catorce años trabajó allí.

Martín frecuentó la escuela durante algunos meses, pero le tuvo que sacar Tellagorri antes del año[6] porque se pegaba con todos los chicos y hasta quiso[7] zurrar[8] al pasante.[9]

Arcale, que sabía que el muchacho era listo y de genio vivo, le utilizó para recadista[10] en el coche de Francia, y cuando aprendió a guiar, de recadista le ascendieron a cochero interino[11] y al cabo de un año le pasaron a cochero en propiedad.[12]

Martín, a los diez y seis años, ganaba su vida y estaba en sus glorias. Se jactaba[13] de ser un poco bárbaro y vestía un tanto majo,[14] con la elegancia garbosa[15] de los antiguos postillones. Llevaba chalecos[16] de color, y en la cadena del reloj colgantes de plata. Le gustaba lucirse los domingos en el pueblo; pero no le gustaba menos los días de labor marchar en el pescante por la carretera restallando[17] el látigo, entrar en las ventas del camino, contar y oír historias y llevar encargos.

[1] *los suyos*, his family.
[2] *con*, to the.
[3] *costumbres*, morals.
[4] *La Ignacia*, definite article often used with names of girls in a rather familiar tone.
[5] *de niñera*, as a nurse girl.
[6] *antes del año*, before the year was up.
[7] *quiso*, tried.
[8] *zurrar*, to beat.
[9] *pasante*, teacher.
[10] *recadista*, messenger.
[11] *interino*, substitute.
[12] *en propiedad*, regular.
[13] *Se jactaba*, He boasted.
[14] *un . . . majo*, somewhat gaudily.
[15] *garbosa*, gallant.
[16] *chalecos*, vests.
[17] *restallando*, cracking.

La señora de Ohando y Catalina se los hacían [18] con mucha frecuencia, y le recomendaban que les trajese de Francia telas, puntillas [19] y algunas veces alhajas.

— ¿Qué tal, Martín? — le decía Catalina en vascuence.

— Bien — contestaba él rudamente, haciéndose más el hombre —. ¿Y en vuestra casa?

— Todos buenos. Cuando vayas a Francia, tienes que comprarme una puntilla como la otra. ¿Sabes?

— Sí, sí, ya te compraré.[20]

10   — ¿Ya sabes francés?

— Ahora empiezo a hablar.

Martín se estaba haciendo un hombretón, alto, fuerte, decidido. Abusaba un poco de su fuerza y de su valor, pero nunca atacaba a los débiles. Se distinguía también como jugador de pelota [21] y era uno de los primeros en el trinquete.[22]

Un invierno hizo Martín una hazaña, de la que se habló en el pueblo. La carretera estaba intransitable por la nieve y no pasaba el coche. Zalacaín fué a Francia y volvió a pie, por la parte de [23] Navarra, con un vecino de Larrau. Pasaron los dos por el bosque de Iraty y les 20 acometieron unos cuantos jabalíes.[24]

Ninguno de los hombres llevaba armas, pero a garrotazos [25] mataron tres de aquellos furiosos animales, Zalacaín dos y el de [26] Larrau otro.

Cuando Martín volvió triunfante, muerto de fatiga y con sus dos jabalíes, el pueblo entero le consideró como un héroe.

Tellagorri también fué muy felicitado por tener un sobrino de tanto valor y audacia. El viejo, muy contento, aunque haciéndose el indiferente, decía:

— Este sobrino mío va a dar mucho que hablar.[27] De casta le viene al galgo.[28] Porque yo no sé si vosotros habréis oído hablar de López 30 de Zalacaín. ¿No? Pues preguntadle a ese viejo Soraberri, ya veréis lo que os cuenta . . .

— ¿Y qué tiene que ver ese López con tu sobrino? — le replicaban.

[18] *se . . . hacían,* gave him some (errands).
[19] *puntillas,* lace.
[20] *compraré,* supply: some.
[21] *pelota,* Basque handball; also known as jai-alai. Played on a special court with rackets.
[22] *trinquete,* court.
[23] *por . . . de,* by way of.
[24] *jabalíes,* wild boars.
[25] *a garrotazos,* with club blows.
[26] *el de,* the man from.
[27] *dar . . . hablar,* be heard of in the world.
[28] *De . . . galgo,* It runs in the family; cf. p. 136, ll. 11–12.

— Pues que es antepasado de Martín. No comprendéis nada.

Tellagorri pagó caro el triunfo obtenido por su sobrino en la caza de los jabalíes, porque de tanto beber se puso enfermo.

La Ignacia y Martín, por consejo del médico, obligaron al viejo a que suprimiese toda bebida, fuese [29] vino o licor; pero Tellagorri, con tal procedimiento de abstinencia, languidecía [30] y se iba poniendo triste.

— Sin vino y sin *patharra* [31] soy un hombre muerto — decía Tellagorri —; y, viendo que el médico no se convencía de esta verdad, hizo que llamaran a otro más joven. 10

Éste le dió la razón al borracho,[32] y no sólo le recomendó que bebiera todos los días un poco de aguardiente, sino que le recetó [33] una medicina hecha con ron. La Ignacia tuvo que guardar la botella del medicamento, para que el enfermo no se la bebiera de un trago. A medida que entraba el alcohol en el cuerpo de Tellagorri, el viejo se erguía y se animaba.

A la semana [34] de tratamiento se encontraba tan bien, que comenzó a levantarse y a ir a la posada de Arcale, pero se creyó en el caso de hacer locuras,[35] a pesar de sus años, y anduvo de noche entre la nieve y cogió una pleuresía. 20

— De ésta no sale usted [36] — le dijo el médico incomodado, al ver que había faltado a sus prescripciones.

Tellagorri lo comprendió así y se puso serio, hizo una confesión rápida, arregló sus cosas y, llamando a Martín, le dijo en vascuence:

— Martín, hijo mío, yo me voy. No llores. Por mí lo mismo me da. Eres fuerte y valiente y eres buen chico. No abandones a tu hermana, ten cuidado con ella. Por ahora, lo mejor que puedes hacer es llevarla a casa de Ohando. Es un poco coqueta; pero Catalina la tomará. No le olvides tampoco a *Marquesch;* es viejo, pero ha cumplido.[37] 30

— No, no le olvidaré — dijo Martín sollozando.

— Ahora — prosiguió Tellagorri — te voy a decir una cosa y es que antes de poco [38] habrá guerra. Tú eres valiente, Martín, tú no tendrás

[29] *fuese,* whether it was.
[30] *languidecía,* languished.
[31] *patharra,* whiskey.
[32] *dió . . . borracho,* said the drunkard was right.
[33] *recetó,* prescribed.
[34] *A la semana,* After a week.
[35] *se . . . locuras,* he thought it was up to him to cut up.
[36] *De . . . usted,* You won't get over this.
[37] *cumplido,* done his duty.
[38] *antes de poco,* before long.

miedo de las balas.   Vete a ia guerra, pero no vayas de soldado.   Ni
con los blancos,[39] ni con los negros.[40]   ¡Al comercio, Martín!   ¡Al
comercio!   Venderás a los liberales y a los carlistas, harás tu pacotilla [41] y te casarás con la chica de Ohando.[42]   Si tenéis un chico, llamadle
como yo, Miguel, o José Miguel.

— Bueno — dijo Martín, sin fijarse en lo extravagante de la recomendación.[43]

— Dile a Arcale — siguió diciendo el viejo — dónde tengo el tabaco
y las setas.   Ahora acércate más.   Cuando yo me muera, registra mi
10 jergón [44] y encontrarás en esta punta de la izquierda un calcetín con
unas monedas de oro.   Ya te he dicho, no quiero que las emplees en
tierras, sino en géneros de comercio.

— Así lo haré.[45]

— Creo que te lo he dicho todo.   Ahora dame la mano.   Firmes,[46]
¿eh?

— Firmes.

— A esa sosa de la Ignacia [47] — añadió poco después el viejo — le
puedes dar lo que te parezca cuando se case.

A todo dijo Martín que sí.   Luego acompañó al viejo, contestando
20 a sus preguntas, algunas muy extrañas, y por la madrugada dejó de
vivir [48] Miguel de Tellagorri, hombre de mala fama y de buen corazón.

CAPÍTULO VI

Cómo aumentó el odio entre Martín Zalacaín
y Carlos Ohando

Cuando murió Tellagorri, Catalina de Ohando, ya una señorita,
habló a su madre para que recogiera a la Ignacia, la hermana de Martín.
Era ésta, según se decía, un poco coqueta y estaba acostumbrada a
los piropos [1] de la gente de casa de Arcale.

[39] *blancos,* conservatives; Carlists, supporters of the claims of Charles the
Pretender.
[40] *negros,* liberals; supporters of the rights of Isabel II.
[41] *pacotilla,* pile, fortune.
[42] *chica de Ohando,* Ohando girl.
[43] *lo . . . recomendación,* the odd nature of the request; see Translation Aia V,
No. 1, a, p. 504.
[44] *jergón,* straw mattress.
[45] *Así lo haré,* I'll do that.
[46] *firmes,* brave.
[47] *esa . . . Ignacia,* that silly Ignatia; compare: that devil of a George.
[48] *dejó de vivir,* died.

[1] *piropos,* compliments.

La suposición de que la muchacha, siguiendo en la taberna, pudiese echarse a perder,[2] influyó en la señora de Ohando para llevarla a su casa de doncella.[3]   Pensaba sermonearla [4] hasta quitarla [5] todos los malos resabios [6] y dirigirla por la senda de la más estrecha virtud.

Con el motivo [7] de ver a su hermana, Martín fué varias veces a casa de Ohando y habló con Catalina y doña Águeda.   Catalina seguía hablándole de tú [8] y doña Águeda manifestaba por él afecto y simpatía, expresados en un sin fin de advertencias y de consejos.

El verano [9] se presentó Carlos Ohando, que venía de vacaciones del colegio de Oñate.

Pronto notó Martín que, con la ausencia, el odio que le profesaba Carlos más había aumentado que [10] disminuido.   Al comprobar este sentimiento de hostilidad, dejó de presentarse en casa de Ohando.

— No vas [11] ahora a vernos — le dijo alguna vez [12] que le encontró en la calle Catalina.

— No voy, porque tu hermano me odia — contestó claramente Martín.

— No, no lo creas.

— ¡Bah!   Yo sé lo que me digo.[13]

El odio existía.   Se manifestó primeramente en el juego de pelota. Tenía Martín un rival en un chico navarro, de la Ribera del Ebro, hijo de un carabinero.[14]

A este rival le llamaban *el Cacho*, porque era zurdo.[15]

Carlos de Ohando y algunos condiscípulos suyos, carlistas que se las echaban [16] de aristócratas, comenzaron a proteger al *Cacho* y a excitarlo y a lanzarlo contra Martín.

El Cacho tenía un juego furioso de hombre pequeño e iracundo; el juego de Martín, tranquilo y reposado, era del que [17] está seguro de sí mismo.

[2] *pudiese . . . perder*, might be ruined.
[3] *de doncella*, as a maid.
[4] *sermonear*, to preach.
[5] *quitarla: la* used as indirect object; see Translation Aid XVIII, No. 3, p. 529.
[6] *resabios*, habits.
[7] *motivo*, excuse.
[8] *hablándole de tú*, speaking familiarly with him, i.e., calling him thou.
[9] *El verano*, That summer.
[10] *más . . . que*, had increased rather than.
[11] *vas*, come.
[12] *alguna vez*, once.
[13] *me digo*, I am talking about.
[14] *carabinero*, customs guard.
[15] *zurdo*, left-handed.
[16] *se . . . echaban*, put on airs; see Translation Aid VIII, No. 4, p. 510.
[17] *del que*, that of one who.

Eran dos tipos, Zalacaín y *el Cacho*, completamente distintos; el uno, la serenidad y la inteligencia del montañés; el otro, el furor y el brío del ribereño.[18]

Semejante rivalidad, explotada por Ohando y los señoritos de su cuerda, terminó en un partido que propusieron los amigos del *Cacho*. El desafío se concertó así; *el Cacho* e Isquiña, un jugador viejo de Urbia, contra Zalacaín y el compañero que éste quisiera tomar. El partido sería a cesta [19] y a diez juegos.

Martín eligió como zaguero [20] a un muchacho vasco francés que 10 estaba de oficial [21] en la panadería de Archipi y que se llamaba Bautista Urbide.

Bautista era delgado, pero fuerte, sereno y muy dueño de sí mismo.

Se apostó mucho dinero por ambas partes. Casi todo el elemento popular y liberal estaba por Zalacaín y Urbide; los señoritos,[22] el sacristán y la gente carlista de los caseríos por *el Cacho*.

El partido constituyó un acontecimiento en Urbia; el pueblo entero y mucha gente de los alrededores se dirigió al juego de pelota a presenciar el espectáculo.

La lucha principal iba a ser entre los dos delanteros,[23] entre Zalacaín 20 y *el Cacho*. *El Cacho* ponía [24] de su parte su nerviosidad, su furia, su violencia en echar la pelota baja y arrinconada; [25] Zalacaín se fiaba en su serenidad, en su buena vista y en la fuerza de su brazo, que le permitía coger la pelota y lanzarla a lo lejos.[26]

La montaña iba a pelear contra la llanura.

Comenzó el partido en medio de una gran expectación; los primeros juegos fueron llevados a la carrera [27] por *el Cacho*, que tiraba las pelotas como balas unas líneas [28] solamente por encima de la raya, de tal modo que era imposible recogerlas.

A cada jugada maestra del navarro, los señoritos y los carlistas 30 aplaudían entusiasmados; Zalacaín sonreía, y Bautista le miraba con cierto mal disimulado pánico.

Iban cuatro juegos por nada,[29] y ya parecía el triunfo del navarro

[18] *ribereño*, lowlander, valley dweller.
[19] *a cesta*, with rackets.
[20] *zaguero*, back; position in pelota.
[21] *de oficial*, a workman.
[22] *señoritos*, dandies, young men of idle class.
[23] *delanteros*, forwards.
[24] *ponía*, contributed.
[25] *arrinconada*, in a corner; cf. *rincón*.
[26] *a lo lejos*, so that it would return far back on the court.
[27] *llevados . . . carrera*, won quickly.
[28] *líneas*, fractions of an inch.
[29] *Iban . . . nada*, the score was 4–0.

casi seguro cuando la suerte cambió y comenzaron a ganar Zalacaín y su compañero.

Al principio, *el Cacho* se defendía bien y remataba [30] el juego con golpes furiosos, pero luego, como si hubiese perdido el tono, comenzó a hacer faltas con una frecuencia lamentable y el partido se igualó.[31]

Desde entonces se vió que *el Cacho* e Isquiña perdían el juego. Estaban desmoralizados. *El Cacho* se tiraba contra la pelota con ira, hacía una falta y se indignaba; pegaba con la cesta en la tierra enfurecido y echaba la culpa de todo a su zaguero.

Zalacaín y el vasco francés, dueños de la situación, guardaban una serenidad completa, corrían elásticamente [32] y reían.

— Ahí, Bautista — decía Zalacaín —. ¡Bien!

— Corre, Martín — gritaba Bautista —. ¡Eso es!

El juego terminó con el triunfo completo de Zalacaín y de Urbide.

— *¡Viva gutarrac!* (¡Vivan los nuestros!) — gritaron los de la *calle* [33] de Urbia aplaudiendo torpemente.

Catalina sonrió a Martín y le felicitó varias veces.

— ¡Muy bien! ¡Muy bien!

— Hemos hecho lo que hemos podido — contestó él sonriente.[34]

Carlos Ohando se acercó a Martín, y le dijo con mal ceño:

— *El Cacho* te juega mano a mano.

— Estoy cansado — contestó Zalacaín.

— ¿No quieres jugar?

— No. Juega tú si quieres.

Carlos, que había comprobado una vez más la simpatía de su hermana por Martín, sintió avivarse su odio.

Había venido aquella vez Carlos Ohando de Oñate más sombrío, más fanático y más violento que nunca.

Martín sabía el odio del hermano de Catalina y, cuando lo encontraba por casualidad, huía de él, lo cual a Carlos le producía más ira y más furor.

Martín estaba preocupado, buscando la manera de seguir los consejos de Tellagorri y de dedicarse al comercio; había dejado su oficio de [35] cochero y entrado con Arcale en algunos negocios de contrabando.

[30] *remataba,* finished.
[31] *el . . . igualó,* the score was tied.
[32] *elásticamente,* athletically.
[33] *calle,* town.
[34] Here, as frequently, the present perfects are to be translated by the English past. See Translation Aid VII, No. 2, c, p. 506.
[35] *oficio de,* job as.

Un día, una vieja criada de casa de Ohando, chismosa y murmuradora,[36] fué a buscarle y le contó que la Ignacia, su hermana, coque
teaba [37] con Carlos, el señorito de Ohando.[38]

Si doña Águeda lo notaba iba a despedir a la Ignacia, con lo cual el
escándalo dejaría a la muchacha en una mala situación.

Martín, al saberlo, sintió deseos de presentarse a Carlos y de insul-
tarle y desafiarle. Luego, pensando que lo esencial era evitar las
murmuraciones, ideó varias cosas, hasta que al último le pareció lo
mejor ir a ver a su amigo Bautista Urbide.

10   Había visto al vasco francés muchas veces bailando con la Ignacia
y creía que tenía alguna inclinación por ella.

El mismo día que le dieron la noticia se presentó en la tahona [39] de
Archipi en donde Urbide trabajaba. Lo encontró al vasco francés
desnudo de medio cuerpo arriba [40] en la boca del horno.

— Oye, Bautista — le dijo.

— ¿Qué pasa?

— Te tengo que hablar.

— Te escucho — dijo el francés mientras maniobraba con la
pala.[41]

20   — ¿A ti te gusta la *Iñasi*, mi hermana?

— ¡Hombre!... sí. ¡Qué pregunta! — exclamó Bautista —. ¿Para
eso vienes a verme?

— ¿Te casarías con ella?

— Si tuviera dinero para establecerme, ya lo creo.

— ¿Cuánto necesitarías?

— Unos ochenta o cien duros.

— Yo te los doy.

— ¿Y por qué es esa prisa?

— He sabido que Carlos Ohando la [42] está haciendo el amor. ¡Y
30 como la tiene en su casa!...

— Nada, nada.[43] Háblale tú y, si ella quiere, ya está. Nos casa-
mos en seguida.

Se despidieron Bautista y Martín, y éste, al día siguiente, llamó a
su hermana y le reprochó su coquetería y su estupidez. La Ignacia

---

[36] *chismosa y murmuradora*, gossiping and slanderous.
[37] *coqueteaba*, was flirting.
[38] *el . . . Ohando*, young Mr. Ohando.
[39] *tahona*, bakery.
[40] *desnudo . . . arriba*, naked from the waist up.
[41] *pala*, baker's shovel.
[42] *la*, used as indirect object.
[43] *Nada, nada*, We don't need to discuss it at all. See Translation Aid X,
No. 2, p. 512.

negó los rumores que habían llegado hasta su hermano, pero al último confesó que Carlos la pretendía,[44] pero con buen fin.[45]

— ¡Con buen fin! — exclamó Zalacaín —.   Pero tú eres idiota, criatura.

— ¿Por qué?

— Porque te quiere engañar, nada más.

— Me ha dicho que se casará conmigo.

— ¿Y tú le has creído?

— ¡Yo!   Le he dicho que espere y que te preguntaré a ti, pero él me ha contestado que no quiere que te diga a ti nada.

— Claro.   Porque yo echaría abajo [46] sus planes.   Te quiere engañar, y quiere deshonrarnos, y que [47] el pueblo entero nos desprecie porque me odia a mí.   Yo no te digo más que una cosa, que si pasa algo entre ese sacristán y tú, te despellejo a ti y a él, y le pego fuego a la casa, aunque me lleven a presidio para toda la vida.

La Ignacia se echó a llorar, pero cuando Martín le dijo que Bautista se quería casar con ella y que tenía dinero, se secaron pronto sus lágrimas.

— ¿Bautista quiere casarse? — preguntó la Ignacia asombrada.

— Sí.

— ¡Pero si [48] no tiene dinero!

— Pues ahora lo ha encontrado.

La idea del casamiento con Bautista no sólo consoló a la muchacha, sino que pareció ofrecerle un halagador [49] porvenir.

— ¿Y qué quieres que haga?   ¿Salir de la casa? — preguntó la Ignacia, secándose las lágrimas y sonriendo.

— No, por de pronto [50] sigue ahí, es lo mejor, y dentro de unos días Bautista irá a ver a doña Águeda y a decirla [51] que se casa contigo.

Se hizo lo acordado [52] por los dos hermanos.   En los días siguientes, Carlos Ohando vió que su conquista no seguía adelante, y el domingo, en la plaza, pudo comprobar que la Ignacia se inclinaba definitivamente del lado de Bautista.   Bailaron la muchacha y el panadero toda la tarde con gran entusiasmo.

---

[44] *pretendía*, was courting.
[45] *fin*, intentions.
[46] *echaría abajo*, would spoil.
[47] *que*, dependent on *quiere*.
[48] *si*, do not translate; merely emphatic.   See Translation Aid IX, No. 1, p. 510.
[49] *halagador*, flattering.
[50] *por de pronto*, for the present.
[51] *decirla = decirle;* see Translation Aid XVIII, No. 3, a, p. 529.
[52] *lo acordado*, what had been agreed upon.

Carlos esperó a que [53] la Ignacia se encontrara sola y la insultó y la echó en cara [54] su coquetería y su falsedad. La muchacha, que no tenía gran inclinación por Carlos, al verle tan violento cobró por él desvío y miedo.

Poco después, Bautista Urbide se presentó en casa de Ohando, habló a doña Águeda, se celebró [55] la boda, y Bautista y la Ignacia fueron a vivir a Zaro, un pueblecillo del país vasco francés.

CAPÍTULO VII

CÓMO INTENTÓ VENGARSE CARLOS DE MARTÍN ZALACAÍN

Carlos Ohando enfermó de cólera y de rabia. Su naturaleza, violenta y orgullosa, no podía soportar la humillación de ser vencido; sólo el
10 pensarlo le mortificaba y le corroía [1] el alma.

Al intentar [2] seducir Carlos a la Ignacia, casi podía más en [3] él su odio contra Martín que su inclinación por la chica. Deshonrarle [4] a ella y hacerle a él la vida triste, era lo que le encantaba. En el fondo, el aplomo de Zalacaín, su contento por vivir, su facilidad para desenvolverse,[5] ofendían a este hombre sombrío y fanático.

Además, en Carlos la idea de orden, de categoría, de subordinación, era esencial, fundamental, y Martín intentaba marchar por la vida sin cuidarse gran cosa de [6] las clasificaciones y de las categorías sociales.

Esta audacia ofendía profundamente a Carlos y hubiese querido
20 humillarle para siempre, hacerle reconocer su inferioridad. Por otra parte, el fracaso de su tentativa de seducción le hizo más malhumorado y sombrío.

Una noche, aún no convaleciente de su enfermedad, producida por el despecho y la cólera, se levantó de la cama, en donde no podía dormir, y bajó al comedor.

Abrió una ventana y se asomó a ella. El cielo estaba sereno y puro. La luna blanqueaba las copas de los manzanos, cubiertos por la nieve de sus menudas flores. Los melocotoneros [7] extendían a lo largo de

---

[53] *a que*, until.
[54] *la . . . cara*, reproached her for; see Translation Aid XVIII, No. 3, a, p. 529.
[55] *se celebró*, took place.

[1] *corroía*, gnawed away at.
[2] *Al intentar*, translate with a "when" clause.
[3] *podía más en*, bore more weight with.
[4] *Deshonrarle*, see Translation Aid XVIII, No. 3, p. 529.
[5] *desenvolverse*, to make his way in the world.
[6] *sin . . . de*, without concerning himself very much with.
[7] *melocotoneros*, peach trees.

las paredes sus ramas, abiertas en abanico,[8] llenas de capullos.[9] Carlos respiraba el aire tibio de la noche, cuando oyó un cuchicheo y prestó atención.

Estaba hablando su hermana Catalina, desde la ventana de su cuarto, con alguien que se encontraba en la huerta. Cuando Carlos comprendió que era con Martín con quien [10] hablaba, sintió un dolor agudísimo y una impresión sofocante [11] de ira.

Siempre se había de encontrar enfrente de [12] Martín. Parecía que el destino de los dos era estorbarse y chocar el uno contra el otro.

Martín contaba bromeando a Catalina la boda de Bautista y de la Ignacia, en Zaro, el banquete celebrado [13] en casa del padre del vasco francés, el discurso del alcalde del pueblecillo. . . .

Carlos desfallecía de cólera. Martín le había impedido conquistar a la Ignacia y deshonraba, además, a los Ohandos siendo [14] el novio de su hermana, hablando con ella de noche. Sobre todo, lo que más hería a Carlos, aunque no lo quisiera reconocer, lo que más le mortificaba en el fondo de su alma era la superioridad de Martín, que iba y venía sin reconocer categorías, aspirando a todo y conquistándolo todo.

Aquel granuja de la calle era capaz de subir, de prosperar, de hacerse rico, de casarse con su hermana y de considerar todo esto lógico, natural . . . Era una desesperación.[15]

Carlos hubiera gozado conquistando a la Ignacia, abandonándola luego, paseándose desdeñosamente por delante de Martín; y Martín le ganaba la partida [16] sacando a la Ignacia de su alcance y enamorando a su hermana.

¡Un vagabundo, un ladrón, se la había jugado [17] a él, a un hidalgo rico heredero de una casa solariega! Y lo que era peor, ¡esto no sería más que el principio, el comienzo de su carrera espléndida!

Carlos, mortificado por sus pensamientos, no prestó atención a lo que hablaban; luego oyó un beso, y poco después las ramas de un árbol que se movían.

Tras de esto, se vió bajar un hombre por el tronco de un árbol, se vió que cruzaba la huerta, montaba sobre la tapia y desaparecía.

---

[8] *en abanico*, like a fan.
[9] *capullos*, buds.
[10] *con quien*, that.
[11] *sofocante*, choking.
[12] *enfrente de*, face to face with.
[13] *celebrado*, held.
[14] *siendo*, by being.
[15] *una desesperación*, maddening.
[16] *le . . . partida*, beat him to it.
[17] *se . . . jugado*, had outwitted him; see Translation Aid VIII, No. 4, p. 510.

Se cerró la ventana del cuarto de Catalina, y en el mismo momento Carlos se llevó la mano a la frente y pensó con rabia en la magnífica ocasión perdida. ¡Qué soberbio instante para concluir con aquel hombre que le estorbaba!

¡Un tiro a boca de jarro! Y ya aquella mala hierba [18] no [19] crecería más, no ambicionaría más, no intentaría salir de su clase. Si lo mataba, todo el mundo consideraría el suyo un caso de legítima defensa contra un salteador,[20] contra un ladrón.

Al día siguiente, Carlos buscó una escopeta de dos cañones de su padre, la encontró, la limpió a escondidas y la cargó con perdigones loberos.[21] Estuvo vacilando en [22] poner cartuchos con bala, pero como era difícil hacer puntería [23] de noche, optó por [24] los perdigones gruesos.

Ni en aquella noche, ni en la siguiente, se presentó Martín, pero cuatro días después Carlos lo sintió [25] en la huerta. Todavía no había salido la luna y esto salvó al salteador enamorado. Carlos impaciente, al oír el ruido de las hojas, apuntó y disparó.

Al fogonazo,[26] vió a Martín en el tronco del árbol y volvió a disparar. Se oyó un chillido agudo de mujer y el golpe de un cuerpo en el suelo. La madre de Carlos y las criadas, alarmadas, salieron de sus cuartos gritando, preguntando lo que era. Catalina, pálida como una muerta, no podía hablar de emoción.

Doña Águeda, Carlos y las criadas salieron al jardín. Debajo del árbol, en la tierra y sobre la hierba húmeda, se veían algunas gotas de sangre, pero Martín había huido.

— No tenga usted cuidado, señorita — le dijo a Catalina una de las criadas —. Martín ha podido [27] escapar.

La señora de Ohando, que se enteró de lo ocurrido por su hijo, llamó en su auxilio al cura don Félix para que le aconsejara.

Se intentó hacer comprender a Catalina el absurdo de su propósito, pero la muchacha era tenaz [28] y estaba dispuesta a no ceder.

— Martín ha venido a darme noticias de la Ignacia, y como sabe que no le quieren en la casa, por eso ha saltado la tapia.

---

[18] *mala hierba*, weed.
[19] *ya . . . no*, see Translation Aid XI, No. 1, f, p. 514.
[20] *salteador*, robber.
[21] *perdigones loberos*, buckshot.
[22] *en*, as to whether.
[23] *hacer puntería*, to aim.
[24] *optó por*, he decided in favor of.
[25] *sintió*, heard.
[26] *fogonazo*, flash.
[27] *ha podido*, was able; pres. pfct. frequently used in place of pret.
[28] *tenaz*, stubborn.

Cuando Carlos supo [29] que Martín estaba solamente herido en un brazo y que se paseaba vendado por el pueblo siendo el héroe, se sintió furioso, pero por si acaso,[30] no se atrevió a salir a la calle.

Con el atentado, la hostilidad entre Carlos y Catalina, ya existente, se acentuó de tal manera, que doña Agueda, para evitar agrias [31] disputas, envió de nuevo a Carlos a Oñate y ella se dedicó a vigilar a su hija.

LIBRO SEGUNDO

Andanzas y Correrías

CAPÍTULO PRIMERO

En el que se habla de los preludios de la última guerra carlista [1]

Hay hombres para quienes la vida es de una facilidad extraordinaria. Son algo así como [2] una esfera que rueda por un plano inclinado, sin tropiezo, sin dificultad alguna.

Zalacaín era afortunado; todo lo que intentaba lo [3] llevaba bien. 10 Negocios, contrabando, amores, juego . . . Su ocupación principal era el comercio de caballos y de mulas que compraba en Dax y pasaba de contrabando por los Alduides o por Roncesvalles.

Tenía como socio a Capistun el *Americano*,[4] hombre inteligentísimo, ya de edad,[5] a quien todo el mundo llamaba el americano, aunque se sabía que era gascón.[6] Su mote procedía de haber vivido en América mucho tiempo.

Bautista Urbide, antiguo panadero de la tahona [7] de Archipi, formaba muchas veces parte de [8] las expediciones. Lo mismo Capistun que

---

[29] *supo*, learned.
[30] *por si acaso*, in case something might happen.
[31] *agrias*, bitter.

[1] *última guerra carlista*, see *Nota preliminar*, p. 156.
[2] *así como*, something like.
[3] *lo* repeats the idea contained in *todo . . . intentaba;* an extra object pronoun is necessary when the direct object precedes the verb.
[4] *Americano*, term applied to one who has emigrated to America, usually South America, and has returned to Europe.
[5] *de edad*, old.
[6] *gascón*, Gascons are the Basques who live on the French side of the Pyrenees.
[7] *tahona*, bakery.
[8] *formaba . . . de*, often took part in.

Martín, tenían como punto de descanso el pueblo de Zaro, próximo a San Juan del Pie del Puerto, donde vivía la Ignacia con Bautista.

Martín comenzaba a impregnarse del liberalismo francés y a encontrar atrasados y fanáticos a sus paisanos; pero, a pesar de esto, creía que don Carlos, en el instante que iniciase la guerra, conseguiría la victoria. En casi todo el Mediodía de Francia se creía lo mismo.

Martín y Capistun, además de mulas y de caballos, habían llevado a diferentes puntos de Guipúzcoa y de Navarra, armas y materias necesarias para la fabricación de pólvora, cartuchos y proyectiles, y
10 hasta llegaron a pasar por la frontera un cañón, de desecho [9] de la guerra franco-prusiana, vendido por el Estado francés.

Los comités [10] carlistas funcionaban a la vista de todo el mundo. Generalmente, Martín y Capistun se entendían con [11] el de Bayona, pero algunas veces tuvieron que relacionarse [12] con el de Pau.

Muchas veces habían dejado en manos de jóvenes carlistas, disfrazados de boyerizos,[13] barricas [14] llenas de armas. Los carlistas montaban las barricas en un carro y se internaban en España.

— Es vino de la Rioja [15] — solían decir en broma, al llegar a los pueblos golpeando los toneles,[16] y el alcalde y el secretario cómplices
20 los dejaban pasar.

Y mientras en las provincias se organizaba y preparaba una guerra feroz y sangrienta, en Madrid, políticos y oradores se dedicaban con fruición [17] a los bellos ejercicios de la retórica.

. . . .

Un día de mayo fueron Martín, Capistun y Bautista a Vera. La señora de Ohando tenía una casa en el barrio de Alzate y había ido a pasar allí una temporada.

Martín quería hablar con su novia, y Capistun y Bautista le acompañaron. Salieron de Sara y marcharon por el monte a Alzate.

Martín contaba con una de las criadas de Ohando, partidaria suya,
30 y ésta le facilitaba el poder hablar con Catalina. Mientras Martín quedó en Alzate, Capistun y Bautista entraron en Vera.

En aquel mismo momento, don Carlos de Borbón, el pretendiente, llegaba rodeado de un Estado Mayor [18] de generales carlistas.

---

[9] *de desecho*, cast off.
[10] *comités*, revolutionary committees.
[11] *se . . . con*, dealt with.
[12] *relacionarse*, to associate themselves.
[13] *boyerizos*, ox drivers.
[14] *barricas*, casks.
[15] *la Rioja*, fertile valleys south of Ebro and Logroño; famous for its wines.
[16] *toneles*, casks.
[17] *fruición*, delight.   [18] *Estado Mayor*, general staff.

Se leyó una alocución [19] patriótica, y después don Carlos, repitiendo el final de la alocución, exclamó:

— Hoy dos de mayo. ¡Día de fiesta nacional! ¡Abajo el extranjero!

El extranjero era Amadeo de Saboya.[20]

Cuando llegó Martín a Vera se encontró la plaza llena de carlistas; Bautista le dijo:

— La guerra ha empezado.

Martín se quedó pensativo. Pensaba en el giro que tomaría aquella guerra así iniciada y en lo que podría influir en sus amores con Catalina. 10

CAPÍTULO II

Cómo Martín, Bautista y Capistun pasaron una noche en el monte

Una noche de invierno marchaban tres hombres con cuatro magníficas mulas cargadas con grandes fardos. Salidos [1] de Zaro por la tarde, se dirigían hacia los altos del monte Larrun.

Costeando [2] un arroyo que bajaba a unirse con la Nivelle y cruzando prados, llegaron a una borda,[3] donde se detuvieron a cenar.

Los tres hombres eran Martín Zalacaín, Capistun el gascón y Bautista Urbide. Llevaban una partida [4] de uniformes y de capotes.

El alijo [5] iba consignado a Lesaca, en donde lo recogerían los carlistas.

Después de cenar en la borda, los tres hombres sacaron las mulas 20 y continuaron el viaje subiendo por el monte Larrun.

Era la noche fría; comenzaba a nevar. En los caminos y sendas, llenos de lodo, se resbalaban los pies; a veces una mula entraba en un charco hasta el vientre y a fuerza de fuerzas se lograba sacarla del aprieto.

Los animales llevaban mucho peso. Era preciso seguir el camino largo, sin utilizar las veredas, y la marcha se hacía pesada. Al llegar a la cumbre y al entrar en el puerto [6] de Ibantelly, les sorprendió a los viandantes [7] una tempestad de viento y de nieve.

---

[19] *alocución*, oration.
[20] *Amadeo de Saboya*, see *Nota preliminar*, p. 156.

---

[1] *Salidos*, Having left; see Translation Aid VI, No. 2, p. 505.
[2] *Costeando*, Skirting.
[3] *borda*, hut.
[4] *partida*, consignment.
[5] *alijo*, smuggled goods.
[6] *puerto*, mountain pass.   [7] *viandantes*, travelers.

Se encontraban en la misma frontera. La nieve arreciaba; no era fácil seguir adelante. Los tres hombres detuvieron las mulas, y mientras quedaba Capistun con ellas, Martín y Bautista se echaron uno a un lado y el otro al otro, para ver si encontraban [8] cerca algún refugio, cabaña o choza [9] de pastor.

Zalacaín vió a pocos pasos una casucha de carabineros [10] cerrada.

— ¡Eup! [11] ¡Eup! — gritó.

No contestó nadie.

Martín empujó la puerta, sujeta con un clavo, y entró dentro del 10 chozo. Inmediatamente corrió a dar parte a los amigos de su descubrimiento. Los fardos que llevaban las mulas tenían mantas, y extendiéndolas [12] y sujetándolas por un extremo en la choza de los carabineros y por otro en unas ramas, improvisaron un cobertizo para las caballerías.

Puestas [13] en seguridad la carga y las mulas, entraron los tres en la casa de los carabineros y encendieron una hermosa hoguera. Bautista fabricó en un momento, con fibras de pino, una antorcha para alumbrar aquel rincón.

Esperaron a que pasara el temporal y se dispusieron los tres a matar 20 el tiempo junto a la lumbre. Capistun llevaba una calabaza llena de aguardiente de Armagnac y, mezclándolo con agua que calentaron, bebieron los tres.

Luego, como era natural, hablaron de la guerra. El carlismo se extendía y marchaba de triunfo en triunfo. En Cataluña y en el país vasco-navarro iba [14] haciendo progresos. La República española era una calamidad.[15] Los periódicos hablaban de asesinatos en Málaga, de incendios en Alcoy, de soldados que desobedecían a los jefes y se negaban a batirse. Era una vergüenza.

Los carlistas se apoderaban de una porción de pueblos abandonados 30 por los liberales. Habían entrado en Estella.

En las dos orillas del Bidasoa, lo mismo en la frontera española que en la francesa, se sentía un gran entusiasmo por la causa del Pretendiente. Capistun y Bautista señalaron sus conocidos alistados [16] ya en la facción. La mayoría eran mozos, pero no faltaban tampoco los viejos.

---

[8] *encontraban*, they could find.
[9] *choza*, hut.
[10] *casucha de carabineros*, customs guards' hut.
[11] *¡Eup!* Hello!
[12] *extendiéndolas*, by spreading them out.
[13] *Puestas*, having been placed; see Translation Aid VI, No. 2, p. 505.
[14] *iba*, it continued.
[15] *calamidad*, mess.
[16] *alistados*, enlisted.

Los vascos, siguiendo las tendencias de su raza, marchaban a defender lo viejo contra lo nuevo. Así habían peleado en la antigüedad contra el romano, contra el godo, contra el árabe, contra el castellano,[17] siempre a favor de la costumbre vieja y en contra de la idea nueva.

Estos aldeanos y viejos hidalgos de Vasconia [18] y de Navarra, esta semiaristocracia campesina de las dos vertientes del Pirineo, creía en aquel Borbón, vulgar extranjero, y estaban dispuestos a morir para satisfacer las ambiciones de un aventurero tan grotesco.

Zalacaín se sentía muy español y dijo que los franceses eran unos [19] cochinos, porque debían hacer la guerra en su tierra, si querían.   10

Capistun, como buen republicano, afirmó que la guerra en todas partes era una barbaridad.

— Paz, paz es lo que se necesita — añadió el gascón —; paz para poder trabajar y vivir.

— ¡Ah, la paz! — replicó Martín contradiciéndole —; es mejor la guerra.

— No, no — repuso Capistun —. La guerra es la barbarie nada más.

Discutieron el asunto; el gascón, como más ilustrado, aducía [20] mejores argumentos, pero Bautista y Martín replicaban: 20

— Sí, todo eso es verdad, pero también es hermosa la guerra.

— ¡Barbarie! ¡Barbarie! — replicaba a todo esto el gascón.

— ¡Qué barbarie! [21] — exclamó Martín —. ¿Se ha de estar siempre hecho [22] un esclavo, sembrando patatas o cuidando cerdos? Prefiero la guerra.

— ¿Y por qué prefieres la guerra? Para robar.

— No hables, Capistun, que [23] eres comerciante.

— ¿Y qué?

— Que tú y yo robamos con el libro de cuentas. Entre robar en el camino, o robar con el libro de cuentas, prefiero a los que roban en el camino.   30

— Si el comercio fuera un robo, no habría sociedad — repuso el gascón.

---

[17] *romano . . . castellano.* Spain has had numerous invasions, the latest being those mentioned here: Romans, first century B.C.; Goths, fifth century A.D.; Arabs, 711 A.D. The conflict between the Castilians and the Basques still persists.

[18] *Vasconia* comprises the three Basque provinces, Vizcaya, Guipúzcoa and Álava.

[19] *unos*, a bunch of.

[20] *aducía*, put forth.

[21] *¡Qué barbarie!* Barbarity, nonsense.

[22] *hecho*, like.

[23] *que*, omit in translating.

— ¿Y qué? — dijo Martín.

— Que acabarían las ciudades.

— Para mí las ciudades están hechas por miserables y sirven para que las saqueen los hombres fuertes — dijo Martín con violencia.

— Eso es ser enemigo de la Humanidad.

Martín se encogió de hombros.

Poco después de media noche, la nieve comenzó a cesar y Capistun dió la orden de marcha. El cielo había quedado estrellado. Los pies se hundían en la nieve y se sentía [24] un silencio de muerte.

10   — Cantats, amics [25] — dijo el gascón, a quien tanta tristeza y tanto reposo imponían.[26]

— No nos vayan a oír [27] — advirtió Bautista.

— ¡Ca! — y el gascón cantó:

> Del castelet a l'aube
> sort Isabeu,
> es blanquette sa raube
> como la neu.

(Del castillete, al alba, sale Isabel; es blanquita su ropa como la nieve.)

20   A Martín y a Bautista no les gustaban las canciones del gascón que les parecían empalagosas,[28] y a éste [29] tampoco las de sus amigos, a las cuales encontraba siniestras. Discutieron acerca de las excelencias de sus respectivos países, pasando de los cantos populares a hablar de las costumbres y de la riqueza.

Iba a amanecer; comenzaban a acercarse a Vera, cuando se oyeron a lo lejos varios tiros.

— ¿Qué pasa aquí? — se preguntaron.

Tras un instante se volvieron a oír nuevos tiros y un lejano sonido de campanas.

30   — Hay que ver [30] lo que es.

Decidieron como más práctico que Capistun, con las cuatro mulas, se volviera y se encaminara despacio hacia la choza de carabineros [31] donde habían pasado la noche. Si no ocurría nada en Vera, Bautista y Zalacaín retornarían inmediatamente. Si en dos horas no estaban

---

[24] *se sentía*, one was aware of.
[25] *Cantats, amics* (Provençal), Sing, my friends.
[26] *imponían*, filled with awe.
[27] *No . . . oír*, Don't let them hear us.
[28] *empalagosas*, over-sentimental.
[29] *éste*, add: *no le gustaban*.
[30] *Hay que ver*, We must see.
[31] *choza de carabineros*, customs guards' hut.

allá, Capistun debía ganar la frontera y refugiarse en Francia: en Biriatu, en Zaro, donde pudiese.

Las mulas volvieron de nuevo camino del [32] puerto, y Zalacaín y su cuñado comenzaron a bajar del monte en línea recta, saltando, deslizándose sobre la nieve, a riesgo de despeñarse.[33] Media hora después, entraban en las calles de Alzate, cuyas puertas se veían cerradas.

Llamaron en una posada conocida. Tardaron en abrir, y al último el posadero, amedrentado,[34] se presentó en la puerta.

— ¿Qué pasa? — preguntó Zalacaín.

— Que [35] ha entrado en Vera otra vez la partida del Cura.[36]   10

Bautista y Martín sabían la reputación del Cura y su enemistad con algunos generales carlistas y convinieron en que era peligroso llevar el alijo [37] a Vera o a Lesaca, mientras anduvieran por allí las gentes del ensotanado cabecilla.[38]

— Vamos en seguida a darle el aviso a Capistun — dijo Bautista.

— Bueno, vete tú — repuso Martín — yo te alcanzo en seguida.

— ¿Qué vas a hacer?

— Voy a ver si veo [39] a Catalina.

— Yo te esperaré.

Catalina y su madre vivían en una magnífica casa de Alzate. Llamó 20 Martín en ella, y a la criada, que ya le conocía, la [40] dijo:

— ¿Está Catalina?

— Sí . . . Pasa.

La criada subió la escalera y, tras de algún tiempo, bajó Catalina envuelta en un mantón.

— ¿Eres tú? — dijo sollozando.

— Sí, ¿qué pasa?

Catalina, llorando, contó que su madre estaba muy enferma, su hermano se había ido con los carlistas y a ella querían meterla en un convento.   30

— ¿A dónde te quieren llevar?

— No sé, todavía no se ha decidido.

---

[32] *camino del*, bound for the.

[33] *despeñarse*, plunging over a cliff.

[34] *amedrentado*, frightened.

[35] *Que*, omit in translation; see Translation Aid IV, No. 4, e, p. 503.

[36] *Cura*, Manuel Santa Cruz, guerrilla fighter nominally favoring the Carlists. His cruelty and tactics caused him to be in disfavor with many Carlists, and finally brought about his downfall.

[37] *alijo*, smuggled goods.

[38] *ensotanado cabecilla*, cassocked leader.

[39] *veo*, I can see.

[40] *la* = *le;* see Translation Aid XVIII, No. 3, a, p. 529.

— Cuando lo sepas, escríbeme.

— Sí, no tengas cuidado.   Ahora vete, Martín, porque mi madre habrá oído que estamos hablando y, como ha sentido [41] los tiros hace poco, está muy alarmada.

Efectivamente, se oyó poco después una voz débil que exclamaba:

— ¡Catalina!   ¡Catalina!   ¿Con quién hablas?

Catalina tendió la mano a Martín, quien la estrechó en sus brazos. Ella apoyó la cabeza en el hombro de su novio y, viendo que la volvían a llamar subió la escalera.   Zalacaín la contempló absorto y luego
10 abrió la puerta de la casa, la cerró despacio y, al encontrarse en la calle, se vió con [42] un espectáculo inesperado.   Bautista discutía a gritos con tres hombres armados, que no parecían tener para él muy buenas disposiciones.

— ¿Qué pasa?— preguntó Martín.

Pasaba, sencillamente, que aquellos tres individuos eran de la partida del Cura y habían presentado a Bautista Urbide este sencillo dilema:

«O formar parte de la partida o quedar prisionero y recibir además, de propina,[43] una tanda de palos.» [44]

Martín iba a lanzarse a defender a su cuñado cuando vió que a un
20 extremo de la calle aparecían cinco o seis mozos armados.   En el otro esperaban diez o doce.   Con su rápido instinto de comprender la situación, Martín se dió cuenta de que no había más remedio que someterse y dijo a Bautista, en vascuence, aparentando [45] gran jovialidad:

— ¡Qué demonio, Bautista!   ¿No querías tú entrar en una partida? ¿No somos carlistas?   Pues ahora estamos a tiempo.

Uno de los tres hombres, viendo como se explicaba Zalacaín, exclamó satisfecho:

— ¡*Arrayua!* [46]   Éste es de los nuestros.[47]   Venid los dos.
30 El tal hombre era un aldeano alto, flaco, vestido con un uniforme destrozado [48] y una pipa de barro en la boca.   Parecía el jefe y le llamaban Luschía.

Martín y Bautista siguieron a los mozos armados, pasaron de Alzate a Vera y se detuvieron en una casa, en cuya puerta había un centinela.

[41] *sentido,* heard.
[42] *se vió con,* found himself face to face with.
[43] *de propina,* to boot.
[44] *tanda de palos,* thrashing.
[45] *aparentando,* pretending.
[46] *¡Arrayua!* Good for you.
[47] *de los nuestros,* one of us.
[48] *destrozado,* tattered

— ¡Bajadlos! ¡Bajadlos! — dijo Luschía a su gente.

Cuatro mozos entraron en el portal y subieron por la escalera.

Luschía, mientras tanto, preguntó a Martín:

— ¿Vosotros de dónde sois?

— De Zaro.

— ¿Sois franceses?

— Sí — dijo Bautista.

Martín no quiso decir que él no lo [49] era, sabiendo que el decir que era francés podía protegerle.

— Bueno, bueno — murmuró el jefe.

Los cuatro aldeanos de la partida que habían entrado en la casa trajeron a dos viejos.

— ¡Atadlos! — dijo Luschía, el aldeano de la pipa.

Sacaron a la calle un tambor de regimiento, y a los dos viejos los ataron.

— ¿Qué es lo que han hecho? — preguntó Martín a uno de la partida que llevaba una boina a rayas.

— Que [50] son traidores — contestó éste.

El uno era un maestro de escuela y el otro un expartidario de la guerrilla del Cura.

Cuando estuvieron las dos víctimas atadas y con las espaldas desnudas, el ejecutor de la justicia, el mozo de la boina a rayas, se remangó el brazo [51] y cogió una vara.

El maestro de escuela, suplicante, imploró:

— ¡Pero si todos somos unos!

El exguerrillero no dijo nada.

No hubo apelación ni misericordia. Al primer golpe, el maestro de escuela perdió el sentido; el otro, el antiguo lugarteniente del Cura, calló y comenzó a recibir los palos con un estoicismo siniestro.

Luschía se puso a hablar con Zalacaín. Éste le contó una porción de mentiras. Entre ellas le dijo que él mismo había guardado cerca de Urdax, en una cueva, más de treinta fusiles modernos. El hombre oía y, de cuando en cuando, volviéndose al ejecutor de sus órdenes, decía con voz gangosa: [52]

— ¡Jo! ¡Jo! (Pega, pega).

Y volvía a caer la vara sobre las espaldas desnudas.

---

[49] *lo*, do not translate; refers back to the idea of *franceses*.
[50] *Que*, do not translate.
[51] *se . . . brazo*, rolled up his sleeve.
[52] *gangosa*, nasal.

CAPÍTULO III

DE ALGUNOS HOMBRES DECIDIDOS [1] QUE FORMABAN LA PARTIDA DEL CURA

Concluida [2] la paliza, Luschía dió la orden de marcha, y los quince o veinte hombres tomaron hacia Oyarzun, por el camino que pasa por la Cuesta de la Agonía.

La partida iba en dos grupos; en el primero marchaba Martín y en el segundo Bautista.

Ninguno de la partida tenía mal aspecto ni aire patibulario.[3] La mayoría parecían campesinos del país; casi todos llevaban traje negro, boina azul pequeña y algunos, en vez de botas, calzaban abarcas [4] con pieles de carnero, que les envolvían las piernas.

10 Luschía, el jefe, era uno de los tenientes del Cura y además capitaneaba su guardia negra. Sin duda, gozaba de la confianza del cabecilla.[5] Era alto, huesudo,[6] de nariz fenomenal, enjuto y seco.

Tenía Luschía una cara que siempre daba la impresión de verla de perfil, y la nuez puntiaguda.[7]

Parecía buena persona [8] hasta cierto punto, insinuante [9] y jovial. Consideraba, sin duda, una magnífica adquisición la de Zalacaín y Bautista, pero desconfiaba de ellos y, aunque no como prisioneros, los llevaba separados y no les dejaba hablar a solas.

Luschía tenía también sus lugartenientes; Praschcu, Belcha y el 20 Corneta de Lasala. Praschcu era un mocetón grueso, barbudo,[10] sonriente y rojo, que, a juzgar por sus palabras, no pensaba más que en comer y en beber bien. Durante el camino no habló más que de guisos y de comidas, de la cena que le quitaron al cura de tal pueblo o al maestro de escuela de tal otro, del cordero asado que comieron en este caserío y de las botellas de sidra que encontraron en una taberna. Para Praschcu la guerra no era más que una serie de comilonas y de borracheras.[11]

---

[1] *decididos*, determined.
[2] *Concluida*, translate in a "when" clause: When the beating was over.
[3] *patibulario*, terrifying.
[4] *abarcas*, sandals.
[5] *cabecilla*, chief.
[6] *huesudo*, bony.
[7] *nuez puntiaguda*, sharp Adam's apple.
[8] *buena persona*, good fellow.
[9] *insinuante*, ingratiating.
[10] *mocetón . . . barbudo*, stout, sturdy, bearded youth.
[11] *comilonas . . . borracheras*, gorgings and sprees.

Belcha y el Corneta de Lasala iban acompañando a Bautista.

A Belcha (el negrito) le llamaban así por ser pequeño y moreno; el Corneta de Lasala ostentaba una cicatriz violácea [12] que le cruzaba la frente. Su apodo procedía de su oficio de capataz de los que [13] dan la señal para el comienzo y el paro [14] del trabajo con una bocina.[15]

Los de la partida llegaron a media noche a Arichulegui, un monte cercano a Oyarzun, y entraron en una borda [16] próxima a la ermita.

Esta borda era la guarida del Cura. Allí estaba su depósito [17] de municiones.

El cabecilla no estaba. Guardaba la borda un retén [18] de unos veinte 10 hombres. Se hizo pronto de noche.[19] Zalacaín y Bautista comieron un rancho de habas y durmieron sobre una hermosa cama de heno [20] seco.

Al día siguiente, muy de mañana, sintieron los dos que les despertaban de un empujón; se levantaron y oyeron la voz de Luschía:

— Hala.[21] Vamos andando.

Era todavía de noche; la partida estuvo lista en un momento. Al mediodía se detuvieron en Fagollaga y al anochecer llegaban a una venta próxima a Andoain, en donde hicieron alto.[22] Entraron en la cocina. Según dijo Luschía, allí se encontraba el Cura. 20

Efectivamente, poco después, Luschía llamó a Zalacaín y a Bautista.

— Pasad — les dijo.

Subieron por la escalera de madera hasta el desván [23] y llamaron en una puerta.

— ¿Se puede? — preguntó Luschía.

— Adelante.

Zalacaín, a pesar de ser templado,[24] sintió un ligero estremecimiento en todo el cuerpo, pero se irguió y entró sonriente en el cuarto. Bautista llevaba el ánimo de [25] protestar.

— Yo hablaré — dijo Martín a su cuñado —, tú no digas nada. 30

[12] *violácea*, livid.
[13] *de capataz . . . que*, as one of those foremen who.
[14] *paro*, end.
[15] *bocina*, bugle.
[16] *borda*, hut.
[17] *depósito*, store.
[18] *retén*, detachment.
[19] *Se . . . noche*, Night soon fell.
[20] *heno*, hay.
[21] *Hala*, Come on.
[22] *hicieron alto*, they halted.
[23] *desván*, attic.
[24] *templado*, cool-headed.
[25] *llevaba . . . de*, was in a mood to.

A la luz de un farol, se veía [26] un cuarto, de cuyo techo colgaban mazorcas [27] de maíz, y una mesa de pino, a la cual estaban sentados dos hombres.   Uno de ellos era el Cura, el otro su teniente, un cabecilla [28] conocido por el apodo de *el Jabonero.*

— Buenas noches — dijo Zalacaín en vascuence.

— Buenas noches — contestó *el Jabonero* amablemente.

El Cura no contestó.   Estaba leyendo un papel.

Era un hombre regordete,[29] más bajo que alto,[30] de tipo insignificante, de unos treinta y tantos años.   Lo único que le daba carácter era la
10 mirada, amenazadora, oblicua y dura.

Al cabo de algunos minutos, el Cura levantó la vista y dijo:

— Buenas noches.

Luego siguió leyendo.

Había en todo aquello algo ensayado [31] para infundir terror.   Zalacaín lo comprendió y se mostró indiferente y contempló sin turbarse al Cura.   Llevaba éste la boina negra inclinada [32] sobre la frente, como si temiera que le mirasen a los ojos; gastaba barba ya ruda y crecida,[33] el pelo corto, un pañuelo en el cuello, y un chaquetón [34] negro con todos los botones abrochados.[35]

20   Aquel hombre tenía algo de esa personalidad enigmática de los seres sanguinarios,[36] de los asesinos y de los verdugos; su fama de cruel y de bárbaro [37] se extendía por toda España.   Él lo sabía y, probablemente, estaba orgulloso del terror que causaba su nombre.   En el fondo era un pobre diablo histérico, enfermo, convencido de su misión providencial.   Nacido, según se decía, en el arroyo, en Elduayen, había llegado a ordenarse y a tener un curato en un pueblecito próximo a Tolosa.   Un día estaba celebrando misa, cuando fueron a prenderle. Pretextó el Cura el ir a quitarse los hábitos y se tiró por una ventana y huyó y empezó a organizar su partida.

30   Aquel hombre siniestro se encontró sorprendido ante la presencia y la serenidad de Zalacaín y de Bautista, y sin mirarles les preguntó:

---

[26] *se veía,* one could see; see Translation Aid II, No. 1, a, p. 500.

[27] *mazorcas,* ears.

[28] *cabecilla,* leader.

[29] *regordete,* chubby.

[30] *más . . . alto,* on the short side.

[31] *ensayado,* studied.

[32] *inclinada,* pulled down.

[33] *ruda y crecida,* shaggy and long.

[34] *chaquetón,* jacket.

[35] *abrochados,* buttoned.

[36] *sanguinarios,* bloody.

[37] *fama . . . bárbaro,* reputation of being cruel and barbarous.

— ¿Sois vascongados?

— Sí — dijo Martín avanzando.

— ¿Qué hacíais?

— Contrabando de armas.

— ¿Para quién?

— Para los carlistas.

— ¿Con qué comité os entendíais? [38]

— Con Bayona.

— ¿Es verdad que tenéis armas escondidas cerca de Urdax?

— Ahí y en otros puntos.   10

— ¿Para quién las traíais?

— Para los navarros.

— Bueno. Iremos a buscarlas. Si no las encontramos, os fusilaremos.

— Está bien — dijo fríamente Zalacaín.

— Marchaos — repuso el Cura, molesto por no haber intimidado a sus interlocutores.

Al salir, en la escalera, *el Jabonero* se acercó a ellos.

Éste tenía aspecto de militar, de hombre amable y bien educado. Había sido guardia civil.[39]   20

— No temáis — dijo —. Si cumplís [40] bien, nada os pasará.

— Nada tememos — contestó Martín.

Fueron los tres a la cocina de la posada, y *el Jabonero* se mezcló entre la gente de la partida, que esperaba la cena.

Se reunieron en la misma mesa *el Jabonero*, Luschía, Belcha, el corneta de Lasala y uno gordo,[41] a quien llamaban Anchusa.

El Jabonero no quiso aceptar en la mesa a Praschcu, porque dijo que si a aquel bárbaro le ponían a comer al principio, no dejaba [42] nada a los demás.

El posadero trajo la cena y una porción de botellas de vino y de 30 sidra, y, como la caminata [43] desde Arichulegui hasta allá les había abierto el apetito,[44] se lanzaron sobre las viandas como fieras hambrientas.

Estaban cenando, cuando llamaron a la puerta:

— ¿Quién va? — dijo el posadero.

[38] *os entendíais*, were you dealing.

[39] *guardia civil*, highly efficient rural police of Spain, always found traveling together in pairs.

[40] *cumplís*, you do your duty.

[41] *uno gordo*, a fat man.

[42] *dejaba*, would leave.

[43] *caminata*, trip.

[44] *les . . . apetito*, had sharpened their appetites.

— Yo. Un amigo — contestaron de fuera.

— ¿Quién eres tú?

— Ipintza, *el Loco.*

— Pasa.

Se abrió la puerta y entró un viejo mendigo envuelto en una anguarina [45] parda, con una de las mangas atadas y convertida en bolsillo. Dantchari *el Estudiante* le conocía y dijo que era un vendedor de canciones a quien tenían por loco, porque cantaba y bailaba recitándolas.[46]

Se sentó Ipintza, *el Loco,* a la mesa y le dió el posadero las sobras
10 de la cena. Luego se acercó al grupo que formaban los hombres de la partida alrededor de la chimenea.[47]

Praschcu echó unas cuantas brazadas [48] de ramas secas. Chisporroteó [49] el fuego alegremente; después, unos se pusieron a jugar al mus [50] y Bautista lució su magnífica voz cantando varios zortzicos.[51] Luego, Dantchari aseguró que sabía imitar la voz de tiple, y entre Bautista y él cantaron la canción que comienza diciendo:

> Marichu, ¿nora zuaz
> eder galant ori?

> (María, ¿a dónde vas tan bonita?)

20 Bautista cantando de mozo [52] y Dantchari de chica,[53] dirigiéndose preguntas y respuestas de burlona ingenuidad, hicieron las delicias [54] de la concurrencia. La algazara [55] fué tan grande que los cantores tuvieron que enmudecer porque el Cura gritó desde arriba que no le dejaban dormir en paz.

Cada cual fué a acostarse donde pudo, y Martín le dijo a Bautista en francés:

— Cuidado, eh. Hay que estar preparados para escapar a la mejor ocasión.

Bautista movió la cabeza afirmativamente,[56] dando a entender que
30 no se olvidaba.

---

[45] *anguarina,* long-sleeved coat.
[46] *recitándolas,* while reciting them.
[47] *chimenea,* fireplace.
[48] *brazadas,* arms full.
[49] *Chisporroteó,* crackled.
[50] *mus,* a card game.
[51] *zortzicos,* Basque dance and song in $\frac{5}{8}$ time.
[52] *de mozo,* as the young man.
[53] *de chica,* as the girl.
[54] *hicieron las delicias,* (they) amused.
[55] *algazara,* uproar.
[56] *movió . . . afirmativamente,* nodded.

CAPÍTULO IV

Cómo la partida del Cura detuvo la diligencia cerca de Andoain

Al[1] tercer día de estar en la venta, la inacción[2] era grande, y entre *el Jabonero* y Luschía acordaron detener aquella mañana la diligencia que iba desde San Sebastián a Tolosa.

Se dispuso[3] la gente a lo largo del camino, de dos en dos;[4] los más lejanos irían[5] avisando cuando apareciera la diligencia y replegándose[6] junto a la venta.

Martín y Bautista se quedaron con el Cura y *el Jabonero*, porque el cabecilla y su teniente no tenían bastante confianza en ellos.

A eso de las once de la mañana, avisaron la llegada del coche. Los hombres que espiaban el paso fueron acercándose a la venta, ocultándose por los lados del camino.

El coche iba[7] casi lleno. El Cura, *el Jabonero* y los siete u ocho hombres que estaban con ellos se plantaron en medio de la carretera.

Al acercarse el coche,[8] el Cura levantó su garrote y gritó:

— ¡Alto!

Anchusa y Luschía se agarraron a la cabezada[9] de los caballos y el coche se detuvo.

— ¡*Arrayua!*[10] ¡El Cura! — exclamó el cochero en voz alta —. Nos hemos fastidiado.[11]

— Abajo todo el mundo — mandó el Cura.

Egozcue abrió la portezuela de la diligencia. Se oyó en el interior un coro de exclamaciones y de gritos.

— Vaya. Bajen ustedes y no alboroten[12] — dijo Egozcue con finura.

Bajaron primero dos campesinos vascongados y un cura; luego, un hombre rubio, al parecer extranjero, y después saltó una muchacha morena, que ayudó a bajar a una señora gruesa, de pelo blanco.

[1] *Al*, On the.
[2] *inacción*, inactivity.
[3] *Se dispuso*, were placed.
[4] *de . . . dos*, by twos.
[5] *irían*, see Translation Aid II, No. 3, p. 501. See also l. 10.
[6] *replegándose*, would keep on falling back.
[7] *iba*, was.
[8] *Al . . . coche*, When the coach approached.
[9] *cabezada*, head-stall.
[10] *¡Arrayua!* Hang it!
[11] *Nos . . . fastidiado*, We're in a fine fix.
[12] *alboroten*, make a fuss.

— Pero Dios mío, ¿adónde nos llevan? — exclamó ésta.

Nadie le contestó.

— ¡Anchusa! ¡Luschía! Desenganchad [13] los caballos — gritó el Cura —. Ahora, todos a la posada.

Anchusa y Luschía llevaron los caballos y no quedaron con el Cura más que unos ocho hombres, contando con Bautista, Zalacaín y Joshé Cracasch.

— Acompañad a éstos — dijo el cabecilla a dos de sus hombres, señalando a los campesinos y al cura.

10 — Vosotros — e indicó a Bautista, Zalacaín, Joshé Cracasch y otros dos [14] hombres armados — id con la señora, la señorita y este viajero.

La señora gruesa lloraba afligida.

— Pero, ¿nos van a fusilar? — preguntó gimiendo.

— ¡Vamos! ¡Vamos! — dijo uno de los hombres armados, brutalmente.

La señora se arrodilló en el suelo, pidiendo que la dejaran libre.

La señorita, pálida, con los dientes apretados, lanzaba fuego por los ojos. [15]

20 — Ande usted, señora — dijo Martín —, que no les pasará nada.

— Pero, ¿adónde? — preguntó ella.

— A la posada, que está aquí cerca.

La joven nada dijo, pero lanzó a Martín una mirada de odio y de desprecio.

Las dos mujeres y el extranjero comenzaron a marchar por la carretera.

— Atención, [16] Bautista — dijo Martín en francés —, tú [17] al uno, yo al otro. Cuando no nos vean.

El extranjero, extrañado, en el mismo idioma preguntó:

— ¿Qué van ustedes a hacer?

30 — Escaparnos. Vamos a quitar los fusiles a estos hombres. Ayúdenos usted.

Los dos hombres armados, al oír que se entendían en una lengua que ellos no comprendían, entraron en sospechas. [18]

— ¿Qué habláis? — dijo uno, retrocediendo y preparando el fusil.

No tuvo tiempo de hacer nada, porque Martín le dió un garrotazo [19] en el hombro y le hizo tirar el fusil al suelo, Bautista y el extranjero

[13] *Desenganchad*, Unhitch.
[14] *otros dos*, two other; note order. See Translation Aid V, No. 2, p. 504.
[15] *lanzaba . . . ojos*, gave them furious looks.
[16] *Atención*, Listen.
[17] *tú*, add: take.
[18] *entraron en sospechas*, became suspicious.
[19] *garrotazo*, blow with a club.

forcejearon [20] con el otro y le quitaron el arma y los cartuchos. Joshé Cracasch estaba como en babia.[21]

Las dos mujeres, viéndose libres, echaron a correr por la carretera, en dirección a Hernani. Cracasch las siguió. Éste llevaba una mala escopeta, que podía servir en último caso.[22] El extranjero y Martín tenían cada uno su fusil, pero no contaban más que con [23] pocos cartuchos. A uno le habían podido quitar la cartuchera, al otro fué imposible. Éste volaba corriendo a dar parte a los de la partida.

El extranjero, Martín y Bautista corrieron y se reunieron con las dos mujeres y con Joshé Cracasch.

La ventaja que tenían era grande, pero las mujeres corrían poco; [24] en cambio, la gente del Cura en cuatro [25] saltos se plantaría junto a ellos.

— ¡Vamos! ¡Ánimo! — decía Martín —. En una hora llegamos.

— No puedo — gemía la señora —. No puedo andar más.

— ¡Bautista! — exclamó Martín —. Corre a Hernani, busca gente y tráela. Nosotros nos defenderemos aquí un momento.

— Iré yo — dijo Joshé Cracasch.

— Bueno, entonces deja el fusil y las municiones.

Tiró el músico el fusil y la cartuchera y echó a correr, como alma que lleva el diablo.[26]

— No me fío de ese músico simple — murmuró Martín —. Vete tú, Bautista. La lástima es que quede un arma inútil.

— Yo dispararé — dijo la muchacha.

Se volvieron a hacer frente,[27] porque los hombres de la partida se iban [28] acercando.

Silbaban las balas. Se veía una nubecilla blanca y pasaba al mismo tiempo una bala por encima de las cabezas de los fugitivos. El extranjero, la señorita y Martín se guarecieron [29] cada uno detrás de un árbol y se repartieron los cartuchos. La señora vieja, sollozando, se tiró en la hierba, por consejo de Martín.

— ¿Es usted buen tirador? — preguntó Zalacaín al extranjero.

[20] *forcejearon,* struggled.
[21] *estaba . . . babia,* didn't know what was going on.
[22] *en . . . caso,* as a last resort.
[23] *no . . . con,* they could count on only a.
[24] *poco,* slowly.
[25] *cuatro,* a few.
[26] *alma . . . diablo,* lost soul.
[27] *hacer frente,* draw up in battle formation.
[28] *iban,* see Translation Aid II, No. 3, p. 501. See also p. 200, ll. 4, 16, and 29.
[29] *se guarecieron,* took refuge.

— ¿Yo? Sí. Bastante regular.

— ¿Y usted, señorita?

— También he tirado algunas veces.

Seis hombres se fueron acercando a unos cien metros de donde estaban guarecidos [30] Martín, la señorita y el extranjero. Uno de ellos era Luschía.

— A ese ciudadano [31] le voy a dejar cojo para toda su vida — dijo el extranjero.

Efectivamente, disparó y uno de los hombres cayó al suelo dando 10 gritos.

— Buena puntería [32] — dijo Martín.

— No es mala — contestó fríamente el extranjero.

Los otros cinco hombres recogieron al herido y lo retiraron hacia un declive.[33] Luego, cuatro de ellos, dirigidos por Luschía, dispararon al árbol de dónde había salido el tiro. Creían, sin duda, que allí estaban refugiados Martín y Bautista y se fueron acercando al árbol. Entonces disparó Martín e hirió a uno en una mano.

Quedaban solo tres hábiles,[34] y, retrocediendo y arrimándose a los árboles, siguieron haciendo disparos.

20 — ¿Habrá descansado algo su madre? — preguntó Martín a la señorita.

— Sí.

— Que siga huyendo. Vaya usted también.

— No, no.

— No hay que perder tiempo — gritó Martín, dando una patada en el suelo —. Ella sola o con usted. ¡Hala! [35] En seguida.

La señorita dejó el fusil a Martín y, en unión de [36] su madre, comenzó a marchar por la carretera.

El extranjero y Martín esperaron, luego fueron retrocediendo sin 30 disparar, hasta que, al llegar a una vuelta del camino, comenzaron a correr con toda la fuerza de sus piernas. Pronto se reunieron con la señora y su hija. La carrera terminó a la media hora, al oír que las balas comenzaban a silbar por encima de sus cabezas.

Allí no había árboles donde guarecerse, pero sí [37] unos montes de piedra machacada para el lecho de la carretera, y en uno de ellos se

[30] *guarecidos*, sheltered.
[31] *ciudadano*, fellow.
[32] *puntería*, aim.
[33] *declive*, slope.
[34] *hábiles*, uninjured.
[35] *¡Hala!* Come on!
[36] *en . . . de*, together with.
[37] *sí*, there were; *había* is understood. See Translation Aid XVI, No. 3, a, p. 525.

tendió Martín y en el otro el extranjero. La señora y su hija se echaron en el suelo.

Al poco tiempo, aparecieron varios hombres; sin duda, ninguno quería acercarse y llevaban la idea de rodear a los fugitivos y de cogerlos entre dos fuegos.

Cuatro hombres fueron a campo traviesa por entre maizales,[38] por un lado de la carretera, mientras otros cuatro avanzaban por otro lado, entre manzanos.

Si Bautista no viene pronto con gente, creo que nos vamos a ver apurados [39] — exclamó Martín.

La señora, al oírle, lanzó nuevos gemidos y comenzó a lamentarse, con grandes sollozos, de haber escapado.

El extranjero sacó un reloj y murmuró:

— Tenía tiempo. No habrá encontrado a nadie.

— Eso debe ser — dijo Martín.

— Veremos si aquí podemos resistir algo — repuso el extranjero.

— ¡Hermoso día! — murmuró Martín.

— La verdad es que un día tan hermoso convida a todo, hasta que le peguen a uno un tiro.

— Por si acaso,[40] habrá que evitarlo en lo posible.[41]

Dos o tres balas pasaron silbando y fueron a estrellarse [42] en el suelo.

— ¡Rendíos! — dijo la voz de Belcha, por entre unos manzanos.

— Venid a cogernos — gritó Martín, y vió que uno le apuntaba en el monte, desde cerca de un árbol; él apuntó a su vez, y los dos tiros sonaron casi simultáneamente. Al poco tiempo, el hombre volvió a aparecer más cerca, escondido entre unos helechos,[43] y disparó sobre Martín.

Éste sintió un golpe en el muslo [44] y comprendió que estaba herido. Se llevó la mano al sitio de la herida y notó una cosa tibia. Era sangre. Con la mano ensangrentada cogió el fusil y, apoyándose en las piedras, apuntó y disparó. Luego sintió que se le iban las fuerzas, al perder la sangre, y cayó desmayado.

El extranjero aguardó un momento, pero, en aquel instante, una compañía de miqueletes [45] avanzaba por la carretera, corriendo y haciendo disparos, y la gente del Cura se retiraba.

---

38 *maizales*, cornfields.
39 *apurados*, in a predicament.
40 *Por si acaso*, Just in case.
41 *en lo posible*, as far as possible.
42 *fueron a estrellarse*, they were finally shattered.
43 *helechos*, ferns.
44 *muslo*, thigh.
45 *miqueletes*, militia of Guipúzcoa.

CAPÍTULO V

Cómo cuidó la señorita de Briones a Martín Zalacaín

Cuando de nuevo pudo darse Martín Zalacaín cuenta de que vivía, se encontró en la cama, entre cortinas tupidas.[1]

Hizo un esfuerzo para moverse y se sintió muy débil y con un ligero dolor en el muslo.[2]

Recordó vagamente lo pasado,[3] la lucha en la carretera, y quiso saber dónde estaba.

— ¡Eh! — gritó con voz apagada.

Las cortinas se abrieron y una cara morena, de ojos negros, apareció entre ellas.

10 — Por fin. ¡Ya se ha despertado usted!

— Sí. ¿Dónde me han traído?

— Luego le contaré a usted todo — dijo la muchacha morena.

— ¿Estoy prisionero?

— No, no; está usted aquí en seguridad.

— ¿En qué pueblo?

— En Hernani.

— Ah, vamos.[4] ¿No me podrían abrir esas cortinas?

— No, por ahora no. Dentro de un momento vendrá el médico y, si le encuentra a usted bien, abriremos las cortinas y le permitiremos 20 hablar. Conque ahora siga usted durmiendo.

Martín sentía la cabeza débil[5] y no le costó mucho trabajo seguir el consejo de la muchacha.

Al mediodía llegó el médico, que reconoció a Martín la herida,[6] le tomó el pulso y dijo:

— Ya puede empezar a comer.

— ¿Y le dejaremos hablar, doctor? — preguntó la muchacha.

— Sí.

Se fué el doctor, y la muchacha de los ojos negros descorrió[7] las cortinas y Martín se encontró en una habitación grande, algo baja de 30 techo, por cuya ventana entraba un dorado sol de invierno. Pocos instantes después, apareció Bautista en el cuarto, de puntillas.

---

[1] *tupidas*, heavy.
[2] *muslo*, thigh.
[3] *lo pasado*, what had happened.
[4] *vamos*, I see; see Translation Aid XII, No. 1, p. 516.
[5] *sentía . . . débil*, felt dizzy.
[6] *reconoció . . . herida*, examined Martin's wound.
[7] *descorrió*, drew.

— Hola, Bautista — dijo Martín burlonamente —. ¿Qué te ha parecido nuestra primera aventura de guerra? ¿Eh?

— ¡Hombre! A mí, bien [8] — contestó el cuñado —. A ti quizá no te haya parecido tan bien.

— ¡Pse! Ya hemos salido [9] de ésta.

La muchacha de los ojos negros, a quien al principio no reconoció [10] Martín, era la señorita a quien habían hecho bajar del coche los de la partida del Cura y después se había fugado con ellos en compañía de su madre.

Esta señorita le contó a Martín cómo le llevaron hasta Hernani y [10] le extrajeron la bala.

— Y yo no me he dado cuenta de todo esto — dijo Martín —. ¿Cuánto tiempo llevo [11] en la cama?

— Cuatro días ha estado usted con una fiebre altísima.

— ¿Cuatro días?

— Sí.

— Por eso estoy rendido. ¿Y su madre de usted?

— También ha estado enferma, pero ya se levanta.[12]

— Me alegro mucho. ¿Sabe usted? Es raro — dijo Martín — no me parece usted la misma que vino en la carretera con nosotros.   20

— ¿No?

— No.

— ¿Y por qué? [13]

— Le brillaban a usted los ojos de una manera tan rara, así como [14] dura. . . .

— ¿Y ahora no?

— Ahora no, ahora me parecen sus ojos muy suaves.

La muchacha se ruborizó sonriendo.

— La verdad es — dijo Bautista — que has tenido suerte. Esta señorita te ha cuidado como a un rey.   30

— ¡Qué menos podía hacer por uno de nuestros salvadores! — exclamó ella ocultando su confusión —. Oh, pero no hable usted tanto. Para el primer día es demasiado.

— Una pregunta sólo — dijo Martín.

— Veamos la pregunta — contestó ella.

— Quisiera saber cómo se llama usted.

[8] *A . . . bien,* I liked it; see Translation Aid XVI, No. 2, p. 525.
[9] *salido,* recovered.
[10] *no reconoció,* had not recognized.
[11] *llevo,* have I been.
[12] *se levanta,* she is up.
[13] *¿por qué?,* why not?
[14] *así como,* somewhat.

— Rosa Briones.

— Muchas gracias, señorita Rosa — murmuró.

— ¡Oh! no me llame usted señorita. Llámeme usted Rosa o Rosita, como me dicen en casa.

— Es que [15] yo no soy caballero — repuso Martín.

— ¡Pues si usted no es caballero, quién lo será! [16] — dijo ella.

Martín se sintió halagado y, como Rosa le indicó que callara, llevándose el dedo a los labios, cerró los ojos. . . .

La convalecencia de Martín fué muy rápida, tanto, que a él le pareció
10 que se curaba [17] demasiado pronto.

Bautista, al ver a su cuñado en vísperas de levantarse y en buenas manos, como dijo algo irónicamente, se fué a Francia a reunirse con Capistun y a seguir con los negocios.

Rosita, durante la convalecencia, tuvo largas conversaciones con Martín. Era de Logroño, donde vivía con su madre. Doña Pepita era la causante de la desdichada aventura. A ella se le ocurrió ir a Villabona, para ver a su hijo, que le habían dicho que se encontraba herido en este pueblo. Afortunadamente, la noticia era falsa.

Doña Pepita, la madre de Rosita, era una señora romántica, con unas
20 ideas absurdas. Adoraba a su hijo, vivía temblando de que le pasara algo, pero, a pesar de todo, había querido que fuera militar. Al decidir la aventura que terminó con la detención [18] de la diligencia y al oír las observaciones de su hija al malhadado [19] proyecto, había contestado:

— Los carlistas son españoles y caballeros y no pueden hacer daño a unas señoras.

Martín llegó a convencerse [20] de que la buena señora tenía una imposibilidad irreductible [21] para enterarse de las cosas. Lo veía todo a su gusto y se convencía de que los hechos eran como se los había pintado su fantasía. Si de la madre cualquiera hubiese dicho que le
30 faltaba un tornillo,[22] no podía decirse lo mismo de su hija. Ésta era lista y avispada [23] como pocas; tenía un juicio rápido, seguro y claro.

Muchas veces, para distraer al herido, Rosa le leyó novelas de Dumas y poesías de Bécquer. Martín nunca había oído versos y le hicieron

---

[15] *Es que*, But.
[16] *quién lo será*, I wonder who is; see Translation Aid XVIII, No. 1, c, p. 528.
[17] *se curaba*, he was recovering.
[18] *detención*, stopping.
[19] *malhadado*, ill-starred.
[20] *llegó a convencerse*, was finally convinced.
[21] *tenía . . . irreductible*, absolutely lacked ability (to get things straight).
[22] *le . . . tornillo*, she had a screw loose.
[23] *avispada*, clever, quick witted.

un efecto admirable, pero lo que más le sorprendió fué la discreción de los comentarios de Rosita.   No se le escapaba nada.

Pronto Martín pudo levantarse y, cojeando, andar por la casa.   Un día que [24] contaba su vida y sus aventuras, Rosita le preguntó de pronto:

— ¿Y Catalina quién es?   ¿Es su novia de usted?

— Sí.   ¿Cómo lo sabe usted?

— Porque ha hablado usted mucho de ella durante el delirio.

— ¡Ah!

— ¿Y es guapa?

— ¿Quién?   10

— Su novia.

— Sí, creo que sí.

— ¿Cómo?   ¿Cree usted nada más?

— Es que [25] la conozco desde chico [26] y estoy tan acostumbrado a verla que casi no sé cómo es. [27]

— ¿Pero no está usted enamorado de ella?

— No sé, la verdad. [28]

— ¡Qué cosa más rara!   ¿Qué tipo tiene?

— Es así [29] . . . algo rubia . . .

— ¿Y tiene hermosos ojos?   20

— No tanto como usted — dijo Martín.

A Rosita Briones le centellearon [30] los ojos y envolvió a Martín en una de sus miradas enigmáticas.

Una tarde se presentó en Hernani el hermano de Rosita.

Era un joven fino, atento, pero poco comunicativo.

Doña Pepita le puso [31] a Zalacaín delante de su hijo como un salvador, como un héroe.

Al día siguiente, Rosita y su madre iban a San Sebastián, para marcharse desde allí a Logroño.

Les [32] acompañó Martín y su despedida fué muy afectuosa.   Doña 30 Pepita le abrazó y Rosita le estrechó la mano varias veces y le dijo imperiosamente:

— Vaya [33] usted a vernos.

---

[24] *que*, when.
[25] *Es que*, Well.
[26] *chico*, childhood.
[27] *cómo es*, what she is like.
[28] *la verdad*, to tell the truth.
[29] *Es así*, Well, she is. . . .
[30] *centellearon*, flashed.
[31] *puso*, set up.
[32] *Les*, see Translation Aid XVIII, No. 3, p. 529.
[33] *Vaya*, Come.

— Sí, ya iré.

— Pero que sea de veras. [34]

Los ojos de Rosita prometían mucho.

Al marcharse [35] madre e hija, Martín pareció despertar de un sueño; se acordó de sus negocios, de su vida, y sin pérdida de tiempo se fué a Francia.

CAPÍTULO VI

CÓMO MARTÍN ZALACAÍN BUSCÓ NUEVAS AVENTURAS

Una noche de invierno llovía en las calles de San Juan de Luz; algún mechero [1] de gas temblaba a impulsos del viento, y de las puertas de las tabernas salían voces y sonido de acordeones.

En Socoa, que es el puerto de San Juan de Luz, en una taberna de marineros, cuatro hombres, sentados en una mesa, charlaban. De cuando en cuando, uno de ellos abría la puerta de la taberna, avanzaba en el muelle silencioso, miraba al mar y al volver decía:

— Nada, la *Fleche* no viene aún.

El viento silbaba en bocanadas [2] furiosas sobre la noche y el mar negros,[3] y se oía el ruido de las olas azotando la pared del muelle.

En la taberna, Martín, Bautista, Capistun y un hombre viejo, a quien llamaban Ospitalech, hablablan; hablaban de la guerra carlista, que seguía como una enfermedad crónica sin resolverse.

— La guerra acaba — dijo Martín.

— ¿Tú crees? [4] — preguntó el viejo Ospitalech.

— Sí, esto marcha mal, y yo me alegro — dijo Capistun.

— No, todavía hay esperanza — repuso Ospitalech.

— El bombardeo de Irún ha sido un fracaso completo para los carlistas — dijo Martín —. ¡Y qué esperanzas tenían todos estos legitimistas franceses! Hasta los hermanos de la Doctrina Cristiana habían dado vacaciones a los niños para que fuesen a la frontera a ver el espectáculo. ¡Canallas! Y ahí vimos a ese arrogante don Carlos, con sus terribles batallones, echando granadas y granadas,[5] para tener luego que escaparse corriendo hacia Vera.

— Si la guerra se pierde, nos arruinamos — murmuró Ospitalech.

[34] *que . . . veras*, really do it.
[35] *Al marcharse*, At the departure of.

[1] *algún mechero*, an occasional lamp.
[2] *bocanadas*, gusts.
[3] *negros*, modifies both *noche* and *mar*.
[4] *crees*, add: so.
[5] *echando . . . granadas*, shooting shell after shell.

Capistun estaba tranquilo, pensaba retirarse a vivir a su país; Bautista, con las ganancias del contrabando, había extendido sus tierras. De los tres, Zalacaín no estaba contento. Si no le hubiese retenido el pensamiento de encontrar a Catalina, se hubiera ido a América.

Llevaba ya más de un año sin saber nada de su novia; [6] en Urbia se ignoraba su paradero,[7] se decía que doña Agueda había muerto, pero no se hallaba confirmada la noticia.

De estos cuatro hombres de la taberna de Socoa, los dos contentos, Bautista y Capistun, charlaban; los otros dos rabiaban y se miraban sin hablarse. Afuera llovía y venteaba.[8]   10

— ¿Alguno de vosotros se encargaría de un negocio difícil, en que hay que exponer la pelleja? — preguntó de pronto Ospitalech.

— Yo no — dijo Capistun.

— Ni yo — contestó distraídamente Bautista.

— ¿De qué se trata? — preguntó Martín.

— Se trata de hacer un recorrido [9] por entre las filas carlistas y conseguir que [10] varios generales y, además, el mismo don Carlos, firmen unas letras.[11]

— ¡Demonio! No es fácil la cosa — exclamó Zalacaín.

— Ya lo sé que no; [12] pero se pagaría bien.   20

— ¿Cuánto?

— El patrón ha dicho que daría el veinte por ciento, si le trajeran las letras firmadas.

— ¿Y a cuánto asciende el valor de las letras?

— ¿A cuánto? No sé de seguro la cantidad. ¿Pero es que tú irías?

— ¿Por qué no? Si se gana mucho . . .

— Pues entonces espera un momento. Parece que llega el barco, luego hablaremos.

Efectivamente, se había oído en medio de la noche un agudo silbido. Los cuatro salieron al puerto y se oyó el ruido de las aguas removidas 30 por una hélice,[13] y luego aparecieron unos marineros en la escalera del muelle, que sujetaron la amarra [14] en un poste.

— ¡Eup! [15] Manisch — gritó Ospitalech.

---

[6] *Llevaba . . . novia,* He had heard nothing from his sweetheart for more than a year.

[7] *paradero,* whereabouts.

[8] *venteaba,* the wind was blowing.

[9] *recorrido,* expedition.

[10] *conseguir que,* succeed in getting.

[11] *letras,* drafts.

[12] *no,* it isn't.

[13] *hélice,* propeller.

[14] *amarra,* cable.   [15] *¡Eup!* Hello!

— ¡Eup! — contestaron desde el mar.

—¿Todo bien?

— Todo bien — respondió la voz.

— Bueno, entremos — añadió Ospitalech — que la noche está de perros.[16]

Volvieron a meterse en la taberna los cuatro hombres, y poco después se unieron a ellos Manisch, el patrón del barco la *Fleche*, que al entrar se quitó el sudeste,[17] y dos marineros más.

— ¿De manera que tú estás dispuesto a encargarte de ese asunto?
10 — preguntó Ospitalech a Martín.

— Sí.

— ¿Solo?

— Solo.

— Bueno, vamos a dormir. Por la mañana iremos a ver al principal [18] y te dirá lo que se puede ganar.

Los marineros de la *Fleche* comenzaban a beber, y uno de ellos cantaba, entre gritos y patadas, la canción de *Les matelots de la Belle Eugénie*.

Al día siguiente, muy temprano, se levantó Martín y con Ospitalech tomó el tren para Bayona. Fueron los dos a casa de un judío que
20 se llamaba Levi-Álvarez. Era éste un hombre bajito,[19] entre rubio y canoso,[20] con la nariz arqueada,[21] el bigote blanco y los anteojos de oro. Ospitalech era dependiente del señor Levi-Álvarez y contó a su principal cómo Martín se brindaba a realizar la expedición difícil de entrar en el campo carlista para volver con las letras [22] firmadas.

— ¿Cuánto quiere usted por eso? — preguntó Levi-Álvarez.

— El veinte por ciento.

— ¡Caramba! Es mucho.

— Está bien, no hablemos, me voy.

— Espere usted. ¿Sabe usted que las letras ascienden a ciento
30 veinte mil duros? El veinte por ciento sería una cantidad enorme.

— Es lo que me ha ofrecido Ospitalech. Eso o nada.

— ¡Qué barbaridad! No tiene usted consideración . . .

— Es mi última palabra. Eso o nada.

— Bueno, bueno. Está bien. ¿Sabe usted que si tiene suerte se va usted a ganar veinticuatro mil duros . . .?

— Y si no me pegarán un tiro.

[16] *la . . . perros*, it's a beastly night.
[17] *sudeste*, sou'wester.
[18] *principal*, chief.
[19] *bajito*, very short.
[20] *canoso*, gray.
[21] *arqueada*, hooked.
[22] *letras*, drafts.

— Exacto. ¿Acepta usted?

— Sí, señor, acepto.

— Bueno. Entonces estamos conformes.

— Pero yo exijo que usted me formalice este contrato por escrito — dijo Martín.

— No tengo inconveniente.

El judío quedó un poco perplejo y, después de vacilar un poco, preguntó:

— ¿Cómo quiere usted que lo haga?

— En pagarés[23] de mil duros cada uno.   10

El judío, después de vacilar, llenó los pagarés y puso los sellos.

— Si cobra usted — advirtió — de cada pueblo me puede usted ir enviando las letras.

— ¿No las podría depositar en los pueblos en casa del notario?

— Sí, es mejor. Un consejo.[24] En Estella no vaya usted donde[25] el ministro de la guerra. Preséntese usted al general en jefe y le entrega usted las cartas.

— Eso haré.

— Entonces, adiós, y buena suerte.

Martín fué a casa de un notario de Bayona, le preguntó si los pagarés[20] estaban en regla[26] y, habiéndole dicho que sí,[27] los depositó bajo recibo.

El mismo día se fué a Zaro.

— Guardadme este papel — dijo a Bautista y a su hermana, dándoles el recibo —. Yo me voy.

— ¿Adónde vas? — preguntó Bautista.

Martín le explicó sus proyectos.

— Eso es un disparate — dijo Bautista — te van a matar.

— ¡Ca!

— Cualquiera de la partida del Cura que te vea te denuncia.

— No está ninguno en España. La mayoría andan[28] por Buenos[30] Aires. Algunos los tienes por aquí, por Francia, trabajando.

— No importa, es una barbaridad lo que quieres hacer.

— ¡Hombre! Yo no obligo a nadie a que venga conmigo — dijo Martín.

— Es que[29] si tú crees que eres el único capaz de hacer eso, estás equivocado — replicó Bautista —. Yo voy donde otro vaya.

[23] *pagarés*, promissory notes; also l. 20.
[24] *Un consejo*, A bit of advice.
[25] *donde*, to the office of.
[26] *en regla*, in order.
[27] *sí*, they were; understood: *estaban.*
[28] *andan*, are.
[29] *Es que*, But.

— No digo que no.

— Pero parece que dudas.

— No, hombre, no.

— Sí, sí, y para que veas que no hay tal cosa, te voy a acompañar. No se dirá que un vasco francés no se atreve a ir donde vaya un vasco español.

— Pero hombre, tú estás casado — repuso Martín.

— No importa.

— Bueno, ya veo que lo que tú quieres es acompañarme. Iremos 10 juntos, y, si conseguimos traer las letras firmadas te daré algo.

— ¿Cuánto?

— Ya veremos.

— ¡Qué granuja [30] eres! — exclamó Bautista — ¿para qué quieres tanto dinero?

— ¿Qué sé yo? [31] Ya veremos. Yo tengo en la cabeza algo. ¿Qué? No lo sé, pero sirvo [32] para alguna cosa. Es una idea que se me ha metido en la cabeza hace poco.

— ¿Qué demonio de ambición tienes?

— No sé, chico, no sé — contestó Martín — pero hay gente que 20 se considera como un cacharro [33] viejo, que lo mismo puede servir de taza que de escupidera. [34] Yo no, yo siento en mí, aquí dentro, algo duro y fuerte . . . no sé explicarme.

A Bautista le extrañaba esta ambición obscura de Martín, porque él era claro y ordenado y sabía muy bien lo que quería.

Dejaron esta cuestión y hablaron del recorrido [35] que tenían que hacer.

Éste comenzaría yendo [36] en el vaporcito la *Fleche* a Zumaya y siguiendo de aquí a Azpeitia, de Azpeitia a Tolosa y de Tolosa a Estella. Para no llevar la lista de todas las personas a quienes tenían que ver y estar consultando a cada paso lo que podía comprometerles, Bau- 30 tista, que tenía magnífica memoria, se la aprendió de corrido; [37] cosieron las letras [38] entre el cuero de las polainas [39] y por la noche se embarcaron.

Entraron en el vaporcito de la *Fleche* en Socoa y se echaron al mar.

[30] *granuja*, rascal.
[31] *¿Qué sé yo?* I don't know.
[32] *sirvo*, I am good.
[33] *cacharro*, dish.
[34] *escupidera*, spittoon.
[35] *recorrido*, excursion.
[36] *yendo*, by going.
[37] *de corrido*, quickly.
[38] *letras*, drafts.
[39] *polainas*, leggings.

Bautista y Zalacaín pasaron la travesía metidos en un camarote pequeño dando tumbos.[40]

Al amanecer, el piloto vió hacia el cabo de Machichaco un barco que le pareció de guerra, y forzando la marcha entró en Zumaya.

Varias compañías carlistas salieron al puerto dispuestas a comenzar el fuego, pero cuando reconocieron el barco francés se tranquilizaron. Después de desembarcar, la memoria admirable de Bautista indicó las personas a quienes tenían que visitar en este pueblo. Eran tres o cuatro comerciantes. Los buscaron, firmaron las letras, compraron los viajeros dos caballos, se agenciaron [41] un salvoconducto; [42] y por 10 la tarde, después de comer, Martín y Bautista se encaminaron por la carretera de Cestona.

Pasaron por el pueblecito de Oiquina, constituido por unos cuantos caseríos colocados al borde del río Urola, luego por Aizarnazábal y en la venta de Iraeta, cerca del puente, se detuvieron a cenar.

La noche se echó pronto encima.[43] Cenaron Martín y Bautista y discutieron si sería mejor quedarse allí o seguir adelante, y optaron por [44] esto último.

Montaron en sus jamelgos,[45] y al echar a andar vieron que de una casa próxima al puente de Iraeta salía un coche arrastrado por cuatro 20 caballos. El coche comenzó a subir el camino de Cestona al trote. Este trozo de camino, desde Iraeta a Cestona, pasa entre dos montes y tiene en el fondo el río. De noche, sobre todo, el tal paraje es triste y siniestro.

Martín y Bautista, por ese sentimiento de fraternidad que se siente en las carreteras solitarias, quisieron acercarse al coche y ponerse al habla [46] con el cochero, pero sin duda el cochero tenía razones para no querer compañía, porque, al notar que le seguían, puso los caballos al trote largo y luego los hizo galopar.

Así, el coche delante y Martín y Bautista detrás, subieron a Cestona, 30 y al llegar aquí el coche dió una vuelta rápida y poco después echó un fardo al suelo.

— Es algún contrabandista [47] — dijo Martín.

Efectivamente, lo era; hablaron con él y el hombre les confesó que había estado dispuesto a dispararles al ver que le perseguían. Mar-

[40] *dando tumbos*, pitching and tossing.
[41] *se agenciaron*, secured.
[42] *salvoconducto*, safe conduct.
[43] *se . . . encima*, soon fell.
[44] *optaron por*, decided in favor of.
[45] *jamelgos*, nags.
[46] *ponerse al habla*, engage in conversation.
[47] *contrabandista*, smuggler.

charon los tres a la posada, ya hechos [48] amigos, y Martín fué a ver a un confitero [49] carlista de la calle Mayor.

Durmieron en la posada de Blas y muy de mañana Zalacaín y Bautista se prepararon a seguir su camino.

Se detuvieron en Lasao, en la posesión de un barón carlista, a hacer que su administrador firmara un documento y siguieron bordeando [50] el Urola hasta Azpeitia.

El tercer día, cogieron el camino de Vidania, y llegaron a Tolosa, en donde estuvieron unas horas.

10 De Tolosa fueron a dormir a un pueblo próximo. Les dijeron que por allá andaba una partida, y prefirieron seguir adelante. Esta partida, días antes, había apaleado bárbaramente a unas muchachas, porque no quisieron bailar con unos cuantos de aquellos foragidos. [51] Dejaron el pueblo, y, unas veces al trote y otras al paso, llegaron hasta Amezqueta, en donde se detuvieron.

CAPÍTULO VII

Varias anécdotas de Fernando de Amezqueta y llegada a Estella

En Amezqueta entraron en la posada próxima al juego [1] de pelota. Llovía, hacía frío y se refugiaron al lado de la lumbre.

Había entre los reunidos en la venta un campesino chusco, [2] que se puso a contar historias. El campesino, al entrar [3] otros dos en la 20 cocina, sacó su gran pañuelo a cuadros y comenzó a dar con él en las mesas y en las sillas, como si estuviera espantando moscas.

— ¿Qué hay? — le dijo Martín —. ¿Qué hace usted?

— Estas moscas fastidiosas — contestó el campesino seriamente.

— Pero si [4] no hay moscas.

— Sí las hay, sí — replicó el hombre, dando [5] de nuevo con el pañuelo.

El posadero advirtió, riendo, a Martín y a Bautista que, como en Amezqueta había tantas moscas de macho, [6] a los del pueblo les llama-

[48] *hechos*, become.
[49] *confitero*, confectioner.
[50] *bordeando*, skirting.
[51] *foragidos*, outlaws.

[1] *juego*, court.
[2] *chusco*, droll.
[3] *al entrar*, use "when" clause.
[4] *si*, do not translate.
[5] *dando*, striking out.
[6] *moscas de macho*, horse flies.

ban, en broma, *euliyac* (las moscas), y que por eso el tipo aquel chistoso sacudía las mesas y las sillas con el pañuelo, al entrar dos amezquetanos.

Rieron Martín y Bautista, y el campesino contó una porción de historias y de anécdotas.

— Yo no sé contar nada — dijo el hombre varias veces —. ¡Si estuviera Fernando!

— ¿Y quién era Fernando? — preguntó Martín.

— ¿No habéis oído vosotros hablar de Fernando de Amezqueta?

— No.

— ¡Ah! Pues era el hombre más gracioso de toda esta provincia. ¡Las cosas que contaba aquel hombre!

Martín y Bautista le instaron para que contara alguna historia de Fernando de Amezqueta, pero el campesino se resistía, porque aseguraba que oírle a él contar estas chuscadas [7] no daba más que una pálida idea de las salidas [8] de Fernando.

Sin embargo, a instancias de los dos, el campesino contó esta anécdota en vascuence:

«Un día Fernando fué a casa del señor cura de Amezqueta, que era amigo suyo y le convidaba a comer con frecuencia. Al entrar en la casa, husmeó [9] desde la cocina y vió que el ama estaba limpiando dos truchas: [10] una, hermosa, de cuatro libras lo menos, y la otra, pequeñita, que apenas tenía carne. Pasó Fernando a ver al señor cura, y éste, según su costumbre, le convidó a comer. Se sentaron a la mesa el señor cura y Fernando. Sacaron dos sopas y Fernando comió de las dos; luego sacaron el cocido, después una fuente de berzas con morcilla [11] y, a llegar al principio, [12] Fernando se encontró con que, en vez de poner la trucha grande, la condenada del [13] ama había puesto la pequeña, que no tenía más que raspa. [14]

— Hombre, trucha — exclamó Fernando — le voy a hacer una pregunta.

— ¿Qué le vas a preguntar? — dijo el cura riendo, en espera de un chiste.

— Le voy a preguntar a ver si por los demás peces que ha conocido se ha enterado algo de cómo están mis parientes al otro lado del mar, allí en América. Porque estas truchas saben mucho.

[7] *chuscadas,* jokes.
[8] *salidas,* witty remarks.
[9] *husmeó,* sniffed something.
[10] *truchas,* trout.
[11] *berzas . . . morcilla,* cabbage with blood sausage.
[12] *principio,* entrée.
[13] *la . . . del,* that confounded.
[14] *raspa,* bones.

— Hombre, sí, pregúntale.

Cogió Fernando la fuente en donde estaba la trucha y se la puso delante, luego acercó el oído muy serio y escuchó.

— ¿Qué, contesta algo? — dijo burlonamente el ama del cura.

— Sí, ya va contestando, ya va contestando.

— ¿Y qué dice?   ¿Qué dice? — preguntó el cura.

— Pues dice — contestó Fernando — que es muy pequeña, pero que ahí, en esa despensa,[15] hay guardada una trucha muy grande y que ella debe de saber mejores noticias de mis parientes.»

10   Una muchacha que estaba en la cocina, al oír la anécdota, se echó a reír con una risa aguda y comunicó su risa a todos.

Estaban oyendo los comentarios cuando se presentó en la venta un señor rubio, que, al ver a Bautista y a Martín, se les quedó mirando atentamente.

— ¡Pero son ustedes!

— Usted es el de . . .

— El mismo.

Era el extranjero a quien habían libertado de las garras del Cura.

— ¿A qué vienen ustedes por aquí? — preguntó el extranjero.

20   — Vamos a Estella.

— ¿De veras?

— Sí.

— Yo también.   Iremos juntos.   ¿Conocen ustedes el camino?

— No.

— Yo sí.[16]   He estado ya una vez.

— Pero, ¿qué hace usted andando siempre por estos parajes? — le preguntó Martín.

— Es mi oficio — le dijo el extranjero.

— Pues, ¿qué es usted, si se puede saber? [17]

30   — Soy periodista.   La fuga aquella me sirvió para hacer un artículo interesantísimo.   Hablaba de ustedes dos y de aquella señorita morena.   ¡Qué chica más valiente, eh!

— Ya lo creo.

— Pues, si no tienen ustedes reparo, iremos juntos a Estella.

— ¿Reparo?   Al revés.   Satisfacción y grande.

Quedaron de acuerdo en marchar juntos.

A las siete de la mañana, hora en que empezó a aclarar, salieron los tres, atravesaron el túnel de Lizárraga y comenzaron a descender hacia la llanada [18] de Estella.   El extranjero montaba en un borriquillo,

---

[15] *despensa,* pantry.

[16] *Yo sí,* I do; see Translation Aid XVI, No. 3, a, p. 525.

[17] *si . . . saber,* if I may ask.   [18] *llanada,* plain.

que marchaba casi más de prisa que los matalones [19] en que iban Martín y Bautista. El camino serpenteaba [20] subiendo el desnivel [21] de la sierra de Andía.

Atravesaron posiciones ocupadas por batallones carlistas. Entre los jefes había muchos extranjeros con flamantes [22] uniformes austriacos, italianos y franceses, un tanto carnavalescos.[23]

A media tarde comieron en Lezaun y, arreando las caballerías, pasaron por Abarzuza. El extranjero explicó al paso la posición respectiva de liberales y carlistas en la batalla de Monte Muru y el sitio donde se desarrolló lo más fuerte de la acción, en la que murió el general Concha.

Al anochecer llegaron cerca de Estella.

Mucho antes de entrar en la corte [24] carlista encontraron una compañía con un teniente que les ordenó detenerse. Mostraron los tres su pasaporte.

Al llegar cerca del convento de Recoletos, era ya de noche.

— ¿Quién vive? — gritó el centinela.

— España.

— ¿Qué gente?

— Paisanos.

— Adelante.

Volvieron a mostrar sus documentos al cabo [25] de guardia y entraron en la ciudad carlista.

CAPÍTULO VIII

Cómo Martín paseó de noche por Estella

Pasaron por el portal de Santiago, entraron en la calle Mayor y preguntaron en la posada si había alojamiento.[1]

Una muchacha apareció en la escalera.

— Está la casa llena — dijo —. No hay sitio para tres personas, sólo una podría quedarse.

— ¿Y las caballerías? — preguntó Bautista.

— Creo que hay sitio en la cuadra.[2]

[19] *matalones*, nags.
[20] *serpenteaba*, wound.
[21] *desnivel*, slope.
[22] *flamantes*, brand new.
[23] *un . . . carnavalescos*, somewhat gaudy.
[24] *corte*, capital.
[25] *cabo*, corporal.

[1] *alojamiento*, room.   [2] *cuadra*, stable.

Fué la muchacha a verlo y Martín dijo a Bautista.

— Puesto que hay sitio para una persona, tú te puedes quedar aquí. Vale más que estemos separados y que hagamos ³ como si no nos conociéramos.

— Sí, es verdad — contestó Bautista.

— Mañana, a la mañana, en la plaza nos encontraremos.

— Muy bien.

Vino la muchacha y dijo que había sitio en la cuadra para los jacos.⁴

Entró Bautista en la casa con las caballerías, y el extranjero y Martín
10 fueron, preguntando, a otra posada del paseo de los Llanos, donde les dieron alojamiento.

Llevaron a Martín a un cuarto desmantelado ⁵ y polvoriento,⁶ en cuyo fondo ⁷ había una alcoba estrecha, con las paredes cubiertas de unas manchas negras de humo.

Martín sacó la carta de Levi-Álvarez y el paquete de letras cosido en el cuero de la bota y separó las ya aceptadas y firmadas, de las otras. Como estas todas eran para Estella, las encerró en un sobre y escribió: «Al general en jefe del ejército carlista.»

— ¿Será prudente — se dijo — entregar estas letras sin garantía
20 alguna?

No pensó mucho tiempo, porque comprendió en seguida que era una locura pedir recibo o fianza.⁸

— La verdad es que, si no quieren firmar, no puedo obligarles, y si me dan un recibo y luego se les ocurre quitármelo, con prenderme están al cabo de la calle.⁹ Aquí hay que hacer ¹⁰ como si a uno le fuera indiferente la cosa y, si sale bien, aprovecharse de ella, y si no, dejarla.

Esperó a que se secara el sobre. Salió a la calle. Vió en la calle un sargento y, después de saludarle, le preguntó:

— ¿Dónde se podrá ver al general?
30 — ¿A qué general?

— Al general en jefe. Traigo unas cartas para él.

— Estará probablemente paseando en la plaza. Venga usted.

Fueron a la plaza. En los arcos, a la luz de unos faroles tristes de petróleo, paseaban algunos jefes carlistas. El sargento se acercó al grupo y, encarándose con uno de ellos, dijo:

³ *hagamos*, we act.
⁴ *jacos*, ponies.
⁵ *desmantelado*, shabby.
⁶ *polvoriento*, dusty.
⁷ *en . . . fondo*, in the back of which.
⁸ *fianza*, security.
⁹ *con . . . calle*, all they have to do is arrest me.
¹⁰ *hacer*, to act.

— Mi general.

— ¿Qué hay?

— Este paisano, que trae unas cartas para el general en jefe.

Martín se acercó y entregó los sobres. El general carlista se arrimó a un farol y los abrió. Era el general un hombre alto, flaco, de unos cincuenta años, de barba negra, con el brazo en cabestrillo.[11] Llevaba una boina grande de gascón con una borla.

— ¿Quién ha traído esto? — preguntó el general con voz fuerte.

— Yo — dijo Martín.

— ¿Sabe usted lo que venía aquí dentro?

— No, señor.

— ¿Quién le ha dado a usted estos sobres?

— El señor Levi-Álvarez de Bayona.

— ¿Cómo ha venido usted hasta aquí?

— He ido de San Juan de Luz a Zumaya en barco, de Zumaya aquí a caballo.

— ¿Y no ha tenido usted ningún contratiempo[12] en el camino?

— Ninguno.

— Aquí hay algunos papeles que hay que entregar al rey. ¿Quiere usted entregarlos o que se los entregue yo?

— No tengo más encargo que dar estos sobres y, si hay contestación, volverla a Bayona.

— ¿No es usted carlista? — preguntó el general, sorprendido del tono de indiferencia de Martín.

— Vivo en Francia y soy comerciante.

— Ah, vamos, es usted francés.

Martín calló.

— ¿Dónde para[13] usted? — siguió preguntando el general.

— En una posada de ese paseo. . . .

— ¿Del paseo de los Llanos?

— Creo que sí. Así se llama.

— ¿Hay una administración[14] de coches en el portal? ¿No?

— Sí, señor.

— Entonces, es la misma. ¿Piensa usted estar muchos días en Estella?

— Hasta que me digan si hay contestación o no.

— ¿Cómo se llama usted?

— Martín Tellagorri.

[11] *cabestrillo*, sling.
[12] *contratiempo*, mishap.
[13] *para*, are you stopping.
[14] *administración*, office.

— Está bien. Puede usted retirarse.

Saludó Martín y se fué a la posada. A la puerta se encontró con
el extranjero.

— ¿Dónde se mete usted? [15] — le dijo —. Le andaba buscando.

— He ido a ver al general en jefe.

— ¿De veras?

— Sí.

— ¿Y le ha visto usted?

— Ya lo creo. Y le he dado las cartas que traía para él.

10 — ¡Demonio! Eso sí que es ir de prisa. No le quisiera tener a
usted de rival en un periódico. ¿Qué le ha dicho a usted?

— Ha estado muy amable.

— Tenga usted cuidado, por si acaso.[16] Mire usted que [17] éstos
son unos [18] bandidos.

— Le he indicado que soy francés.

— Bah, no importa. Este verano han fusilado a un periodista
alemán amigo mío. Tenga usted cuidado.

— ¡Oh! Lo tendré.

CAPÍTULO IX

Cómo transcurrió el segundo día en Estella

Conformes Martín y Bautista,[1] se encontraron en la plaza. Martín
20 consideró que no convenía que le viesen hablar con su cuñado, y para
decir lo hecho por él [2] la noche anterior escribió en un papel su entrevista con el general.

Luego se fué a la plaza. Tocaba la charanga.[3] Había unos soldados
formados.[4] En el balcón de una casa pequeña, enfrente de la iglesia
de San Juan, estaba don Carlos con algunos de sus oficiales.

Esperó Martín a ver a Bautista y cuando le vió le dijo:

— Que no nos vean juntos — y le entregó el papel.

Bautista se alejó, y poco después se acercó de nuevo a Martín y le
30 dió otro pedazo de papel.

[15] ¿Dónde . . . usted? Where have you been?
[16] por si acaso, just in case.
[17] que, omit in translation.
[18] unos, a bunch of; see Translation Aid XII, No. 2, a, p. 516.

[1] Conformes . . . Bautista, As Martin and Bautista had agreed.
[2] lo . . . él, what he had done.
[3] charanga, brass band.
[4] formados, in formation.

— ¿Qué pasará? [5] — se dijo Martín.

Se fué de la plaza, y cuando se vió solo, leyó el papel de Bautista que decía:

Ten cuidado. Está aquí el Cacho de sargento. No andes por el centro del pueblo.

La advertencia de Bautista la [6] consideró Martín de gran importancia. Sabía que el Cacho le odiaba y que colocado en una posición superior, podía vengar sus antiguos rencores con toda la saña de aquel hombre pequeño, violento y colérico.

Martín pasó por el puente del Azucarero contemplando el agua verdosa [7] del río. Al llegar a la plazoleta donde comienza la Rúa Mayor del pueblo viejo, Martín se detuvo frente al palacio del duque de Granada, convertido en cárcel, a contemplar una fuente con un león tenante [8] en medio, en cuyas garras sujeta un escudo de Navarra.

Estaba allí parado,[9] cuando vió que se le acercaba el extranjero.

— ¡Hola, querido Martín! — le dijo.

— ¡Hola! ¡Buenos días!

— ¿Va usted a echar un vistazo por [10] este viejo barrio?

— Sí.

— Pues iré con usted.

Tomaron por la Rúa Mayor, la calle principal del pueblo antiguo. A un lado y a otro [11] se levantaban hermosas casas de piedra amarilla, con escudos y figuras talladas.

Luego, terminada la Rúa,[12] siguieron por la calle de Curtidores. Las antiguas casas solariegas [13] mostraban sus grandes puertas cerradas; en algunos portales, convertidos en talleres de curtidores, se veían filas de pellejos colgados y en el fondo el agua casi inmóvil del río Ega, verdosa y turbia.

Al final de esta calle se encontraron con la iglesia del Santo Sepulcro y se pararon a contemplarla. A Martín le pareció aquella portada de piedra amarilla, con sus santos desnarigados a pedradas,[14] una cosa algo grotesca, pero el extranjero aseguró que era magnífica.

---

[5] *¿Qué pasará?* I wonder what is the matter.

[6] *la* repeats the preceding direct object. See Translation Aid X, No. 1, c, p. 512.

[7] *verdosa,* greenish.

[8] *tenante,* supporter (of a shield).

[9] *parado,* standing.

[10] *echar . . . por,* look over.

[11] *A . . . otro,* At both sides.

[12] *terminada la Rúa,* the street having come to an end.

[13] *solariegas,* ancestral.

[14] *desnarigados a pedradas,* their noses knocked off by stoning.

— ¿De veras? — preguntó Martín.

— ¡Oh! ¡Ya lo creo!

— ¿Y la habrá hecho la gente de aquí? — preguntó Martín.

— ¿Le parece a usted imposible que los de Estella hagan una cosa buena? — preguntó riendo el extranjero.

— ¡Qué sé yo! No me parece que en este pueblo se haya inventado la pólvora.[15]

En una calle transversal, las paredes de las antiguas casas hidalgas derrumbadas[16] servían de cerca para los jardines. No se alejaron más porque a pocos pasos estaba ya la guardia. Volvieron y subieron a San Pedro de la Rúa, iglesia colocada en un alto, a la cual se llegaba por unas escaleras desgastadas,[17] entre cuyas losas crecía la hierba.

— Sentémonos aquí un momento — dijo el extranjero.

— Bueno, como usted quiera.

Desde allí se veía[18] casi todo Estella, y los montes que le rodean, abajo el tejado de la cárcel y en un alto la ermita del Puy. Una vieja limpiaba las escaleras de piedra de la iglesia con una escoba y cantaba a voz en grito:[19]

> ¡Adiós los Llanos de Estella.
> San Benito y Santa Clara,
> Convento de Recoletos
> donde yo me paseaba!

— Ya ve usted — dijo el extranjero — que, aunque a usted le parezca este pueblo tan desagradable, hay gente que le tiene cariño.

— ¿Quién? — dijo Martín.

— El que ha inventado esa canción.

— Era un hombre de mal gusto.

La vieja se acercó al extranjero y a Martín y entabló conversación con ellos. Era una mujer pequeña, de ojos vivos y tez tostada.

— ¿Usted será carlista? ¿Eh? — le preguntó el extranjero.

— Ya lo creo. En Estella todos somos carlistas y tenemos la seguridad de que vendrá don Carlos con ayuda de Dios.

— Sí, es muy probable.

— ¿Cómo probable?[20] — exclamó la vieja —. Es seguro. ¿Usted no será de aquí?

---

[15] *se . . . pólvora,* will ever set the world on fire.

[16] *derrumbadas,* tumbledown.

[17] *desgastadas,* worn.

[18] *se veía,* one could see; see Translation Aid II, No. 1, a, p. 500.

[19] *a . . . grito,* very loudly.

[20] *¿Cómo probable?* Only probable? See Translation Aid XVII, No. 1, a, p. 526.

— No, no soy español.

— Ah, vamos.[21]

Y la vieja, después de mirarle con curiosidad, siguió barriendo las escaleras.

— Creo que le ha tenido a usted lástima al saber [22] que no es usted español — dijo Martín.

— Sí, parece que sí — contestó el extranjero —. La verdad es que es triste que por ese estúpido hombre guapo se mate esta pobre gente.

— ¿Por quién lo dice usted, por don Carlos? — preguntó Martín.

— Sí.

— ¿Usted también cree que no es hombre de talento?

— ¡Qué va a ser! [23] Es un tipo vulgar sin ninguna condición.[24] Luego, no tiene idea de nada. Hablé con él cuando [25] el bombardeo de Irún, y no se puede usted figurar nada más plano y más opaco.

— Pues no lo diga usted por ahí, porque le hacen a usted pedazos. Estos bestias están dispuestos a morir por su rey.

— Oh, no lo diría. Además ¿para qué? No había de [26] convencer a nadie; unos son fanáticos y otros aventureros y ninguno está dispuesto a dejarse persuadir. Pero no crea usted que todos tienen un gran respeto ni por don Carlos ni por sus generales. ¿No ha oído usted en la posada que hablan algunas veces de don Bobo? Pues se refieren al Pretendiente.

Vieron el extranjero y Martín las otras iglesias del pueblo, la Peña de los Castillos y la parroquia de Santa María, y volvieron a comer.

CAPÍTULO X

Cómo los acontecimientos se enredaron, hasta el punto de que Martín durmió el tercer día de Estella en la cárcel.

Al día siguiente, por la noche, iba a acostarse Martín, cuando la posadera le llamó y le entregó una carta, que decía:

«Preséntese usted mañana de madrugada en la ermita del Puy, en donde se le devolverán las letras ya firmadas. El General en Jefe.» Debajo había una firma ilegible.

[21] *vamos*, I see.
[22] *saber*, learning.
[23] *¡Qué . . . ser!* Of course he isn't.
[24] *condición*, ability.
[25] *cuando*, at the time of.
[26] *No . . . de,* I would not.

Martín se metió la carta en el bolsillo, y viendo que la posadera no se marchaba de su cuarto, le preguntó:

— ¿Quería usted algo?

— Sí; nos han traído dos militares heridos y quisiéramos el cuarto de usted para uno de ellos. Si usted no tuviera inconveniente, le trasladaríamos abajo.

— Bueno, no tengo inconveniente.

Bajó a un cuarto del piso principal, que era una sala muy grande con dos alcobas. La sala tenía en medio un altar, iluminado con unas 10 lámparas tristes de aceite. Martín se acostó; desde su cama veía las luces oscilantes, pero estas cosas no influían en su imaginación, y quedó dormido.

Era más de [1] media noche, cuando se despertó algo sobresaltado. En la alcoba próxima se oían quejas, alternando con voces [2] de ¡Ay, Dios mío! ¡Ay, Jesús mío!

— ¡Qué demonio será esto! — pensó Martín.

Miró el reloj. Eran las tres. Se volvió a tender en la cama, pero con los lamentos no se pudo dormir y le pareció mejor levantarse. Se vistió y se acercó a la alcoba próxima, y miró por entre las cortinas. 20 Se veía vagamente a un hombre tendido en la cama.

— ¿Qué le pasa a usted? — preguntó Martín.

— Estoy herido — murmuró el enfermo.

— ¿Quiere usted alguna cosa?

— Agua.

A Martín le dió la impresión de conocer esta voz. Buscó por la sala una botella de agua, y como no había [3] en el cuarto, fué a la cocina. Al ruido de sus pasos, la voz de la patrona preguntó:

— ¿Qué pasa?

— El herido que quiere agua.

30 — Voy.[4]

La patrona apareció en enaguas,[5] y dijo, entregando a Martín una lamparilla:

— Alumbre usted.

Tomaron el agua y volvieron a la sala. Al entrar en la alcoba, Martín levantó el brazo, con lo que iluminó el rostro del enfermo y el suyo. El herido tomó el vaso en la mano, e incorporándose y mirando a Martín comenzó a gritar:

[1] *más de*, after.
[2] *voces*, cries.
[3] *no había*, there was none.
[4] *Voy*, I am coming. See Translation Aid XI, No. 3, p. 515.
[5] *enaguas*, petticoats.

— ¿Eres tú? ¡Canalla! ¡Ladrón! ¡Prendedle! ¡Prendedle!

El herido era Carlos Ohando.

Martín dejó la lamparilla sobre la mesa de noche.

— Márchese usted — dijo la patrona —. Está delirando.

Martín sabía que no deliraba; se retiró a la sala y escuchó, por si [6] Carlos contaba alguna cosa a la patrona. Martín esperó en su alcoba. En la sala, debajo del altar, estaba el equipaje de Ohando, consistente en un baúl y una maleta. Martín pensó que quizá Carlos guardara alguna carta de Catalina, y se dijo:

— Si esta noche encuentro una buena ocasión, descerrajaré [7] el baúl. 10

No la encontró. Iban a dar las cuatro de la mañana, cuando Martín, envuelto en su capote, se marchó hacia la ermita del Puy. Los carlistas estaban de maniobras. [8] Llegó al campamento de don Carlos, y, mostrando su carta, le dejaron pasar.

— El Señor [9] está con dos Reverendos Padres — le advirtió un oficial.

— Vayan al diablo el Señor y los Reverendos Padres — refunfuñó [10] Zalacaín —. La verdad es que este rey es un rey ridículo.

Esperó Martín a que despachara el Señor con los Reverendos, hasta que el rozagante [11] Borbón, con su aire de hombre bien cebado, salió 20 de la ermita, rodeado de su Estado Mayor. [12] Junto al Pretendiente iba una mujer a caballo, que Martín supuso sería [13] doña Blanca.

— Ahí está el Rey. Tiene usted que arrodillarse y besarle la mano — dijo el oficial.

Zalacaín no replicó.

— Y darle el título de Majestad.

Zalacaín no hizo caso.

Don Carlos no se fijó en Martín y éste se acercó al general, quien le entregó las letras firmadas. Zalacaín las examinó. Estaban bien. [14]

En aquel momento, un fraile castrense, [15] con unos gestos de ener- 30 gúmeno, [16] comenzó a arengar [17] a las tropas.

---

[6] *por si*, in case.
[7] *descerrajaré*, I shall take the lock off.
[8] *de maniobras*, drilling.
[9] *El Señor*, His Highness.
[10] *refunfuñó*, grumbled.
[11] *rozagante*, pompous.
[12] *Estado Mayor*, general staff.
[13] *sería*, must be; cond. of probability. See Translation Aid XVIII, No. 2, p. 528.
[14] *bien*, all right.
[15] *fraile castrense*, military priest.
[16] *energúmeno*, madman.
[17] *arengar*, to harangue.

Martín, sin que lo notara nadie, se fué alejando de allí y bajó al pueblo corriendo. El llevar en su bolsillo su fortuna, le hacía ser más asustadizo[18] que una liebre.

A la hora en que los soldados formaban en la plaza, se presentó Martín y, al ver a Bautista, le dijo:

— Vete a la iglesia y allí hablaremos.

Entraron los dos en la iglesia, y en una capilla obscura se sentaron en un banco.

— Toma las letras — le dijo Martín a Bautista —. ¡Guárdalas!

— ¿Te las han dado ya firmadas?

— Sí.

— Hay que prepararse a salir de Estella en seguida.

— No sé si podremos — dijo Bautista.

— Aquí estamos en peligro. Además del Cacho, se encuentra en Estella Carlos Ohando.

— ¿Cómo lo sabes?

— Porque le he visto.

— ¿En dónde?

— Está en mi casa herido.

— ¿Y te ha visto él?

— Sí.

— Claro, están los dos[19] — exclamó Bautista.

— ¿Cómo[20] los dos? ¿Qué quieres decir con eso?

— ¿Yo? Nada.

— ¿Tú sabes algo?

— No, hombre, no.

— O me lo dices, o se lo pregunto al mismo Carlos Ohando. ¿Es que está aquí Catalina?

— Sí, está aquí.

— ¿De veras?

— Sí.

— ¿En dónde?

— En el convento de Recoletas.

— ¡Encerrada! ¿Y cómo lo sabes tú?

— Porque la he visto.

— ¡Qué suerte! ¿La has visto?

— Sí. La he visto y la[21] he hablado.

---

[18] *asustadizo*, timid.

[19] *están los dos*, both are here.

[20] *¿Cómo . . . ?* What do you mean . . . ? See Translation Aid XVII, No. 1, a, p. 526.

[21] *la*, see Translation Aid XVIII, No. 3, p. 529.

– ¡Y eso querías ocultarme! Tú no eres amigo mío, Bautista.
Bautista protestó.

— ¿Y ella sabe que estoy aquí?

— Sí, lo sabe.

— ¿Cómo se puede verla? — dijo Zalacaín.

— Suele bordar en el convento, cerca de la ventana, y por la tarde sale a pasear a la huerta.

— Bueno. Me voy. Si me ocurre algo, le diré a ese señor extranjero que vaya a avisarte. Mira a ver [22] si puedes alquilar un coche para marcharnos de aquí.

— Lo veré. [23]

— Lo más pronto que puedas. [24]

— Bueno.

— Adiós.

— Adiós y prudencia.

Martín salió de la iglesia, tomó por la calle Mayor hacia el convento de las Recoletas, paseó arriba y abajo, horas y horas, sin llegar a ver a Catalina. Al anochecer tuvo la suerte de verla asomada a una ventana. Martín levantó la mano, y su novia, haciendo como [25] que no le conocía, se retiró de la ventana. Martín quedó helado; [26] luego Catalina volvió a aparecer y lanzó un ovillo [27] de hilo casi a los pies de Martín. Zalacaín lo recogió; tenía dentro un papel que decía: «A las ocho podemos hablar un momento. Espera cerca de la puerta de la tapia.» Martín volvió a la posada, comió con un apetito extraordinario y a las ocho en punto estaba en la puerta de la tapia esperando. Daban las ocho en el reloj de las iglesias de Estella, cuando Martín oyó dos golpecitos en la puerta, Martín contestó del mismo modo.

— ¿Eres tú, Martín? — preguntó Catalina en voz baja.

— Sí, soy yo. ¿No nos podemos ver?

— Imposible.

— Yo me voy a marchar de Estella. ¿Querrás venir conmigo? — preguntó Martín

— Sí; pero ¡cómo salir de aquí!

— ¿Estás dispuesta a hacer todo lo que yo te diga?

— Sí.

— ¿A seguirme a todas partes?

[22] *Mira a ver*, Look and see.
[23] *Lo veré*, I'll see about it.
[24] *Lo . . . puedas*, As soon as you can.
[25] *haciendo como*, pretending.
[26] *quedó helado*, was astounded.
[27] *ovillo*, ball.

— A todas partes.

— ¿De veras?

— Aunque sea a morir. Ahora, vete. ¡Por Dios! No nos sorprendan.

Martín se había olvidado de todos sus peligros; marchó a su casa y sin pensar en espionajes entró en la posada a ver a Bautista y le abrazó con entusiasmo.

— Pasado mañana — dijo Bautista — tenemos [28] el coche.

— ¿Lo has arreglado todo?

10 — Sí.

Martín salió de casa de su cuñado silbando alegremente. Al llegar cerca de su posada, dos serenos que parecían estar espiándole se le acercaron y le mandaron callar de mala manera.[29]

— ¡Hombre! ¿No se puede silbar? — preguntó Martín.

— No, señor.

— Bueno. No silbaré.

— Y si replica usted, va usted a la cárcel.

— No replico.

— ¡Hala! [30] ¡Hala! A la cárcel.

20 Zalacaín vió que buscaban un pretexto para encerrarle y aguantó los empellones [31] que le dieron, y en medio de los dos serenos entró en la cárcel.

CAPÍTULO XI

En que los acontecimientos marchan al galope

Entregaron los serenos a Martín en manos del alcaide, y éste le llevó hasta un cuarto obscuro con un banco y una cantarilla para el agua.

— Demonio — exclamó Martín —, aquí hace mucho frío. ¿No hay sitio dónde dormir?

— Ahí tiene usted el banco.

— ¿No me podrían traer un jergón [1] y una manta para tenderme?

30 — Si paga usted . . .

— Pagaré lo que sea. Que me traigan un jergón y dos mantas.

El alcaide se fué, dejando a obscuras a Martín, y vino poco después

---

[28] *tenemos,* we shall have.
[29] *de . . . manera,* gruffly.
[30] *¡Hala!* Come on!
[31] *empellones,* pushes.

---

[1] *jergón,* straw mattress.

con un jergón y las mantas pedidas. Le dió Martín un duro, y el carcelero, amansado,[2] le preguntó:

— ¿Qué ha hecho usted para que le traigan aquí?

— Nada. Venía distraído silbando por la calle. Y me ha dicho[3] el sereno: «No se silba.» Me he callado, y sin más ni más, me han traído a la cárcel.

— ¿Usted no se ha resistido?

— No.

— Entonces será por otra cosa por lo que le han encerrado.

Martín dijo que así se lo figuraba también él. Le dió las buenas noches el carcelero; contestó Zalacaín amablemente, y se tendió en el suelo.

— Aquí estoy tan seguro como en la posada — se dijo —. Allí me tienen en sus manos, y aquí también, luego estoy igual.[4] Durmamos. Veremos lo que se hace mañana.

A pesar de que su imaginación se le insubordinaba,[5] pudo conciliar el sueño y descansar profundamente.[6]

Cuando despertó, vió que entraba un rayo de sol por una alta ventana iluminando el destartalado zaquizamí.[7] Llamó a la puerta, vino el carcelero, y le preguntó:

— ¿No le han dicho a usted por qué estoy preso?

— No.

— ¿De manera que me van a tener[8] encerrado sin motivo?

— Quizá sea una equivocación.

— Pues es un consuelo.

— ¡Cosas de la vida![9] Aquí no le puede pasar a usted nada.

— ¡Si[10] le parece a usted poco estar en la cárcel!

— Eso no deshonra a nadie.

Martín se hizo el asustadizo[11] y el tímido, y preguntó:

— ¿Me traerá usted de comer?[12]

— Sí. ¿Hay hambre, eh?

— Ya lo creo.

---

[2] *amansado*, softened.
[3] *ha dicho*, translate as English past; see Translation Aid VII, No. 2, p. 506.
[4] *igual*, just as well off.
[5] *se le insubordinaba*, rebelled.
[6] *profundamente*, thoroughly.
[7] *destartalado zaquizamí*, shabby garret room.
[8] *tener*, to keep.
[9] *¡Cosas . . . vida!* Such is life!
[10] *Si*, do not translate.
[11] *se . . . asustadizo*, pretended to be scary.
[12] *traerá . . . comer*, will bring . . . something to eat.

— ¿No querrá usted rancho?

— No.

— Pues ahora le traerán la comida. — Y el carcelero se fué, cantando alegremente.

Comió Martín lo que le trajeron, se tendió envuelto en la manta, y después de un momento de siesta, se levantó a tomar una resolución.

— ¿Qué podría hacer yo? — se dijo —. Sobornar al alcaide exigiría mucho dinero. Llamar a Bautista es comprometerle. Esperar aquí a que me suelten es exponerme a cárcel perpetua, por lo menos a estar
10 preso hasta que la guerra termine . . . Hay que escaparse, no hay más remedio.

Con esta firme decisión, comenzó a pensar un plan de fuga. Salir por la puerta era difícil. La puerta, además de ser fuerte, se cerraba por fuera con llave y cerrojo. Después, aun en el caso de aprovechar una ocasión y poder salir de allá, quedaba por [13] recorrer un pasillo largo y luego unas escaleras. . . . Imposible.

Había que escapar por la ventana. Era el único recurso.

— ¿A dónde dará esto? [14] — se dijo.

Arrimó el banco a la pared, se subió a él, se agarró a los barrotes [15]
20 y a pulso [16] se levantó hasta poder mirar por la reja. Daba el ventanillo a la plaza de la fuente, en donde el día anterior se había encontrado con el extranjero.

Saltó al suelo y se sentó en el banco. La reja era alta, pequeña, con tres barrotes sin travesaño. [17]

— Arrancando [18] uno, quizá pudiera pasar — se dijo Martín —. Y esto no sería difícil. . . . luego necesitaría una cuerda. ¿De dónde sacaría yo una cuerda? . . . La manta . . . la manta cortada en tiras me podía servir. . . .

No tenía más instrumento que un cortaplumas [19] pequeño.
30 — Hay que ver la solidez de la reja — murmuró.

Volvió a subir. Se hallaba la reja empotrada [20] en la pared, pero no tenía gran resistencia.

Los barrotes estaban sujetos por un marco de madera, y el marco en un extremo se hallaba apolillado. [21] Martín supuso que no sería difícil romper la madera y quitar el barrote de un lado.

---

[13] *quedaba por*, he would still have to.
[14] *¿A . . . esto?* I wonder what this leads to.
[15] *barrotes*, bars.
[16] *a pulso*, by sheer strength.
[17] *travesaño*, cross-bar.
[18] *Arrancando*, By taking out.
[19] *cortaplumas*, penknife.
[20] *empotrada*, imbedded.   [21] *apolillado*, worm-eaten.

Cortó una tira de la manta y pasándola por el barrote de en medio y atándole después por los extremos formó una abrazadera [22] y metió dos patas del banco en este anillo y las otras dos las sujetó en el suelo.

Contaba así con una especie de plano inclinado para llegar a la reja. Subió por él deslizándose, se agarró con la mano izquierda a un barrote y con la derecha armada del cortaplumas, comenzó a roer [23] la madera del marco.

La postura no era cómoda, ni mucho menos, pero la constancia de Zalacaín no cejaba,[24] y tras de una hora de rudo trabajo, logró arrancar el barrote de su alvéolo.[25]

Cuando lo tuvo ya suelto, lo volvió a poner [26] como antes, quitó el banco de su posición oblicua, ocultó las astillas [27] arrancadas del marco de la ventana en el jergón, y esperó la noche.

El carcelero le llevó la cena, y Martín le preguntó con empeño si no habían dispuesto nada respecto a él, si pensaban tenerlo encerrado sin motivo alguno.

El carcelero se encogió de hombros y se retiró en seguida tarareando.[28]

Inmediatamente que Zalacaín se vió solo, puso manos a la obra.

Tenía la absoluta seguridad de poderse escapar. Sacó el cortaplumas y comenzó a cortar las dos mantas de arriba abajo. Hecho esto, fué atando las tiras una a otra hasta formar una cuerda de quince brazas.[29] Era lo que necesitaba.

Después pensó dejar un recuerdo alegre y divertido en la cárcel. Cogió la cantarilla del agua y le puso su boina y la dejó envuelta en el trozo que quedaba de manta.

— Cuando se asome el carcelero podrá creer que sigo [30] aquí durmiendo. Si gano con esto un par de horas, me pueden servir admirablemente para escaparme.

Contempló el bulto con una sonrisa, luego subió a la reja, ató un cabo de la cuerda a los dos barrotes y el otro extremo lo echó fuera poco a poco. Cuando toda la cuerda quedó a lo largo de la pared, pasó el cuerpo con mil trabajos [31] por la abertura, que dejaba el barrote arrancado, y comenzó a descolgarse resbalándose por el muro.

---

[22] *abrazadera*, sling.
[23] *roer*, to cut away.
[24] *no cejaba*, did not flag.
[25] *alvéolo*, socket.
[26] *lo . . . poner*, he put it back.
[27] *astillas*, chips.
[28] *tarareando*, humming.
[29] *brazas*, fathoms.
[30] *sigo*, I am still.   [31] *mil trabajos*, great difficulty.

Cruzó por delante de una ventana iluminada. Vió a alguien que se movía a través de un cristal. Estaba a cuatro o cinco metros de la calle, cuando oyó ruido de pasos. Se detuvo en su descenso y ya comenzaban a dejar de oírse [32] los pasos cuando cayó a tierra, metiendo algún estrépito.[33]

Uno de los nudos debía de haberse soltado porque le quedaba un trozo de cuerda entre los dedos. Se levantó.

— No hay avería. No me he hecho nada [34] — se dijo —. Al pasar por cerca de la fuente de la plaza tiró el resto de la cuerda al agua.
10 Luego, de prisa, se dirigió por la calle de la Rúa.

Iba marchando volviéndose para mirar atrás, cuando vió, a la luz de un farol que oscilaba colgando de una cuerda, dos hombres armados con fusiles, cuyas bayonetas brillaban de un modo siniestro. Estos hombres sin duda le seguían. Si se alejaba iba a dar a la guardia de extra-muros. No sabiendo qué hacer y viendo un portal abierto, entró en él, y empujando suavemente la puerta, la cerró.

Oyó el ruido de los pasos de los hombres en la acera. Esperó a que dejaran de oírse, y cuando estaba dispuesto a salir, bajó una mujer vieja al zaguán [35] y echó la llave y el cerrojo de la puerta.[36]
20 Martín se quedó encerrado. Volvieron a oírse los pasos de los que le perseguían.

— No se van — pensó.

Efectivamente, no sólo no se fueron, sino que llamaron en la casa con dos aldabonazos.[37]

Apareció de nuevo la vieja con un farol y se puso al habla [38] con los de fuera sin abrir.

— ¿Ha entrado aquí algún hombre? — preguntó uno de los perseguidores.

— No.
30 — ¿Quiere [39] usted verlo bien? Somos de la ronda.

— Aquí no hay nadie.

— Registre usted el portal.

Martín, al oír esto, agazapándose,[40] salió del portal y ganó la escalera. La vieja paseó la luz del farol por todo el zaguán y dijo:

[32] *dejar de oírse*, to die away.
[33] *metiendo . . . estrépito*, making some noise.
[34] *No . . . nada*, I haven't hurt myself.
[35] *zaguán*, vestibule.
[36] *echó . . . puerta*, locked and bolted the door.
[37] *aldabonazos*, blows with the knocker.
[38] *se . . . habla*, engaged in conversation.
[39] *Quiere*, Will; see Translation Aid XI, No. 3, f, p. 515.
[40] *agazapándose*, crouching.

— No hay nadie, no, no hay nadie.

Martín pretendió [41] volver al zaguán, pero la vieja puso el farol de tal modo que iluminaba el comienzo de la escalera. Martín no tuvo más remedio que retirarse hacia arriba y subir los escalones de dos en dos.

— Pasaremos aquí la noche — se dijo.

No había salida alguna. Lo mejor era esperar a que llegase el día y abriesen la puerta. No quería exponerse a que lo encontraran dentro estando la casa cerrada, y aguardó hasta muy entrada la mañana.

Serían cerca de las nueve cuando comenzó a bajar las escaleras 10 cautelosamente. Al pasar por el primer piso vió en un cuarto muy lujoso, y extendido sobre un sofá, un uniforme de oficial carlista, con su boina y su espada. Tenía tal convencimiento Martín de que sólo a fuerza de audacia se salvaría, que se desnudó con rapidez, se puso el uniforme y la boina, luego se ciñó la espada, se echó el capote por encima y comenzó a bajar las escaleras, taconeando.[42] Se encontró con la vieja de la noche anterior, y al verla la dijo:

— ¿Pero no hay nadie en esta casa?

— ¿Qué quería usted? No le había visto.

— ¿Vive aquí el comandante [43] don Carlos Ohando?   20

— No, señor, aquí no vive.

— ¡Muchas gracias!

Martín salió a la calle, y embozado y con aire conquistador se dirigió a la posada en donde vivía Bautista.

— ¡Tú! — exclamó Urbide —. ¿De dónde sales [44] con ese uniforme? ¿Qué has hecho en todo el día de ayer? Estaba intranquilo. ¿Qué pasa?

— Todo lo contaré. ¿Tienes el coche?

— Sí, pero . . .

— Nada,[45] tráetelo en seguida, lo más pronto que puedas. Pero a 30 escape.[46]

Martín se sentó a la mesa y escribió con lápiz en un papel: «Querida hermana. Necesito verte. Estoy herido, gravísimo. Ven inmediatamente en el coche con mi amigo Zalacaín. Tu hermano, Carlos.»

Después de escribir el papel, Martín se paseó con impaciencia por el cuarto. Cada minuto le parecía un siglo. Dos horas larguísimas

---

[41] *pretendió*, tried.
[42] *taconeando*, treading heavily.
[43] *comandante*, major.
[44] *¿De . . . sales?* Where do you come from?
[45] *Nada*, Not a word. See Translation Aid X, No. 2, p. 512.
[46] *a escape*, quickly.

tuvo que estar esperando con angustias de muerte. Al fin, cerca de las doce, oyó un ruido de campanillas.[47]

Se asomó al balcón. A la puerta aguardaba un coche tirado por cuatro caballos. Entre éstos distinguió Martín los dos jacos [48] en cuyos lomos fueron desde Zumaya hasta Estella. El coche, un landó viejo y destartalado,[49] tenía un cristal y uno de los faroles atado con una cuerda.

Bajó las escaleras Martín embozado en la capa, abrió la portezuela del coche, y dijo a Bautista:

— Al convento de Recoletas.

10   Bautista, sin replicar, se dirigió hacia el sitio indicado. Cuando el coche se detuvo frente al convento, Bautista, al salir Zalacaín, le dijo:

— ¿Qué disparate vas a hacer? Reflexiona.

— ¿Tú sabes cuál es el camino de Logroño? — preguntó Martín.

— Sí.

— Pues toma por allá.

— Pero . . .

— Nada, nada,[50] toma por allá. Al principio marcha despacio, para no cansar a los caballos, porque luego habrá que correr.

Hecha [51] esta recomendación, Martín, muy erguido, se dirigió al 20 convento.

— Aquí va a pasar algo gordo [52] — se dijo Bautista preparándose para la catástrofe.

Llamó Martín, entró en el portal, preguntó a la hermana tornera [53] por la señorita de Ohando y le dijo que necesitaba darle una carta. Le hicieron pasar al locutorio y se encontró allí con Catalina y una monja gruesa, que era la superiora. Las saludó [54] profundamente y preguntó:

— ¿La señorita de Ohando?

— Soy yo.

— Traigo una carta para usted de su hermano.

30   Catalina palideció y le temblaron las manos de la emoción. La superiora, una mujer gruesa, de color de marfil, con los ojos grandes y obscuros como dos manchas negras que le cogían [55] la mitad de la cara, y varios lunares [56] en la barbilla,[57] preguntó:

[47] *campanillas*, bells; in Spain horses wear a kind of sleigh bell throughout the year.
[48] *jacos*, ponies.
[49] *destartalado*, shabby.
[50] *Nada, nada*, Not a word.
[51] *Hecha*, When he had made.
[52] *algo gordo*, something good.
[53] *hermana tornera*, gatekeeper.
[54] *Las saludó*, He bowed to them.
[55] *cogían*, occupied.   [56] *lunares*, moles.   [57] *barbilla*, chin.

— ¿Qué pasa?   ¿Qué dice ese papel?

— Dice que mi hermano está grave [58] . . . que vaya — balbuceó Catalina.

— ¿Está tan grave? — preguntó la superiora a Martín.

— Sí, creo que sí.

— ¿En dónde se encuentra?

— En una casa de la carretera de Logroño — dijo Martín.

— ¿Hacia Azqueta quizá?

— Sí, cerca de Azqueta.   Le han herido en un reconocimiento.

— Bueno.   Vamos — dijo la superiora —.   Que venga también el señor Benito el demandadero.[59] 10

Martín no se opuso y esperó a que se preparasen para acompañarlas. Al salir los cuatro a tomar el coche y al verles Bautista desde lo alto del pescante,[60] no pudo menos de hacer una mueca de asombro.   El demandadero montó junto a él.

— Vamos — dijo Martín a Bautista.

El coche partió; la misma superiora bajó las cortinas y sacando un rosario comenzó a rezar.   Recorrió el coche la calle Mayor, atravesó el puente del Azucarero, la calle de San Nicolás, y tomó por la carretera de Logroño.

20

Al salir del pueblo, una patrulla carlista se acercó al coche.   Alguien abrió la portezuela y la volvió a cerrar en seguida.

— Va la madre superiora de las Recoletas a visitar a un enfermo — dijo el demandadero con voz gangosa.[61]

El coche siguió adelante al trote lento de los caballos.   Lloviznaba,[62] la noche estaba negra, no brillaba ni una estrella en el cielo.   Se pasó una aldea, luego otra.

— ¡Qué lentitud! [63] — exclamó la monja.

— Es que [64] los caballos son muy malos — contestó Martín.

Pasaron de prisa otra aldea, y cuando no tenían delante ni atrás pue- 30 blos ni casas próximos, Bautista aminoró [65] la marcha.

— ¿Pero qué pasa? — dijo de pronto la superiora —.   ¿No llegamos todavía?

— Pasa, señora — contestó Zalacaín — que tenemos que seguir adelante.

---

[58] *grave*, seriously ill.
[59] *demandadero*, messenger (of a convent).
[60] *pescante*, driver's seat.
[61] *gangosa*, nasal.
[62] *Lloviznaba*, It was drizzling.
[63] *¡Qué lentitud!*   How slow!
[64] *Es que*, omit in translating.
[65] *aminoró*, slowed down.

— ¿Y por qué?

— Hay esa orden.

— ¿Y quién ha dado esa orden?

— Es un secreto.

— Pues hagan el favor de parar el coche, porque voy a bajar.

— Si quiere usted bajar sola, puede usted hacerlo.

— No, iré con Catalina.

— Imposible.

La superiora lanzó una mirada furiosa a Catalina, y al ver que bajaba los ojos, exclamó:

— ¡Ah! Estaban entendidos.[66]

— Sí, estamos entendidos — contestó Martín —. Esta señorita es mi novia y no quiere estar en el convento, sino casarse conmigo.

— No es verdad, yo lo impediré.

— Usted no lo impedirá porque no podrá impedirlo.

La superiora se calló. Siguió el coche en su marcha pesada y monótona por la carretera. Era ya media noche cuando llegaron a la vista de [67] Los Arcos.

Doscientos metros antes detuvo Bautista los caballos y saltó del pescante.[68]

— Tú — le dijo a Zalacaín en vascuence — tenemos un caballo aspeado,[69] si pudieras cambiarlo aquí. . . .

— Intentaremos.

— Y si se pudieran cambiar los dos, sería mejor.

— Voy a ver. Cuidado con el demandadero y con la monja, que no salgan.

Desenganchó [70] Martín los caballos y fué con ellos a la venta.

Le salió al paso una muchacha redondita, muy bonita y de muy mal humor. Le dijo Martín lo que necesitaba, y ella replicó que era imposible, que el amo estaba acostado.

— Pues hay que despertarle.

Llamaron al posadero y éste presentó una porción de obstáculos, adujo [71] toda clase de pretextos, pero al ver el uniforme de Martín se avino a obedecer y mandó despertar al mozo. El mozo [72] no estaba.

— Ya ve usted, no está el mozo.

— Ayúdeme usted, no tenga usted mal genio — le dijo Martín a la

[66] *Estaban entendidos*, You had an understanding.

[67] *llegaron . . . de*, came within sight of.

[68] *pescante*, driver's seat.

[69] *aspeado*, footsore.

[70] *desenganchó*, unhitched.

[71] *adujo*, he set forth.

[72] *mozo*, stable boy.

muchacha tomándole la mano y dándole un duro —. Me juego [73] la vida en esto.

La muchacha guardó el duro en el delantal, y ella misma sacó dos caballos de la cuadra y fué con ellos cantando alegremente:

> La Virgen del Puy [74] de Estella
> le dijo a la del Pilar:
> Si tú eres aragonesa
> yo soy navarra y con sal. [75]

Martín pagó al posadero y quedó con él de acuerdo [76] en el sitio en donde tenía que dejar los caballos en Logroño.

Entre Bautista, Martín y la moza, reemplazaron el tiro por completo. Martín acompañó a la muchacha, y cuando la vió sola la estrechó por la cintura y la besó en la mejilla.

— ¡También usted es posma! [77] — exclamó ella con desgarro. [78]

— Es que [79] usted es navarra y con sal y yo quiero probar de esa sal — replicó Martín.

— Pues tenga usted cuidado no le haga daño. ¿Quién lleva usted en el coche?

— Unas viejas.

— ¿Volverá usted por aquí?

— En cuanto pueda.

— Pues, adiós.

— Adiós, hermosa. Oiga usted. Si le preguntan por donde hemos ido diga usted que nos hemos quedado aquí.

— Bueno, así lo haré.

El coche pasó por delante de Los Arcos. Al llegar cerca de Sansol, cuatro hombres se plantaron en el camino.

— ¡Alto! — gritó uno de ellos que llevaba un farol. Martín saltó del coche y desenvainó [80] la espada.

— ¿Quién es? — preguntó.

— Voluntarios realistas — dijeron ellos.

— ¿Qué quieren?

— Ver si tienen ustedes pasaporte.

---

[73] *Me juego*, I am risking.
[74] *Virgen del Puy*, the famous Navarrese Virgin, occupying a position in Navarre similar to that of the Virgin of Pilar in Zaragoza, patroness of the Aragonese.
[75] *con sal*, witty; note pun on word *sal* meaning both wit and salt; see also l. 15.
[76] *quedó . . . acuerdo*, agreed with him.
[77] *posma*, a stupid person.
[78] *con desgarro*, impudently.
[79] *Es que*, The point is that.
[80] *desenvainó*. unsheathed.

Martín sacó salvoconducto [81] y lo enseñó.   Un viejo, de aire respetable, tomó el papel y se puso a leerlo.

— ¿No ve usted que soy oficial? — preguntó Martín.

— No importa — replicó el viejo —.   ¿Quién va adentro?

— Dos madres recoletas que marchan a Logroño.

— ¿No saben ustedes que en Viana están los liberales? — preguntó el viejo.

— No importa, pasaremos.

— Vamos a ver a esas señoras — murmuró el vejete.[82]

10   — ¡Eh, Bautista!   Ten cuidado — dijo Martín en vasco.

Descendió Urbide del pescante y tras él saltó el demandadero.   El viejo jefe de la patrulla abrió la portezuela del coche y echó la luz del farol al rostro de las viajeras.

— ¿Quiénes son ustedes? — preguntó la superiora con presteza.

— Somos voluntarios de Carlos VII.

— Entonces que [83] nos detengan.   Estos hombres nos llevan secuestradas.[84]

No acababa de decir esto cuando Martín dió una patada [85] al farol que llevaba el viejo, y después de un empujón [86] echó al anciano respe-
20 table a la cuneta [87] de la carretera.   Bautista arrancó el fusil a otro de la ronda, y el demandadero se vió acometido por dos hombres a la vez.

— ¡Pero si [88] yo no soy de éstos!   Yo soy carlista — gritó el demandadero.

Los hombres, convencidos, se echaron sobre Zalacaín, éste cerró contra [89] los dos; uno de los voluntarios le dió un bayonetazo [90] en el hombro izquierdo, y Martín, furioso por el dolor, le tiró una estocada [91] que le atravesó de parte a parte.[92]

La patrulla se había declarado en fuga,[93] dejando un fusil en el suelo.

— ¿Estás herido? — preguntó Bautista a su cuñado.

30   — Sí, pero creo que no es nada.   Hala,[94] vámonos.

[81] *salvoconducto*, safe conduct.
[82] *vejete*, little old man.
[83] *que*, do not translate.
[84] *llevan secuestradas*, are kidnaping.
[85] *patada*, kick.
[86] *de un empujón*, with one push.
[87] *cuneta*, ditch.
[88] *si*, do not translate.
[89] *cerró contra*, closed in on.
[90] *bayonetazo*, bayonet thrust.
[91] *estocada*, thrust.
[92] *de . . . parte*, from one side to the other.
[93] *se . . . fuga*, had decided to flee.
[94] *Hala*, Come on.

— ¿Llevamos este fusil?

— Sí, quítale la cartuchera a ese que yo he tumbado, y vamos andando.

Bautista entregó un fusil y una pistola a Martín.

— Vamos, ¡adentro! — dijo Martín al demandadero.

Éste se metió temblando en el coche que partió, llevado al galope por los caballos. Pasaron por en medio de un pueblo. Algunas ventanas se abrieron y salieron los vecinos, creyendo sin duda que pasaba un furgón [95] de artillería. A la media hora [96] Bautista se paró. Se había roto una correa y tuvieron que arreglarla, haciéndole un agujero con el cortaplumas. [97] Estaba cayendo un chaparrón [98] que convertía 10 la carretera en un barrizal. [99]

— Habrá que ir más despacio — dijo Martín.

Efectivamente, comenzaron a marchar más despacio, pero al cabo de un cuarto de hora se oyó a lo lejos como [100] un galope de caballos. Martín se asomó a la ventana; indudablemente los perseguían.

El ruido de las herraduras se iba acercando por momentos. [101]

— ¡Alto! ¡Alto! — se oyó gritar.

Bautista azotó los caballos y el coche tomó una carrera vertiginosa. Al llegar a las curvas, el viejo landó se torcía y rechinaba como si fuera a hacerse pedazos. La superiora y Catalina rezaban; el de- 20 mandadero gemía en el fondo del coche.

— ¡Alto! ¡Alto! — gritaron de nuevo.

— ¡Adelante, Bautista! ¡Adelante! — dijo Martín, sacando la cabeza por la ventanilla.

En aquel momento sonó un tiro, y una bala pasó silbando a poca distancia. Martín cargó la pistola, vió un caballo y un jinete que se acercaban al coche, hizo fuego y el caballo cayó pesadamente al suelo. Los perseguidores dispararon sobre el coche que fué atravesado por las balas. Entonces Martín cargó el fusil y, sacando el cuerpo por la ventanilla, comenzó a hacer disparos atendiendo al ruido de las pisadas 30 de los caballos; los que les seguían disparaban también, pero la noche estaba negra y ni Martín ni los perseguidores afinaban la puntería. [102] Bautista, agazapado [103] en el pescante, [104] llevaba los caballos al galope; ninguno de los animales estaba herido, la cosa iba bien.

[95] *furgón*, transport wagon.
[96] *A . . . hora*, Half an hour later.
[97] *cortaplumas*, penknife.
[98] *chaparrón*, shower.
[99] *barrizal*, mud hole.
[100] *como*, something like.
[101] *por momentos*, more and more.
[102] *afinaban la puntería*, could take careful aim.
[103] *agazapado*, crouching.   [104] *pescante*, driver's seat.

Al amanecer cesó la persecución.[105]   Ya no se veía a nadie en la carretera.

— Creo que podemos parar — gritó Bautista —.   ¿Eh?   Llevamos otra vez el tiro roto.[106]   ¿Paramos?

— Sí, para — dijo Martín —;   no se ve a nadie.[107]

Paró Bautista, y tuvieron que componer de nuevo otra correa.

El demandadero rezaba y gemía en el coche; Zalacaín le hizo salir de dentro a empujones.[108]

— Anda, al pescante — le dijo —.   ¿Es que tú no tienes sangre en
10 las venas? — le preguntó.

Las palabras rudas de Martín reanimaron un poco al demandadero.

Al subir Bautista al pescante, le dijo Martín:

— ¿Quieres que guíe yo ahora?

— No, no.   Yo voy bien.   Y tú, ¿cómo tienes [109] la herida?

— No debe de ser nada.

— ¿Vamos a verla?

— Luego, luego; no hay que perder tiempo.

Martín abrió la portezuela, y, al sentarse, dirigiéndose a la superiora, dijo:

20 — Respecto a usted, señora, si vuelve usted a chillar, la voy a atar a un árbol y a dejarla en la carretera.

Catalina, asustadísima, lloraba.   Bautista subió al pescante y el demandadero con él.   Comenzó el carruaje a marchar despacio, pero, al poco tiempo, volvieron a oírse como [110] pisadas de caballos.

Ya no quedaban municiones; los caballos del coche estaban cansados.

— Vamos, Bautista, un esfuerzo — gritó Martín, sacando la cabeza por la ventanilla —.   ¡Así!   Echando chispas.[111]

Bautista, excitado, gritaba y chasqueaba [112] el látigo.   El coche
30 pasaba con la rapidez de una exhalación,[113] y pronto dejó de oírse [114] detrás el ruido de pisadas de caballos.

Ya estaba clareando; [115] nubarrones [116] de plomo corrían a impulsos

---

[105] persecución, pursuit.
[106] Llevamos . . . roto, Our tug is broken again.
[107] no . . . nadie, no one is visible.
[108] a empujones, by means of shoves.
[109] tienes, is.
[110] como, something like.
[111] Echando chispas, At full speed.
[112] chasqueaba, was cracking.
[113] exhalación, shooting star.
[114] dejó de oírse, died away.
[115] clareando, growing light.
[116] nubarrones. heavy clouds.

del [117] viento, y en el fondo del cielo rojizo [118] y triste del alba se adivinaba [119] un pueblo en un alto. Debía de ser Viana.

Al acercarse a él, el coche tropezó con una piedra, se soltó una de las ruedas, la caja [120] se inclinó y vino a tierra. Todos los viajeros cayeron revueltos en el barro. Martín se levantó primero y tomó en brazos a Catalina.

— ¿Tienes algo? [121] — la dijo.

— No, creo que no — contestó ella, gimiendo.

La superiora se había hecho un chichón [122] en la frente y el demandadero dislocado una muñeca.

— No hay averías importantes — dijo Martín —. ¡Adelante!

Los viajeros entonaban un coro de quejas y de lamentos.

— Desengancharemos [123] y montaremos a caballo — dijo Bautista.

— Yo no. Yo no me muevo de aquí — replicó la superiora.

La llegada del coche y su batacazo [124] no habían pasado inadvertidos, porque, pocos momentos después, avanzó del lado de Viana media compañía de soldados.

— Son los *guiris* [125] — dijo Bautista a Martín.

— Me alegro.

La media compañía se acercó al grupo.

— ¡Alto! — gritó el sargento —. ¿Quién vive?

— España.

— Daos prisioneros.

— No nos resistimos.

El sargento y su tropa quedaron asombrados, al ver a un militar carlista, a dos monjas y a sus acompañantes llenos de [126] barro.

— Vamos hacia el pueblo — les ordenaron.

Todos juntos, escoltados por los soldados, llegaron a Viana.

Un teniente que apareció en la carretera, preguntó:

— ¿Qué hay, sargento?

— Traemos prisioneros a un general carlista y a dos monjas.

Martín se preguntó [127] por qué le llamaba el sargento general carlista; pero, al ver que el teniente le saludaba, comprendió que el uniforme, cogido por él en Estella, era de un general.

---

[117] *a . . . del,* driven by.
[118] *rojizo,* reddish.
[119] *se adivinaba,* one could make out.
[120] *caja,* body.
[121] *¿Tienes algo?* Are you hurt?
[122] *se . . . chichón,* had bruised herself.
[123] *Desengancharemos,* we shall unhitch.
[124] *batacazo,* upset.
[125] *guiris,* liberals.
[126] *llenos de,* covered with.
[127] *se preguntó,* wondered.

CAPÍTULO XII

Cómo llegaron a Logroño y lo que les ocurrió

Hicieron entrar a todos en el cuerpo de guardia,[1] en donde, tendidos en camastros,[2] dormían unos cuantos soldados, y otros se calentaban al calor de un gran brasero.   Martín fué tratado con mucha consideración por su uniforme.   Rogó al oficial [3] le dejara estar a Catalina a su lado.

— ¿Es la señora de usted?

— Sí, es mi mujer.

El oficial accedió y pasó a los dos a un cuarto destartalado [4] que servía para los oficiales.

10 La superiora, Bautista y el demandadero, no merecieron las mismas atenciones y quedaron en el cuartelillo.[5]

Un sargento viejo, andaluz, se amarteló con [6] la superiora y comenzó a echarla [7] piropos de los clásicos; [8] la dijo que tenía *loz ojoz* [9] como *doz luceroz* [9] y que se parecía a la Virgen de *Conzolación* [10] de Utrera, y le contó otra porción de cosas [11] del repertorio de los almanaques.

A Bautista le dieron tal risa [12] los piropos del andaluz, que comenzó a reírse con una risa contenida.

— A ver *zi* te *callaz;* [13] cochino carca [14] — le dijo el sargento.

— Si [15] yo no digo nada — replicó Bautista.

20 — *Zi* te *ziguez* [16] riendo *azí,*[17] te voy a *clavá* [18] como a un *zapo.*[19]

Bautista tuvo que ir a un rincón a reírse, y la superiora y el sargento siguieron su conversación.

---

[1] *cuerpo de guardia,* guard room.
[2] *camastros,* wretched cots.
[3] *oficial,* add: *que.*
[4] *destartalado,* shabby.
[5] *cuartelillo,* privates' barracks.
[6] *se amarteló con,* made love to.
[7] *la,* see Translation Aid XVIII, No. 3, p. 529.
[8] *piropos . . . clásicos,* classic compliments.
[9] *los ojos; dos luceros;* in some regions of Andalusia all *s*'s are lisped.
[10] *Consolación.*
[11] *otra . . . cosas,* a number of other things.
[12] *le . . . risa,* struck him so funny.
[13] *si te callas.*
[14] *carca,* Carlist.
[15] *Si,* But.
[16] *Si te sigues.*
[17] *así.*
[18] *clavar.*
[19] *sapo.*

Al mediodía llegó un coronel, que al ver a Martín le saludó militarmente. Martín le contó sus aventuras, pero el coronel al oírlas frunció las cejas.

— A estos militares — pensó Martín — no les gusta que un paisano haga cosas más difíciles que las suyas.

— Irán ustedes a Logroño y allí veremos si identifican su personalidad.[20] ¿Qué tiene usted? ¿Está usted herido?

— Sí.

— Ahora vendrá el físico a reconocerle.[21]

Efectivamente, llegó un doctor que reconoció a Martín, le vendó, y redujo la dislocación del mandadero, que gritó y chilló como un condenado. Después de comer trajeron los caballos del coche, les obligaron a montar en ellos, y custodiados por toda la compañía tomaron el camino de Logroño.

En Logroño pararon en el cuartel y un oficial hizo subir a Martín a ver al general. Le contó Zalacaín sus aventuras, y el general le dijo:

— Si yo tuviera la seguridad de que lo que me dice usted es cierto, inmediatamente dejaría libre a usted y a sus compañeros.

— ¿Y yo cómo voy a probar la verdad de mis palabras?

— ¡Si pudiera usted identificar su persona! [22] ¿No conoce usted aquí a nadie? ¿Algún comerciante?

— No.

— Es lástima.

— Sí, sí, conozco a una persona — dijo de pronto Martín —, conozco a la señora de Briones y a su hija.

— ¿Y al capitán Briones, también lo conocerá usted?

— También.

— Pues lo voy a llamar; dentro de un momento estará aquí.

El general mandó un ayudante [23] suyo, y media hora después estaba el capitán Briones, que reconoció a Martín. El general los dejó a todos libres.

Martín, Catalina y Bautista iban a marcharse juntos, a pesar de la oposición de la superiora, cuando el capitán Briones dijo:

— Amigo Zalacaín, mi madre y mi hermana exigen que vaya usted a comer con ellas.

Martín explicó a su novia cómo no le era posible desatender la invitación, y dejando a Bautista y a Catalina fué en compañía del oficial.

[20] *identifican . . . personalidad*, you can identify yourselves.
[21] *reconocerle*, to examine you.
[22] *su persona*, yourself.
[23] *ayudante*, aide.

La casa de la señora de Briones estaba en una calle céntrica, con soportales.[24]

Rosita y su madre recibieron a Martín con grandes muestras de amistad. La aventura de su llegada a Logroño con una señorita y una monja había corrido [25] por todas partes.

Madre e hija le preguntaron un sin fin de cosas, y Martín tuvo que contar sus aventuras.

— ¡Pero qué muchacho! — decía doña Pepita, haciéndose cruces —. Usted es un verdadero diablo.

10 Después de comer vinieron unas señoritas amigas de Rosa Briones, y Martín tuvo que contar de nuevo sus aventuras. Luego se habló de sobremesa [26] y se cantó. Martín pensaba: ¿Qué hará Catalina? Pero luego se olvidaba con la conversación.

Doña Pepita dijo que su hija había tenido el capricho de aprender la guitarra e incitó a Rosita para que cantara.

— Sí, canta — dijeron las demás muchachas.

— Sí, cante usted — añadió Zalacaín.

Y Rosita, al cantar, miraba a Martín de tal manera con los ojos brillantes y negros, que él se olvidó de que le esperaba Catalina.

20 Cuando salió de casa de la señora de Briones, eran cerca de las once de la noche. Al encontrarse en la calle comprendió su falta brutal de atención. Fué a buscar a su novia, preguntando en los hoteles. La mayoría estaban cerrados. En uno [27] del Espolón le dijeron: «Aquí ha venido una señorita, pero está descansando en su cuarto.»

— ¿No podría usted avisarla?

— No.

Bautista tampoco parecía.

Sin saber qué hacer, volvió Martín a los soportales [28] y se puso a pasear por ellos. Si no fuera por Catalina — pensó — era [29] capaz de 30 quedarme aquí y ver si Rosita Briones está de veras por mí, como parece.

CAPÍTULO XIII

Cómo Zalacaín y Bautista Urbide tomaron los dos solos la ciudad de Laguardia ocupada por los carlistas.

Una semana después se encontró con Bautista que venía hacia él indiferente y tranquilo como de costumbre.

[24] *soportales*, arcades.
[25] *corrido*, spread.
[26] *de sobremesa*, after dinner.
[27] *uno*, hotel.
[28] *soportales*, arcades.   [29] *era*, I would be.

— ¿Pero dónde estás?[1] — exclamó Martín incomodado.

— Eso te pregunto yo, ¿dónde estás? — contestó Bautista.

— ¿Y Catalina?[2]

— ¡Qué sé yo! Yo creí que tú sabrías dónde estaba, que os habíais marchado los dos sin decirme nada.

— ¿De manera que no sabes? . . .

— Yo no.

— ¿Cuándo hablaste tú con ella por última vez?

— El mismo día de llegar aquí; hace ocho días. Cuando tú te fuiste a comer a casa de la señora de Briones, Catalina, la monja y yo 10 nos fuimos a la fonda. Pasó el tiempo, pasó el tiempo y tú no venías. — ¿Pero dónde está? — preguntaba Catalina. — ¿Qué sé yo? — la[3] decía. A la una de la mañana, viendo que tú no venías, yo me fuí a la cama. Estaba molido.[4] Me dormí y me desperté muy tarde y me encontré con que la monja y Catalina se habían marchado y tú no habías venido. Esperé un día, y como no aparecía nadie, creí que os habíais marchado y me fuí a Bayona y dejé las letras[5] en casa de Levi-Álvarez. Luego tu hermana empezó a decirme: — ¿Pero dónde estará Martín? ¿Le ha pasado algo? — Escribí a Briones y me contestó que estabas aquí escandalizando el pueblo, y por eso he venido. 20

— Sí, la verdad es que yo tengo la culpa — dijo Martín —. ¿Pero dónde puede estar Catalina? ¿Habrá seguido a la monja?

— Es lo más probable.

Martín comenzó a hacer indagaciones[6] con una actividad extraordinaria. De las dos viajeras del hotel, una se había marchado por la estación; la otra, la monja, había partido en un coche hacia Laguardia.

Martín y Bautista supusieron[7] si las dos estarían refugiadas en Laguardia. Sin duda la monja recuperó su ascendiente sobre Catalina en vista de la falta de Martín y la convenció de que volviera con ella al convento.
30

Era imposible que Catalina encontrándose en otro lado no hubiese escrito.

Se dedicaron a seguir la pista[8] de la monja. Averiguaron en la venta de Asa que días antes un coche con la monja intentó pasar a Laguardia, pero al ver la carretera ocupada por el ejército liberal sitiando[9]

---

[1] *estás*, have you been.

[2] *¿Y Catalina?* And what about Catherine?

[3] *la = le.*

[4] *molido*, worn out.

[5] *letras*, drafts.

[6] *indagaciones*, inquiries.

[7] *supusieron*, wondered.

[8] *pista*, trail.   [9] *sitiando*, besieging.

la ciudad y atacando las trincheras retrocedió. Suponían los de la venta que la monja habría vuelto [10] a Logroño, a no ser que intentara entrar en la ciudad sitiada,[11] tomando en caballería el camino de Lanciego por Oyón y Venaspre.

Marcharon a Oyón y luego a Yécora, pero nadie les pudo dar razón.[12] Los dos pueblos estaban casi abandonados.

Desde aquel camino alto se veía [13] Laguardia rodeada de su muralla en medio de una explanada enorme. Hacia el Norte limitaba esta explanada, como una muralla gris, la cordillera de Cantabria; hacia el
10 Sur podía extenderse la vista hasta los montes de Pancorbo.

En este polígono amarillento de Laguardia no se destacaban ni tejados ni campanarios; no parecía aquello un pueblo, sino más bien una fortaleza. En un extremo de la muralla se erguía un torreón [14] envuelto en aquel instante en una densa humareda.[15]

Al salir de Yécora, un hombre famélico [16] y destrozado [17] les salió al encuentro y habló con ellos. Les contó que los carlistas iban a abandonar Laguardia un día u otro.[18] Le preguntó Martín si era posible entrar en la ciudad.

— Por la puerta es imposible — dijo el hombre —, pero yo he en-
20 trado subiendo por unos agujeros que hay en el muro entre la Puerta de Páganos y la de Mercadal.

— ¿Pero y los [19] centinelas?

— No suelen haber muchas veces.[20]

Bajaron Martín y Bautista por una senda desde Lanciego a la carretera y llegaron al sitio en donde acampaba el ejército liberal. La tropa, después de cañonear las trincheras carlistas, avanzaba, y el enemigo abandonaba sus posiciones refugiándose en los muros.

El regimiento del capitán Briones se encontraba en las avanzadas.[21] Martín preguntó por él y lo encontró. Briones presentó a Zalacaín y
30 a Bautista a algunos oficiales compañeros suyos, y por la noche tuvieron una partida de cartas y jugaron y bebieron. Ganó Martín, y uno de

[10] *habría vuelto*, must have returned; conditional of probability. See Translation Aid XVIII, No. 2, p. 528.
[11] *sitiada*, besieged.
[12] *razón*, information.
[13] *se veía*, was visible.
[14] *torreón*, fortified tower.
[15] *humareda*, cloud of smoke.
[16] *famélico*, starved.
[17] *destrozado*, ragged.
[18] *un . . . otro*, any one of these days.
[19] *¿y los . . . ?* what about the . . . ?
[20] *No . . . veces*, There usually aren't any.
[21] *avanzadas*, advance guards.

los compañeros de Briones, un teniente aragonés que había perdido toda su paga, comenzó, para vengarse, a hablar mal de los vascongados, y Zalacaín y él se enzarzaron [22] en una estúpida discusión de amor propio [23] regional, de ésas tan frecuentes en España.

Decía el teniente aragonés que los vascongados eran tan torpes, que un capitán carlista, para enseñarles a marchar a la derecha y a la izquierda elevaba un manojo de paja en la mano y les decía, por ejemplo: ¡Doble derecha! [24] y en seguida pasaba el manojo a la derecha y decía: ¡Hacia el lado de la paja! Además, según el oficial, los vascongados eran unos poltrones [25] que no se querían batir más que estando cerca [10] de sus casas.

Martín se estaba amoscando,[26] y dijo al oficial:

— Yo no sé cómo serán [27] los vascongados, pero lo que le puedo decir a usted es que lo que usted o cualquiera de estos señores haga, lo hago yo por debajo de la pierna.[28]

— Y yo — dijo Bautista, colocándose al lado de Martín.

— Vamos, hombre — dijo Briones —. No sean ustedes tontos. El teniente Ramírez no ha querido ofenderles.

— No nos ha llamado más que estúpidos y cobardes — dijo riendo Martín —. Claro que a mí no me importa nada lo que este señor [20] opine de nosotros, pero me gustaría encontrar una ocasión para probarle que está equivocado.

— Salga usted — dijo el teniente.

— Cuando usted quiera — contestó Martín.

— No — replicó Briones —, yo lo prohibo. El teniente Ramírez quedará arrestado.

— Está bien — dijo refunfuñando [29] el aludido.

— Si estos señores quieren un poco de jaleo,[30] cuando tomemos Laguardia pueden venir con nosotros — advirtió el oficial.

Martín creyó ver alguna ironía en las palabras del militar y replicó [30] burlonamente:

— ¡Cuando tomen ustedes Laguardia! No, hombre. Eso no es nada para nosotros. Yo voy solo a Laguardia y la tomo, o a lo más con mi cuñado Bautista.

---

[22] *se enzarzaron*, became involved.
[23] *amor propio*, pride.
[24] *¡Doble derecha!* Right turn.
[25] *unos poltrones*, a bunch of cowards.
[26] *se . . . amoscando*, was becoming irritated.
[27] *cómo serán*, what they are like.
[28] *por . . . pierna*, with one hand tied behind my **back.**
[29] *refunfuñando*, grumbling.
[30] *jaleo*, excitement.

Se echaron todos a reír de la fanfarronada,[31] pero viendo que Martín insistía, diciendo que aquella misma noche iban a entrar en la ciudad sitiada,[32] pensaron que Martín estaba loco. Briones, que le conocía, trató de disuadirle de hacer esta barbaridad, pero Zalacaín no se convenció.

— ¿Ven ustedes este pañuelo blanco? — dijo —. Mañana al amanecer lo verán ustedes en este palo flotando sobre Laguardia. ¿Habrá [33] por aquí una cuerda?

Uno de los oficiales jóvenes trajo una cuerda, y Martín y Bautista, sin hacer caso de las palabras de Briones, avanzaron por la carretera.

El frío de la noche les serenó, y Martín y su cuñado se miraron algo extrañados. Se dice que los antiguos godos tenían la costumbre de resolver sus asuntos dos veces, una borrachos y otra serenos. De esta manera unían en sus decisiones el atrevimiento y la prudencia. Martín sintió no haber seguido esta prudente táctica goda, pero se calló y dió a entender que se encontraba en uno de los momentos regocijados de su vida.

— ¿Qué? ¿vamos a ir? — preguntó Bautista.

— Probaremos.

Se acercaron a Laguardia. A poca distancia de sus muros tomaron a la izquierda, por la Senda de las Damas, hasta salir al camino de El Ciego y cruzando éste se acercaron a la altura en donde se asienta la ciudad. Dejaron a un lado el cementerio y llegaron a un paseo con árboles que circunda el pueblo.

Debían de encontrarse en el punto indicado por el hombre de Yécora, entre la puerta de Mercadal y la de Páganos.

Efectivamente, el sitio era aquél. Distinguieron los agujeros en el muro que servía de escalera; los de abajo estaban tapados.

— Podríamos abrir estos boquetes [34] — dijo Bautista.

— ¡Hum! Tardaríamos mucho — contestó Martín —. Súbete encima de mí a ver si llegas. Toma la cuerda.

Bautista se encaramó [35] sobre los hombros de Martín, y luego, viendo que se podía subir sin dificultad, escaló la muralla hasta lo alto. Asomó la cabeza y viendo que no había vigilancia saltó encima.

— ¿Nadie? — dijo Martín.

— Nadie.

---

[31] *fanfarronada*, boast.
[32] *sitiada*, besieged.
[33] *¿Habrá . . . ?* I wonder if there is.
[34] *boquetes*, holes.
[35] *se encaramó*, climbed.

Sujetó Bautista la cuerda con un lazo corredizo [36] en un ángulo de un torreón,[37] y subió Martín a pulso,[38] con el palo en los dientes.

Se deslizaron los dos por el borde de la muralla, hasta enfilar [39] una calleja. Ni guardia, ni centinela; no se veía ni se oía nada. El pueblo parecía muerto.

— ¿Qué pasará aquí? — se dijo Martín.

Se acercaron al otro extremo de la ciudad. El mismo silencio. Nadie. Indudablemente, los carlistas habían huido de Laguardia.

Martín y Bautista adquirieron el convencimiento de que el pueblo estaba abandonado. Avanzaron con esta confianza hasta cerca de la puerta del Mercadal; y enfrente del cementerio, hacia la carretera de Logroño, sujetaron entre dos piedras el palo y ataron en su punta el pañuelo blanco.

Hecho [40] esto, volvieron de prisa al punto por donde habían subido. La cuerda seguía [41] en el mismo sitio. Amanecía. Desde allá arriba se veía una enorme extensión de campo. La luz comenzaba a indicar las sombras de los viñedos [42] y de los olivares. El viento fresco anunciaba la proximidad del día.

— Bueno, baja — dijo Martín —. Yo sujetaré la cuerda.

— No, baja tú — replicó Bautista.

— Vamos, no seas imbécil.

— ¿Quién vive? — gritó una voz en aquel mismo momento.

Ninguno de los dos contestó. Bautista comenzó a bajar despacio. Martín se tendió en la muralla.

— ¿Quién vive? — volvió a gritar el centinela.

Martín se aplastó en el suelo todo lo que [43] pudo; sonó un disparo y una bala pasó por encima de su cabeza. Afortunadamente, el centinela estaba lejos. Cuando Bautista descendió, Martín comenzó a bajar. Tuvo la suerte de que la cuerda no se deslizase. Bautista le esperaba con el alma en un hilo.[44] Había movimiento en la muralla; cuatro o cinco hombres se asomaron a ella, y Martín y Bautista se escondieron tras de los árboles del paseo que circundaba el pueblo. Lo malo era que aclaraba cada vez más.[45] Fueron pasando de árbol a árbol, hasta llegar cerca del cementerio.

---

[36] *lazo corredizo*, running knot.
[37] *torreón*, fortified tower.
[38] *a pulso*, hand over hand.
[39] *enfilar*, they could look down.
[40] *Hecho*, Having done.
[41] *seguía*, was still.
[42] *viñedos*, vineyards.   [43] *todo lo que*, as much as.
[44] *con . . . hilo*, with his heart in his mouth.
[45] *aclaraba . . . más*, it was growing lighter and lighter.

— Ahora no hay más remedio que echar a correr a la descubierta [46]
— dijo Martín —. A la una . . ., a las dos . . . Vamos allá.

Echaron los dos a correr. Sonaron varios tiros. Ambos llegaron
ilesos [47] al cementerio. De aquí ganaron pronto el camino de Logroño.
Ya fuera de peligro, miraron hacia atrás. El pañuelo seguía en la
muralla ondeando [48] al viento. Briones y sus amigos recibieron a
Martín y a Bautista como a héroes.

Al día siguiente, los carlistas abandonaron Laguardia y se refugiaron
en Peñacerrada. La población enarboló bandera de parlamento; [49] y
10 el ejército, con el general al frente, entraba en la ciudad.

Por más que Martín y Bautista preguntaron en todas las casas, no
encontraron a Catalina.

LIBRO TERCERO

LAS ÚLTIMAS AVENTURAS

CAPÍTULO PRIMERO

LOS RECIÉN CASADOS ESTÁN CONTENTOS

Catalina no fué inflexible.[1] Pocos días después, Martín recibió una
carta de su hermana. Decía la Ignacia que Catalina estaba en su casa,
en Zaro, desde hacía algunos días. Al principio no había querido oír
hablar de Martín,[2] pero ahora le perdonaba y le esperaba.

Martín y Bautista se presentaron en Zaro inmediatamente, y los
novios se reconciliaron.

Se preparó la boda. ¡Qué paz se disfrutaba allí, mientras se mataban
20 en España! La gente trabajaba en el campo. Los domingos, después
de la misa, los aldeanos endomingados,[3] con la chaqueta al hombro,
se reunían en la sidrería [4] y en el juego [5] de pelota; las mujeres iban a
la iglesia, con un capuchón [6] negro, que rodeaba su cabeza. Catalina

---

[46] *a . . . descubierta*, in the open.
[47] *ilesos*, uninjured.
[48] *ondeando*, waving.
[49] *enarboló . . . parlamento*, hoisted a flag of truce.

[1] *inflexible*, unyielding.
[2] *oír . . . Martín*, to hear Martin mentioned.
[3] *endomingados*, in their Sunday best.
[4] *sidrería*, cider shop.
[5] *juego*, court.
[6] *capuchón*, hooded cape.

cantaba en el coro y Martín la oía, como en la infancia, cuando en la iglesia de Urbia entonaba el Aleluya.

Se celebró la boda, con la posible solemnidad, en la iglesia de Zaro y luego la fiesta en la casa de Bautista.

Hacía todavía frío, y los aldeanos amigos se reunieron en la cocina de la casa, que era grande, hermosa y limpia.   En la enorme chimenea redonda se echaron montones de leña, y los invitados cantaron y bebieron hasta bien entrada la noche,[7] al resplandor de las llamas.   Los padres de Bautista, dos viejecitos arrugados, que hablaban sólo vascuence, cantaron una canción monótona de su tiempo, y Bautista lució 10 su voz y su repertorio completo y cantó una canción en honor de los novios.

> Ezcon berriyac
> pozquidac daudé
> pozquidac daudé
> eguin diralaco gaur
> alcarren jabé
> elizan.

(Los recién casados están muy alegres, porque hoy se han hecho dueños, uno de otro, en la iglesia.)   20

La fiesta acabó, con la mayor alegría, a la media noche, en que[8] se retiraron todos.

Pasada la luna de miel,[9] Martín volvió a las andadas.[10]   No paraba, iba y venía de España a Francia, sin poder reposar.

Catalina deseaba ardientemente que acabara la guerra e intentaba retener a Martín a su lado.

— Pero, ¿qué quieres más? — le decía —.   ¿No tienes ya bastante dinero?   ¿Para qué exponerte de nuevo?

— Si[11] no me expongo — replicaba Martín.

Pero no era verdad, tenía ambición, amor al peligro y una confianza 30 ciega en su estrella.   La vida sedentaria le irritaba.

Martín y Bautista dejaban solas a las dos mujeres y se iban a España. Al año de casada,[12] Catalina tuvo un hijo, al que llamaron José Miguel, recordando Martín la recomendación del viejo Tellagorri.

CAPÍTULO II

En el cual se inicia la «Deshecha»

Con la proclamación[1] de la monarquía en España, comenzó el deshielo en el campo carlista.

La batalla de Lácar, perdida de una manera ridícula por el ejército regular en presencia del nuevo rey,[2] dió alientos a los carlistas, pero a pesar del triunfo y del botín la causa del Pretendiente iba de capa caída.[3]

En el campo carlista comenzaba la *Deshecha*. Ya se podía andar por las carreteras sin peligro; el carlismo seguía por la fuerza de la inercia, defendido débilmente y atacado más débilmente todavía. La única arma que se blandía[4] de veras era el dinero.

10 Martín, viendo que no era difícil recorrer los caminos, tomó su cochecito y se dirigió hacia Urbia una mañana de invierno.

Todos los fuertes permanecían silenciosos, mudas las trincheras carlistas, ni una detonación, ni una humareda[5] cruzaban el aire. La nieve cubría el campo con su mortaja blanca bajo el cielo entoldado[6] y plomizo.[7]

Antes de llegar a Urbia, a un lado y a otro,[8] se veían casas de campo derrumbadas,[9] fachadas con las ventanas tapiadas[10] y rellenas de paja, árboles con las ramas rotas, zanjas[11] y parapetos por todas partes.

Martín entró en Urbia. La casa de Catalina estaba destrozada; con 20 los techos atravesados por las granadas,[12] las puertas y ventanas cerradas herméticamente. Ofrecía el hermoso caserón un aspecto lamentable; en la huerta abandonada, las lilas mostraban sus ramas rotas, y una[13] de las más grandes de un magnífico tilo,[14] desgajada,[15] llegaba hasta el suelo. Los rosales trepadores, antes tan lozanos, se veían marchitos.

[1] *proclamación;* the proclamation restoring the Bourbons to the Spanish throne at the end of 1874; see *Nota preliminar,* p. 156.

[2] *nuevo rey,* Alfonso XII.

[3] *iba . . . caída,* was going downhill.

[4] *se blandía,* was being brandished.

[5] *humareda,* cloud of smoke.

[6] *entoldado,* overcast.

[7] *plomizo,* lead colored.

[8] *a . . . otro,* on both sides.

[9] *derrumbadas,* in ruins.

[10] *tapiadas,* walled up.

[11] *zanjas,* trenches.

[12] *granadas,* shells.

[13] *una = una rama.*

[14] *tilo,* linden tree.

[15] *desgajada,* broken off.

Subió Martín por su calle a ver la casa en donde nació.

La escuela estaba cerrada; por los cristales empolvados [16] se veían los cartelones [17] con letras grandes y los mapas colgados de las paredes. Cerca del caserío de Zalacaín había una viga [18] de madera, de la que colgaba una campana.

— ¿Para qué sirve esto? — preguntó a un mendigo que iba de puerta en puerta.

Era para el vigía.[19]   Cuando notaba un fogonazo [20] tocaba la campana para avisar a la gente de la parte baja.

Entró Martín en el caserío Zalacaín.   El tejado no existía; sólo que- 10 daba un rincón de la antigua cocina con cubierta.   Bajo este techo, entre los escombros,[21] había un hombre sentado escribiendo y un chiquillo ocupado en cuidar varios pucheros.

— ¿Quién vive aquí? — preguntó Martín.

— Aquí vivo yo — contestó una voz.

Martín quedó atónito.   Era el extranjero.   Al verse se estrecharon las manos afectuosamente.

— ¡Lo que dió usted que hablar en Estella! — dijo el extranjero —. ¡Qué golpe aquel más admirable![22]   ¿Cómo se escaparon ustedes?

Martín contó la historia de su escapatoria, y el periodista fué to- 20 mando notas.

— Puedo hacer una crónica admirable — dijo.

Luego hablaron de la guerra.

— ¡Pobre país! — dijo el extranjero —.   ¡Cuánta brutalidad! ¡Cuánto absurdo!   ¿Se acuerda usted del Corneta de Lasala y de Praschcu que fueron de [23] los que nos persiguieron cerca de Hernani?

— Sí.

— Esos dos habían salvado al cabecilla [24] Monserrat de la muerte. ¿Sabe usted quién los ha fusilado?

— ¿Pero los han fusilado?   30

— Sí, el mismo Monserrat, en Ormaiztegui.

— ¡Pobre gente!

— A otro, llamado Anchusa, de la partida del Cura, debía usted también conocer. . . .

---

[16] *empolvados,* dusty.
[17] *cartelones,* posters.
[18] *viga,* beam.
[19] *vigía,* lookout.
[20] *fogonazo,* flash.
[21] *escombros,* ruins.
[22] *¡Qué . . . admirable!* What an admirable coup that was!
[23] *de,* among.
[24] *cabecilla,* (factional) chief.

— Sí, lo conocía.

— A ése lo mandó fusilar [25] Lizárraga.　Y al *Jabonero*, el lugarteniente del Cura. . . .

— ¿También lo fusilaron?

— También.　Al *Jabonero* le debía el Cura la única victoria que consiguió en Usurbil cuando defendieron una ermita contra los liberales; pero tenía celos de él y además creía que le hacía traición, y lo mandó fusilar.

— Si esto sigue así no vamos a quedar nadie.[26]

10　　— Afortunadamente ya ha comenzado la *Deshecha* como dicen los aldeanos — contestó el extranjero —.　¿Y usted a qué ha venido aquí?

Martín dijo que él era de Urbia, así como [27] su mujer, y contó sus aventuras desde el tiempo en que había dejado de ver [28] al extranjero. Comieron juntos y por la tarde se despidieron.

— Todavía creo que nos volveremos a ver — dijo el extranjero.

— Quién sabe.　Es muy posible.

CAPÍTULO III

En donde Martín comienza a trabajar por la gloria

En la época de las nieves, un general audaz que venía de muy lejos intentó envolver a los carlistas por el lado del Pirineo, y saliendo de Pamplona avanzó por la carretera de Elizondo; pero al ver el alto de
20 Velate defendido y atrincherado [1] por los carlistas, se retiró hacia Eguí y luego tomó por el puerto de Olaberri, próximo a la frontera, por entre bosques y sendas malísimas; y perdidos [2] sus soldados en los bosques, llegaron después de dos días y tres noches al Baztán.

La imprudencia era grande, pero aquel general tuvo suerte, porque si la terrible nevada que cayó al día siguiente de estar en Elizondo cae [3] antes, hubieran quedado la mitad de las tropas entre la nieve.

El general pidió víveres [4] a Francia, y gracias a la ayuda del país vecino, pudo dar de comer [5] a su gente y preparar alojamiento.　Martín

---

[25] *lo* repeats idea of *A ése; lo . . . fusilar*, had him shot.
[26] *no . . . nadie*, none of us is going to be left.
[27] *así como*, the same as.
[28] *en . . . ver*, he had last seen.

---

[1] *atrincherado*, intrenched.
[2] *perdidos*, having been lost.
[3] *cae*, had fallen.
[4] *víveres*, food supplies.
[5] *dar de comer*, to feed.

y Bautista se hallaban en relación con una casa de Bayona, y fueron a Añoa con sus carros.

Añoa está a un kilómetro próximamente de la frontera, en donde se halla establecida la aduana española de Dancharinea.

Aquel día, una porción de gente de la frontera francesa se asomó a Añoa. La carretera estaba atestada [6] de carromatos, carretas [7] y ómnibus, que conducían al valle del Baztán, para las tropas, fardos de zapatos, sacos de pan, cajones de galleta de Burdeos,[8] esparto para las camas, barriles de vino y de aguardiente.

El camino estaba intransitable y lleno de barro. Además de todo [10] aquel convoy de mercancías consignado al ejército, hallábanse otros coches atiborrados [9] de géneros que algunos comerciantes de Bayona llevaban a ver si vendían [10] al por menor.

Había también cerca del puente, sobre el riachuelo Ugarona, una porción de cantineros [11] con sus cestas, frascos y cachivaches.[12]

Martín con su mujer, y Bautista con la suya, se acercaron a Añoa y se alojaron en la venta. Catalina quería ver si obtenía [13] noticias de su hermano.

En la venta preguntaron a un muchacho desertor carlista, pero no supo darles ninguna razón [14] de Carlos Ohando.   [20]

— Si no está en Peñaplata, irá camino de [15] Burguete — les dijo.

Se encontraban a la puerta de la venta Martín y Bautista, cuando pasó, envuelto en su capote, Briones, el hermano de Rosita. Le saludó a Martín muy afectuoso y entró en la venta. Vestía uniforme de comandante y llevaba cordones dorados como los ayudantes [16] de generales.

— He hablado mucho de usted a mi general — le dijo a Martín.

— ¿Sí?

— Ya lo creo. Tendría mucho gusto en conocer a usted. Le he contado sus aventuras. ¿Quiere usted venir a saludarle? Tengo ahí [30] un caballo de mi asistente.[17]

— ¿Dónde está el general?

[6] *atestada*, crowded.
[7] *carromatos, carretas*, two-wheeled carts, long carts.
[8] *galleta de Burdeos*, hardtack.
[9] *atiborrados*, packed.
[10] *vendían*, they could sell.
[11] *cantineros*, sutlers (merchants who follow an army).
[12] *cachivaches*, miscellaneous things.
[13] *obtenía*, could get.
[14] *razón*, information.
[15] *irá . . . de*, he is probably bound for.
[16] *ayudantes*, aides.
[17] *asistente*, orderly.

— En Elizondo.   ¿Viene usted?

— Vamos.

Advirtió Martín a su mujer que se marchaba a Elizondo; montaron Briones y Zalacaín a caballo y charlando de muchas cosas llegaron a esta villa, centro del valle del Baztán.   El general se alojaba en un palacio de la plaza; a la puerta dos oficiales hablaban.

Le hizo pasar Briones a Martín al cuarto en donde se encontraba el general.   Éste, sentado a una mesa donde tenía planos y papeles, fumaba un cigarro puro y discutía con varias personas.

Presentó Briones a Martín, y el general, después de estrecharle la mano, le dijo bruscamente:

— Me ha contado Briones sus aventuras.   Le felicito a usted.

— Muchas gracias, mi [18] general.

— ¿Conoce usted toda esta zona de mugas [19] de la frontera que domina [20] el valle del Baztán?

— Sí, como mi propia mano.   Creo que no habrá otro que las conozca tan bien.

— ¿Sabe usted los caminos y las sendas?

— No hay más que sendas.

— ¿Hay sendero para subir a Peñaplata por el lado de Zugarramurdi?

— Lo hay.

— ¿Pueden subir caballos?

— Sí, fácilmente.

El general discutió con Briones y con el otro ayudante.   El había tenido el proyecto de cerrar la frontera e impedir la retirada a Francia del grueso [21] del ejército carlista, pero era imposible.

— Usted ¿qué ideas políticas tiene? — preguntó de pronto el general a Martín.

— Yo he trabajado para los carlistas, pero en el fondo creo que soy liberal.

— ¿Querría usted servir de guía a la columna que subirá mañana a Peñaplata?

— No tengo inconveniente.

El general se levantó de la silla en donde estaba sentado y se acercó con Zalacaín a uno de los balcones.

— Creo — le dijo — que actualmente soy el hombre de más influencia de España.   ¿Qué quiere usted ser?   ¿No tiene usted ambiciones?

[18] *mi*, do not translate.

[19] *zona de mugas*, boundary zone.

[20] *domina*, overlooks.

[21] *grueso*, main body.

— Actualmente soy casi rico; mi mujer lo es también . . .

— ¿De dónde es usted?

— De Urbia.

— ¿Quiere usted que le nombremos alcalde de allá?

Martín reflexionó.

— Sí, eso me gusta — dijo.

— Pues cuente usted con ello. Mañana por la mañana hay que estar aquí.

— ¿Van a ir tropas por Zugarramurdi?

— Sí.

— Yo les esperaré en la carretera, junto al alto de Maya.

Martín se despidió del general y de Briones, y volvió a Añoa, para tranquilizar a su mujer. Contó a Bautista su conversación con el general; Bautista se lo dijo a su mujer y ésta a Catalina.

A media noche, se preparaba Martín a montar a caballo, cuando se presentó Catalina con su hijo en brazos.

— ¡Martín! ¡Martín! — le dijo sollozando —. Me han asegurado que quieres ir con el ejército a subir a Peñaplata.

— ¿Yo?

— Sí.

— Es verdad. ¿Y eso te asusta?

— No vayas. Te van a matar, Martín. ¡No vayas! ¡Por [22] nuestro hijo! ¡Por mí!

— Bah, ¡tonterías! ¿Qué miedo puedes tener? Si he estado otras veces solo, ¿qué me va a pasar, yendo en compañía de tanta gente?

— Sí, pero ahora no vayas, Martín. La guerra se va a acabar en seguida. Que no te pase algo al final.

— Me he comprometido. Tengo que ir.

— ¡Oh, Martín! — sollozó Catalina —. Tú eres todo para mí; yo no tengo padre, ni madre, ni tengo hermano, porque el cariño que pudiese tenerle a él lo he puesto en ti y en tu hijo. No vayas a dejarme viuda, Martín.

— No tengas cuidado. Estáte tranquila. Mi vida está asegurada,[23] pero tengo que ir. He dado mi palabra. . . .

— Por tu hijo. . . .

— Sí, por mi hijo también. . . . No quiero que, andando el tiempo,[24] puedan decir de él: «Éste es el hijo de Zalacaín, que dió su palabra y no la cumplió por miedo»; no, si dicen algo, que digan:

---

[22] *Por,* For the sake of.

[23] *asegurada,* safe.

[24] *andando el tiempo,* in the course of time.

«Éste es Miguel Zalacaín, el hijo de Martín Zalacaín, tan valiente como su padre. . . . No. Más valiente aún que su padre.»

Y Martín, con sus palabras, llegó a infundir ánimo en su mujer, acarició al niño, que le miraba sonriendo desde el regazo de su madre, abrazó a ésta y, montando a caballo, desapareció por el camino de Elizondo.

CAPÍTULO IV

La batalla cerca del monte Aquelarre

Martín llegó al alto de Maya al amanecer, subió un poco por la carretera y vió que venía la tropa. Se reunió con Briones y ambos se pusieron a la cabeza de la columna.

10 Al llegar a Zugarramurdi, comenzaba a clarear.[1] Sobre el pueblo, las cimas del monte, blancas y pulidas por la lluvia, brillaban con los primeros rayos del sol.

De esta blancura de las rocas procedía el nombre del monte Arrizuri (piedra blanca) en vasco y Peñaplata en castellano.

Martín tomó el sendero que bordea[2] un torrente. Una capa de arcilla[3] humedecida cubría el camino, por el cual los caballos y los hombres se resbalaban. El sendero tan pronto[4] se acercaba a la torrentera,[5] llena de malezas[6] y de troncos podridos de árboles, como[4] se separaba de ella. Los soldados caían en este terreno resbaladizo.[7]

20 A cierta altura, el torrente[8] era ya un precipicio, por cuyo fondo, lleno de matorrales,[9] se precipitaba el agua brillante.

Mientras marchaban Martín y Briones a caballo, fueron hablando amistosamente. Martín felicitó a Briones por sus ascensos.[10]

— Sí, no estoy descontento — dijo el comandante —; pero usted, amigo Zalacaín, es el que avanza con rapidez, si sigue así; si en estos años adelanta usted lo que ha adelantado en los cinco pasados, va usted a llegar donde quiera.

— ¿Creerá usted que yo ya no tengo casi ambición?

— ¿No?

[1] *clarear*, to grow light.
[2] *bordea*, skirts.
[3] *arcilla*, clay.
[4] *tan pronto . . . como*, now . . . now.
[5] *torrentera*, gorge.
[6] *malezas*, underbrush.
[7] *resbaladizo*, slippery.
[8] *torrente*, gorge.
[9] *matorrales*, thickets.
[10] *ascensos*, promotions.

— No.[11] Sin duda, eran los obstáculos los que me daban antes bríos y fuerza, el ver que todo el mundo se plantaba a mi paso para estorbarme. Que uno quería vivir, el obstáculo;[12] que uno quería a una mujer y la mujer le quería a uno, el obstáculo también. Ahora no tengo obstáculos, y ya no sé qué hacer. Voy a tener que inventarme otras ocupaciones y otros quebraderos de cabeza.[13]

— Es usted la inquietud personificada, Martín — dijo Briones.

— ¿Qué quiere usted?[14] He crecido salvaje como las hierbas y necesito la acción, la acción continua. Yo, muchas veces pienso que llegará un día en que los hombres podrán aprovechar las pasiones de los demás en algo bueno.

— ¿También es usted soñador?

— También.

— La verdad es que es usted un hombre pintoresco, amigo Zalacaín.

— Pero la mayoría de los hombres son como yo.

— Oh, no. La mayoría somos gente tranquila, pacífica, un poco muerta.

— Pues yo estoy vivo, eso sí;[15] pero la misma vida que no puedo emplear se me queda dentro y se me pudre. Sabe usted, yo quisiera que todo viviese, que todo comenzara a marchar, no dejar nada parado, empujar todo al movimiento, hombres, mujeres, negocios, máquinas, minas, nada quieto, nada inmóvil. . . .

— Extrañas ideas — murmuró Briones.

Concluía el camino y comenzaban las sendas a dividirse y a subdividirse, escalando la altura.

Al llegar a este punto, Martín avisó a Briones que era conveniente que sus tropas estuviesen preparadas, pues al final de estas sendas se encontrarían en terreno descubierto y desprovisto[16] de árboles.

Briones mandó a los tiradores de la vanguardia preparasen sus armas y fueran avanzando despacio en guerrilla.

— Mientras unos van por aquí — dijo Martín a Briones — otros pueden subir por el lado opuesto. Hay allá arriba una explanada grande. Si los carlistas se parapetan[17] entre las rocas van a hacer una mortandad[18] terrible.

---

[11] The following speeches of Zalacaín present Baroja's dynamic philosophy.
[12] *Que . . . obstáculo*, If one wished to live, there was the obstacle.
[13] *quebraderos de cabeza*, puzzles.
[14] *¿Qué . . . usted?* What do you expect? See Translation Aid XI, No. 3, f, p. 515.
[15] *eso sí*, that is true.
[16] *desprovisto*, bare.
[17] *se parapetan*, intrench themselves.
[18] *mortandad*, slaughter.

Briones dió cuenta al general de lo dicho por Martín,[19] y aquél ordenó que medio batallón fuera por el lado indicado por el guía. Mientras no oyeran los tiros del grueso[20] de la fuerza no debían atacar.

Zalacaín y Briones bajaron de sus caballos y tomaron por una senda, y durante un par de horas fueron rodeando el monte, marchando entre helechos.[21]

— Por esta parte,[22] en una calvera[23] del monte, en donde hay como[24] una plazuela formada por hayas[25] — dijo Martín — deben tener centi-
10 nelas los carlistas; si no, por ahí podemos subir hasta los altos de Peñaplata sin dificultad.

Al acercarse al sitio indicado por Martín, oyeron una voz que cantaba. Sorprendidos, fueron despacio acortando la distancia.

— No serán las brujas — dijo Martín.

— ¿Por qué las brujas? — preguntó Briones.

— ¿No sabe usted que estos son los montes de las brujas?   Aquél es el monte Aquelarre — contestó Martín.

— ¿El Aquelarre?   ¿Pero existe?[26]

— Sí.

20 — ¿Y quiere decir algo en vascuence, ese nombre?

— ¿Aquelarre? . . .   Sí, quiere decir Prado del macho cabrío.[27]

— ¿El macho cabrío será el demonio?

— Probablemente.

La canción no la[28] cantaban las brujas, sino un muchacho que en compañía de diez o doce estaba calentándose alrededor de una hoguera.

Uno cantaba canciones liberales y carlistas y los otros le coreaban.[29]

No habían comenzado a oírse los primeros tiros, y Briones y su gente esperaron tendidos entre los matorrales.[30]

Martín sentía como[31] un remordimiento al pensar que aquellos
30 alegres muchachos iban a ser fusilados dentro de unos momentos.

[19] *lo . . . Martín*, what Martin had said.
[20] *grueso*, main body.
[21] *helechos*, ferns.
[22] *Por . . . parte*, On this side.
[23] *calvera*, open spot.
[24] *como*, something like.
[25] *hayas*, beeches.
[26] Briones' questions indicate that he had considered the mountain as imaginary. Aquelarre is the meeting place of the witches, mounted on their he-goats.
[27] *macho cabrío*, billy goat.
[28] *la* repeats the direct object *canción*; see Translation Aid X, No. 1, c, p. 512.
[29] *le coreaban*, were joining him in the chorus.
[30] *matorrales*, thickets.
[31] *como*, something like.

La señal no se hizo esperar[32] y no fué un tiro, sino una serie de descargas cerradas.[33]

— ¡Fuego! — gritó Briones.

Tres o cuatro de los cantores cayeron a tierra y los demás, saltando entre breñales,[34] comenzaron a huir y a disparar.

La acción se generalizaba; debía de ser furiosa a juzgar por el ruido de fusilería. Briones, con su tropa, y Martín subían por el monte a duras penas. Al llegar a los altos, los carlistas, cogidos entre dos fuegos, se retiraron.

La gran explanada del monte estaba sembrada de heridos y de muertos. Iban recogiéndolos en camillas. Todavía seguía la acción, pero poco después una columna de ejército avanzaba por el monte por otro lado, y los carlistas huían a la desbandada[35] hacia Francia.

CAPÍTULO V

DONDE LA HISTORIA MODERNA REPITE EL HECHO DE LA HISTORIA ANTIGUA

Fueron Martín y Catalina en su carricoche[1] a Saint Jean Pied de Port. Todo el grueso[2] del ejército carlista entraba, en su retirada de España, por el barranco de Roncesvalles y por Valcarlos. Una porción de comerciantes se había descolgado por allí, como cuervos al olor de la carne muerta, y compraban hermosos caballos por diez o doce duros, espadas, fusiles y ropas a precios ínfimos.[3]

Era un poco repulsivo ver esta explotación, y Martín, sintiéndose patriota, habló de la avaricia y de la sordidez de los franceses. Un ropavejero[4] de Bayona le dijo que el negocio es el negocio y que cada cual se aprovechaba cuando podía.

Martín no quiso discutir. Preguntaron Catalina y él a varios carlistas de Urbia por Ohando, y uno le indicó que Carlos, en compañía del *Cacho*, había salido de Burguete muy tarde, porque estaba muy enfermo.

Sin atender a que fuera o no prudente, Martín tomó el carricoche por el camino de Arneguy; atravesaron este pueblecillo que tiene dos

[32] *no . . . esperar*, was not long in coming.
[33] *descargas cerradas*, close volleys.
[34] *breñales*, brambled ground.
[35] *a . . . desbandada*, in disorder.

[1] *carricoche*, wagonette.
[2] *grueso*, main body.
[3] *ínfimos*, extremely low.
[4] *ropavejero*, old-clothes man.

barrios, uno español y otro francés, en las orillas de un riachuelo, y siguieron hasta Valcarlos.

Catalina, al ver aquel espectáculo, quedó horrorizada. La estrecha carretera era un campo de desolación. Casas humeando aún por el incendio, árboles rotos, zanjas,[5] el suelo sembrado de municiones de guerra, cajas, correas de artillería, bayonetas torcidas, instrumentos musicales de cobre aplastados por los carros.

En la cuneta [6] de la carretera se veía [7] a un muerto medio desnudo, sin botas, con el cuerpo cubierto por hojas de helechos; [8] el barro le 10 manchaba la cara.

En el aire gris, una nube de cuervos avanzaba en el aire, siguiendo aquel ejército funesto, para devorar sus despojos.

Martín, atendiendo a la impresión de Catalina, volvió prudentemente hasta llegar de nuevo al barrio francés de Arneguy. Entraron en la posada. Allí estaba el extranjero.

— ¿No le decía a usted que nos veríamos todavía? — dijo éste.

— Sí. Es verdad.

Martín presentó su mujer al periodista y los tres reunidos esperaron a que llegaran los últimos soldados.

20 Al anochecer, en un grupo de seis o siete, aparecieron Carlos Ohando y el Cacho.

Catalina se acercó a su hermano con los brazos abiertos.

— ¡Carlos! ¡Carlos!— gritó.

Ohando quedó atónito al verla; luego con un gesto de ira y de desprecio añadió:

— Quítate de delante.[9] ¡Perdida! ¡Nos has deshonrado!

Y en su brutalidad escupió a Catalina en la cara. Martín, cegado, saltó como un tigre sobre Carlos y le agarró por el cuello.

— ¡Canalla! ¡Cobarde! — rugió —. Ahora mismo vas a pedir 30 perdón a tu hermana.

— ¡Suelta! ¡Suelta! — exclamó Carlos ahogándose.

— ¡De rodillas!

— ¡Por Dios, Martín! ¡Déjale! — gritó Catalina —. ¡Déjale!

— No, porque es un miserable, un canalla cobarde, y te va a pedir perdón de rodillas.

— No — exclamó Ohando.

— Sí — y Martín le llevó por el cuello, arrastrándole por el barro, hasta donde estaba Catalina.

[5] *zanjas*, trenches.
[6] *cuneta*, ditch.
[7] *se veía*, one could see.
[8] *helechos*, ferns.

[9] *Quítate de delante*, Get out of my sight.

— No sea usted bárbaro — exclamó el extranjero —.   Déjelo usted.

— ¡A mí,[10] *Cacho!*   ¡A mí! — gritó Carlos ahogadamente.

Entonces, antes de que nadie lo pudiera evitar, *el Cacho,* desde la esquina de la posada, levantó su fusil, apuntó; se oyó una detonación, y Martín, herido en la espalda, vaciló, soltó a Ohando y cayó en la tierra.

Carlos se levantó y quedó mirando a su adversario.   Catalina se lanzó sobre el cuerpo de su marido y trató de incorporarle.[11]   Era inútil.

Martín tomó la mano de su mujer y con un esfuerzo último se la llevó a los labios —.   ¡Adiós! — murmuró débilmente, se le nublaron los ojos [12] y quedó [13] muerto.

A lo lejos, un clarín guerrero hacía temblar [14] el aire de Roncesvalles.

Así se habían estremecido aquellos montes con el cuerno de Rolando.[15]

Así, hacía cerca de quinientos años, había matado también a traición Velche de Micolalde, deudo de los Ohando, a Martín López de Zalacaín.

Catalina se desmayó al lado del cadáver de su marido.   El extranjero con la gente de la fonda la atendieron.   Mientras tanto, unos gendarmes franceses persiguieron al *Cacho,* y viendo que éste no se detenía, le dispararon varios tiros hasta que cayó herido.

. . . .

El cadáver de Martín se llevó al interior de la posada y estuvo toda la noche rodeado de cirios.[16]   Los amigos no cabían [17] en la casa. Acudieron a rezar el oficio de difuntos el abad de Roncesvalles y los curas de Arneguy, de Valcarlos y de Zaro.

Por la mañana se verificó el entierro.   El día estaba claro y alegre. Se sacó la caja [18] y se la colocó en el coche que habían mandado de San Juan del Pie del Puerto.   Todos los labradores de los caseríos propiedad de los Ohandos estaban allí; habían venido de Urbia a pie

---

[10] *¡A mí!* Help!

[11] *incorporarle,* to raise him up.

[12] *se . . . ojos,* his eyes became dim.

[13] *quedó,* he was.

[14] *temblar,* vibrate.

[15] *cuerno de Rolando:* Roncesvalles was the scene of the battle between the forces of Charlemagne and the Saracens.   Roland, the nephew of the emperor, before his death sounded his miraculous trumpet Oliphant which summoned Charlemagne.

[16] *cirios,* tapers.

[17] *Los . . . cabían,* There was not enough room for his friends.

[18] *caja,* coffin.

para asistir al entierro. Y presidieron el duelo [19] Briones, vestido de uniforme, Bautista Urbide y Capistun el americano.

Y las mujeres lloraban.

— Tan grande como era — decían —. ¡Pobre! ¡Quién había de decir [20] que tendríamos que asistir a su entierro, nosotros que le hemos conocido de niño! [21]

El cortejo tomó el camino de Zaro y allí tuvo fin [22] la triste ceremonia.

. . . .

Meses después, Carlos Ohando entró en San Ignacio de Loyola; [23] el Cacho estuvo en el hospital, en donde le cortaron una pierna, y luego fué enviado a un presidio francés; y Catalina, con su hijo, marchó a Zaro a vivir al lado de la Ignacia y de Bautista.

FIN

[19] *presidieron el duelo*, were chief mourners.
[20] *había de decir*, would have said.
[21] *de niño*, when he was a child.
[22] *tuvo fin*, came to an end.
[23] *San . . . Loyola*, the Jesuit order; founded by St. Ignatius of Loyola, a Basque.

MONTECRISTO

JOSÉ ESTREMERA*

Cuando acabó Damián la carrera de medicina, le escribió su padre diciéndole:

«Vente al pueblo a ejercer tu profesión. Aquí no encontrarás grandes riquezas; pero con lo que ganes con tu trabajo, y con la pequeña hacienda que has de heredar[1] a mi muerte, tendrás lo suficiente para vivir en una modesta holgura, honrado y querido como lo han sido tus abuelos.»

Pero Damián tenía aspiraciones mucho más grandes. ¡Él, ir a vegetar ignorado[2] y miserable en un villorrio![3] ¡Él, que había nacido para ser rico, poderoso, y para brillar en medio de los escogidos[4] por la suerte! ¡Jamás! Madrid podía sólo ofrecerle medios de llegar a la realización de sus sueños; Madrid era, pues, su campo de operaciones.

El ejercicio de la medicina no le lisonjeaba,[5] porque le parecía muy difícil y lento llegar a hacerse médico famoso. Sería necesario, por

---

* José Estremera (1852–1895). Poeta y autor dramático español. Estudió derecho civil y canónico en la Universidad Central a la cual no iba muchas veces para ir a leer el teatro español del siglo XVII en la Biblioteca Nacional.

Escribió diferentes tipos de obras teatrales que al principio fueron rechazadas. En 1873 se estrenó una obra suya con buen éxito en el Teatro Español. En 1876 colaboró con Vital Aza en un juguete cómico que fué muy bien recibido. Desde ese año se dedicó de lleno a la literatura.

Fué autor de más de quince zarzuelas y de unas treinta comedias. Algunas de sus obras fueron traducidas al italiano, al francés y al portugués.

También publicó trabajos en prosa y verso en revistas españolas e hispanoamericanas. Entre sus narraciones se halla el cuento que aquí incluimos.

[1] *has de heredar*, you will inherit.
[2] *ignorado*, unknown.
[3] *villorrio*, little village.
[4] *los escogidos*, those chosen.
[5] *no le lisonjeaba*, did not please him.

ejemplo, empezar de alumno interno[6] en un hospital, pasar malas noches y ver miserias continuamente en derredor. No había nacido él para tan bajos fines.

Damián no era tonto y tenía grandes aptitudes para las bellas artes. Empezó a pintar por entretenimiento, y sus amigos y compañeros le alentaban augurándole un porvenir brillante.

Pasaron varios años sin que el artista médico supiera a qué carta quedarse,[7] y al cabo su padre le retiró la modesta pensión que le enviaba, creyendo que así le obligaría a ir a su lado. Pero él había de ser rico. ¿Cómo? No lo sabía; sólo sabía que en su pueblo no había de conseguirlo.[8]

Viéndose sin recursos, se dedicó a pintar tablitas hechas a la ligera,[9] que vendía a bajo precio a los comisionistas[10] que van ofreciéndolas de café en café.[11] Si esto no le daba mucho dinero, en cambio le costaba poquísimo trabajo, y con ello podía ir viviendo hasta que se le presentara la fortuna a ofrecerle sus dones; porque tenía por cosa segura que había de presentársele cuando menos la esperara.

Pero la deseada visita tardaba más de lo conveniente, y entonces empezó Damián a quejarse de su suerte y a maldecir de la sociedad que le tenía postergado[12] y olvidado, y que no le tendía una mano protectora en pago sin duda de los buenos servicios que él hasta entonces le prestara.[13] La sociedad es una grandísima egoísta, que no se toma el trabajo de buscar por el campo las cigarras[14] para darles el premio de sus canciones.

Cierta noche no pudo dormir; dando vueltas a uno y otro lado[15] en su catre,[16] comparaba el miserable ajuar[17] de su habitación con el de la casa donde había ido a llevar[18] por miserable precio el fruto de su trabajo de una hora.

De tales meditaciones vino a sacarle[19] la voz lastimera de un hombre que cerca de allí se quejaba. Puso oído atento y oyó que el vecino

[6] *de . . . interno*, as an interne.
[7] *a . . . quedarse*, what course to take.
[8] *no . . . conseguirlo*, he would not achieve it.
[9] *tablitas . . . ligera*, quickly executed panels.
[10] *comisionistas*, commission agents.
[11] *de . . . café*, from café to café.
[12] *le . . . postergado*, kept him disregarded; in obscurity.
[13] *prestara*, had lent; simple form of the plupfct. indicative.
[14] *cigarras*, locusts.
[15] *dando . . . lado*, tossing from one side to the other.
[16] *catre*, cot.
[17] *ajuar*, furnishings.
[18] *ido a llevar*, see Translation Aid XI, No. 3, p. 515.
[19] *vino a sacarle*, he was finally aroused by.

continuaba quejándose y que, a poco, a los ayes de dolor sucedieron gritos en demanda de socorro.

— Otro desdichado como yo — pensó Damián — e impulsado por un sentimiento de compañerismo, se puso su ropa precipitadamente y salió al descanso de la escalera, en donde la voz dolorida le guió hasta otra buhardilla [20] contigua a la suya.   Empujó la puerta, que cedió sin gran resistencia, y se halló en un chiribitil [21] semejante al suyo; tendido en el suelo, junto a una cama cuyas ropas estaban en completo desorden, vió a un hombre enjuto y demacrado [22] que trataba de levantarse inútilmente.   10

— ¡Por Dios, levánteme usted de aquí! — dijo el desgraciado tendiéndole los descarnados [23] brazos.

Damián cogió en peso [24] al desconocido, le colocó en la cama, puso en orden la ropa y le cubrió con ella.

— Gracias, caballero, gracias; ha hecho usted una verdadera obra de caridad.   Estoy enfermo, muy enfermo;   acaso me quedan [25] poquísimas horas de vida. . . .   Hace poco pude conciliar el sueño, que había huido de mí;   pero ha sido tan agitado, que hubiera preferido una vigilia eterna.   Al despertar me he encontrado en el suelo, yerto [26] y dolorido, y no tenía fuerzas para levantarme.   Sufro mucho, 20 caballero. . . .   ¡Pero a qué voy a molestar a usted con lamentaciones inútiles!   Retírese usted a descansar y cuente con mi gratitud.   Retírese usted, y si puedo, ya [27] tendré el gusto de devolverle su visita.

— No, señor;   usted está malo y necesita usted quien [28] le ayude. ¿Tiene usted familia o amigos?   ¿Quiere usted que avise a alguien que venga a asistirle?

— No, señor;   estoy sólo en el mundo, pues aunque tengo personas muy allegadas [29] y muy queridas, todas me han abandonado, y sería inútil ir a pedirles auxilio para el pobre anciano.   Retírese usted, amigo 30 mío.   Ya ha hecho usted cuanto podía hacer por mí.   Mil gracias [30] y buenas noches.

[20] *buhardilla*, attic room.
[21] *chiribitil*, little room.
[22] *demacrado*, emaciated.
[23] *descarnados*, fleshless.
[24] *en peso*, bodily.
[25] *me quedan*, I have left.
[26] *yerto*, stiff.
[27] *ya*, see Translation Aid III, No. 4, p. 502.
[28] *quien*, someone who.
[29] *personas . . . allegadas*, very close relatives.
[30] *Mil gracias*, Thank you ever so much.

Insistió Damián en quedarse y el viejo en que se fuera, y al fin salió de la triste morada prometiendo al enfermo volver a verle por si [31] podía serle útil en algo.

Repitió sus visitas, cuidó al pobre anciano valiéndose de lo poco que había aprendido de medicina y notó que el enfermo se le iba aficionando y aun teniendo con él alguna confianza.

— Joven caritativo — le dijo un día el moribundo, en tono misterioso — usted, que es médico, habrá [32] comprendido ya que me quedan muy pocas horas de vida. Se ha portado usted conmigo como nunca
10 se ha portado mi propia hija. . . . Sí, señor, yo tengo una hija. . . . Le debo a usted entera confianza. . . . Yo no soy lo que parezco. Debía ser ahora presidente de la república de Méjico; pero vendido [33] y acusado por falsos amigos, tuve que emigrar a España. . . . Soy inmensamente rico; pero al abandonar mi país tuve que enterrar toda mi fortuna para no infundir sospechas. Muerto yo,[34] esa fortuna quedará ignorada [35] y sin dueño, si usted no quiere aceptarla.

Al oír aquella inesperada revelación, Damián creyó que soñaba; veía que estaba próximo a ver realizadas todas sus ambiciones, y que al fin la fortuna iba a hacerle la anhelada visita.

20 — Pero usted acaba de decirme que tiene una hija — dijo Damián lleno de esperanzas y temores.

— ¡Mi hija! . . . Mi hija es poderosa. Búsquela usted. Hoy se llama la marquesa viuda [36] de Vicencio, vive en Méjico. . . . Búsquela usted, pero será inútil; nada quiere mío [37] y verá usted cómo, si se presenta en mi nombre, ni siquiera se digna recibirle. Usted no sabe cuántas veces he ido a implorar de rodillas que me permitiera darle un beso paternal ¿y sabe usted lo que ha hecho cuando he logrado verla? Pues ha mandado a sus criados que me arrojen de su casa. Mil veces de palabra y por escrito le he ofrecido mi fortuna a cambio
30 de una mirada filial, y siempre me ha contestado con el mismo desdén.

— Pero ¿qué motivo tiene para semejante desvío?

— Ninguno; pero llega a tal punto, que no quiere reconocer en mí a su padre. Así, noble joven, no dude [38] usted en aceptar la fortuna que le ofrezco, porque ella no había de admitirla [39] de ningún modo.

---

[31] *por si*, in case that.
[32] *habrá*, see Translation Aid XVIII, No. 1, p. 528.
[33] *vendido*, betrayed.
[34] *Muerto yo*, When I am dead.
[35] *ignorada*, unknown.
[36] *marquesa viuda*, widowed marchioness.
[37] *nada . . . mío*, she wants nothing of mine.
[38] *no dude*, do not hesitate.
[39] *no . . . admitirla*, she would not accept it.

Si quiere usted acallar[40] escrúpulos de conciencia, vaya a verla y ofrézcasela, y en el caso improbable de que la acepte, aún puede usted ser rico quedándose con la tercera parte,[41] de la que puedo disponer a mi antojo.

En las visitas sucesivas insistió el viejo en sus revelaciones e hizo prometer a Damián que aceptaría la herencia, y le dió unos papeles en que se indicaba puntualmente el sitio donde estaban enterradas las riquezas.

Murió el viejo y Damián creyó ver realizados los sueños de su vida y se consideró poderoso. Vendió lo poco que había heredado de sus 10 padres para costear[42] su viaje a Méjico, pensando dirigirse en primer término[43] a la hija de su bienhechor, más que para satisfacer su conciencia, con el fin de hacer mayor su fortuna si lograba conquistar la simpatía y la mano de la marquesa viuda. Apenas llegado,[44] preguntó por ella y supo[45] que, en efecto, era una de las personas más ricas y bienquistas[46] del país, con lo cual[47] vió que el viejo no le había engañado. Solicitó una audiencia de la ilustre dama, tomando el nombre de su difunto vecino, y la marquesa se negó a recibirle a pesar de sus repetidas instancias.

En vista de lo cual, dispuso y emprendió los trabajos de excavación 20 en el lugar en que, según los papeles que le dejó el difunto, debía estar el tesoro. Los planos y demás noticias indicaban perfectamente el sitio, de modo que ya no le cabía la menor duda:[48] iba a ser rico.

¡Con cuánta ansiedad presenciaba y dirigía los trabajos! Cada golpe de piqueta le parecía nuncio de inefable ventura.

Cuando calculó que faltaba cavar muy poco para encontrar el tesoro, mandó suspender los trabajos pensando concluirlos él mismo en el silencio y soledad de la noche para que nadie pudiera saber lo que buscaba.

Llegó la noche, y Damián, a la luz de la luna, cavó horas enteras sin 30 sentir el cansancio, ni aun limpiarse el sudor que en gruesas gotas caía de su frente. Era la primera vez que trabajaba.

A la profundidad marcada con admirable precisión por los planos del viejo, descubrió al fin entre la tierra un cofrecillo de madera, cerrado

[40] *acallar*, to silence.
[41] *quedándose . . . parte*, by keeping one-third of it.
[42] *costear*, to pay the expenses of.
[43] *en . . . término*, in the first place.
[44] *Apenas llegado*, Scarcely had he arrived when.
[45] *supo*, learned; see Translation Aid XI, No. 3, g, p. 515.
[46] *bienquistas*, most beloved.
[47] *con lo cual*, whereupon.
[48] *ya . . . duda*, he no longer had any doubts.

con llave y reforzado además con cintas [49] de hierro. Impaciente y febril, trató de abrirlo, pero no pudo. Si le daba un golpe con la piqueta [50] podría destruir alguna joya de valor. Era necesario diferir su felicidad y llevarse el cofre a su casa para abrirlo con herramientas a propósito.

Se dirigió a la fonda con pasos cautelosos, y en cada transeúnte imaginaba ver un ladrón o un individuo [51] de policía que iba a pedirle cuentas de sus acciones y a confiscarle los bienes [52] del anciano.

Al entrar en poblado sintió que le faltaban las fuerzas. El trabajo, rudo para él, y las varias emociones que había sentido en pocas horas le habían aniquilado, y comprendió que, de seguir,[53] podía [54] desmayarse en el camino, abandonando su tesoro a la rapacidad de cualquier malvado. A pesar de su impaciencia creyó necesario dilatar la apertura del cofrecillo y entró en un café a tomar algo para reparar sus fuerzas.

En la mesa inmediata a la en que se sentó hablaban de política varios sujetos, entre los que reconoció a un compañero de hotel y vecino suyo en la mesa redonda.[55]

— El actual presidente no puede hacerlo peor — decía uno de los comensales.[56]

— Mejor hubiera gobernado el bueno de [57] D. Anselmo Echevarría — dijo el conocido de nuestro héroe, sonriendo.

Al oír aquel nombre, Damián abrió desmesuradamente [58] los ojos y aplicó el oído.[59] Anselmo Echevarría se llamaba el dueño de la inmensa fortuna, el pobre viejo de la guardilla.[60]

En el grupo vecino no volvió a hablarse del muerto.[61]

Cuando se retiraron los políticos, el conocido de Damián se acercó a su mesa y le dijo:

— Si va usted a la fonda, le esperaré un rato y podemos ir juntos.

Mucho disgustó a Damián la cortesía, pero no supo qué contestar. Y entrando en conversación, se atrevió a decir:

[49] *cintas,* bands.
[50] *piqueta,* pickaxe.
[51] *individuo,* member.
[52] *bienes,* property.
[53] *de seguir,* if he continued.
[54] *podía,* he might.
[55] *mesa redonda,* table for regular boarders.
[56] *comensales,* guests (at the table).
[57] *el bueno de,* good old.
[58] *desmesuradamente,* very wide.
[59] *aplicó el oído,* listened attentively.
[60] *guardilla,* attic.
[61] *no . . . muerto,* the dead man was not spoken of again.

— ¿Usted conoció a D. Anselmo Echevarría?

— ¿Quién no conoce en Méjico al constante pretendiente a la presidencia de la república, al padre putativo [62] de la marquesa viuda de Vicencio? — dijo el conhuésped [63] sonriendo siempre.

— Y esa mujer, ¿por qué no quería a su padre? — preguntó Damián.

— ¿A Echevarría?

— Sí.

— ¿Pero usted conoce a Echevarría?

— Le he conocido en Madrid.

— ¿Y no sabe usted quién es?

— Sólo sé que era un distinguido hombre político y el padre de la marquesa. . . .

— ¡Pero usted le ha tratado y no ha conocido [64] que era un pobre loco!

— ¡Loco! — dijo Damián sintiendo que le faltaban de nuevo las fuerzas.

— Loco rematado.[65] Era un pobre maestro de escuela que se creía inmensamente rico, hombre público muy importante, con derecho a la presidencia de la república y siempre perseguido por sus contrarios. Creía además que la marquesa de Vicencio era una hija que se le murió [66] hace muchos años, y con esta manía ha dado serios disgustos a esa señora.

Al oír esto, el pobre soñador cayó sobre el diván presa de un síncope.[67]

Al despertar a la mañana siguiente se halló acostado en su cama, y vió sobre la mesita de noche el cofrecillo que debía encerrar su tesoro. Lo descerrajó [68] con un resto de esperanza y lo encontró lleno de pedazos de vidrio.

[62] *putativo*, reputed.
[63] *conhuésped*, fellow guest.
[64] *conocido*, realized.
[65] *rematado*, stark.
[66] *se le murió*, who died (on him); *le* is dative of interest, showing who was interested in the action.
[67] *presa . . . síncope*, victim of a fainting spell.
[68] *descerrajó*, removed the lock.

EL PARÁSITO DEL TREN

VICENTE BLASCO IBÁÑEZ*

ตดด

— Sí, — dijo el amigo Pérez a todos sus contertulios de café, — en este periódico acabo de leer la noticia de la muerte de un amigo. Sólo le vi una vez, y sin embargo, le he recordado en muchas ocasiones. ¡Vaya un amigo!

Le conocí una noche viniendo a Madrid en el tren-correo de Valencia. Iba yo en un departamento de primera; en Albacete bajó el único viajero que me acompañaba, y al verme solo, como había dormido mal la noche anterior, me estremecí voluptuosamente, contemplando los almohadones [1] grises. ¡Todos para mí! ¡Podía extenderme con libertad! ¡Flojo sueño iba a echar [2] hasta Alcázar de San Juan!

Corrí [3] el velo verde de la lámpara, y el departamento quedó en deliciosa penumbra.[4] Envuelto en mi manta me tendí de espaldas, estirando mis piernas cuanto pude con la deliciosa seguridad de no molestar a nadie.

* VICENTE BLASCO IBÁÑEZ (1867–1928). Uno de los novelistas españoles más conocidos del siglo diez y nueve. En algunas de sus obras describe admirablemente la huerta valenciana, su «patria chica.»

Socialista y republicano, Blasco Ibáñez trajo problemas sociales a la novela: *Cañas y barro*, 1902; *La catedral*, 1903; *El intruso*, 1904; *La bodega*, 1905; *La horda*, 1905. Sin embargo, fué el tema de la guerra mundial de 1914 lo que más fama le dió: *Los cuatro jinetes del Apocalipsis*, 1916; *Mare Nostrum*, 1918, entre otras obras.

A Blasco Ibáñez le interesaba sobre todo la lucha social, asunto que trató desde varios puntos de vista, pero las más veces con poca preparación y con demasiada prisa. Su mejor obra es *La barraca*, 1898. En ella nos da una visión sintética de la huerta de Valencia, tierra de pequeñas alegrías y miserias en que surge la figura épica del valenciano indómito en lucha con la bajeza de sus coterráneos.

[1] *almohadones*, cushions.
[2] *Flojo . . . echar*, What a fine sleep I was going to have; see Translation Aid VIII, No. 1, p. 508.
[3] *Corrí*, I drew.
[4] *penumbra*, half-light.

El tren corría por las llanuras de la Mancha, áridas y desoladas. Las estaciones estaban a largas distancias; [5] la locomotora extremaba su velocidad,[6] y mi coche gemía y temblaba como una vieja diligencia. Balanceábame [7] sobre la espalda impulsado por el terrible traqueteo; [8] las franjas [9] de los almohadones arremolinábanse; [10] saltaban las maletas sobre las cornisas de red; [11] temblaban los cristales en sus alvéolos [12] de las ventanillas, y un espantoso rechinar de hierro viejo venía de abajo. Las ruedas y frenos gruñían; pero conforme se cerraban mis ojos, encontraba yo en su ruido nuevas modulaciones, y tan pronto me creía mecido por las olas, como [13] me imaginaba que había retrocedido hasta la niñez y me arrullaba [14] una nodriza de voz bronca.[15]

Pensando tales tonterías me dormí, oyendo siempre el mismo estrépito y sin que el tren se detuviera.

Una impresión de frescura me despertó. Sentí en la cara como un golpe [16] de agua fría. Al abrir los ojos vi el departamento solo; la portezuela de enfrente estaba cerrada. Pero sentí de nuevo el soplo frío de la noche aumentado por el huracán que levantaba el tren con su rápida marcha, y al incorporarme vi la otra portezuela, la inmediata a mí, completamente abierta, con un hombre sentado en el borde de la plataforma, los pies afuera, en el estribo, encogido, con la cabeza vuelta hacia mí y unos ojos que brillaban mucho [17] en su cara obscura.

La sorpresa no me permitía pensar. Mis ideas estaban aún embrolladas por el sueño. En el primer momento sentí cierto terror supersticioso. Aquel hombre que se aparecía estando el tren en marcha, tenía algo de [18] los fantasmas de mis cuentos de niño.

Pero inmediatamente recordé los asaltos en las vías férreas, los robos de los trenes, los asesinatos en un vagón, todos los crímenes de esta clase que había leído, y pensé que estaba solo, sin un mal

---

[5] *a . . . distancias*, long distances apart.
[6] *extremaba . . . velocidad*, was running extremely fast.
[7] *Balanceábame*, I was swaying.
[8] *traqueteo*, jolting.
[9] *franjas*, fringes.
[10] *arremolinábanse*, were swaying; see Translation Aid XV, No. 2, p. 523.
[11] *cornisas de red*, net baggage racks.
[12] *alvéolos*, frames.
[13] *tan pronto . . . como*, now . . . now.
[14] *arrullaba*, was lulling.
[15] *bronca*, hoarse.
[16] *golpe*, dash.
[17] *mucho*, brightly.
[18] *tenía algo de*, resembled

timbre para avisar a los que dormían al otro lado de los tabiques [19] de madera. Aquel hombre era seguramente un ladrón.

El instinto de defensa, o más bien el miedo, me dió cierta ferocidad. Me arrojé sobre el desconocido, empujándolo con codos y rodillas; perdió el equilibrio; se agarró desesperadamente al borde de la portezuela, y yo seguí empujándole, pugnando por arrancar sus crispadas manos de aquel asidero,[20] para arrojarlo a la vía. Todas las ventajas estaban de mi parte.

— ¡Por Dios, señorito! — gimió con voz ahogada. — Señorito, 10 déjeme usted. Soy un hombre de bien.[21]

Y había tal expresión de humildad y angustia en sus palabras, que me sentí avergonzado de mi brutalidad y le solté.

Se sentó otra vez jadeante [22] y tembloroso en el hueco de la portezuela mientras yo quedaba en pie, bajo la lámpara, cuyo velo descorrí.[23]

Entonces pude verle. Era un campesino pequeño y enjuto; un pobre diablo con una zamarra [24] remendada y mugrienta [25] y pantalones de color claro. Su gorra negra casi se confundía con el tinte cobrizo y barnizado [26] de su cara, en la que se destacaban los ojos de mirada mansa y una dentadura de rumiante,[27] fuerte y amarillenta, que se 20 descubría al contraerse los labios con sonrisa de estúpido agradecimiento.

Me miraba como un perro a quien se ha salvado la vida,[28] y mientras tanto sus obscuras manos buscaban y rebuscaban en la faja y los bolsillos. Esto casi me hizo arrepentir de mi generosidad, y mientras el gañán [29] buscaba, yo metía mano en el cinto [30] y empuñaba mi revólver. ¡Si creyó pillarme descuidado! [31] . . .

Tiró él de su faja, sacando algo, y yo le imité sacando de su funda [32] medio revólver. Pero lo que él tenía en la mano era un cartoncito mugriento y acribillado,[33] que me tendió con satisfacción.

---

[19] *tabiques*, partitions.
[20] *asidero*, hold.
[21] *hombre de bien*, honest man.
[22] *jadeante*, panting.
[23] *descorrí*, I drew back.
[24] *zamarra*, sheepskin coat.
[25] *mugrienta*, dirty.
[26] *cobrizo y barnizado*, copper-colored and tanned.
[27] *rumiante*, ruminant, cow.
[28] *a . . . vida*, whose life has been saved.
[29] *gañán*, farm laborer.
[30] *cinto*, belt.
[31] *descuidado*, off-guard.
[32] *funda*, holster.
[33] *mugriento y acribillado*, dirty and full of holes.

— Yo también llevo billete, señorito.

Lo miré y no pude menos de reírme.

— ¡Pero si [34] es antiguo! — le dije.   — Ya hace años que sirvió.[35]

. . . ¿Y con esto te crees autorizado para asaltar el tren y asustar a los viajeros?

Al ver su burdo [36] engaño descubierto, puso la cara triste,[37] como si temiera que intentase yo arrojarlo otra vez a la vía.   Sentí compasión y quise mostrarme bondadoso y alegre, para ocultar los efectos de la sorpresa, que aún duraba en mí.

— Vamos, acaba de subir.[38]   Siéntate dentro y cierra la portezuela. 10

— No, señor, — dijo con entereza.   — Yo no tengo derecho a ir dentro como un señorito.   Aquí, y gracias,[39] pues no tengo dinero.

Y con la firmeza de un testarudo se mantuvo en su puesto.

Yo estaba sentado junto a él; mis rodillas en sus espaldas.   Entraba en el departamento un verdadero huracán.   El tren corría a toda velocidad;[40] sobre los yermos y los terrosos desmontes [41] resbalaba la mancha roja y oblicua de la abierta portezuela, y en ella la sombra encogida del desconocido y la mía inclinada sobre él.   Pasaban los postes telegráficos como pinceladas [42] amarillas sobre el fondo negro de la noche, y en los ribazos [43] brillaban un instante, cual enormes 20 luciérnagas,[44] los carbones encendidos que arrojaba la locomotora.

El pobre hombre estaba intranquilo, como si le extrañase que le dejara permanecer en aquel sitio.   Le di un cigarro y poco a poco fué hablando.

Todos los sábados hacía el viaje del mismo modo.   Esperaba al tren a su salida de Albacete; saltaba a un estribo con riesgo de ser despedazado,[45] corría por fuera todos los vagones buscando un departamento vacío, y en las cuatro estaciones, hasta el pueblo donde iba, apeábase poco antes de la llegada y volvía a subir después de la salida, siempre mudando de sitio para evitar la vigilancia de los empleados, unos malas almas enemigos de los pobres.   30

— Pero ¿a dónde vas? — le dije.   — ¿Por qué haces este viaje, exponiéndote a morir despedazado? [46]

[34] *si*, do not translate.
[35] *que sirvió*, since it was used.
[36] *burdo*, stupid.
[37] *puso . . . triste*, he looked sad.
[38] *acaba de subir*, get entirely in; get in once and for all.
[39] *gracias*, thanks for that.
[40] *a . . . velocidad*, at full speed.
[41] *terrosos desmontes*, earth-colored barren land.
[42] *pinceladas*, brush strokes.
[43] *ribazos*, sloping banks.
[44] *luciérnagas*, fireflies.
[45] *despedazado*, cut to pieces.   [46] *despedazado*, by being cut to pieces.

Iba a pasar el domingo con su familia. ¡Cosas de pobres![47] Él trabajaba algo en Albacete y su mujer servía en un pueblo. El hambre les había separado. Al principio hacía el viaje a pie; toda una noche de marcha, y cuando llegaba por la mañana caía rendido, sin ganas de hablar con su mujer ni de jugar con los chicos. Pero ya se había despabilado,[48] ya no tenía miedo y hacía el viaje tan ricamente en el tren. Ver a sus hijos le daba fuerzas para trabajar toda la semana. Tenía tres; el más pequeño era así, no levantaba dos palmos del suelo,[49] y sin embargo, le reconocía y al verle entrar tendíale los brazos al cuello.

10 — Pero tú, — le dije — ¿no piensas que en cualquiera de estos viajes tus hijos van a quedarse sin padre?

El sonreía con confianza. Entendía muy bien aquel negocio. No le asustaba el tren cuando llegaba como caballo desbocado,[50] bufando[51] y echando chispas; era ágil y sereno; un salto y arriba; y en cuanto a bajar, podría darse algún coscorrón[52] contra los desmontes,[53] pero lo importante era no caer bajo las ruedas.

No le asustaba el tren sino los que iban dentro. Buscaba los coches de primera, porque en ellos encontraba departamentos vacíos. ¡Qué de aventuras![54] Una vez abrió sin saberlo el[55] reservado de 20 señoras; dos monjas que iban dentro gritaron ¡ladrones!, y él, asustado, se arrojó del tren y tuvo que hacer a pie el resto del camino.

Dos veces había estado próximo, como aquella noche, a ser arrojado a la vía por los que despertaban sobresaltados con su presencia; y buscando en otra ocasión un departamento obscuro, tropezó con un viajero que sin decir palabra le asestó un garrotazo,[56] echándole fuera del tren. Aquella noche sí que creyó morir.[57]

Y al decir esto, señalaba una cicatriz que cruzaba su frente.

Le trataban mal, pero él no se quejaba. Aquellos señores tenían razón para asustarse y defenderse. Él comprendía que era merecedor 30 de aquello y más, pero ¡qué remedio,[58] si no tenía dinero y deseaba ver a sus hijos!

---

[47] *¡Cosas de pobres!* Such is the life of the poor!
[48] *se . . . despabilado*, he had become clever.
[49] *no . . . suelo*, he was not even two spans high.
[50] *desbocado*, run-away.
[51] *bufando*, snorting.
[52] *coscorrón*, bump on the head.
[53] *desmontes*, mounds.
[54] *¡Qué de . . . !* How many . . . !
[55] *el*, add: *departamento*.
[56] *le . . . garrotazo*, struck him with a club.
[57] *sí . . . morir*, he did think he would die.
[58] *qué remedio*, how could it be helped.

El tren iba limitando su marcha como si se aproximara a una estación. Él, alarmado, comenzó a incorporarse.

— Quédate, — le dije, — aún falta otra estación para llegar [59] a donde tú vas. Te pagaré el billete.

— ¡Quiá! No, señor, — repuso con candidez [60] maliciosa. — El empleado, al dar el billete, se fijaría en mí. Muchas veces me han perseguido sin conseguir verme de cerca, y no quiero que me tomen la filiación.[61] ¡Feliz viaje, señorito! Es usted la más buena alma que he encontrado en el tren.

Se alejó por los estribos, agarrado al pasamano [62] de los coches, y se perdió en la obscuridad, buscando sin duda otro sitio donde continuar tranquilo su viaje.

Paramos ante una estación pequeña y silenciosa. Iba ya a tenderme para dormir, cuando en el andén [63] sonaron voces imperiosas.

Eran los empleados, los mozos de la estación y una pareja de la guardia civil, que corrían en distintas direcciones como cercando a alguien.

— ¡Por aquí! . . . ¡Cortadle el paso! [64] Dos por el otro lado para que no escape. . . . Ahora se ha subido sobre el tren. . . . ¡Seguidle!

Y, efectivamente, al poco rato las techumbres de los vagones temblaban bajo el galope loco de los que le perseguían en aquellas alturas.

Era, sin duda, el *amigo*, a quien habían sorprendido, y viéndose cercado, se refugiaba en lo más alto del tren.

Estaba yo en una ventanilla de la parte opuesta al andén, y vi cómo un hombre saltaba desde la techumbre de un vagón inmediato, con la asombrosa ligereza que da el peligro. Cayó de bruces [65] en un campo, gateó [66] algunos instantes como si la violencia del golpe no le permitiera incorporarse, y al fin huyó a todo correr,[67] perdiéndose en la obscuridad la mancha blanca de sus pantalones.

El jefe del tren [68] gesticulaba al frente de los perseguidores, algunos de los cuales reían.

[59] *aún . . . llegar*, there is still another station before you arrive.
[60] *candidez*, frankness.
[61] *filiación*, description.
[62] *pasamano*, rail.
[63] *andén*, station platform.
[64] *¡Cortadle el paso!* Head him off!
[65] *de bruces*, face downward.
[66] *gateó*, crawled along on all fours.
[67] *a . . . correr*, at full speed.
[68] *jefe del tren*, conductor.

— ¿Qué es eso? — pregunté al empleado.

— Un tuno[69] que tiene la costumbre de viajar sin billete, — contestó con énfasis. — Ya le conocemos[70] hace tiempo: es un parásito del tren, pero poco hemos de poder o le pillaremos para que vaya a la cárcel.[71]

Ya no vi más al pobre parásito. En invierno, muchas veces me he acordado del infeliz, y le veía en las afueras de una estación, tal vez azotado por la lluvia y la nieve, esperando el tren que pasa como un torbellino, para asaltarlo con la serenidad del valiente[72] que asalta
10 una trinchera.

Ahora leo que en la vía férrea, cerca de Albacete, se ha encontrado el cadáver de un hombre despedazado[73] por el tren . . . Es él, el pobre parásito. No necesito más datos para creerlo; me lo dice el corazón. «Quien ama el peligro en él perece.» Tal vez le faltó inesperadamente la destreza: tal vez algún viajero asustado por su repentina aparición fué menos compasivo que yo y le arrojó bajo las ruedas. ¡Vaya usted a preguntar[74] a la noche lo que pasaría![75]

— Desde que le conocí, — terminó diciendo el amigo Pérez, — han pasado cuatro años. En este tiempo he corrido mucho por dentro y
20 fuera de España, y viendo cómo viaja la gente, por capricho o por combatir el aburrimiento, más de una vez he pensado en el pobre gañán,[76] que separado de su familia por la miseria,[77] cuando quería ver a sus hijos, tenía que verse perseguido y acosado como alimaña[78] feroz, y desafiar la muerte con la serenidad de un valiente.

[69] *tuno*, rascal.
[70] *conocemos*, we have known.
[71] *poco . . . cárcel*, we'll catch him and send him to jail if it's the last thing we do.
[72] *valiente*, hero.
[73] *despedazado*, cut to pieces.
[74] *Vaya . . . preguntar*, Go and ask.
[75] *pasaría*, must have happened.
[76] *gañán*, farm laborer.
[77] *miseria*, poverty.
[78] *alimaña*, animal.

¡SOLO!

ARMANDO PALACIO VALDÉS

Fresnedo dormía profundamente su siesta acostumbrada. Al lado del diván el velador maqueado,[1] manchado de ceniza [2] de cigarro, y sobre él un platillo y una taza, pregonando que el café no desvela *~~awake~~* a todas las personas. La estancia, amueblada para el verano con mecedoras y sillas de rejilla,[3] estera [4] fina de paja, y las paredes desnudas y pintadas al fresco, se hallaba menos que a media luz; [5] las persianas la [6] dejaban a duras penas [7] filtrarse. Por esto no se sentía el calor. Por esto y porque nos hallamos en una de las provincias más frescas del norte de España y en el campo. Reinaba silencio. Escuchábase sólo fuera el suave ronquido [8] de las cigarras [9] y el *pío pío* de algún pájaro que, protegido por los pámpanos [10] de la parra que ciñe el balcón se complacía en interrumpir la siesta de sus compañeros. Alguna vez,[11] muy lejos, se oía el chirrido [12] de un carro, lento, monótono, convidando al sueño. Dentro de la casa habían cesado ya tiempo hacía los ruidos del fregado [13] de los platos. La fregatriz,[14] la robusta, la colosal Mariona, como andaba descalza,[15] sólo producía

[1] *velador maqueado*, lacquered night-table.
[2] *ceniza*, ashes.
[3] *sillas de rejilla*, wicker chairs.
[4] *estera*, mat.
[5] *menos . . . luz*, very dimly lighted.
[6] *la* refers to *media luz*.
[7] *a . . . penas*, with great difficulty.
[8] *ronquido*, singing.
[9] *cigarras*, locusts.
[10] *pámpanos*, leaves.
[11] *Alguna vez*, Occasionally.
[12] *chirrido*, creaking.
[13] *fregado*, washing.
[14] *fregatriz*, dish-washer.
[15] *descalza*, barefooted.

un leve gemido de las tablas,[16] que se quejaban al recibir tan enorme y maciza [17] humanidad.

Cualquiera envidiaría aquella estancia fresca, aquel silencio dulce, aquel sueño plácido. Fresnedo era un sibarita; [18] pero solamente en el verano. Durante el invierno trabajaba como un negro allá en su escritorio de la calle de Espoz y Mina, donde tenía un gran establecimiento de alfombras.[19] Era hombre que pasaba un poco de los cuarenta,[20] fuerte y sano como suelen ser los que no han llevado una juventud borrascosa: [21] la tez morena, el pelo crespo,[22] el bigote largo
10 y comenzando a ponerse gris. Había nacido en Campizos, punto donde nos hallamos, hijo de labradores regularmente acomodados.[23] Mandáronle a Madrid a los catorce años con [24] un tío comerciante.[25] Trabajó con brío e inteligencia; fué su primer [26] dependiente; después su asociado; por último se casó con su hija, y heredó su hacienda y su comercio. Contrajo matrimonio tarde, cuando ya se acercaba a los cuarenta años. Su mujer sólo tenía veinte. Educada [27] en el bienestar y hasta en el lujo que le podía procurar el viejo Fresnedo, Margarita era una de esas niñas madrileñas, toda melindres,[28] toda vanidad, postrada ante las mil ridiculeces de la vida cortesana, cual si estuviesen
20 determinadas por sentencias de un código inmortal, desviada [29] enteramente de la vida de la Naturaleza y la verdad. Por eso odiaba el campo, y muy particularmente el ignorado [30] y frondoso lugarcito donde tenía origen su linaje humilde. Lo odiaba casi tanto como su mamá, la esposa del viejo Fresnedo, que, a pesar de ser hija de una cacharrera [31] de la calle de la Aduana, tenía a menos [32] poner los pies en Campizos.

Tanto como ellas lo odiaban amábalo el buen Fresnedo. Mientras fué dependiente de su tío, arrancábale todos los años licencia para

[16] *tablas,* boards.
[17] *maciza,* solid.
[18] *sibarita,* Sybarite, pleasure-loving person.
[19] *alfombras,* rugs.
[20] *pasaba . . . cuarenta,* was a little over forty.
[21] *borrascosa,* stormy.
[22] *crespo,* curly.
[23] *regularmente acomodados,* fairly well-to-do.
[24] *con = a trabajar con.*
[25] *tío comerciante,* uncle who was a merchant.
[26] *primer,* chief.
[27] *Educada,* Brought up.
[28] *melindres,* affectation.
[29] *desviada,* removed.
[30] *ignorado,* little known.
[31] *cacharrera,* crockery seller.   [32] *tenía a menos,* considered it beneath her.

pasar el mes de julio o agosto en su país. Cuando sus ganancias se lo permitieron, levantó al lado de la de sus padres una casita muy linda, rodeada de jardín, y comenzó a comprar todos los pedazos de tierra que cerca de ella salían a la venta.[33] En pocos años logró hacerse un propietario respetable. Y al compás que se hacía dueño de la tierra donde corrieron sus primeros años, su amor hacia ella crecía desmesuradamente. Puede cualquiera figurarse el disgusto que el honrado comerciante experimentó cuando, después de casado con [34] su prima, ésta le anunció, al llegar el verano, que no estaba dispuesta «a sepultarse en Campizos», decisión que su tía y suegra reciente apoyó con maravilloso coraje. Fué necesario resignarse a veranear en San Sebastián. Al año siguiente lo mismo. Pero al llegar el cuarto,[35] Fresnedo tuvo la audacia de rebelarse, produciendo un gran tumulto doméstico. — «O a Campizos, o a ninguna parte este verano. ¿Estamos,[36] señoras?» Y los bigotes se le erizaron [37] de tal modo inflexible al pronunciar estas enérgicas palabras, que la delicada esposa se desmayó acto continuo, y la animosa suegra, rociando las sienes de su hija con agua fresca y dándole a oler el frasco del antiespasmódico, comenzó a increparle [38] amargamente:

— ¡Huele, hija mía, huele! . . . ¡Si las cosas se hicieran [39] dos veces! . . . La culpa la he tenido yo en poner en manos de un paleto [40] una flor tan delicada.

Cuando la flor delicada abrió al fin los ojos, fué para soltar por ellos un raudal [41] de lágrimas y para decir con acento tristísimo:

— ¡Nunca lo creyera [42] de Ramón!

Fresnedo se conmovió. Hubo explicaciones. Al fin se transigió [43] de un modo honroso para las dos partes. Convínose en que Margarita y su mamá irían a San Sebastián, llevando a la niña de quince meses, y que Fresnedo fuese a Campizos el mes de agosto, con Jesús, el niño mayor, de edad de tres años, y su niñera. Ésta es la razón de que Fresnedo se encuentre durmiendo la siesta donde acabamos de verle.

[33] salían . . . venta, were put up for sale.
[34] después . . . con, after he married.
[35] al . . . cuarto, when the fourth came.
[36] ¿Estamos? Are we agreed?
[37] se le erizaron, bristled. See Translation Aid XXI, No. 1, p. 535.
[38] increparle, to scold him.
[39] se hicieran, could be done.
[40] paleto, hayseed.
[41] raudal, torrent.
[42] creyera, would have believed.
[43] se transigió, a compromise was effected.

Despertóle de ella una voz bien conocida:

— Papá, papá.

Abrió los ojos y vió a su hijo a dos pasos, con su mandilito [44] de dril color perla, sus zapatitos blancos y el negro y enmarañado [45] cabello caído en bucles [46] graciosos sobre la frente. Era un chico más robusto que [47] hermoso. La tez, de suyo morena, teníala ahora requemada [48] por los días que llevaba de aldea [49] haciendo una vida libre y casi salvaje. Su padre le tenía todo el día a la intemperie,[50] siguiendo escrupulosamente las instrucciones de su médico.

10 — Papá . . . dijo Tata que tú no querías . . . que tú no querías . . . que tú no querías . . . comprarme un carro . . . y que el carnero . . . y que el carnero [51] no era mío . . . que era de Carmita (la hermana), y no me deja cogerlo por los cuernos, y me pegó en la mano.

El chiquitín, al pronunciar este discurso con su graciosa media lengua,[52] deteniéndose a cada momento, mostraba en sus ojos negros y profundos indignación vivísima y mucha sed de justicia. Por un instante pareció que iba a romper en llanto; pero su temperamento enérgico se sobrepuso,[53] y después de hacer una pausa, cerró su pero-
20 rata [54] con una interjección de carretero. El padre le había estado escuchando embelesado,[55] animándole con sus gestos a proseguir, lo mismo que si una música celeste le regalase los oídos. Al oír la interjección, estalló en una sonora y alegre carcajada. El niño le miró con asombro, no pudiendo comprender que lo que a él le ponía tan fuera de sí [56] causase el regocijo de su papá. Éste hubiera estado escuchándole [57] horas y horas sin pestañear.[58] Y eso que, según contaba su suegra a las visitas, cuando quería dar el golpe de gracia a su yerno y perderle completamente ante la conciencia pública, ¡ ¡ ¡ se había dormido oyendo la *Favorita* a Gayarre! ! ! [59]

---

[44] *mandilito*, little apron.
[45] *enmarañado*, tangled.
[46] *bucles*, curls.
[47] *más . . . que*, sturdy rather than.
[48] *requemada*, tanned.
[49] *que . . . aldea*, that he had spent in the village.
[50] *intemperie*, open air.
[51] *carnero*, ram.
[52] *media lengua*, childish speech.
[53] *se sobrepuso*, asserted itself.
[54] *perorata*, speech.
[55] *embelesado*, charmed.
[56] *le . . . sí*, exasperated him so.
[57] *hubiera . . . escuchándole*, could have listened to him.
[58] *pestañear*, blinking.
[59] *Gayarre*, celebrated singer.

— ¿Sí, vida mía? ¿La Tata no quiere que cojas el carnero por los cuernos? ¡Deja que me levante, ya verás cómo arreglo yo a la Tata!

Fresnedo atrajo a su hijo y le aplicó dos formidables besos en las mejillas, acariciándole al mismo tiempo la cabecita con las manos.

El chico no había agotado el capítulo de los agravios que creía haber recibido de su niñera. . . . Siguió gorjeando [60] que ésta no había querido darle pan.

— Hace poco tiempc que hemos comido.

— Hace mucho — respondió el niño con despecho.

— Bueno, ya te lo daré yo.   10

Además, la Tata no había querido contarle un cuento, ni hacer vaquitas de papel. Además, le había pinchado con un alfiler aquí. Y señalaba una manecita.

— ¡Pues es cierto! — exclamó Fresnedo viendo, en efecto, un ligero rasguño [61] —. ¡Dolores! ¡Dolores! — gritó después.

Presentóse la niñera. El amo la increpó [62] duramente por llevar alfileres en la ropa, contra su prohibición expresa. Jesús, viendo a la Tata triste y acobardada, fué a restregarse con [63] sus sayas, como pidiéndole perdón de haber sido causa de su disgusto.

— Bueno — dijo Fresnedo levantándose del diván y esperezán- 20 dose [64] —. Ahora nos iremos al establo y cogerás al carnero por los cuernos. ¿Quieres, Chucho?

Chucho quiso descoyuntarse [65] la cabeza haciendo señales de afirmación que corroboraba vivamente con su media lengua.[66] Pero echando al mismo tiempo una mirada tímida a su Tata, y viéndola todavía seria y avergonzada, le dijo con encantadora sonrisa:

— No te enfades, boba; [67] tú vienes también con nosotros.

Fresnedo se vistió su americana de dril, se cubrió con un sombrero de paja, y tomando de la mano a su niño, bajó al jardín, y de allí se trasladaron al establo. Al abrir la puerta, Chucho, que iba muy 30 decidido, se detuvo y esperó a que su padre penetrase. Estaba obscuro. Las vacas mugieron débilmente, lo cual puso en gran sobresalto [68] a Jesús, que se negó rotundamente a entrar, bajo el pretexto especioso de que se iba a manchar los zapatos. Su padre le tomó entonces

[60] *gorjeando*, babbling.
[61] *rasguño*, scratch.
[62] *increpó*, scolded.
[63] *restregarse con*, to rub (his cheek) against.
[64] *esperezándose*, stretching.
[65] *quiso descoyuntarse*, almost dislocated.
[66] *media lengua*, childish speech.
[67] *boba*, stupid.
[68] *puso . . . sobresalto*, upset greatly.

en brazos y pasó, y quiso acercarle a las vacas y que [69] les pusiese la mano en el testuz.[70]   Chucho, que no las llevaba todas consigo,[71] confesó que a las vacas les tenía «un potito de miedo.»   A los carneros ya era otra cosa.   A éstos declaraba que no les temía poco ni mucho; [72] que jamás había sentido por ellos más que amor y veneración.

— Bueno, vamos a ver los carneros — dijo Fresnedo sonriendo.

Y se trasladaron al departamento de las ovejas.   Allí pretendió [73] dejarle en el suelo; mas en cuanto puso los piececitos en él, Jesús manifestó que estaba cansadísimo, y hubo que auparle [74] de nuevo. Acercóle su padre a un carnero y le invitó a que le tomase por un cuerno.   Era cosa grave y digna de meditarse.   Chucho lo pensó con detenimiento.[75]   Avanzó un poco la mano, la retiró otra vez, volvió a avanzarla, volvió a retirarla.   Por último, se decidió a manifestar a su papá que a los carneros les tenía «un potito de miedo.»   Pero, en cambio, dijo que a las gallinas las trataba con la mayor confianza; que en su vida [76] le habían inspirado el más mínimo recelo, que se sentía con fuerzas para cogerlas del rabo, de las patas y hasta del pico, porque eran unos animales cobardes y despreciables, al menos en su concepto.   Fresnedo no tuvo inconveniente en llevarle al gallinero, que estaba en la parte trasera de la casa, fabricado con una valla de tela metálica.[77]   Allí Chucho, con una bravura de que hay pocos ejemplos en la historia, se dirigió al gallo mayor, enorme animal de casta [78] española, soberbio de posturas y ardiente de ojo.   Trató de cogerle por el rabo como había formalmente prometido, pero el grave sultán del gallinero chilló de tal horrísona [79] manera, extendiendo las alas y dando feroces sacudidas, que el frío de la muerte penetró en el corazón de Chucho.   Apresuróse a soltarlo y se agarró aterrado al cuello de su padre.

— Pero, hombre, ¿no decías que no tenías miedo a las gallinas? — exclamó éste riendo.

— Tú, tú, . . . cógelo tú, papá.

— Yo tengo miedo.

[69] y que = y quiso que.
[70] testuz, head.
[71] no . . . consigo, was disconcerted; see Translation Aid VIII, No. 4, p. 510.
[72] poco ni mucho, at all.
[73] pretendió, he tried.
[74] auparle, to raise him up.
[75] detenimiento, deliberation.
[76] en su vida, never.
[77] valla . . . metálica, screen fence.
[78] casta, breed.
[79] horrísona, horrible-sounding.

— No, tú no tienes miedo.

— Y tú, ¿lo tienes?

Calló avergonzado; pero al fin confesó que a las gallinas también les tenía «un potito de miedo.»

Desde allí llevóle otra vez Fresnedo al establo, y después de varios sustos y vacilaciones logró que pusiera su manecita en el hocico del becerro. Mas ocurriéndole al animal sacar la lengua y paseársela por la mano, la aspereza de ella le produjo tal impresión, que no quiso ya arrimarse a ningún otro individuo de la raza vacuna.[80] Subióle después al pajar. ¡Qué placer para Chucho! ¡Hundirse en la cru-[10]jiente [81] hierba, agarrarla y esparcirla en pequeños puñados; dejarse caer hacia atrás con los brazos abiertos! Pero aun era mayor el gozo de su padre contemplándole. Jugaron a sepultarse vivos. Fresnedo se dejaba enterrar [82] por su hijo, que iba amontonando hierba sobre él con vigor y crueldad que nadie esperara [83] en él. Mas, a lo mejor [84] de la operación, su papá daba una violenta sacudida y echaba a volar [85] toda la hierba. Y con esto el chico soltaba nuevas carcajadas, como si aquello fuese el caso más chistoso de la tierra. Sudaba una gota [86] por todos los poros de su tierno cuerpecito; tenía los cabellos pegados a la frente y el rostro encendido. Cuando su papá trató de tomar [20] la revancha [87] y sepultarle a él, no pudo resistirlo. Así que se halló con hierba sobre los ojos, dióse a gritar y concluyó por llorar con verdadero sentimiento.

Sí; en aquel momento a Fresnedo le atacó uno de esos accesos de ternura que solían ser en él frecuentes. Jesús era su familia, todo su amor, la única ilusión de su vida. Si entrásemos por los últimos pliegues de su corazón, es posible que no halláramos ya un átomo de cariño hacia su mujer. El carácter altanero,[88] impertinente y desabrido [89] de ésta había matado el fuego de la pasión que sintió [90] por ella al casarse. Pero aquel tierno pimpollo [91] ocupaba enteramente [30] su vida, era el fondo de sus pensamientos, el consuelo de sus pesares.

[80] *vacuna*, bovine.
[81] *crujiente*, crackling.
[82] *enterrar*, be buried; see Translation Aid XI, No. 2, p. 514.
[83] *esperara*, would have expected; see Translation Aid VII, No. 2, e, p. 507.
[84] *a lo mejor*, at the best part.
[85] *echaba a volar*, sent flying.
[86] *Sudaba . . . gota*, He was sweating profusely.
[87] *tomar la revancha*, to turn the tables.
[88] *altanero*, haughty.
[89] *desabrido*, unpleasant.
[90] *sintió*, had felt.
[91] *pimpollo*, little fellow.

Abrazábale con arrebato y cubría sus frescas mejillas con besos prolongados, murmurando después a su oído palabras fogosas: [92]

— ¿Quién te quiere más que nadie en el mundo, hermoso mío? ¿No es tu papá? Di, lucero. Y tú, ¿a quién quieres más? Sí, vida mía, sí; te quiero tanto, que daría por ti la vida con gusto. Por ti, nada más que por ti, quisiera ser yo algo de provecho en el mundo. Por ti, sólo por ti, trabajo y trabajaré hasta morir. ¡Nunca te podré pagar lo feliz que [93] me haces, criatura!

El niño no comprendía, pero adivinaba aquella pasión y la correspondía finamente. Sus grandes ojos negros, expresivos, se posaban en su padre, esforzándose por penetrar en aquel mundo de amor y descifrar el sentido de palabras tan fervorosas. Después de un momento de silencio en que pareció que meditaba, tomó con sus manecitas la cara de su padre, y acercando la boca a su oído, le dijo con voz tenue como un soplo:

— Papá, voy a decirte una cosa.[94] . . . Te quiero más que a mamá. . . . No se lo digas, ¿eh?

Al buen Fresnedo se le humedecían los ojos con estas cosas.

Bajaron del pajar, salieron del establo, y después de consultado el reloj, el comerciante resolvió irse a bañar, como todos los días, al río.

— Chucho, ¿vienes conmigo al baño?

¡Cielo santo, qué felicidad!

. . . El niño comenzó a pedir a grandes gritos el sombrero. No quería subir por él a casa, temiendo que su padre se le escapase como otras veces. La Tata, riendo, se lo tiró del balcón, y lo mismo la sábana del papá y la sombrilla.

El río estaba a un kilómetro de la casa. Era necesario caminar por unas callejas bordadas de toscas [95] paredillas recamadas [96] de zarzamoras [97] y madreselva.[98] El sol empezaba a declinar, y el valle, el hermoso valle de Campizos, rodeado de suaves colinas pobladas de castañares,[99] y en segundo término [100] de un cinturón [101] de elevadísimas montañas, cuyas crestas nadaban en un vapor violáceo, dormía la siesta silencioso, ostentando su manto de verdura incomparable.

---

[92] *fogosas,* impetuous.
[93] *pagar . . . que,* repay you for how happy.
[94] *una cosa,* something.
[95] *toscas,* rough.
[96] *recamadas,* adorned.
[97] *zarzamoras,* blackberries.
[98] *madreselva,* honeysuckle.
[99] *castañares,* chestnut groves.
[100] *segundo término,* background.
[101] *cinturón,* belt.

Caminaban padre e hijo por las angostas calles preservándose del sol con la sombrilla del primero. Pero Chucho se escapaba muchas veces y Fresnedo le dejaba libre, convencido de que era bueno acostumbrarle a todo. Gozaba en verle correr delante, con su mandilito de dril y su gran sombrero de paja con cintas [102] azules. Chucho andaba cuatro veces el camino, como los perros. Paraba a cada instante para coger las florecitas que estaban al alcance de su mano, y las que no,[103] obligaba despóticamente a su padre a cogerlas y además a cortar algunas ramas de los árboles, con las cuales iba barriendo el camino. Por cierto que [104] en medio de él tuvo un encuentro desdichado y temeroso. Al doblar un recodo [105] tropezó nuestro niño con un cerdo, un gran cerdo negro y redondo, caminando en la misma dirección. Chucho tuvo la temeridad de acercarse a él y cogerle por el rabo. Este aditamento [106] de los animales ejercía una influencia magnética sobre sus diminutas manos regordetas.[107] El cerdo, que estaba, al parecer, de mal humor y nervioso, al sentirse asido lanzó un terrible bufido,[108] y dando la vuelta para escapar, embistió con el niño y lo volcó. ¡Cristo Padre, qué gritos! Allí acudió Fresnedo corriendo, y lo levantó y le limpió las lágrimas y el polvo, haciéndole presente [109] al mismo tiempo que tomaría venganza de aquel cerdo bárbaro y descortés así que llegaran a casa. Con lo cual se aplacó Chucho, no sin manifestar antes que el cerdo era muy feo y que a él le gustaban más los perros, porque eran buenos y le conocían, y cuando estaban de humor le lamían [110] la cara. . . .

Por fin llegaron al río. Corría sereno y límpido por entre praderas, orlado de avellanos [111] que salen de la tierra como grandes ramilletes.[112] Formaba en aquel paraje un remanso [113] que llamaban en la aldea el *Pozo de Tresagua*. Era el pozo bastante hondo, el sitio retirado y deleitoso. Ningún otro había en los contornos de Campizos más a propósito para bañarse. Llegaba el césped hasta la misma orilla, y sobre aquella verde alfombra era grato sentarse y cómodamente se podía cualquiera desnudar sin peligro de ser visto. Los avellanos,

[102] *cintas*, ribbons.
[103] *no*, see Translation Aid XVI, No. 3, p. 525.
[104] *Por . . . que*, To be sure.
[105] *recodo*, bend.
[106] *aditamento*, appendage.
[107] *regordetas*, chubby.
[108] *bufido*, snort.
[109] *haciéndole presente*, informing him.
[110] *lamían*, licked.
[111] *orlado de avellanos*, bordered by hazel trees.
[112] *ramilletes*, bouquets.
[113] *remanso*, pool.

macizos de verdura,[114] no dejaban pasar los rayos del sol, que aún lucía vivo y ardiente. Allí gozaba Fresnedo del baño más que el sultán de Turquía, acumulando salud y felicidad para todo el año. En aquel mismo sitio se había bañado de niño con otra porción de compañeros [115] que hoy eran labradores. ¡Qué placer sentía recordando los pormenores de su vida infantil, cuando era un zagalillo [116] a quien sus padres encomendaban el cuidado del ganado en el monte o les ayudaba en todas las faenas de la agricultura!

Cuando los recuerdos de la infancia van unidos a una vida libre en el seno de la Naturaleza, por pobre que se haya sido, siempre aparecen alegres, deliciosos.

Descansaron algunos minutos padre e hijo sobre el césped «reposando el calor,» [117] y al fin se decidió aquél a ir despojándose poco a poco de la ropa. Mientras lo hacía, tarareaba [118] una canción de zarzuela de las que [119] llegaban a sus oídos en Madrid. La alegría le rebosaba del alma. Su hijo le miraba atentamente con sus grandes ojos negros. De vez en cuando Fresnedo levantaba los suyos hacia él, y le decía sonriendo:

— ¿Qué hay, Chucho? ¿Te quieres bañar conmigo?

Chucho se contentaba con reír, como diciendo:

— ¡Qué bromista es este papá! ¡Como si no supiese que armo un escándalo [120] cada vez que intentan meterme en el agua!

Fresnedo se bañaba enteramente desnudo. Le incomodaba mucho cualquier traje de baño. . . . Embozado en la sábana como en un jaique moruno [121] avanzó hacia el agua.

— Mira, Chucho — dijo volviéndose —, no te muevas de ahí. Sentadito [122] hasta que yo salga, ¿verdad? [123] . . . Mira, vas a ver cómo me tiro de cabeza al agua. Mira bien. A la una . . . a las dos. . . . Mira bien, Chucho. . . . ¡A las tres!

Fresnedo, que había dejado caer la sábana al dar las voces y se había colocado sobre un pequeño cantil,[124] lanzóse, en efecto, de cabeza [125] al pozo con el placer que lo hacen los hombres llenos de

[114] *macizos de verdura*, solid with foliage.
[115] *otra . . . compañeros*, a number of other comrades.
[116] *zagalillo*, shepherd boy.
[117] *reposando el calor*, cooling off.
[118] *tarareaba*, he was humming.
[119] *una . . . que*, one of those musical-comedy songs which.
[120] *armo un escándalo*, I raise a rumpus.
[121] *jaique moruno*, Moorish cape.
[122] *Sentadito*, You will sit quietly.
[123] *¿verdad?* won't you?
[124] *cantil*, ledge.
[125] *de cabeza*, head first.

vida. Al hundirse, su cuerpo robusto agitó violentamente el agua, produjo en ella una verdadera tempestad, cuyas gotas salpicaron [126] al mismo Jesús. Éste sufrió un estremecimiento [127] y quedó atónito, maravillado, al ver prontamente salir a su padre y nadar haciendo volteretas y cabriolas [128] en el agua.

— ¡Mira, Chucho! ¡Mira! . . . Voy a nadar como los perros.

Nadaba, en efecto, chapoteando [129] el agua con las palmas de las manos.

¡Con qué gozo recordaba el rico comerciante aquellas habilidades [130] aprendidas en la niñez!

10

Chucho estaba arrobado [131] en éxtasis delicioso contemplándole. No perdía uno solo de sus movimientos.

— ¡Chucho! ¡Chuchín! ¡Bien mío! ¿Quién te quiere? — gritaba Fresnedo embriagado [132] por la felicidad que las caricias del agua y los ojos inocentes de su hijo le predecían.

El niño guardaba silencio, enteramente absorto y atento a los juegos natatorios de su padre.

— Vamos, di, Chipilín, ¿quién te quiere?

— Papá — respondió grave con su voz levemente ronca,[133] sin dejar de contemplarle atentamente.

20

Una de las habilidades en que Fresnedo había sobresalido de niño y que mucho le enorgullecía, era la de pescar truchas a mano. Siempre que venía a Campizos se ejercitaba en [134] esta pesca. Era verdaderamente notable [135] su destreza para reconocer y batir los agujeros de las rocas, bloquear la trucha y agarrarla por las agallas [136] al fin. Los pescadores del país confesaban que se las podía haber con [137] cualquiera de ellos, y se contaba que de niño había salido del agua con tres truchas, una en cada mano y otra en la boca, aunque Fresnedo no quería confirmarlo. Pues bien; en este momento le acometió el deseo de proporcionar un placer a su hijo y dárselo a sí mismo.

30

— Verás, Chipilín, voy a sacarte una trucha. . . . ¿Quieres?

¡Ya lo creo que quería!

[126] *salpicaron*, spattered.
[127] *sufrió un estremecimiento*, shuddered.
[128] *haciendo . . . cabriolas*, turning somersaults and disporting.
[129] *chapoteando*, splashing.
[130] *habilidades*, accomplishments.
[131] *arrobado*, enraptured.
[132] *embriagado*, intoxicated.
[133] *ronca*, hoarse.
[134] *se ejercitaba en*, he practiced.
[135] *notable*, remarkable.
[136] *agallas*, gills.
[137] *se . . . con*, he could compete with; see Translation Aid VIII, No. 4 p. 510.

¡Pues si cabalmente Chucho sentía mayor inclinación, si cabe, a los animales acuáticos que a los terrestres!

Fresnedo hizo una larga aspiración [138] y se sumergió, dejando a su hijo maravillado; registró los huecos de algunas piedras del fondo, y sólo pudo tocar con los dedos la cola de una trucha sin lograr agarrarla. Como le faltase el aliento, subió a respirar.

— Chucho, no he podido cogerla; pero ya caerá.[139]

— ¿Por qué caerá, papá? — preguntó el niño, que no dejaba escapar un modismo sin hacer que se lo explicasen.

10 — Quiero decir que ya la cogeré.

Otra vez aspiró el aire con fuerza y se lanzó al fondo. Al cabo de unos momentos salió a la superficie con una trucha en la mano, que arrojó a la orilla.

Chucho dió un grito de susto y alegría al ver a sus pies al animalito brincando y retorciéndose con furia. Quería agarrarlo cuando paraba un instante; pero al acercar su manecita, la trucha daba un salto, y el chico, estremecido, la retiraba vivamente; intentaba nuevamente asirla lanzando chillidos alegres, y otro salto le asustaba y le ponía súbito grave. Estaba nervioso; gritaba, reía, hablaba, lloraba a un 20 mismo tiempo, mientras su padre, embelesado, nadaba suavemente contemplándole.

— ¡Anda, valiente! [140] ¡Agárrala, que no te hace nada! . . . ¡Por la cola, tonto! . . . ¿Quieres que te pesque otra más grande?

— Sí, más grande, papá. Ésta no me gusta — respondió el chiquito renunciando ya bravamente a agarrar una trucha tan pequeña.

El buen comerciante se preparó para otro chapuz; [141] dejóse ir al fondo y con prisa comenzó a registrar los agujeros de una roca grande que antes había visto. La muerte feroz y traidora le aguardaba dentro. Metió el brazo en uno de ellos harto angosto, y cuando intentó sacarlo 30 no pudo. La sangre se le agolpó toda al [142] corazón. Perdió la serenidad para buscar la postura en que había entrado. Forcejeó [143] en vano algunos momentos. Abrió la boca al fin, falto de aliento, y en pocos segundos quedó asfixiado el infeliz.

Chucho esperó en vano su salida. Miró con gran curiosidad por algunos minutos el agua, hasta que, cansado de esperar, dijo con inocente naturalidad:

[138] *hizo . . . aspiración*, took a deep breath.
[139] *caerá*, I'll catch him (or: he will fall). Chucho is confused by the idiom and asks: Why will he fall?
[140] *valiente*, big boy.
[141] *chapuz*, plunge.
[142] *se . . . al*, all rushed to his.
[143] *forcejeó*, he struggled.

— ¡Papá, sal!

El padre no obedeció. Esperó unos instantes, y volvió a gritar con más energía:

— ¡Papá, sal!

Y cada vez más impaciente,[144] repitió este grito, concluyendo por llorar. Largo rato estuvo diciendo lo mismo con desesperación:

— ¡Sal, papá, sal!

Sus rosadas mejillas estaban bañadas de lágrimas; sus ojos grandes, hermosos, inocentes, se fijaban ansiosos en el pozo donde a cada instante se figuraba ver salir a su padre.

Un salto de la trucha que tenía cerca, viva aún, le distrajo. Acercó su manecita a ella y la tocó con un dedo. La trucha se movió levemente. Volvió a tocarla y se movió menos aún. Entonces, alentado por el abatimiento del animal, se atrevió a posar la palma de la mano sobre él. La trucha no rebulló.[145] Chucho principió a gorjear[146] por lo bajo que él no tenía miedo a las truchas y que si estuviera allí su hermana Carmita, indudablemente no osaría poner la mano sobre una bestia tan feroz como aquélla. Tanto se fué envalentonando,[147] que concluyó por agarrarla por la cola y suspenderla.

Aquel acto de heroísmo despertó en él mucha alegría. Fluyeron de su garganta algunas sonoras carcajadas. Pero una violenta sacudida de la trucha le obligó a soltarla aterrado. Miró a su alrededor, y no viendo a nadie, se fijó otra vez en el pozo y tornó a gritar, llorando:

— ¡Sal, papá! ¡Sal, papá! . . . ¡No quero[148] trucha, papá! ¡Sal!

El sol declinaba. Aquel retirado paraje, situado en la falda misma de la colina, se iba poblando de sombras. Allá, en el horizonte, el sol se ocultaba detrás de las altas y lejanas montañas de color violeta.

— Teno[149] miedo, papá. . . . ¡Sal, papaíto! — gritaba la tierna criatura bebiendo lágrimas.[150]

Ninguna voz respondía a la suya. Escuchábanse tan[151] sólo las esquilas[152] del ganado o algún mugido[153] lejano. El río seguía murmurando suavemente su eterna queja.

---

[144] *cada . . . impaciente,* more and more impatient.
[145] *no rebulló,* did not stir.
[146] *gorjear,* to babble.
[147] *Tanto . . . envalentonando,* He was gradually getting so brave.
[148] *quero = quiero.*
[149] *teno = tengo.*
[150] *bebiendo lágrimas,* swallowing his tears.
[151] *tan,* do not translate.
[152] *esquilas,* bells.
[153] *mugido,* lowing.

Rendido, ronco [154] de tanto gritar, Chucho se dejó caer sobre el césped [155] y se durmió. Pero su sueño fué intranquilo. Era una criatura excesivamente nerviosa, y la agitación con que se había dormido le hizo despertar al poco rato. Había cerrado [156] la noche. Al principio no se dió cuenta de dónde estaba, y dijo como otras veces en su camita:

— Tata, quiero agua.

Pero viendo que la Tata no acudía, se incorporó sobre el césped, miró alrededor, y su pequeño corazón se encogió [157] de terror obser-
10 vando la obscuridad que reinaba.

— ¡Tata, Tata! — gritó repetidas veces.

La luz de la luna rielaba [158] en el agua. Atraídos sus ojos hacia ella, Chucho se acordó de pronto que su papá estaba con él y se había metido en el río a sacarle una trucha. Y entre sollozos que le rompían el pecho [159] y lágrimas que le cegaban, volvió a gritar:

— ¡Sal, papá; sal, mi papá! . . . ¡Teno miedo!

La voz del niño resonaba tristemente en la obscura campiña [160] silenciosa. ¡Ah! si el buen Fresnedo pudiera escucharle allí en el fondo del pozo, hubiera mordido la roca que le tenía sujeto, se hubiera
20 arrancado el brazo para acudir a su llamamiento.

No pudiendo ya gritar más porque le faltaba la voz y el aliento, cayó otra vez dormido, y así le hallaron los que habían salido en su busca.[161]

[154] *ronco*, hoarse.
[155] *césped*, turf.
[156] *cerrado*, fallen.
[157] *se encogió*, shrank.
[158] *rielaba*, was glistening.
[159] *pecho*, heart.
[160] *campiña*, countryside.
[161] *en su busca*, in search of him.

SUEÑO DE UNA NOCHE DE AGOSTO

NOVELA CÓMICA EN TRES PARTES

GREGORIO MARTÍNEZ SIERRA*

Estrenada en el TEATRO ESLAVA el día 20 de noviembre de 1918

PERSONAJES

ROSARIO (23 años) . . . . Joven «moderna»
DOÑA BARBARITA (80 años) . . . . Abuela de Rosario
MARÍA PEPA (78 años) . . . . Criada
IRENE (22 años) . . . . Secretaria de El Aparecido
AMALIA (30 años) . . . . Amiga de El Aparecido
EL APARECIDO (37 años) . . . . . Autor de novelas románticas
EMILIO (29 años) . . . . ⎫
MARIO (27 años) . . . . ⎬ Hermanos de Rosario
PEPE (21 años) . . . . ⎭
DON JUAN (50 años) . . . . Crítico
GUILLERMO (50 años) . . . . Criado de El Aparecido

ACTO PRIMERO

Despachito de estudiante con aficiones literarias, modesto, pero amueblado [1] y dispuesto con buen gusto.   Hay una mesa con papeles, revistas, alguna estatuilla,[2] tiesto en flor, etc.; una gran estantería [3] llena de libros; un sillón cómodo, una

* GREGORIO MARTÍNEZ SIERRA (1881–   ).   Martínez Sierra, dramaturgo español contemporáneo, es también poeta y novelista.   Buen conocedor del alma femenina, goza de fama en el mundo hispánico por su admirable creación *Canción de cuna*, 1911, en la cual colaboró su esposa.   En la mayoría de sus obras dramáticas trata problemas de la vida diaria.   Martínez Sierra sabe presentarlos con acierto y simpatía.   Entre sus obras más conocidas figuran *Sol de la tarde*, 1904; *Mamá*, 1912, y *El reino de Dios*, 1915.

[1] *amueblado*, furnished.
[2] *alguna estatuilla*, a small statue or two.
[3] *estantería*, book-shelves.

meridiana [4] *o un gran sofá apoyado en la mesa; sillas; algunas estampas y grabados de poco precio, pero de buen gusto, por las paredes. Puertas al fondo y a la derecha: la de la derecha se supone que es* [5] *la de la alcoba; la del fondo es la comunicación con el resto de la casa. A la izquierda gran ventana: se supone que es de un piso bajo, y está, por lo tanto, muy cerca de la calle. En la ventana uno o dos tiestos con flores. Aparato de luz eléctrica colgado del techo; otro portátil,* [6] *con pantalla azul, sobre la mesa, de modo que su luz sirva para leer a la persona que esté sentada o tendida en el sofá, y que pueda apagarse desde allí mismo,* [7] *sin moverse. Reloj de pared o sobre una chimenea que puede haber* [8] *en la pared de la derecha primer término.* [9]

Al levantarse el telón, [10] *Pepe, muy compuesto en traje de etiqueta, pero sin haberse puesto aún el smoking, está en pie delante de un espejito que hay en la pared o delante del espejo de la chimenea intentando ponerse la corbata, con no muy buen éxito; Emilio, sentado a la mesa, escribe una carta y da muestras de impaciencia, porque la pluma y la tinta no marchan como él desearía, y revuelve los papeles de la mesa para buscar un plieguecillo de papel con que sustituir el que acaba de emborronar.* [11]

PEPE (*con impaciencia*). ¡Esta corbata! (*Llamando.*) ¡Rosario! ¡Rosarito! ¡Rosario!

ROSARIO (*dentro*). ¡Ya voy! [12]

EMILIO. ¡Qué pluma . . . qué tinta! . . . ¡nada,[13] un borrón! [14] . . . Pliego estropeado. . . . Pero ¿dónde hay un papel de cartas? ¡Rosario! ¡Rosarito!

ROSARIO (*dentro*). ¡Voy! ¡Voy! (*Entrando.*) ¿Qué pasa?

PEPE. A ver si puedes hacerme esta corbata.

EMILIO (*al mismo tiempo*). A ver si puedes buscarme [15] un pliegue-cillo de papel de escribir. . . .

ROSARIO (*cariñosa, a Pepe*). Trae acá desmañado.[16] . . . ¡Uf, qué hombres! [17] (*Le hace el lazo.*[18])

---

[4] *meridiana*, couch, cot.
[5] *se supone que es*, is supposed to be.
[6] *portátil*, portable.
[7] *desde allí mismo*, from right there.
[8] *haber*, be.
[9] *primer término*, front of the stage.
[10] *Al . . . telón*, When the curtain rises.
[11] *emborronar*, to spoil.
[12] *¡(Ya) voy!* (I'm) coming!
[13] *¡nada!* You see! See Translation Aid X, No. 2, p. 512.
[14] *borrón*, blot.
[15] *buscarme*, get me.
[16] *Trae . . . desmañado*, Give it to me, clumsy thing.
[17] *¡qué hombres!* such men!
[18] *Le . . . lazo*, She ties the knot of his tie for him

EMILIO.   Claro, al benjamín [19] siempre se le atiende [20] el primero. . . .

ROSARIO.   Porque es el primero que ha pedido auxilio. . . . (*A Emilio.*)   Haz el favor de no revolver los papeles, que [21] se va a enfadar Mario. . . . (*A Pepe.*)   Ya está. [22]

EMILIO.   Que [23] se va a enfadar Mario . . . y si se enfada, ¡menuda catástrofe! [24] Como es el preferido, el amo de la casa. . . .

ROSARIO.   De la casa, no; pero de la mesa, sí . . . y del despacho. . . .

EMILIO.   ¿Y se puede saber [25] por qué nuestro señor [26] hermano tiene derecho preferente a la posesión del único despacho de la casa?

ROSARIO.   Porque es el único que escribe en él, ¡ea! [27]

EMILIO.   Y yo ¿qué estoy haciendo?

ROSARIO.   Escribir a la novia no es escribir. . . . (*Buscando en la mesa, con orden y de prisa.*)   Toma: papel, sobre, pluma, secante, [28] sello. ¿Quieres que te dicte la carta?

EMILIO.   No, gracias. . . .

ROSARIO.   Menos mal. [29] . . .

PEPE (*que anda, con su smoking en la mano, de un lado para otro*).   ¿Y el cepillo? [30]

ROSARIO (*entrando en la alcoba y saliendo en seguida con un cepillo en la mano*).   Aquí está.

PEPE.   En esta casa nunca se encuentra nada.

ROSARIO.   Porque no se busca [31] donde debe estar.   ¿A quién se le ocurre [32] venir aquí a vestirse?   ¿No tienes tu alcoba?

PEPE (*mirándose al espejo*).   Sí; pero en la alcoba no se ve bien. . . .

ROSARIO.   Mucho te compones [33] tú esta noche.   ¿Dónde vas? (*Se sienta en el sofá y le mira.*)

PEPE.   Al teatro.

ROSARIO.   Y, por lo visto, quieres hacer una conquista.

PEPE.   ¡Importantísima!

---

[19] *benjamín,* the youngest one.
[20] *siempre . . . atiende,* must always be waited upon.
[21] *que,* because.
[22] *Ya está,* There you are.
[23] *Que,* omit in translating.
[24] *¡menuda catástrofe!* wouldn't it be terrible (ironic).
[25] ¿*Y . . . saber?*   May one find out?
[26] *señor,* dear (ironic).
[27] *¡ea!* so there!
[28] *secante,* blotter.
[29] *Menos mal,* That's something.
[30] ¿*Y el cepillo?*   Where is the brush?
[31] *se busca,* supply subject: you.
[32] ¿*A . . . ocurre?*   Who would think?
[33] *Mucho te compones,* You are getting all spruced up.

Rosario. ¿La primera tiple?

Pepe. Mucho más importante que la primera tiple. (*Rosario le mira con curiosidad.*) ¡El banquero de la primera tiple!

Rosario (*con asombro*). ¡¡¡Eh!!!

Pepe. Un americano que apalea [34] millones. Me han dicho que busca un secretario particular, y me han prometido presentarme esta noche. (*Con animación.*) Figúrate . . . si le caigo en gracia,[35] he hecho mi suerte. . . . Con el sin fin de ideas que tengo aquí. (*Se da una palmada en la frente.*) Me llevará a América, le ayudaré, traba-jaré con él como un negro, me haré indispensable, me dará participación en los negocios. Reza por mí, chiquilla.[36] ¡De esta noche depende que tengas [37] un hermano millonario en dollars! ¡Los bombones que te voy a comprar en este mundo . . . cuando vuelva del otro,[38] hecho un Rockefeller!

Emilio. Si quisierais hacerme el favor [39] de callar un momento . . . que [40] ya me he equivocado tres veces.

Rosario (*levantándose y acercándose a la mesa*). A ver si pones amor con hache.[41] Dale recuerdos. ¡Ay, qué ganas tengo de que os caséis!

Emilio. Más tiene ella.[42]

Rosario. ¿Y tú?

Emilio. A mí ya creo que se me van pasando [43] . . .; en [44] cinco años de espera . . .

Rosario. ¿Y quién os manda esperar tanto?

Emilio. La vida.

Rosario. ¿La vida? Lo cobardes que sois,[45] que os da miedo [46] pasar unos cuantos apuros al principio.

Emilio. A ella, no; [47] que [48] es un ángel y está dispuesta a todo [49] por mi cariño. . . . Soy yo el que no me atrevo. . . .

[34] *apalea,* just shovels around.
[35] *si . . . gracia,* if I make a hit with him.
[36] *chiquilla,* "kid."
[37] *que tengas,* whether or not you will have.
[38] *del otro* (*mundo*).
[39] *Si . . . favor,* Will you please.
[40] *que,* omit in translating.
[41] *A . . . hache,* I hope you won't write (spell) "amor" with an *h.* (Uneducated people at times put an *h* where it does not belong: *hamor.*)
[42] *Más* (*ganas*) *tiene ella,* She is more anxious still.
[43] *A . . . pasando,* I think I am getting over it.
[44] *en,* after.
[45] *que sois,* you two are; see Translation Aid XIV, No. 1, p. 520.
[46] *que . . . miedo,* you are afraid of.
[47] *A ella, no* (*le da miedo*); see Translation Aid XVI, No. 3, p. 525.
[48] *que,* omit in translating.
[49] *dispuesta a todo,* ready (willing) to endure anything.

Rosario. ¡Porque no la quieres lo bastante!

Emilio. Porque la quiero demasiado. ¡Bah!, pero ya son pocas las aguas malas; [50] . . . el año que viene asciendo,[51] de seguro. . . . ¡Verás, verás qué casa vamos a poner! ¡Y qué felices vamos a ser en ella! Por supuesto, que [52] tú serás madrina del primer crío.[53] . . .

Rosario. Por supuesto.

Pepe (con sorna [54]). ¡No te quejarás del regalito! [55] . . .

Emilio. ¡Habla tú,[56] que regalas tanto!

Pepe. ¡Porque no puedo, que lo que es si pudiera! [57]

Emilio. ¡Ah! ¡Si pudiera yo!

Pepe. Ya sabe ella que en cuanto tengo un duro de más la convido al teatro. . . .

Emilio. Para divertirte tú de paso; yo en cuanto tengo un duro de más, la[58] compro un par de guantes, o un velo, o unas medias de seda, para que lo disfrute ella solita. . . .

Pepe. Sí, y para no perder tú la noche acompañándola. . . . A ver, que [59] diga ella lo que agradece más.

Emilio. ¡Eso es, que lo diga!

Rosario (conciliadora). Todo lo agradezco lo mismo; . . . pero no me hace falta que me regaléis nada; . . . yo no os regalo nada a vosotros.

Emilio. Es distinto; tú eres mujer. . . .

Rosario. Y, ¡claro!, nunca tengo un duro de más. . . .

Pepe. Ni falta que te hace; [60] nos tienes a nosotros.

Emilio. Tú pídele a Dios que lleguemos a ricos, y verás qué vidita te pasas.

(Entran por la puerta de la derecha doña Barbarita y Mario que la trae del brazo. Al entrar oyen las últimas palabras de Emilio.)

Mario (entrando). ¡Digo! [61] ¡En cuanto yo llegue a director de mi periódico y estrene la docena de comedias que tengo pensadas,[62]

---

[50] ya . . . malas, bad times will soon be over.

[51] asciendo, pres. for fut.

[52] que, omit in translating.

[53] crío, baby.

[54] con sorna, sarcastically.

[55] el regalito, that present; Emilio has given Rosario a present by allowing her to be the godmother of his first child.

[56] Habla tú, Who are you to talk?

[57] que . . . pudiera, but if I could.

[58] la, ind. obj. used for le; see Translation Aid XVIII, No. 3, a, p. 529.

[59] que, let her.

[60] Ni . . . hace, You do not need it either.

[61] ¡Digo! I'm telling you!

[62] tengo pensadas, I have in mind.

cualquiera te tose! [63]   Ya verás, ya verás qué orgullosa te pones cuando
entres a un teatro, o vayas a un paseo, y oigas [64] decir: Ahí va la
hermana de Mario Castellanos, el autor de moda. . . .   ¿Eh, abuela?

(*Mientras hablaba, ha atravesado la habitación y ha ayudado a la
abuela a sentarse en el sofá, junto a la ventana.*)

DOÑA BARBARITA (*con sorna amable*). Sí, sí. . . .

PEPE.   Tú espera, espera, que [65] ya verás de lo que son capaces [66]
tus tres hermanos.

DOÑA BARBARITA.   Sí, sí. . . .

ROSARIO.   Tres eran tres [67] . . . como en los cuentos . . . (*seña-
lándolos*) uno millonario, otro célebre y otro . . .

10   EMILIO (*interrumpiéndola*). ¡Otro feliz!

ROSARIO.   ¿Y yo?

MARIO.   ¿Tú?

PEPE.   ¿Tú?

EMILIO.   ¿Cómo tú? [68]

ROSARIO (*sonriendo*). Sí; qué voy a ser yo, cuando a los tres se os
haya cumplido la esperanza.[69] . . .

PEPE.   Pues tú . . . te casarás . . . naturalmente.

MARIO.   Eso es . . . te casarás.

EMILIO.   ¡Claro que sí! [70]

20   ROSARIO.   ¿Y si no me caso?

EMILIO.   ¿Por qué no te vas a casar? Eres bonita. . . .

PEPE.   Eres simpática.

MARIO.   Eres bastante inteligente. . . .

ROSARIO (*haciéndoles reverencias*). ¡Gracias, gracias, gracias! . . .

MARIO.   ¿Cuántos años tienes?

ROSARIO.   Veintitrés he cumplido [71] hace dos meses.

EMILIO.   Entonces ya va siendo [72] un poco tarde para encontrar
novio. . . .

ROSARIO (*muy ofendida*).   ¿Qué dices? [73]

30   PEPE.   No te apures: yo te buscaré uno.

---

[63] *¡cualquiera te tose!*   I'd like to see anyone high-hat you!

[64] *oigas,* supply: people.

[65] *que,* omit in translating.

[66] *son capaces,* can do.

[67] *Tres eran tres,* Once upon a time there were three brothers.

[68] *¿Cómo tú?* Why you? See Translation Aid XVII, No. 1, a, p. 526.

[69] *cuando . . . esperanza,* when you have had your hopes fulfilled.

[70] *que sí,* you will.

[71] *he cumplido,* I was.

[72] *ya va siendo,* it is getting.

[73] *¿Qué dices?* pres. for pret.; see Translation Aid VII, No. 2, a, p. 506.

ROSARIO.   ¿Para que sea [74] tan elegante como las novias que te buscas tú?

PEPE.   ¿Eh?

ROSARIO.   Ayer tarde te vi paseando con una que era lo menos, lo menos,[75] lo menos cigarrera.[76]   ¡Y poco entusiasmado que ibas! [77]

PEPE.   Bueno, bueno, me marcho, que se me va a escapar mi americano.   Adiós, abuela.   (*Le besa la mano.*)   Usted que se ha casado tres veces, enséñele usted a esta niña el arte de pescar marido, antes de que se ponga rancia del todo.   (*Se acerca a ella y quiere abrazarla.*)   ¡Adiós, fea! [78]

ROSARIO.   ¡Quítate de mi vista, mamarracho! [79]   (*Él la abraza y sale.*)

DOÑA BARBARITA.   ¡Que [80] no vuelvas a las mil y quinientas,[81] que estoy despierta y te oigo entrar!

PEPE (*en la puerta*).   Pero, abuela, si [82] voy a la conquista de América, ¿cómo quiere [83] usted que no tarde?   (*Sale, y fuera se le oye cantar un couplet [84] de moda.*)

DOÑA BARBARITA.   Me parece a mí que este niño va sacando un poco los pies de las alforjas.[85] . . .

EMILIO.   Adiós, abuela.   (*Le besa la mano.*)

DOÑA BARBARITA.   ¿Sales tú también? . . .

EMILIO.   Sí; voy a echar esta carta. . . .

ROSARIO.   Y a divertirte mientras llega la contestación . . . que de aquí a Santander tardará un ratito.   ¡Ay! ¡éstos son los hombres enamorados! [86]

EMILIO.   Niña, ¿qué sabes tú?   En cuanto me case voy a ser un marido modelo.

DOÑA BARBARITA.   El diablo, harto de carne, se metió fraile.[87] . . .

EMILIO.   Hay que pasar las penas.   Buenas noches.

---

[74] *sea,* he may turn out to be.

[75] *lo . . . menos,* at least, at the very least.

[76] *cigarrera,* cigarette-maker.

[77] *poco . . . ibas,* how taken up you were with her; see Translation Aid VIII, No. 1, p. 508.

[78] *fea,* "funny-face."

[79] *mamarracho,* idiot.

[80] *Que,* omit in translating.

[81] *a . . . quinientas,* at all hours of the night.

[82] *si,* omit in translating.

[83] *quiere,* can you expect.

[84] *couplet* (French), popular song.

[85] *va . . . alforjas,* is getting a little too fresh.

[86] *¡éstos . . . enamorados!* that's men in love for you!

[87] *El . . . fraile,* "When the devil was sick, the devil a monk would be."

(*Sale, abrazando, al pasar, a Rosario, que le amenaza cariñosamente.*
Rosario recoge los papeles rotos que han quedado sobre la mesa, los echa
en el cesto, arregla toda la mesa, recoge el cepillo que Pepe ha dejado
en una silla, el peine [88] *y el cepillo del pelo que ha dejado sobre la chimenea,*
entra en la alcoba, vuelve a salir. — Doña Barbarita sigue sentada en el
sofá. Mario pasea perezosamente, mira a la calle por la ventana, da otro
paseo y se sienta en un sillón.)

ROSARIO (*que se acerca a la ventana y se queda en pie mirando a la calle*).
¿Tú no sales hoy?

MARIO. ¡Ojalá! [89] Sí, hija, sí; ahora mismo, como todas las
noches. . . . ¡Figúrate cómo se pondría [90] el señor director si mañana
faltase en el periódico mi ingeniosa sección de chistes, colmos, [91]
charadas y acertijos [92] con alusiones molestas a las altas figuras del
arte y la política, que tanto hace reír al respetable público! Estoy
tomando arranque. [93] . . . ¡ea! (*Se levanta.*) A la una . . . a las
dos . . . ¡Ay, qué ganas tengo de ser hombre célebre para que otro
10 haga chistes a costa mía! Adiós, abuela. (*Le besa la mano.*) ¡Todo
llegará . . . todo llegará! (*Tirando un beso a Rosario, que sigue junto a la*
ventana.) ¡Adiós, preciosa! (*Con alegría esperanzada.*) Sí . . .
dentro de dos lustros, [94] este cura [95] será un triunfador, [96] y el infeliz que
me haya sustituido en la sección de colmos, una hermosa noche de
agosto como ésta, se estará devanando los sesos [97] para escribir:
«¿Dónde salta la liebre? [98] — ¡En la cabeza de Mario Castellanos!» —
Que es lo que pienso yo decir esta noche del autor dramático a quien
más admiro. (*Sale muy contento.*)

ROSARIO (*mirando por la ventana*). ¡Qué noche más hermosa! . . .

[88] *peine*, comb.

[89] *¡Ojalá!* I wish I were not (going out).

[90] *se pondría*, would feel.

[91] *colmo*, conundrum. A sort of Spanish riddle based on double meanings and
indicating the height of something: *¿Cuál es el colmo del dentista? Sacarle un*
diente a la boca del estómago.

[92] *acertijo*, riddle.

[93] *tomando arranque*, getting a running start.

[94] *dos lustros*, ten years.

[95] *este cura*, yours truly.

[96] *triunfador*, success.

[97] *se . . . sesos*, will be racking his brains.

[98] *¿Dónde . . . liebre?* Where is the least thinking done? A pun based on
the word *piensa* in the saying, "*Donde menos se piensa, salta la liebre*" (Where least
expected the hare will jump). The answer to the question "Where does the hare
jump?" is, normally, "Where least expected." But, as *pensar* also means "to
think," the answer becomes "where least thinking is done," i.e., in the head
of Mario Castellanos, which amounts to saying: Mario Castellanos is a blockhead.

¡Viene un olor a jazmines y a tierra mojada del jardín de enfrente!
(*Saludando.*) ¡Adiós! ¡Que te diviertas! [99]

Doña Barbarita.   Niña, ¿a quién saludas?

Rosario.   A Mario, que sale. (*Inclinándose a hablar con Mario,
a quien no se ve.*) ¿Eh? ¿Qué dices? . . . Espera . . . voy a ver.
(*Va a la mesa y busca. A doña Barbarita.*) La pluma estilográfica,[100]
que se le ha olvidado.   Sí, aquí está . . . toma.

(*Se sube al brazo de un sillón y se inclina sobre el antepecho [101] de la ventana
para alcanzar a dar la pluma a su hermano, que se supone está en la calle;
luego se vuelve y se queda sentada en el poyo [102] de la ventana y hace gestos de
despedida, hasta que se supone que ha desaparecido Mario.*)

Doña Barbarita.   Niña, a ver si te caes.[103]

Rosario.   No me mataría: no hay dos varas de alto desde aquí a la
calle. ¡Ay!   10

Doña Barbarita.   ¿Por qué suspiras?

Rosario (*siempre [104] sentada en la ventana*).   Ya no se le ve. ¡Me da
una envidia verle marchar!

Doña Barbarita.   Va a su trabajo.

Rosario.   Ya lo sé; éste va a su trabajo, el otro a divertirse, el otro
en busca de la suerte que se figura que le está esperando . . . pero el
caso es que los tres se van . . . y tú y yo nos quedamos. . . . (*Pausa
muy breve, y después hablando de pronto.*) ¿Has reparado en una cosa,
abuela?

Doña Barbarita.   ¿En [105] qué?   20

Rosario.   En lo de prisa [106] que echan a andar los hombres por la
calle, cuando salen de casa. . . . En cambio las mujeres [107] salimos
del portal muy despacio, y antes de echar a andar, mientras nos abrochamos [108] el último botón de los guantes, miramos calle arriba y calle
abajo, como temiendo que alguien nos detenga. Parece que ellos
salen por derecho propio, y que nosotras nos fugamos de presidio. . . .
(*Mirando a la calle, respira profundamente el aire perfumado.*) ¡Ay, qué
noche! (*Salta ligeramente de la ventana y viene a sentarse en el sofá,*

---

[99] *¡Que te diviertas!* I hope you have a good time; see Translation Aid XIII,
No. 1, e, p. 518.

[100] *pluma estilográfica*, fountain pen.

[101] *antepecho*, railing.

[102] *poyo*, seat.

[103] *a . . . caes*, look out or you'll fall.

[104] *siempre*, still.

[105] *En*, omit in translating.

[106] *lo de prisa*, how quickly.

[107] *las mujeres*, supply: we; see Translation Aid XIV, No. 1, p. 520.

[108] *nos abrochamos*, we button up.

junto a doña Barbarita.) Abuela (*le coge las manos*), si yo ahora te dijese: acabo de cumplir veintitrés años; soy mayor de edad; la ley me concede el uso pleno de no sé cuántos derechos civiles; puedo vender, comprar, emprender un negocio, tirar mi corta hacienda por la ventana,[109] marcharme a América, meterme a cupletista.[110] . . en vista de lo cual desearía tener un llavín,[111] lo mismo que cualquiera de mis hermanos, y usarle [112] para entrar y salir libremente como ellos, sin darle cuenta a [113] nadie, a cualquier hora del día y de la noche. . . . ¿Qué te parecería?

10 DOÑA BARBARITA. Me parecería un capricho perfectamente natural.

ROSARIO (*un poco asombrada*). ¿Y me lo darías?

DOÑA BARBARITA. ¿Por qué no? El de la cocinera debe estar colgado detrás de la puerta. Cógelo. . . . (*Rosario se levanta impetuosamente.*) Y sal si quieres. (*Rosario da un paso.*) ¿Dónde [114] vas a ir?

ROSARIO (*deteniéndose perpleja*). Es verdad. . . . ¿Dónde voy a [115] ir? (*Con un poco de rabieta.*[116]) ¿Dónde va a estas horas [117] una mujer sola y decente sin temor a que crean que no lo es? . . . ¡El temor! ¡El temor! ¡Eso es lo que nos pierde!

20 DOÑA BARBARITA (*sonriendo*). Y lo que nos salva. Si tuviéramos tan poco miedo como los hombres a que [118] el mundo creyese que habíamos perdido la vergüenza,[119] pronto nos quedaría [120] tan poca como a ellos [121] . . . y sería lástima . . . porque si la llegamos a perder nosotras,[122] ya no queda en el mundo quien [123] se la encuentre.[124]

ROSARIO (*volviendo a sentarse junto a su abuela*). Abuela . . . ¿tú crees que todos los hombres que salen por la noche tan contentos . . . van . . . a divertirse . . . pecando?

[109] *tirar . . . ventana*, squander.
[110] *cupletista*, vaudeville singer.
[111] *llavín*, latchkey, night key.
[112] *le*, used for *lo.*
[113] *dar . . . cuenta a*, explaining.
[114] *¿Dónde?* used colloquially for *Adónde.*
[115] *voy a*, can I.
[116] *rabieta*, ill humor.
[117] *estas horas*, at this unusual hour.
[118] *Si . . . a que*, If we (women) feared as little as men do that.
[119] *la vergüenza*, our modesty.
[120] *pronto nos quedaría*, we would soon have . . . left; the word *vergüenza* is understood after *tan poca*, as little modesty.
[121] *como a ellos*, as they have.
[122] *si . . . nosotras*, if we should come to lose it (*vergüenza*).
[123] *ya no queda . . . quien*, there would no longer be anyone . . . who.
[124] *se . . . encuentre*, could find any of it.

Doña Barbarita. ¡Ja, ja, ja! ¡Qué más quisieran ellos! [125]   No,
hija, no: van a hacerse la ilusión de que pecan y de que se divierten . . .
pero la mayor parte de las veces no les sale la cuenta [126] . . . o les sale
cara: por eso suelen volver [127] a casa de tan mal humor. (*Pasándole la
mano por el pelo.*)   No los envidies.

Rosario (*con apasionamiento,*[128] *que poco a poco se va cambiando* [129] *en
graciosa rabieta*).   No les envidio la [130] libertad de pecar, ni [131] la de [132]
divertirse, ni siquiera la de [132] salir por el mundo en busca de su propio
amor, mientras nosotras nos tenemos que estar esperando ¡sentadas! [133]
a que [134] al amor ajeno se le antoje venir a buscarnos . . . les envidio 10
la fe, la confianza que tienen en sí mismos, la seguridad de vencer el
destino por sus propias fuerzas. . . .   Ya les oyes.[135]   (*Mirando en
derredor como si estuvieran presentes sus hermanos.*)   «Trabajaré . . .
ganaré . . . lucharé . . . triunfaré . . .»   ¿Y yo?   (*Imitando a Pepe.*)
«Pues tú, te casarás, naturalmente.»   (*Levantándose y enfadada.*)   ¡Te
casarás!   Es decir, hablando en plata, te dejarás comprar [136] y mantener
por un caballerito que haya triunfado. . . .   ¿Y si no me caso?
(*Imitando a Emilio.*)   «Tú, pídele a Dios que nosotros lleguemos a
ricos, y verás qué vidita te pasas.»   (*Enfadada.*)   ¡Pues no me da la
gana de pasarme vidita ninguna a costa de nadie! (*Imitando a Mario.*) 20
«¡Ahí va la hermana de Mario Castellanos!»   (*Muy digna.*)   ¡Qué
fatuidad! [137]   ¡No es eso, señor mío, no es eso!   Lo que a mí me hace
falta que digan,[138] si dicen,[139] es: ¡Ahí va Rosarito Castellanos . . . ella
. . . ella . . . ella [140] . . . sí, señor, ella misma, fea o bonita, tonta o
discreta, triunfante o derrotada, pero orgullosa de su propia vida y no
de los laureles de ningún hombre!   ¡Ea!

Doña Barbarita.   ¡Ja, ja, ja!

Rosario.   ¿Te ríes de mí?   ¡No quiero ser satélite [141] de nadie!

[125] *¡Qué . . . ellos!*   Wouldn't they just love to!
[126] *no . . . cuenta*, it does not turn out as they expect.
[127] *suelen volver*, they usually return;   see Translation Aid X, No. 3, p. 512.
[128] *con apasionamiento*, vehemently.
[129] *va cambiando*, changes.
[130] *la*, their.
[131] *ni*, or.
[132] *la de*, omit in translating.
[133] *¡sentadas!* seated and twiddling our thumbs!
[134] *a que*, until.
[135] *Ya . . . oyes*, You've heard them.
[136] *comprar*, be bought.
[137] *fatuidad*, conceit.
[138] *Lo . . . digan*, What I want them to say.
[139] *dicen*, supply: anything.
[140] *ella, ella, ella*, the one and only.   [141] *satélite*, satellite, dependent.

Doña Barbarita. ¡Hija de mi alma! El sol . . . fíjate bien, es *el* sol, y la luna es *la* luna.[142]

Rosario (*vivamente*). En castellano, sí; pero en alemán el sol (*imitando a su abuela*), fíjate bien, es *la* sol, y la luna *el* luna. . . . Y en inglés, que es la única lengua con sentido común, ni *el* ni *la:* sol es sol, luna es luna, y cada uno es cada uno,[143] y nadie se acuerda del género dichoso hasta la hora de dar el dulce sí.[144] (*Vuelve a sentarse junto a su abuela.*) Tú te ríes y no me comprendes, porque eres de otro siglo, y en vuestro tiempo os gustaba ser esclavas de los hombres.

10 Doña Barbarita. Hija, la esclavitud no le ha gustado nunca a nadie más que [145] al amo; lo que hay es [146] que vosotras os queréis librar de la tiranía, y nosotras nos contentábamos con vengarnos del tirano.

Rosario. ¿Cómo?

Doña Barbarita. Haciéndole [147] la vida insoportable.[148] (*Abriendo un dije [149] de tres hojas que lleva colgado de una cadena al cuello.*) ¡Mira . . . mis tres dueños! [150] (*Sonriendo con amor.*) ¡Mi Ernesto! . . . ¡Mi Enrique! . . . ¡Mi Pepe! . . . ¡Lo que me han adorado! . . . ¡Lo que les he querido!

Rosario (*un poco escandalizada*). ¡A los tres!

20 Doña Barbarita (*con naturalidad*). Uno a uno.[151] . . . ¡Y lo que les he hecho rabiar a todos!

Rosario (*mirándola con un poco de asombro*). ¡Eh!

Doña Barbarita (*sonriendo muy satisfecha a sus recuerdos conyugales*). A mi Ernesto [152] con celos míos injustificados, a cuenta de toda [153] mujer a quien se le ocurría mirar cara a cara . . . ¡y era pintor de historia! [154] . . . A mi Enrique con recelos suyos, prematuros, pero tal vez proféticos, a costa de mi Pepe, que era vecino nuestro y ya me hacía guiños [155] desde el balcón. . . . A mi Pepe con celos póstumos

---

[142] *el sol, la luna;* the italics in the text draw attention to the gender. Freely translated, this sentence means: a man is a man and a woman is always a woman.

[143] *cada . . . uno,* each one has its own characteristics.

[144] *dar . . . sí,* saying "I do."

[145] *no . . . más que,* except, but.

[146] *lo . . . es,* the truth is, the fact is.

[147] *Haciéndole,* By making . . . his.

[148] *insoportable,* unbearable.

[149] *dije,* locket.

[150] *dueños,* lords and masters.

[151] *Uno a uno,* One after the other.

[152] *A mi Ernesto,* Dear Ernest; the preposition *a*, required by the verb *hacer rabiar*, is omitted in translating.

[153] *toda,* every, any.

[154] *de historia,* with a past.

[155] *me hacía guiños,* winked at me.

a costa de mi Enrique. . . . ¡Las veces [156] que me habrá dado [157] un ataque de nervios al entrar de repente en el estudio de mi Ernesto y ver a la modelo en traje de Eva! . . . ¡Las veces que habré suspirado, mirando de reojo [158] al balcón de mi Pepe, delante de mi Enrique! ¡Las veces que se me habrán llenado los ojos de lágrimas contemplando el retrato de mi Enrique delante de mi Pepe! ¡Pobrecillos! ¡Ahora que los tengo a los tres en el cielo, casi me dan lástima! (*Besa con fervor los tres retratos.*)

ROSARIO. ¡Abuela!

DOÑA BARBARITA. ¡Y he sido un ángel, fíjate bien, un ángel del hogar, con miriñaque; [159] una mujercita sumisa, dócil, amante, silenciosa, poética, una esposa arrancada de una novela de Pérez Escrich!

ROSARIO. ¡Es posible!

DOÑA BARBARITA. Las mujeres [160] de ahora sois más nobles y más infelizotas; pedís la autonomía y renunciáis al alfilerazo: [161] puede que sea más moral y más justo, pero de seguro es menos divertido.

(*Entra María Pepa, criada casi tan vieja como doña Barbarita. Se queda plantada en la puerta, con los brazos cruzados, y no habla.*)

DOÑA BARBARITA (*con mal humor*). ¿Qué quieres tú?

MARÍA PEPA (*con calma*). Que [162] van a dar [163] las once.

DOÑA BARBARITA. Bien, ¿y qué?

MARÍA PEPA. Nada: que [164] tienes que rezar el rosario, que cogerte los papillotes,[165] que echar las lamparillas [166] a los difuntos, y si pasas el tiempo en conversación, no te vas a meter en la cama antes de las doce.

DOÑA BARBARITA. Lo cual a ti te trae muy sin cuidado.[167]

MARÍA PEPA (*con calma*). A mí, sí; [168] pero a ti, no: porque de sobra sabes que mañana tienes que madrugar para ir a misa, que es [169] el cabo de mes [170] de tu Enrique, y si no duermes tus ocho horas y media, luego te dan vapores.[171]

---

[156] *Las veces,* How many times.
[157] *me . . . dado,* I had.
[158] *de reojo,* out of the corner of my eye.
[159] *miriñaque,* crinoline, hoop-skirt.
[160] *Las mujeres,* You women; see Translation Aid XIV, No. 1, p. 520.
[161] *alfilerazo,* the art of annoying (men).
[162] *Que,* omit in translating.
[163] *van a dar,* it is almost.
[164] *que,* omit in translating.
[165] *cogerte . . . papillotes,* put in your curl-papers.
[166] *echar . . . lamparillas,* light the night tapers.
[167] *Lo . . . cuidado,* Which really is not worrying you in the least.
[168] *A mí, sí;* repeat the preceding verb; see Translation Aid XVI, No. 3, a, p. 525.
[169] *que es,* supply: the day of.   [170] *cabo de mes,* monthly mass.
[171] *te dan vapores,* you'll have fainting spells.

Doña Barbarita (con sorna). Y a ti [172] alferecía [173] si estás cinco minutos sin venir a enterarte de lo que se habla.

María Pepa (ofendida). ¡Bastante me importará a mí [174] lo que podáis hablar vosotras!

Doña Barbarita. Claro que [175] no te importa, pero hace diez minutos que estabas [176] escuchando detrás de la puerta.

María Pepa (ofendidísima). ¡Jesús! ¡Ave María! [177] ¿Yo escuchando?

Doña Barbarita (con calma). Creerás [178] que no te oigo [179] andar por el pasillo con tus pasos de duende.[180] . . .

María Pepa (muy digna). Como [181] cuando pisa una [182] fuerte, como las personas,[183] se te alteran los nervios. . . . (Con toda dignidad, da dos pasos hacia la puerta.)

Doña Barbarita. ¿Dónde vas?

María Pepa. ¿Dónde quieres [184] que vaya? (Con retintín.[185]) A la cocina, que es mi puesto.[186]

Doña Barbarita (nerviosa). ¡Siéntate!

María Pepa. Muchas gracias, no estoy cansada.

Doña Barbarita (con autoridad y mal humor). ¡¡Siéntate!! (María Pepa se sienta muy digna en el borde de una silla.) Y no tomes esos aires dignos, que nadie te ha faltado.[187] (Condescendiente.) No estábamos hablando ningún secreto. Yo le estaba diciendo a la niña . . .

María Pepa (interrumpiendo y con toda naturalidad). Que has sido [188] un ángel con tus tres difuntos.[189] Ya lo he oído.

Rosario (se echa a reír ruidosamente). ¡Ja, ja, ja!

Doña Barbarita (con sorna). No te rías, niña, que se nos [190] va a ofender. ¿Se ha acostado ya la cocinera?

[172] Y a ti, understood: te da.
[173] alferecía, epilepsy.
[174] ¡Bastante . . . mí! What do I care about!
[175] que, omit in translating.
[176] estabas, have been.
[177] ¡Jesús! ¡Ave María! see Vocabulary.
[178] Creerás, fut. of probability.
[179] no te oigo, I cannot hear you.
[180] andar . . . duende, pussyfooting.
[181] Como, But.
[182] una, subject of pisa.
[183] personas, ordinary persons.
[184] quieres, expect.
[185] retintín, sarcastic tone of voice.
[186] puesto, place.
[187] te . . . faltado, has insulted you.
[188] has sido, pres. pfct. for pret.   [189] difuntos, supply: husbands.
[190] nos, ethical dative (on us); do not translate.

María Pepa. ¡Naturalmente! ¿Qué va a hacer la mujer levantada [191] a estas horas?

Doña Barbarita (*nerviosa*). ¡A estas horas! ¡Ni que fueran las tres de la madrugada! [192] ¿Por qué no dices de una vez que eres tú la que estás muerta de sueño?

María Pepa (*como si el acusarla [193] de tener sueño fuera acusarla de algún horrendo crimen*). ¿Yo? ¿Muerta de sueño yo?

Doña Barbarita. Anda, anda. (*Levantándose.*) Nos iremos a la cama para que no enferme la señora [194] doncella. Adiós, niña.

María Pepa. Por mí [195] puedes estarte [196] hasta el amanecer. Tu 10 cuerpo lo paga.

Rosario (*besándola*). Buenas noches, abuela.

Doña Barbarita (*acariciando a Rosario*). Que no estés [197] leyendo hasta las mil. [198] . . .

Rosario. No, abuela.

María Pepa (*al salir*). Se estará, [199] se estará . . . de casta le viene. [200] . . . No he visto [201] mujeres más «leonas» que [202] las de esta casa.

Doña Barbarita. No lo dirás por ti, [203] que en sesenta y cinco años que hace que te estoy enseñando, [204] no he conseguido [205] que 20 juntes las letras.

María Pepa. ¡Bastantes mentiras tiene una que oír en este mundo sin necesidad de romperse los cascos [206] para enterarse de las que traen [207] los libros!

Doña Barbarita. Anda, Salomón, anda, no desbarres. [208]

[191] *¿Qué . . . levantada?* What would the woman be doing up and around?

[192] *¡Ni . . . madrugada!* (The way you talk) one would think it was three o'clock in the morning!

[193] *el acusarla,* accusing her.

[194] *la señora,* her ladyship.

[195] *Por mí,* As far as I am concerned.

[196] *estarte,* stay up.

[197] *Que no estés,* Don't stay up.

[198] *mil* (*y quinientas*), see Vocabulary.

[199] *Se estará,* She will.

[200] *de . . . viene,* it runs in the family.

[201] *No he visto,* supply: never.

[202] *más «leonas» que,* such book-worms as; here, a pun, since *leona* means "lioness."

[203] *No . . . ti,* You can't say that about yourself, you can't be including yourself.

[204] *que . . . enseñando,* that I have been teaching you.

[205] *conseguido,* add: in teaching you.

[206] *romperse los cascos,* split one's head.

[207] *traen,* are found in.   [208] *no desbarres,* don't talk nonsense.

(*Salen las dos del brazo sin que se sepa a punto fijo* [209] *quién sostiene a quién. Rosarito, por* [210] *el instinto de orden, que es su característica, arregla casi inconscientemente los trastos;* [211] *después suspira, se estira* [212] *perezosamente, bosteza, vuelve a suspirar, da cuerda* [213] *a un relojito que hay sobre la chimenea, empieza a desabrocharse el traje; cuando ya le* [214] *tiene casi completamente desabrochado, mira a la ventana que está abierta, entra en la alcoba y sale al cabo de un momento con un kimono a medio poner y unas babuchas* [215] *en la mano; acaba de* [216] *ponerse el kimono, se sienta en el sofá, se quita los zapatos y se pone las babuchas, coloca cuidadosamente los zapatos debajo del sofá, se despeina* [217] *con toda calma, haciéndose una trenza tan floja, que casi inmediatamente se le deshace; se levanta, se acerca a la ventana, mira un instante a la calle, va perezosamente hacia la estantería, coge un libro, le deja; coge otro, le deja también, y al cabo se decide por un tercero, enciende un portátil* [218] *que habrá* [219] *junto al sofá, apaga la lámpara del techo, se tumba* [220] *en el sofá cómodamente y empieza a leer. Entra María Pepa y se dirige hacia la ventana.*)

ROSARIO (*sin levantar los ojos del libro*). ¿Dónde vas?

MARÍA PEPA. A cerrar la ventana, que va a haber tormenta, y se ha levantado un viento muy fuerte.

ROSARIO. Deja, deja; ya cerraré yo cuando me vaya. (*Sigue leyendo.*)

MARÍA PEPA (*que tiene gana de conversación, se acerca a la mesa*). A ver si se le vuelan a tu hermano las coplas que escribe [221] y tenemos [222] un disgusto gordo.

ROSARIO (*sin dejar de leer*). Pon un pisapapeles [223] sobre las cuartillas.

MARÍA PEPA (*que sigue empeñada en hablar*). Pondré el perro de 10 lanas, que es el que más pesa.

ROSARIO. No es un perro de lanas, que [224] es un león.

---

[209] *a . . . fijo*, exactly, with certainty.
[210] *por*, moved by.
[211] *trastos*, pieces of furniture, bric-a-brac.
[212] *se estira*, stretches.
[213] *da cuerda*, winds up.
[214] *le*, it.
[215] *babuchas*, bedroom slippers.
[216] *acaba de*, finishes.
[217] *se despeina*, takes down her hair.
[218] *un portátil*, a movable electric lamp.
[219] *habrá*, is; stage directions are often given in the fut. tense.
[220] *se tumba*, lies down.
[221] *A . . . escribe*, Look out or the verses that your brother is writing will be blown away.
[222] *tenemos*, translate in the fut.
[223] *pisapapeles*, paper-weight.
[224] *que*, omit in translating.

MARÍA PEPA (*colocando el pisapapeles, que, en efecto, es un león de bronce*). Para mí ha sido siempre perro de lanas, y perro de lanas será hasta que me muera. (*Rosario se encoge de hombros y sigue leyendo; pero María Pepa está decidida a hablar, y prosigue después de una brevísima pausa.*) Se lo regaló el difunto señorito Enrique al difunto señorito Ernesto, que Dios tenga en gloria, un día del santo [225] de tu difunta, ¡Jesús! (*Santiguándose para remediar la equivocación*) de tu abuelita, que por cierto aquel día cumplió veintidós años y estrenó un traje de popeline a cuadros escoceses,[226] con su dulleta [227] de terciopelo verde con bellotas [228] de oro, que [229] daba gloria [230] el verla. (*Soñadora.*) Todavía 10 la tengo guardada y sin apolillar.[231] . . . Por cierto que luego el señorito Pepe, Dios le haya perdonado, le tenía una rabia tremenda.[232] . . .

ROSARIO (*interesada, a pesar suyo*). ¿A [233] la dulleta?

MARÍA PEPA. Al perro de lanas. Porque tu abuela, siempre que entraba en el despacho, le pasaba la mano [234] así por la melena. (*Acaricia al león de bronce.*) Y un día que ella había estado llorando, porque él era muy terco, y se empeñó en que fuera [235] al teatro con él, precisamente el día del santo del difunto señorito Enrique, y ella, naturalmente, no quiso [236] ir y se tomó un berrinche; [237] él, hecho un basilisco,[238] en cuanto ella salió llorando del despacho como una Magdalena,[239] tiró el 20 perro de lanas contra el retrato del pobre difunto, que estaba encima de la chimenea, y, naturalmente, como el perro es de bronce, pues le rompió el cristal . . . por cierto, que [240] para hacer las paces le tuvo que poner un marco nuevo, de talla, con corona de laurel y cristal biselado,[241] que le costó al pobre hombre un ojo de la cara. . . .

(*Todo lo anterior lo dice María Pepa sin tomar aliento y poniendo las comas donde menos falta hacen, a compás de su incoherencia de pensamiento.*)

[225] *día del santo*, birthday.
[226] *a . . . escoceses*, checked, Scotch plaid.
[227] *dulleta* (Fr., *douillette*), a loose wadded garment.
[228] *bellotas*, tassels.
[229] *que*, omit in translating.
[230] *daba gloria*, it was a joy.
[231] *sin apolillar*, free from moths.
[232] *le . . . tremenda*, hated it like poison.
[233] *A*, omit in translating.
[234] *le . . . mano* (*por*), would stroke.
[235] *fuera*, her going; see Translation Aid XIII, No. 2, f, p. 519.
[236] *no quiso*, refused to.
[237] *se . . . berrinche*, had a fit of anger.
[238] *hecho un basilisco*, furious.
[239] *llorando . . . Magdalena*, crying disconsolately.
[240] *que*, omit in translating.
[241] *biselado*, beveled.

Rosario (*sin moverse del diván en que está tumbada*). Por lo visto, mi abuela, al que [242] más ha querido de todos sus difuntos ha sido [243] (*sonriendo con burla cariñosa*) a su difunto Enrique.

María Pepa (*con desdeñosa y olímpica* [244] *superioridad*). ¡Qué sé yo qué te diga! [245] . . . Lo que hay es que el difunto señorito Pepe, que fué el último, era el peor de todos. . . .

Rosario (*con protesta*). ¿Mi abuelo?

María Pepa (*con tranquilidad rencorosa*). Sí, hija, sí; tu abuelo, Dios le haya perdonado; celoso, testarudo, [246] tacaño, [247] dominante,
10 y la única manera que teníamos de meterle en cintura [248] era el recordarle que el de antes había sido un ángel comparado con él. . . . Pero no te vayas tú a figurar, [249] que [250] también el otro nos había hecho pasar lo suyo, [251] es decir, lo nuestro, [252] porque le gustaba tirar de la oreja a Jorge; [253] y no es [254] lo malo que le gustase, sino que perdía el dinero a manos llenas, y luego nosotras teníamos que andar con economías, [255] lo cual no nos hacía ninguna gracia, [256] porque el difunto señorito Ernesto, aunque como era artista era un soñador, y mentía más que la *Gaceta*, [257] era generosísimo y nos tenía muy mal acostumbradas, [258] que mientras él vivió, [259] Dios le tenga en gloria, no pisó tu abuela el suelo de la calle
20 con los pies, porque decía el pobre que los ángeles no deben rebajarse [260] a hollar con sus plantas el polvo de la tierra. ¡Ay, Señor, no me quiero acordar de lo que nos tenemos paseado [261] en coche! . . . Claro es que muchos días nos hemos acostado sin cenar, porque él si no pintaba no ganaba, y a veces le entraba la dejadez artística [262] y se estaba las

[242] *al que*, the one whom.
[243] *ha sido*, pres. pfct. for pret.; see Translation Aid VII, No. 2, c, p. 506.
[244] *olímpica*, haughty.
[245] *¡Qué . . . diga!* I don't know what to tell you!
[246] *testarudo*, stubborn, hard-headed.
[247] *tacaño*, stingy.
[248] *meterle . . . cintura*, keeping him under control.
[249] *no . . . figurar*, don't think he was any too good either.
[250] *que*, because.
[251] *nos . . . suyo*, gave us his trouble.
[252] *lo nuestro*, our troubles.
[253] *tirar . . . Jorge*, to gamble at cards.
[254] *es*, was.
[255] *andar con economías*, to pinch pennies.
[256] *no . . . gracia*, was no joke to us.
[257] *mentía . . . Gaceta*, lied more than the newspaper, lied like a trooper.
[258] *nos . . . acostumbradas*, had spoiled us terribly.
[259] *vivió*, was alive.
[260] *rebajarse*, stoop, lower themselves.
[261] *lo . . . paseado*, how much we rode.
[262] *dejadez artística*, lack of artistic inspiration.

semanas enteras tumbado en el diván, fumando en pipa, . . . pero como fino y considerado *y caballeresco* no hemos tenido otro.[263] . . . (*Suena el timbre.*)

ROSARIO. La abuela te llama.

MARÍA PEPA. ¡Voy! ¡Ya habrá [264] terminado de rezar el rosario! ¿Apagarás la luz?

ROSARIO. Sí, sí, apagaré la luz, cerraré la ventana . . . puedes acostarte tranquila. Llévate esos zapatos.

MARÍA PEPA (*cogiendo los zapatos, con un suspiro*). ¡Ay, hija, tú no sabes las trifulcas [265] que hay en el matrimonio! . . . ¡Y ojalá no lo ¹⁰ sepas en tu vida!

ROSARIO (*incorporándose [266] muy ofendida*). ¿Qué dices?

MARÍA PEPA (*muy digna*). ¡Ah! ¿Te quieres casar? (*Rosario no responde.*) ¡Y puede que con [267] media docena, para no quedarte atrás de la otra! (*Con superioridad y conmiseración.[268]*) ¡Con tu pan te lo comas! [269] (*Vuelve a sonar el timbre.*) ¡Allá voy! (*Andando hacia la puerta con toda calma.*) Suerte que a los tuyos [270] no los tendremos que aguantar, porque ya estaremos en el otro barrio.[271] (*Parándose en la puerta.*) Por cierto que no sé cómo nos las vamos a componer, porque como los tres la han querido a morir, los tres van a salir con la ²⁰ embajada de que nos tenemos que ir a pasar con ellos la vida eterna, y va a haber puñetazos [272] a la puerta del cielo. (*Suena otra vez el timbre.*)

ROSARIO. Anda, mujer.

MARÍA PEPA (*con calma*). Voy, voy. . . . En fin, allá San Pedro se las arregle.[273] . . . Cierro [274] la puerta, que hay corriente de aire.

(*Sale muy despacio, cerrando la puerta. Rosario, al quedarse sola, vuelve a tumbarse en el sofá e intenta volver a leer, pero no puede, porque las fantasías y evocaciones [275] de María Pepa han distraído su atención del libro; sin soltarle de la mano, se sienta y medita.*) ³⁰

---

[263] *otro,* another like him.

[264] *habrá,* fut. of probability.

[265] *trifulcas,* rows, quarrels.

[266] *incorporándose,* sitting up.

[267] *con,* to.

[268] *conmiseración,* pity.

[269] *¡Con . . . comas!* That's your affair!

[270] *a los tuyos;* an extra object pronoun (*los*) is needed when the object precedes the verb; see Translation Aid X, No. 1, c, p. 512.

[271] *el otro barrio,* the other world.

[272] *puñetazos,* blows.

[273] *allá . . . arregle,* we'll let Saint Peter settle that; see Translation Aid XVII, No. 2, p. 527.

[274] *Cierro.* pres. for fut.   [275] *evocaciones,* reminiscences.

Rosario (*meditando con incoherencia*). ¿Con media docena? ¡Qué desatino! (*Abre el libro y lee.*) «El amor es flor única, de fragancia exquisita y evanescente . . .» (*Reflexionando.*) Claro está, flor única. (*Lee.*) «Surge una sola vez en la vida del alma, y el alma en que una vez ha florecido la azucena triunfante . . .» (*Meditando.*) ¡La azucena triunfante! . . . ¡qué imagen tan preciosa! (*Leyendo.*) «Muere [276] al morir ella, puesto que sólo para ella y por ella quiere vivir.» (*Meditando con aprobación.*) Naturalmente . . . sólo por ella y para ella . . . pero ¿cómo habrá [277] podido mi abuela querer a tres? (*Lee.*)
10 «Puede, en una vida, haber varios fantasmas y apariencias de amor, nuncios [278] y anuncios del amor verdadero, que aun no ha llegado . . .» (*Saboreando [279] la frase.*) ¡Nuncios y anuncios del amor verdadero! . . . ¡Cómo [280] dice las cosas este hombre! (*Lee.*) «. . . pero el alma gemela [281] no es más que una, y sólo al encontrarla logra el anhelo comunión perfecta . . .» (*Meditando.*) Según eso, puesto que mi abuelo fué el último, su Ernesto y su Enrique no fueron más que anuncios y fantasmas. . . . (*Con enfado contra sí misma.*) ¡Ea! ¿qué me importa el amor de mi abuela? (*Se vuelve a tumbar por completo en el diván y lee.*) «Así el amor de Carlos y Esperanza, en aquella divina
20 noche . . .» (*Sigue leyendo en voz baja un momento, pero casi inmediatamente se interrumpe, dando media vuelta y apoyándose en un codo.*) Claro que puede ser que mi difunto abuelo fuese tan fantasma como sus dos antecesores, anuncio del amor verdadero que no llegó a venir,[282] y mi pobre abuela se figura que ha querido a los tres, precisamente porque no quiso a ninguno. (*Lee.*) «En aquella divina noche . . .» (*Dando otra media vuelta.*) Pero el caso es que . . . (*Impaciente.*) ¡Nada, que no puedo leer! (*Se sienta. Se oye soplar el viento en la calle.*) ¡Cómo suena el viento! . . . Mejor será que me vaya a la cama. . . . Pero si ahora me acuesto, con el barullo [283] que me ha metido esa
30 mujer en la cabeza, voy a soñar con todos los difuntos, y me va a entrar un miedo espantoso.[284] . . . Me estaré aquí un rato, pensando tonterías hasta que se me olvide. (*Se vuelve a tumbar, y sin levantarse apaga la luz del portátil, y se queda tendida en el diván, inmóvil. El cuarto queda a obscuras, alumbrado solamente a trechos por la luz, no muy viva, que entra*

---

[276] *Muere*, subject: *el amor.*
[277] *habrá*, fut. of probability.
[278] *nuncios*, messengers.
[279] *Saboreando*, Relishing.
[280] *¡Cómo!* How well.
[281] *alma gemela*, soul mate.
[282] *no . . . venir*, never came.
[283] *barullo*, confusion.
[284] *me . . . espantoso*, I'll be horribly frightened.

por la ventana.   Sigue sonando el viento en la calle.) ¡Sí que parece que
va a haber tormenta! . . . ¡Huy,[285] qué polvo está entrando! [286] . . .
Más valdría cerrar.   (*Intenta incorporarse y se arrepiente, ya a medias
vencida por el sueño.*)   Pero me da pereza . . .   (*Se vuelve a tumbar y
cierra los ojos.   En este momento entra por la ventana, lanzado con violencia
por el viento, un sombrero de paja que, pasando sobre ella o cerca de ella,
viene a caer al lado del diván.*)   ¡Eh!   (*Abriendo los ojos sobresaltada.*[287])
¿Qué es esto?   (*Se frota* [288] *los ojos.*)   ¿Un pájaro que ha entrado por
la ventana?   (*Buscando con la vista, pero sin levantarse.*)   No . . . un
sombrero de hombre. . . .   (*Medio adormilada.*[289])   No comprendo. 10
. . .   (*Mira alternativamente al suelo, donde está el sombrero, y a la ventana, perpleja, sin saber qué hacer. . . .   Por fin se levanta con cierto
temor y va andando* [290] *despacio hacia la ventana, pero siempre dentro de
la zona de sombra.   En este momento hay un relámpago deslumbrador,*[291]
seguido inmediatamente de [292] *un trueno horrísono,*[293] *y al fulgor verdaderamente infernal del relámpago se ve aparecer* [294] *en la ventana la figura de un
hombre, elegantemente vestido, pero sin sombrero, que mira un segundo hacia
dentro* [295] *de la habitación, y salta.   Rosario, asustada y deslumbrada por
el relámpago y el trueno, ve al hombre, y no sabiendo si es realidad o fantasma,
se queda helada de espanto, y dice en voz baja, precipitada y anhelante.*[296]) 20
¡Jesús! ¡Ave María! ¡Virgen del Carmen! ¡Ánimas benditas del
Purgatorio!   (*Recobrando un poco de valor* [297] *se santigua precipitadamente
y reza a toda prisa.*)   ¡Santa Bárbara [298] bendita . . . que en el cielo
estás escrita! [299] . . .

EL APARECIDO (*dándose cuenta de que hay una mujer en la habitación, y
andando hacia ella a tientas,*[300] *porque al relámpago ha sucedido* [301] *una*

---

[285] *¡Huy!* My!
[286] *qué . . . entrando,* all the dust that is getting in here.
[287] *sobresaltada,* startled.
[288] *Se frota,* Rubs.
[289] *adormilada,* asleep.
[290] *va andando,* walks.
[291] *deslumbrador,* dazzling.
[292] *de,* by.
[293] *horrísono,* horrible.
[294] *se ve aparecer,* there appears.
[295] *hacia dentro,* into.
[296] *anhelante,* breathlessly.
[297] *de valor,* her courage.
[298] *Santa Bárbara,* saint invoked for protection from lightning or tempest.
Saint Barbara was martyred by the Romans for her Christian faith.
[299] *que . . . escrita,* whose name is enrolled in heaven.
[300] *andando . . . a tientas,* groping his way.
[301] *al . . . sucedido,* the lightning is followed by.

obscuridad casi absoluta). ¡No se asuste[302] usted . . . no se asuste usted!

(*En este momento, otro relámpago más deslumbrante*[303] *que el primero desgarra el firmamento; sigue un trueno aún más espantoso y una tremenda descarga de lluvia torrencial.*)

ROSARIO (*al ver, a la luz del relámpago, que el hombre se dirige hacia ella, aterrada, alarga los brazos para apartarle*). ¡Aparta![304] ¡Aparta! ¡Soco . . . !

EL APARECIDO (*acercándose a ella*). ¡No grite usted . . . por el amor de Dios . . . no grite usted. . . . No soy un ladrón . . . no soy un asesino . . . soy . . . soy . . . una persona decente! . . .

ROSARIO. Sí, sí . . . pero apártese[305] usted.

10 EL APARECIDO. Sí, señora . . . ahora mismo. . . . (*Quiere soltarla, pero el pelo, que ella lleva suelto, se ha enganchado en los botones de la bocamanga*[306] *de él, y no puede soltarla del todo, sino que tiene que echarle un brazo por el cuello.*) ¡No puedo!

ROSARIO. ¿Por qué?

EL APARECIDO. Se le ha enganchado[307] a usted el pelo en los botones de mi manga.

ROSARIO (*impaciente*). ¡Desengánchele[308] usted!

EL APARECIDO. A obscuras, imposible. . . . Encienda usted la luz. ¿Dónde está?

20 ROSARIO. Aquí . . . en la mesa. . . . Venga usted. . . . (*Echa a andar y él la sigue; pero a pesar de sus precauciones, le tira del pelo.*) ¡Ay, que me tira[309] usted!

EL APARECIDO. ¡Usted perdone! (*Se para, y como ella sigue andando, le tira otra vez.*)

ROSARIO (*enfadada*). ¡Ay! ¡Pero, hombre de Dios, sígame usted!

EL APARECIDO. ¡Voy, voy! . . . ¡Ah!

(*Por seguirla,*[310] *procurando no tirarla del pelo, tropieza y caen los dos juntos sobre el diván. Él, para no rodar al suelo, se abraza a ella estrechísimamente.*)

ROSARIO (*indignada, en sus brazos*). ¡Caballero! ¡Esto es intolerable! (*Otro espantoso relámpago la deslumbra y le hace ver con toda clari-*

---

[302] *No . . . asuste,* Don't be frightened.
[303] *deslumbrante,* dazzling.
[304] *¡Aparta!* Go away!
[305] *apártese,* go away.
[306] *bocamanga,* cuff.
[307] *Se . . . enganchado,* has got caught.
[308] *Desengánchele,* Unfasten it.
[309] *que . . . tira,* supply: my hair.
[310] *Por seguirla,* Because he follows her.

dad la insufrible incorrección de la actitud del Aparecido.) ¿Con qué derecho se atreve usted a abrazarme?

EL APARECIDO (*con calma y sin separarse de ella*). Señora, usted perdone . . . esto no es un abrazo, es un accidente . . . que a mí me desagrada tanto como a usted (*Ella hace un gesto de asombrada protesta, no suponiendo que ningún hombre pueda encontrar desagradable el abrazarla*). . . porque al caer me he desollado una espinilla [311] . . .

ROSARIO. ¡Pues si le desagrada a usted tanto, apártese usted!

EL APARECIDO. Es que [312] tampoco puedo.[313] (*Con calma.*) Ahora se le ha enredado a usted el pelo en todos los botones del chaleco,[314] y si me aparto violentamente va usted a sufrir tirones espantosos.[315] . . . Muy a pesar mío, me veo obligado a estrecharla a usted contra mi corazón. . . . Si usted, que sabe dónde está la lámpara, pudiera usted . . .

ROSARIO (*impaciente*). Sí, sí. (*Da media vuelta, buscando nerviosa entre el diván el interruptor [316] del portátil, y se lleva [317] la cabeza a las manos, porque, a pesar de las preocupaciones [318] de él, le tira del pelo.*) ¡Ay! ¡Ay! ¡Ay!

EL APARECIDO (*con calma*). ¿Lo ve usted?

ROSARIO (*consigue dar la luz*). ¡Gracias a Dios!

EL APARECIDO. A ver si conseguimos desatar este nudo. . . .
(*Se miran muy juntos, a la luz del portátil, y no se desagradan. Él sonríe, y ella, después de sonreír también, baja los ojos, muy avergonzada, cruzándose [319] el kimono, que se ha desarreglado [320] un poco en el jaleo.*[321])

EL APARECIDO (*ocupado en desenredar [322] el pelo*). ¡Tiene usted un pelo tan endemoniado! [323]

ROSARIO (*ofendida*). ¿Eh?

EL APARECIDO. He querido decir tan . . . enredoso.[324] . . . Se engancha [325] en todas partes. ¿Es que lo lleva usted siempre flotando al viento?

[311] *espinilla*, shin.
[312] *Es que*, omit in translating.
[313] *puedo*, cannot do that.
[314] *chaleco*, vest.
[315] *va . . . espantosos*, I am going to pull your hair dreadfully.
[316] *interruptor*, switch.
[317] *se lleva*, puts.
[318] *preocupaciones*, precautions.
[319] *cruzándose*, pulling together.
[320] *desarreglado*, disarranged.
[321] *jaleo*, excitement.
[322] *desenredar*, untangling.
[323] *endemoniado*, devilish.
[324] *enredoso*, tangly, snarly.

[325] *Se engancha*, It gets caught.

Rosario (*con mal humor*). ¡Le llevo como me parece! [326]

El Aparecido (*sin galantería, como quien afirma sencillamente un hecho*).
Fino sí es . . . y rubio. . . . No muy abundante, pero muy bonito.

Rosario (*rabiosa*). ¡Gracias!

El Aparecido (*con calma glacial*). Y huele bien . . . muy bien.
(*Huele un mechón* [327] *con toda naturalidad.*) A [328] violetas.

Rosario (*ofendidísima*). ¡Caballero!

El Aparecido (*muy asombrado*). ¿Se ofende usted?

Rosario (*en el colmo* [329] *de la indignación*). ¡Naturalmente! ¡Habrá
10 insolencia! [330]

El Aparecido (*con calma*). Usted perdone. . . . No creí que
fuera insolencia ninguna afirmar que un cabello que huele a violetas,
huele a violetas. ¿Acaso hubiera sido más correcto decir que huele
a nardos? [331]

Rosario (*indignada*). ¡Huela a lo que huela,[332] a usted no le importa! [333]

El Aparecido (*con tranquilidad, prosiguiendo su tarea*). No he
dicho [334] que me importe . . . he dicho que huele . . .

Rosario. Está bien. . . . (*Nerviosa.*) ¿Ha terminado usted?
20 El Aparecido (*con desesperación cómica*). ¡Imposible!

Rosario (*aunque está sentada de espaldas a la mesa, busca a tientas,*[335]
echando los brazos atrás, hasta que encuentra las tijeras de cortar papel).
Tome usted . . . ¡corte usted y acabemos [336] de una vez!

El Aparecido (*con afectación de lástima un poco burlona mirando a las
tijeras y al pelo*). ¡Cortar! ¡Oh!

Rosario. ¡Traiga usted! [337] (*Con mal humor y energía corta resueltamente las puntas del cabello que estaban enganchadas* [338] *en los botones del
chaleco.*) ¡Uf! ¡Ya estoy libre! (*Se levanta muy digna y se aparta
unos pasos.*) Y ahora . . .
30 El Aparecido (*se ha puesto también en pie, y se inclina correctamente*).
Señora . . . o señorita . . .

[326] *me parece,* I please.
[327] *mechón,* lock (of hair).
[328] *A,* Of; prep. required by *huele.*
[329] *colmo,* height.
[330] *¡Habrá insolencia!* Such insolence! Was there ever such insolence!
[331] *nardos,* spikenards, a plant with white flowers used in making perfume.
[332] *¡Huela . . . huela!* Whatever it smells of.
[333] *a . . . importa,* it is none of your business.
[334] *he dicho,* pres. pfct. for pret.
[335] *busca a tientas,* gropes around.
[336] *acabemos,* let us get it over with.
[337] *¡Traiga Vd.!* Give them to me!
[338] *enganchadas,* caught.

Rosario (*sin hacer caso del saludo ni de la interrupción*). Explíqueme usted cómo siendo, según usted dice (*le mira de arriba abajo y se da cuenta de que, en efecto, va* [339] *admirablemente vestido en traje de media etiqueta*), persona decente, se ha atrevido usted a entrar de este modo en una casa extraña. (*El principio de la frase lo dice con mucha energía; pero al terminarla, ya se ha suavizado un poco.*)

El Aparecido (*con calma correctísima*). Es muy sencillo: el viento horroroso, precursor de esta horrible tormenta, me arrebató el sombrero, y tuvo a bien [340] hacerle entrar volando por esa ventana. Yo, sencillamente, he entrado a buscarle. . . . Por aquí debe andar.[341]

Rosario (*otra vez enfadada, porque la calma de él la pone nerviosa*). ¿De modo que por recobrar un miserable sombrero de paja salta usted a estas horas por una ventana como un bandolero? . . . ¡Pues sí que el motivo es de importancia!

El Aparecido (*inclinándose*). Señora . . . o señorita . . .

Rosario (*con mal humor*). ¡Señorita!

El Aparecido (*sonriendo e inclinándose*). Señorita . . . todo depende del punto de vista en que uno se coloque. . . . A usted es natural que mi sombrero . . . (*Le ha estado buscando con la vista, y en este momento le encuentra, le recoge y le contempla lastimosamente.*) ¡Pobrecillo! (*Le limpia con afecto.*) ¡Qué mal te ha sentado la excursión aérea! . . . le parezca [342] un objeto de poca importancia, pero para mí, precisamente en esta ocasión, era importantísimo. (*Ella le mira con curiosidad.*) Sí, señora. Yo iba a una visita que me interesaba en extremo.

Rosario. ¿Ah, sí?

El Aparecido. Sí, señorita . . . extraordinariamente. (*A ella, sin saber por qué, le causa mal humor ese extraordinario interés.*) No me agradaba ir por la calle, y mucho menos presentarme, llegar a [343] la visita [344] en cuestión a pelo y desgreñado,[345] como si acabara de cometer un crimen. Llamar a la puerta de este domicilio y despertar a sus desconocidos habitantes para reclamar el objeto perdido, me pareció una impertinencia innecesaria; salté a la ventana; la habitación estaba a obscuras y en silencio; me figuré que en ella no había nadie; pensaba recoger el sombrero y seguir mi camino. . . . Si usted no hubiese gritado tontamente . . .

Rosario (*ofendida*). ¡Oh!

[339] *va*, is.
[340] *tuvo a bien*, was kind enough.
[341] *andar*, be.
[342] *le parezca*, this continues the thought of line 19.
[343] *llegar a*, to come to.
[344] *visita*, appointment.
[345] *desgreñado*, disheveled.

EL APARECIDO (*imperturbable* [346]).   Me hubiese retirado como entré, sin ruido ni molestia para nadie; soy hombre discreto, aunque me esté mal el decirlo.[347]

ROSARIO (*convencida, pero nerviosa, precisamente por haberse dejado convencer* [348]). ¡Está bien . . . está bien! . . . No hablemos más.[349] . . . Y ahora que ha recobrado usted ese precioso objeto, tenga usted la bondad de demostrar su discreción (*recalcando* [350] *la palabra*) marchándose [351] inmediatamente por donde ha venido.[352] (*Señala imperiosamente la ventana y se sienta muy decidida en el diván.*)

EL APARECIDO (*acercándose a la ventana y mirando a la calle*). ¡¡¡Señorita!!!

ROSARIO (*sin moverse*). ¿Qué hay?

EL APARECIDO. ¡Que está diluviando! [353] (*En tono lamentable.*)

ROSARIO (*implacable*).   Bien, ¿y qué?

EL APARECIDO. Que no traigo paraguas, porque cuando salí de casa hacía una noche deliciosa; y si me lanzo a la calle en este instante, me voy a poner hecho una sopa.[354]

ROSARIO (*con rencor celoso completamente injustificado, pero completa- mente femenino*). ¡Ya! [355] Y va usted a tener que presentarse en aspecto muy poco distinguido [356] ante esa señora que le interesa a usted tantísimo.

EL APARECIDO (*acercándose a ella muy galante y con acento conciliador*). ¿Quién le ha dicho a usted que es una señora? (*Se sienta en el diván junto a ella.*)

ROSARIO (*levantándose como por resorte* [357] *en cuanto él se ha sentado*). ¡Salga usted! (*Con ademán imperioso, y a pesar de la lluvia que sigue cayendo con más ruido que nunca*). ¡Ya escampa! [358]

EL APARECIDO (*acercándose a la ventana*). No escampa. (*Ella hace un gesto de desesperación.*) Y además, el sereno [359] está abriendo la puerta de la casa de enfrente, y si me ve saltar por la ventana, o me

---

[346] *imperturbable*, unruffled.
[347] *me . . . decirlo*, it is not for me to say it.
[348] *haberse . . . convencer*, allowing herself to be convinced.
[349] *más*, supply: of it.
[350] *recalcando*, emphasizing.
[351] *marchándose*, by going away.
[352] *por . . . venido*, the way you came.
[353] *diluviando*, raining pitchforks.
[354] *me . . . sopa*, I'll get sopping wet.
[355] *¡Ya!* I see!
[356] *presentarse . . . distinguido*, present a very inelegant appearance.
[357] *como . . . resorte*, like a jumping-jack.
[358] *¡Ya escampa!* It stopped raining!
[359] *sereno*, night watchman.

detendrá creyendo que soy un ladrón, o me dejará escapar suponiendo (*se inclina profundamente*) ¡usted perdone! . . . que es usted mi cómplice, . . . con lo cual usted quedará horriblemente comprometida . . .

Rosario (*con desaliento, dejándose caer en una silla*). ¡Es verdad!

El Aparecido (*respetuosísimamente*). Si a usted le parece,[360] me esperaré un momento y evitaremos el posible escándalo.

Rosario. Sí, sí . . . evitémosle. . . . Siéntese usted. (*Con voz doliente.*)

El Aparecido (*sentándose bastante lejos de ella*). Gracias.

Rosario (*con voz de víctima* [361]). ¡No recordaba que tengo la des- 10 dicha de haber nacido mujer!

El Aparecido. ¿A usted le parece desdicha?

Rosario. ¡Espantosa! ¡Bien claro está ahora mismo! Si usted salta por mi ventana y el mundo se figura que salta usted con mi consentimiento, su fama [362] de usted no va perdiendo [363] nada en la opinión,[364] y en cambio la mía se hunde para siempre. . . . ¿Le parece a usted bien?

El Aparecido (*humilde*). No, señora.

Rosario (*agresiva*). ¿Le parece a usted justo que, en esta sociedad madrastra,[365] el hombre tenga todos los privilegios y la mujer todas las 20 responsabilidades?

El Aparecido (*con precaución*). Por lo visto . . . usted desearía poder saltar ventanas con tanta impunidad como un hombre.

Rosario (*enfadada*). ¡No, señor; está usted completamente equivocado! (*Muy digna*) ¡Yo deseo que el hombre que salta por una ventana quede tan deshonrado [366] y tan comprometido como la mujer que se queda dentro!

El Aparecido. Sí . . . es un punto de vista.[367] . . .

Rosario. ¡Justo y racional! ¡El único: derechos iguales, deberes iguales!   30

El Aparecido (*con calma*). Por lo visto, es usted una mujer moderna.

Rosario (*levantándose con gran dignidad*). ¡Modernísima!

El Aparecido (*con duda poco galante*). ¡Ejem! [368]

Rosario (*ofendida*). ¿Lo duda usted?

---

[360] *Si . . . parece*, If you don't mind.
[361] *de víctima*, martyr-like.
[362] *fama*, reputation.
[363] *no va perdiendo*, will not lose.
[364] *opinión*, the eyes of the public.
[365] *madrastra*, cruel, heartless.
[366] *deshonrado*, disgraced.
[367] *es . . . vista*, that's one way of looking at it.
[368] *¡Ejem!* Hm!

EL APARECIDO. Me permito dudarlo . . . porque si fuera verdad, no tendría usted calma para leer *eso*. (*Señalando con desdén al libro que ella ha estado leyendo y que ahora está en el suelo, junto al diván*.)

ROSARIO (*recogiendo el libro y apretándole contra su corazón, como para defenderle*). ¿Sabe usted lo que es . . . *esto?*

EL APARECIDO. Sí, señora; una novela ultra-sentimental y ultra-romántica: *Ilusión de Mayo*.

ROSARIO (*en son de desafío* [369]). ¿La ha leído usted?

EL APARECIDO (*humildemente*). Sí, señora.

10　ROSARIO (*indignada y sarcástica*). ¡Ah! ¿Y no le gusta a usted?

EL APARECIDO (*con un leve mohín* [370] *de desprecio*). ¡Pts! . . . Como literatura, no está mal del todo.

ROSARIO (*indignada*). ¿Cómo que no está mal? (*Con entusiasmo*). ¡Está admirablemente!

EL APARECIDO (*sonriendo*). Admitámoslo . . . pero lo que es el fondo.[371] . . .

ROSARIO (*agresiva*). ¿Qué le pasa al [372] fondo?

EL APARECIDO (*convencidísimo*). Que no tiene sentido común.

ROSARIO (*como si la novela fuera suya*). ¡Caballero!

20　EL APARECIDO (*con calma*). La heroína es una pobre imbécil que no piensa más que en el amor, y se traga como artículo de fe todas las mentiras que le cuenta un joven, por otra parte tan tonto como ella, a la luz de la luna. . . . Cada media docena de páginas se prometen una pasión eterna, cosa absolutamente imposible; una fidelidad sin límites,[373] cosa absolutamente inverosímil. . . .

ROSARIO. ¡Señor mío!

EL APARECIDO. El autor les coloca en situaciones completamente absurdas . . . aquella divina noche de amor en góndola . . .

ROSARIO. ¡Por los estrechos canales de Venecia! . . . (*Con lirismo*.)

30　EL APARECIDO. Con lo mal que huelen,[374] en la divina noche, los [375] estrechos canales.

ROSARIO (*escandalizada*). ¡Es usted un ser prosaico y vulgar!

EL APARECIDO (*cortésmente*). Soy un hombre normal, enamorado de la realidad y del equilibrio,[376] y si usted fuese, como presume, una

---

[369] *en* . . . *desafío*, defiantly.
[370] *mohín*, grimace.
[371] *fondo*, substance.
[372] *¿Qué le pasa a* . . .*?* What's wrong with . . .? See Translation Aid XV, No. 1, g, p. 522.
[373] *sin límites*, everlasting.
[374] *Con* . . . *huelen*, And how bad they smell.
[375] *los*, those.
[376] *equilibrio*, sanity.

mujer moderna, y no una niña desequilibrada,[377] con ideas nuevas y sentimientos viejos . . .

ROSARIO (*interrumpiéndole*).   ¡Caballero, por muy [378] enamorada que esté una de la realidad, a veces necesita un poco de ensueño y de poesía, precisamente para consolarse de no poder lograr las realidades por que suspira! [379]   ¡El hombre que ha escrito este libro conoce el corazón de la mujer!

(*Dice todo esto, y en general todos «los discursos» del acto, queriendo ponerse muy seria, pero con un aire terrible de chiquilla mimada.*)

EL APARECIDO (*escéptico*).   ¿Usted cree?

ROSARIO.   ¿Usted no? [380]   (*En son de desafío.*)

EL APARECIDO.   Yo creo que el infeliz escribe sus novelas lo mejor 10 que [381] puede, mintiendo lo mejor que sabe, para venderlas en la mayor abundancia posible a su clientela de mujeres románticas . . . un poco ilusas [382] y un mucho [383] atrasadas.

ROSARIO.   ¡Caballero, le ruego a usted que no hable de lo que no comprende!   (*Dando un golpe al libro que ha dejado encima de la mesa.*) Este hombre es un espíritu elegido, y todas [384] las mujeres de corazón [385] le debemos eterno agradecimiento. . . .   ¡Ah, si alguna vez pudiera decirle todo lo que le admiro . . . aunque a usted le parezca esta admiración digna de una mujer . . . atrasada!   Lo triste es que nunca le conoceré. . . .   20

EL APARECIDO.   Si tanto le interesa a usted, yo podría . . .

ROSARIO (*espantada*).   ¿Usted? . . .   ¿Usted le conoce?   ¿Es usted su amigo?

EL APARECIDO.   Amigo . . . no es precisamente la palabra exacta . . . pero, en fin, tengo con él la confianza bastante [386] para poder escribirle, si usted lo desea, una carta de presentación. . . .

ROSARIO (*entusiasta*).   ¡Ay, sí, sí!   (*Reflexiva.*)   Es decir, si a usted no le molesta. . . .

EL APARECIDO.   Nada, absolutamente.   (*Se sienta a la mesa.   Rosarito le da pluma y papel.   Empezando a escribir.*)   Mi querido amigo: Tengo 30 el honor de presentarte a la señorita . . .   ¿Cómo se llama usted?

---

[377] *desequilibrada*, scatterbrained.

[378] *por muy*, no matter how much.

[379] *suspira*, subject: *una*.

[380] *¿Usted no?*   Don't you?

[381] *lo . . . que*, as best.

[382] *ilusas*, deluded.

[383] *un mucho*, very much.

[384] *todas*, supply: of us.

[385] *corazón*, feeling.

[386] *tengo . . . bastante*, I know him well enough.

Rosario (*un poco alterada*). Rosarito . . . (*Él la mira con sorna ante lo «femenino»* [387] *de llamarse a sí misma por un diminutivo.*) Es decir . . . Rosario . . . Rosario Castellanos. . . . (*Pone gradualmente una cara de apuro bastante cómica.*)

El Aparecido. ¿Qué le sucede a usted?

Rosario. Nada. . . es decir . . . (*Resuelta, pero apurada.*) ¡No. nada . . . siga usted!. . . (*Él se ríe.*) ¿De qué se ríe usted?

El Aparecido. De que [388] presume usted de [389] mujer fuerte y le da a usted reparo [390] ir a visitar a un caballero sin otro motivo que el de ofrecerle su admiración. . . . (*Con afectada compasión.*) ¡Y luego quiere usted ser igual a un hombre!

Rosario (*enfadada*). No, señor . . . no me da reparo . . . es decir, sí me da [391] . . . pero no es por mí [392] . . . que yo me atrevo a todo . . . sino por él . . . que puede figurarse. . . .

El Aparecido. ¡Figurarse! ¡Ese hombre sublime que, según usted dice, conoce de tal modo el corazón de la mujer! . . .

Rosario (*enfadadísima*). ¡Bueno, basta . . . consiento en que se burle usted de mí; pero de él, no, señor!

El Aparecido. ¡Qué apasionamiento! [393] ¡No sabe el muy . . . afortunado [394] la suerte que tiene! [395]

Rosario. ¡Caballero . . . no escriba usted esa carta! (*Con decisión.*)

El Aparecido. ¿Y va usted a privarse del placer? . . .

Rosario. ¡Eso es cuenta mía! [396]

El Aparecido. No puedo consentirlo . . . hay que buscar un medio . . . (*Se da una palmada* [397] *en la frente.*) ¡Ah!

Rosario (*intrigada*). ¿Qué?

El Aparecido. ¿Tiene usted un periódico de hoy?

Rosario. Sí . . . aquí está. . . . (*Le coge del montón de papeles.*) ¿Para qué?

El Aparecido (*mirando los anuncios*). Llegamos a tiempo.[398] Lea usted. (*Le da el periódico señalando un párrafo.*)

[387] *lo «femenino,»* the femininity.
[388] *De que,* At the fact that.
[389] *presume . . . de,* supply: to be.
[390] *le . . . reparo,* you hesitate.
[391] *sí me da,* I do.
[392] *por mí,* on my account.
[393] *apasionamiento,* devotion.
[394] *el muy . . . afortunado,* the lucky . . . fellow.
[395] *la . . . tiene,* how fortunate he is.
[396] *cuenta mía,* my affair.
[397] *Se . . . palmada,* Slaps himself.
[398] *Llegamos a tiempo,* We are in time.

Rosario (*leyendo*). «Caballero formal [399] desea secretaria mecanó-grafa,[400] instruida y seria, para trabajos literarios. Sueldo decoroso.» [401] (*Sin aliento.*) ¿Cree usted que se trata de [402] . . .?

El Aparecido. Estoy seguro. (*Cogiendo el periódico.*) Sí, son sus señas . . . hace un par de semanas creo que le oí hablar de [403] que pensaba poner el anuncio. . . . Vea usted qué suerte. Por lo visto, aún está la plaza vacante. Yo termino [404] la carta y usted se presenta, ya sin reparo alguno, con el pretexto de solicitarla.[405]

Rosario. ¿Cómo con el pretexto? ¡Iré a solicitarla de verdad!

El Aparecido (*asombrado*). ¡Usted!   10

Rosario (*muy digna*). ¿Cree usted que no sirvo? [406] Sé francés, alemán, inglés ¡y castellano!

El Aparecido. ¡Oh, no es eso! (*Mirando la habitación.*) Es que [407] me figuré . . . a juzgar por el medio [408] en que usted vive, que no necesitaba usted . . .

Rosario (*interrumpiéndole*). ¿Ganarme la vida? Es verdad . . . no lo necesito . . . lo cual quiere decir que en mi familia hay hombres que pueden trabajar para mí. . . . (*Patética.*) ¡Ésa es precisamente la amargura más grande, la humillación más negra de mi destino de mujer! Quiero trabajar, quiero ganar el pan que como. ¡Estoy 20 cansada de ser un parásito!

El Aparecido (*escribiendo*). En ese caso . . . es posible que ustedes se convengan.[409] . . . ¿Quiere usted darme un sobre?

(*Ella busca un sobre y se le da; él le entrega la carta para que la lea, mientras él pone la dirección.*)

Rosario (*lee la carta en voz baja y sonríe complacida y ruborosa,[410] sin duda por lo que dice de ella*). ¡Oh, es usted muy amable! (*Sigue leyendo y hace un mohín al llegar a la firma.*) ¿Se llama usted . . . Prudencio? (*Con desencanto.[411]*)

El Aparecido (*con resignación y humildad*). Sí, señora: Prudencio González. . . . Prosaico, ¿verdad? No todos tenemos la suerte de

[399] *formal*, respectable.
[400] *mecanógrafa*, typist.
[401] *decoroso*, satisfactory.
[402] *¿Cree . . . de . . .?* Do you think it is the same person?
[403] *hablar de*, say.
[404] *termino*, pres. for fut.
[405] *solicitarla*, applying for it.
[406] *que no sirvo*, that I wouldn't do.
[407] *Es que*, usually omitted; here it may be translated by: just.
[408] *medio*, surroundings.
[409] *se convengan*, you come to terms.
[410] *ruborosa*, embarrassed.
[411] *desencanto*, disillusionment.

podernos llamar como su héroe de usted (*señalando a la novela*): Luis
Felipe de Córdoba. (*Suspira y se levanta.*) En fin .. . . (*Le da el
sobre, y ella mete la carta en él y le cierra.*)

ROSARIO. Muchas gracias. (*Se mete la carta en el pecho y le da la
mano.*)

EL APARECIDO (*apretándole la mano e inclinándose*). Celebraré haber
contribuido a redimir de su esclavitud a una mujer bonita.

(*Sonríen con las manos cogidas. En este momento se oye ruido fuera: la
voz de Pepe, que canta el mismo couplet que* [412] *cuando salió, y la de Emilio,
que le riñe.*)

PEPE. (*Canta dentro.*)

EMILIO (*dentro*). ¡Calla, hombre, calla, que vas a despertar a la [413]
10 abuela!

ROSARIO. ¡Ay, Jesús, mis hermanos! (*Se lleva las manos a la
cabeza con terror, y echa a correr.*)

EL APARECIDO (*quiere detenerla sujetándola por el kimono*). Pero . . .
señorita . . .

ROSARIO (*angustiadísima*). ¡Déjeme [414] usted, déjeme usted!

(*Corriendo, desaparece por la puerta de la alcoba; en la carrera pierde
una babucha. El Aparecido, sin darse cuenta de lo que hace, la recoge y
se queda un segundo con ella en la mano; va a soltarla, cuando suena* [415] *el
picaporte* [416] *de la puerta del pasillo y entran Emilio y Pepe. El Aparecido
se guarda la babucha precipitadamente en un bolsillo y cruza la habitación
para saltar por la ventana; pero antes de haber llegado a ella, entran Emilio
y Pepe y le ven.*)

PEPE. (*Entra cantando bajito.*)

EMILIO. ¡Calla, hombre, calla!

PEPE (*viendo el Aparecido*). ¡Eh! ¿Qué es esto? ¡Un hombre!

(*Se precipitan los dos sobre él y quieren sujetarle; pero él, sin hablar,
lucha brevemente con ellos, los derriba y salta por la ventana.*)

EMILIO. ¡Miserable!

20 PEPE. ¡Ladrón!

EMILIO Y PEPE (*queriendo incorporarse* [417] *y seguirle, gritan a un
tiempo*). ¡Ladrón, criminal!

(*Quieren correr a la ventana, pero tropiezan uno en otro y caen enredados
al suelo, derribando una silla. Entran, como atraídas por los gritos, doña*

---

[412] *que,* as.
[413] *la,* omit in translating.
[414] *¡Déjeme!* Let me go!
[415] *suena,* clicks.
[416] *picaporte,* (spring) latch.
[417] *incorporarse,* to get up.

Barbarita y María Pepa por la puerta del pasillo y Rosarito por la de la alcoba.)

Doña Barbarita (*en camisón,*[418] *bata*[419] *y papillotes, pero sin perder el decoro y la coquetería*). ¿Qué pasa?

María Pepa (*en camisa, refajo*[420] *amarillo y mantón.*[421]) ¿Qué es esto?

Rosarito (*andando a la pata coja*[422] *porque no tiene más que una babucha, pero con el aire más inocente del mundo*). ¿Por qué gritáis así?

Emilio (*que consigue levantarse*). Un hombre . . .

Pepe (*que se levanta también*). Que estaba aquí . . .

María Pepa. ¡Un hombre!

Rosario (*con toda inocencia*). ¡Imposible! 10

Emilio (*con mal humor*). ¿Cómo imposible?

Rosario. ¿Por dónde iba a entrar?[423]

Pepe (*furioso*). Por donde[424] ha salido. ¡Por la ventana!

Rosario. ¡No puede ser!

María Pepa. Lo habréis[425] soñado. . . . Como vendréis alegres . . .

Emilio. ¡Ira de Dios, alegres![426]

Pepe. ¡Se nos habrá[427] subido a la cabeza el chaparrón![428]

Emilio (*furioso, a Pepe*). Tú no le has visto, ¿eh?

Pepe (*frotándose un brazo*). ¡Le he visto y le he sentido! 20

Doña Barbarita (*conciliadora*). ¡Puede que haya sido verdad!

Emilio. ¿Cómo, puede? (*Viendo el sombrero de paja, que se ha quedado en una silla.*) ¡Aquí hay un sombrero!

Las tres mujeres (*a un tiempo*). ¡Un sombrero!

Emilio y Pepe (*a un tiempo*). ¿Y ahora?

Rosario. ¡Un sombrero! A ver . . .

(*Le coge con sonrisa maliciosa, y volviendo la cara, le tira por la ventana.*)

Pepe y Emilio. ¿Qué haces?

Rosario. Devolvérsele a su dueño.

---

[418] *camisón*, nightgown.
[419] *bata*, dressing gown.
[420] *refajo*, underskirt.
[421] *mantón*, shawl.
[422] *andando . . . coja*, hopping on one foot.
[423] *¿Por . . . entrar?* How could he get in?
[424] *Por donde*, The same way.
[425] *habréis* (fut. of probability), must have.
[426] *¡Ira . . . alegres!* Tipsy, my eye!
[427] *Se . . . habrá*, Perhaps . . . has.
[428] *chaparrón*, downpour.

(*En este momento entra por la ventana, en respuesta al sombrero del Aparecido, la babucha de Rosario que él se guardó en el bolsillo.*)

María Pepa.   ¿Qué es esto?

Pepe y Emilio (*a un tiempo*).   ¡Una babucha!

Rosario (*aturdidamente*).   ¡Mi babucha!

Doña Barbarita (*en tono de reconvención,*[429] *no se sabe si por la incorrección*[430] *del hecho o por la imprudencia de confesarlo*).   ¡Niña, qué dices!

Emilio (*con indignación*).   ¡Tu babucha!

Pepe (*horrorizado*).   ¡Tu babucha!

Rosario (*espantada*).   Sí . . . sí; pero . . .

(*Los dos hermanos, indignados, se precipitan hacia ella y hablan a un tiempo, quitándose la palabra.*[431])

Emilio y Pepe.   ¿Cómo [432] tiene ese hombre tu babucha?

10   Rosario.   ¡Yo qué sé! [433]

Pepe.   ¿Cómo que no sabes?

Emilio.   ¿Quieres [434] explicarnos? . . .

Pepe.   Quieres decirnos. . . .

Rosario (*acongojada.*[435])   Pero si [436] yo . . .   Sí . . . es mi babucha . . . pero . . .

Emilio.   ¡Habla!

Pepe.   ¡Habla!

Emilio.   ¿Quieres hablar?

Rosario.   (*Mira a todas partes con angustia, y se desploma*[437] *en el*
20 *diván.*)

María Pepa (*acudiendo a sostenerla*).   ¡Se ha desmayado!

Doña Barbarita (*aparte*).   ¡Gracias a Dios!   ¡Creí que no se le ocurría!   (*Se acerca a ella y la sostiene.*)

Emilio (*furioso*).   ¡No te desmayes!

Pepe (*furioso*).   ¡No hagas pamemas! [438]

Emilio.   ¡Habla!

Doña Barbarita (*con autoridad*).   ¡Apartad!   ¡Retiraos!   ¡Toda mujer que ha juzgado prudente desmayarse, es sagrada!

TELÓN

[429] *reconvención*, reproach.
[430] *incorrección*, impropriety.
[431] *quitándose la palabra*, interrupting each other.
[432] *¿Cómo?* supply: is it that.
[433] *¡Yo . . . sé!* How do I know?
[434] *¿Quieres . . .?* Will you . . .?
[435] *acongojada*, grieved.
[436] *si*, omit in translating.
[437] *se desploma*, falls.
[438] *¡No . . . pamemas!* Stop this nonsense!

ACTO SEGUNDO

Cuarto de trabajo del novelista Luis Felipe de Córdoba. Es una habitación de paredes claras, con mucha luz que entra por dos grandes balcones, amueblada con mucho confort, pero sin pretensiones de snobismo ni de magnificencia. Mesa para escribir grande, pero no de escritorio,[1] colocada junto a uno de los balcones; en ella, el desorden natural de una mesa en la cual se trabaja: cuartillas, libros, periódicos y revistas, entre ellas tres o cuatro extranjeras[2] de mujeres y modas.[3] Cesto para papeles, etc. Junto al otro balcón, mesa de mecanógrafa[4] con su máquina de escribir y bastante trabajo preparado en ella: cuartillas de taquigrafía,[5] otras de máquina,[6] cesto de papeles. Casi toda la pared de la izquierda, excepto el espacio que queda en último término para una puerta que da paso a las habitaciones interiores, está ocupada por un diván ancho y cómodo; cerca de él hay una mesita auxiliar, también llena de libros y papeles, pero en orden perfecto. Sobre el diván, cuadros pequeños y un espejito de porcelana o de talla,[7] el único que hay en la habitación. En la pared derecha — último término[8] — hay otra puerta que se supone conduce al vestíbulo y por la cual entran las gentes que se supone vienen de la calle; el resto de la pared está ocupado[9] por una estantería baja, llena de libros. Sobre la tableta[10] de la estantería algunos cacharros[11] de buen gusto. Por las paredes algunos, pocos, cuadros modernos buenos y grabados antiguos. Sobre la mesa grande de escribir, una pecera[12] redonda con peces de colores. Visillos[13] de tul claro en los balcones; puertas, sin cortinas; el suelo de parquet; delante del diván, de la mesa de trabajo y de la mesa de la mecanógrafa,[14] esterillas de junco de colores muy vivos. Sillas y sillones muy cómodos, ingleses.

Al levantarse el telón están en escena Irene y don Juan. Irene, la secretaria, muchacha de unos veintidós años, simpática, vestida con modestia, pero elegante; lleva sobre un traje sastre sencillo, un delantal[15] de seda negra. Don Juan, caballero de unos cincuenta años, bien vestido y ligeramente fatuo. La secretaria está sentada a la mesa de la máquina, poniendo en el orden más perfecto notas y papeles. Don Juan pasea mientras habla. Aunque está de visita,[16] no tiene bastón ni sombrero, porque los ha dejado en el vestíbulo.

[1] *de escritorio,* of the desk type.
[2] *extranjeras,* understood: *revistas.*
[3] *y modas,* and on fashions.
[4] *mesa de mecanógrafa,* typewriter table.
[5] *cuartillas de taquigrafía,* shorthand notebooks.
[6] *otras de máquina,* typewriter paper; the word *cuartillas* is understood.
[7] *de talla,* carved wood frame.
[8] *último término,* back of the stage.
[9] *ocupado,* taken up.
[10] *tableta,* top.
[11] *cacharros,* pottery.
[12] *pecera,* fish bowl.
[13] *Visillos,* Sash-curtains.
[14] *mecanógrafa,* typist.
[15] *delantal,* apron.

[16] *está de visita,* is making a call.

Don Juan.   Mucho tarda en volver nuestro insigne novelista.

Irene (*ocupada*).   Sí.

Don Juan.   ¿No sabe usted dónde ha ido?

Irene (*ocupada*).   No.

Don Juan.   Generalmente, no acostumbra a salir por la mañana, ¿verdad?

Irene (*ocupada*).   No. (*Sin mirarle.*) Si quiere usted dejarle algún recado . . .

Don Juan.   Prefiero esperarle todavía un momento, si a usted no
10 le molesta. . . .

Irene.   Nada absolutamente.

Don Juan (*que es de las personas* [17] *que no pueden estarse calladas, aunque supongan que estorban hablando*).   ¿Está usted trabajando?

Irene.   No. (*Como ha terminado de arreglar los papeles, se levanta y se quita el delantal, que dobla cuidadosamente.*) Se acabó [18] el trabajo.

Don Juan.   ¿Por hoy?

Irene.   Por hoy y para siempre.   Esta es mi última hora de secretaría «oficial».

Don Juan.   ¿Cómo «oficial»?

20 Irene.   Sí; extraoficialmente,[19] o si usted lo prefiere, fuera de oficio,[20] seguiré viniendo unos cuantos días para poner a la nueva secretaria al corriente [21] de sus obligaciones. . . .

Don Juan (*encandilado* [22]).   ¡Ah! ¿Ya tenemos secretaria nueva?

Irene (*riéndose*).   No . . . todavía no la tienen ustedes. . . . No se entusiasme usted.

(*Se ha acercado a la mesa y pone en orden los libros y los papeles.*)

Don Juan.   No me entusiasmo; por [23] bonita que sea, no me ha de gustar [24] ni la mitad que usted.   ¡Ay, Irene, Irene! ¿Cómo tiene usted valor [25] para dejarnos?

Irene (*sonriendo*).   Porque tengo valor para casarme. . . .

30 Don Juan.   Es verdad. . . .   No me recuerde usted que hay un hombre que goza el irritante privilegio de ser novio de usted. (*Ella se ríe.*) ¿Le querrá [26] usted mucho?

[17] *de . . . personas*, one of those persons.
[18] *Se acabó*, No more.
[19] *extraoficialmente*, unofficially.
[20] *fuera de oficio*, in a private capacity.
[21] *poner . . . al corriente*, to explain.
[22] *encandilado*, confused.
[23] *por*, however.
[24] *no . . . gustar*, I will not like her.
[25] *valor*, heart.
[26] *Le querrá* (fut. of probability), I suppose you love him; see Translation Aid XVIII, No. 1, d, p. 528.

IRENE (*riéndose*). ¡Escandalosamente!

DON JUAN. ¿Y el muy mastuerzo [27] no se muere de gusto?

IRENE. Prefiere seguir viviendo unos cincuenta años para dejarme una viudedad [28] decentita.

DON JUAN. ¿Militar, por más señas? [29]

IRENE. Sí, señor. (*Muy satisfecha y enumerando graciosamente.*) Ingeniero, simpático, buen mozo, hijo único y enamoradísimo de esta servidora. (*Se inclina.*) ¿Necesita usted más informes?

DON JUAN (*acercándose mucho a ella*). ¿Por qué no se ha querido [30] usted casar conmigo?   10

IRENE (*apartándose de él y mirándole con seriedad guasona*[31]). ¡Porque siempre me ha inspirado usted muchísimo respeto!

DON JUAN. ¡Qué manera tan fina de llamarme viejo!

IRENE. ¿Yo a usted? [32] (*Haciéndose* [33] *la muy modesta.*) No, señor; ¡soy demasiado joven para atreverme a tanto! [34]

DON JUAN (*riéndose*). ¡Es usted un demonio!

IRENE (*con fingido candor*). ¡Y mi novio que dice [35] que soy un ángel!

DON JUAN (*volviendo a acercarse a ella*). Dígame usted . . .

IRENE (*volviendo a apartarse y sumamente respetuosa*). Usted 20 mande [36] . . .

DON JUAN (*maliciosamente, señalando al sillón donde sin duda se sienta el novelista, como si éste estuviese presente*). Y . . . con [37] el «grande hombre» . . . ¿cómo no se ha casado usted?

IRENE (*riéndose*). ¡Pero usted querría que me hubiese casado con todo el mundo!

DON JUAN (*con impertinencia*). ¿De veras, de veras no se han enamorado ustedes nunca?

IRENE (*un poco seca, porque ya empieza a molestarle la conversación, pero esforzándose por seguir el tono de broma*). No se nos ha ocurrido. 30

DON JUAN (*que no nota el matiz, insistiendo*). ¿A él . . . tampoco? [38]

---

[27] *el . . . mastuerzo*, that lucky fool.

[28] *viudedad*, income, widow's pension.

[29] *por más señas*, to be more specific.

[30] *ha querido*, pres. pfct. for pret.

[31] *guasona*, teasing.

[32] *¿Yo a usted?* I called you an old man? See Translation Aid XVI, No. 2, p. 525.

[33] *Haciéndose*, Pretending to be.

[34] *atreverme a tanto*, to take such a liberty.

[35] *Y . . . dice*, And yet my sweetheart says.

[36] *Usted mande . . .*, Yes?

[37] *con*, prep. required by casarse; omit in translating.

[38] *¿A él . . . tampoco (se le ha ocurrido)?*

IRENE (*muy seria*). ¡Por lo menos, nunca me lo ha dicho!

DON JUAN (*escandalizado*). ¡Parece mentira! En tres años de trabajar juntos . . . ¡Un hombre que escribe esas novelas tan sentimentales!

IRENE. ¡Ahí verá usted![39]

DON JUAN (*mirándola de arriba abajo con aire conquistador*). ¡Aunque no hubiera sido más que por hacer [40] un experimento!

IRENE (*muy seria y molesta*). El grande hombre, como usted le llama, además de ser un admirable novelista, es un perfecto caballero,
y sabe de sobra que una señorita decente no es un conejo de Indias.[41]

DON JUAN. Usted perdone . . . no he querido [42] ofenderla. . . .

IRENE. (*Sin responder se sienta a la máquina de escribir y pone un plieguecillo de papel disponiéndose a trabajar.*)

DON JUAN (*incorregible*). ¿No decía usted que se había acabado el trabajo?

IRENE (*muy seca*). Sí, pero ahora recuerdo que tengo que escribir unas cartas mías que me interesan mucho. (*Escribe vertiginosamente.*) Usted dispense.

DON JUAN. ¿Es que desea usted que me vaya?

IRENE (*sin mirarle*). Creo que es inútil que se moleste usted en seguir esperando, porque probablemente el señor de Córdoba ya no vendrá antes de almorzar.

(*Sigue escribiendo vertiginosamente y haciendo mucho ruido con la máquina.*)

DON JUAN (*la mira bastante mortificado, va a acercarse a ella, pero lo piensa mejor [43] y se dispone a marcharse*). Vaya . . . pues buenos días. . . .

IRENE (*sin moverse*). Buenos.[44]

DON JUAN. Usted dispense. (*Esperando aún renovar la conversación.*)

IRENE. No hay de qué. (*Sigue escribiendo.*)

DON JUAN. Y que sea muy enhorabuena.[45]

IRENE (*secamente*). Gracias.

(*Don Juan va a salir, pero tropieza en la puerta del vestíbulo con Guillermo, que es el criado del novelista. Guillermo es hombre de más de cincuenta años, con tipo medio de criado, medio de dómine.[46] Está completamente*

[39] *¡Ahí . . . usted!* That's the way it was!
[40] *por hacer,* as.
[41] *conejo de Indias,* guinea pig.
[42] *no he querido,* I did not mean.
[43] *mejor,* over.
[44] *Buenos (días).*
[45] *Y . . . enhorabuena,* I wish you happiness.
[46] *dómine,* schoolmaster.

calvo y va pulcramente [47] *vestido, pero no con librea,*[48] *sino con ropa de buena tela y de buen corte que evidentemente no se ha hecho para él, lo cual demuestra que se viste con los trajes pasados de moda de su amo. Es amable, sonriente, discreto y feliz. Don Juan se detiene al verle entrar, porque le gusta enterarse de todo, y quiere saber a qué viene.*)

GUILLERMO. Señorita Irene: ahí en la antesala [49] hay una señorita que pregunta por el señorito. Dice que viene a un asunto particular, por causa del anuncio del periódico.

DON JUAN (*encandilado* [50]). ¡Una candidata! (*A Guillermo.*) ¿Es guapa?

GUILLERMO. (*No contesta, y mira a Irene imperturbable.*)

IRENE. Que pase. (*Don Juan, como pretexto para esperar la entrada de la «candidata», mira de un lado para otro como buscando algo.*) ¿Busca usted su sombrero y su bastón? Están en la antesala.

DON JUAN (*con sorna*). Es usted muy amable.   10

(*Va a salir, puesto que no hay más remedio, cuando entran Guillermo y Rosario. Rosario viene con traje sastre y sombrero pequeño, elegantísima, con todos los detalles: guantes, zapatos, medias, bolsillo, sombrilla de irreprochable buen gusto. Don Juan al verla hace un elocuente gesto de apreciación admirativa, y parece más dispuesto que nunca a quedarse; pero Irene, que le adivina la intención, no lo consiente.*)

GUILLERMO (*a Rosario*). Tenga la señorita [51] la bondad de pasar.

ROSARIO. (*Entra un poco aturdida, y mira a todos lados con cierto espanto. Mira a Irene, luego a Don Juan. Cree, naturalmente, que es «su» novelista y se dirige a él como para hablarle, sonriendo para darse valor a sí misma; pero se queda a mitad de camino y de sonrisa* [52] *al oír a Irene, que dice a Guillermo.*)

IRENE (*a Guillermo*). Guillermo, haga usted el favor de dar el bastón y el sombrero al señor Medina.

GUILLERMO. Sí, señorita. (*Sosteniendo la puerta correctamente.*[53]) Pase usted, don Juan. (*Don Juan sale furioso.*)   20

ROSARIO. ¡Ah . . . creí!

(*Ha retrocedido un poco y está casi en la pared, junto a la puerta. Todo esto muy rápido.*)

IRENE (*amable*). Que era el señor de Córdoba. . . . No, señorita

---

[47] *pulcramente*, neatly.

[48] *librea*, livery.

[49] *antesala*, anteroom.

[50] *encandilado*, interested.

[51] *la señorita; Tenga la bondad de pasar, señorita;* see Translation Aid XVI, No. 1, e, p. 525.

[52] *se . . . sonrisa*, stops halfway and interrupts her smile.

[53] *correctamente*, politely.

. . . ¡afortunadamente! El señor de Córdoba no está[54] en este momento, pero no tardará mucho en volver. Si quiere usted tomarse la molestia de esperarle un instante . . . (*Le indica un sillón.*) Siéntese usted. . . .

ROSARIO (*sin sentarse*). ¿Usted es su . . . señora?

IRENE (*sonriendo*). Soy su secretaria.

ROSARIO (*con desencanto*). ¡Ah! . . . ¡su secretaria! . . . Entonces es inútil que le espere. . . . Me marcho . . . usted dispense. . . . Yo venía . . .

10 IRENE. ¿A pretender[55] el puesto? (*Rosario afirma con el gesto.*) Siéntese usted. He dicho *soy* y he debido decir *he sido:* el puesto está vacante, yo estoy[56] únicamente hasta que tome posesión mi sustituta. Tenga usted la bondad . . . (*Vuelve a indicarle el sillón y Rosario se sienta con un suspiro de satisfacción.*) Celebraré que sea usted. (*Se sienta frente a ella.*) Porque es usted simpática.

ROSARIO. Muchas gracias.

IRENE (*mira casi maternalmente a la habitación*). Y no me gustaría dejar todo esto, a lo que he tomado tanto cariño, en poder de una buena señora[57] que no supiera apreciar lo que vale.

20 ROSARIO (*con curiosidad*). Y usted, ¿por qué renuncia? . . .

IRENE (*sonriendo satisfecha*). Porque asciendo de empleo.[58] Me caso.

ROSARIO (*alarmadísima*). ¿Con él?

IRENE. No, señora. Con otro.

ROSARIO (*con descanso*). ¡Ah!

IRENE. ¿Usted no le conoce?

ROSARIO (*inocentemente*). ¿Al otro?

IRENE. No. A . . . éste.

ROSARIO. No. (*Con alarma súbita, al reparar en que Irene sonríe.*) ¿Está casado?

30 IRENE. No.

ROSARIO (*queriendo*[59] *darse aires de indiferencia*). Yo le admiro muchísimo, y me hubiese[60] gustado tener su retrato, pero no se encuentra.[61]

IRENE. No ha consentido en retratarse nunca. Dice que le gusta que sus lectoras puedan figurársele como un ser admirable, y que como

---

[54] *está,* supply: here.
[55] *pretender,* to apply for.
[56] *estoy* (pres. for fut.), I shall stay.
[57] *una . . . señora,* any old woman.
[58] *asciendo de empleo,* I am being promoted.
[59] *queriendo,* trying.
[60] *hubiese,* should have.
[61] *no se encuentra,* there is none to be found.

cada una tendrá [62] su ideal, más o menos fantástico, no quiere quitarle ilusiones con la realidad.

ROSARIO (*desilusionada*). ¡Ah! ¿Es feo?

IRENE (*con el desprendimiento* [63] *de quien se va a casar con «otro»*). Ni feo ni guapo. Para hombre, no está mal.

ROSARIO (*da un suspiro de alivio*). ¡Ah! ¿Y es? . . . (*Va a preguntar ¿es joven?, pero le parece más correcto cambiar de adjetivo.*) ¿Es viejo?

IRENE (*con indiferencia*). Unos treinta y ocho años.

ROSARIO (*mirando la habitación muy complacida*). ¿Aquí trabaja? (*Irene afirma con el gesto.*) ¡Qué cuarto tan simpático! ¡Todo tan limpio, tan de buen gusto, tan en su sitio! [64]

IRENE (*levantándose y poniendo derecha una silla*). Sí; es el hombre más desordenado del mundo, pero no puede sufrir el desorden. Ésa es la principal misión de su secretaria; él, cuando se marcha, deja las cuartillas tiradas y sin numerar, los libros de consulta por el suelo, los papeles rotos en la carpeta [65] y las notas que más le interesan en el cesto de los papeles rotos; y cuando vuelve le gusta encontrar cada cosa en su puesto, la mesa ordenada, las cuartillas en limpio, [66] los libros que va a necesitar, aquí a la izquierda. ¿Usted ya habrá desempeñado otra secretaría como ésta?

ROSARIO. Como ésta, precisamente, no . . . pero . . .

IRENE. Ya . . . Viene usted de una casa de banca. . . .

ROSARIO. No, señora. . . . Vengo . . . porque un amigo me enseñó el anuncio y me dió una carta de recomendación.

IRENE (*interesada*). ¡Ah! ¿Trae usted una carta?

ROSARIO. Aquí está. (*Saca del bolso la carta que le dió el Aparecido y se la alarga a Irene.*)

IRENE. Se la pondremos encima de la mesa. (*Coge la carta, y, por instinto de curiosidad, mira el sobre y hace una exclamación de sorpresa.*) ¡Eh!

ROSARIO (*alarmada*). ¿Qué pasa?

IRENE (*mirando muy intrigada a la carta y a Rosario*). ¿Quién le ha dado a usted esta carta?

ROSARIO (*un poco seca*). Ya se lo he dicho a usted. Un amigo.

IRENE (*sin dejar de mirarla*). Pero . . . ¿a usted misma?

ROSARIO (*un poco alterada*). Sí . . . ¿por qué?

---

[62] *tendrá*, probably . . . has.
[63] *desprendimiento*, disinterestedness.
[64] *tan . . . sitio*, so well arranged.
[65] *carpeta*, desk-pad.
[66] *en limpio*, copied.

IRENE. Por nada. (*Deja la carta sobre la mesa.*) Es que me parecía conocer la letra.

ROSARIO. Es de don Prudencio González.

IRENE (*llena de asombro*). ¡Ah! Pero ¿usted conoce . . . personalmente . . . a don Prudencio González?

ROSARIO (*alarmadísima, pero queriendo disimularlo*). ¡Naturalmente que le conozco! ¿Es alguna deshonra? [67]

IRENE (*sonriendo*). ¡Qué ha de ser! [68] Al contrario.

ROSARIO (*vacilando*). Él me dijo . . . que era bastante [69] amigo . . .
10 del señor de Córdoba. ¿No es verdad?

IRENE. ¡Ya lo creo! (*Rosario da un suspiro de alivio.*) Y a propósito de amigos. (*Confidencial.*) Si se queda usted . . . que sí se quedará [70] . . .

ROSARIO (*interrumpiendo, muy contenta*). ¿Lo cree usted probable?

IRENE (*señalando la carta*). Con esa recomendación, casi seguro.

ROSARIO (*juntando las manos con deleite*). ¡¡¡Ah!!!

IRENE (*confidencial*). Pues, si se queda usted, tenga usted cuidado con ese señor gordo a quien yo hice salir [71] cuando usted entró. . . .

ROSARIO (*abriendo mucho los ojos*). Don Juan he creído oír que se
20 llama.[72]

IRENE. Precisamente. . . . Se llama don Juan y está empeñado en merecer el nombre. Le hará a usted el amor con una persistencia intolerable. (*Todo esto lo dice muy de prisa como para quitarle [73] importancia.*) Le regalará a usted bombones, le dirá a usted bromitas sin gracia, no la dejará a usted trabajar en paz . . . pero no es eso lo peor. . . .

ROSARIO (*abriendo mucho los ojos*). ¿No?

IRENE (*con misterio*). ¡Lo peor es que tiene sobre el señor de Córdoba una influencia horrible! (*Se sienta en el diván. Rosario, sugestionada [74] por su aire de misterio, se sienta junto a ella y la mira ávida-*
30 *mente.*) ¡Es un secreto! Verá usted. Aunque en la vida real le gustan a morir [75] las mujeres, en la literatura nos aborrece a todas.

ROSARIO. ¿Cómo?

IRENE (*sin interrumpirse*). . . . Y no está satisfecho más que cuando consigue que nos sucedan [76] las mayores catástrofes.

---

[67] *deshonra*, disgrace.
[68] *¡Qué . . . ser!* Of course not!
[69] *bastante*, quite a good.
[70] *que . . . quedará*, for you will remain.
[71] *hice salir*, I sent out.
[72] *he . . . llama*, I believe I heard him called. . . .
[73] *quitarle*, minimize his.
[74] *sugestionada*, impressed.   [75] *le . . . morir*, is "crazy" about.
[76] *consigue . . . sucedan*, causes . . . to happen to us.

Rosario (*intrigadísima*). No entiendo . . .

Irene. ¿Ha leído usted *Ilusión de Mayo?*

Rosario (*con entusiasmo*). ¡Claro que sí! [77]

Irene (*con misterio*). ¿Se acuerda usted de aquella pobre niña tan rubia y tan bonita que vendía claveles y naranjas en Florencia a la orilla del Arno?

Rosario (*como si hablase de una amiga querida*). ¿Bettina?

Irene (*como si se tratase de una persona real*). Sí, Bettina Florianni . . . la que se enamoró de aquel pintor inglés tan guapo y tan simpático . . .

Rosario (*interrumpiendo con interés ardiente y dolido* [78]). ¡Y que luego una noche de luna se tiró al río! . . .

Irene (*interrumpiendo con apasionamiento*). . . . Desesperada, porque resultó que él no la quería . . . es decir, la quería . . .

Rosario (*interrumpiendo*). ¡Pero estaba casado con otra!

Irene (*con rencor*). ¡Pues él tuvo la culpa!

Rosario. ¿Quién?

Irene (*con rencor*). ¡Don Juan!

Rosario (*con odio y desprecio*). ¿Ese gordo antipático? [79]

Irene (*muy excitada*). El mismo . . . que [80] al principio, el inglés no estaba casado con nadie, pero él se empeñó en que es mucho más artístico y más conforme con la naturaleza humana el que [81] un pintor rico engañe a una florista [82] pobre, que el que [83] la adore y se case con ella. . . .

Rosario (*con indignación*). ¿Y el señor de Córdoba se dejó convencer? [84]

Irene (*con sonrisa de dolido escepticismo*). Como el otro es crítico y escribe en los periódicos. . . . (*Con desprecio*.) Por supuesto, muy mal . . . eso me consta. (*Muy de prisa*.) Que un día me escribió un papelito declarándose,[85] y le metió debajo de la máquina, y por decirme que tengo las manos [86] tan bonitas que parecen de [87] cera, me escribió que tengo las manos «cerúleas» [88] ¡ya ve usted! [89] (*Con indig-*

[77] *que sí*, I have (I did).
[78] *dolido*, pitying.
[79] *antipático*, disagreeable.
[80] *que*, because.
[81] *el que*, that.
[82] *florista*, flower-girl.
[83] *que el que*, rather than.
[84] *convencer*, be convinced.
[85] *declarándose*, making a declaration of **love.**
[86] *tengo las manos*, my hands are.
[87] *de*, to be made of.
[88] *cerúleas*, heavenly blue.
[89] *¡ya ve usted!* think of it!

nación gramatical.[90]) Y además escribe general con jota[91] y espontáneo con equis.[92] . . . ¡un horror! Pues ahora está empeñado en conseguir que Juanita Llerena . . . ¿Usted lee *La Granada*[93] *Abierta,* que se publica de folletín?[94] . . .

ROSARIO (*interrumpiendo con viveza*). ¿En la *Revista Griega?* ¡Claro que sí!

IRENE. Pues se le ha metido en la cabezota[95] que Juanita, que, como usted sabe, estudia la carrera de Farmacia, porque quiere ser una mujer digna, y ganarse la vida, y casarse con Mariano Ochoa . . .

10 ROSARIO (*interrumpiendo vivamente*). Que es tan buena persona y tan simpático . . .

IRENE (*con indignación*). ¡Tiene que salir mal en los exámenes, y decirle que sí a aquel viejo rico, que lleva tres años[96] haciéndole el amor!

ROSARIO (*con espanto*). ¿A don Indalecio?

IRENE (*con afirmación fatalista*). ¡A don Indalecio!

ROSARIO (*levantándose indignada*). ¡Ay, eso sí que no! ¡De ninguna manera!

IRENE (*levantándose también*). Dice que a una mujer[97] tan soñadora 20 como Juanita tienen que suspenderla[98] por fuerza en Química Orgánica.

ROSARIO (*con aire de desafío*). ¡Ah! ¿Sí?

IRENE. Y que además no hay niña contemporánea[99] que prefiera un joven idealista y pobre a un viejo millonario.

ROSARIO (*indignada*). ¿De veras?

IRENE. Y además, que tiempo le queda de adorar al joven cuando se haya casado con el viejo.

ROSARIO (*en el colmo de la indignación*). ¡Pero ese hombre es un cínico!

IRENE. ¡Ya ve usted![100] (*Con grandísimo apuro*). ¡Y la semana 30 que viene tiene que ir a la imprenta el original con la decisión de Juanita!

ROSARIO (*con inmensa ansiedad*). ¿Y ya se ha decidido por el viejo?

---

[90] *gramatical,* of a grammarian.
[91] *jota* = j.
[92] *equis* = x.
[93] *Granada,* Pomegranate.
[94] *de folletín,* in serial form.
[95] *cabezota,* thick head, "noddle."
[96] *lleva . . . años,* for three years has been.
[97] *una mujer,* object of the verb *suspender.*
[98] *suspenderla,* "flunk her." See Translation Aid X, No. 1, c. p. 512.
[99] *contemporánea,* modern.
[100] *¡Ya ve usted!* There you are!

IRENE. Todavía no. . . . Ayer me dió el señor de Córdoba a copiar dos cuartillas, en que se decidía; pero al ver la cara que yo puse [101] me las mandó romper.

ROSARIO (*con inmenso descanso*). ¡¡¡Ah!!! (*Se sienta.*)

IRENE. No sabe usted lo que siento marcharme con esa incertidumbre. En lo de la pobre Bettina aun era posible transigir, porque al cabo la muerte es un final poético; pero esto de Juanita [102] es horrible. . . .

ROSARIO. ¡Horrible y repugnante!

IRENE (*mirando al reloj*). Ay, ¡Dios mío! Las once y media ya, 1c y mi pobre Paco que me estará [103] esperando desde las once. (*Mira por el balcón levantando un visillo.* [104]) Sí, allí está. (*Haciéndole señas.*) Voy . . . voy ahora mismo . . . Espera . . .

ROSARIO (*cogiendo su sombrilla*). Por mí, [105] no se detenga usted. . . . Puedo marcharme.

IRENE. De ninguna manera. Usted se queda aquí. . . . El señor de Córdoba vendrá inmediatamente. . . . Me dijo que le esperase hasta las once . . . ya sabe que me tengo que marchar. . . . Usted me hará el favor de decirle que mañana vendré antes de las nueve. (*Va a la mesa y, abriendo un cajón,* [106] *saca un cepillo,* [107] *con el que se cepilla* [108] 20 *mientras habla.*) ¡Guillermo, que me voy! Usted no sabe qué trajín [109] son estos preparativos de boda. (*Se arregla el pelo en el espejo que hay sobre el diván, mientras habla.*) Y yo que, como no tengo madre, todo me lo tengo que arreglar solita. Gracias a que [110] mi Paco es un ángel, y me acompaña siempre que puede, aunque, como es hombre, le fastidia ir de tiendas. (*Va hacia el balcón y hace señas al novio, que está esperando.*) Voy . . . voy . . . (*A Rosario, volviéndose.*) El pobre se impacienta. (*Muy seria, y con toda naturalidad.*) Hoy vamos a comprar las cacerolas. (*Entra Guillermo con un sombrero de señora en una mano y una sombrilla en la otra.*) Gracias, Guillermo. 30 (*Coge el sombrero y se le pone, mirándose al espejo mientras habla.*) Esta señorita se queda [111] aquí, porque tiene que hablar con el señorito.

---

[101] *la . . . puse*, the expression on my face.
[102] *esto de Juanita*, Juanita's case.
[103] *estará*, fut. of probability.
[104] *visillo*, sash-curtain.
[105] *por mí*, on my account.
[106] *cajón*, drawer.
[107] *cepillo*, brush.
[108] *se cepilla*, brushes her clothes.
[109] *trajín*, lot of work.
[110] *Gracias a que*, Thank goodness (that).
[111] *se queda*, pres. for fut.

GUILLERMO (*sonriente, teniendo la sombrilla y dando a Irene un velito que había dentro de ella*). Sí, señorita Irene.

IRENE (*poniéndose el velillo*). Si vuelve don Juan antes que el señorito no deje usted que pase.

GUILLERMO (*dándole la sombrilla*). No, señorita Irene.

IRENE. Si vienen de la imprenta, encima de la mesa están las pruebas.

GUILLERMO (*que se ha acercado a la máquina y ha cogido un bolso,*[112] *que ofrece a Irene*). Sí, señorita Irene.

IRENE (*cogiendo el bolso*). No deje usted de mudarles el agua a los peces.

GUILLERMO (*abriendo la puerta*). Vaya usted descuidada,[113] señorita Irene.

IRENE (*poniendo la mano sobre la pecera*). ¡Pobrecillos! También siento dejarlos. . . . (*A Rosario.*) Usted los cuidará. . . . (*Con toda naturalidad.*) No comen más que moscas. (*Da la mano a Rosario.*) Me alegraré infinito de encontrarla aquí, mañana cuando vuelva. (*Le aprieta la mano con efusión.*[114])

ROSARIO (*con la mano cogida,*[115] *y también efusiva*). Muchísimas gracias.

IRENE (*sin soltarle la mano, y con acento de encargo supremo.*[116]). Y ya lo sabe usted: en usted confío para lo de Juanita. Usted podrá influir.

ROSARIO (*encandilada*[117]). ¿Usted cree?

IRENE (*besándola efusivamente en las dos mejillas*). Muchísimo más de lo que usted piensa. (*Con aire de misterio.*) Mañana le diré a usted por qué. (*Va vivamente hacia la puerta.*) ¡Adiós, Guillermo! (*Sale.*)

GUILLERMO (*sosteniendo la puerta respetuosamente*). Que usted lo pase bien,[118] señorita Irene. (*Se vuelve hacia Rosario, que se ha quedado pensativa junto a la mesa y que mira, sin darse cuenta de ello, a la pecera.*) ¿Le ha chocado a la señorita lo de los peces? Los tiene el señorito encima de la mesa siempre que trabaja, porque dice que el trajín[119] de los bichos le ayuda a él a enredar a los enamorados que pone en las novelas. (*Filosófico.*) ¡Cosas del arte y de la inspiración! (*Muy convencido.*) ¡Como no bebe! . . . (*Sonriendo muy amable.*) Por las moscas no tiene que apurarse la señorita,[120] si es que[121] se queda; servidor trae

---

[112] *bolso*, handbag.
[113] *Vaya Vd. descuidada*, Don't worry.
[114] *con efusión*, cordially; see Translation Aid IV, No. 3, p. 503.
[115] *con . . . cogida*, holding her hand.
[116] *con . . . supremo*, in the tone of an earnest request.
[117] *encandilada*, interested.
[118] *Que . . . bien*, Good-bye.
[119] *trajín*, coming and going.
[120] *la señorita*, translate as direct address: you . . ., miss. See p. 337, l. 3.
[121] *si es que*, if it turns out that.

todas las mañanas un cucurucho [122] . . . que me las caza el chico de la tienda de comestibles. . . . (*Timbre de teléfono dentro.*) Me parece que llaman al teléfono. Dispénseme un momento la señorita. (*Sale con calma.*)

Rosario (*al quedarse sola pasea un momento, un poco nerviosa, mirando con curiosidad todo lo que hay en la habitación: la máquina de escribir, los libros, etc. Por fin se para pensativa en contemplación de la pecera y dice casi inconscientemente y en voz baja*). ¡Para enredar a los enamorados! . . .

(*Entra, sin que ella le vea, el Aparecido, que indudablemente viene de la calle; trae sombrero, pero no de paja, que se quita al entrar y conserva en la mano, junto con el bastón. Es hombre — ahora que se le ve [123] a plena luz — de unos treinta y ocho años, simpático, sencilla y elegantemente vestido, con sonrisa benévola y un poquito guasona.[124] Se queda mirando, complacido y sonriente, a Rosario, que no le ve entrar porque está de espaldas a la puerta; luego va despacito, de puntillas,[125] a cerrar la puerta, y acercándose a ella dice con la más exquisita amabilidad.*)

El Aparecido (*a Rosarito, muy de cerca y muy amable.*)   ¿Le interesan a usted ios peces de colores?   ₁₀

Rosario (*sorprendida*). ¿Eh? (*Se vuelve, y al encontrarse tan cerca del Aparecido, se asusta casi tanto como cuando le vió entrar por la ventana, la noche antes, y da un grito*). ¡Ay!

El Aparecido (*acercándose a tranquilizarla*). Señorita . . .

Rosario (*retrocediendo*). ¡No se acerque usted!

El Aparecido (*sonriendo*).   ¿Pero todavía no está usted convencida de que no soy un alma del otro mundo?

Rosario (*pasando del susto a la indignación*).   ¡Caballero, no añada usted la burla a la persecución!

El Aparecido (*inclinándose cada vez con mayor amabilidad*).   Seño- ₂₀
rita, protesto humildemente. . . .

Rosario.   ¿No le basta a usted [126] con haberme comprometido? . . .

El Aparecido.   ¿Yo a usted? [127]

Rosario.   ¡De un modo horrible! [128]   ¿A quién se le ocurre [129] tirarme la babucha [130] por la ventana?

El Aparecido (*inclinándose*).   ¡Como usted me tiró a mí el sombrero!

---

[122] *cucurucho*, paper cone.
[123] *se le ve*, one can see him.
[124] *guasona*, mocking.
[125] *de puntillas*, on tiptoe.
[126] *¿No . . . usted?* Are you not satisfied?
[127] *¿Yo (la he comprometido) a usted?* See Translation Aid XVI, No. 2, p. 525.
[128] *¡De . . . horrible!* Terribly!
[129] *¿A . . . ocurre?* Who would ever think?
[130] *babucha*, bedroom slipper.

Rosario. ¡Porque me daba lástima [131] pensar que estaba diluviando y que iba usted a andar por esas [132] calles sin nada a la cabeza!

El Aparecido (*inclinándose muy agradecido*). ¡También a mí me daba compasión [133] pensar que el piececito compañero de esa mano piadosa se iba a quedar descalzo!

Rosario (*muy dolida*). ¡He tenido que fingir, que mentir, hasta que desmayarme!

El Aparecido (*muy asombrado*). ¿Y eso le importa a usted?

Rosario (*ofendidísima*). ¡Naturalmente! ¡Me gusta decir siempre 10 la verdad, y sólo la verdad!

El Aparecido (*con admiración*). ¡¡¡Siendo mujer!!! [134]

Rosario (*sumamente digna, y recalcando* [135] *el nombre con cierto desdén*). ¡Señor don Prudencio González (*cuando Rosario pronuncia su nombre, el Aparecido hace un gesto de asombro, como si no esperase oírle*), tiene usted una idea completamente errónea del sexo femenino!

El Aparecido (*inclinándose humildemente*). Es posible . . . es posible. . . .

Rosario (*muy digna*). ¡Es seguro! . . . (*Muy* [136] *mujer superior.*) Por eso, sin duda, se figura usted que a una mujer como es debido 20 puede halagarle [137] una persecución. . . .

El Aparecido (*interrumpiéndola muy serio*). Usted perdone: ya dos veces, en cinco minutos, ha pronunciado usted esa palabra, y la verdad, no creo que haya habido en mi conducta nada absolutamente que la motive.

Rosario (*un poco sorprendida*). ¿Dice [138] usted?

El Aparecido (*inclinándose con exquisita finura*). Aun a riesgo de mortificar una vanidad femenina . . . ¡oh,[139] justificadísima! . . . me permito asegurar a usted que no he tenido nunca la menor intención de perseguirla.

30 Rosario (*en son de desafío*). ¡Atrévase usted a decir que no ha venido usted [140] hoy a esta casa sabiendo o suponiendo que yo estaba en ella!

El Aparecido (*con humildad*). Eso, realmente, no puedo negarlo. (*Ella hace un gesto de triunfo, como diciendo: ¿Lo ve usted? Él continúa*

---

[131] *me . . . lástima*, it made me feel bad.
[132] *por esas*, in the.
[133] *me . . . compasión*, it touched me.
[134] *¡¡¡Siendo mujer!!!* In spite of the fact that you are a woman!
[135] *recalcando*, emphasizing.
[136] *Muy*, Very much the.
[137] *a . . . halagarle*, a respectable woman is flattered by.
[138] *¿Dice . . .?* supply: what?
[139] *¡oh . . .!* by the way.
[140] *Atrévase . . . usted*, I dare you to deny that you came.

después de una brevísima pausa.) Lo suponía . . . es decir, lo dudaba
. . . es decir, para ser más exacto, ya que a usted le gusta tanto la
verdad, me atrevía a esperarlo . . . a desearlo, si exige usted mayor
exactitud. . . . (*Ella hace un mohín de desagrado* [141] *completamente
hipócrita.*) ¿Se ofende usted? ¡Mal hecho! Además, por muy seria
que se ponga usted, no lo creo. (*Ella va a protestar, pero él sigue hablando con voz a un tiempo insinuante* [142] *y guasona.*) ¿Qué hubiera usted
pensado de mí, si después de haber tenido el honor de conocerla en
circunstancias tan . . . digamos poéticas, no hubiese yo guardado de
la . . . aventura un recuerdo, siquiera levemente sentimental?   10

ROSARIO (*muy desdeñosa, como si ella estuviera por encima de todo sentimentalismo*). ¿Sentimental?

EL APARECIDO (*con buen humor*). ¡No sea usted hipócrita!

ROSARIO (*ofendida*). ¡Caballero!

EL APARECIDO (*acercándose a ella con «calinerie»* [143] *simpática, como si no
tuviera para nada en cuenta su enojo*). ¿Usted no cree que unos cabellos
rubios . . .

ROSARIO (*interrumpiendo, con rencor, por* [144] *el poco caso que él pareció
hacer de ellos la noche pasada*). ¡Tan endemoniados!

EL APARECIDO (*continuando, como si no hubiese notado el tono agresivo* 20
de la interrupción) . . . pero tan tenaces, y que se enredan tan cerca
del pecho . . .

ROSARIO (*mirando, sin saber por qué, a la pecera, al oír la palabra
«enredan», y dirigiéndose a los peces, con odio, como si ellos tuvieran culpa
de algo*). ¡Ah . . . se enredan!

EL APARECIDO (*sin interrumpirse, como si ella no hubiese hablado*).
. . . puedan tender un lazo a . . . (*buscando cuidadosamente la palabra*)
. . . la imaginación de un hombre sensible? [145]

ROSARIO (*que en cuanto huele en el aire la sombra de una declaración se
cree obligada a ponerse tonta.* [146] ¡Caballero, le suplico a usted que no 30
siga por ese camino!

EL APARECIDO (*acercándose un poco más a ella y hablando en voz
insinuante entre ternura y guasa* [147]). ¿De veras, de veras le parece a
usted tan desagradable?

ROSARIO (*cada vez más alterada*). ¡Me está usted insultando, señor
mío!

[141] *desagrado*, displeasure.
[142] *insinuante*, ingratiating.
[143] *«calinerie»* (French), persuasion.
[144] *por*, on account of.
[145] *sensible*, sensitive.
[146] *ponerse tonta*, act foolishly.
[147] *guasa*, mockery.

EL APARECIDO (*retrocediendo, al parecer asustadísimo*). ¡Usted perdone . . . usted perdone! (*Ya casi junto a la pared, y hablando con precaución.*) ¡Es usted una mujer terrible! ¡Nunca sospeché que cuatro inocentísimos conceptos de galantería elemental, dichos sencillamente para pasar el rato,[148] pudieran producirle impresión tan tremenda! . . . ¿Qué le sucedería a usted si oyese una declaración de amor?

ROSARIO (*ya medio enloquecida por el desconcierto[149]*). ¡Pasar el rato!

EL APARECIDO (*amabilísimo*). ¡Naturalmente! (*Sonriendo con cierta fatuidad[150]*). ¿O es que lo había usted tomado en serio? (*Como[151] ofendido.*) ¿Me cree usted tan niño o tan impresionable que vaya a enamorarme de una mujer sólo por verla[152] con el pelo suelto?

ROSARIO (*apretando los puños, y ya a punto de tirarle algo.*) ¿Y tiene usted valor[153] para decirme? . . .

EL APARECIDO (*poniéndose el sombrero delante de la cara, como si ya le hubiese ella tirado un libro a la cabeza*). ¡Como a usted no le gusta más que la verdad!

ROSARIO (*señalando la puerta imperiosamente*). ¡Salga usted de aquí inmediatamente!

EL APARECIDO (*con resignación guasona*). Ayer por la ventana . . . hoy por la puerta. . . . ¡Se pasa usted la vida mandándome salir!

ROSARIO. ¿Quién le manda a usted pasársela[154] entrando donde no le llaman?

EL APARECIDO (*ya en la puerta, como si no se resignase a marcharse sin una humildísima protesta*). ¡Qué desagradecidas[155] son las mujeres!

ROSARIO (*cayendo en el lazo*). ¿Yo qué le tengo que agradecer a usted?

EL APARECIDO (*volviendo inmediatamente al centro de la habitación*). ¡Ahí es nada! . . .[156] La primera emoción que ha valido la pena en su vida de usted. . . .

ROSARIO (*con desprecio*). ¡Ah! ¿Usted se figura que yo me emocioné[157] al verle a usted saltar?

EL APARECIDO (*con modestia afectada*). No precisamente por ser yo el que saltara . . . pero . . . en fin . . .

---

[148] *pasar el rato*, to while away the time.
[149] *desconcierto*, confusion.
[150] *fatuidad*, fatuousness.
[151] *Como*, As if he were.
[152] *sólo por verla*, just because I saw her.
[153] *valor*, "nerve," impudence.
[154] *pasársela; la* refers to *la vida*.
[155] *desagradecidas*, ungrateful.
[156] *¡Ahí es nada!* A mere trifle!
[157] *me emocioné*, I was thrilled.

Rosario (*con chiquillería* [158]).   ¡Pues no me emocioné nada absolutamente!

El Aparecido (*indignado*).   ¿Entonces qué mil diablos [159] le hace a usted falta para emocionarse?

Rosario (*satisfechísima al creer que ha conseguido hacerle rabiar*).   ¡Ahí verá usted! [160]   ¡Bien dicen que siempre es más lo que una se figura! [161] . . .

El Aparecido (*levanta al cielo las dos manos, teniendo en una el bastón y los guantes y en otra el sombrero, y exclama con sorna*).   Fíese usted,[162] después de escuchar esto, del candor e inocencia de las niñas que leen 10 *Ilusión de Mayo*.   (*Se ríe suavemente, y mira a Rosarito con aire de reproche casi paternal.*)

Rosario (*pataleando* [163] *y ya casi con un verdadero ataque de nervios, a fuerza de rabieta*[164]).   ¡Calle usted . . . calle usted . . . salga usted! (*Él, un poco alarmado, porque comprende que ahora «va de veras»* [165] *la nerviosidad, deja rápidamente en una silla el bastón y el sombrero, que ha conservado en la mano durante toda la escena, y se acerca a ella.*)   ¡No se acerque usted!   (*Tiembla nerviosísima y aprieta los dientes. Él, creyendo que va a desmayarse, se acerca un poco más.*)   ¡Si me toca usted, grito! (*Él, cada vez más* [166] *asustado, alarga los brazos para sostenerla; ella grita.*) 20 ¡Guillermo! ¡Guillermo! Guillermo!

(*Y huyendo del Aparecido, andando hacia atrás, se deja caer, sin desmayarse, en el diván.   El Aparecido la mira, completamente en serio, sin atreverse a acercarse a ella.   Entra Guillermo tan sonriente como de costumbre.*)

Guillermo (*entrando*).   ¿Llamaba el señorito?   (*Mira alternativamente al «señorito» y a la «señorita» y sonríe.*)

El Aparecido.   ¡Un vaso de agua con un poco de azahar! . . .

Rosario (*alteradísima*).   ¡Abra usted la puerta a este caballero y hágale usted salir inmediatamente!   (*Guillermo mira perplejo al Aparecido.*)   ¿No me oye usted?   (*Guillermo los vuelve a mirar a los dos, como esperando órdenes del Aparecido.*)   ¡Tenga usted la bondad de hacer lo que le mando!   (*Muy seria, dominando los nervios como puede.*[167])

[158] *chiquillería*, childishness.
[159] *qué mil diablos*, what the devil.
[160] *¡Ahí verá usted!*   Well, what do you know about that!
[161] *¡Bien . . . figura!* They are right in saying that what one imagines always exceeds the facts!
[162] *Fíese usted* (ironical), You can't trust; see Translation Aid VIII, No. 1, p. 508.
[163] *pataleando*, stamping her foot.
[164] *a . . . rabieta*, because of her fit of temper.
[165] *«va de veras,»* is real.
[166] *cada . . . más*, more and more.
[167] *como puede*, as well as she can.

EL APARECIDO (*con suavidad*). ¡No se atreve, porque teme que si él me hace salir a mí, le ponga yo a él de patitas en la calle![168]

ROSARIO (*con terror, comprendiendo a medias*). ¿Usted a él?[169] . . . entonces . . . usted . . . (*Casi gritando.*) . . . ¿quién es usted?

EL APARECIDO (*sonriendo*). Guillermo . . . ¿quién soy yo?

GUILLERMO. ¿El señorito me pregunta a mí quién es el señorito? ¿Quién va a ser[170] el señorito? ¡¡El señorito!!

ROSARIO (*con terror creciente*). Es decir . . . el . . . el . . . el . . .

EL APARECIDO (*inclinándose humildemente*). El dueño de esta casa,
10 sí, señora . . . el humilde autor de *Ilusión de Mayo*. . . .

ROSARIO (*mirándole casi con desvarío*[171]). ¡Usted! (*Con sorpresa infinita y despecho rabioso.*) ¡¡Usted!! (*Con aflicción y decepción.*[172]) ¡¡¡Usted!!! (*Se tira de bruces*[173] *en el sofá y rompe a llorar desconsoladamente y con grandes sollozos.*)

EL APARECIDO (*comprendiendo que el llanto es el remate de la crisis nerviosa, dice rápidamente a Guillermo*). ¡El agua y el azahar! (*Guillermo sale. El Aparecido se sienta en el diván junto a Rosario y le habla con cariño, como a una niña, para tranquilizarla.*) ¡Perdóneme usted! . . . ¡Tranquilícese usted! . . . ¡No llore usted, que no vale la
20 pena! (*Ella sigue llorando, sin responder, pero calmándose poco a poco, inconscientemente arrullada por la voz insinuante*[174] *de él.*) ¿Es posible que le duela a usted tanto encontrar en mi humilde persona al admirado desconocido? (*Ella no contesta.*) ¡Tenga usted la bondad de mirarme! . . . ¡Vamos, Rosarito!

ROSARIO (*muy enfadada y con chiquillería*). ¡No me llame usted Rosarito! (*Saca el pañuelo del bolso y se limpia las lágrimas.*)

EL APARECIDO (*muy humilde*). Como usted quiera . . . ha sido sin querer.[175] (*Entra Guillermo. El Aparecido le coge el vaso y le hace una seña de que se vaya. Guillermo sale de prisa y sin hablar.*) ¡Beba usted
30 un poco de agua con azahar!

ROSARIO (*sin mirarle, muy seca, pero muy chiquilla*[176]). ¡Gracias . . . no me hace falta! (*Se levanta de un respingo,*[177] *y él se queda con el vaso en la mano.*)

---

[168] *le . . . calle*, I may kick him right out.
[169] *¿Usted a él?* Repeat the preceding verb.
[170] *va a ser*, can . . . be.
[171] *con desvarío*, frantically.
[172] *con . . . decepción*, hurt and disappointed.
[173] *de bruces*, face down.
[174] *insinuante*, ingratiating.
[175] *ha . . . querer*, I did it without meaning to.
[176] *muy chiquilla*, very childishly.
[177] *Se . . . respingo*, She jumps to her feet.

EL APARECIDO (*sin levantarse*).   ¿Dónde va usted?

ROSARIO (*con el tono de un chiquillo* [178] *que dice: ¡No juego!* [179]).   ¡A mi casa!

EL APARECIDO (*levantándose, pero sin dejar el vaso*).   ¡De ninguna manera!   (*Ella da un paso; él se pone entre ella y la puerta.*)   ¡Hasta que se haya usted tranquilizado no se marcha usted!   (*Ella, sin responder, recoge su sombrilla, que está en una silla; él se acerca y le quita la sombrilla, sin dejar el vaso.*)   ¡Haga usted el favor!   (*Ella le mira con desafío.*) ¿Qué pensará el portero si la ve a usted salir con esa cara?

ROSARIO (*rabiosa*).   ¡Sí!   ¡Estaré hecha un demonio! [180]

10

(*Se quita el sombrero y le tira sobre el diván; luego se arrodilla sobre el diván también, y empieza a arreglarse el pelo muy de prisa mirándose en el espejito que hay colgado en la pared.*)

EL APARECIDO (*de lejos*).   ¿De veras no necesita usted el agua de azahar?

ROSARIO (*sin volverse, muy seca*).   ¡No!   (*él se bebe todo el vaso de agua; ella le ve beber en el espejo*).   Usted, sí,[181] por lo visto.

EL APARECIDO (*dejando el vaso sobre la mesa*).   ¡Me ha dado usted un [182] susto! . . .

ROSARIO (*con sorna, dándose polvos*).   Usted perdone.

EL APARECIDO.   Y usted . . . (*Acercándose con precaución al diván.*) ¿me ha perdonado ya?

ROSARIO (*volviéndose bruscamente al llegar él, de modo que casi tropiezan y quedan los dos en pie, muy cerca uno de otro y mirándose cara a cara*). ¿Por qué me dijo usted anoche que se llamaba usted . . . ?

20

EL APARECIDO (*interrumpiendo*).   ¿Prudencio?   (*Con un suspiro.*) ¡Ay!   Porque, desgraciadamente, ése es mi nombre.

ROSARIO (*que quiere a toda costa seguir muy enfadada y no puede, porque el Aparecido, a pesar de todo, le es* [183] *extraordinariamente simpático.*) ¿Entonces Luis Felipe de Córdoba . . . es una impostura?

EL APARECIDO.   Es un seudónimo. . . .   ¿Cómo quiere usted que un autor de novelas románticas se llame Prudencio . . . y González por añadidura? [184]   ¿Qué mujer de buen gusto es capaz de lanzarse a abrir un libro si tropiezan sus ojos en la cubierta con ese nombre horrendo?   Tenga usted la bondad de recordar el efecto que le hizo a usted anoche. . . .

30

[178] *chiquillo*, little tot.
[179] *¡No juego!* I don't want to play!
[180] *¡Estaré . . . demonio!* I must look like the devil!
[181] *Usted, sí*, You do.
[182] *un*, such a.
[183] *le es*, seems . . . to her.
[184] *por añadidura*, to boot.

ROSARIO (*aún muy enfurruñada* [185]). Sí . . . es verdad . . . pero de todos modos podía usted haberme dicho que era usted quien es.

EL APARECIDO (*bajando los ojos*). No me atreví.

ROSARIO (*con sorna*). Por timidez, ¿verdad?

EL APARECIDO (*sonriendo*). No. . . . Por pudor. . . . (*Ella le mira con asombro indignado.*) Usted demostró por el desconocido autor de mis pobres novelas una admiración tan . . . apasionada, que no me pareció correcto imponerle a usted de golpe y porrazo [186] la realidad humana de mi existencia. ¡Hubiera sido poco menos que 10 obligarla a usted a caer de rodillas! ¡No, no! ¡Imposible! Además ¡flaqueza humana mía!, no pude soportar la idea de que se desilusionase usted en mi presencia.

ROSARIO (*vivamente*). Entonces, ¿a qué [187] me dió usted la carta?

EL APARECIDO (*suspirando*). Otra flaqueza. . . .

ROSARIO (*mirándole de reojo*). ¿Cuál?

EL APARECIDO (*con precaución*). ¿Me promete usted . . . no ponerse nerviosa?

ROSARIO (*entre dientes* [188]). ¡No tenga usted cuidado!

EL APARECIDO. Pues . . . (*A medida que habla va retrocediendo y 20 apartándose de ella como si la [189] tuviera miedo.*) Le di a usted la carta . . . porque . . . como ya he tenido el honor de decirle . . . me interesaba . . . mucho . . . volver a verla. . . . (*Ella no se mueve.*) Si anoche yo le hubiese pedido a usted permiso para visitarla, es probable que usted me le hubiese negado. . . . (*Rosario le mira con intención aviesa,* [190] *pero no responde.*) Si me hubiese atrevido a rogar a usted que viniese a visitarme a mí . . .

ROSARIO (*interrumpiéndole indignada*). ¡Caballero!

EL APARECIDO (*con calma, inclinándose*). ¿Ve usted cómo no había otro remedio?

30 ROSARIO (*con amargura*). ¡Por lo visto, estando en su casa, ya no le duele a usted el espectáculo de mi desilusión!

EL APARECIDO (*sinceramente*). ¡¡¡Muchísimo!!!

ROSARIO. ¿Entonces? [191]

EL APARECIDO (*en tono de confesión humilde*). Es que [192] . . . a decir verdad . . . yo no contaba con ser testigo de ella. [193]

---

[185] *enfurruñada*, angry, sulky.
[186] *de . . . porrazo*, bluntly and brutally.
[187] *¿a qué . . .?* why?
[188] *entre dientes*, in an undertone.
[189] *la*, used for *le*.
[190] *aviesa*, mischievous.   [191] *¿Entonces?* Well, then?
[192] *Es que*, Why, . . .; *es que* is often not translated.
[193] *ella* refers to *desilusión*.

Rosario (*sorprendida*).   ¿Cómo?

El Aparecido.   Esperaba que al entrar yo aquí ya estuviese usted desilusionada. . . .   (*Ella le mira con curiosidad.*)   Cuando usted ha venido,[194] yo no estaba en casa. . . .

Rosario.   ¡Usted no sabía a qué hora iba a venir!

El Aparecido.   ¡Ay, no lo crea usted!   La he visto a usted pasar desde el bar de la esquina, y he estado haciendo tiempo. . . .   (*Rosario le mira con asombro creciente.*)   ¿Usted no se ha encontrado aquí con mi ex secretaria?

Rosario (*que recuerda y empieza a indignarse contra Irene*).   ¡Sí!   10

El Aparecido.   ¿No le ha dicho usted a qué venía?

Rosario (*entre dientes*).   ¡¡Sí!!

El Aparecido.   ¿No le ha entregado usted mi carta?

(*Cada una de las preguntas las va haciendo con mayor tono de admiración,[195] por lo inverosímil que le parece[196] el silencio que ha guardado Irene.*)

Rosario.   ¡¡¡Sí!!!

El Aparecido.   ¿Y no se ha sorprendido al ver la letra?

Rosario (*con violenta indignación*).   ¡¡¡Muchísimo!!!   (*Mordiendo las palabras.[197]*)   ¡Ah, pécora![198]

El Aparecido.   ¿Y no le ha dicho a usted? . . .   (*Anonadado[199] ante la revelación, se lleva las manos a la cabeza.*)   ¡Santo cielo!   ¡Hay mujer capaz de guardar un secreto!   20

Rosario (*con rencor*).   ¡Cuando es de un hombre,[200] parece que sí!

El Aparecido (*sonriendo*).   Siempre se aprende algo.

Rosario (*con desabrimiento[201]*).   Le felicito a usted por el descubrimiento. . . .   Y ahora (*va a coger su sombrero*) ¿puedo marcharme?   ¿Cree usted que ya estoy lo suficientemente tranquila para no escandalizar al portero?

El Aparecido.   Sí, señora; pero, por lo mismo, ya no hay necesidad ninguna de que usted se marche. . . .   Tenga usted la bondad de dejar el sombrero.   (*Con insistencia cariñosa.*)   Sea usted generosa. Dígame usted que me perdona. . . .   30

Rosario (*con amargura*).   ¿Esta burla?

[194] *ha venido*, pres. pfct. for pret.
[195] *las . . . admiración*, He asks . . . in a tone of greater and greater astonishment.
[196] *por . . . parece*, so improbable . . . seems.
[197] *Mordiendo . . . palabras*, Cuttingly.
[198] *pécora*, the wily fox.
[199] *Anonadado*, Overwhelmed.
[200] *de un hombre*, a man's secret.
[201] *con desabrimiento*, coldly.

EL APARECIDO (*con voz emocionada*). Este juego inocente. . . .
Aunque soy bastante más viejo que usted, algunas veces siento la
necesidad imperiosa de hacer una chiquillería.[202] (*Ofreciéndole con
autoridad mimosa una silla que hay junto a la mesa.*) Siéntese usted.
(*Ella se sienta, y él le quita el sombrero de la mano.*) ¡Gracias! Sonría
usted. . . . (*Ella sonríe, contagiada* [203] *por la invencible sonrisa de él.*)
¡Muchísimas gracias! Además . . . usted tuvo la culpa. . . . ¡Estaba
usted [204] tan niña, tan muñeca, con aquel pelo suelto y aquellas babuchas!
(*Ella frunce el ceño.*) ¡No frunza usted el ceño! . . . Ya sé que
10 no le gusta a usted ser un juguete; . . . que es usted, a pesar de las
apariencias, una persona formalísima, una mujer moderna. . . . De
eso se trata [205] ahora. (*Se sienta con toda seriedad en el sillón de la mesa de
trabajo, de modo que la mesa queda entre los dos.*) Usted se ha dignado
venir a mi casa, con un propósito que a mí me honra infinitamente. . . .
Ahora que ya nos conocemos, podemos ocuparnos del asunto con toda
seriedad. ¡Olvidemos a ese chisgarabís [206] de Prudencio González!
Luis Felipe de Córdoba tiene el honor de preguntar, con todo respeto,
a la señorita Rosario Castellanos: ¿Quiere usted ser mi secretaria?
(*Antes de que Rosario haya podido contestar se oyen en el vestíbulo las voces*
20 *de Guillermo y de Amalia.*)

AMALIA (*dentro, con marcadísimo acento andaluz* [207]). ¡Déjame,
hombre . . . no seas pelmaso! [208]

GUILLERMO. Es que [209] está trabajando.

AMALIA (*en la puerta*). ¡Con eso descansa! [210] (*La puerta se abre
con cierta violencia, y entra Amalia. Es mujer de unos treinta años, vistosa,
vestida con agresiva* [211] *elegancia. Aunque es por la mañana, trae exageradísimo sombrero y traje más bien de tarde:* [212] *está* [213] *muy guapa; aunque,
desde luego, le sentarían muchísimo mejor el pañolón y la peina* [214] *que el traje
y el sombrero de gran modisto. Pertenece al respetable gremio* [215] *de cuple-*

---

[202] *chiquillería*, something childish.

[203] *contagiada*, won over.

[204] *Estaba usted*, You looked; see Translation Aid XI, No. 3, b, p. 515.

[205] *De . . . trata*, That is the point in question.

[206] *chisgarabís*, meddler, "pest."

[207] *acento andaluz;* characteristic of the Andalusian speech of some regions is
the change of *z* and *c* before *e* or *i* into *s*.

[208] *pelmaso* (*pelmazo*), fool.

[209] *Es que*, But.

[210] *¡Con . . . descansa!* That will be a rest for him!

[211] *agresiva*, striking.

[212] *más . . . tarde*, better suited for afternoon wear.

[213] *está*, looks.

[214] *pañolón . . . peina*, Spanish shawl and the high comb.

[215] *gremio*, guild.

tistas [216] *guapas y con mala voz. Al entrar, como Pedro por su casa,* [217] *y antes de haber visto a Rosario ni al Aparecido, dice con guasa* [218] *de intimidad perfecta.)* Pero ¿dónde te metiste [219] anoche, grandísimo? [220] . . . *(Viendo a Rosarito y cortándose un poco.)* ¡Ay! Usté dispense . . . y tú también, hijo, si es que me colé. [221] . . .

(Rosario al verla entrar se pone en pie con violencia. El Aparecido, que se ha llevado [222] *una sorpresa formidable, se pone en pie también, pero domina la situación casi inmediatamente.)*

El Aparecido *(con calma).* ¿No te ha dicho Guillermo que estoy trabajando?

Amalia *(entre cortada* [223] *e impertinente).* Sí . . . pero creí que trabajabas solo.

El Aparecido *(sin hacer presentaciones).* Esta señorita es mi secretaria. 10

Amalia *(mirando a Rosario con indiferencia perfecta).* Por muchos años. [224] *(Se dirige al extremo opuesto de la habitación.)* Tengo que desirte cuatro palabras. [225] . . .

El Aparecido *(a Rosario).* ¿Usted permite? [226] *(Rosario da media vuelta.)*

Amalia *(al Aparecido).* Ven acá tú. *(Hablándole en voz baja cuando se le acerca.)* ¿A ti te parese ni medio [227] desente el tener esperando a una mujé hasta la madrugá sin mandar ni una mala rasón? *(Habla en broma.)* ¿Por qué no viniste?

El Aparecido. Porque me cogió la tormenta y perdí en la calle el 20 sombrero.

Amalia. ¿Y la cabesa no? ¡Lástima hubiera sido, con lo presiosa que es! [228] *(Le da con el abanico.)*

El Aparecido *(mirando lleno de susto a Rosario, que mira, obstinadamente a los peces).* ¡Haz el favor! . . .

Amalia *(en guasa* [229]*).* ¡Huy, qué geniaso se les pone a [230] los novelistas cuando cae una en mitá de capítulo!

---

[216] *cupletistas,* vaudeville singers.
[217] *como . . . casa,* as if she owned the place.
[218] *guasa,* the joking air.
[219] *te metiste,* were you.
[220] *grandísimo,* you big oaf.
[221] *si . . . colé,* if I am intruding.
[222] *llevado,* had.
[223] *cortada,* taken aback.
[224] *Por . . . años,* For many years to come, I hope.
[225] *cuatro palabras,* a few things.
[226] *¿Usted permite?* Will you excuse me?
[227] *ni medio,* at all.
[228] *con . . . es,* seeing how beautiful it is.
[229] *en guasa,* mockingly.
[230] *se . . . pone a,* have.

EL APARECIDO (*a Rosario, que ha cogido su sombrero, su bolso y su sombrilla*). Tenga usted la bondad de no marcharse, que no hemos terminado. (*Rosario tira con rabia el sombrero y la sombrilla y se pone a mirar por el balcón.*)

AMALIA. Eso quiere desí muy finamente que me marche yo, ¿no?

EL APARECIDO. Si no te molesta. . . .

AMALIA. No me molesta porque te vas a venir tú conmigo. Ya ves tú si soy buena, . . . anoche me dejaste plantá[231] y hoy vengo y te convido a almorsá. . . . ¡Anda, que abajo tengo el *artomóvi!*

10 EL APARECIDO. No puede ser. . . .

AMALIA. ¿Tampoco?[232] ¿Es que te vas a meté cartujo?[233]

EL APARECIDO. Ya sabes que yo, por la mañana . . .

AMALIA. Ya lo sabemos, ya. . . . Estamos convensidos de que er trabajo es cosa sagrá. . . . Pero un día es un día.[234] . . . ¡Se te dará una indernisasión!

EL APARECIDO (*muy serio*). No. Tengo que terminar.

AMALIA (*condescendiente*). Termina, hijo, termina. (*Se sienta en un sillón de golpe.*) Aquí te aguardo.

EL APARECIDO. No, no . . . mejor es que te vayas . . . yo voy 20 luego . . . en seguida, dentro de media hora . . .

AMALIA (*sin moverse*). ¿Palabra?[235] . . .

EL APARECIDO (*un poco nervioso*). Sí, anda . . . anda . . .

AMALIA (*levantándose con calma*). ¿Has visto tú en tu vida una arcángela con sombrero de la rue de la Paix? (*Pronuncia correctamente las palabras francesas, aunque con acento andaluz.*) Pues ésa soy yo, que no te creo ni tanto así,[236] y hago lo mismo que si te creyese. . . . ¿Vendrás? ¿Vendrás? ¿Vendrás? (*Él contesta sólo con el gesto, nervioso, mirando a Rosario, que sigue en el balcón dándoles la espalda.*) ¡Ay, novelista! ¡Como[237] no vengas, vuelvo[238] a sacarte los ojos!

30 EL APARECIDO (*llevándola a la puerta*). Anda ya. . . . ¡Saluda![239]

AMALIA (*a Rosario, que no se vuelve*). Muy buenos días. (*En la puerta.*) ¿Sabes que me van dando a mí que pensar[240] estas ayudantas[241] tan superferolíticas?[242] ¿Para qué tienes tú secretaria?

[231] *me . . . plantá*, you stood me up.
[232] *¿Tampoco?* You can't do that either?
[233] *cartujo*, Carthusian monk.
[234] *es un día*, this is a special day.
[235] *¿Palabra (de honor)?*
[236] *ni . . . así*, that much (making a gesture).
[237] *Como*, If.
[238] *vuelvo*, I'll come back.
[239] *¡Saluda!* Say good-bye!
[240] *me . . . pensar*, I am getting suspicious of.   [241] *ayudantas*, assistants.
[242] *superferolíticas* (a coined word), "superfancy," high-falutin.

El Aparecido. ¿Para qué tienes tú secretario?

Amalia. ¡Anda éste! [243] ¡Porque no sé escribir con puntuasión! Pero es muy diferente, porque mi secretario es mi hermanito. (*Él la empuja con un poco de impaciencia, y ella sale.*)

El Aparecido (*a Rosarito*). Un momento. (*Sale a despedir a Amalia.*)

(*Rosarito, rabiosa, coge el sombrero, se le encasqueta* [244] *sin mirarse al espejo, coge la sombrilla, el bolso y los guantes, y cuando él entra, está ya casi junto a la puerta para marcharse.*)

El Aparecido (*fingiendo escandalizada sorpresa*). Pero ¿se marcha usted?

Rosario (*secamente*). ¡Muy buenos días!

El Aparecido (*interponiéndose entre ella y la puerta*). ¿Sin contestar 10 a mi proposición?

Rosario (*queriendo pasar*). ¡Que usted lo pase bien!

El Aparecido (*con desolación cómica*). ¡Y qué voy a hacer yo sin secretaria!

Rosario (*con el ceño fruncido*). ¡Déjeme usted pasar!

El Aparecido (*delante de la puerta, suplicante* [245]). ¡No sea usted cruel! (*Junta las manos.*) Si usted se marcha, ¿a quién le dicto yo el primer capítulo del *Sueño de una noche de agosto?*

Rosario (*sin poder disimular por más tiempo su rabia celosa*). Pues a esa . . . señorita . . .   20

El Aparecido (*llevándose las manos a la cabeza*). ¡Santo cielo!

Rosario. O a su señor hermano. . . .

El Aparecido. ¡¡Rosarito!!

Rosario. ¡Le prohibo a usted que me vuelva a llamar por mi nombre!

El Aparecido (*con desolación cómica*). ¡Tan bonito como es!

(*Toda esta parte de la escena la hacen como jugando al escondite* [246] *o al toro, porque ella quiere salir buscándole las vueltas,* [247] *y él se interpone siempre con movimientos lentos, pero matemáticos, cortándole* [248] *el paso; él no pierde la calma, pero ella se pone gradualmente nerviosísima.*)

Rosario. ¡¡¡Caballero!!! (*Está a punto de conseguir salir; pero él la detiene con una pregunta.*)

El Aparecido. Pero ¿usted sabe quién es esa señora?

---

[243] *¡Anda éste!* Oh, go on!
[244] *se le encasqueta,* slams it on her head.
[245] *suplicante,* beseechingly.
[246] *jugando al escondite,* playing hide-and-seek.
[247] *buscándole . . . vueltas,* trying to get around him.
[248] *cortándole,* blocking

Rosario (*deteniéndose un momento, que él aprovecha para ganar posiciones ventajosas*). ¡La misma a quien anoche tenía usted . . . tantísimo interés en visitar!

El Aparecido. Y a quien no visité . . . (*sonriendo*) por culpa . . .

Rosario (*sarcástica y agresiva*). ¿Mía?

El Aparecido (*inclinándose y en tono afectuoso*). Rosarito . . . (*Corrigiéndose vivamente.*) Es decir, señorita Castellanos: ya que quiere usted ser una mujer moderna . . . (*ella frunce el ceño*) tenga [249] usted, si puede, (*ella da patolitas en el suelo*) un poco de lógica. (*Ella le mira con expresión peligrosa.*) Mis relaciones con la señorita Amalia Torralba, por otro nombre [250] «La Estrellita Polar» . . .

Rosario (*estallando*). ¡Me importan un comino! [251]

El Aparecido (*con calma*). Entonces, ¿por qué le indignan a usted tanto? (*Ella se queda un instante completamente anonadada.*) Es usted una princesa rubia, de cuento de hadas, digna de ser amada con la más exquisita de las lealtades; pero por muy endemoniados que tengan [252] los cabellos, las princesas no tienen derecho a pedir a los pobres novelistas que les hayan guardado fidelidad [253] antes de haberse enredado en ellos. Yo anoche, al salir de mi casa para ir a esa . . . visita, no tenía el honor de sospechar la existencia de usted; por lo tanto, aunque me honra infinito la susceptibilidad celosa que usted muestra . . .

Rosario (*en el colmo de la indignación*). ¡Celosa! . . . ¿Ha dicho usted celosa? . . .

El Aparecido (*queriendo calmarla*). ¡Señorita! . . .

Rosario (*queriendo sacarle los ojos*). ¿Ha dicho usted celosa? . . .

El Aparecido (*defendiéndose*). ¡No, no, no!

Rosario (*balbuceando y conteniéndose*). Pero entonces . . . es que usted se figura . . .

El Aparecido (*suplicante*). ¡No me figuro nada, nada, nada!

Rosario. Está bien . . . está bien. . . . ¡Celosa! Buenos días. (*Da media vuelta.*)

El Aparecido. Pero usted considere . . . (*deteniéndola*) que aunque yo hubiera dicho . . . lo que usted supone . . .

Rosario (*queriendo pasar*). ¡Ah! Supongo . . .

El Aparecido. ¡Y aunque fuera verdad! . . .

Rosario. ¡Paso,[254] o grito!

---

[249] *tenga*, use.
[250] *por . . . nombre*, otherwise known as.
[251] *¡Me . . . comino!* They do not matter to me in the least!
[252] *tengan*, may be.
[253] *les . . . fidelidad*, they be faithful (to them).
[254] *Paso*. Either you let me go.

EL APARECIDO. ¡El amor no es crimen!

ROSARIO. ¡Haga usted el favor de no acercarse!

EL APARECIDO. Es que yo estoy dispuesto . . .

ROSARIO. ¿A irse a almorzar con esa señorita?

EL APARECIDO. ¡Qué quiere usted que haga, si se lo he prometido!

ROSARIO. ¡Que sea enhorabuena!

EL APARECIDO (*viendo que no la puede detener, se pone delante de la puerta, con los brazos abiertos*). Rosario . . . Rosarito . . .

ROSARIO (*furiosa*). ¡Déjeme usted pasar!

EL APARECIDO (*cerrándola* [255] *el paso*). Por el amor de Dios . . . 15 tenga usted la bondad . . . de atender [256] a razones . . . ¡como si fuera usted un hombre!

ROSARIO (*dándole un empujón,*[257] *que casi le tira al suelo y la deja el paso libre*). ¡No me da la gana! [258] (*Sale rapidísimamente, dando un portazo* [259]).

EL APARECIDO (*va a la puerta, la abre, sale al pasillo y grita*). ¡Rosario . . . Rosarito! (*Pero antes de haber salido del todo, suena con violencia la puerta de la calle. Entonces él suspira y sonríe, primero con resignación, luego con malicia,*[260] *luego con ternura; va hacia el balcón, andando con precaución, como si aún ella pudiera verle u oírle, levanta el pico del* 20 *visillo y se queda mirando a la calle por donde se supone que ella se aleja, con interés de verdadero enamorado, hasta que supone que ella ha vuelto la esquina. Entonces vuelve a suspirar y a sonreír y se sienta a la mesa escritorio y llama.*) ¡Guillermo! (*Se pone con toda calma a ordenar las cuartillas que tiene encima de la mesa.*)

GUILLERMO (*entrando*). Mande el señorito.[261]

EL APARECIDO (*con calma*). Compra dos botellas de champagne y un ramo de rosas, y llévalo [262] inmediatamente a casa de la señorita Amalia.

GUILLERMO. ¿Y le digo [263] que va el señorito a almorzar en seguida? 30

EL APARECIDO. No; le dices [264] que he recibido un telegrama urgente, que acabo de marcharme en automóvil y que no volveré en un par de semanas. . . .

[255] *la* used for *le;* see l. 13.
[256] *atender*, listen.
[257] *empujón*, push, shove.
[258] *¡No . . . gana!* I don't want to!
[259] *dando un portazo,* slamming the door.
[260] *con malicia,* mischievously.
[261] *Mande el señorito,* Is there anything you wish? or, Yes, sir?
[262] *llévalo*, take it all.
[263] *¿Y le digo . . .?* Shall I tell her . . .? Use of the present for future.
[264] *le dices;* a command; see Translation Aid VII, No. 1, p. 506.

GUILLERMO (*sonriendo*). Está bien. (*Sale.*)

EL APARECIDO. Al salir, cierra,[265] y dile al portero que no suba nadie,[266] que voy a trabajar.

GUILLERMO. Sí, señorito. (*Sale.*)

EL APARECIDO (*se sienta a la mesa y escribe rápidamente, leyendo a medida que escribe*). Sueño de una noche de agosto. . . . Novela romántica en tres partes. . . . Capítulo primero. (*Sigue queriendo escribir, pero la inspiración no acude todo lo de prisa que [267] él desearía, y después de pensar un momento y de hacer algún gesto de impaciencia, coge la pecera, se la pone delante, apoya los dos brazos en la mesa, se sujeta la cabeza con las dos manos y dice mirando fijamente a los peces:*) Vamos a ver. . . . Vamos a ver. . . .

TELÓN

ACTO TERCERO

La misma decoración[1] que en el primero: es de noche. La ventana está abierta y la luz encendida. Están en escena Rosario y sus tres hermanos, y doña Barbarita. Doña Barbarita, sentada en un sillón, junto a la mesa, mira un semanario[2] ilustrado, sonriente como siempre. Rosario, acurrucada[3] en el diván, tiene cara de profundísimo mal humor, que no intenta dominar ni disimular. Los hermanos están, como en el primer acto, en tren de marcha,[4] pero hoy van todos de americana.[5] Emilio, en pie, junto a la mesa, acaba de cerrar su carta para la novia ausente. Pepe se cepilla cuidadosamente. Mario está junto a la ventana, y mira a la calle.

PEPE (*a Mario*). ¿Lloverá?

MARIO. No lo creo: hace una noche bochornosísima,[6] pero no hay una sola nube.

DOÑA BARBARITA. Ni corre un pelo de aire.[7]

EMILIO. Luego se armará[8] una tormenta como anoche, y puede que refresque.

---

[265] *cierra* (*la puerta*).
[266] *no . . . nadie*, no one is to come up.
[267] *todo . . . que*, as fast as.

[1] *decoración*, setting.
[2] *semanario*, weekly.
[3] *acurrucada*, curled up.
[4] *en . . . marcha*, about to leave.
[5] *americana*, business suit.
[6] *hace . . . bochornosísima*, it is a very sultry night.
[7] *Ni . . . aire*, There isn't even a breath of air.
[8] *se armará*, will come up.

Mario. Me parece que no. ¡Es calma chicha!

Doña Barbarita (*dándose aire con el periódico*). ¡Uf! ¡Se ahoga uno!

Rosario (*agresiva*). ¡Sí, como estos niños han estado fumando los tres, han puesto una atmósfera irrespirable! [9] ¡Es una gracia! [10] ¡Ellos disfrutan, y nosotras tenemos que sufrir este olor repugnante! (*Sacude el aire con el pañuelo*.)

Mario (*muy sorprendido*). ¿Desde cuándo te molesta el olor a tabaco?

Rosario (*displicente* [11]). ¡Me ha molestado siempre!   10

Emilio. Pues no lo has dicho nunca.

Rosario (*displicentísima* [12]). ¡Por amabilidad! [13] (*Mario tira por la ventana el cigarrillo que estaba fumando*.) No; sigue, sigue, no hagas sacrificios. (*En tono de víctima*.)

Mario. (*La mira con asombro, pero no dice nada*.)

María Pepa (*entra con una carta en la mano*). Un continental.[14]

Rosario (*vivamente interesada*). ¡Trae!

María Pepa (*con calma*). Es para Pepito.

(*Entrega la carta a Pepe. Rosario hace un gesto de decepción rabiosa, y vuelve a acurrucarse en el diván*.)

Pepe (*con sorna*). ¿Esperabas carta?

Rosario (*displicente*). ¿Yo? (*En tono de víctima*). ¡No sé de 20 quién!

Mario (*con asombro*). Pero, Rosarito, ¿qué te pasa?

Rosario. Nada. ¿Qué me va a pasar? [15] (*Se sienta a la mesa y, buscando papel y sobre, escribe*.)

Emilio (*a María Pepa*). Y para mí, ¿no ha venido nada?

María Pepa. Nada.

Emilio. ¿En el correo de la tarde tampoco?

María Pepa. Tampoco.

Emilio. Es extraño; ni ayer ni hoy; es la primera vez que me falta [16] la carta dos días seguidos.   30

Rosario (*displicente*). Se habrá enterado de lo muy a gusto [17] que te diviertes en la ausencia, y habrá pensado, con razón, que no te

[9] *han . . . irrespirable*, have made the air unfit to breathe.
[10] *¡Es una gracia!* Isn't it nice! (ironic); see Translation Aid VIII, No. 1, p. 508.
[11] *displicente*, crossly.
[12] *displicentísima*, very crossly.
[13] *Por amabilidad*, Just to be polite.
[14] *continental*, special-delivery letter.
[15] *¿Qué . . . pasar?* What do you suppose is the matter?
[16] *me falta*, I haven't received.
[17] *lo . . . gusto*, how enthusiastically.

hacen falta más distracciones. ¡Lo que es si fuera yo,[18] mañana mismo [19] te daba la absoluta! [20]

EMILIO (*asombrado*). ¡Pero niña! ¿Qué dices?

MARIO. (*Sin hablar, se acerca y pone a Rosario la mano en la frente.*)

ROSARIO (*displicente*). ¿Qué haces tú?

MARIO. Ver si tienes calentura. . . . (*Ella le mira con asombro.*) Sí . . . porque ese mal genio [21] no es natural.

ROSARIO (*muy ofendida*). Vamos. . . . Ahora resulta que tengo mal genio.

10 MARIO. No le tienes, y por eso me extraña que le demuestres.

MARÍA PEPA. Será el calor.

ROSARIO. No tengo mal genio . . . es que estoy aburrida.

PEPE. ¿Que estás aburrida? Pues te convido. Anda, vístete. . . . Vamos a los Jardines, que esta noche debuta la Estrellita Polar.

ROSARIO (*mordiendo las palabras [22]*). ¡Ah! ¿Esta noche debuta la Estrellita Polar?

EMILIO. ¿La conoces?

DOÑA BARBARITA (*enseñando el semanario que ha estado leyendo*). Aquí está retratada.[23]

20 LOS TRES HOMBRES (*a un tiempo*). ¡A ver, a ver, a ver! (*Precipitándose a coger el periódico y mirándole los tres a un tiempo.*)

EMILIO. ¡Qué garbo!

PEPE. ¡Qué mujer!

MARIO. ¡Qué salero! [24]

ROSARIO. (*Rabia aparte sin que nadie repare en ella.*)

EMILIO. Y eso que [25] ahora se ha echado a perder con ese montón de amigos literatos que dicen que tiene, y que la meten en bailes de extranjis [26] que no son lo suyo.[27] . . .

MARIO. Ésas son tonterías. Ahora baila mejor que ha bailado nunca.

30 EMILIO. Ha nacido para bailar flamenco, y Santas Pascuas.[28] . . . (*Tirando el periódico.*) ¡Mira tú que [29] vestirse de [30] Madame Pompadour! ¡Es un sacrilegio!

[18] *¡Lo . . . yo!* If I were in her place.
[19] *mañana mismo*, first thing tomorrow.
[20] *te . . . absoluta*, I would give you the air.
[21] *genio*, temper.
[22] *mordiendo las palabras*, cuttingly.
[23] *Aquí . . . retratada*, Here is her picture.
[24] *salero*, charm.
[25] *Y eso que*, Even though.
[26] *de extranjis*, foreign.
[27] *lo suyo*, her style.
[28] *y . . . Pascuas*, there are no two ways about it, that's that.
[29] *¡Mira . . . que . . . !* Why, the idea of . . . !　　　[30] *de*, in the style of.

PEPE. ¡¡Ay!! vestida aunque sea de fraile, me la quiero encontrar por el camino el día en que yo sea millonario. (*Recogiendo el periódico que ha tirado Emilio.*) ¡Santa Bárbara bendita,[31] qué ojos! (*Hablando con el retrato.*) ¡Rica![32] ¡Preciosa! ¡Ay! ¡si tú supieras lo que te quiere un pobre, de seguro que hacías una limosnita![33] (*A Rosario.*) Anda, niña, anda, que a las once empieza.

ROSARIO (*seca*). Gracias.

PEPE (*muy asombrado*). ¿No quieres venir?

ROSARIO. No. (*Un poco más suave.*) Me da miedo pensar que si te desmayas de emoción al verla, te voy a tener que sacar en brazos. 10

EMILIO. Por eso no te apures, que yo te ayudaré.

ROSARIO. ¡Ah! ¿También vas tú? (*Emilio afirma con el gesto.*) ¡Vaya! (*A Mario, con sorna.*) ¿Y tú no?

MARIO (*suspirando*). ¡Si no fuera por la obligación pícara!

ROSARIO (*estirándose*). ¡Ay! ¡Si yo pudiera enamorarme de un equilibrista![34]

LOS TRES HERMANOS (*a un tiempo, con aire escandalizadísimo*). ¡Niña!

DOÑA BARBARITA (*muy seria*). ¿Por qué no? Toreros y tenores, cómicos y danzantes, siempre han tenido grandísimo partido[35] con las damas. 20

MARIO. Sí, con las damas un poquito[36] histéricas.

EMILIO (*con sorna*). Y un muchito desequilibradas.[37]

ROSARIO (*ofendida*). ¡Muy bien! De modo que si yo pierdo el juicio por un bailarín, soy una pobre histérica, y vosotros, que estáis locos de atar[38] por una bailaora,[39] sois tres hombres modelos de equilibrio.[40]

MARIO. ¡Es muy distinto!

PEPE. ¡Claro!

EMILIO. ¡Y tan distinto!

ROSARIO. ¿Por qué? 30

EMILIO. Pues . . . (*Se detiene sin saber qué decir.*)

PEPE. Pues . . . (*Se detiene también.*)

MARIO. Porque . . .

---

[31] *¡Santa . . . bendita!* Wow!
[32] *¡Rica!* Darling!
[33] *hacías . . . limosnita*, would show (him) a little favor.
[34] *equilibrista*, tightrope walker.
[35] *tenido . . . partido*, made a big hit.
[36] *un poquito*, a little bit.
[37] *un . . . desequilibradas*, a good bit unbalanced.
[38] *locos de atar*, raving mad.
[39] *bailaora*, dancer.
[40] *tres . . . equilibrio*, three perfectly balanced men.

ROSARIO (*interrumpiéndole*). ¡Por nada! (*Displicente.*) Pero no tengáis miedo. . . . ¡No me pienso perder ni por Nijinski! (*Con amargura.*) Lo que me extraña es que hasta hombres de grandísimo talento . . .

PEPE (*inclinándose*). ¡Gracias!

ROSARIO. ¡No lo digo por ti! [41] . . . puedan volverse locos por una cara (*con desdén, pensando en la de la Estrellita*) que después de todo no es ningún asombro, y cuatro piruetas. (*Levantándose muy digna.*)

PEPE (*a Rosario*). Bueno, ¿en qué quedamos? [42] ¿Vienes o no
10 vienes?

ROSARIO (*ya más amable*). No voy, no. Muchas gracias. Estoy cansada.

EMILIO (*con guasa*). Será del paseíto de esta mañana.

MARIO (*con naturalidad*). Es verdad. ¿Dónde has ido, que has llegado tarde a almorzar?

ROSARIO (*con renovado mal humor*). ¿Dónde fuiste tú anoche, que no has llegado a acostarte [43] ni tarde ni temprano?

PEPE. ¡Santo cielo! ¡Esta niña está imposible!

EMILIO. Sí, sí, vámonos pronto, que nos va a tirar algo. Adiós,
20 abuela. (*Se despide, besando la mano a doña Barbarita, como en el primer acto.*) Adiós, preciosa.

PEPE (*que ha besado la mano a su abuela sin decir nada*). Cerrad bien la ventana, no vaya a volver el fantasma.[44]

EMILIO (*queriendo hacer rabiar a Rosario*). Sí, que a Rosarito le sientan muy mal [45] las apariciones nocturnas. . . .

PEPE (*también por hacer rabiar a Rosario*). ¿Sabéis por qué está triste? ¡Porque no la han raptado! [46]

EMILIO. No te hagas ilusiones, hija mía. El hombre venía a robar los cubiertos; [47] pero se equivocó de ventana. . . .

30 PEPE. ¡Y robó la babucha!

EMILIO. Y luego te la volvió a tirar, porque le pareció un poquito demasiado grande.

PEPE. ¡No sirves para cenicienta! [48] (*Todos se ríen.*)

ROSARIO (*rabiosa*). ¿Queréis hacer el favor de marcharos y dejarnos en paz?

[41] *¡No . . . ti!* I am not referring to you!
[42] *¿en . . . quedamos?* what have you decided?
[43] *no . . . acostarte,* you didn't get to bed.
[44] *no . . . fantasma,* lest the phantom return.
[45] *le . . . mal,* do not agree at all with . . .; see Translation Aid XV, No. 1, j, p. 522.
[46] *raptado,* kidnaped.   [47] *los cubiertos,* table silver.
[48] *No . . . cenicienta,* You wouldn't do as a Cinderella.

MARIO. Adiós, abuela. No pongas mala cara,[49] que hoy vendré tempranito.

DOÑA BARBARITA (*con sorna*). Sí, sí . . . bien defendidas estamos. . . .

EMILIO. Porque tú no quieres. ¿A qué no me has dejado dar parte, avisar a la Policía de lo que pasó anoche?

DOÑA BARBARITA. ¡Bah, bah, dar parte![50] . . . ¡No hay para qué! Ya hemos registrado toda la casa y no falta nada.

EMILIO. Buenas noches.

PEPE. Hasta luego. (*Salen Emilio, Mario y Pepe.*)

ROSARIO (*que se ha acercado a la mesa de mal humor y ha cogido el perió-* dico casi sin saber lo que hace). ¡Todos echando chispas por esta . . . pelindrusca![51] (*Tira el periódico con rabia.*) ¡Uf, qué asco de hombres![52] ¡Los aborrezco a todos!

MARÍA PEPA (*volviendo a entrar*). ¡Haces bien!

DOÑA BARBARITA (*severamente*). ¡Hace mal!

ROSARIO (*con aire de chiquilla que se complace en su propia rabieta*). ¿Por qué hago mal?

DOÑA BARBARITA (*con toda calma*). Hijita, porque lo inevitable no se adelanta nada[53] con aborrecerlo.

ROSARIO (*más[54] chiquilla mimada que nunca*). ¡Aaaah! ¿De modo que es (*subrayando la palabra*) inevitable que un hombre le tiene que amargar a una la vida?

(*Se sienta junto a la mesa, y cogiendo una almohadilla de encaje, que habrá sobre una silla, empieza a trabajar con rabia.*)

DOÑA BARBARITA (*sonriendo*). Amargar es una expresión demasiado fuerte. . . .

MARÍA PEPA (*confidencialmente a Rosario*). Sí, con «jeringar» basta.[55]

DOÑA BARBARITA (*enfadada*). ¡Cállate! ¡Ya sabes que no puedo sufrir con paciencia que las mujeres hablen mal de los hombres! ¡Siempre me ha parecido una vulgaridad de muy mal gusto!

MARÍA PEPA. ¡Sí, que ellos tienen pelos en la lengua para hablar perrerías de nosotras![56]

DOÑA BARBARITA (*muy digna*). ¡Pues hacen rematadamente mal![57]

[49] *No . . . cara,* Don't look cross.
[50] *dar parte (a la Policía).*
[51] *pelindrusca,* hussy.
[52] *¡qué . . . hombres!* these despicable men!
[53] *no . . . nada,* one does not get anywhere.
[54] *más,* more like a.
[55] *con . . . basta,* "to pester" would have been enough.
[56] *¡Si . . . nosotras!* Yes, but they don't hold their tongues when it comes to saying nasty things about us women! See Translation Aid VIII, No. 1, p. 508.
[57] *rematadamente mal,* extremely wrong.

Hombres y mujeres hemos venido al mundo para llevar a medias la carga de la vida. . . .

María Pepa. ¡Sí; pero ellos escurren el hombro [58] siempre que pueden!

Rosario (*tira con violencia sobre la mesa la almohadilla de encajes; los bolillos* [59] *ruedan, enmarañándose*). ¡No puedo, no puedo! (*Se levanta.*) No sé; los bolillos se enredan, los hilos se me rompen, se me tuercen todos los alfileres. . . . ¡Qué labor tan idiota es el encaje!

Doña Barbarita. ¡Niña, niña, niña! ¡Esos son nerviosismos [60] de chiquilla mimada!

Rosario (*muy dolida porque su abuela la habla con severidad*). Mimada ¿por quién?

Doña Barbarita. Por todo el mundo.

Rosario (*entre dientes*). ¡Ojalá! [61]

Doña Barbarita. Por mí, por tus hermanos, por la vida. En veintidós años no has sufrido una pena ni un disgusto, y por eso te crees con derecho a ponerte tonta en cuanto tienes una contrariedad. [62]

Rosario. Yo no tengo contrariedad ninguna.

Doña Barbarita. Entonces, hijita, peor que peor.

Rosario (*sentándose en el diván y sujetándose la cabeza con las dos manos*). Es que tengo jaqueca.

Doña Barbarita (*sonriendo*). Esa disculpa guárdala para tu maridito, cuando estés casada, pero a otra mujer no se la des nunca. No tienes jaqueca. (*Con seriedad.*) Tienes mal humor, que es muy diferente. (*Rosario levanta la cabeza y mira a su abuela con un poco de alarma.*) ¡Tú sabrás [63] por qué! (*Rosario hace un gesto.*) ¡Yo no te lo pregunto! (*Con severidad.*) ¡Pero sí te digo [64] que cuando una niña no sabe dominarse, se encierra en su cuarto, y no hace padecer, [65] a quien no tiene la culpa, los efectos de su mal humor!

María Pepa (*dolidísima* [66] *e indignadísima, como si el regaño* [67] *fuese con ella* [68]). ¡Eso es! [69] ¡Ríñela si te parece! [70]

[58] *escurren el hombro,* shirk the job.
[59] *bolillos,* bobbins.
[60] *nerviosismos,* tantrums.
[61] *¡Ojalá!* I wish I were! See Translation Aid XXI, No. 3, a, p. 536.
[62] *en . . . contrariedad,* as soon as something goes wrong with you.
[63] *sabrás,* must know.
[64] *sí te digo,* I do tell you.
[65] *no . . . padecer,* does not inflict (upon).
[66] *dolidísima,* very distressed.
[67] *regaño,* scolding.
[68] *con ella,* directed against her.
[69] *¡Eso es!* That's a fine how-do-you-do!
[70] *¡Ríñela . . . parece!* Scold her now, if you have to!

Doña Barbarita. No la riño, le digo la verdad por su bien. Quiero que aprenda a dominar los nervios, que buena [71] falta le hace.

María Pepa. ¡Habla de nervios tú, que te has pasado la mitad de la vida dándote perlequeques! [72]

Doña Barbarita (*muy digna*). ¡Nunca me ha dado uno inoportunamente! De sobra lo sabes.

María Pepa (*que no quiere dar su brazo a torcer*). ¡Pobre hija de mi alma! [73]

Doña Barbarita. ¡No me pongas frenética [74] con tus compasiones! ¡La niña no necesita que la compadezcan!

Rosario (*mira a las dos viejas, un poco confusa, y por fin se acerca a su abuela y le besa la mano*). Perdóname, abuela . . . tienes razón . . . soy una niña tonta sin sentido común . . . y además injusta . . . y además antipática.[75] . . .

María Pepa (*ofendida*). ¡Ahora, si te parece, ponte contra ti misma!

(*Rosario, sin responder, sonríe con cariño a María Pepa, y se sienta en el suelo, junto al diván, delante de doña Barbarita. Doña Barbarita le pasa la mano por la cabeza en caricia suave.*)

Doña Barbarita. Más valdrá que te vayas a la cama. ¿No decías que estabas cansada?

Rosario. Pero no tengo sueño. (*Mira a la ventana.*)

Doña Barbarita (*cazando en el aire la mirada*).[76] ¡Ni yo tampoco! Velaremos juntas. (*A María Pepa.*) Tú, si quieres, te puedes acostar, que la niña me ayudará luego a desnudarme.

María Pepa (*susceptible*). ¡No sé por qué regla de tres [77] voy a tener yo [78] más sueño que vosotras! (*Levantándose con dignidad.*) Ahora, si es que estorbo . . .

Doña Barbarita (*enfadada*). ¡Siéntate y no digas despropósitos!

(*María Pepa vuelve a sentarse. Hay una brevísima pausa. María Pepa bosteza ruidosamente. Rosario suspira.*)

Rosario. ¡Ay!

Doña Barbarita (*a Rosario*). ¿Por qué no lees un poco en voz alta, y así nos distraeremos? Esa novela que empezaste a leernos la otra noche.

---

[71] *que buena . . .*, (for) she certainly.
[72] *dándote perlequeques*, having tantrums.
[73] *¡Pobre . . . alma!* You poor dear!
[74] *¡No . . . frenética!* Don't drive me mad!
[75] *antipática*, disagreeable.
[76] *cazando . . . mirada*, noticing her glance.
[77] *No . . . tres*, I should like to know why.
[78] *voy . . . yo*, I should be.

María Pepa (*con profundo desprecio*). ¿Cuál? ¿La del pinta-monas [79] que le toma el pelo [80] a la infeliz de [81] las naranjas, y ella, de tonta que es, se tira al río? ¡Pues sí que tiene chiste! (*A Rosario.*) ¡No te gastes los ojos leyendo paparruchas! [82]

Doña Barbarita. ¡Calla, hereje! [83]

Rosario (*a María Pepa, con aire de desencanto profundo*). Tienes razón. . . . No leo.[84] ¡Todas las novelas son mentira! ¡Tanto sentimiento, tanta poesía, para que luego el mismo que las escribe se burle cruelmente de lo que más exalta en sus obras!

10   Doña Barbarita. ¡Niña, tú que sabes!

Rosario (*con amargura sentimental*). ¡Me lo figuro!

María Pepa (*levantándose*). Pues si no lees, apagaré que para la labor que estamos haciendo no hace falta luz, y el contador [85] corre que es un gusto.[86] (*Apaga la luz eléctrica. Entra por la ventana la intensí-sima luz de la luna.*) Además, que [87] la luna entra por la ventana. (*Vuelve a sentarse.*)

Rosario. ¡Qué noche de calor! Verdaderamente, ¿quién se va a la cama con este bochorno? [88]

(*Quedan las tres inmóviles y en silencio. Doña Barbarita en el diván, Rosario en el suelo, a sus pies; María Pepa un poco más lejos, sentada en una silla baja, con las manos juntas sobre la falda. La luna ilumina mis-teriosa y románticamente la habitación.*)

Doña Barbarita. Podíamos ir [89] rezando el rosario.

(*Saca con calma el rosario de la faltriquera y se santigua. En este mo-mento, sin viento ninguno, en perfecta calma,[90] entra violentamente por la ventana un sombrero de paja, que viene a caer en medio del grupo que forman las mujeres.*)

20   Rosario (*se levanta dando un grito ahogado*). ¡Ah! ¿Qué es esto?

María Pepa (*levantándose y cogiendo el sombrero*). ¡Un sombrero de paja!

Rosario (*con aire de maliciosa [91] satisfacción al ver que el Aparecido no ha abandonado la aventura*). ¡Ah, vamos!

[79] *pintamonas*, dauber.
[80] *le . . . pelo*, is making a fool of.
[81] *de*, who sells.
[82] *paparruchas*, trash.
[83] *hereje*, you old cynic.
[84] *No leo*, I won't read.
[85] *contador*, meter.
[86] *que . . . gusto*, merrily on, like the dickens.
[87] *que*, omit in translating.
[88] *bochorno*, sultry weather.
[89] *ir* (used to denote gradual progression), be.
[90] *sin . . . calma*, there being no wind but absolute calm.
[91] *maliciosa*, mischievous.

Doña Barbarita (*aparte, con aire de desafío*). ¡Le [92] estaba esperando!

María Pepa. ¡Pues lo que es esta noche no hace viento!

Rosario (*muy apurada, temiendo que se descubra su secreto*). ¡Más valdría cerrar la ventana! (*Se precipita a hacer lo que dice.*)

Doña Barbarita (*deteniéndola*). ¡De ningún modo! ¡Que entre quien sea! ¡Así sabremos la verdad!

María Pepa (*indignada*). ¡Qué va a entrar! [93] ¡Para que nos percuellen [94] a las tres, ahora que estamos solas!

Rosario (*hablando al mismo tiempo que María Pepa*). ¡No! ¡No! ¡No! (*Se oye fuera el ruido leve de alguien que trepa.*)

Doña Barbarita. ¡Suben!

María Pepa (*con susto*). ¡Ah! ¡Socorro! ¡Sereno!

Doña Barbarita (*con violencia*). ¡Calla!

Rosario (*al mismo tiempo que doña Barbarita*). ¡Cierra!

Doña Barbarita. ¡No!

María Pepa (*que ya en su terror cree ver al ladrón en la ventana*). ¡Ladrones! ¡Guardias! ¡A ése! [95]

(*Buscando con qué [96] defenderse mientras pronuncia las últimas palabras, coge el «perro de lanas» que está sobre la mesa y le arroja con violencia por la ventana. Se oye fuera una maldición pronunciada con voz ahogada.*)

Doña Barbarita (*indignada*). ¿Qué has hecho?

María Pepa (*fiera*). ¿Qué iba a hacer? [97] ¡Tirarle el perro!

Rosario (*sin saber lo que dice*). Pero, ¿a quién?

María Pepa. Yo qué sé. . . . ¡Al que subía!

Rosario (*asustadísima*). ¡Ay Dios mío, Dios mío, Dios mío! (*Se desploma en el sofá, casi desvanecida.*)

María Pepa y doña Barbarita (*acudiendo a ella*). Niña, ¿qué te pasa?

Rosario (*balbuceando*). Nada . . . no sé. . . . (*Cogiendo las manos de doña Barbarita.*) Abuela . . . tengo . . . tengo que . . . decirte . . . una cosa.

Doña Barbarita. Sí, hija, sí. . . . (*A María Pepa.*) Cierra esa ventana.

(*María Pepa va a cerrar la ventana refunfuñando,[98] porque la orden se le antoja un ardid de doña Barbarita para alejarla y que [99] no oiga lo que va a decir Rosario.*)

[92] *Le*, it.
[93] *¡Qué . . . entrar!* He shall certainly not!
[94] *¡Para . . . percuellen . . .!* Someone may wring our necks. . . .
[95] *¡A ése!* Get him!
[96] *con qué*, something with which.
[97] *iba a hacer*, should I have done.
[98] *refunfuñando*, grumbling.   [99] *que = para que.*

ROSARIO (*balbuceando*). Anoche . . . yo . . . (*Suena con fuerza el timbre de la puerta. Las tres mujeres dan un respingo.*[100])

MARÍA PEPA. ¡Llaman!

ROSARIO. ¡Llaman!

DOÑA BARBARITA (*con mal humor*). ¡Así parece!

MARÍA PEPA (*con susto*). ¡Serán los guardias!

DOÑA BARBARITA. ¿Ves lo que has conseguido con chillar? (*Vuelve a sonar el timbre.*)

MARÍA PEPA. ¿Abro?[101]

10   DOÑA BARBARITA. ¡Naturalmente!

(*María Pepa sale sin decir nada. Doña Barbarita y Rosario esperan con un poco de impaciencia. Se oye confusamente en la antesala la voz de María Pepa que hace una exclamación de susto y la voz de un hombre que la tranquiliza.*)

MARÍA PEPA (*dentro*). ¡Ay, Dios mío!

EL APARECIDO (*dentro*). No es nada . . . si[102] no es nada . . .

MARÍA PEPA (*dentro*). ¡Ay, Virgen Santísima!

DOÑA BARBARITA (*alterada*). Pero, ¿qué sucede?

ROSARIO. María Pepa, ¿has abierto?

MARÍA PEPA (*dentro, con voz temblorosa*). ¡Sí . . . sí! . . . (*Aparece en la puerta, trastornada.*)

ROSARIO (*con angustia*). ¿Quién es?

DOÑA BARBARITA (*al ver los gestos de ahogo*[103] *de María Pepa, que
20 no contesta*). ¿La policía? (*María Pepa contesta que no*[104] *con la cabeza.*) ¿El sereno? (*María Pepa mueve la cabeza negativamente.*)

ROSARIO (*con impaciencia*). ¿El ladrón?

MARÍA PEPA (*rompiendo a hablar*). ¡Tampoco! Es . . . es . . . ¡un caballero!

DOÑA BARBARITA (*muy digna*). Que pase.

MARÍA PEPA. Ya va . . . ya va . . . pero no os asustéis . . . el pobre viene[105] . . . viene . . . viene . . . ¡herido!

DOÑA BARBARITA Y ROSARIO (*se acercan impulsivamente a la puerta, muy alarmadas, y dicen a un tiempo*). ¡¡Herido!!

(*Antes de que lleguen a la puerta se presenta en ella el Aparecido, amable y sonriente; trae en una mano el pañuelo con el cual se restaña*[106] *la sangre*

---

[100] *respingo*, start.
[101] *¿Abro?* Shall I open?
[102] *si*, omit in translating.
[103] *ahogo*, choking.
[104] *contesta . . . no*, answers negatively.
[105] *viene*, is.
[106] *se restaña*, stanches.

de una descalabradura [107] *que tiene en la frente a la altura del pelo* [108] *y en la otra el «perro de lanas» que ha tirado María Pepa por la ventana.*)

EL APARECIDO (*amablemente*). No, señoras, no tanto [109] . . . no se alarmen ustedes . . . sencillamente descalabrado [110] . . . por este pequeño bibelot [111] (*mostrando el «perro de lanas»*) que ha salido volando por la ventana . . . precisamente cuando yo pasaba por la calle, y que tengo el honor de devolver a ustedes. . . .

DOÑA BARBARITA. ¡El perro de lanas! (*Mirando con reproche a María Pepa.*) ¡¡María Pepa!!

MARÍA PEPA (*apuradísima*). ¡No me digas nada, que bastante lo siento! (*Con odio hacia el «perro de lanas.»*) ¡El dichoso animal tenía que ser! 10

(*Rosario, que se había lanzado hacia la puerta, al mismo tiempo que su abuela, para socorrer al herido, al ver aparecer en la puerta a su novelista, retrocede, lanzando una exclamación, que tanto puede ser de asombro como de triunfo, y se retira a un lado sin tomar parte en la conversación ni parecer interesarse por la herida del Aparecido. El Aparecido, por su parte, no da la menor señal de conocerla.*)

EL APARECIDO (*humildemente*). Pido a ustedes mil perdones por atreverme a molestarles a esta hora, un poco incorrecta,[112] pero . . .

DOÑA BARBARITA (*muy apurada*). Por Dios, caballero, nosotras somos las que tenemos que pedir a usted que nos disculpe . . . por haber sido causa de este accidente. . . . (*Viendo que él retira de la descalabradura el pañuelo lleno de sangre.*) ¡Ay, Dios mío! Se está usted desangrando.[113] . . .

EL APARECIDO (*sonriendo*). Realmente . . . si tuvieran ustedes un poco de tafetán [114] . . . Ignoro dónde está la Casa de Socorro del distrito. . . . 20

DOÑA BARBARITA (*apuradísima*). ¿Cómo tafetán? . . . Le haremos a usted una cura completa. . . . Siéntese usted. . . . María Pepa, trae agua hervida . . . algodón . . . vendas. . . . (*María Pepa sale rápidamente.*) Traiga usted eso que le estará estorbando. (*Le quita el perro y le obliga a sentarse en una silla.*) ¡Niña! ¿Qué haces ahí como una estatua? ¡Acércate!

---

[107] *descalabradura*, contusion, bruise.
[108] *a . . . pelo*, at the hair-line.
[109] *no tanto*, it isn't so bad.
[110] *descalabrado*, with a head wound.
[111] *bibelot* (French), knickknack.
[112] *incorrecta*, improper.
[113] *desangrando*, bleeding (to death).
[114] *tafetán*, courtplaster.

(*Dice esto, mientras con los impertinentes* [115] *examina la descalabradura del Aparecido, al cual ha obligado a sentarse en una silla.*)

EL APARECIDO (*con sorna*). Se habrá asustado. . . . Se ve que tiene un alma sensible.

ROSARIO. (*Le hace un gesto de enojo, pero se acerca.*)

DOÑA BARBARITA (*después de examinar la herida minuciosamente*). ¡Ay, señor! Habrá que cortarle un poco el cabello. . . . Voy por las tijeras. . . . (*Sale rápidamente.*)

EL APARECIDO (*cogiendo la mano a Rosario en cuanto doña Barbarita desaparece*). ¡Rosarito! ¿Está usted todavía enfadada conmigo?

ROSARIO (*furiosa*). ¡Es usted un miserable!

10   EL APARECIDO (*sonriendo*). ¡Eso me dice usted después de haberme roto la cabeza!

ROSARIO (*muy digna*). No he sido yo. ¡Pero le está a usted muy bien empleado! [116]

EL APARECIDO (*en tono entre guasón y suplicante*). ¡Rosarito!

(*Entra María Pepa con un primoroso aguamanil* [117] — *jofaina* [118] *y jarrito pequeños* — *de plata antigua, y un cestillo con vendas, gasas, algodones, etc., y lo deja todo sobre la mesa. Entra detrás de ella doña Barbarita con un primoroso estuche de tijeras, un cuenquecito de plata o de cristal y un frasquito de alcohol con tapón* [119] *de plata o de oro. Todo cuidado y primorosísimo, como de* [120] *viejecitas que ya no viven más que para los detalles y que han estado acostumbradas a infinitos refinamientos mujeriles y románticos.*)

DOÑA BARBARITA. Vamos a ver. . . . María Pepa, el agua. (*María Pepa echa agua del jarrito en la jofaina, y se acerca.*) Niña, corta el cabello tú que ves mejor.

ROSARIO. (*Cogiendo las tijeras que le da su abuela, y tratando con poco miramiento la cabeza del Aparecido, le corta un gran mechón* [121] *de pelo.*)

20   DOÑA BARBARITA (*escandalizada*). Pero, niña, ¿qué destrozo estás haciendo?

EL APARECIDO (*con sorna*). Es que está nerviosa.

ROSARIO (*muy seca*). No estoy nerviosa . . . es que tiene usted un pelo . . .

EL APARECIDO (*riéndose*). ¿Tan endemoniado? Es por simpatía.

DOÑA BARBARITA (*interviniendo*). Ea, ya está,[122] ya está, déjame a mí. (*Apartando a Rosario, lava la herida con cuidado y rapidez.*)

[115] *impertinentes*, lorgnette.
[116] *¡le . . . empleado!* it serves you right!
[117] *aguamanil*, small washbasin set.
[118] *jofaina*, washbasin.
[119] *tapón*, stopper.
[120] *como de*, like possessions of.
[121] *mechón*, lock (of hair).   [122] *ya está*, that's enough.

Ahora un poco de alcohol. (*Empapa un algodón en alcohol, echándole del frasquito, y le pasa por la herida.*) ¿Escuece? [123]

EL APARECIDO (*con un gesto elocuente*). ¡Bastante!

DOÑA BARBARITA. Es de lavanda [124] . . . completamente puro . . . le preparo yo misma. (*Rosario mira sufrir al Aparecido con crueldad inaudita. Él, mientras las dos viejas están ocupadas curándole, hace gestos burlones, como pidiendo a Rosario que tenga compasión de él, cosa que a ella le indigna cada vez más.*) Niña, corta un pedazo de tafetán. (*Prepara un poco de agua en el cuenquecito, y cuando Rosario le da el tafetán, lo humedece cuidadosamente y lo aplica sobre la herida.*) Ya está . . . no es 10 nada . . . una señal pequeña.

MARÍA PEPA (*con profunda simpatía*). Que le hará a usted muchísima gracia, porque está en un sitio muy aparente.

DOÑA BARBARITA (*lavándose las manos y secándoselas con una toalla.*[125]) Ahora, si quiere usted un espejo y un peine . . .

EL APARECIDO (*levantándose*). Por Dios, señoras; . . . de ninguna manera. (*Se arregla el pelo con las manos.*) ¡Cuánta molestia! Son ustedes la flor de la amabilidad . . . nunca olvidaré lo que han hecho ustedes por mí esta noche . . . y si me permiten volver a otra hora más correcta a ofrecerles oficialmente mis respetos . . .   20

DOÑA BARBARITA. ¡No faltaría más! [126] Cuando usted guste. Está usted ahora y siempre en su casa.[127] . . . Bárbara de Tauste, viuda de Castellanos. . . .

EL APARECIDO (*inclinándose*). Luis Felipe de Córdoba . . .

DOÑA BARBARITA (*con gran sorpresa*). ¿Luis Felipe de Córdoba? . . . ¿El novelista?

EL APARECIDO (*volviendo a inclinarse*). Humilde y agradecido servidor de ustedes. . . .

DOÑA BARBARITA (*mirando a Rosario*). El ilustre autor de *Ilusión de Mayo.*   30

(*María Pepa, que está recogiendo las cosas al oír esto, le mira como si viera un animal antediluviano.*)

EL APARECIDO. Precisamente [128] ilustre. . . .

MARÍA PEPA (*a Rosario*). ¡Niña . . . el del pintamonas! ¿No dices [129] que tenías tantísima gana de conocerle? Pues ahí le tienes.[130] ¡Y bien guapo que es!

[123] *¿Escuece?* Does it smart?
[124] *lavanda,* lavender.
[125] *toalla,* towel.
[126] *¡No . . . más!* Why, of course!
[127] *en . . . casa,* welcome.
[128] *Precisamente;* translate negatively.
[129] *¿No dices?* Aren't you always saying?   [130] *ahí le tienes,* there he is.

(*Rosario no sabe dónde meterse de confusión que le causa la observación de María Pepa.*)

El Aparecido (*inclinándose*). Señora . . .

Doña Barbarita (*con reproche*). ¡María Pepa!

María Pepa (*imperturbable*). ¡Señor,[131] si lo es![132] Guapo y simpático y buen mozo. ¿Por qué no lo va una a decir?[133] ¿Es algún delito?

Doña Barbarita (*un poco impaciente*). Llévate todo eso. (*María Pepa sale con el aguamanil y el cestillo mirando amablemente al Aparecido. Éste, de pronto, se lleva la mano a la frente y se apoya en la mesa. Asustada.*) ¿Qué le sucede a usted?

10 El Aparecido. Nada . . . ya pasó[134] . . . un vértigo ridículo . . . un mareo . . .

Doña Barbarita. ¡Claro . . . el golpazo . . . la pérdida de sangre! . . . Siéntese usted. . . .

El Aparecido. Por Dios, señora . . .

Doña Barbarita. Voy a buscar el agua de melisa.[135] . . .

Rosario. Iré yo. . . .

Doña Barbarita. No por cierto; está en mi secreter,[136] y no me gusta que me le revuelvan. (*Sale.*)

El Aparecido (*cogiendo la mano a Rosario*). Déjeme usted que bese 20 la mano que me ha herido. . . .

Rosario (*en voz baja, rápida y secamente*). ¡Ya le he dicho[137] a usted antes que no he sido yo!

El Aparecido (*con guasa patética*). ¡No me quite usted esa ilusión!

Rosario (*implacable*). El perro le tiró María Pepa.

Doña Barbarita (*entrando con un plato en el que hay un frasquito, una copita con un poco de agua, una cucharilla y un terrón de azúcar*). ¡El agua de melisa! (*La prepara y se la ofrece.*)

El Aparecido (*bebiéndola*). ¡Mil gracias, señora! (*Amablemente.*) 30 ¡Es exquisita!

Rosario (*con sorna*). ¿Le gusta a usted más que el agua de azahar?

Doña Barbarita (*asombrada ante la pregunta, que le parece demasiado tonta*). Niña, ¿por qué preguntas eso?

El Aparecido. ¡Muchísimo más! (*Sonriendo.*) De hoy en

[131] *¡Señor!* Heavens! My goodness!
[132] *si . . . es,* he certainly is.
[133] *¿ . . . no . . . decir?* . . . can't I say it?
[134] *ya pasó,* it is all over.
[135] *agua de melisa,* balm-water.
[136] *secreter* (French), writing desk.
[137] *he dicho,* pres. pfct. for pret.; see Translation Aid VII, No. 2, c, p. 506.

adelante pienso tenerla siempre en mi despacho, para uso de visitantes nerviosas.

Doña Barbarita (*con graciosa malicia* [138]). ¡Ah! ¿Recibe usted muchas visitas de señoras?

El Aparecido (*modestamente*). Algunas . . . sí . . . con bastante frecuencia. . . .

Rosario (*agresiva*). ¡De cupletistas!

Doña Barbarita (*escandalizada*). Niña, ¿qué dices?

El Aparecido (*sonriendo*). Sí, de cupletistas también . . . algunas veces. . . .   10

Doña Barbarita (*solícita*). ¿Qué? ¿Pasó ya el mareo?

El Aparecido (*muy amable*). Sí, señora . . . y, por lo tanto, no quiero molestar más a ustedes.

Doña Barbarita (*sonriendo*). Es muy justo [139] . . . pero ahora somos nosotras las que queremos molestar a usted. . . .

El Aparecido. ¿Cómo?

Doña Barbarita. Rogándole que tome con nosotras una pequeña colación.[140] ¡María Pepa!

María Pepa (*apareciendo con rapidez que deja* [141] *sospechar que no andaba* [142] *muy lejos*). ¿Té o chocolate?   20

El Aparecido (*galante*). Por Dios, señora . . . de ninguna manera . . . sería demasiado trastorno. . . .

Doña Barbarita (*muy gran señora*). ¿Para usted?

El Aparecido (*confuso e inclinándose*). ¡Señora! . . .

Doña Barbarita. Yo, de todas maneras, tengo que tomar algo; he velado más de lo que acostumbro y estoy desfallecida. (*Se sienta. María Pepa habla con ella en secreto.*[143])

Rosario (*acercándose al Aparecido, que está en pie junto a la mesa y hablándole en voz baja y con rabieta*). ¡Le han cogido a usted! . . . (*Viendo que él mira hacia la chimenea.*) No mire usted la hora . . . es 30 tarde . . . ya no llega usted a [144] ver bailar a la Estrellita . . . pero puede usted recrearse contemplando su imagen. . . . (*Le da el periódico.*) ¡Ahí está!

El Aparecido (*mirando el periódico con toda calma y volviendo a dejarle sobre la mesa*). ¡Muy parecida! (*María Pepa, terminada su conferencia, sale.*)

[138] *malicia*, mischief.
[139] *Es . . . justo*, You have every right to.
[140] *colación*, refreshment.
[141] *deja*, makes one.
[142] *andaba*, was.
[143] *en secreto*, privately.
[144] *no llega . . . a*, will not get to.

Doña Barbarita. ¿No se sientan ustedes?

(*El Aparecido y Rosario se sientan cada uno a un lado de la anciana, en visita correctísima, Rosario en una silla, el Aparecido en un sillón. El Aparecido mira a Rosario, sonriendo. Rosario mira al Aparecido con mal humor. Se comprende que si estuvieran solos tendrían una gresca* [145] *de la cual tal vez saldría la paz; pero la presencia de la abuela impide toda aclaración.* [146] *Doña Barbarita los mira alternativamente. Hay una pausa que rompe el Aparecido.*)

El Aparecido (*por* [147] *decir algo*). Tienen ustedes una casa muy simpática.

Doña Barbarita. Modesta, pero cómoda; éste es el despacho de mi nieto, que también escribe. . . . (*El Aparecido lanza un ¡Ah! galante, aunque la cosa le trae perfectamente sin cuidado.*) Todos somos aquí muy aficionados a la literatura y especialísimos admiradores de usted. (*El Aparecido se inclina.*) Así es que,[148] lamentando muchísimo el haberle a usted roto la cabeza, nos alegramos infinito [149] de la
10 ocasión que nos proporciona el placer de conocerle. . . .

El Aparecido. Señora, todo el placer es para mí.

Doña Barbarita (*sonriendo*). Pero usted le ha pagado un poco caro.

El Aparecido. ¡Bah! La herida no es de muerte . . . y aunque lo fuera. Que haya [150] un cadáver más, ¿qué importa al mundo?

Doña Barbarita. ¡Ay! Cita usted a un poeta de mi niñez. . . . Personalmente no le conocí, pero tengo versos suyos en mi álbum . . . copiados por mí, naturalmente, imitando la letra de un autógrafo que vino en un periódico . . . a su muerte. He sido siempre un poco fantaseadora,[151] y cuando no he podido lograr una cosa en la realidad,
20 me he consolado fingiéndome a mí misma que la lograba. . . . En mis tiempos el álbum con versos y dibujos de hombres célebres era una manía.

El Aparecido (*suspirando*). ¡Ay! que ha resucitado. . . .

Doña Barbarita. A ustedes los poetas les molestará mucho. . . .

El Aparecido. ¡Lo que usted no puede figurarse!

Doña Barbarita. Por lo cual no me atrevo a pedir a usted. . . .

El Aparecido. ¡Por Dios, señora! ¡Con muchísimo gusto! ¡No faltaría más!

---

[145] *gresca*, quarrel.

[146] *aclaración*, explanation.

[147] *Por*, Just.

[148] *es que*, omit in translating; supply: although.

[149] *nos . . . infinito*, we greatly appreciate.

[150] *Que haya*, If there is; this is a quotation from the well-known poem *A Teresa* by the Spanish romantic poet José de Espronceda (1808–1842).

[151] *fantaseadora*, imaginative.

Doña Barbarita (*muy contenta*). Niña, saca el álbum. . . .

(*Rosario se levanta.*) Verá usted que la última poesía es del [152] sesenta y cinco, cuando a mí,[153] aunque casada en terceras nupcias, aun se me podía llamar [154] joven y rubia sin demasiada licencia poética. . . . (*Rosario, que ha abierto un armarito* [155] *y ha sacado de él un álbum primoroso, le pone encima de la mesa.*) Escriba usted algo muy romántico. . . . Aunque soy vieja no he perdido el buen gusto. Niña, dale al señor todo lo necesario.

(*El Aparecido se levanta y se sienta a la mesa de escribir. Rosario está en pie junto a la mesa, y le da pluma y secante sin hablar.*)

El Aparecido (*fingiendo que escribe. A Rosario*). Ese ceño de enojo le sienta a usted muy mal. 　　　　　　　　　　　　10

Rosario. ¡Me alegro tanto!

El Aparecido. Sonría usted un poco. . . .

Rosario. ¡No tengo gana de sonreír! . . .

El Aparecido (*a doña Barbarita en voz alta*). ¿Prosa o verso?

Doña Barbarita (*que en cuanto ha dejado de hablar, rendida sin duda por el cansancio, ha empezado a dar cabezadas,*[156] *y que se asusta un poco al oír la voz*). ¡Eh! (*Repitiendo las palabras y al parecer comprendiéndolas al oírselas a sí misma.*) ¿Prosa o verso? Prosa . . . prosa poética. . . . (*Vuelve a dar cabezadas.*)

El Aparecido (*a Rosario*). Si yo fuera usted, ¿sabe usted lo que haría? 20

Rosario. ¡Alguna estupidez!

El Aparecido (*sin ofenderse*). Contestar sí o no a la pregunta que dejamos pendiente esta mañana: ¿Quiere usted ser mi . . . ?

Rosario (*interrumpiéndole furiosa, pero sin levantar la voz*). ¡No quiero ser nada de usted! ¡Ay, mi abuela!

El Aparecido (*con sentimentalismo guasón*). Se ha dormido. ¡Ay, yo que había llegado a [157] hacerme la ilusión de que lo [158] fuera usted casi todo!

Rosario (*escandalizadísima, y olvidándose de su abuela, que, afortunadamente, se ha dormido del todo*). ¿Cómo casi? 　　　　　　30

El Aparecido (*con toda calma*). ¿Le parece a usted poco? [159] . . . Un ser humano, por muy grande que sea su perfección, nunca acierta a llenar por completo las aspiraciones de otro. . . .

---

[152] *del* (*año*).
[153] *a mí*, I; see Translation Aid XVI, No. 2, p. 525.
[154] *llamar*, be called.
[155] *armarito*, small cabinet.
[156] *dar cabezadas*, to nod.
[157] *había llegado a*, I even got to.
[158] *lo*, omit in translating; *lo* is used with *todo* as the object of a verb.
[159] *¿Le . . . poco?* Does it not seem enough to you?

Rosario. ¡Usted, por lo visto, necesita mucho!

El Aparecido (*levantándose y acercándose un poco a ella*). No sé si mucho o poco: la necesito a usted.

Rosario (*con guasa, tomando ventaja de la declaración*). ¿Para secretaria?

El Aparecido (*acercándose más*). Para lo que usted quiera. . . .

Rosario (*haciéndose la ofendida*). ¡Señor mío!

(*Llevándose de pronto las manos a la cabeza y mirando con terror al sofá.*)

El Aparecido (*con «calinerie»*). Vamos . . . decida usted. . . .

Rosario (*mirándole de reojo*). ¿Qué sueldo da usted?

10 El Aparecido. ¿A mi secretaria? Cuatrocientas pesetas.

Rosario. ¡Es muy poco!

El Aparecido (*muy serio*). No son más que seis horas de trabajo . . . agradable.

Rosario (*con guasa*). Se han puesto muy caras las subsistencias.[160]

El Aparecido. ¡Cásese usted conmigo y la mantengo a usted sin reparar en gastos!

Rosario (*muy digna*). ¡Y la mantengo a usted! ¡No quiero que me mantenga nadie!

El Aparecido (*con calma*). O le aumento a usted el sueldo. No 20 hay por qué [161] ofenderse. Cuatrocientas como secretaria y trescientas cincuenta como esposa. . . . Puede usted poner su pucherito aparte; [162] supongo que algún día tendrá usted la bondad de invitarme a comer; yo, por mi parte, la convidaré a usted jueves y domingos.

Rosario (*echándose a reír*). ¡Es usted imposible!

El Aparecido. ¡Gracias a Dios que la oigo a usted reír! ¿Hace o no hace? [163]

Rosario (*suspirando y haciéndose un poco la interesante y la mujer superior*).[164] ¡Ah! ¿Qué garantía me ofrece usted? . . .

El Aparecido (*muy ofendido, interrumpiéndola*). ¿De pagarla [165] a 30 usted puntualmente?

Rosario (*romántica*). De que podamos ser felices juntos. . . .

El Aparecido (*sincera y enérgicamente*). ¡Ninguna!

Rosario (*volviendo a escandalizarse*). ¿Cómo?

[160] *subsistencias*, living.
[161] *No . . . qué*, There is no reason.
[162] *Puede . . . aparte*, You may cook your own meals in a separate little kettle all your own.
[163] *¿Hace . . . hace?* Do you accept or not?
[164] *haciéndose . . . superior*, affecting . . . an air of an intriguing and superior woman.
[165] *la*, used for *le*.

El Aparecido. ¿Qué garantía me ofrece usted a mí? La felicidad se desea, se busca, se procura, se logra o no se logra, pero no se puede garantizar. Claro es que en las cartas y coloquios de amor, los novios de ambos sexos acostumbran a prometerse el paraíso, pero eso es una fórmula que, aproximadamente, tiene el mismo valor de realidad [166] que el [167] «beso a usted la mano.»

Rosario (*protestando sentimentalmente*). ¡Una fórmula!

El Aparecido. Copiada de dramas y novelas. . . .

Rosario (*con rencor*). ¡De las de usted!

El Aparecido (*con calma*). De todas. . . . Pero la vida no es una 10 novela.

Rosario (*con afectación de decepción romántica*). ¡Ay, no!

El Aparecido (*serenamente, pero con elocuencia sencilla*). Lo cual no quita para que sea [168] un libro maravilloso, una historia admirable, palpitante, llena de emoción, de luz y de misterio, una aventura digna de vivirse . . . ¡y sobre todo a medias! No, Rosarito, lealmente no puedo prometerle a usted, como usted no puede prometerme a mí, que mi amor será un cielo. Será la vida . . . nada más que la vida . . . ¡nada menos! Soy un ser humano con muchos defectos, pero con muchísima buena voluntad. Usted también los tiene. . . .   20

Rosario (*un poco enfurruñada, bajando la cabeza*). ¡Ya lo sé!

El Aparecido (*con cariño*). Sería usted un monstruo si no los tuviera. . . . Si quiere usted que echemos a andar juntos, daremos infinitos tropezones,[169] caeremos uno y otro innumerables veces, pero las caídas no serán nunca demasiado graves, porque el que quede en pie siempre estará dispuesto a levantar al otro, y no va a dar la pícara casualidad [170] de que caigamos los dos al mismo tiempo. . . .

Rosario (*muy baja*). No. . . .

El Aparecido (*con apasionamiento [171] sereno*). Pasaremos penas, como todo el mundo, pero nos reiremos de ellas siempre que podamos; 30 trabajaremos mucho, pero esperando siempre, única manera de ser siempre jóvenes; no nos daremos nunca la menor importancia, con lo cual todos los triunfos que nos dé la vida nos parecerán siempre un poco inmerecidos [172] y nos pondrán alegres como a [173] chiquillos con zapatos nuevos . . .

---

[166] *valor de realidad,* real value.
[167] *el,* the expression.
[168] *no . . . sea,* does not prevent it from being; *sea* has as subject: *la vida.*
[169] *daremos . . . tropezones,* we shall often stumble.
[170] *no . . . casualidad,* it will not be our bad luck.
[171] *apasionamiento.* vehemence.
[172] *inmerecidos,* undeserved.
[173] *a,* omit in translating.

Rosario (*interrumpiendo con aire de chiquilla enfadada, porque tiene muchas ganas de dejarse vencer,*[174] *y no sabe cómo*). Todo eso está muy bien, . . . es decir, estaría muy bien, si usted me quisiera . . . pero como usted no me quiere . . .

El Aparecido (*llevándose las manos a la cabeza*). ¡¡¡En qué lo ha conocido usted!!! [175]

Rosario. Cuando se quiere de verdad a una persona no se burla uno de ella . . . y usted (*casi llorando*) se ha burlado de mí cruelmente. . . . ¡El sombrero de paja, la carta, usted con el perro de lanas! . . .

10 El Aparecido. ¡¡Y la cabeza rota!!

Rosario (*muy chiquilla*). ¡Eso es lo único con que no había usted contado al urdir la farsa!

El Aparecido (*sonriendo beatíficamente*). ¡Y ya ve usted con qué resignación lo sufro! En serio, Rosarito, yo no quería dormirme esta noche sin haberme reconciliado con usted. ¿Preferiría usted que le hubiese enviado una carta por el interior, con el inevitable «Señorita: desde que tuve el gusto de conocerla?» . . . (*Con aire de horrible desencanto, naturalmente fingido.*) ¡Creí que tenía usted un poco más de imaginación!

20 Rosario (*vivamente, cayendo en el lazo*). ¡¡¡Y la tengo!!!

El Aparecido. ¿Entonces? . . . ¡Parece mentira que, siendo yo muchísimo más viejo que usted, tenga que descubrirle que el mayor encanto de las cosas serias está en tomarlas un poquito a broma! (*Ella no dice nada. Él se acerca a ella.*) ¿Qué? ¿Se decide usted a dejarse querer para toda la vida, por un hombre leal, que prefiere dejarse romper la cabeza [176] a exhalar un ¡¡te amo!! entre dos suspiros?

(*Rosario, con unos deseos terribles de decir que sí, baja la cabeza sin acertar con la fórmula propia, y da señales de espantoso apuro.*)

Doña Barbarita (*un poco impaciente*). ¡Niña, di ya que sí o que no de una vez!

(*Rosario y el Aparecido se separan de un salto y miran con estupefacción y confusión a doña Barbarita.*)

El Aparecido. ¡Ah!

30 Rosario. ¡¡Eh!!

Doña Barbarita (*con aire de reproche*). ¡Bien está [177] el melindre,[178] pero hasta cierto punto!

Rosario (*balbuceando*). ¿Pero . . . no estabas . . . dormida?

---

[174] *vencer*, translate in the passive voice.
[175] *¡¡¡ En . . . usted!!!* How do you figure that?
[176] *dejarse . . . cabeza,* to let his head be broken.
[177] *Bien está,* is all right.
[178] *melindre,* coyness, shyness.

Doña Barbarita. ¡Hija! En noventa años, ¿querías que aún no hubiese aprendido a dormirme y a despertarme a tiempo?

Rosario (*corre hacia su abuela, y arrodillándose ante ella, esconde la cabeza en su falda*). ¡Abuela! (*Doña Barbarita se inclina para acariciarla.*) ¡Díselo tú!

Doña Barbarita (*sonriendo y con emoción, al Aparecido*). Éstas son las mujeres que piden un llavín. No tiene madre . . . la he criado mal . . . y como soy tan vieja, no he sabido enseñarle [179] la vida. . . . Por eso ahora no sabe decir que sí. . . . (*Alarga la mano al Aparecido, que se la besa respetuosamente.*)

María Pepa (*que ha entrado como un torbellino*). Pero si se marcha usted sin que se lo haya dicho, luego se encerrará a llorar y nos dará el rato.[180] (*Echándose a llorar como un becerro y limpiándose con el delantal.*) ¡Porque usted no sabe lo que la queremos, aunque nos esté mal el decirlo! [181]

El Aparecido (*ofreciendo la mano a Rosario para ayudarla a levantarse*). ¿Rosarito?

Rosario (*levantándose con rubor y un poquito de malicia*). Bueno . . . pero Juanita no tiene que casarse con don Indalecio. ¡¡De ninguna manera!!

El Aparecido (*entrando en la broma,[182] satisfechísimo*). ¡¡No faltaría más!! [183] ¡Se casará con su Marianito el mismísimo día de nuestra boda!

Rosario (*muy contenta*). ¡Y saldrá doctora en Farmacia!

El Aparecido. ¡¡Con sobresaliente en el título!!

Rosario (*alargando las dos manos al Aparecido*). ¿Jurado?

El Aparecido (*cogiéndole las dos manos y sacudiéndoselas como en juego de chiquillos*). ¡¡¡Jurado!!! (*Los dos se ríen.*)

(*Las dos viejas les miran con embeleso y un poco de incomprensión, y María Pepa exclama: «¡¡Ay, qué parejita!!» mientras cae el telón rápidamente.*)

FIN

[179] *enseñarle*, supply: about.
[180] *el rato*, a bad time.
[181] *nos . . . decirlo*, it isn't for us to say it.
[182] *la broma*, the spirit of the joke.
[183] *¡No . . . más!* Of course not!

EL SOMBRERO DE TRES PICOS

PEDRO ANTONIO DE ALARCÓN *

ଔୡ

PREFACIO DEL AUTOR

Pocos españoles, aun contando a los menos sabios y leídos, desconocerán[1] la historieta vulgar que sirve de fundamento a la presente obrilla.

Un zafio[2] pastor de cabras, que nunca había salido de la escondida[3] Cortijada[4] en que nació, fué el primero a quien nosotros se la oímos referir.[5] Era el tal[6] uno de aquellos rústicos sin ningunas letras, pero naturalmente ladinos[7] y bufones,[8] que tanto papel hacen[9] en nuestra literatura nacional con el dictado[10] de pícaros.[11] Siempre que en la

---

* PEDRO ANTONIO DE ALARCÓN (1833–1891).   Hijo de familia distinguida pero pobre, hizo estudios de leyes y teología.   En su juventud fué miembro activo de la Cuerda Granadina, periodista y soldado en la guerra de África (1859–60).   En literatura fué un autodidacto.

Alarcón es tal vez el mejor narrador del siglo XIX.   Es de los novelistas que más se ganan el interés del lector por la gracia y técnica del relato.   Sirvan de ejemplos *El sombrero de tres picos* (1874), *Novelas cortas* (1881–82) o *El capitán Veneno* (1881).

En la novela larga no tuvo tanto éxito.   La mejor es tal vez *El escándalo* (1875), en la que el espíritu doctrinario no disminuye el interés de la acción.   Fué obra muy discutida, tanto por los personajes como por su marcada tendencia religiosa.

[1] *desconocerán*, fut. of probability; supply: probably, at the beginning of the sentence and translate the main verb as do not know.   See Translation Aid XVIII, No. 1, a, p. 528.
[2] *zafio*, boorish.   [3] *escondida*, out of the way.   [4] *Cortijada*, hamlet.
[5] *primero . . . referir*, first one whom we heard tell it.
[6] *el tal*, the aforementioned man.
[7] *ladinos*, cunning.
[8] *bufones*, clownish.
[9] *tanto . . . hacen*, play such an important rôle.
[10] *dictado*, name.
[11] *pícaros*, rogues; the reference is to the Spanish picaresque or rogue novel which developed during the sixteenth and seventeenth centuries.   It was the forerunner of the modern European novel.

Cortijada había fiesta, con motivo de boda o bautizo, o de solemne visita de los amos, tocábale a él poner [12] los juegos de chasco [13] y pantomima, hacer las payasadas [14] y recitar los Romances [15] y Relaciones; [16] — y precisamente en una ocasión de éstas (hace ya casi toda una vida [17] . . ., es decir, hace ya más de treinta y cinco años), tuvo a bien [18] deslumbrar y embelesar [19] cierta noche nuestra inocencia (relativa) con el cuento en verso de *El Corregidor y la Molinera*, o sea [20] de *El Molinero y la Corregidora*, que hoy ofrecemos nosotros al público bajo el nombre más trascendental y filosófico (pues así lo requiere la gravedad de estos tiempos) de *El sombrero de tres picos*.

Recordamos, por señas, [21] que cuando el pastor nos dió tan buen rato, las muchachas casaderas allí reunidas se pusieron muy coloradas, de donde [22] sus madres dedujeron que la historia era algo verde, [23] por lo cual pusieron ellas al pastor de oro y azul; [24] pero el pobre *Repela* (así se llamaba el pastor) no se mordió la lengua, [25] y contestó diciendo: que no había por qué escandalizarse de aquel modo, pues nada resultaba [26] de su Relación que no supiesen hasta las monjas y hasta las niñas de cuatro años. . . .

— Y si no, [27] vamos a ver — preguntó el cabrero [28] —: ¿qué se saca en claro [29] de la historia de *El Corregidor y la Molinera?* ¡Que [30] los casados duermen juntos, y que a ningún marido le acomoda que otro hombre duerma con su mujer! ¡Me parece que la noticia! . . .

— ¡Pues es verdad! — respondieron las madres, oyendo las carcajadas de sus hijas.

[12] *tocábale . . . poner*, it was up to him to put on.
[13] *juegos de chasco*, jokes.
[14] *payasadas*, clownish tricks.
[15] *Romances*, ballads.
[16] *Relaciones*, stories.
[17] *hace . . . vida*, it is now almost a whole lifetime ago.
[18] *tuvo a bien*, was kind enough.
[19] *deslumbrar y embelesar*, to dazzle and charm.
[20] *o sea*, or rather.
[21] *por señas*, to be specific.
[22] *de donde*, from which.
[23] *verde*, shady.
[24] *por . . . azul*, because of which they raked the goatherd over the coals.
[25] *no . . . lengua*, did not hold his tongue.
[26] *resultaba*, was deduced.
[27] *Y si no*, And if you don't believe it.
[28] *cabrero*, goatherd.
[29] *se . . . claro*, does one infer.
[30] *Que . . .*, dependent on *se saca en claro*, (One infers) that.

— La prueba de que el tío *Repela* tiene razón — observó en esto el padre del novio —, es que todos los chicos y grandes aquí presentes se han enterado ya de que esta noche, así que se acabe el baile, Juanete y Manolilla estrenarán esa hermosa cama de matrimonio que la tía Gabriela acaba de enseñar a nuestras hijas para que admiren los bordados de los almohadones.[31] . . .

— ¡Hay más![32] — dijo el abuelo de la novia —: hasta en el libro de la Doctrina[33] y en los mismos Sermones se habla[34] a los niños de todas estas cosas[35] tan naturales, al ponerlos al corriente de[36] la larga esteri-
10 lidad de Nuestra Señora Santa Ana,[37] de la virtud del casto José,[38] de la estratagema de Judit,[39] y de otros muchos[40] milagros que no recuerdo ahora. Por consiguiente, señores . . .

— ¡Nada, nada, tío *Repela!* — exclamaron valerosamente las mucha⌐ chas —. ¡Diga V. otra vez su Relación; que[41] es muy divertida!

— ¡Y hasta muy decente! — continuó el abuelo —. Pues en ella no se aconseja a nadie que sea malo; ni se le enseña a serlo;[42] ni queda sin castigo el que lo es.[43] . . .

— ¡Vaya! ¡repítala V.! — dijeron al fin consistorialmente[44] las madres de familia.

20 El tío *Repela* volvió entonces a recitar el Romance; y, considerado ya su texto por todos a la luz de aquella crítica tan ingenua, hallaron que no había *pero* que ponerle;[45] lo cual equivale a decir que le concedieron *las licencias necesarias.*[46]

.   .   .   .

Andando los años,[47] hemos oído muchas y muy diversas versiones de aquella misma aventura de *El Molinero y la Corregidora*, siempre de

---

[31] *almohadones*, pillowcases.
[33] *libro . . . Doctrina*, catechism.
[34] *se habla*, they speak.
[35] *cosas*, add: which are.
[36] *al ponerlos . . . de*, when acquainting them with.
[37] *Nuestra . . . Ana*, Our Lady St. Anne, mother of the Virgin.
[38] *casto José;* reference to the story of Joseph and Potiphar's wife. See Genesis 39: 7–20.
[39] *Judit*, Judith, a Jewish heroine who relieved her city of siege by tricking the enemy general, Holofernes, and beheading him.
[40] *otros muchos*, many other; notice word order.
[41] *que*, because.
[43] *el . . . es*, the one who is; *lo* refers to *malo;* see Translation Aid V, No. 1, b, p. 504.
[44] *consistorialmente*, consistorially, i.e., as if spoken in an ecclesiastical council.
[45] *no . . . ponerle*, there was no objection to raise to it.
[46] *licencias necesarias*, term used in securing permission to print a book.
[47] *Andando los años*, As time went on.

[32] *¡Hay más!* That's not all!
[42] *serlo*, to be so.

labios de *graciosos* [48] de aldea y de cortijo,[49] por el orden del ya difunto *Repela*, y además la hemos leído en letras de molde [50] en diferentes *Romances de ciego* [51] y hasta en el famoso *Romancero* [52] del inolvidable D. Agustín Durán.

El fondo del asunto resulta [53] idéntico: tragi-cómico, zumbón [54] y terriblemente epigramático, como todas las lecciones dramáticas de moral de que se enamora [55] nuestro pueblo; pero la forma, el mecanismo accidental,[56] los procedimientos casuales,[57] difieren mucho, muchísimo, del relato de nuestro pastor, tanto, que éste no hubiera podido recitar en la Cortijada [58] ninguna de dichas versiones, ni aun 10 aquellas que corren impresas,[59] sin que antes se tapasen los oídos las muchachas en estado honesto,[60] o sin exponerse a que sus madres le [61] sacaran los ojos. ¡A tal punto han extremado y pervertido [62] los groseros patanes [63] de otras provincias el caso [64] tradicional que tan sabroso, discreto [65] y pulcro [66] resultaba en la versión del clásico *Repela!*

Hace, pues, mucho tiempo que concebimos el propósito [67] de restablecer la verdad de las cosas, devolviendo a la peregrina historia de que se trata [68] su primitivo carácter, que nunca dudamos fuera aquel en que salía mejor librado [69] el decoro. Ni ¿cómo dudarlo? [70] Esta 20 clase de Relaciones, al rodar [71] por las manos del vulgo, nunca se desna-

[48] *gracioso*, the humorous, witty figure in the traditional Spanish Golden Age play; hence, a wit.
[49] *aldea, cortijo*, translate as plurals; *cortijo*, farmhouse.
[50] *letras de molde*, print.
[51] *Romances de ciego*, ballads sold by blind men in the streets.
[52] *Romancero*, a very extensive and useful collection of ballads compiled by Agustín Durán (1793–1862).
[53] *resulta*, turns out to be.
[54] *zumbón*, jocose.
[55] *se enamora*, are so fond.
[56] *mecanismo accidental*, handling of events.
[57] *casuales*, chance.
[58] *Cortijada*, hamlet.
[59] *corren impresas*, circulate in print.
[60] *muchachas . . . honesto*, unmarried girls.
[61] *le*, dative of interest, indicating the possessor of *los ojos*, his eyes.
[62] *pervertido*, distorted.
[63] *patanes*, clodhoppers.
[64] *caso*, story.
[65] *discreto*, witty.
[66] *pulcro*, beautiful.
[67] *propósito*, plan.
[68] *de . . . trata*, under consideration.
[69] *salía . . . librado*, was best preserved.
[70] *¿cómo dudarlo?* how could we doubt it?   [71] *rodar*, passing.

turalizan [72] para hacerse más bellas, delicadas y decentes, sino para estropearse y percudirse [73] al contacto de la ordinariez [74] y la chabacanería. [75]

Tal es la historia del presente libro. . . . Conque metámonos ya en harina; [76] quiero decir, demos comienzo a la Relación de *El Corregidor y la Molinera*, no sin esperar de tu sano juicio (¡oh respetable público!) que «después de haberla leído y héchote más cruces [77] que si hubieras visto al demonio (como dijo Estebanillo González [78] al principiar la suya), la tendrás por digna y merecedora de haber salido a luz.» [79]

Julio de 1874

I

DE CUÁNDO SUCEDIÓ LA COSA

Comenzaba este largo siglo, que ya va de vencida.[1] No se sabe fijamente el año: sólo consta que era después del de 4 y antes del de 8.[2]

Reinaba, pues, todavía en España Don Carlos IV [3] de Borbón; *por la gracia de Dios*, según las monedas, y por olvido o gracia especial de Bonaparte, según los boletines franceses. Los demás soberanos europeos descendientes de Luis XIV habían perdido ya la corona (y el Jefe [4] de ellos la cabeza) en la deshecha borrasca [5] que corría [6] esta envejecida parte del mundo desde 1789.

Ni paraba aquí la singularidad de [7] nuestra patria en aquellos tiempos. El Soldado [8] de la Revolución, el hijo de un obscuro abogado

[72] *se desnaturalizan*, change their character.

[73] *percudirse*, to become tarnished.

[74] *ordinariez*, coarseness.

[75] *chabacanería*, vulgarity.

[76] *metámonos . . . harina*, let's get to work; literally, let's get our hands into the flour.

[77] *héchote más cruces*, crossed yourself oftener.

[78] *Estebanillo González*, protagonist of an anonymous picaresque novel by the same name, published in 1646.

[79] *salido a luz*, been published.

[1] *ya . . . vencida*, is now drawing to a close.

[2] *después . . . 8*, after 1804 and before 1808.

[3] *Carlos IV*, king of Spain 1788–1808, forced from the throne by Napoleon.

[4] *Jefe;* reference to Louis XVI of France, beheaded in 1793.

[5] *deshecha borrasca*, violent storm.

[6] *corría*, was unleashed in.

[7] *Ni . . . singularidad de*, Nor was this all that there was unique in.

[8] *Soldado*, etc.; references to Napoleon Bonaparte.

corso,[9] el vencedor en Rívoli,[10] en las Pirámides,[11] en Marengo [12] y
en otras cien batallas, acababa de ceñirse la corona de Carlo Magno [13]
y de transfigurar [14] completamente la Europa, creando y suprimiendo na-
ciones, borrando fronteras, inventando dinastías y haciendo mudar de
forma, de nombre, de sitio, de costumbres y hasta de traje a los pueblos
por donde pasaba en su corcel [15] de guerra como un terremoto animado,
o como el «Anticristo,» [16] que le llamaban [17] las Potencias del Norte.

. . . Sin embargo, nuestros padres (Dios los tenga en su santa
Gloria [18]), lejos de odiarlo o de temerle, complacíanse aún en ponderar
sus descomunales hazañas, como si se tratase del héroe de un Libro [10]
de Caballerías,[19] o de cosas que sucedían en otro planeta, sin que ni
por asomos [20] recelasen que pensara nunca en venir por acá a intentar
las atrocidades que había hecho en Francia, Italia, Alemania y otros
países. Una vez por semana (y dos a lo sumo) llegaba el correo de
Madrid a la mayor parte de las poblaciones importantes de la península,
llevando algún número de la *Gaceta* [21] (que tampoco era diaria), y por
ella sabían las personas principales (suponiendo que la *Gaceta*
hablase del particular) si existía un Estado más o menos allende el
Pirineo, si se había reñido otra batalla en que peleasen seis u ocho
reyes y emperadores, y si Napoleón se hallaba [22] en Milán, en Bruselas [20]
o en Varsovia. . . . Por lo demás,[23] nuestros mayores seguían viviendo a la antigua española, sumamente despacio, apegados [24] a sus
rancias costumbres, en paz y en gracia de Dios, con su Inquisición [25]
y sus Frailes, con su pintoresca desigualdad ante la Ley, con sus privilegios, fueros [26] y exenciones personales, con su carencia de toda liber-

[9] *corso*, Corsican.
[10] *Rívoli*, town in Italy where Napoleon defeated the Austrians in 1797.
[11] *Pirámides*, battle of the Pyramids in Napoleon's Egyptian campaign of 1798.
[12] *Marengo*, town in Italy where Napoleon defeated the Austrians in 1800.
[13] *Carlo Magno*, Charlemagne, emperor of the Holy Roman Empire of the
French nation (768–814).
[14] *de transfigurar*, dependent on *acababa*.
[15] *corcel*, charger.
[16] *«Anticristo,»* Antichrist.
[17] *que . . . llamaban*, as he was called by; see Translation Aid XI, No. 2, p. 514.
[18] *Dios . . . Gloria*, God rest their souls.
[19] *Libro de Caballerías*, chivalric novel; a type of fiction very popular in six-
teenth-century Spain, dealing with the adventures of knights errant.
[20] *ni por asomos*, in the least.
[21] *Gaceta*, La Gaceta de Madrid; a newspaper which appeared up to 1808.
[22] *se hallaba*, was.
[23] *Por . . . demás*, In other respects.
[24] *apegados*, attached.
[25] *Inquisición*, Inquisition; an ecclesiastical court with duties to investigate
offenses against the faith.   [26] *fueros*, special laws.

tad municipal o política, gobernados simultáneamente por insignes
Obispos y poderosos Corregidores.

Y aquí termina todo lo que la presente historia tiene que ver con la
militar [27] y política de aquella época; pues nuestro único objeto, al
referir lo que entonces sucedía en el mundo, ha sido venir a parar a [28]
que el año de que se trata (supongamos que el de 1805) imperaba
todavía en España el *antiguo régimen* en todas las esferas de la vida
pública y particular, como si, en medio de tantas novedades y tras-
tornos, el Pirineo se hubiese convertido en otra Muralla de la China.

II

DE CÓMO VIVÍA ENTONCES LA GENTE

10   En Andalucía, por ejemplo (pues precisamente aconteció en una
ciudad de Andalucía lo que vais a oír), las personas de *suposición* [1]
continuaban levantándose muy temprano; yendo a la Catedral a *Misa
de prima*,[2] aunque no fuese *día de precepto;* [3] almorzando, a las nueve,
un huevo frito y una jícara [4] de chocolate con picatostes; [5] comiendo,
de una a dos de la tarde, puchero y principio,[6] si había caza, y, si no,
puchero solo; durmiendo la siesta [7] después de comer; paseando
luego por el campo; yendo al Rosario, entre dos luces,[8] a su respectiva
parroquia; tomando otro chocolate a la Oración [9] (éste con bizco-
chos); asistiendo los muy encopetados [10] a la tertulia del Corregidor,
20   del Deán,[11] o del Título [12] que residía en el pueblo; retirándose a casa
a las Ánimas; [13] cerrando el portón [14] antes del toque de la queda; [15]

---

[27] *la militar*, supply: *historia.*
[28] *venir a parar a*, to come to the conclusion.

---

[1] *suposición*, distinction.
[2] *Misa de prima*, early Mass.
[3] *día de precepto*, obligatory holy day.
[4] *jícara*, cup.
[5] *picatostes*, toast; usually prepared by frying in butter or olive oil.
[6] *principio*, meat course.
[7] *durmiendo la siesta*, taking a nap.
[8] *entre dos luces*, at twilight.
[9] *Oración*, Angelus.
[10] *encopetados*, presumptuous people.
[11] *Deán*, dean of the cathedral.
[12] *Título*, nobleman.
[13] *a . . . Ánimas*, at the time for praying for the souls in purgatory.
[14] *portón*, door to the court.
[15] *aueda*, curfew

cenando ensalada y *guisado*, si no *habían entrado* boquerones [16] frescos,
y acostándose incontinenti [17] con su señora (los que la tenían), no sin
hacerse [18] calentar primero la cama durante nueve meses del año. . . .

¡Dichosísimo tiempo aquel en que nuestra tierra seguía en quieta
y pacífica posesión de todas las telarañas,[19] de todo el polvo, de toda
la polilla,[20] de todos los respetos, de todas las creencias, de todas las
tradiciones, de todos los usos y de todos los abusos santificados por
los siglos! ¡Dichosísimo tiempo aquel en que había en la sociedad
humana variedad de clases, de afectos y de costumbres! ¡Dichosísimo tiempo, digo, . . . para los poetas especialmente, que encon- 10
traban un entremés,[21] un sainete,[22] una comedia, un drama, un auto
sacramental [23] o una epopeya detrás de cada esquina, en vez de esta
prosaica uniformidad y desabrido [24] realismo que nos legó al cabo la
Revolución Francesa! ¡Dichosísimo tiempo, sí! . . .

Pero esto es volver a las andadas.[25] Basta ya de generalidades y de
circunloquios,[26] y entremos resueltamente en la historia del *Sombrero
de tres picos*.

III

DO UT DES [1]

En aquel tiempo, pues, había cerca de la ciudad de * * * un famoso
molino harinero [2] (que ya no existe), situado como a [3] un cuarto de
legua de la población, entre el pie de suave colina poblada de guindos [4] 20
y cerezos [5] y una fertilísima huerta que servía de margen (y algunas
veces de lecho) al titular, intermitente y traicionero [6] río.

[16] *boquerones*, anchovies.
[17] *incontinenti*, at once.
[18] *hacerse*, see Translation Aid XII, No. 3, p. 516.
[19] *telarañas*, cobwebs.
[20] *polilla*, moths.
[21] *entremés*, interlude.
[22] *sainete*, one-act comedy.
[23] *auto sacramental*, a religious play, allegorical in nature, in honor of the Holy
Sacrament.
[24] *desabrido*, insipid.
[25] *volver . . . andadas*, repeating ourselves.
[26] *circunloquios*, beating around the bush.

[1] *Do ut des* (Latin), One good turn deserves another.
[2] *molino harinero*, flour mill.
[3] *como a*, at about.
[4] *guindos*, sour cherry trees.
[5] *cerezos*, sweet cherry trees.
[6] *traicionero*, treacherous.

Por varias y diversas razones, hacía ya algún tiempo que aquel molino era [7] el predilecto punto de llegada y descanso de los paseantes [8] más caracterizados [9] de la mencionada Ciudad . . . Primeramente, conducía a él [10] un camino carretero, menos intransitable [11] que los restantes de aquellos contornos. En segundo lugar, delante del molino había una plazoletilla empedrada,[12] cubierta por un parral [13] enorme, debajo del cual se tomaba muy bien el fresco [14] en el verano y el sol [15] en el invierno, merced a la alternada ida y venida de los pámpanos.[16] . . . En tercer lugar, el Molinero era un hombre muy
10 respetuoso, muy discreto, muy fino,[17] que tenía lo que se llama don de gentes,[18] y que obsequiaba a los señorones que solían honrarlo con su tertulia vespertina,[19] ofreciéndoles . . . lo que daba el tiempo,[20] ora habas verdes, ora [21] cerezas [22] y guindas,[23] ora lechugas en rama y sin sazonar (que están [24] muy buenas cuando se las acompaña de macarros [25] de pan y aceite; macarros que se encargaban de enviar por delante [26] sus señorías), ora melones, ora uvas de aquella misma parra que les servía de dosel, ora *rosetas* de maíz,[27] si era invierno, y castañas asadas, y almendras, y nueces, y de vez en cuando, en las tardes muy frías, un trago de vino de pulso [28] (dentro ya de la casa y al amor de
20 la lumbre [29]), a lo que por Pascuas [30] se solía añadir algún pestiño,[31]

---

[7] *hacía . . . era*, For some time that mill had been; see Translation Aid XX, No. 2, c, p. 533.

[8] *paseantes*, walkers, strollers.

[9] *caracterizados*, distinguished.

[10] *él* refers to *molino*.

[11] *intransitable*, impassable.

[12] *plazoletilla empedrada*, little paved court.

[13] *parral*, grape arbor.

[14] *se . . . fresco*, one could enjoy the cool air very well.

[15] *el sol* (*tomar* understood), sun oneself.

[16] *pámpanos*, grape leaves.

[17] *fino*, courteous.

[18] *don de gentes*, gift of making friends.

[19] *vespertina*, evening.

[20] *daba el tiempo*, the season offered.

[21] *ora . . . ora*, now . . . now.

[22] *cerezas*, sweet cherries.

[23] *guindas*, sour cherries.

[24] *están*, taste.

[25] *macarros*, macaroons.

[26] *por delante*, ahead.

[27] *rosetas de maíz*, popcorn.

[28] *vino de pulso*, homemade wine.

[29] *al . . . lumbre*, by the warmth of the fire.

[30] *Pascuas*, any of a series of church holidays — Christmas, Epiphany, Easter, Pentecost; here probably Christmas.   [31] *pestiño*, honeyed fritter.

algún mantecado,[32] algún rosco [33] o alguna lonja de jamón alpujarreño.[34]

— ¿Tan rico era el Molinero, o tan imprudentes sus tertulianos? [35]
— exclamaréis, interrumpiéndome.

Ni lo uno ni lo otro.   El Molinero sólo tenía un pasar,[36] y aquellos
caballeros eran la delicadeza y el orgullo personificados.   Pero en
unos [37] tiempos en que se pagaban cincuenta y tantas contribuciones
diferentes a la Iglesia y al Estado, poco arriesgaba un rústico de tan
claras luces [38] como aquél en tenerse ganada [39] la voluntad de Regidores,[40] Canónigos, Frailes, Escribanos y demás personas de cam- 10
panillas.[41]   Así es que no faltaba quien [42] dijese que el tío Lucas (tal
era el nombre del Molinero) se [43] ahorraba un dineral [44] al año [45] a
fuerza de agasajar [46] a todo el mundo.

— «Vuestra Merced [47] me va a dar una puertecilla vieja de la casa
que ha derribado,» decíale [48] a uno.   — «Vuestra Señoría [49] (decíale
a otro) va a mandar que me rebajen el subsidio,[50] o la alcabala,[51] o la
contribución de frutos-civiles.» [52]   — «Vuestra Reverencia me va a
dejar coger en la huerta del Convento una poca hoja [53] para mis gusanos
de seda.»   — «Vuestra Ilustrísima [54] me va a dar permiso para traer
una poca leña del monte [55] X.»   — «Vuestra Paternidad [56] me va a 20

[32] *mantecado*, biscuit kneaded with lard.

[33] *rosco*, twisted cake.

[34] *alpujarreño*, from the Alpujarra Mountains, along the southern coast of
Spain; a region famed for its pork.

[35] *tertulianos*, guests; literally, those attending the *tertulia*.

[36] *pasar*, barely comfortable living.

[37] *unos*, omit in translating.

[38] *de . . . luces*, so perspicacious, far-seeing.

[39] *tenerse ganada*, having won for himself; see Translation Aid XIX, No. 2, d,
p. 531.

[40] *Regidores*, aldermen.

[41] *personas de campanillas*, people of consequence.

[42] *quien*, translate as; those who.

[43] *se*, for himself; may be omitted in translating.

[44] *dineral*, mint of money.

[45] *al año*, per year, each year.

[46] *agasajar*, regaling.

[47] *Vuestra Merced*, Your Honor.

[48] *decíale*; *le* in this and following cases is redundant, being explained by *a uno*.

[49] *Vuestra Señoría*, Your Lordship.

[50] *me . . . subsidio*, they reduce my tax.

[51] *alcabala*, excise tax.

[52] *frutos-civiles*, tax on income from real estate.

[53] *una poca hoja*, a few leaves.

[54] *Vuestra Ilustrísima*, Your Worship.

[55] *monte*, forest.   [56] *Vuestra Paternidad*, Your Reverence.

poner dos letras [57] para que me permitan cortar una poca madera en el pinar [58] H.» — «Es menester que me haga Usarcé [59] una escriturilla que no me cueste nada.» — «Este año no puedo pagar el censo.» [60] — «Espero que el pleito se falle a mi favor.» — «Hoy le he dado de bofetadas a uno,[61] y creo que debe ir a la cárcel por haberme provocado.» — «¿Tendría su Merced tal cosa de sobra?» [62] — «¿Le sirve a usted de algo [63] tal otra?» — «¿Me puede prestar la mula?» —«¿Tiene ocupado mañana el carro?» [64] — «¿Le parece que envíe [65] por el burro? . . .»

10   Y estas canciones se repetían a todas horas, obteniendo siempre por contestación un generoso y desinteresado . . . *«Como se pide.»* [66]

Conque ya veis que el tío Lucas no estaba en camino de arruinarse.

IV

UNA MUJER VISTA POR FUERA

La última y acaso la más poderosa razón que tenía el *señorío* de la Ciudad para frecuentar por las tardes el molino del tío Lucas, era . . . que, así los clérigos como los seglares,[1] empezando por el Sr. Obispo [2] y el Sr. Corregidor, podían contemplar allí a sus anchas [3] una de las obras más bellas, graciosas y admirables que hayan salido jamás de las manos de Dios, llamado entonces el *Ser Supremo* por Jovellanos [4] y toda la escuela afrancesada [5] de nuestro país. . . .

20   Esta obra . . . se denominaba «la señá Frasquita.»

Empiezo por responderos de que la señá Frasquita, legítima esposa del tío Lucas, era una mujer de bien, y de que así lo sabían todos los

[57] *poner . . . letras*, to write a few lines.
[58] *pinar*, pine grove.
[59] *Usarcé*, Your Grace.
[60] *censo*, annuity (payable to former owner of land).
[61] *le . . . uno*, I beat someone up.
[62] *¿Tendría . . . sobra?* I wonder if Your Honor has such and such a thing to spare.
[63] *¿Le . . . algo . . . ?* Have you any use for . . . ?
[64] *¿Tiene . . . carro?* Will your cart be busy tomorrow?
[65] *¿Le . . . envíe . . . ?* Will it be all right if I send . . . ?
[66] *Como se pide*, You have only to ask; help yourself.

[1] *así . . . seglares*, the clergy as well as the laymen.
[2] *Sr. Obispo*, see Translation Aid XVI, No. 1, a, p. 524.
[3] *a sus anchas*, at their leisure.
[4] *Jovellanos* (1744–1811), Spanish statesman and author, who worked for the enlightenment of his country; was under French and English influence.
[5] *afrancesada*, Frenchified; used as a term of reproach during the Napoleonic invasion of Spain shortly after the events of this story took place.

ilustres visitantes del molino. Digo más: ninguno de éstos daba muestras de considerarla con ojos de varón[6] ni con trastienda pecaminosa.[7] Admirábanla, sí, y requebrábanla[8] en ocasiones (delante de su marido, por supuesto), lo mismo los frailes que[9] los caballeros, los canónigos que[10] los golillas,[11] como un prodigio de belleza que honraba a su Criador, y como una diablesa de travesura y coquetería, que alegraba inocentemente los espíritus más melancólicos. — «Es un *hermoso animal*,» solía decir el virtuosísimo Prelado. — «Es una estatua de la antigüedad helénica,» observaba un abogado muy erudito, académico correspondiente de la Historia. — «Es la propia[12] [10] estampa de Eva,» prorrumpía el Prior de los Franciscanos. — «Es una real moza,»[13] exclamaba el coronel de milicias. — «Es una sierpe, una sirena, ¡un demonio!» añadía el Corregidor. — «Pero es una buena mujer, es un ángel, es una criatura, es una chiquilla de cuatro años,» acababan por decir todos, al regresar del molino atiborrados[14] de uvas o de nueces, en busca de sus tétricos y metódicos hogares.

La chiquilla de cuatro años, esto es, la señá Frasquita, frisaría[15] en los treinta.[16] (Tenía[17] más de dos varas de estatura, y era recia a proporción, o quizás más gruesa todavía de lo correspondiente a su arrogante talla.) Parecía una Niobe[18] colosal, y eso que[19] no había tenido [20] hijos: parecía un Hércules . . . hembra; parecía una matrona romana de las que[20] aún hay ejemplares en el Trastevere.[21] Pero lo más notable en ella era la movilidad, la ligereza, la animación, la gracia de su respetable mole. Para ser una estatua, como pretendía el Académico, le faltaba el reposo monumental. Se cimbraba[22] como un

---

[6] *ojos de varón*, lustful eyes.

[7] *trastienda pecaminosa*, sinful hidden thoughts.

[8] *requebrábanla*, they used to pay her compliments.

[9] *lo . . . que*, the friars as well as.

[10] *canónigos que*, in construction with *lo mismo;* see Translation Aid XI, No. 1, b, p. 514.

[11] *golillas*, members of the ruling class.

[12] *propia*, very.

[13] *real moza*, swell girl.

[14] *atiborrados*, crammed.

[15] *frisaría*, must have bordered.

[16] *treinta*, supply: *años*.

[17] *Tenía*, see Translation Aid XX, No. 1, b, p. 533.

[18] *Niobe*, mother of seven sons and seven daughters, killed by Apollo because Niobe, proud of so many children, had set herself above Latona, the god's own mother.

[19] *y eso que*, although.

[20] *parecía . . . que*, she resembled one of those Roman matrons of which.

[21] *Trastevere*, most characteristic section of modern Rome.

[22] *Se cimbraba*, She bent.

junco, giraba como una veleta,[23] bailaba como una peonza.[24] Su rostro era más movible todavía, y por tanto, menos escultural. Avivábanlo donosamente [25] hasta cinco hoyuelos: [26] dos en una mejilla; otro en otra; otro, muy chico, cerca de la comisura [27] izquierda de sus rientes [28] labios, y el último, muy grande, en medio de su redonda barba. Añadid a esto los picarescos mohines, los graciosos guiños [29] y las variadas posturas de cabeza que amenizaban [30] su conversación, y formaréis idea de aquella cara llena de sal [31] y de hermosura y radiante siempre de salud y alegría.

Ni la señá Frasquita ni el tío Lucas eran andaluces: ella era navarra y él murciano.[32] Él había ido a la ciudad de * * *, a la edad de quince años, como medio paje,[33] medio criado del Obispo anterior al que entonces gobernaba aquella Iglesia. Educábalo su protector para clérigo, y tal vez con esta mira y para que no careciese de congrua,[34] dejóle en su testamento el molino; pero el tío Lucas, que a la muerte de Su Ilustrísima [35] no estaba ordenado más que de menores,[36] ahorcó los hábitos en aquel punto y hora, y sentó plaza [37] de soldado, más ganoso [38] de ver mundo y correr aventuras [39] que de decir Misa o de moler trigo. En 1793 hizo [40] la campaña de los Pirineos Occidentales,[41] como Ordenanza del valiente General Don Ventura Caro; asistió al asalto de Castillo Piñón, y permaneció luego largo tiempo en las provincias del Norte, donde tomó la licencia absoluta.[42] En Estella conoció a la señá Frasquita, que entonces sólo se llamaba Frasquita; la enamoró; [43] se casó con ella, y se la llevó a Andalucía en busca de aquel molino que había de verlos tan pacíficos y dichosos durante el resto de su peregrinación por este valle de lágrimas y risas.

[23] *veleta*, weather vane.
[24] *peonza*, top.
[25] *donosamente*, charmingly.
[26] *hoyuelos*, dimples.
[31] *sal*, charm.
[27] *comisura*, corner.
[28] *rientes*, laughing.
[29] *guiños*, winks.
[30] *amenizaban*, made pleasant.
[32] *murciano*, Murcian; from Murcia, province of southeastern Spain; large amount of Moorish influence evident in its people.
[33] *como . . . paje*, half as page.
[34] *congrua*, income.
[35] *Su Ilustrísima*, His Worship.
[36] *menores*, minor orders.   [37] *sentó plaza*, enlisted.
[38] *ganoso*, desirous; compare with *gana*.
[39] *correr aventuras*, having adventures.
[40] *hizo*, took part in.
[41] *Pirineos Occidentales*. This campaign was the only winning part of the war of 1793–1795; General Caro invaded France on this occasion, taking among other places the fortress of Castillo Piñón.
[42] *tomó . . . absoluta*, he received an honorable discharge.
[43] *la enamoró*, he caused her to fall in love with him, he enamored her.

La señá Frasquita, pues, trasladada de Navarra a aquella soledad, no había adquirido ningún hábito andaluz, y se diferenciaba mucho de las mujeres campesinas de los contornos. Vestía con más sencillez, desenfado [44] y elegancia que ellas, lavaba más sus carnes,[45] y permitía al sol y al aire acariciar sus arremangados brazos [46] y su descubierta garganta. Usaba, hasta cierto punto, el traje de las señoras de aquella época, el traje de las mujeres de Goya,[47] el traje de la reina María Luisa: [48] si no falda de medio paso, falda de un paso solo,[49] sumamente corta, que dejaba ver [50] sus menudos pies y el arranque [51] de su soberana [52] pierna: llevaba el escote redondo y bajo,[53] al estilo de 10 Madrid, donde se detuvo dos meses con su Lucas al trasladarse de Navarra a Andalucía; todo el pelo recogido en lo alto de la coronilla,[54] lo cual dejaba campear la gallardía de su cabeza y de su cuello; sendas arracadas en las diminutas orejas,[55] y muchas sortijas en los afilados dedos de sus duras pero limpias manos. Por último: la voz de la señá Frasquita tenía todos los tonos del más extenso y melodioso instrumento, y su carcajada era tan alegre y argentina, que parecía un repique de Sábado de Gloria.[56]

Retratemos ahora al tío Lucas.

V

UN HOMBRE VISTO POR FUERA Y POR DENTRO

El tío Lucas era más feo que Picio.[1] Lo [2] había sido toda su vida, 20 y ya tenía cerca de cuarenta años. Sin embargo, pocos hombres tan

---

[44] *desenfado*, freedom.

[45] *lavaba . . . carnes*, she washed herself more.

[46] *arremangados brazos*, bare arms; literally, arms with rolled-up sleeves.

[47] *Goya* (1746–1828), famous Spanish artist.

[48] *María Luisa*, wife of Charles IV, notorious for her part in the policies of Godoy, minister at the time of the Napoleonic invasion.

[49] *falda . . . solo*, if not a tight hobble skirt, it was at least an ordinary hobble skirt; literally, a skirt allowing but a half-step to be taken.

[50] *dejaba ver*, allowed to be seen.

[51] *arranque*, curve, arch.

[52] *soberana*, superb.

[53] *llevaba . . . bajo*, she wore a dress with a round, low neckline.

[54] *coronilla*, crown (of the head).

[55] *sendas . . . orejas*, an earring in each of her tiny ears.

[56] *repique . . . Gloria*, pealing of bells on Holy Saturday.

[1] *Picio*, legendary figure, taken as the type of ugliness; translate: the devil. See Translation Aid XIX, No. 3, b, p. 532.

[2] *Lo*, so.

simpáticos y agradables habrá echado Dios al mundo.[3]   Prendado de
su viveza, de su ingenio y de su gracia, el difunto Obispo se lo pidió
a sus padres, que eran pastores, no de almas, sino de verdaderas ovejas.
Muerto [4] Su Ilustrísima, y dejado que hubo [5] el mozo el Seminario
por el Cuartel, distinguiólo entre todo su ejército el General Caro,[6] y
lo hizo su ordenanza más íntimo, su verdadero criado de campaña.[7]
Cumplido, en fin, el empeño militar, fuéle tan fácil al tío Lucas rendir
el corazón de la señá Frasquita como fácil le había sido captarse [8] el
aprecio del General y del Prelado.   La navarra, que tenía a la sazón
10 veinte abriles, y era el ojo derecho [9] de todos los mozos de Estella,
algunos de ellos bastante ricos, no pudo resistir a los continuos
donaires, a las chistosas ocurrencias,[10] a los ojillos de enamorado mono
y a la bufona [11] y constante sonrisa, llena de malicia, pero también de
dulzura, de aquel murciano [12] tan atrevido, tan locuaz, tan avisado, tan
dispuesto, tan valiente y tan gracioso, que acabó por trastornar el
juicio, no sólo a la codiciada beldad, sino también a su padre y a su
madre.

Lucas era en aquel entonces, y seguía siendo en la fecha a que nos
referimos, de pequeña estatura (a lo menos con relación a su mujer),
20 un poco cargado de espaldas,[13] muy moreno, barbilampiño, narigón,
orejudo y picado de viruelas.[14]   En cambio, su boca era regular y su
dentadura inmejorable.[15]   Dijérase [16] que sólo la corteza de aquel
hombre era tosca y fea; que tan pronto como empezaba a penetrarse
dentro de él aparecían sus perfecciones, y que estas perfecciones prin-
cipiaban en los dientes.   Luego venía la voz, vibrante, elástica, atrac-
tiva; varonil y grave algunas veces, dulce y melosa [17] cuando pedía
algo, y siempre difícil de resistir.   Llegaba después lo que aquella voz

[3] *habrá . . . mundo*, God has probably created.
[4] *Muerto*, see Translation Aid VI, No. 2, p. 505.
[5] *dejado que hubo = cuando hubo dejado.*
[6] *General Caro*, Ventura Caro (1742–1808), fought against the First French Republic.
[7] *criado de campaña*, aide (in the field).
[8] *captarse*, to win for himself.
[9] *ojo derecho*, apple of the eye.
[10] *ocurrencias*, (humorous) remarks.
[11] *bufona*, comical.
[12] *murciano*, add: who was.
[13] *cargado de espaldas*, stoop-shouldered.
[14] *barbilampiño . . . viruelas*, smooth-faced, big-nosed, big-eared, and pockmarked.
[15] *inmejorable*, incomparable.
[16] *Dijérase*, It might be said.
[17] *melosa*, honeyed.

decía: todo oportuno, discreto, ingenioso, persuasivo. . . . Y, por último, en el alma del tío Lucas había valor, lealtad, honradez, sentido común, deseo de saber y conocimientos instintivos o empíricos [18] de muchas cosas, profundo desdén a los necios, cualquiera que fuese su categoría social, y cierto espíritu de ironía, de burla y de sarcasmo, que le hacían pasar, a los ojos del académico, por un D. Francisco de Quevedo [19] en bruto.[20]

Tal era por dentro y por fuera el tío Lucas.

VI

HABILIDADES DE LOS DOS CÓNYUGES [1]

Amaba, pues, locamente la señá Frasquita al tío Lucas, y considerábase la mujer más feliz del mundo al verse adorada por él. No tenían hijos, según que ya sabemos, y habíase consagrado cada uno a cuidar y mimar al otro con esmero indecible, pero sin que [2] aquella tierna solicitud ostentase el carácter sentimental y empalagoso,[3] por lo zalamero, de casi todos los matrimonios sin sucesión. Al contrario: tratábanse con una llaneza, una alegría, una broma y una confianza semejantes a las de aquellos niños, camaradas de juegos y de diversiones, que se quieren con toda el alma sin decírselo jamás, ni darse a sí mismos cuenta de lo que sienten.

¡Imposible que haya habido sobre la tierra molinero mejor peinado, mejor vestido, más regalado en la mesa, rodeado de más comodidades en su casa, que el tío Lucas! ¡Imposible que ninguna molinera ni ninguna reina haya sido objeto de tantas atenciones, de tantos agasajos, de tantas finezas como la señá Frasquita! ¡Imposible también que ningún molino haya encerrado tantas cosas necesarias, útiles, agradables, recreativas y hasta superfluas, como el que va a servir de teatro a casi toda la presente historia!

Contribuía [4] mucho a ello que [5] la señá Frasquita, la pulcra,[6] hacendosa, fuerte y saludable navarra, sabía, quería y podía guisar, coser,

---

[18] *empíricos*, experimental.
[19] *Quevedo*, Spain's most brilliant satirist of the seventeenth century.
[20] *en bruto*, in the rough.

---

[1] *los . . . cónyuges*, husband and wife.
[2] *sin que*, see Translation Aid XVIII, No. 4, p. 529.
[3] *empalagoso*, over-sweet.
[4] *Contribuía*, There contributed; see Translation Aid V, No. 3, p. 504.
[5] *que*, the fact that.
[6] *pulcra*, near.

bordar, barrer, hacer dulces, lavar, planchar,[7] blanquear la casa, fregar el cobre, amasar,[8] tejer,[9] hacer media,[10] cantar, bailar, tocar la guitarra y ios palillos,[11] jugar a la brisca y al tute,[12] y otras muchísimas cosas cuya relación [13] fuera interminable.   Y contribuía no menos al mismo resultado el que [14] el tío Lucas sabía, quería y podía dirigir la molienda,[15] cultivar el campo, cazar, pescar, trabajar de carpintero, de herrero [16] y de albañil, ayudar a su mujer en todos los quehaceres de la casa, leer, escribir, contar, etc., etc.

Y esto sin hacer mención de los ramos de lujo,[17] o sea de sus habili-
10 dades extraordinarias. . . .

Por ejemplo: el tío Lucas adoraba las flores (lo mismo que su mujer), y era floricultor tan consumado, que había conseguido producir ejemplares [18] nuevos, por medio de laboriosas combinaciones.   Tenía algo de ingeniero natural,[19] y lo había demostrado construyendo una presa, un sifón y un acueducto que triplicaron el agua del molino. Había enseñado a bailar a un perro, domesticado una culebra, y hecho que un loro diese la hora [20] por medio de gritos, según las iba marcando un reloj de sol que el molinero había trazado en una pared; de cuyas resultas [21] el loro daba ya la hora con toda precisión, hasta en los días
20 nublados y durante la noche.

Finalmente: en el molino había una huerta, que producía toda clase de frutas y legumbres; un estanque encerrado en una especie de kiosko [22] de jazmines, donde se bañaban en verano el tío Lucas y la señá Frasquita: un jardín; una estufa o invernadero [23] para las plantas exóticas; una fuente de agua potable; [24] dos burras, en que el matrimonio iba a la Ciudad o a los pueblos de las cercanías; gallinero,[25]

[7] *planchar*, to iron.
[8] *amasar*, to bake bread.
[9] *tejer*, to weave.
[10] *hacer media*, to knit.
[11] *palillos*, castanets.
[12] *brisca, tute*, two Spanish card games.
[13] *cuya relación*, an account of which.
[14] *el que*, the fact that.
[15] *molienda*, milling.
[16] *herrero*, blacksmith.
[17] *ramos de lujo*, special lines.
[18] *ejemplares*, specimens.
[19] *Tenía . . . natural*, He was naturally somewhat of an engineer.
[20] *hecho . . . hora*, made a parrot tell the time.
[21] *de . . . resultas*, as the result of which.
[22] *kiosko*, summer house.
[23] *estufa o invernadero*, hothouse or conservatory.
[24] *agua potable*, drinking water.
[25] *gallinero*, chicken coop.

silk worms

palomar,[26] pajarera,[27] criadero[28] de peces; criadero de gusanos de
seda; colmenas, cuyas abejas libaban[29] en los jazmines; jaraiz o
lagar,[30] con su bodega correspondiente, ambas cosas en miniatura;
horno, telar, fragua, taller de carpintería, etc., etc.; todo ello reducido
a una casa de ocho habitaciones y a dos fanegas[31] de tierra, y tasado[32]
en la cantidad de diez mil reales.

VII

EL FONDO DE LA FELICIDAD

Adorábanse, sí,[1] locamente el molinero y la molinera, y aun se
hubiera creído que ella lo quería más a él que él a ella, no obstante ser
él[2] tan feo y ella tan hermosa.   Dígolo porque la señá Frasquita solía
tener celos y pedirle cuentas al tío Lucas[3] cuando éste tardaba mucho 10
en regresar de la Ciudad o de los pueblos adonde iba por grano, mientras que el tío Lucas veía hasta con gusto las atenciones de que era
objeto la señá Frasquita por parte de los señores que frecuentaban el
molino; se ufanaba[4] y regocijaba de que a todos les agradase tanto
como a él; y, aunque comprendía que en el fondo del corazón se la
envidiaban[5] algunos de ellos, la codiciaban como simples[6] mortales
y hubieran dado cualquier cosa porque[7] fuese menos mujer de bien,[8]
la dejaba sola días enteros sin el menor cuidado, y nunca le preguntaba
luego qué había hecho ni quién había estado allí durante su ausencia. . . .   20
No consistía[9] aquello, sin embargo, en que[10] el amor del tío Lucas
fuese menos vivo que el de la señá Frasquita.   Consistía en que él
tenía más confianza en la virtud de ella que ella en la de él; consistía

[26] *palomar*, dovecote.
[27] *pajarera*, aviary.
[28] *criadero*, hatchery.
[29] *libaban*, sipped.
[30] *jaraiz o lagar*, wine pit or wine press.
[31] *fanega*, land measure equivalent to about an acre and a half.
[32] *tasado*, assessed.

[1] *sí*, see Translation Aid XVI, No. 3, p. 525.
[2] *no . . . él*, notwithstanding the fact that he was.
[3] *pedir . . . Lucas*, ask Uncle Lucas to give an account of himself.
[4] *se ufanaba*, he was proud; see Translation Aid XIX, No. 1, c, p. 530.
[5] *se la envidiaban*, they envied him because of her.
[6] *simples*, mere.
[7] *porque*, in order that.
[8] *de bien*, respectable.
[9] *No consistía*, was not the result of.
[10] *que*, the fact that.

en que él la aventajaba en penetración, y sabía hasta qué punto era amado y cuánto se respetaba su mujer a sí misma; y consistía principalmente en que el tío Lucas era todo un hombre: [11] un hombre como el de Shakespeare, de pocos e indivisibles sentimientos; incapaz de dudas; que creía o moría; que amaba o mataba; que no admitía gradación ni tránsito entre la suprema felicidad y el exterminio [12] de su dicha.

Era, en fin, un Otelo de Murcia, con alpargatas [13] y montera,[14] en el primer acto de una tragedia posible. . . .

Pero ¿a qué estas notas lúgubres en una tonadilla [15] tan alegre? ¿A qué estos relámpagos fatídicos [16] en una atmósfera tan serena? ¿A qué estas actitudes melodramáticas en un cuadro de género? [17]

Vais a saberlo inmediatamente.

VIII

EL HOMBRE DEL SOMBRERO DE TRES PICOS

Eran las dos de una tarde de octubre.

El esquilón [1] de la Catedral tocaba a vísperas, — lo cual equivale a decir que ya habían comido todas las personas principales de la Ciudad.

Los canónigos se dirigían al coro, y los seglares [2] a sus alcobas a dormir la siesta, sobre todo aquellos que, por razón de oficio, v. gr., las autoridades, habían pasado la mañana entera trabajando.

Era, pues, muy de extrañar [3] que a aquella hora, impropia además para dar un paseo, pues todavía hacía demasiado calor, saliese de la Ciudad, a pie, y seguido de un solo alguacil, el ilustre señor Corregidor de la misma, — a quien no podía confundirse con ninguna otra persona ni de día ni de noche, así por la enormidad de su sombrero de tres picos y por lo vistoso de su capa de grana, como [4] por lo particularísimo [5] de su grotesco donaire.

[11] *todo un hombre*, every inch a man.
[12] *exterminio*, annihilation.
[13] *alpargatas*, sandals.
[14] *montera*, cloth cap.
[15] *tonadilla*, musical interlude.
[16] *fatídicos*, prophetic.
[17] *cuadro de género*, sketch of customs.

[1] *esquilón*, bell.
[2] *seglares*, laymen.
[3] *Era . . . extrañar*, It was very astonishing, then.
[4] *así . . . como*, as well as.
[5] *lo particularísimo*, the most extraordinary nature; see Translation Aid V, No. 1, a, p. 504.

De la capa de grana y del sombrero de tres picos, son muchas todavía las personas que pudieran hablar con pleno conocimiento de
causa.[6]   Nosotros, entre ellas, lo mismo que todos los nacidos en
aquella Ciudad en las postrimerías [7] del reinado del Señor Don Fernando VII, recordamos haber visto colgadas de un clavo, único adorno
de desmantelada pared, en la ruinosa torre de la casa que habitó Su
Señoría (torre destinada a la sazón a los infantiles juegos de sus nietos),
aquellas dos anticuadas prendas, aquella capa y aquel sombrero, — el
negro sombrero encima, y la roja capa debajo, — formando una especie
de espectro del Absolutismo, una especie de sudario [8] del Corregidor, [10]
una especie de caricatura retrospectiva de su poder, pintada con carbón y almagre,[9] como tantas otras, por los párvulos constitucionales
de la de 1837 [10] que allí nos reuníamos; una especie, en fin, de espanta-
pájaros,[11] que en otro tiempo [12] había sido espanta-hombres,[13] y que
hoy me da miedo de haber contribuido a escarnecer, paseándolo por
aquella histórica Ciudad, en días de Carnestolendas,[14] en lo alto de un
deshollinador,[15] o sirviendo de disfraz irrisorio [16] al idiota que más
hacía reír a la plebe. . . . ¡Pobre principio de autoridad!   ¡Así te
hemos puesto los mismos que hoy te invocamos tanto! [17]

En cuanto al indicado grotesco donaire del señor Corregidor, con- [20]
sistía [18] (dicen) en que era cargado de espaldas,[19] . . . todavía más
cargado de espaldas que el tío Lucas, . . . casi jorobado, por decirlo
de una vez; [20] de estatura menos que mediana; endeblillo; [21] de mala
salud; con las piernas arqueadas [22] y una manera de andar *sui generis* [23]
(balanceándose de un lado a otro y de atrás hacia adelante), que sólo

[6] *conocimiento de causa*, knowledge of the facts.
[7] *postrimerías*, latter part.
[8] *sudario*, winding sheet.
[9] *almagre*, red ochre.
[10] *párvulos . . . 1837*, constitutional youth of (the Constitution of) 1837, one
of the numerous nineteenth-century constitutions of Spain, fairly liberal in nature.
[11] *espanta-pájaros*, scarecrow.
[12] *otro tiempo*, former times.
[13] *espanta-hombres*, scareman, word based on *espanta-pájaros*.
[14] *Carnestolendas*, Carnival.
[15] *deshollinador*, chimney sweeper.
[16] *irrisorio*, laughable.
[17] *Así . . . tanto*, That is the way we ourselves treated you, we who invoke you
so much today.
[18] *consistía*, it was the result.
[19] *cargado de espaldas*, stoop-shouldered.
[20] *por . . . vez*, to put it bluntly.
[21] *endeblillo*, feeble.
[22] *arqueadas*, bowed.
[23] *sui generis*, all his own.

se puede describir con la absurda fórmula de que parecía cojo de los dos pies. En cambio (añade la tradición), su rostro era regular, aunque ya bastante arrugado por la falta absoluta de dientes y muelas; moreno verdoso, como el de casi todos los hijos de las Castillas; [24] con grandes ojos obscuros, en que relampagueaban la cólera, el despotismo y la lujuria; [25] con finas y traviesas facciones, que no tenían la expresión del valor personal, pero sí [26] la de una malicia artera [27] capaz de todo, y con cierto aire de satisfacción, medio aristocrático, medio libertino, que revelaba que aquel hombre habría sido, en su remota 10 juventud, muy agradable y acepto a las mujeres, no obstante sus piernas y su joroba.

D. Eugenio de Zúñiga y Ponce de León (que así se llamaba Su Señoría) había nacido en Madrid, de familia ilustre; frisaría [28] a la sazón en los cincuenta y cinco años, y llevaba [29] cuatro de Corregidor en la Ciudad de que tratamos, donde se casó, a poco de [30] llegar, con la principalísima señora que diremos más adelante.

Las medias de D. Eugenio (única parte que, además de los zapatos, dejaba ver [31] de su vestido la extensísima capa de grana) eran blancas, y los zapatos negros, con hebilla [32] de oro. Pero luego que el calor 20 del campo lo obligó a desembozarse, [33] vídose [34] que llevaba gran corbata de batista; chupa de sarga [35] de color de tórtola, muy festoneada de ramillos verdes, [36] bordados de realce; [37] calzón corto, negro, de seda; una enorme casaca de la misma estofa [38] que la chupa; espadín [39] con guarnición de acero; bastón con borlas, y un respetable par de guantes (o quirotecas) de gamuza pajiza, [40] que no se ponía nunca y que empuñaba a guisa de cetro.

El alguacil, que seguía a veinte pasos de distancia al señor Corregidor,

[24] *Castillas*, Castiles, referring to Old Castile north of the Guadarramas and New Castile to the south.

[25] *lujuria*, lust.

[26] *sí*, they did have; see Translation Aid XVI, No. 3, b, p. 525.

[27] *artera*, crafty.

[28] *frisaría*, probably bordered.

[29] *llevaba*, he had spent; see Translation Aid XI, No. 3, d, p. 515.

[30] *a poco de*, shortly after.

[31] *ver*, to be seen.

[32] *hebilla*, buckle.

[33] *desembozarse*, to throw back his cape.

[34] *vídose*, it could be seen; an antiquated form of *ver*.

[35] *chupa de sarga*, serge vest.

[36] *festoneada . . . verdes*, festooned with green frogs.

[37] *de realce*, in relief.

[38] *estofa*, material.

[39] *espadín*, rapier.

[40] *gamuza pajiza*, straw-colored chamois skin.

se llamaba Garduña,[41] y era la propia estampa de su nombre.   Flaco, agilísimo;   mirando adelante y atrás y a derecha e izquierda al propio [42] tiempo que andaba;   de largo cuello;   de diminuto y repugnante rostro, y con dos manos como dos manojos de disciplinas, parecía juntamente [43] un hurón [44] en busca de criminales, la cuerda que había de atarlos, y el instrumento destinado a su castigo.

El primer Corregidor que le echó la vista encima,[45] le dijo sin más informes: «Tú serás mi verdadero alguacil. . . .» — Y ya lo había sido de cuatro corregidores.

Tenía cuarenta y ocho años, y llevaba sombrero de tres picos, mucho 10 más pequeño que el de su Señor (pues repetimos que el de éste era descomunal), capa negra como las medias y todo el traje, bastón sin borlas, y una especie de asador [46] por espada.

Aquel espantajo [47] negro parecía la sombra de su vistoso amo.

IX

¡ARRE, BURRA!

Por dondequiera que pasaban el personaje y su apéndice, los labradores dejaban sus faenas y se descubrían hasta los pies,[1] con más miedo que respeto;   después de lo cual se decían en voz baja:

— ¡Temprano va esta tarde el señor Corregidor a ver a la señá Frasquita!

— ¡Temprano . . . y solo! — añadían algunos, acostumbrados a 20 verlo siempre dar aquel paseo en compañía de otras varias [2] personas.

— Oye, tú, Manuel: ¿por qué irá solo esta tarde el señor Corregidor a ver a la navarra? — le preguntó una lugareña a su marido, el cual la llevaba a grupas [3] en la bestia.

Y, al mismo tiempo que la pregunta, le hizo cosquillas, por vía de retintín.[4]

— ¡No seas mal pensada,[5] Josefa! — exclamó el buen hombre —. La señá Frasquita es incapaz. . . .

---

[41] *Garduña;* besides being a proper noun, *garduña* means weasel.
[42] *propio,* same.
[43] *juntamente,* at the same time, jointly.
[44] *hurón,* ferret.
[45] *le . . . encima,* set eyes on him.
[46] *asador,* spit.
[47] *espantajo,* scarecrow.

[1] *se . . . pies,* took off their hats, sweeping the ground with them.
[2] *otras varias,* several other; see Translation Aid V, No. 2, p. 504.
[3] *a grupas,* in back of him.
[4] *retintín,* emphasis.   [5] *mal pensada,* evil minded.

— No digo yo lo contrario. . . . Pero el Corregidor no es por eso incapaz de estar enamorado de ella. . . . Yo he oído decir [6] que, de todos los que van a las francachelas [7] del molino, el único que lleva mal fin [8] es ese madrileño tan aficionado a faldas. . . .

— ¿Y qué [9] sabes tú si es o no aficionado a faldas? — preguntó a su vez el marido.

— No lo digo por mí. . . . ¡Ya se hubiera guardado,[10] por más Corregidor que sea, de decirme los ojos tienes negros! [11]

La que así hablaba era fea en grado superlativo.

10   — Pues mira, hija, ¡allá ellos! [12] — replicó el llamado Manuel —. Yo no creo al tío Lucas hombre de consentir. . . . ¡Bonito genio tiene el tío Lucas cuando se enfada! . . .

— Pero, en fin, ¡si ve que le conviene! . . . — añadió la tía Josefa, retorciendo el hocico.[13]

— El tío Lucas es hombre de bien . . . — repuso el lugareño; — y a un hombre de bien nunca pueden convenirle ciertas cosas. . . .

— Pues entonces, tienes razón. . . . ¡Allá ellos! ¡Si yo fuera la señá Frasquita! . . .

— ¡Arre, burra! — gritó el marido, para mudar la conversación.

20   Y la burra salió al trote; con lo que [14] no pudo oírse el resto del diálogo.

X

DESDE LA PARRA

Mientras así discurrían los labriegos que saludaban al señor Corregidor, la señá Frasquita regaba y barría cuidadosamente la plazoletilla empedrada [1] que servía de atrio o compás al molino, y colocaba media docena de sillas debajo de lo más espeso [2] del emparrado, en el cual estaba subido el tío Lucas, cortando los mejores racimos y arreglándolos artísticamente en una cesta.

---

[6] *oído decir*, heard tell.
[7] *francachelas*, parties.
[8] *lleva . . . fin*, has evil intentions.
[9] *¿ qué?* how?
[10] *Ya . . . guardado*, He would very well have refrained.
[11] *decirme . . . negros*, complimenting me on my appearance.
[12] *¡allá ellos!* that's their business; see Translation Aid XVII, No. 2, p. 527.
[13] *retorciendo el hocico*, turning up her nose.
[14] *con lo que*, whereupon.

---

[1] *empedrada*, paved.
[2] *lo . . . espeso*, the thickest part; see Translation Aid V, No. 1, a, p. 504.

— ¡Pues sí, Frasquita! — decía el tío Lucas desde lo alto de la parra: — el señor Corregidor está enamorado de ti de muy mala manera. . . .

— Ya te lo dije yo hace tiempo — contestó la mujer del Norte —. . . . Pero ¡déjalo que pene! ¡Cuidado, Lucas, no te vayas a caer!

— Descuida: estoy bien agarrado. . . . — También le gustas mucho al señor . . .[3]

— ¡Mira! ¡no me des más noticias! — interrumpió ella —. ¡Demasiado sé yo a quién le gusto y a quién no le gusto! ¡Ojalá[4] supiera del mismo modo por qué no te gusto a ti!

— ¡Toma![5] Porque eres muy fea . . . — contestó el tío Lucas.

— Pues, oye, . . . ¡fea y todo, soy capaz de subir a la parra y echarte de cabeza[6] al suelo! . . .

— Más fácil[7] sería que yo no te dejase bajar de la parra sin comerte viva. . . .

— ¡Eso es! . . . ¡y cuando vinieran mis galanes y nos viesen ahí, dirían que éramos un mono y una mona! . . .

— Y acertarían; porque tú eres muy mona y muy rebonita,[8] y yo parezco un mono con esta joroba . . .

— Que a mí me gusta muchísimo . . .

— Entonces te gustará más la del Corregidor, que es mayor que la mía . . .

— ¡Vamos! ¡Vamos! Sr. D. Lucas. . . . ¡No tenga V. tantos celos! . . .

— ¿Celos yo de ese viejo petate?[9] ¡Al contrario; me alegro muchísimo de que te quiera! . . .

— ¿Por qué?

— Porque en el pecado lleva la penitencia. ¡Tú no has de quererlo nunca,[10] y yo soy entretanto el verdadero Corregidor de la Ciudad!

— ¡Miren el vanidoso! Pues figúrate que llegase a quererlo. . . . ¡Cosas más raras se ven en el mundo!

— Tampoco me daría gran cuidado.[11] . . .

---

[3] *También . . . señor . . .* You are also attractive to Mr. . . . See Translation Aid XIX, No. 1, b, p. 530.

[4] *¡Ojalá!* See Translation Aid XXI, No. 3, p. 536.

[5] *¡Toma!* Why!

[6] *de cabeza,* head first.

[7] *fácil,* likely.

[8] *rebonita,* pretty; the prefix *re-* intensifies the meaning of the adjective.

[9] *petate,* good-for-nothing.

[10] *no . . . nunca,* you will never love him.

[11] *Tampoco . . . cuidado,* That would not worry me very much either.

— ¿Por qué?

— ¡Porque entonces tú no serías ya tú; y, no siendo tú quien eres, o como yo creo que eres, maldito lo que me importaría que [12] te llevasen los demonios!

— Pero bien; [13] ¿qué harías en semejante caso?

— ¿Yo? ¡Mira lo que [14] no sé! . . . Porque, como entonces yo sería otro y no el que soy ahora, no puedo figurarme lo que pensaría. . . .

— ¿Y por qué serías entonces otro? — insistió valientemente la señá Frasquita, dejando de barrer y poniéndose en jarras para mirar hacia arriba.[15]

El tío Lucas se rascó la cabeza, como si escarbara para sacar de ella alguna idea muy profunda, hasta que al fin dijo con más seriedad y pulidez [16] que de costumbre:

— Sería otro, porque yo soy ahora un hombre que cree en ti como en sí mismo, y que no tiene más [17] vida que esta fe. De consiguiente, al dejar de creer en ti, me moriría o me convertiría en un nuevo hombre; viviría de otro modo; me parecería que acababa de nacer; tendría otras entrañas. Ignoro, pues, lo que haría entonces contigo. . . . Puede que me echara a reír y te volviera la espalda. . . . Puede que ni siquiera te conociese. . . . Puede que . . . Pero ¡vaya un gusto que tenemos en ponernos de mal humor sin necesidad! ¿Qué nos importa a nosotros que [18] te quieran todos los Corregidores del mundo? ¿No eres tú mi Frasquita?

— ¡Sí, pedazo de bárbaro! [19] — contestó la navarra, riendo a más no poder. — Yo soy tu Frasquita, y tú eres mi Lucas de mi alma, más feo que el bú,[20] con más talento que todos los [21] hombres, más bueno que el pan,[22] y más querido. . . . ¡Ah! ¡Lo que es eso de querido,[23] cuando bajes de la parra lo verás! ¡Prepárate a llevar más bofetadas y pellizcos [24] que pelos tienes en la cabeza! Pero ¡calla! ¿Qué es lo

---

[12] *maldito . . . importaría que,* hanged if I'd care if; see Translation Aid XV, No. 1, g, p. 522.

[13] *Pero bien,* But then.

[14] *Mira lo que,* That is just what.

[15] *hacia arriba,* up.

[16] *pulidez,* elegance.

[17] *más,* other.

[18] *que,* if.

[19] *pedazo de bárbaro,* you old meany.

[20] *más . . . bú,* as ugly as sin.

[21] *los,* do not translate.

[22] *más . . . pan,* as good as gold; see Translation Aid XIX, No. 3, b, p. 532.

[23] *Lo . . . querido,* As for that matter of being *dear.*

[24] *pellizcos,* pinches.

que veo? [25]   El señor Corregidor viene por allí completamente solo.
. . . ¡Y tan tempranito! [26] . . .   Ése trae plan.[27] . . . ¡Por lo visto,
tú tenías razón! . . .

— Pues aguántate, y no le digas que estoy subido en la parra.   ¡Ese
viene a declararse a solas contigo, creyendo pillarme durmiendo la
siesta! . . .   Quiero divertirme oyendo su explicación.

Así dijo el tío Lucas, alargando la cesta a su mujer.

— ¡No está mal pensado! [28] — exclamó ella, lanzando nuevas carcajadas.[29] — ¡El demonio del [30] madrileño!   ¿Qué se habrá creído que es
un Corregidor para mí? [31]   Pero aquí llega. . . .   Por cierto que Garduña, que lo seguía a alguna distancia, se ha sentado en la ramblilla
a la sombra. . . .   ¡Qué majadería! [32]   Ocúltate tú bien entre los pámpanos, que nos vamos a reír más de lo que te figuras. . . .

Y, dicho esto,[33] la hermosa navarra rompió a cantar el fandango,[34]
que ya le era tan familiar como las canciones de su tierra.

XI

EL BOMBARDEO DE PAMPLONA

— Dios te guarde, Frasquita . . . — dijo el Corregidor a media voz,
apareciendo bajo el emparrado y andando de puntillas.

— ¡Tanto bueno,[1] señor Corregidor! — respondió ella en voz natural,
haciéndole mil reverencias. — ¡Usía por aquí a estas horas! [2] ¡Y
con el calor que hace! [3] ¡Vaya, siéntese Su Señoría! . . .   Esto está
fresquito.   ¿Cómo [4] no ha aguardado Su Señoría a los demás señores?
Aquí tienen [5] ya preparados sus asientos. . . .   Esta tarde esperamos

[25] *¿Qué . . . veo?* What do I see?
[26] *tempranito,* very early.
[27] *Ése . . . plan,* That fellow has something up his sleeve.
[28] *No . . . pensado,* That's not a bad idea; see Translation Aid XIX, No. 2, b,
p. 531.
[29] *lanzando . . . carcajadas,* renewing her laughter.
[30] *del,* of a.
[31] *¿Qué . . . mí?* I wonder what he thinks a mayor means to me.
[32] *majadería,* absurdity.
[33] *dicho esto,* having said this.
[34] *fandango,* a typical dance of southern Spain.

---

[1] *¡Tanto bueno!* What an honor!
[2] *estas horas,* this unusual hour; the plural conveys the idea of being unusual.
See Translation Aid IV, No. 1, p. 503.
[3] *¡Y . . . hace!* And as hot as it is!
[4] *¿Cómo . . . ?* Why?
[5] *tienen,* are; use *asientos* as the subject in translating.   See Translation Aid
XIX, No. 2, d, p. 531.

al señor Obispo en persona, que le ha prometido a mi Lucas venir a probar las primeras uvas de la parra. ¿Y cómo lo pasa Su Señoría? [6] ¿Cómo está la señora? [7]

El Corregidor se había turbado. La ansiada soledad en que encontraba a la señá Frasquita le parecía un sueño, o un lazo que le tendía la enemiga suerte para hacerle caer en el abismo de un desengaño.

Limitóse, pues, a contestar:

— No es tan temprano como dices. . . . Serán las tres y media. . . .

El loro dió en aquel momento un chillido.

— Son las dos y cuarto, — dijo la navarra, mirando de hito en hito al madrileño.

Éste calló, como reo convicto que renuncia a la defensa.

— ¿Y Lucas? [8] ¿Duerme? — preguntó al cabo de un rato.

(Debemos advertir aquí que el Corregidor, lo mismo que todos los que no tienen dientes, hablaba con una pronunciación floja y sibilante, como si se estuviese comiendo sus propios labios.)

— ¡De seguro! — contestó la señá Frasquita. — En llegando estas horas se queda dormido donde primero le coge,[9] aunque sea en el borde de un precipicio. . . .

— Pues mira . . . ¡déjalo dormir! . . . — exclamó el viejo Corregidor, poniéndose más pálido de lo que ya era. — Y tú, mi querida Frasquita, escúchame, . . . oye . . . ven acá. . . . ¡Siéntate aquí; a mi lado! . . . Tengo muchas cosas que decirte. . . .

— Ya estoy sentada, — respondió la molinera, agarrando una silla baja y plantándola delante del Corregidor, a cortísima distancia de la suya.

Sentado que se hubo,[10] Frasquita echó una pierna sobre la otra, inclinó el cuerpo hacia adelante, apoyó un codo sobre la rodilla cabalgadora,[11] y la fresca y hermosa cara en una de sus manos; y así, con la cabeza un poco ladeada,[12] la sonrisa en los labios, los cinco hoyos en actividad, y las serenas pupilas clavadas en el Corregidor, aguardó la declaración de Su Señoría. Hubiera podido comparársela con Pamplona esperando un bombardeo.

El pobre hombre fué a hablar,[13] y se quedó con la boca abierta,

[6] ¿Y . . . Señoría? And how are you getting along?

[7] la señora, your wife.

[8] ¿Y Lucas? And what about Lucas? See Translation Aid XX, No. 3, p. 533.

[9] En . . . coge, When this hour arrives, he falls asleep wherever he happens to be.

[10] Sentado . . . hubo, When she was seated; see Translation Aid VI, No. 2, p. 505.

[11] rodilla cabalgadora, upper knee.

[12] ladeada, to one side.

[13] fué a hablar, was going to speak.

embelesado ante aquella grandiosa hermosura, ante aquella esplendidez
de gracias, ante aquella formidable mujer, de alabastrino color, de
lujosas carnes,[14] de limpia y riente [15] boca, de azules e insondables [16]
ojos, que parecía creada por el pincel de Rubens.

— ¡Frasquita! . . . — murmuró al fin el delegado del Rey, con
acento [17] desfallecido, mientras que su marchito rostro, cubierto de
sudor, destacándose sobre su joroba, expresaba una inmensa
angustia. — ¡Frasquita! . . .

— ¡Me llamo! [18] — contestó la hija de los Pirineos. — ¿Y qué? [19]

— Lo que tú quieras. . . . — repuso el viejo con una ternura sin
límites.

— Pues lo que yo quiero . . . — dijo la Molinera, — ya lo sabe Usía.
Lo que yo quiero es que Usía nombre Secretario del Ayuntamiento de
la Ciudad a un sobrino mío que tengo en Estella, . . . y que así
podrá venirse de aquellas montañas, donde está pasando muchos
apuros.[20] . . .

— Te he dicho, Frasquita, que eso es imposible. El secretario
actual . . .

— ¡Es un ladrón, un borracho y un bestia!

— Ya lo sé. . . . Pero tiene buenas aldabas [21] entre los regidores
perpetuos,[22] y yo no puedo nombrar otro sin acuerdo del Cabildo.[23]
De lo contrario, me expongo.[24] . . .

— ¡Me expongo! . . . ¡Me expongo! . . . ¿A qué no nos expondríamos por Vuestra Señoría hasta los gatos de esta casa? [25]

— ¿Me querrías a ese precio? — tartamudeó [26] el Corregidor.

— No, señor; que lo quiero a Usía de balde.

— ¡Mujer, no me des tratamiento! [27] Háblame de [28] V. o como se
te antoje. . . . ¿Conque vas a quererme? Di.[29]

---

[14] *de . . . carnes*, of splendid figure.
[15] *limpia y riente*, attractive and laughing.
[16] *insondables*, unfathomable.
[17] *acento*, voice.
[18] *¡Me llamo!* That's my name!
[19] *¿Y qué?* What do you want?
[20] *pasando . . . apuros*, experiencing many hardships.
[21] *tiene . . . aldabas*, he has a pull.
[22] *regidores perpetuos*, life aldermen.
[23] *Cabildo*, Council.
[24] *me expongo*, I run the risk.
[25] *¿A . . . casa?* see Translation Aid XIII, No. 3, d, p. 519.
[26] *tartamudeó*, stammered.
[27] *no . . . tratamiento*, don't title me.
[28] *Háblame de*, Call me.
[29] *Di = dime.*

— ¿No le digo a V. que lo quiero ya?

— Pero . . .

— No hay pero que valga.[30] ¡Verá V. qué guapo y qué hombre de bien es mi sobrino!

— ¡Tú sí que [31] eres guapa, Frascuela! . . .

— ¿Le gusto a V.?

— ¡Que si [32] me gustas! . . . ¡No hay mujer como tú!

— Pues mire V. . . . Aquí no hay nada postizo . . . — contestó la señá Frasquita, acabando de arrollar [33] la manga de su jubón, y mostrando al Corregidor el resto de su brazo, digno de una cariátide [34] y más blanco que una azucena.

— ¡Que si me gustas! . . . — prosiguió el Corregidor. — ¡De día, de noche, a todas horas, en todas partes, sólo pienso en ti! . . .

— ¡Pues qué! [35] ¿No le gusta a V. la señora Corregidora? [36] — preguntó la señá Frasquita con tal mal fingida compasión, que hubiera hecho reír a un hipocondríaco. — ¡Que lástima! Mi Lucas me ha dicho que tuvo el gusto de verla y de hablarle cuando fué a componerle [37] a V. el reloj de la alcoba, y que es muy guapa, muy buena y de un trato muy cariñoso.

— ¡No tanto! [38] ¡No tanto! — murmuró el Corregidor con cierta amargura.

— En cambio, otros me han dicho — prosiguió la molinera — que tiene muy mal genio, que es muy celosa, y que V. le tiembla más que a una vara verde.[39] . . .

— ¡No tanto,[40] mujer! . . . — repitió Don Eugenio de Zúñiga y Ponce de León, poniéndose colorado. — ¡Ni tanto ni tan poco! [41] La señora tiene sus manías, es cierto; . . . mas de ello a hacerme temblar, hay mucha diferencia. ¡Yo soy el Corregidor! . . .

— Pero, en fin, ¿la quiere V., o no la quiere?

— Te diré . . . ¡Yo la quiero mucho! . . . o por mejor decir, la quería antes de conocerte. Pero desde que te vi, no sé lo que me

[30] *No . . . valga,* No buts about it.

[31] *sí que,* certainly.

[32] *¡Que si,* do not translate.

[33] *acabando de arrollar,* completely rolling up.

[34] *cariátide,* caryatid, a female figure used in place of a column.

[35] *¡Pues qué!* Oh, dear!

[36] *la . . . Corregidora,* your wife.

[37] *componerle; le* is indirect object here, showing possession of the clock.

[38] *¡No tanto!* She isn't as good as that!

[39] *V . . . verde,* in her presence you shake like an aspen leaf; literally: Before her you tremble more than [a schoolboy] in the presence of a switch.

[40] *No tanto,* It isn't as bad as that.

[41] *¡Ni . . . poco!* It is by no means as bad as that!

pasa, y ella misma conoce [42] que me pasa algo. . . . Bástete saber que hoy, . . . tomarle, por ejemplo, la cara [43] a mi mujer me hace la misma operación [44] que si me la tomara a mí propio. . . . ¡Ya ves, que no puedo quererla más ni sentir menos! . . . ¡Mientras que por coger esa [45] mano, ese brazo, esa cara, esa cintura, daría lo que no tengo! [46]

Y, hablando así, el Corregidor trató de apoderarse del brazo desnudo que la señá Frasquita le estaba refregando materialmente [47] por los ojos; pero ésta, sin descomponerse, extendió la mano, tocó el pecho de Su Señoría con la pacífica violencia e incontrastable [48] rigidez de la trompa de un elefante, y lo tiró de espaldas [49] con silla y todo.

— ¡Ave María Purísima! — exclamó entonces la navarra, riéndose a más no poder. — Por lo visto, esa silla estaba rota. . . .

— ¿Qué pasa ahí? — exclamó en esto el tío Lucas, asomando su feo rostro entre los pámpanos de la parra.

El Corregidor estaba todavía en el suelo boca arriba, y miraba con un terror indecible a aquel hombre que aparecía en los aires boca abajo.

Hubiérase dicho [50] que Su Señoría era un diablo, vencido, no por San Miguel, sino por otro demonio del infierno.

— ¿Qué ha de pasar? [51] — se apresuró a responder la señá Frasquita. — ¡Que el señor Corregidor puso la silla en vago,[52] fué a mecerse,[53] y se ha caído! . . .

— ¡Jesús, María y José! — exclamó a su vez el molinero. — ¿Y se ha hecho daño Su Señoría? ¿Quiere un poco de agua y vinagre?

— ¡No me he hecho nada! [54] — dijo el Corregidor, levantándose como pudo.[55]

Y luego añadió por lo bajo, pero de modo que pudiera oírlo la señá Frasquita:

— ¡Me la pagaréis! [56]

[42] *conoce*, realizes.
[43] *tomarle la cara*, to caress (my wife's) face.
[44] *hace . . . operación*, has the same effect on me.
[45] *esa*, your.
[46] *lo . . . tengo*, all that I have and more.
[47] *refregando materialmente*, literally rubbing.
[48] *incontrastable*, irresistible.
[49] *de espaldas*, backwards.
[50] *Hubiérase dicho*, One might have said.
[51] *¿Qué . . . pasar?* What should be going on?
[52] *en vago*, unsteadily.
[53] *fué a mecerse*, was going to rock.
[54] *No . . . nada*, I didn't hurt myself.
[55] *como pudo*, as best he could.
[56] *¡Me la pagaréis!* I'll get even with you!

— Pues, en cambio, Su Señoría me ha salvado a mí la vida — repuso el tío Lucas sin moverse de lo alto de la parra. — Figúrate, mujer, que [57] estaba yo aquí sentado contemplando las uvas, cuando me quedé dormido sobre una red de sarmientos [58] y palos que dejaban claros suficientes para que pasase mi cuerpo. . . . Por consiguiente, si la caída de Su Señoría no me hubiese despertado tan a tiempo,[59] esta tarde me habría yo roto la cabeza contra esas piedras. . . .

— Conque sí . . . ¿eh? [60] . . . — replicó el Corregidor. — Pues, ¡vaya, hombre!, me alegro. . . . ¡Te digo que me alegro mucho de 10 haberme caído!

— ¡Me la pagarás! — agregó en seguida, dirigiéndose a la molinera.

Y pronunció estas palabras con tal expresión de reconcentrada [61] furia, que la señá Frasquita se puso triste.

Veía claramente que el Corregidor se asustó al principio, creyendo que el molinero lo había oído todo; pero que, persuadido ya de que no había oído nada (pues la calma y el disimulo del tío Lucas hubieran engañado al más lince [62]), empezaba a abandonarse a toda su iracundia y a concebir planes de venganza.

— ¡Vamos! ¡Bájate ya de ahí, y ayúdame a limpiar a Su Señoría, 20 que se ha puesto perdido de polvo! [63] — exclamó entonces la molinera.

Y mientras el tío Lucas bajaba, díjole ella al Corregidor, dándole golpes con el delantal en la chupa y alguno que otro [64] en las orejas:

— El pobre no ha oído nada. . . . Estaba dormido como un tronco. . . .

Más que estas frases, la circunstancia de haber sido dichas en voz baja, afectando complicidad y secreto,[65] produjo un efecto maravilloso.

— ¡Pícara! ¡Proterva! — balbuceó Don Eugenio de Zúñiga con la boca hecha un agua,[66] pero gruñendo todavía. . . .

— ¿Me guardará Usía rencor? [67] — replicó la navarra zalameramente.

30 Viendo el Corregidor que la severidad le daba buenos resultados, intentó mirar a la señá Frasquita con mucha rabia; pero se encontró con su tentadora risa y sus divinos ojos, en los cuales brillaba la caricia

---

[57] *que*, do not translate.
[58] *sarmientos*, shoots.
[59] *a tiempo*, opportunely.
[60] *Conque . . . ¿eh?* So that's it, is it?
[61] *reconcentrada*, intense.
[62] *al más lince*, the sharpest-eyed person.
[63] *se . . . polvo*, is completely covered with dust.
[64] *alguno . . . otro*, an occasional one.
[65] *secreto*, secrecy.
[66] *la . . . agua*, his mouth watering.
[67] *¿Me . . . rencor?* Will Your Grace bear me a grudge?

de una súplica, y, derritiéndosele la gacha [68] en el acto, le dijo con un
acento baboso [69] y sibilante, en que se descubría más que nunca la ausencia total de dientes y muelas:

— ¡De ti depende, amor mío!

En aquel momento se descolgó de la parra el tío Lucas.

XII

DIEZMOS Y PRIMICIAS [1]

Repuesto el Corregidor en su silla, la molinera dirigió una rápida
mirada a su esposo, y vióle, no sólo tan sosegado como siempre, sino
reventando de ganas de reír por resultas de aquella ocurrencia:
cambió con él desde lejos un beso tirado,[2] aprovechando el primer
descuido de Don Eugenio, y díjole, en fin, a éste con una voz de sirena
que le hubiera envidiado Cleopatra:

— ¡Ahora va Su Señoría a probar mis uvas!

Entonces fué de ver [3] a la hermosa navarra (y así la pintaría yo, si
tuviese el pincel de Ticiano), plantada enfrente del embelesado [4]
Corregidor, fresca, magnífica, incitante,[5] con sus nobles formas,[6] con
su angosto vestido, con su elevada estatura, con sus desnudos brazos
levantados sobre la cabeza, y con un transparente racimo en cada mano,
diciéndole, entre una sonrisa irresistible y una mirada suplicante en
que titilaba [7] el miedo:

— Todavía no las ha probado el señor Obispo. . . . Son las
primeras que se cogen [8] este año. . . .

Parecía una gigantesca Pomona [9] brindando frutos a un dios campestre, a un sátiro, v. gr.[10]

En esto apareció al extremo de la plazoleta empedrada [11] el venerable Obispo de la diócesis, acompañado del abogado académico y de

[68] *derritiéndosele la gacha*, becoming mushy; see Translation Aid XXI, No. 1,
p. 535.
[69] *baboso*, driveling.

[1] *Diezmos y primicias*, Tithes and First Fruits.
[2] *cambió . . . tirado*, they threw each other a kiss from a distance.
[3] *fué de ver*, you should have seen.
[4] *embelesado*, charmed.
[5] *incitante*, provocative.
[6] *formas*, figure.
[7] *titilaba*, appeared.
[8] *se cogen*, have been picked.
[9] *Pomona*, goddess of fruits and gardens.
[10] *v. gr.* = *verbi gratia*, for example.   [11] *empedrada*, paved.

dos canónigos de avanzada edad, y seguido de su secretario, de dos familiares y de dos pajes.

Detúvose un rato Su Ilustrísima a contemplar aquel cuadro tan cómico y tan bello, hasta que, por último, dijo, con el reposado acento propio de los prelados de entonces:

— El Quinto . . . pagar diezmos[12] y primicias[13] a la Iglesia de Dios, nos enseña la doctrina cristiana; pero V., señor Corregidor, no se contenta con administrar el diezmo, sino que también trata de comerse las primicias.

10 — ¡El señor[14] Obispo! — exclamaron los molineros, dejando al Corregidor y corriendo a besar el anillo al prelado.

— ¡Dios se lo pague a Su Ilustrísima, por venir a honrar esta pobre choza! — dijo el tío Lucas, besando el primero, y con acento de muy sincera veneración.

— ¡Qué señor Obispo tengo tan hermoso![15] — exclamó la señá Frasquita, besando después. — ¡Dios lo bendiga y me lo conserve más años que le conservó el suyo a mi Lucas![16]

— ¡No sé qué falta puedo hacerte,[17] cuando tú me echas[18] las bendiciones, en vez de pedírmelas! — contestó riéndose el bondadoso 20 Pastor.

Y, extendiendo dos dedos, bendijo a la señá Frasquita y después a los demás circunstantes.

— ¡ Aquí tiene Usía Ilustrísima[19] las primicias!—dijo el Corregidor, tomando un racimo de manos de la molinera y presentándoselo cortésmente al Obispo. — Todavía no había yo probado las uvas. . . .

El Corregidor pronunció estas palabras, dirigiendo de paso una rápida y cínica mirada a la espléndida hermosura de la molinera.

— ¡Pues no será porque estén verdes, como las de la fábula! — observó el académico.

30 — Las de la fábula — expuso el Obispo — no estaban verdes, señor Licenciado, sino fuera del alcance de la zorra.

Ni el uno ni el otro habían querido acaso aludir al Corregidor; pero ambas frases fueron casualmente tan adecuadas a lo que acababa de suceder allí, que Don Eugenio de Zúñiga se puso lívido de cólera, y dijo, besando el anillo del Prelado:

[12] diezmos, tithes.
[13] primicias, first fruits.
[14] señor, do not translate; see Translation Aid XVI, No. 1, a, p. 524.
[15] ¡Qué . . . hermoso! What a fine bishop I have!
[16] le . . . Lucas, He preserved Lucas' bishop for him.
[17] hacerte, see Translation Aid XV, No. 1, p. 522.
[18] echas, bestow.
[19] Usía Ilustrísima, Your Reverence.

— ¡Eso es llamarme zorro, señor ilustrísimo! [20]

— *¡Tu dixisti!* [21] — replicó éste, con la afable severidad de un santo, como diz [22] que lo era en efecto. — *Excusatio non petita, accusatio manifesta. Qualis vir, talis oratio.* Pero *satis jam dictum, nullus ultra sit sermo.*[23] O, lo que es lo mismo, dejémonos de latines,[24] y veamos estas famosas uvas.

Y picó . . . una sola vez . . . en el racimo que le presentaba el Corregidor.

— ¡Están [25] muy buenas! — exclamó, mirando aquella uva al trasluz [26] y alargándosela en seguida a su secretario. — ¡Lástima que a mí me [10] sienten mal!

El secretario contempló también la uva; hizo un gesto de cortesana admiración, y la entregó a uno de los familiares.

El familiar repitió la acción del Obispo y el gesto del secretario, propasándose hasta [27] oler la uva, y luego . . . la colocó en la cesta con escrupuloso cuidado, no sin decir en voz baja a la concurrencia:

— Su Ilustrísima [28] ayuna . . .

El tío Lucas, que había seguido la uva con la vista, la cogió entonces disimuladamente, y se la comió sin que nadie lo viera.

Después de esto, sentáronse todos: hablóse [29] de la otoñada [30] [20] (que seguía siendo [31] muy seca, no obstante haber pasado el cordonazo de San Francisco [32]); discurrióse algo sobre la probabilidad de una nueva guerra entre Napoleón y el Austria; insistióse en la creencia de que las tropas imperiales no invadirían nunca el territorio español; quejóse el abogado de lo revuelto y calamitoso de aquella época, envidiando los tranquilos tiempos de sus padres (como sus padres habrían [33] envidiado los de sus abuelos); dió las cinco [34] el loro, . . .

---

[20] *señor ilustrísimo,* Your Reverence.
[21] *¡Tu dixisti!*   You said it!
[22] *diz,* they say, it is said.
[23] *Excusatio . . . sermo,* An excuse not asked for is an obvious accusation.   As a man is, so are his words.   But enough has already been said, let nothing further be spoken.
[24] *dejémonos de latines,* let us cut out the Latin.
[25] *Están,* They look; see Translation Aid XI, No. 3, p. 515.
[26] *al trasluz,* against the light.
[27] *propasándose hasta,* going so far as.
[28] *Su Ilustrísima,* His Reverence.
[29] *hablóse,* they spoke; see Translation Aid XV, No. 2, p. 523.
[30] *otoñada,* autumn season.
[31] *seguía siendo,* still was.
[32] *cordonazo . . . Francisco,* equinoctial storms of autumn.
[33] *habrían,* cond. of probability.
[34] *dió las cinco,* called out five o'clock.

y, a una seña del Reverendo Obispo, el menor de los pajes fué al coche episcopal (que se había quedado en la misma ramblilla que el alguacil), y volvió con una magnífica torta sobada,[35] de pan de aceite, polvoreada [36] de sal, que apenas haría una hora había salido del horno; colocóse una mesilla en medio del concurso; descuartizóse [37] la torta; se dió su parte correspondiente, sin embargo de que se resistieron mucho, al tío Lucas y a la señá Frasquita, . . . y una igualdad verdaderamente democrática reinó durante media hora bajo aquellos pámpanos que filtraban los últimos resplandores del sol poniente.[38] . . .

XIII

LE DIJO EL GRAJO AL CUERVO [1]

10 Hora y media después todos los ilustres compañeros de merienda estaban de vuelta en la Ciudad.

El señor Obispo y su *familia* habían llegado con bastante anticipación,[2] gracias al coche, y hallábanse ya *en palacio*, donde los dejaremos rezando sus devociones.

El insigne abogado (que era muy seco) y los dos canónigos (a cual más grueso y respetable [3]) acompañaron al Corregidor hasta la puerta del Ayuntamiento (donde Su Señoría dijo tener [4] que trabajar), y tomaron luego el camino de sus respectivas casas, guiándose por las estrellas como los navegantes, o sorteando a tientas [5] las esquinas como los 20 ciegos, pues ya había cerrado la noche; aún no había salido la luna, y el alumbrado [6] público (lo mismo que las demás luces de este siglo) todavía estaba allí en la mente divina.

En cambio, no era raro ver discurrir por algunas calles tal o cual linterna o farolillo [7] con que respetuoso servidor alumbraba a sus magníficos amos, quienes se dirigían a la habitual tertulia o de visita a casa de sus parientes. . . .

Cerca de casi todas las rejas bajas se veía (o se olfateaba,[8] por mejor

---

[35] *torta sobada,* kneaded cake.
[36] *polvoreada,* dusted.
[37] *descuartizóse,* was cut.
[38] *poniente,* setting.

---

[1] *Le . . . cuervo,* The pot called the kettle black; *grajo,* jackdaw.
[2] *con . . . anticipación,* quite a bit earlier.
[3] *a . . . respetable,* each one fatter and more respectable than the other.
[4] *tener,* he had; see Translation Aid III, No. 1, p. 501.
[5] *sorteando a tientas,* groping for.
[6] *alumbrado,* lighting system.
[7] *tal . . . farolillo,* some lantern or other.   [8] *olfateaba,* smelled.

decir) un silencioso bulto negro.   Eran galanes que, al sentir pasos, habían dejado por un momento de pelar la pava. . . .

— ¡Somos unos [9] calaveras! — iban diciéndose el abogado y los dos canónigos. — ¿Qué pensarán en nuestras casas al vernos llegar a estas horas? [10]

— Pues ¿qué dirán los que nos encuentren en la calle, de este modo, a las siete y pico de la noche, como unos bandoleros amparados de las tinieblas?

— Hay que mejorar de conducta. . . .

— ¡Ah! sí. . . . ¡Pero ese dichoso molino! . . .

— Mi mujer lo tiene sentado en la boca del estómago [11] . . . — dijo el académico, con un tono en que se traslucía mucho miedo a la próxima pelotera [12] conyugal.

— Pues ¿y mi sobrina? [13] — exclamó uno de los canónigos, que por cierto era penitenciario. — Mi sobrina dice que los sacerdotes no deben visitar comadres. . . .

— Y, sin embargo — interrumpió su compañero, que era magistral,[14] — lo que allí pasa no puede ser más inocente. . . .

— ¡Toma! [15] ¡Como que [16] va el mismísimo señor Obispo!

— Y luego, señores, ¡a nuestra edad! . . . — repuso el penitenciario. — Yo he cumplido ayer los setenta y cinco.[17]

— ¡Es claro! — replicó el magistral. — Pero hablemos de otra cosa: ¡qué guapa estaba [18] esta tarde la señá Frasquita!

— ¡Oh, lo que es eso; [19] . . . como guapa,[20] es guapa! — dijo el abogado, afectando imparcialidad.

— Muy guapa . . . — repitió el penitenciario dentro del embozo.[21]

— Y si no [22] — añadió el predicador de *oficio*,[23] — que se lo pregunten al Corregidor . . .

— ¡El pobre hombre está enamorado de ella! . . .

---

[9] *unos*, a bunch of.
[10] *a . . . horas*, at this late hour.
[11] *Mi . . . estómago*, It riles my wife.
[12] *pelotera*, quarrel.
[13] *¿y mi sobrina?* and what about my niece?
[14] *magistral*, preacher.
[15] *¡Toma!* Of course!
[16] *Como que*, Why.
[17] *Yo . . . cinco*, I had my seventy-fifth birthday yesterday.
[18] *estaba*, looked; see Translation Aid XI, No. 3, b, p. 515.
[19] *lo . . . eso*, as for that.
[20] *como guapa*, as far as good looks are concerned.
[21] *embozo*, muffler.
[22] *Y si no*, And if you don't believe it.
[23] *predicador de oficio* = *el magistral*.

— ¡Ya lo creo! — exclamó el confesor de la Catedral.

— ¡De seguro! — agregó el académico . . . correspondiente. — Conque, señores, yo tomo por aquí para llegar antes a casa. . . . ¡Muy buenas noches!

— Buenas noches . . . — le contestaron los capitulares.

Y anduvieron algunos pasos en silencio.

— ¡También le gusta a ése [24] la molinera! — murmuró entonces el magistral, dándole con el codo [25] al penitenciario.

— ¡Como si lo viera! [26] — respondió éste, parándose a la puerta de su
10 casa. — ¡Y qué bruto es! Conque hasta mañana, compañero. Que le sienten [27] a V. muy bien las uvas.

— Hasta mañana, si Dios quiere. . . . Que pase V. muy buena noche.

— ¡Buenas noches nos dé Dios! — rezó el penitenciario, ya desde el portal, que por más señas [28] tenía farol y Virgen.

Y llamó a la aldaba.[29]

Una vez solo en la calle, el otro canónigo (que era más ancho que alto, y que parecía que rodaba al andar) siguió avanzando lentamente hacia su casa; pero, antes de llegar a ella, dijo, pensando sin duda en
20 su cofrade [30] de coro:

— ¡También te gusta a ti la señá Frasquita! . . . ¡Y la verdad es — añadió al cabo de un momento — que, como guapa, es guapa!

XIV

LOS CONSEJOS DE GARDUÑA

Entretanto, el Corregidor había subido al Ayuntamiento, acompañado de Garduña, con quien mantenía hacía rato,[1] en el salón de sesiones, una conversación más familiar de lo correspondiente a persona de su calidad y oficio.

— ¡Crea Usía a un perro perdiguero [2] que conoce la caza! — decía el innoble alguacil. — La señá Frasquita está perdidamente enamorada

---

[24] le . . . ése, He . . . likes.
[25] dándole . . . codo, nudging.
[26] ¡Como . . . viera! Of course!
[27] Que le sienten, see Translation Aid XIII, No. 1, e, p. 518.
[28] por . . . señas, by way of description.
[29] aldaba, knocker.
[30] cofrade, fellow member.

[1] hacía rato, for some time.
[2] perro perdiguero, bird dog.

de Usía, y todo lo que Usía acaba de contarme contribuye a hacérmelo ver más claro que esa luz. . . .

Y señalaba a un velón [3] de Lucena, que apenas si esclarecía la octava parte [4] del salón.

— ¡No estoy yo tan seguro como tú, Garduña! — contestó D. Eugenio, suspirando lánguidamente.

— ¡Pues no sé por qué! [5] Y, si no,[6] hablemos con franqueza. Usía . . . (dicho sea con perdón [7]) tiene una tacha en su cuerpo. . . . ¿No es verdad?

— ¡Bien, sí! — repuso el Corregidor. — Pero esa tacha la tiene [10] también el tío Lucas.   ¡Él es más jorobado que yo!

— ¡Mucho más! ¡muchísimo más! ¡sin comparación de ninguna especie!   Pero en cambio (y es a lo que iba [8]), Usía tiene una cara de muy buen ver,[9] . . . lo que se llama una bella cara, . . . mientras que el tío Lucas se parece al sargento Utrera, que reventó de feo.[10]

El Corregidor sonrió con cierta ufanía.[11]

— Además — prosiguió el alguacil, — la señá Frasquita es capaz de tirarse por una ventana [12] con tal de agarrar el nombramiento de su sobrino. . . .

— Hasta ahí estamos de acuerdo.   ¡Ese nombramiento es mi única [20] esperanza!

— ¡Pues manos a la obra, señor!   Ya le he explicado a Usía mi plan. . . . ¡No hay más que [13] ponerlo en ejecución esta misma noche!

— ¡Te he dicho muchas veces que no necesito consejos! — gritó D. Eugenio, acordándose de pronto de que hablaba con un inferior.

— Creí que Usía me los había pedido . . . — balbuceó Garduña.

— ¡No me repliques! [14]

Garduña saludó.   [30]

---

[3] *velón*, oil lamp.

[4] *la . . . parte*, one-eighth.

[5] *por qué*, why not.

[6] *si no*, if you don't believe it; see Translation Aid VIII, No. 2, p. 509.

[7] *dicho . . . perdón*, begging your pardon.

[8] *y . . . iba*, and that is what I was driving at.

[9] *de . . . ver*, very good-looking.

[10] *sargento . . . feo*, Sergeant Utrera, who burst from sheer ugliness; a proverbial figure who expresses the Spanish idea of extreme ugliness.   See Translation Aid XXII, No. 2, p. 539.

[11] *ufanía*, pride.

[12] *tirarse . . . ventana*, ruining herself.

[13] *No . . . que*, The only thing left to do is.

[14] *repliques*, talk back.

— ¿Conque decías — prosiguió el [15] de Zúñiga, volviendo a amansarse [16] — que esta misma noche puede arreglarse todo eso? Pues ¡mira, hijo!, me parece bien.[17] ¡Qué diablos! ¡Así saldré pronto de esta cruel incertidumbre!

Garduña guardó silencio.

El Corregidor se dirigió al bufete [18] y escribió algunas líneas en un pliego de papel sellado, que selló también por su parte, guardándoselo [19] luego en la faltriquera.

— ¡Ya está hecho el nombramiento del sobrino! — dijo entonces,
10 tomando un polvo de rapé.[20] — ¡Mañana me las compondré yo [21] con los regidores, . . . y, o lo ratifican con un acuerdo, o habrá la de San Quintín! [22] ¿No te parece que hago bien?

— ¡Eso! [23] ¡eso! — exclamó Garduña entusiasmado, metiendo la zarpa [24] en la caja del Corregidor y arrebatándole un polvo. — ¡Eso! ¡eso! El antecesor de Usía no se paraba tampoco en barras.[25] Cierta vez . . .

— ¡Déjate de bachillerías! [26] — repuso el Corregidor, sacudiéndole una guantada [27] en la ratera [28] mano. — Mi antecesor era un bestia, cuando te tuvo [29] de alguacil. Pero vamos a lo que importa. Acabas
20 de decirme que el molino del tío Lucas pertenece al término del lugarcillo inmediato, y no al de esta población. . . . ¿Estás seguro de ello?

— ¡Segurísimo! La jurisdicción de la Ciudad acaba en la ramblilla donde yo me senté esta tarde a esperar que Vuestra Señoría. . . . ¡Voto a Lucifer! ¡Si yo hubiera estado en su caso!

— ¡Basta! — gritó D. Eugenio. — ¡Eres un insolente!

Y, cogiendo media cuartilla de papel, escribió una esquela, cerróla,[30] doblándole un pico, y se la entregó a Garduña.

---

[15] *el*, add: *señor*.
[16] *amansarse*, cooling down, quieting down.
[17] *me . . . bien*, I think it's a good idea.
[18] *bufete*, desk.
[19] *guardándoselo*, putting it away.
[20] *polvo de rapé*, a pinch of snuff.
[21] *me . . . yo*, I'll have it out with; see Translation Aid VIII, No. 4, p. 510.
[22] *habrá . . . Quintín*, there's going to be an awful rumpus.
[23] *¡Eso!* That's right!
[24] *zarpa*, claws.
[25] *no . . . barras*, wasn't a jellyfish either.
[26] *¡Déjate . . . bachillerías!* Stop your chatter!
[27] *sacudiéndole . . . guantada*, slapping.
[28] *ratera*, thievish.
[29] *tuvo*, took.
[30] *cerróla*, he sealed it.

— Ahí tienes — le dijo al mismo tiempo — la carta que me has pedido para el Alcalde del Lugar. Tú le explicarás de palabra [31] todo lo que tiene que hacer. ¡Ya ves que sigo tu plan al pie de la letra! [32] ¡Desgraciado de ti si me metes en un callejón sin salida! [33]

— ¡No hay cuidado! — contestó Garduña. — El señor Juan López tiene mucho que temer, y en cuanto vea la firma de Usía, hará todo lo que yo le mande. ¡Lo menos le debe [34] mil fanegas [35] de grano al Pósito Real,[36] y otro tanto [37] al Pósito Pío! [38] . . . Esto último contra toda ley, pues no es ninguna viuda ni ningún labrador pobre para recibir el trigo sin abonar creces ni recargo,[39] sino un jugador, ₁₀ un borracho y un sin vergüenza, muy amigo de faldas, que trae [40] escandalizado el pueblecillo. . . . ¡Y aquel hombre ejerce autoridad! . . . ¡Así anda el mundo! [41]

— ¡Te he dicho que calles! ¡Me estás distrayendo! — bramó el Corregidor. — Conque vamos al asunto — añadió luego, mudando de tono. — Son las siete y cuarto. . . . Lo primero que tienes que hacer es ir a casa y advertirle a la Señora [42] que no me espere a cenar ni a dormir. Dile que esta noche me estaré trabajando aquí hasta la hora de la *queda*, y que después saldré de ronda secreta [43] contigo, a ver si atrapamos [44] a ciertos malhechores. . . . En fin, engáñala ₂₀ bien para que se acueste descuidada. De camino, dile a otro alguacil que me traiga la cena. . . . ¡Yo no me atrevo a parecer esta noche delante de la señora, pues me conoce tanto,[45] que es capaz de leer en mis pensamientos! Encárgale a la cocinera que ponga unos pestiños de los que [46] se hicieron hoy, y dile a Juanete que, sin que lo vea nadie, me alargue de la taberna medio cuartillo [47] de vino blanco. En seguida te marchas al Lugar, donde puedes hallarte muy bien a las ocho y media.

[31] *de palabra*, by word of mouth.
[32] *al . . . letra*, literally.
[33] *callejón sin salida*, blind alley.
[34] *Lo . . . debe*, He owes at least.
[35] *fanegas*, dry measure equal to about a bushel and a half.
[36] *Pósito Real*, King's Granary.
[37] *otro tanto*, a like amount.
[38] *Pósito Pío*, Charity Granary, from which grain may be borrowed without interest charges.
[39] *abonar . . . recargo*, paying interest and surcharges.
[40] *trae*, keeps.
[41] *¡Así . . . mundo!* That's the way of the world!
[42] *la Señora*, my wife.
[43] *saldré . . . secreta*, I shall make a secret round.
[44] *atrapamos*, we can catch.
[45] *tanto*, so well.
[46] *unos . . . que*, some of those honey fritters which.
[47] *cuartillo*, pint.

— ¡A las ocho en punto estoy [48] allí! — exclamó Garduña.

— ¡No me contradigas! — rugió el Corregidor, acordándose otra vez de lo que era.

Garduña saludó.

— Hemos dicho — continuó aquél, humanizándose de nuevo — que a las ocho en punto estás en el Lugar.   Del Lugar al molino habrá . . . Yo creo que habrá [49] una media legua . . .

— Corta.

— ¡No me interrumpas!

El alguacil volvió a saludar.

— Corta. . . . — prosiguió el Corregidor. — Por consiguiente, a las diez. . . . ¿Crees tú que a las diez? . . .

— ¡Antes de las diez! ¡A las nueve y media puede Usía llamar descuidado a la puerta del molino!

— ¡Hombre! ¡No me digas a mí lo que tengo que hacer! . . . Por supuesto que tú estarás. . . .

— Yo estaré en todas partes. . . . Pero mi cuartel general será la ramblilla. ¡Ah, se me olvidaba! . . . Vaya Usía a pie, y no lleve linterna. . . .

— ¡Maldita la falta que me hacían [50] tampoco esos consejos! ¿Si creerás tú [51] que es la primera vez que salgo a campaña?

— Perdone Usía. . . . ¡Ah! Otra cosa. No llame Usía a la puerta grande que da a la plazoleta del emparrado, sino a la puertecilla que hay encima del caz. . . .

— ¿Encima del caz hay otra puerta? ¡Mira tú una cosa [52] que nunca se me hubiera ocurrido!

— Sí, señor. La puertecilla del caz da al mismísimo dormitorio de los molineros, . . . y el tío Lucas no entra ni sale nunca por ella. De forma que, aunque volviese de pronto. . . .

— Comprendo, comprendo. . . . ¡No me aturdas más los oídos!

— Por último: procure Usía escurrir el bulto [53] antes del amanecer. Ahora amanece a las seis. . . .

— ¡Mira [54] otro consejo inútil! A las cinco estaré de vuelta en mi casa. . . . Pero bastante hemos hablado ya. . . . ¡Quítate de mi presencia!

— Pues entonces, señor . . . ¡buena suerte! — exclamó el alguacil,

[48] *estoy*, see Translation Aid VII, No. 2, p. 506.
[49] *habrá*, there must be; see Translation Aid XVIII, No. 1, p. 528.
[50] *Maldita . . . hacían*, I haven't the slightest need of.
[51] *Si creerás tú*, I wonder if you think.
[52] *Mira . . . cosa*, Now, that's a thing.
[53] *escurrir el bulto*, slip away.
[54] *Mira*, Now, that is.

alargando lateralmente una mano al Corregidor y mirando al techo al mismo tiempo.

El Corregidor puso en aquella mano una peseta, y Garduña desapareció como por ensalmo.[55]

— ¡Por vida de![56] . . . — murmuró el viejo al cabo de un instante. — ¡Se me ha olvidado decirle a ese bachillero[57] que me trajesen también una baraja![58] ¡Con ella me hubiera entretenido hasta las nueve y media, viendo si me salía[59] aquel solitario! . . .

XV

DESPEDIDA EN PROSA

Serían las nueve de aquella misma noche, cuando el tío Lucas y la señá Frasquita, terminadas[1] todas las haciendas del molino y de la casa, se cenaron una fuente de ensalada de escarola,[2] una libreja[3] de carne guisada con tomates, y algunas uvas de las que quedaban en la consabida cesta; todo ello rociado con un poco de vino y con grandes risotadas a costa del Corregidor: después de lo cual miráronse afablemente los dos esposos,[4] como muy contentos de Dios y de sí mismos, y se dijeron, entre un par de bostezos que revelaban toda la paz y tranquilidad de sus corazones:

— Pues, señor, vamos a acostarnos, y mañana será otro día.

En aquel momento sonaron dos fuertes y ejecutivos golpes aplicados a la puerta grande del molino.

El marido y la mujer se miraron sobresaltados.

Era la primera vez que oían llamar[5] a su puerta a semejante hora.

— Voy a ver . . . — dijo la intrépida navarra, encaminándose hacia la plazoletilla.

— ¡Quita! ¡Eso me toca a mí![6] — exclamó el tío Lucas con tal dignidad, que la señá Frasquita le cedió el paso.[7] — ¡Te he dicho

[55] *ensalmo,* magic.
[56] *¡Por . . . de!* Hang it!
[57] *bachillero,* chatterbox.
[58] *baraja,* deck of cards.
[59] *me salía,* I could win.

[1] *terminadas,* see Translation Aid VI, No. 2, p. 505.
[2] *escarola,* endive.
[3] *una libreja,* about a pound.
[4] *dos esposos,* husband and wife.
[5] *oían llamar,* had heard a knock.
[6] *¡Eso . . . mí!* That's my duty!
[7] *le . . . paso,* made way for him.

que no salgas! — añadió luego con dureza, viendo que la obstinada molinera quería seguirle.

Ésta obedeció, y se quedó dentro de la casa.

— ¿Quién es? — preguntó el tío Lucas desde en medio de la plazoleta.

— ¡La Justicia! [8] — contestó una voz al otro lado del portón.

— ¿Qué Justicia?

— La del Lugar. ¡Abra V. al señor Alcalde!

El tío Lucas había aplicado entretanto un ojo a cierta mirilla muy
10 disimulada [9] que tenía el portón, y reconocido a la luz de la luna al rústico alguacil del Lugar inmediato.

— ¡Dirás [10] que le abra al borrachón del alguacil! — repuso el molinero, retirando la tranca. [11]

— ¡Es lo mismo . . . — contestó el de afuera; — pues que traigo una orden escrita de su Merced! Tenga V. muy buenas noches, tío Lucas . . . — agregó luego entrando, con voz menos oficial, más baja y más gorda, como si ya fuera otro hombre.

— ¡Dios te guarde, Toñuelo! — respondió el murciano. — Veamos qué orden es ésa. . . . ¡Y bien podía el señor Juan López escoger
20 otra hora más oportuna de dirigirse a los hombres de bien! Por supuesto que la culpa será tuya. [12] ¡Como si lo viera, [13] te has estado emborrachando en las huertas del [14] camino! ¿Quieres un trago?

— No, señor; no hay tiempo para nada. ¡Tiene V. que seguirme inmediatamente! Lea V. la orden.

— ¿Cómo [15] seguirte? — exclamó el tío Lucas, penetrando en el molino, después de tomar el papel. — ¡A ver, [16] Frasquita! ¡alumbra!

La señá Frasquita soltó una cosa que tenía en la mano, y descolgó el candil. El tío Lucas miró rápidamente el objeto que había soltado
30 su mujer, y reconoció su bocacha, [17] o sea un enorme trabuco [18] que calzaba balas de a [19] media libra.

---

[8] *Justicia*, Law.

[9] *mirilla . . . disimulada*, well hidden peep-hole.

[10] *Dirás*, You mean.

[11] *tranca*, bar.

[12] *la . . . tuya*, you must be to blame.

[13] *Como . . . viera*, Of course.

[14] *del*, along the.

[15] *¿Cómo . . . ?* What do you mean . . . ? See Translation Aid XVII, No. 1, a, p. 526.

[16] *A ver*, Here.

[17] *bocacha*, bell-muzzled gun.

[18] *trabuco*, blunderbuss.

[19] *a*, do not translate; used in giving rates.

El molinero dirigió entonces a la navarra una mirada llena de gratitud
y ternura, y le dijo, tomándole la cara:

— ¡Cuánto vales! [20]

La señá Frasquita, pálida y serena como una estatua de mármol,
levantó el candil, cogido con dos dedos, sin que el más leve temblor
agitase su pulso, y contestó secamente:

— ¡Vaya, lee!

La orden decía así:

«Para el mejor servicio de S. M. el Rey Nuestro
Señor (q. D. g.[21]), prevengo a Lucas Fernández, molinero,   10
de estos vecinos,[22] que tan luego como reciba la presente
orden, comparezca ante mi autoridad sin excusa ni pretexto alguno; advirtiéndole que, por ser [23] asunto reservado, no lo pondrá en conocimiento de nadie: [24] todo ello
bajo las penas correspondientes, caso de desobediencia.
El Alcalde:

                                    Juan López.»

Y había una cruz en vez de rúbrica.[25]

— Oye, tú. ¿Y qué es esto? — le preguntó el tío Lucas al alguacil.
— ¿A qué viene esta orden?   20

— No lo sé . . . — contestó el rústico; hombre de unos treinta
años, cuyo rostro esquinado y avieso,[26] propio de ladrón o de asesino,
daba muy triste idea de su sinceridad. — Creo que se trata de averiguar
algo de brujería,[27] o de moneda falsa.[28] . . . Pero la cosa no va con
V. . . . Lo llaman como testigo o como perito. En fin, yo no me
he enterado bien del particular. . . . El señor Juan López se lo
explicará a V. con más pelos y señales.

— ¡Corriente! — exclamó el molinero. — Dile que iré mañana.

— ¡Ca! [29] ¡no, señor! . . . Tiene V. que venirse ahora mismo,
sin perder un minuto. Tal es la orden que me ha dado el señor Alcalde. 30

Hubo un instante de silencio.

Los ojos de la señá Frasquita echaban llamas.[30]

---

[20] *¡Cuánto vales!*   What a treasure you are!
[21] *q. D. g. = que Dios guarde.*
[22] *de . . . vecinos,* residing in this town.
[23] *por ser,* because it is.
[24] *no . . . nadie,* will acquaint no one with it.
[25] *rúbrica,* flourish.
[26] *esquinado y avieso,* angular and perverse.
[27] *brujería,* witchcraft.
[28] *moneda falsa,* counterfeit.
[29] *¡Ca!* Nonsense!
[30] *echaban llamas,* were flashing.

El tío Lucas no separaba los suyos del suelo, como si buscara alguna cosa.

— Me concederás cuando menos — exclamó al fin, levantando la cabeza — el tiempo preciso para ir a la cuadra [31] y aparejar una burra. . . .

— ¡Qué burra ni qué demontre! [32] — replicó el alguacil. — ¡Cualquiera se anda [33] a pie media legua! La noche está muy hermosa, y hace luna . . .

— Ya he visto que ha salido. . . . Pero yo tengo los pies [34] muy
10 hinchados. . . .

— Pues entonces, no perdamos tiempo. Yo le ayudaré a V. a aparejar la bestia.

— ¡Hola! ¡Hola! ¿Temes que me escape?

— Yo no temo nada, tío Lucas . . . — respondió Toñuelo con la frialdad de un desalmado. — Yo soy la Justicia.

Y, hablando así, descansó armas; [35] con lo que dejó ver [36] el retaco [37] que llevaba debajo del capote.

— Pues mira, Toñuelo . . . — dijo la molinera. — Ya que vas a la cuadra . . . a ejercer tu verdadero oficio, . . . hazme el favor de
20 aparejar también la otra burra.

— ¿Para qué? — interrogó el molinero.

— ¡Para mí! Yo voy con vosotros.

— ¡No puede ser, señá Frasquita! — objetó el alguacil. — Tengo orden de llevarme a su marido de Vd. nada más, y de impedir que V. lo siga. En ello me van «el destino y el pescuezo.» [38] Así me lo advirtió el señor Juan López. Conque . . . vamos, tío Lucas.

Y se dirigió hacia la puerta.

— ¡Cosa más rara! [39] — dijo a media voz el murciano sin moverse.

— ¡Muy rara! — contestó la señá Frasquita.

30 — Esto es algo . . . que yo me sé [40] . . . — continuó murmurando el tío Lucas, de modo que no pudiese oírlo Toñuelo.

— ¿Quieres que vaya yo a la Ciudad — cuchicheó la navarra, — y le dé aviso al Corregidor de lo que nos sucede? . . .

---

[31] *cuadra*, stable.
[32] *¡Qué . . . demontre!* What in the dickens do you want a donkey for?
[33] *se anda*, can walk.
[34] *yo . . . pies*, my feet are; see Translation Aid XX, No. 1, b, p. 533.
[35] *descansó armas*, he came to arms rest.
[36] *ver*, to be seen.
[37] *retaco*, short fowling piece.
[38] *En . . . pescuezo*, My future and my neck depend on it.
[39] *¡Cosa . . . rara!* What a strange thing!
[40] *me sé*, I understand very well.

— ¡No! — respondió en alta voz el tío Lucas. — ¡Eso no!
— ¿Pues qué quieres que haga? — dijo la molinera con gran ímpetu.
— Que me mires . . . — respondió el antiguo soldado.

Los dos esposos se miraron en silencio, y quedaron tan satisfechos ambos de la tranquilidad, la resolución y la energía que se comunicaron sus almas, que acabaron por encogerse de hombros y reírse.

Después de esto, el tío Lucas encendió otro candil y se dirigió a la cuadra,[41] diciendo al paso a Toñuelo con socarronería: [42]

— ¡Vaya, hombre! ¡Ven y ayúdame . . . supuesto que eres tan amable!   10

Toñuelo lo siguió, canturriando [43] una copla entre dientes.

Pocos minutos después, el tío Lucas salía del molino, caballero en una hermosa jumenta y seguido del alguacil.

La despedida de los esposos se había reducido a lo siguiente:

— Cierra bien . . . — dijo el tío Lucas.

— Embózate, que [44] hace fresco . . . — dijo la señá Frasquita, cerrando con llave, tranca y cerrojo.[45]

Y no hubo más adiós, ni más beso, ni más abrazo, ni más mirada. ¿Para qué? [46]

XVI

UN AVE DE MAL AGÜERO

Sigamos por nuestra parte al tío Lucas.   20

Ya habían andado un cuarto de legua sin hablar palabra, el molinero subido en la borrica, y el alguacil arreándola con su bastón de autoridad, cuando divisaron delante de sí, en lo alto de un repecho [1] que hacía [2] el camino, la sombra de un enorme pajarraco [3] que se dirigía hacia ellos.

Aquella sombra se destacó enérgicamente sobre el cielo, esclarecido por la luna, dibujándose en él con tanta precisión, que el molinero exclamó en el acto:

— Toñuelo, ¡aquél es Garduña, con su sombrero de tres picos y sus patas de alambre! [4]

---

[41] *cuadra*, stable.
[42] *con socarronería*, slyly.
[43] *canturriando*, humming.
[44] *que*, for.
[45] *tranca y cerrojo*, cross-bar and bolt.
[46] *¿Para qué?* Why should there be?

---

[1] *repecho*, slope.
[2] *que hacía*, of.
[3] *pajarraco*, big bird.   [4] *patas de alambre*, spindle shanks.

Mas, antes de que contestara el interpelado, la sombra, deseosa sin duda de eludir aquel encuentro, había dejado el camino y echado a correr a campo traviesa con la velocidad de una verdadera garduña.

— No veo a nadie . . . — respondió Toñuelo con la mayor naturalidad.

— Ni yo tampoco, — replicó el tío Lucas, comiéndose la partida.[5]

Y la sospecha que ya se le ocurrió en el molino principió a adquirir cuerpo y consistencia en el espíritu receloso del jorobado.

— Este viaje mío — díjose interiormente [6] — es una estratagema 10 amorosa del Corregidor. La declaración que le oí esta tarde desde lo alto del emparrado me demuestra que el vejete madrileño no puede esperar más. Indudablemente, esta noche va a volver de visita al molino, y por eso ha principiado quitándome de en medio.[7] . . . Pero ¿qué importa? ¡Frasquita es Frasquita . . . , y no abrirá la puerta aunque le peguen fuego a la casa! . . . Digo más: aunque la abriese; aunque el Corregidor lograse, por medio de cualquier ardid, sorprender a mi excelente navarra, el pícaro viejo saldría con las manos en la cabeza. ¡Frasquita es Frasquita! Sin embargo — añadió al cabo de un momento, — ¡bueno será volverme esta noche a casa lo más temprano 20 que pueda!

Llegaron con esto al Lugar el tío Lucas y el alguacil, y dirigiéronse a casa del señor Alcalde.

XVII

UN ALCALDE DE MONTERILLA [1]

El Sr. Juan López, que como particular y como Alcalde era la tiranía, la ferocidad y el orgullo personificados (cuando trataba con sus inferiores), dignábase, sin embargo, a aquellas horas, después de despachar los asuntos oficiales y los de su labranza y de pegarle [2] a su mujer la cotidiana paliza, beberse un cántaro de vino en compañía del secretario y del sacristán, operación que iba más de mediada [3] aquella noche, cuando el molinero compareció en su presencia.

30   — ¡Hola, tío Lucas! — le dijo, rascándose la cabeza para excitar en ella la vena de los embustes. — ¿Cómo va de salud? [4]   ¡A ver,[5]

---

[5] *comiéndose la partida*, catching on, but giving no sign of it.
[6] *díjose interiormente*, he said to himself.
[7] *quitándome . . . medio*, by getting me out of the way.

[1] *monterilla*, woolen cap.
[2] *pegarle*, giving.
[3] *iba . . . mediada*, was more than half over.
[4] *¿Cómo . . . salud?* How is your health?   [5] *A ver*, Here.

secretario; échele V. un vaso de vino al tío Lucas! ¿Y [6] la señá Frasquita? ¿Se conserva [7] tan guapa? ¡Ya hace mucho tiempo que no
la he visto! Pero, hombre, . . . ¡qué bien sale ahora la molienda! [8]
¡El pan de centeno [9] parece de trigo candeal! [10] Conque, . . . vaya.
. . . Siéntese V., y descanse; que, gracias a Dios, no tenemos
prisa.

— ¡Por mi parte, maldita aquélla! [11] — contestó el tío Lucas, que
hasta entonces no había despegado los labios, pero cuyas sospechas
eran cada vez mayores al ver el amistoso recibimiento que se le hacía,
después de una orden tan terrible y apremiante.[12]   10

— Pues entonces, tío Lucas — continuó el Alcalde, — supuesto que
no tiene V. gran prisa, dormirá V. acá esta noche, y mañana temprano
despacharemos nuestro asuntillo. . . .

— Me parece bien [13] . . . — respondió el tío Lucas con una ironía
y un disimulo que nada tenían que envidiar [14] a la diplomacia del
Sr. Juan López. — Supuesto que la cosa no es urgente, . . . pasaré
la noche fuera de mi casa.

— Ni urgente, ni de peligro para V. — añadió el Alcalde, engañado
por aquel a quien creía engañar. — Puede V. estar completamente
tranquilo. Oye tú, Toñuelo. . . . Alarga esa media-fanega,[15] para   20
que se siente el tío Lucas.

— Entonces . . . ¡venga [16] otro trago! — exclamó el molinero, sentándose.

— ¡Venga de ahí! [17] — repuso el Alcalde, alargándole el vaso
lleno.

— Está en buena mano. . . . Médielo [18] V.

— ¡Pues, por su salud! — dijo el señor Juan López, bebiéndose
la mitad del vino.

— Por la [19] de V. . . . señor Alcalde, — replicó el tío Lucas, apurando
la otra mitad.   30

[6] *Y,* And how is; see Translation Aid XX, No. 3, p. 533.
[7] *Se conserva,* Is she still.
[8] *molienda,* milling, grinding.
[9] *centeno,* rye.
[10] *trigo candeal,* white wheat.
[11] *maldita aquélla,* I'm not in the least in a hurry.
[12] *apremiante,* urgent.
[13] *Me . . . bien,* It's all right with me.
[14] *nada . . . envidiar,* were in no way inferior.
[15] *media-fanega,* half-bushel basket.
[16] *venga,* let's have.
[17] *Venga de ahí,* Help yourself from this glass.
[18] *Médielo,* Drink half.
[19] *la = la salud*

— ¡A ver,[20] Manuela! — gritó entonces el Alcalde de monterilla.
— Dile a tu ama que el tío Lucas se queda a dormir aquí. Que le
ponga una cabecera [21] en el granero. . . .

— ¡Ca! [22] no. . . . ¡De ningún modo! Yo duermo [23] en el pajar
como un rey.

— Mire V. que tenemos cabeceras. . . .

— ¡Ya lo creo! Pero ¿a qué quiere V. incomodar a la familia?
Yo traigo mi capote. . . .

— Pues, señor, como V. guste. ¡Manuela!: dile a tu ama que
10 no la ponga. . . .

— Lo que sí va V. a permitirme [24] — continuó el tío Lucas, boste-
zando de un modo atroz — es que me acueste en seguida.   Anoche he
tenido mucha molienda,[25] y no he pegado todavía los ojos. . . .

— ¡Concedido! — respondió majestuosamente el Alcalde. — Puede
V. recogerse cuando quiera.

— Creo que también es hora de que nos recojamos nosotros — dijo
el Sacristán, asomándose al cántaro de vino para graduar [26] lo que
quedaba. — Ya deben de ser las diez . . . o poco menos.[27]

— Las diez menos cuartillo [28] . . . — notificó el secretario, después
20 de repartir en los vasos el resto del vino correspondiente a aquella
noche.

— ¡Pues a dormir, caballeros! — exclamó el anfitrión,[29] apurando
su parte.

— Hasta mañana, señores, — añadió el molinero, bebiéndose la
suya.

— Espere V. que le alumbren. . . .   ¡Toñuelo!   Lleva al tío Lucas
al pajar.

— ¡Por aquí,[30] tío Lucas! . . . — dijo Toñuelo, llevándose también
el cántaro, por si le quedaban algunas gotas.

30 — Hasta mañana, si Dios quiere, — agregó el sacristán, después
de escurrir [31] todos los vasos.

[20] *A ver*, Here.
[21] *cabecera*, bolster.
[22] *¡Ca!* Nonsense.
[23] *duermo*, can sleep.
[24] *Lo . . . permitirme*, What you must permit me to do.
[25] *molienda*, grinding.
[26] *graduar*, to measure, calculate.
[27] *o . . . menos*, or thereabout.
[28] *cuartillo*, about a quarter.
[29] *anfitrión*, host.
[30] *Por aquí*, This way.
[31] *escurrir*, draining.

Y se marchó, tambaleándose [32] y cantando alegremente el *De profundis*.[33]

— Pues, señor . . . — díjole el Alcalde al secretario cuando se quedaron solos. — El tío Lucas no ha sospechado nada. Nos podemos acostar descansadamente, y . . . ¡buena pro le haga [34] al Corregidor!

XVIII

DONDE SE VERÁ QUE EL TÍO LUCAS TENÍA EL SUEÑO MUY LIGERO [1]

Cinco minutos después, un hombre se descolgaba [2] por la ventana del pajar del señor Alcalde; ventana que daba a un corralón y que no distaría cuatro varas [3] del suelo.

En el corralón había un cobertizo [4] sobre una gran pesebrera,[5] a la cual hallábanse atadas seis u ocho caballerías de diversa alcurnia,[6] bien que todas ellas del sexo débil. Los caballos, mulos y burros del sexo fuerte formaban rancho aparte en otro local contiguo.

El hombre desató una borrica, que por cierto estaba aparejada, y se encaminó, llevándola del diestro,[7] hacia la puerta del corral; retiró la tranca y desechó el cerrojo que la aseguraban; abrióla con mucho tiento, y se encontró en medio del campo.[8]

Una vez allí, montó en la borrica, metióle los talones,[9] y salió como una flecha con dirección a la Ciudad; mas no por el carril [10] ordinario, sino atravesando siembras y cañadas,[11] como quien se precave [12] contra algún mal encuentro.[13]

Era el tío Lucas, que se dirigía a su molino.

[32] *tambaleándose*, staggering.
[33] *De profundis*, Out of the depths; beginning of Psalm CXXX (CXXIX of the Vulgate).
[34] *buena . . . haga*, good luck.

[1] *tenía . . . ligero*, slept very lightly.
[2] *se descolgaba*, swung down.
[3] *no . . . varas*, was probably less than four ells.
[4] *cobertizo*, shed.
[5] *pesebrera*, row of mangers.
[6] *alcurnia*, breeds.
[7] *diestro*, bridle.
[8] *en . . . campo*, out in the open field.
[9] *metióle los talones*, dug his heels into her.
[10] *carril*, cart road.
[11] *cañadas*, ravines.
[12] *se precave*, guards against.
[13] *mal encuentro*, mishap.

XIX

VOCES CLAMANTES IN DESERTO [1]

— ¡Alcaldes a mí, que soy de Archena! [2] — iba [3] diciéndose el murciano. — ¡Mañana por la mañana pasaré a ver al señor Obispo, como medida preventiva, [4] y le contaré todo lo que me ha ocurrido esta noche! ¡Llamarme con tanta prisa y reserva, a hora tan desusada; [5] decirme que venga sólo; hablarme del servicio del Rey, y de moneda falsa, y de brujas, y de duendes, [6] para echarme luego dos vasos de vino y mandarme a dormir! . . . ¡La cosa no puede ser más clara! Garduña trajo al Lugar esas instrucciones de parte del Corregidor, y ésta es la hora en que [7] el Corregidor estará ya en campaña contra mi mujer. . . .
10 ¡Quién sabe si me lo encontraré llamando a la puerta del molino! ¡Quién sabe si me lo encontraré ya dentro! . . . ¡Quién sabe! . . . Pero ¿qué voy a decir? ¡Dudar de mi navarra! . . . ¡Oh, esto es ofender a Dios! ¡Imposible que ella! . . . ¡Imposible que mi Frasquita! . . . ¡Imposible! . . . Mas ¿qué estoy diciendo? ¿Acaso hay algo imposible en el mundo? ¿No se casó conmigo, siendo ella tan hermosa y yo tan feo?

Y, al hacer esta última reflexión, el pobre jorobado se echó a llorar. . . .

Entonces paró la burra para serenarse; se enjugó las lágrimas;
20 suspiró hondamente; sacó los avíos de fumar; [8] picó [9] y lió un cigarro de tabaco negro; empuñó luego pedernal, yesca y eslabón, [10] y, al cabo de algunos golpes, consiguió encender candela. [11]

En aquel mismo momento sintió rumor de pasos hacia el camino, que distaría de allí unas trescientas varas.

— ¡Qué imprudente soy! — dijo. — ¡Si me andará ya buscando [12] la Justicia, y yo me habré vendido [13] al echar estas yescas! [14]

---

[1] *Voces . . . deserto* (Latin), Voices crying out in the wilderness.
[2] *¡Alcaldes . . . Archena!* Bring on your mayors; I'm from Archena!
[3] *iba*, went along.
[4] *medida preventiva*, precaution.
[5] *desusada*, unusual.
[6] *duendes*, goblins.
[7] *ésta . . . que*, at this very hour.
[8] *avíos de fumar*, smoking materials.
[9] *picó*, he broke up the tobacco.
[10] *pedernal . . . eslabón*, flint, tinder, and steel.
[11] *encender candela*, in striking a light.
[12] *Si . . . buscando*, I wonder if . . . is already looking for me.
[13] *vendido*, betrayed.
[14] *echar . . . yescas*, striking this light.

Escondió, pues, la lumbre, y se apeó, ocultándose detrás de la borrica.

Pero la borrica entendió las cosas de diferente modo, y lanzó un rebuzno [15] de satisfacción.

— ¡Maldita seas! [16] — exclamó el tío Lucas, tratando de cerrarle la boca con las manos.

Al propio tiempo resonó otro rebuzno en el camino, por vía de galante respuesta.

— ¡Estamos aviados! [17] — prosiguió pensando el molinero. — ¡Bien dice el refrán: el mayor mal de los males es tratar con animales!

Y, así discurriendo, volvió a montar, arreó la bestia, y salió disparado [18] en dirección contraria al sitio en que había sonado el segundo rebuzno.

Y lo más particular [19] fué que la persona que iba en el jumento interlocutor, debió de asustarse [20] del tío Lucas tanto como el tío Lucas se había asustado de ella. Lo digo, porque apartóse también del camino, recelando sin duda que fuese un alguacil o un malhechor pagado por D. Eugenio, y salió a escape [21] por los sembrados de la otra banda.[22]

El murciano, entretanto, continuó cavilando [23] de este modo:

— ¡Qué noche! ¡Qué mundo! ¡Qué vida la mía desde hace [24] una hora! ¡Alguaciles metidos a alcahuetes; [25] alcaldes que conspiran contra mi honra; burros que rebuznan [26] cuando no es menester; y aquí, en mi pecho, un miserable corazón que se ha atrevido a dudar de la mujer más noble que Dios ha criado! ¡Oh! ¡Dios mío, Dios mío! ¡Haz que llegue [27] pronto a mi casa y que encuentre allí a mi Frasquita!

Siguió caminando el tío Lucas, atravesando siembras y matorrales, hasta que al fin, a eso de las once de la noche, llegó sin novedad a la puerta grande del molino. . . .

¡Condenación! [28] ¡La puerta del molino estaba abierta!   30

---

[15] *rebuzno*, bray; also ll. 6 and 12.
[16] *¡Maldita seas!* Curse you!
[17] *aviados*, in a fix.
[18] *disparado*, like a shot.
[19] *lo . . . particular*, the strangest part of it was.
[20] *debió de asustarse*, must have been as afraid; see Translation Aid III, No. 2, p. 502.
[21] *a escape*, in a hurry.
[22] *banda*, side.
[23] *cavilando*, thinking.
[24] *desde hace*, see Translation Aid XX, No. 2, d, p. 533.
[25] *metidos a alcahuetes*, turned into go-betweens.
[26] *rebuznan*, bray.
[27] *Haz . . . llegue*, Grant that I may arrive.   [28] *¡Condenación!* Curses!

XX

LA DUDA Y LA REALIDAD

Estaba abierta . . . ¡y él, al marcharse, había oído a su mujer cerrarla con llave, tranca y cerrojo![1]

Por consiguiente, nadie más que[2] su propia mujer había podido abrirla.

Pero ¿cómo? ¿cuándo? ¿por qué? ¿De resultas de un engaño? ¿A consecuencia de una orden? ¿O bien deliberada y voluntariamente, en virtud de previo acuerdo con el Corregidor?

¿Qué iba a ver? ¿Qué iba a saber? ¿Qué le aguardaba dentro de su casa? ¿Se habría fugado la señá Frasquita? ¿Se la habrían robado? ¿Estaría muerta? ¿O estaría en brazos de su rival?

— El Corregidor contaba con que[3] yo no podría venir en toda la noche . . . — se dijo lúgubremente el tío Lucas. — El Alcalde del Lugar tendría orden hasta de encadenarme, antes que permitirme volver. . . . ¿Sabía todo esto Frasquita? ¿Estaba en el complot? ¿O ha sido víctima de un engaño, de una violencia, de una infamia?

No empleó más tiempo el sin ventura[4] en hacer todas estas crueles reflexiones que el que tardó en[5] atravesar la plazoletilla del emparrado.

También estaba abierta la puerta de la casa, cuyo primer aposento (como en todas las viviendas rústicas) era la cocina. . . .

Dentro de la cocina no había nadie.

Sin embargo, una enorme fogata[6] ardía en la chimenea;[7] . . . ¡chimenea que él dejó apagada, y que no se encendía nunca hasta muy entrado[8] el mes de diciembre!

Por último, de uno de los ganchos[9] de la espetera[10] pendía un candil encendido. . . .

¿Qué significaba todo aquello? ¿Y cómo se compadecía[11] semejante aparato de vigilia y de sociedad con el silencio de muerte que reinaba en la casa?

¿Qué había sido de su mujer?

[1] *tranca y cerrojo*, cross-bar and bolt.
[2] *nadie . . . que*, no one but.
[3] *con que*, on the fact that.
[4] *el sin ventura*, the luckless fellow.
[5] *tardó en*, it took him to.
[6] *fogata*, fire.
[7] *chimenea*, fireplace.
[8] *entrado*, late in.
[9] *ganchos*, hooks.
[10] *espetera*, kitchen rack.
[11] *se compadecía*, was . . . in accord.

Entonces, y sólo entonces, reparó el tío Lucas en unas ropas que había [12] colgadas en los espaldares [13] de dos o tres sillas puestas alrededor de la chimenea. . . .

Fijó la vista en aquellas ropas, y lanzó un rugido tan intenso, que se le quedó atravesado en la garganta, convertido en sollozo mudo y sofocante.[14]

Creyó el infortunado que se ahogaba, y se llevó las manos al cuello, mientras que, lívido, convulso, con los ojos desencajados, contemplaba aquella vestimenta,[15] poseído de tanto horror como el reo en capilla [16] a quien le presentan la hopa.[17]

Porque lo que allí veía era la capa de grana, el sombrero de tres picos, la casaca y la chupa [18] de color de tórtola, el calzón de seda negra, las medias blancas, los zapatos con hebilla [19] y hasta el bastón, el espadín [20] y los guantes del execrable Corregidor. . . . ¡Lo que allí veía era la hopa de su ignominia, la mortaja de su honra, el sudario [21] de su ventura!

El terrible trabuco seguía [22] en el mismo rincón en que dos horas antes lo dejó la navarra. . . .

El tío Lucas dió un salto de tigre,[23] y se apoderó de él. Sondeó [24] el cañón con la baqueta,[25] y vió que estaba cargado. Miró la piedra,[26] y halló que estaba en su lugar.

Volvióse entonces hacia la escalera que conducía a la cámara en que había dormido tantos años con la señá Frasquita, y murmuró sordamente:

— ¡Allí están!

Avanzó, pues, un paso en aquella dirección; pero en seguida se detuvo para mirar en torno de sí y ver si alguien lo estaba observando. . . .

---

[12] *había*, not used to form plupfct. tense here: see Translation Aid XIX, No. 2, c, p. 531.

[13] *espaldares*, backs.

[14] *sofocante*, choking.

[15] *aquella vestimenta*, those clothes.

[16] *reo en capilla*, criminal in the chapel (prior to his execution).

[17] *hopa*, execution robe.

[18] *chupa*, vest.

[19] *hebilla*, buckle.

[20] *espadín*, rapier.

[21] *sudario*, winding sheet.

[22] *seguía*, was still.

[23] *dió . . . tigre*, leaped like a tiger.

[24] *Sondeó*, He probed.

[25] *baqueta*, ramrod.

[26] *piedra*, flint.

— ¡Nadie! — dijo mentalmente.[27] — ¡Sólo Dios, . . . y Ése . . . ha querido esto!

Confirmada así la sentencia, fué a dar [28] otro paso, cuando su errante mirada distinguió un pliego que había sobre la mesa. . . .

Verlo, y haber caído sobre él, y tenerlo entre sus garras, fué todo cosa de un segundo.

¡Aquel papel era el nombramiento del sobrino de la señá Frasquita, firmado por D. Eugenio de Zúñiga y Ponce de León!

— ¡Éste ha sido el precio de la venta! — pensó el tío Lucas. — ¡Siempre 10 recelé que quisiera a su familia más que a mí! ¡Ah! ¡No hemos tenido hijos! . . . ¡He aquí [29] la causa de todo!

Y el infortunado estuvo a punto de volver a llorar.

Pero luego se enfureció nuevamente, y dijo con un ademán terrible, ya que [30] no con la voz:

— ¡Arriba! ¡Arriba!

Y empezó a subir la escalera, andando a gatas con una mano,[31] llevando el trabuco en la otra, y con el papel infame entre los dientes.

En corroboración de sus lógicas sospechas, al llegar a la puerta del dormitorio (que estaba cerrada), vió que salían algunos rayos 20 de luz por las junturas [32] de las tablas y por el ojo de la llave.

— ¡Aquí están! — volvió a decir.

Y se paró un instante, como para pasar [33] aquel nuevo trago de amargura.

Luego continuó subiendo . . . hasta llegar a la puerta misma del dormitorio.

Dentro de él no se oía ningún ruido.

— ¡Si no hubiera nadie! [34] — le dijo tímidamente la esperanza.

Pero en aquel mismo instante el infeliz oyó toser [35] dentro del cuarto. . . .

30 ¡Era la tos medio asmática del Corregidor!

¡No cabía duda! ¡No había tabla de salvación en aquel naufragio!

El molinero sonrió en las tinieblas de un modo horroroso. ¿Cómo [36] no brillan en la obscuridad semejantes relámpagos? ¿Qué es todo el

---

[27] *mentalmente*, to himself.
[28] *fué a dar*, he was going to take.
[29] *He aquí*, There is.
[30] *ya que*, although.
[31] *andando . . . mano*, crawling along with one hand.
[32] *junturas*, cracks.
[33] *pasar*, to swallow.
[34] *¡Si . . . nadie!* Suppose there is no one!
[35] *oyó toser*, heard someone cough.
[36] *¿Cómo . . . ?* Why? See Translation Aid XVII, No. 1, a, p. 526.

fuego [37] de las tormentas comparado con el [38] que arde a veces en el corazón del hombre?

Sin embargo, el tío Lucas (tal era su alma, como ya dijimos en otro lugar) principió a tranquilizarse, no bien oyó la tos de su enemigo. . . .

La realidad le hacía menos daño que la duda. Según le anunció él mismo aquella tarde a la señá Frasquita, desde el punto y hora en que perdía la única fe que era vida de su alma, empezaba a convertirse en un hombre nuevo.

Semejante al moro de Venecia (con quien ya lo comparamos al describir su carácter), el desengaño mataba en él de un solo golpe [39] todo el amor, transfigurando de paso la índole de su espíritu y haciéndole ver el mundo como una región extraña a que acabara de llegar. La única diferencia consistía en que el tío Lucas era por idiosincrasia [40] menos trágico, menos austero y más egoísta que el insensato sacrificador de Desdémona.

¡Cosa rara, pero propia de [41] tales situaciones! La duda, o sea la esperanza (que para el caso es lo mismo), volvió todavía a mortificarle un momento. . . .

— ¡Si me hubiera equivocado! [42] — pensó. — ¡Si la tos hubiese sido de Frasquita! . . .

En la tribulación de su infortunio, olvidábasele que había visto las ropas del Corregidor cerca de la chimenea; que había encontrado abierta la puerta del molino; que había leído la credencial de su infamia. . . .

Agachóse,[43] pues, y miró por el ojo de la llave, temblando de incertidumbre y de zozobra.

El rayo visual [44] no alcanzaba a descubrir más que [45] un pequeño triángulo de cama, por la parte del [46] cabecero.[47] . . . ¡Pero precisamente en aquel pequeño triángulo se veía un extremo de las almohadas, y sobre las almohadas la cabeza del Corregidor!

Otra risa diabólica contrajo el rostro del molinero.

Dijérase [48] que volvía a ser feliz. . . .

---

[37] *fuego*, lightning.
[38] *el*, the fire.
[39] *de . . . golpe*, with a single stroke.
[40] *idiosincrasia*, personal temperament.
[41] *propia de*, peculiar to.
[42] *¡Si . . . equivocado!* Could I have made a mistake?
[43] *Agachóse*, He stooped down.
[44] *rayo visual*, field of vision.
[45] *no . . . que*, barely revealed.
[46] *por . . . del*, at the.
[47] *cabecero*, head end.   [48] *Dijérase*, One might have said.

— ¡Soy dueño de la verdad! . . . ¡Meditemos! — murmuró, irguiéndose tranquilamente.

Y volvió a bajar la escalera con el mismo tiento que empleó[49] para
subirla. . . .

— El asunto es delicado. . . . Necesito reflexionar. Tengo tiempo
de sobra para *todo* . . . — iba pensando mientras bajaba.

Llegado que hubo[50] a la cocina, sentóse en medio de ella, y ocultó
la frente entre las manos.

Así permaneció mucho tiempo, hasta que lo despertó de su medita-
10 ción un leve golpe que sintió en un pie. . . .

Era el trabuco[51] que se había deslizado de sus rodillas, y que le
hacía aquella especie de seña. . . .

— ¡No! ¡Te digo que no![52] — murmuró el tío Lucas, encarándose[53]
con el arma. — ¡No me convienes! Todo el mundo tendría lástima
de *ellos,* . . . ¡y a mí me ahorcarían! ¡Se trata de un Corregidor . . .,
y matar a un Corregidor es todavía en España cosa indisculpable!
Dirían que lo maté por infundados celos, y que luego lo desnudé y
lo metí en mi cama. . . . Dirían, además, que maté a mi mujer
por simples sospechas. . . . ¡Y me ahorcarían! ¡Vaya si me ahor-
20 carían![54] Además, yo habría dado muestras de tener muy poca alma,
muy poco talento, si al remate de mi vida fuera digno de compasión! ¡Todos se reirían de mí! ¡Dirían que mi desventura era
muy natural, siendo yo jorobado y Frasquita tan hermosa! ¡Nada![55]
¡no! ¡Lo que yo necesito es vengarme, y, después de vengarme,
triunfar, despreciar, reír, reírme mucho, reírme de todos, . . . evitando
por tal medio que nadie pueda burlarse nunca de esta jiba[56] que yo he
llegado a hacer hasta envidiable, y que tan grotesca sería en una horca!

Así discurrió el tío Lucas, tal vez sin darse cuenta de ello puntualmente, y, en virtud de semejante discurso, colocó el arma en su sitio,
30 y principió a pasearse con los brazos atrás y la cabeza baja, como
buscando su venganza en el suelo, en la tierra, en las ruindades de la
vida, en alguna bufonada[57] ignominiosa y ridícula para su mujer y
para el Corregidor, lejos de buscar aquella misma venganza en la

---

[49] *empleó,* had employed.
[50] *Llegado . . . hubo,* When he arrived.
[51] *trabuco,* blunderbuss.
[52] *¡Te . . . no!* I tell you no!
[53] *encarándose,* facing.
[54] *¡Vaya . . . ahorcarían!* Would they ever hang me! See Translation Aid
XII, No. 1, g, p. 516.
[55] *¡Nada!* No!
[56] *jiba,* hump.
[57] *bufonada,* jest.

justicia, en el desafío, en el perdón, en el cielo, . . . como hubiera hecho en su lugar cualquier otro hombre de condición menos rebelde que la suya a toda imposición de la naturaleza, de la sociedad o de sus propios sentimientos.

De repente, paráronse sus ojos en la vestimenta[58] del Corregidor. . . .

Luego se paró él mismo. . . .

Después fué demostrando poco a poco en su semblante una alegría, un gozo, un triunfo indefinibles; . . . hasta que, por último, se echó a reír de una manera formidable, . . . esto es, a grandes carcajadas,[59] pero sin hacer ningún ruido (a fin de que no lo oyesen desde arriba), metiéndose los puños por los ijares[60] para no reventar, estremeciéndose todo como un epiléptico, y teniendo que concluir por dejarse caer en una silla hasta que le pasó aquella convulsión de sarcástico regocijo. Era la propia[61] risa de Mefistófeles.

No bien se sosegó, principió a desnudarse con una celeridad febril; colocó toda su ropa en las mismas sillas que ocupaba la del Corregidor; púsose cuantas prendas[62] pertenecían a éste, desde los zapatos de hebilla[63] hasta el sombrero de tres picos; ciñóse el espadín;[64] embozóse en la capa de grana;[65] cogió el bastón y los guantes, y salió del molino y se encaminó a la Ciudad, balanceándose de la propia manera que solía[66] D. Eugenio de Zúñiga, y diciéndose de vez en cuando esta frase, que compendiaba[67] su pensamiento:

¡También la Corregidora es guapa!

XXI

¡EN GUARDIA, CABALLERO!

Abandonemos por ahora al tío Lucas, y enterémonos de lo que había ocurrido en el molino desde que dejamos allí sola a la señá Frasquita hasta que su esposo volvió a él y se encontró con tan estupendas novedades.

[58] *vestimenta*, clothes.
[59] *a . . . carcajadas*, in gales of laughter.
[60] *metiéndose . . . ijares*, holding his sides.
[61] *propia*, very.
[62] *cuantas prendas*, all the garments that.
[63] *hebilla*, buckle.
[64] *espadín*, rapier.
[65] *grana*, scarlet.
[66] *solía*, was habitual with.
[67] *compendiaba*, summarized.

Una hora habría pasado después que el tío Lucas se marchó con Toñuelo, cuando la afligida navarra, que se había propuesto[1] no acostarse hasta que regresara su marido, y que estaba haciendo calceta[2] en su dormitorio, situado en el piso de arriba, oyó lastimeros gritos fuera de la casa, hacia el paraje, allí muy próximo, por donde corría el agua del caz.

— ¡Socorro, que[3] me ahogo! ¡Frasquita! ¡Frasquita! . . . — exclamaba una voz de hombre, con el lúgubre acento de la desesperación.

— ¿Si será[4] Lucas? — pensó la navarra, llena de un terror que no necesitamos describir.

En el mismo dormitorio había una puertecilla, de que ya nos habló Garduña, y que daba efectivamente sobre la parte alta del caz. Abrióla sin vacilación la señá Frasquita, por más que[5] no hubiera reconocido la voz que pedía auxilio, y encontróse de manos a boca[6] con el Corregidor, que en aquel momento salía todo chorreando[7] de la impetuosísima acequia. . . .

— ¡Dios me perdone![8] ¡Dios me perdone! — balbuceaba el infame viejo. — ¡Creí que me ahogaba!

— ¡Cómo! ¿Es V.? ¿Qué significa? ¿Cómo se atreve? ¿A qué viene V. a estas horas? . . . — gritó la molinera con más indignación que espanto, pero retrocediendo maquinalmente.[9]

— ¡Calla! ¡Calla, mujer! — tartamudeó[10] el Corregidor, colándose en el aposento detrás de ella. — Yo te lo diré todo. . . . ¡He estado para ahogarme! ¡El agua me llevaba ya como a una pluma! ¡Mira, mira cómo me he puesto![11]

— ¡Fuera, fuera de aquí! — replicó la señá Frasquita con mayor violencia. — ¡No tiene V. nada que explicarme! . . . ¡Demasiado lo comprendo todo! ¿Qué me importa a mí que[12] V. se ahogue? ¿Lo he llamado yo a V.? ¡Ah! ¡Qué infamia! ¡Para esto ha mandado V. prender a mi marido!

— Mujer, escucha. . . .

[1] se . . . propuesto, had made up her mind.
[2] haciendo calceta, knitting.
[3] que, omit in translating.
[4] Si será, I wonder if it is.
[5] por más que, although.
[6] de . . . boca, unexpectedly.
[7] chorreando, dripping.
[8] ¡Dios me perdone! Heaven help me!
[9] maquinalmente, mechanically.
[10] tartamudeó, stammered.
[11] cómo . . . puesto, what shape I am in.
[12] que, if.

— ¡No escucho! [13] ¡Márchese V. inmediatamente, señor Corregidor! . . . ¡Márchese V., o no respondo de su vida! . . .

— ¿Qué dices?

— ¡Lo que V. oye! [14] Mi marido no está en casa; pero yo me basto [15] para hacerla respetar. ¡Márchese V. por donde [16] ha venido, si no quiere que yo le arroje otra vez al agua con mis propias manos!

— ¡Chica, chica! ¡no grites tanto, que [17] no soy sordo! . . . — exclamó el viejo libertino. — ¡Cuando yo estoy aquí, por algo será! [18] . . . Vengo a libertar al tío Lucas, a quien ha preso por equivocación [10] un alcalde de monterilla. . . . Pero, ante todo, necesito que me seques [19] estas ropas. . . . ¡Estoy calado hasta los huesos!

— ¡Le digo a V. que se marche!

— ¡Calla, tonta! . . . ¿Qué sabes tú? [20] Mira . . . aquí te traigo el nombramiento de tu sobrino. . . . Enciende la lumbre, y hablaremos. . . . Por lo demás,[21] mientras se seca la ropa, yo me acostaré en esta cama. . . .

— ¡Ah, ya! ¿Conque declara V. que venía por mí? ¿Conque declara V. que para eso ha mandado arrestar a mi Lucas? ¿Conque traía V. su nombramiento y todo? ¡Santos y santas del cielo! [22] [2c] ¿Qué se habrá figurado de mí este mamarracho? [23]

— ¡Frasquita! ¡soy el Corregidor!

— ¡Aunque fuera V. el rey! A mí, ¿qué? [24] ¡Yo soy la mujer de mi marido, y el ama de mi casa! ¿Cree V. que yo me asusto de los Corregidores? ¡Yo sé ir [25] a Madrid, y al fin del mundo, a pedir justicia contra el viejo insolente que así arrastra su autoridad por los suelos! Y, sobre todo, yo sabré [26] mañana ponerme la mantilla, e ir a ver a la señora Corregidora.[27] . . .

---

[13] *¡No escucho!* I won't listen!

[14] *¡Lo que V. oye!* You heard me!

[15] *yo me basto*, I am enough.

[16] *por donde*, by the way.

[17] *que*, omit in translating.

[18] *por . . . será*, there must be a reason for it.

[19] *que . . . seques*, to have you dry . . . for me.

[20] *¿Qué . . . tú?* What do you know about all this?

[21] *Por lo demás*, Furthermore.

[22] *¡Santos . . . cielo!* Saints above!

[23] *mamarracho*, old idiot.

[24] *¡Aunque . . . ¿qué?* Even if you were the king, **what difference would it** make to me?

[25] *sé ir*, shall go.

[26] *sabré*, shall.

[27] *la . . . Corregidora*, your **wife**.

— ¡No harás nada de eso! [28] — repuso el Corregidor, perdiendo la paciencia, o mudando de táctica. — No harás nada de eso; porque yo te pegaré un tiro, si veo que no entiendes de razones. . . .

— ¡Un tiro! — exclamó la señá Frasquita con voz sorda.

— Un tiro, sí. . . . Y de ello no me resultará perjuicio alguno.[29] Casualmente he dejado dicho [30] en la Ciudad que salía esta noche a caza de criminales. . . . ¡Conque no seas necia . . . y quiéreme . . . como yo te adoro!

— Señor Corregidor; ¿un tiro? — volvió a decir la navarra, echando 10 los brazos atrás y el cuerpo hacia adelante, como [31] para lanzarse sobre su adversario.

— Si te empeñas, te lo pegaré,[32] y así me veré [33] libre de tus amenazas y de tu hermosura . . . — respondió el Corregidor, lleno de miedo y sacando un par de cachorrillos.[34]

— ¿Conque [35] pistolas también? ¡Y en la otra faltriquera el nombramiento de mi sobrino! — dijo la señá Frasquita, moviendo la cabeza de arriba abajo. — Pues, señor, la elección no es dudosa. Espere Usía un momento; que [36] voy a encender la lumbre.

Y, así hablando, se dirigió rápidamente a la escalera, y la bajó en 20 tres brincos.

El Corregidor cogió la luz, y salió detrás de la molinera, temiendo que se escapara; pero tuvo que bajar mucho más despacio, de cuyas resultas,[37] cuando llegó a la cocina, tropezó con la navarra, que volvía ya en su busca.[38]

— ¿Conque decía V. que me iba a pegar un tiro? — exclamó aquella indomable [39] mujer dando un paso atrás. — Pues, ¡en guardia, caballero; que yo ya lo estoy!

Dijo,[40] y se echó a la cara el formidable trabuco [41] que tanto papel representa en esta historia.

30 — ¡Detente, desgraciada! ¿Qué vas a hacer? — gritó el Corregidor,

[28] *nada de eso*, anything of the kind.
[29] *Y . . . alguno*, And I shall not be one bit injured by it.
[30] *Casualmente . . . dicho*, I happen to have left word.
[31] *como*, as if.
[32] *te lo pegaré*, I'll fire (it) at you.
[33] *me veré*, I shall be.
[34] *cachorrillos*, pocket pistols.
[35] *Conque*, So we have.
[36] *que*, do not translate.
[37] *de cuyas resultas*, as a result of which.
[38] *en su busca*, in search of him.
[39] *indomable*, unconquerable.
[40] *Dijo*, She spoke.
[41] *trabuco*, blunderbuss.

muerto de susto. — Lo de mi tiro era una broma. . . . Mira. . . .
Los cachorrillos están descargados. En cambio, es verdad lo del
nombramiento. . . . Aquí lo tienes. . . . Tómalo. . . . Te lo
tegalo. . . . Tuyo es . . . de balde, enteramente de balde . . .
Y lo colocó temblando sobre la mesa.

— ¡Ahí está bien! [42] — repuso la navarra. — Mañana me servirá [43]
para encender la lumbre, cuando le guise el almuerzo a mi marido.
¡De V. no quiero ya ni la gloria; [44] y, si mi sobrino viniese alguna
vez de Estella, sería para pisotearle a V. la fea mano [45] con que ha
escrito su nombre en ese papel indecente! ¡Ea, lo dicho! [46] ¡Márchese 10
V. de mi casa! ¡Aire! ¡aire! ¡pronto! . . . ¡que ya se me sube
la pólvora a la cabeza! [47]

El Corregidor no contestó a este discurso. Habíase puesto lívido,
casi azul; tenía los ojos torcidos, y un temblor como de terciana [48]
agitaba todo su cuerpo. Por último, principió a castañetear [49] los
dientes, y cayó al suelo, presa de una convulsión espantosa.

El susto del caz, lo muy mojadas que seguían todas sus ropas, [50]
la violenta escena del dormitorio, y el miedo al trabuco [51] con que
le apuntaba la navarra, habían agotado las fuerzas del enfermizo [52]
anciano.   20

— ¡Me muero! — balbuceó. — ¡Llama a Garduña! Llama a Garduña,
que estará ahí . . . en la ramblilla. . . . ¡Yo no debo morirme en
esta casa!

No pudo continuar. Cerró los ojos, y se quedó como muerto.

— ¡Y se morirá como lo dice! — prorrumpió la señá Frasquita.
— Pues, señor, ¡ésta es la más negra! [53] ¿Qué hago yo ahora con este
hombre en mi casa? ¿Qué dirían de mí, si se muriese? ¿Qué diría
Lucas? . . . ¿Cómo podría justificarme, cuando yo misma le he
abierto la puerta? ¡Oh! no. . . . Yo no debo quedarme aquí con
él. ¡Yo debo buscar a mi marido; yo debo escandalizar el mundo 30
antes de comprometer mi honra!

[42] ¡Ahí . . . bien! That's a good place for it.
[43] me servirá, I'll make use of it.
[44] ¡De . . . gloria! I wouldn't take anything from you!
[45] pisotearle . . . mano, to trample on that ugly hand of yours.
[46] ¡Ea, lo dicho! Now, do what I say!
[47] ¡que . . . cabeza! I am losing my temper!
[48] terciana, ague.
[49] castañetear, chatter.
[50] lo . . . ropas, the very wet state in which his clothes still were; see Translation Aid V, No. 1, a, p. 504.
[51] al trabuco, of the blunderbuss.
[52] enfermizo, sickly.
[53] ¡ésta . . . negra! this is the worst yet!

Tomada esta resolución, soltó el trabuco, fuese al corral, cogió la burra que quedaba en él, la aparejó de cualquier modo,[54] abrió la puerta grande de la cerca, montó de un salto, a pesar de sus carnes, y se dirigió a la ramblilla.

— ¡Garduña! ¡Garduña! — iba gritando la navarra, conforme se acercaba a aquel sitio.

— ¡Presente! — respondió al cabo el alguacil, apareciendo detrás de un seto.[55] — ¿Es V., señá Frasquita?

— Sí, soy yo. ¡Ve al molino, y socorre a tu amo, que se está mu-
10 riendo! . . .

— ¿Qué dice V.? ¡Vaya un maula![56]

— Lo que oyes,[57] Garduña. . . .

— ¿Y V., alma mía? ¿Adónde va a estas horas?

— ¿Yo? . . . ¡Quita allá, badulaque![58] . . . Yo voy . . . a la Ciudad por un médico! — contestó la señá Frasquita, arreando[59] la burra con un talonazo[60] y a Garduña con un puntapié.[61]

Y tomó, . . . no el camino de la Ciudad, como acababa de decir, sino el del Lugar inmediato.

Garduña no reparó en esta última circunstancia; pues iba ya dando
20 zancajadas[62] hacia el molino y discurriendo al par de esta manera:

— ¡Va por un médico! . . . ¡La infeliz no puede hacer más! ¡Pero él es un pobre hombre![63] ¡Famosa ocasión de ponerse malo! . . . ¡Dios le da confites[64] a quien[65] no puede roerlos!

XXII

GARDUÑA SE MULTIPLICA

Cuando Garduña llegó al molino, el Corregidor principiaba a volver en sí,[1] procurando levantarse del suelo.

---

[54] de . . . modo, after a fashion.
[55] seto, hedge.
[56] ¡Vaya un maula! What a dope!
[57] Lo . . . oyes, You heard me.
[58] ¡Quita . . . badulaque! Get away from me, idiot!
[59] arreando, spurring on.
[60] talonazo, dig of the heel.
[61] puntapié, kick.
[62] dando zancajadas, taking long strides.
[63] pobre hombre, poor sort of a man.
[64] confites, sweets.
[65] quien, those who.

[1] volver en sí, to come to.

En el suelo también, y a su lado, estaba el velón encendido que bajó Su Señoría del dormitorio.

— ¿Se ha marchado ya? — fué la primera frase de D. Eugenio.

— ¿Quién?

— ¡El demonio! . . . Quiero decir, la molinera . . .

— Sí, señor. . . . Ya se ha marchado; . . . y no creo que iba de muy buen humor. . . .

— ¡Ay, Garduña! Me estoy muriendo. . . .

— Pero ¿qué tiene Usía? ¡Por vida de los hombres! [2] . . .

— Me he caído en el caz, y estoy hecho una sopa. . . . ¡Los huesos se me parten de frío!

— ¡Toma, toma! [3] ¡ahora salimos con eso!

— ¡Garduña! . . . ¡ve lo que te dices! [4] . . .

— Yo no digo nada, señor . . . .

— Pues bien: sácame de este apuro. . . .

— Voy volando.[5] . . . ¡Verá Usía qué pronto lo arreglo todo!

Así dijo el alguacil, y, en un periquete,[6] cogió la luz con una mano, y con la otra se metió al Corregidor debajo del brazo; subiólo al dormitorio; púsolo en cueros; [7] acostólo en la cama; corrió al jaraiz; [8] reunió un brazado de leña; fué a la cocina; hizo una gran lumbre; bajó todas las ropas de su amo; colocólas en los espaldares [9] de dos o tres sillas; encendió un candil; lo colgó de la espetera,[10] y tornó a subir a la cámara.

— ¿Qué tal vamos? [11] — preguntóle entonces a D. Eugenio, levantando en alto el velón para verle mejor el rostro.

— ¡Admirablemente! ¡Conozco que voy a sudar! ¡Mañana te ahorco, Garduña!

— ¿Por qué, señor?

— ¿Y te atreves a preguntármelo? ¿Crees tú que, al seguir el plan que me trazaste, esperaba yo acostarme solo en esta cama, después de recibir por segunda vez el sacramento del bautismo? ¡Mañana mismo [12] te ahorco!

---

[2] *¡Por . . . hombres!* For goodness' sake!
[3] *¡Toma, toma!* Well, well!
[4] *¡ve . . . dices!* Be careful of what you say!
[5] *Voy volando,* I shall do it in a twinkling.
[6] *en un periquete,* in a jiffy.
[7] *púsolo en cueros,* he stripped him.
[8] *jaraiz,* wine pit.
[9] *espaldares,* backs.
[10] *espetera,* kitchen rack.
[11] *¿Qué tal vamos?* How are we getting along?
[12] *Mañana mismo.* Tomorrow at the latest.

— Pero cuénteme Usía algo. . . . ¿La señá Frasquita? . . .

— La señá Frasquita ha querido [13] asesinarme. ¡Es todo lo que he logrado con tus consejos! Te digo que te ahorco mañana por la mañana.

— ¡Algo menos será,[14] señor Corregidor! — repuso el alguacil.

— ¿Por qué lo dices, insolente? ¿Porque me ves aquí postrado?

— No, señor. Lo digo, porque la señá Frasquita no ha debido de mostrarse [15] tan inhumana como Usía cuenta, cuando ha ido a la Ciudad a buscarle [16] un médico. . . .

10 — ¡Dios santo! ¿Estás seguro de que ha ido a la Ciudad? — exclamó D. Eugenio más aterrado que nunca.

— A lo menos, eso me ha dicho ella. . . .

— ¡Corre, corre, Garduña! ¡Ah! ¡estoy perdido sin remedio! ¿Sabes a qué va la señá Frasquita a la Ciudad? ¡A contárselo todo a mi mujer! . . . ¡A decirle que estoy aquí! ¡Oh, Dios mío, Dios mío! ¿Cómo había yo de figurarme esto? ¡Yo creí que se habría ido al Lugar en busca de su marido; y, como lo tengo allí a buen recaudo,[17] nada me importaba su viaje! Pero ¡irse a la Ciudad! . . .

— ¡Garduña, corre, corre, . . . tú que eres andarín,[18] y evita mi 20 perdición! ¡Evita que la terrible molinera entre en mi casa!

— ¿Y no me ahorcará Usía si lo consigo? — preguntó irónicamente el alguacil.

— ¡Al contrario! Te regalaré unos zapatos en buen uso, que me están grandes.[19] ¡Te regalaré todo lo que quieras!

— Pues voy volando.[20] Duérmase Usía tranquilo. Dentro de media hora estoy aquí de vuelta,[21] después de dejar en la cárcel a la navarra. ¡Para algo soy más ligero que una borrica!

Dijo Garduña, y desapareció por la escalera abajo.[22]

Se cae de su peso que, durante aquella ausencia del alguacil, fué 30 cuando el molinero estuvo en el molino y vió visiones [23] por el ojo de la llave.

Dejemos, pues, al Corregidor sudando en el lecho ajeno, y a Garduña

---

[13] *ha querido*, tried.
[14] *Algo . . . será*, It won't be as bad as all that.
[15] *no . . . mostrarse*, must not have been.
[16] *buscarle*, to get . . . for you.
[17] *a . . . recaudo*, well guarded.
[18] *andarín*, a runner.
[19] *que . . . grandes*, that are too big for me.
[20] *voy volando*, I'm off at top speed.
[21] *estoy . . . vuelta*, I shall be back here.
[22] *por . . . abajo*, down the stairs.
[23] *visiones*, sights.

corriendo hacia la Ciudad (adonde tan pronto había de seguirle el tío Lucas con sombrero de tres picos y capa de grana), y, convertidos también nosotros en andarines, volemos con dirección al Lugar, en seguimiento [24] de la valerosa señá Frasquita.

XXIII

OTRA VEZ EL DESIERTO Y LAS CONSABIDAS VOCES

La única aventura que le ocurrió a la navarra en su viaje desde el molino al pueblo fué asustarse un poco al notar que alguien echaba yescas [1] en medio de un sembrado.

— ¿Si será un esbirro [2] del Corregidor? ¿Si irá a detenerme? — pensó la molinera.

En esto se oyó un rebuzno [3] hacia aquel mismo lado.

— ¡Burros en el campo a estas horas! — siguió pensando la señá Frasquita. — Pues lo que es por aquí [4] no hay ninguna huerta ni cortijo.[5] . . . ¡Vive Dios que [6] los duendes [7] se están despachando esta noche a su gusto! Porque la borrica de mi marido no puede ser. . . . ¿Qué haría mi Lucas, a media noche, parado fuera de camino? ¡Nada! ¡nada! ¡Indudablemente es un espía!

La burra que montaba la señá Frasquita creyó oportuno rebuznar [8] también en aquel instante.

— ¡Calla, demonio! — le dijo la navarra, clavándole un alfiler de a ochavo [9] en mitad de la cruz.[10]

Y, temiendo algún encuentro que no le conviniese, sacó también su bestia fuera del camino y la hizo trotar por otros sembrados.

Sin más accidente,[11] llegó a las puertas del Lugar, a tiempo que serían las once de la noche.

---

[24] *seguimiento*, pursuit.

---

[1] *echaba yescas*, was striking a light.
[2] *Si . . . esbirro*, I wonder if it is a bailiff.
[3] *rebuzno*, bray.
[4] *lo . . . aquí*, around here.
[5] *cortijo*, farmhouse.
[6] *Vive . . . que*, I'll swear.
[7] *duendes*, goblins.
[8] *rebuznar*, to bray.
[9] *alfiler . . . ochavo*, a farthing pin.
[10] *cruz*, withers, ridge between the shoulder blades of a donkey.
[11] *accidente*, incidents.

XXIV

UN REY DE ENTONCES

Hallábase ya durmiendo la mona el señor Alcalde, vuelta la espalda
a la espalda de su mujer (y formando así con ésta la figura de *águila
austriaca de dos cabezas* que dice nuestro inmortal Quevedo), cuando
Toñuelo llamó a la puerta de la cámara nupcial, y avisó al Sr. Juan
López que la señá Frasquita, *la del molino*, quería hablarle.

No tenemos para qué[1] referir todos los gruñidos y juramentos
inherentes al acto de despertar y vestirse el Alcalde de monterilla,
y nos trasladamos desde luego[2] al instante en que la molinera lo vió
llegar, desperezándose[3] como un gimnasta que ejercita la musculatura,
10 y exclamando en medio de un bostezo interminable:

— ¡Téngalas V. muy buenas,[4] señá Frasquita! ¿Qué le trae a V.
por aquí? ¿No le dijo a V. Toñuelo que se quedase en el molino?
¿Así desobedece V. a la Autoridad?

— ¡Necesito ver a mi Lucas! — respondió la navarra. — ¡Necesito
verlo al instante! ¡Que le digan que está aquí su mujer!

— ¡Necesito! ¡necesito! Señora, ¡a V. se le olvida que está hablando
con el Rey! . . .

— ¡Déjeme V. a mí de reyes,[5] Sr. Juan, que no estoy para[6] bromas!
¡Demasiado sabe V. lo que me sucede! ¡Demasiado sabe para qué
20 ha preso a mi marido!

— Yo no sé nada, señá Frasquita. . . . Y en cuanto a su marido
de V., no está preso, sino durmiendo tranquilamente en esta su casa,
y tratado como yo trato a las personas.[7] ¡A ver,[8] Toñuelo! ¡Toñuelo!
Anda al pajar y dile al tío Lucas que se despierte y venga corriendo. . . .
Conque vamos. . . . ¡cuénteme V. lo que pasa! . . . ¿Ha tenido
V. miedo de dormir sola?

— ¡No sea V. desvergonzado,[9] señor Juan! ¡Demasiado sabe V.
que a mí no me gustan sus bromas ni sus veras![10] Lo que me pasa
es una cosa muy sencilla: que V. y el señor Corregidor han querido

---

[1] *No . . . qué*, We have no need to.
[2] *desde luego*, at once.
[3] *desperezándose*, stretching.
[4] *Téngalas . . . buenas*, Very good evening; *las* refers to *noches* understood.
[5] *Déjeme . . . reyes*, Cut out this king stuff with me.
[6] *no . . . para*, I'm in no mood for.
[7] *personas*, personages.
[8] *A ver*, Here.
[9] *desvergonzado*, shameless.
[10] *no . . . veras*, I don't like either your jokes or your serious remarks.

perderme; ¡pero que se han llevado un solemne chasco! [11]   ¡Yo estoy
aquí sin tener [12] de qué abochornarme,[13] y el señor Corregidor se queda
en el molino muriéndose! . . .

— ¡Muriéndose el Corregidor! — exclamó su subordinado. — Señora,
¿sabe V. lo que se [14] dice?

— ¡Lo que V. oye!   Se ha caído en el caz, y casi se ha ahogado, o
ha cogido una pulmonía,[15] o yo no sé. . . .   ¡Eso es cuenta de la
Corregidora!   Yo vengo a buscar a mi marido, sin perjuicio de [16]
salir mañana mismo [17] para Madrid, donde le contaré al Rey . . .

— ¡Demonio, demonio! — murmuró el Sr. Juan López. — ¡A ver, 10
Manuela! . . . ¡muchacha! . . .   Anda y aparéjame la mulilla. . . .
Señá Frasquita, al molino voy. . . .   ¡Desgraciada de V. si le ha
hecho algún daño al señor Corregidor!

— ¡Señor Alcalde, señor Alcalde! — exclamó en esto Toñuelo,
entrando más muerto que vivo. — El tío Lucas no está en el pajar.
Su burra no se halla tampoco en los pesebres,[18] y la puerta del corral
está abierta. . . .   ¡De modo que el pájaro se ha escapado!

— ¿Qué estás diciendo? — gritó el señor Juan López.

— ¡Virgen del Carmen! [19]   ¿Qué va a pasar en mi casa? — exclamó
la señá Frasquita. — ¡Corramos, señor Alcalde; no perdamos tiempo! 20
. . . Mi marido va a matar al Corregidor al encontrarlo allí a estas
horas. . . .

— ¿Luego V. cree que el tío Lucas está en el molino?

— ¿Pues no lo he de creer?   Digo más [20] . . . cuando yo venía
me he cruzado con él sin conocerlo.   ¡Él era sin duda uno que echaba
yescas [21] en medio de un sembrado! ¡Dios mío! ¡Cuando piensa
una que los animales tienen más entendimiento que las personas!
Porque ha de saber [22] V., señor Juan, que indudablemente nuestras
dos burras se reconocieron y se saludaron, mientras que mi Lucas
y yo ni nos saludamos ni nos reconocimos. . . .   ¡Antes bien huimos 30
el uno del otro, tomándonos mutuamente por espías! . . .

---

[11] que . . . chasco, you have been jolly well disappointed.
[12] tener, add: anything.
[13] abochornarme, to be ashamed of.
[14] se, emphatic; omit in translation.
[15] una pulmonía, pneumonia.
[16] sin . . . de, reserving the right to.
[17] mañana mismo, no later than tomorrow.
[18] pesebres, mangers.
[19] ¡Virgen del Carmen! Merciful heavens!
[20] Pues . . . más, Why, of course I think so.   And that's not all.
[21] echaba yescas, was striking a light.
[22] ha de saber, I want you to know.

— ¡Bueno está su Lucas de V.! [23] — replicó el Alcalde. — En fin, vamos andando,[24] y ya veremos lo que hay que hacer con todos Vds. ¡Conmigo no se juega! [25] ¡Yo soy el Rey! . . . Pero no un rey como el que ahora tenemos en Madrid, o sea en el Pardo,[26] sino como aquel que hubo en Sevilla, a quien llamaban D. Pedro el Cruel.[27] ¡A ver, Manuela! ¡Tráeme el bastón, y dile a tu ama que me marcho!

Obedeció la sirvienta (que era por cierto más buena moza de lo que convenía a la Alcaldesa y a la moral), y, como la mulilla del Sr. Juan López estuviese ya aparejada, la señá Frasquita y él salieron para el 10 molino, seguidos del indispensable Toñuelo.

XXV

LA ESTRELLA DE GARDUÑA

Precedámosles nosotros, supuesto que tenemos carta blanca [1] para andar más de prisa que nadie.

Garduña se hallaba ya de vuelta [2] en el molino, después de haber buscado a la señá Frasquita por todas las calles de la Ciudad.

El astuto alguacil había tocado de camino en el Corregimiento, donde lo encontró todo muy sosegado. Las puertas seguían [3] abiertas como en medio del día, según es costumbre cuando la Autoridad está en la calle ejerciendo sus sagradas funciones. Dormitaban en la meseta de la escalera y en el recibimiento otros alguaciles y ministros, espe-20 rando descansadamente a su amo; mas, cuando sintieron llegar a Garduña, desperezáronse [4] dos o tres de ellos, y le preguntaron al que era su decano [5] y jefe inmediato:

— ¿Viene ya el señor?

---

[23] *¡Bueno . . . V.!* Your Lucas is a fine one! See Translation Aid VIII, No. 1, p. 508.

[24] *vamos andando*, let's get going.

[25] *¡Conmigo . . . juega!* You can't make sport of me!

[26] *el Pardo*, country palace of former kings of Spain, a short distance north of Madrid.

[27] *D. Pedro el Cruel* (1350–1369), king whose cruelty and unscrupulous conduct have become legendary.

---

[1] *carta blanca*, blanket permission.

[2] *de vuelta*, back.

[3] *seguían*, were still.

[4] *desperezáronse*, stretched.

[5] *decano*, senior.

— ¡Ni por asomo! Estaos quietos. Vengo a saber si ha habido novedad [6] en la casa. . . .

— Ninguna.

— ¿Y la señora?

— Recogida en sus aposentos.

— ¿No ha entrado una mujer por estas puertas hace poco?

— Nadie ha parecido por aquí en [7] toda la noche. . . .

— Pues no dejéis entrar a persona alguna, sea quien sea y diga lo que diga.[8] ¡Al contrario! Echadle mano al mismo lucero del alba que venga [9] a preguntar por [10] el señor o por la señora, y llevadlo a la cárcel. [10]

— ¿Parece que esta noche se anda a caza [11] de pájaros de cuenta? — preguntó uno de los esbirros.[12]

— ¡Caza mayor! [13] — añadió otro.

— ¡Mayúscula! [14] — respondió Garduña solemnemente. — ¡Figuraos si la cosa será delicada,[15] cuando el señor Corregidor y yo hacemos la batida [16] por nosotros mismos! . . . Conque . . . hasta luego, buenas piezas, y ¡mucho ojo!

— Vaya V. con Dios, señor Bastián, — repusieron todos, saludando a Garduña.

— ¡Mi estrella se eclipsa! — murmuró éste al salir del Corregimiento. [20] — ¡Hasta las mujeres me engañan! La molinera se encaminó al Lugar en busca de su esposo, en vez de venirse a la Ciudad. . . . ¡Pobre Garduña! ¿Qué se ha hecho de tu olfato?

Y, discurriendo de este modo, tomó la vuelta del molino.

Razón tenía el alguacil para echar de menos su antiguo olfato, pues que no venteó [17] a un hombre que se escondía en aquel momento detrás de unos mimbres, a poca distancia de la ramblilla,[18] y el cual exclamó para su capote,[19] o más bien para su capa de grana:

[6] *saber . . . novedad*, to find out if anything has happened

[7] *en*, omit in translation.

[8] *sea . . . diga*, whoever he may be and whatever he may say.

[9] *que venga*, if it comes.

[10] *por*, see Translation Aid XXI, No. 2, p. 535.

[11] *se . . . caza*, you are hunting.

[12] *esbirros*, bailiffs.

[13] *mayor*, big.

[14] *¡Mayúscula!* Game with a capital G!

[15] *Figuraos . . . delicada*, You can imagine that the affair must be delicate.

[16] *hacemos la batida*, we are making the roundup.

[17] *no venteó*, he did not scent.

[18] *ramblilla*, dry ravine.

[19] *para su capote*, to himself; the play on words following this point is impossible to translate. Literally: he exclaimed to his cloak, or rather to his scarlet cape. See Translation Aid XXII, No. 1, p. 539.

— ¡Guarda, Pablo![20] ¡Por allí viene Garduña! . . . Es menester que no me vea. . . .

Era el tío Lucas, vestido de Corregidor, que se dirigía a la Ciudad, repitiendo de vez en cuando su diabólica frase:

— ¡También la Corregidora es guapa!

Pasó Garduña sin verlo, y el falso Corregidor dejó su escondite[21] y penetró en la población. . . .

Poco después llegaba el alguacil al molino, según dejamos[22] indicado.

XXVI

REACCIÓN

El Corregidor seguía[1] en la cama, tal y como acababa de verlo el tío Lucas por el ojo de la llave.

— ¡Qué bien sudo, Garduña! ¡Me he salvado de una enfermedad! — exclamó tan luego como penetró el alguacil en la estancia. — ¿Y[2] la señá Frasquita? ¿Has dado con ella? ¿Viene contigo? ¿Ha hablado con la señora?

— La molinera, señor — respondió Garduña con angustiado acento, — me engañó como a un pobre hombre;[3] pues no se fué a la Ciudad, sino al pueblecillo, . . . en busca de su esposo. Perdone Usía la torpeza. . . .

— ¡Mejor! ¡mejor! — dijo el madrileño, con los ojos chispeantes[4] de maldad. — ¡Todo se ha salvado entonces! Antes de que amanezca estarán caminando para las cárceles de la Inquisición, atados codo con codo, el tío Lucas y la señá Frasquita, y allí se pudrirán sin tener[5] a quien contarle sus aventuras de esta noche. Tráeme la ropa, Garduña, que ya estará seca. . . . ¡Tráemela, y vísteme! ¡El amante se va a convertir en Corregidor! . . .

Garduña bajó a la cocina por la ropa.

---

[20] *¡Guarda, Pablo!* Look out!
[21] *escondite*, hiding place.
[22] *dejamos*, we have already.

---

[1] *seguía*, was still.
[2] *Y*, And what about.
[3] *pobre hombre*, "poor fish." See Translation Aid XIX, No. 3, a, p. 531.
[4] *chispeantes*, flashing.
[5] *tener*, supply: anyone.

XXVII

¡FAVOR AL REY! [1]

Entretanto, la señá Frasquita, el Sr. Juan López y Toñuelo avanzaban hacia el molino, al cual llegaron pocos minutos después.

— ¡Yo entraré delante! [2] — exclamó el Alcalde de monterilla. — ¡Para algo soy la Autoridad! Sígueme, Toñuelo, y V., señá Frasquita, espérese a la puerta hasta que yo la llame.

Penetró, pues, el Sr. Juan López bajo la parra, donde vió a la luz de la luna un hombre casi jorobado, vestido como solía el molinero, con chupetín [3] y calzón de paño pardo, faja negra, medias azules, montera murciana de felpa,[4] y el capote de monte [5] al hombro.

— ¡Él es! — gritó el Alcalde. — ¡Favor al Rey! [1]   ¡Entréguese V., 10 tío Lucas!

El hombre de la montera intentó meterse en el molino.

— ¡Date! — gritó a su vez Toñuelo, saltando sobre él, cogiéndolo por el pescuezo, aplicándole una rodilla al espinazo y haciéndole rodar por tierra.[6]

Al mismo tiempo, otra especie de fiera saltó sobre Toñuelo, y, agarrándolo de la cintura, lo tiró sobre el empedrado y principió a darle de bofetones.

Era la señá Frasquita, que exclamaba:

— ¡Tunante! ¡Deja a mi Lucas! [7]   20

Pero, en esto, otra persona, que había aparecido llevando del diestro [8] una borrica, metióse resueltamente entre los dos, y trató de salvar a Toñuelo. . . .

Era Garduña, que, tomando al alguacil del Lugar por D. Eugenio de Zúñiga, le decía a la molinera:

— ¡Señora, respete V. a mi amo!

Y la derribó de espaldas [9] sobre el lugareño.[10]

La señá Frasquita, viéndose entre dos fuegos, descargó entonces a Garduña tal revés en medio del estómago, que le hizo caer de boca tan largo como era.[11]   30

---

[1] *¡Favor al rey!* In the name of the king!
[2] *delante*, first.
[3] *chupetín*, vest.
[4] *montera . . . felpa*, plush Murcian cap.
[5] *capote de monte*, hunting coat.
[6] *por tierra*, on the ground.
[7] *¡Tunante . . . Lucas!* Rascal! Let go of my Lucas!
[8] *diestro*, halter.
[9] *de espaldas*, backward.
[10] *lugareño*, villager.   [11] *caer . . . era*, fall at full length.

Y, con él, ya eran cuatro las personas que rodaban por el suelo.

El Sr. Juan López impedía entretanto levantarse al supuesto tío Lucas, teniéndole plantado un pie sobre los riñones.[12]

— ¡Garduña! ¡Socorro! ¡Favor al rey! ¡Yo soy el Corregidor! — gritó al fin don Eugenio, sintiendo que la pezuña [13] del Alcalde, calzada con albarca [14] de piel de toro, lo reventaba materialmente.

— ¡El Corregidor! — repitieron todos.

Y pronto estuvieron de pie los cuatro derribados.

— ¡Todo el mundo a la cárcel! — exclamó D. Eugenio de Zúñiga.

10 — ¡Todo el mundo a la horca!

— Pero, señor . . . — observó el Sr. Juan López, poniéndose de rodillas. — ¡Perdone Usía que lo haya maltratado! ¿Cómo había de conocer a Usía con esa ropa tan ordinaria?

— ¡Bárbaro! — replicó el Corregidor: — ¡alguna había de ponerme! ¿No sabes que me han robado la mía? ¿No sabes que una compañía de ladrones, mandada por el tío Lucas? . . .

— ¡Miente V.! — gritó la navarra.

— Escúcheme V., señá Frasquita — le dijo Garduña, llamándola aparte. — Con permiso del señor Corregidor y la compaña . . .

20 ¡Si V. no arregla esto, nos van a ahorcar a todos, empezando por el tío Lucas! . . .

— Pues ¿qué ocurre? — preguntó la señá Frasquita.

— Que el tío Lucas anda a estas horas por la Ciudad vestido de Corregidor, . . . y que Dios sabe si habrá llegado con su disfraz [15] hasta el propio dormitorio de la Corregidora.

Y el alguacil le refirió en cuatro [16] palabras todo lo que ya sabemos.

— ¡Jesús! — exclamó la molinera. — ¡Conque mi marido me cree deshonrada! ¡Conque ha ido a la Ciudad a vengarse! — ¡Vamos, vamos a la Ciudad, y justificadme a los ojos de mi Lucas!

30 — ¡Vamos a la Ciudad, e impidamos que ese hombre hable con mi mujer y le cuente todas las majaderías [17] que se haya figurado! — dijo el Corregidor, arrimándose a una de las burras. — Déme V. un pie [18] para montar, señor Alcalde.

— Vamos a la Ciudad, sí . . . — añadió Garduña; — ¡y quiera el cielo, señor Corregidor, que el tío Lucas, amparado por su vestimenta, se haya contentado con hablarle a la Señora!

[12] *teniéndole . . . riñones*, keeping one foot on the small of his back.
[13] *pezuña*, hoof.
[14] *albarca*, sandal.
[15] *disfraz*, disguise.
[16] *cuatro*, a few.
[17] *majaderías*, foolish things.
[18] *pie*, lift.

— ¿Qué dices, desgraciado? — prorrumpió D. Eugenio de Zúñiga.
— ¿Crees tú a ese villano capaz? . . .
— ¡De todo! — contestó la señá Frasquita.

XXVIII

¡AVE MARÍA PURÍSIMA! ¡LAS DOCE Y MEDIA Y SERENO!

Así gritaba por las calles de la Ciudad quien tenía facultades para tanto,[1] cuando la molinera y el Corregidor, cada cual en una de las burras del molino, el Sr. Juan López en su mula, y los dos alguaciles andando, llegaron a la puerta del Corregimiento.

La puerta estaba cerrada.

Dijérase [2] que para el gobierno, lo mismo que para los gobernados, había concluido todo por aquel día.   10

— ¡Malo! — pensó Garduña.

Y llamó con el aldabón [3] dos o tres veces.

Pasó mucho tiempo, y ni abrieron, ni contestaron.

La señá Frasquita estaba más amarilla que la cera.[4]

El Corregidor se había comido ya todas las uñas de ambas manos.

Nadie decía una palabra.

¡Pum! . . . ¡Pum! . . . ¡Pum! . . . — golpes y más golpes a la puerta del Corregimiento (aplicados sucesivamente por los dos alguaciles y por el Sr. Juan López). . . . Y ¡nada! [5] ¡No respondía nadie! ¡No abrían! ¡No se movía una mosca!   20

Sólo se oía el claro rumor de los caños [6] de una fuente que había en el patio de la casa.

Y de esta manera transcurrían minutos, largos como eternidades.

Al fin, cerca de la una, abrióse un ventanillo del piso segundo, y dijo una voz femenina:

— ¿Quién?

— Es la voz del ama de leche . . . — murmuró Garduña.

— ¡Yo! — respondió D. Eugenio de Zúñiga. — ¡Abrid!

Pasó un instante de silencio.

— ¿Y quién es V.? — replicó luego la nodriza.   30

---

[1] *facultades . . . tanto*, the authority to do so.
[2] *Dijérase*, One might have said.
[3] *aldabón*, knocker.
[4] *más . . . cera*, as pale as a sheet; see Translation Aid XIX, No. 3, b, p. 532.
[5] *¡nada!* no result! See Translation Aid X, No. 2, p. 512.
[6] *caños*, pipes.

— ¿Pues no me está V. oyendo? ¡Soy el amo! . . . ¡el Corregidor!
Hubo otra pausa.
— ¡Vaya V. mucho con Dios! [7] — repuso la buena mujer. — Mi amo
vino hace una hora, y se acostó en seguida. ¡Acuéstense Vds. también,
y duerman el vino que tendrán en el cuerpo! [8]
Y la ventana se cerró de golpe.[9]
La señá Frasquita se cubrió el rostro con las manos.
— ¡Ama! — tronó el Corregidor, fuera de sí. — ¿No oye V. que le
digo que abra la puerta? ¿No oye V. que soy yo? ¿Quiere V. que
10 la ahorque también?
La ventana volvió a abrirse.
— Pero vamos a ver . . . — expuso el ama. — ¿Quién es V. para
dar esos gritos? [10]
— ¡Soy el Corregidor!
— ¡Dale, bola! [11] ¿No le digo a V. que el señor Corregidor vino
antes de las doce, . . . y que yo lo vi con mis propios ojos encerrarse
en las habitaciones de la señora? ¿Se quiere V. divertir conmigo?
¡Pues espere V. . . . y verá lo que le pasa!
Al mismo tiempo se abrió repentinamente la puerta, y una nube
20 de criados y ministriles,[12] provistos de sendos garrotes,[13] se lanzó
sobre los de afuera, exclamando furiosamente:
— ¡A ver! ¿Dónde está ese que dice que es el Corregidor? ¿Dónde
está ese chusco? [14] ¿Dónde está ese borracho?
Y se armó un lío de todos los demonios [15] en medio de la obscuridad,
sin que nadie pudiera entenderse,[16] y no dejando de recibir algunos
palos el Corregidor, Garduña, el Sr. Juan López y Toñuelo.
Era la segunda paliza que le costaba a D. Eugenio su aventura
de aquella noche, además del remojón [17] que se dió en el caz del molino.
La señá Frasquita, apartada de aquel laberinto, lloraba por la primera
30 vez de su vida. . . .
— ¡Lucas! ¡Lucas! — decía. — ¡Y has podido dudar de mí! ¡Y
has podido estrechar en tus brazos a otra! ¡Ah! ¡Nuestra desventura
no tiene ya remedio!

[7] *¡Vaya . . . Dios!* Go to the devil!
[8] *el cuerpo*, see Translation Aid VI, No. 3, p. 505.
[9] *de golpe*, with a bang.
[10] *dar . . . gritos*, to shout that way.
[11] *¡Dale, bola!* Do we have to go over that again?
[12] *ministriles*, petty officers of the law.
[13] *provistos . . . garrotes*, each one provided with a club.
[14] *chusco*, joker.
[15] *lío . . . demonios*, a perfectly devilish confusion.
[16] *entenderse*, make himself understood.   [17] *remojón*, soaking.

XXIX

POST NUBILA . . . DIANA [1]

¿Qué escándalo [2] es éste? — dijo al fin una voz tranquila, majestuosa y de gracioso timbre, resonando encima de aquella baraúnda.[3]

Todos levantaron la cabeza, y vieron a una mujer vestida de negro, asomada al balcón principal del edificio.

— ¡La señora! — dijeron los criados, suspendiendo la retreta [4] de palos.

— ¡Mi mujer! — tartamudeó [5] D. Eugenio.

— Que pasen esos rústicos. . . .   El señor Corregidor dice que lo permite . . . — agregó la Corregidora.

Los criados cedieron el paso, y el de Zúñiga [6] y sus acompañantes [7] 10 penetraron en el portal y tomaron por la escalera arriba.

Ningún reo ha subido al patíbulo con paso tan inseguro y semblante tan demudado [8] como el Corregidor subía las escaleras de su casa. Sin embargo, la idea de su deshonra principiaba ya a descollar, con noble egoísmo, por encima de todos los infortunios que había causado y que lo afligían y sobre las demás ridiculeces de la situación en que se hallaba. . . .

— ¡Antes que todo, — iba pensando — soy un Zúñiga y un Ponce de León! . . .   ¡Ay de aquellos que lo hayan echado en olvido!   ¡Ay de mi mujer, si ha mancillado [9] mi nombre!   20

XXX

UNA SEÑORA DE CLASE

La Corregidora recibió a su esposo y a la rústica comitiva [1] en el salón principal del Corregimiento.

Estaba sola, de pie, y con los ojos clavados en la puerta.

[1] *Post . . . Diana*, After the clouds, the moon.
[2] *escándalo*, hubbub.
[3] *baraúnda*, confusion.
[4] *retreta*, tattoo.
[5] *tartamudeó*, stammered.
[6] *el de Zúñiga = el señor de Zúñiga.*
[7] *acompañantes*, companions.
[8] *demudado*, distorted.
[9] *mancillado*, stained.

[1] *comitiva*, retinue.

Érase[2] una principalísima dama, bastante joven todavía, de plácida y severa hermosura, más propia del pincel cristiano que del cincel gentílico,[3] y estaba vestida con toda la nobleza y seriedad que consentía el gusto de la época. Su traje, de corta y estrecha falda y mangas huecas y subidas,[4] era de alepín[5] negro: una pañoleta[6] de blonda[7] blanca, algo amarillenta, velaba sus admirables hombros, y larguísimos maniquetes o mitones[8] de tul negro cubrían la mayor parte de sus alabastrinos brazos. Abanicábase[9] majestuosamente con un pericón[10] enorme, traído de las islas Filipinas, y empuñaba con la otra mano un pañuelo de encaje, cuyos cuatro picos colgaban simétricamente con una regularidad sólo comparable a la de su actitud y menores movimientos.

Aquella hermosa mujer tenía algo de reina y mucho de abadesa,[11] e infundía por ende veneración y miedo a cuantos la miraban. Por lo demás, el atildamiento[12] de su traje a semejante hora, la gravedad de su continente y las muchas luces que alumbraban el salón, demostraban que la Corregidora se había esmerado en dar a aquella escena una solemnidad teatral y un tinte ceremonioso que contrastasen con el carácter villano y grosero de la aventura de su marido.

Advertiremos, finalmente, que aquella señora se llamaba Doña Mercedes Carrillo de Albornoz y Espinosa de los Monteros, y que era hija, nieta, biznieta, tataranieta y hasta vigésima nieta de la Ciudad, como descendiente de sus ilustres conquistadores. Su familia, por razones de vanidad mundana, la había inducido a casarse con el viejo y acaudalado[13] Corregidor, y ella, que de otro modo hubiera sido monja, pues su vocación natural la iba llevando al claustro, consintió en aquel doloroso sacrificio.

A la sazón tenía ya dos vástagos del arriscado[14] madrileño, y aún se susurraba que había otra vez moros en la costa.[15] . . .

Conque volvamos a nuestro cuento.

[2] *Érase*, She was.
[3] *cincel gentílico*, pagan chisel.
[4] *mangas . . . subidas*, short, puffed sleeves.
[5] *alepín*, bombazine, a kind of twilled dress fabric.
[6] *pañoleta*, triangular shawl.
[7] *blonda*, silk lace.
[8] *maniquetes o mitones*, mittens or mitts.
[9] *Abanicábase*, She fanned herself.
[10] *pericón*, fan.
[11] *abadesa*, an abbess.
[12] *atildamiento*, neatness.
[13] *acaudalado*, wealthy.
[14] *arriscado*, bold.
[15] *se . . . costa*, it was whispered that there was to be another blessed event.

XXXI

LA PENA DEL TALIÓN [1]

— ¡Mercedes! — exclamó el Corregidor al comparecer delante de su esposa. — Necesito saber inmediatamente . . .

— ¡Hola, tío Lucas! ¿V. por aquí? — dijo la Corregidora, interrumpiéndole. — ¿Ocurre alguna desgracia en el molino?

— ¡Señora! ¡no estoy para chanzas! — repuso el Corregidor hecho una fiera. — Antes de entrar en explicaciones por mi parte, necesito saber qué ha sido de mi honor. . . .

— ¡Ésa no es cuenta mía! ¿Acaso me lo ha dejado V. a mí en depósito? [2]

— Sí, señora. . . . ¡A V.! — replicó D. Eugenio. — ¡Las mujeres son depositarias [3] del honor de sus maridos!

— Pues entonces, mi querido tío Lucas, pregúntele V. a su mujer. . . . Precisamente [4] nos está escuchando.

La señá Frasquita, que se había quedado a la puerta del salón, lanzó una especie de rugido.

—Pase V., señora, y siéntese . . . — añadió la Corregidora, dirigiéndose a la molinera con dignidad soberana.

Y, por su parte, encaminóse al sofá.

La generosa navarra supo comprender desde luego toda la grandeza de la actitud de aquella esposa injuriada, . . . e injuriada acaso doblemente. . . . Así es que, alzándose en el acto a igual altura, dominó sus naturales ímpetus, y guardó un silencio decoroso. Esto sin contar con que [5] la señá Frasquita, segura de su inocencia y de su fuerza, no tenía prisa de defenderse. Teníala,[6] sí, de acusar; y mucha; [7] . . . pero no ciertamente a la Corregidora. ¡Con quien ella deseaba ajustar cuentas era con el tío Lucas, . . . y el tío Lucas no estaba allí!

— Señá Frasquita . . . — repitió la noble dama, al ver que la molinera no se había movido de su sitio, — le he dicho a V. que puede pasar y sentarse.

Esta segunda indicación fué hecha con voz más afectuosa y sentida que la primera. . . . Dijérase [8] que la Corregidora había adivinado

---

[1] *La . . . talión,* An eye for an eye and a tooth for a tooth; law of retaliation.

[2] *en depósito,* in trust.

[3] *depositarias,* trustees.

[4] *Precisamente,* Right now.

[5] *contar . . . que,* counting on the fact that.

[6] *Teníala; la* refers back to *prisa.*

[7] *mucha,* still referring to *prisa.*

[8] *Dijérase,* One might have said.

también por instinto, al fijarse en el reposado continente y en la varonil hermosura de aquella mujer, que no iba a habérselas [9] con un ser bajo y despreciable, sino quizá más bien con otra infortunada como ella; ¡infortunada, sí, por el solo hecho de haber conocido al Corregidor!

Cruzaron, pues, sendas miradas [10] de paz y de indulgencia aquellas dos mujeres que se consideraban dos veces rivales, y notaron con gran sorpresa que sus almas se aplacieron [11] la una en la otra, como dos hermanos que se reconocen.

No de otro modo se divisan y saludan a lo lejos las castas nieves 10 de las encumbradas [12] montañas.

Saboreando estas dulces emociones, la molinera entró majestuosamente en el salón, y se sentó en el filo de una silla.

A su paso por el molino,[13] previendo que en la Ciudad tendría que hacer visitas de importancia, se había arreglado un poco y puéstose una mantilla de franela negra, con grandes felpones,[14] que le sentaba divinamente. Parecía toda una señora.[15]

Por lo que toca al [16] Corregidor, dicho se está [17] que había guardado silencio durante aquel episodio. El rugido de la señá Frasquita y su aparición en la escena no habían podido menos de sobresaltarlo. 20 ¡Aquella mujer le causaba ya más terror que la suya propia!

— Conque vamos, tío Lucas . . . — prosiguió Doña Mercedes, dirigiéndose a su marido. — Ahí tiene V. a la señá Frasquita. . . . ¡Puede V. volver a formular su demanda! ¡Puede V. preguntarle aquello de su honra!

— Mercedes, ¡por los clavos de Cristo! — gritó el Corregidor. — ¡Mira que tú no sabes de lo que soy capaz! ¡Nuevamente te conjuro a que dejes la broma [18] y me digas todo lo que ha pasado aquí durante mi ausencia! ¿Dónde está ese hombre?

— ¿Quién? ¿Mi marido? . . . Mi marido se está levantando, 30 y ya no puede tardar en venir.

— ¡Levantándose! — bramó D. Eugenio.

— ¿Se asombra V.? ¿Pues dónde quería [19] V. que estuviese a

[9] *habérselas*, see Translation Aid VIII, No. 4, p. 510.
[10] *Cruzaron . . . miradas*, (They) exchanged, then, looks.
[11] *aplacieron*, took pleasure.
[12] *encumbradas*, lofty.
[13] *A . . . molino*, When she had stopped at the mill.
[14] *con . . . felpones*, with a fringe of big plush balls.
[15] *toda . . . señora*, every inch a lady.
[16] *Por . . . al*, As for the.
[17] *dicho se está*, it goes without saying.
[18] *dejes la broma*, stop joking.
[19] *quería*, did you expect.

estas horas un hombre de bien, sino en su casa, en su cama, y durmiendo con su legítima consorte, como manda Dios? [20]

— ¡Merceditas! ¡Ve lo que te [21] dices! ¡Repara en que nos están
oyendo! ¡Repara en que soy el Corregidor! . . .

— ¡A mí no me dé V. voces, tío Lucas, o mandaré a los alguaciles
que lo lleven a la cárcel! — replicó la Corregidora, poniéndose de pie.

— ¡Yo a la cárcel! ¡Yo! ¡El Corregidor de la Ciudad!

— El Corregidor de la Ciudad, el representante de la justicia, el
apoderado [22] del Rey — repuso la gran señora con una severidad y una
energía que ahogaron la voz del fingido molinero, — llegó a su casa
a la hora debida, a descansar de las nobles tareas de su oficio, para
seguir mañana amparando la honra y la vida de los ciudadanos, la
santidad del hogar y el recato de las mujeres, impidiendo de este
modo que nadie pueda entrar, disfrazado de Corregidor ni de otra
cosa, en la alcoba de la mujer ajena; que nadie pueda sorprender a la
virtud en su descuidado reposo; que nadie pueda abusar de su casto
sueño. . . .

— ¡Merceditas! ¿Qué es lo que profieres? [23] — silbó el Corregidor
con labios y encías. [24] — ¡Si es verdad que ha pasado eso en mi casa,
diré que eres una pícara, una pérfida, una licenciosa!

— ¿Con quién habla este hombre? — prorrumpió la Corregidora
desdeñosamente, y paseando la vista por todos los circunstantes.

— ¿Quién es este loco? ¿Quién es este ebrio? . . . ¡Ni siquiera puedo
ya creer que sea un honrado molinero como el tío Lucas, a pesar de
que viste su traje de villano! Sr. Juan López, créame V. — continuó,
encarándose con [25] el Alcalde de monterilla, que estaba aterrado: — mi
marido, el Corregidor de la Ciudad, llegó a esta su casa [26] hace dos
horas, con su sombrero de tres picos, su capa de grana, su espadín [27]
de caballero y su bastón de autoridad. . . . Los criados y alguaciles
que me escuchan se levantaron, y lo saludaron al verlo pasar por el
portal, por la escalera y por el recibimiento. Cerráronse en seguida
todas las puertas, y desde entonces no ha penetrado nadie en mi hogar
hasta que llegaron Vds. ¿Es esto cierto? Responded vosotros. . . .

— ¡Es verdad! ¡Es muy verdad! — contestaron la nodriza, los
domésticos y los ministriles; [28] todos los cuales, agrupados a la puerta
del salón, presenciaban aquella singular escena.

— ¡Fuera de aquí todo el mundo! — gritó D. Eugenio, echando

[20] *como . . . Dios*, as he should.
[21] *te*, omit in translating.
[22] *apoderado*, delegate.
[23] *profieres*, are you saying.
[24] *encías*, gums.

[25] *encarándose con*, facing.
[26] *esta su casa*, this house of his.
[27] *espadín*, rapier.
[28] *ministriles*, petty officers.

espumarajos de rabia.[29] — ¡Garduña! ¡Garduña! ¡Ven y prende a estos viles que me están faltando al respeto! ¡Todos a la cárcel! ¡Todos a la horca!

Garduña no parecía por ningún lado.

— Además, señor . . . — continuó Doña Mercedes, cambiando de tono y dignándose ya mirar a su marido y tratarle como a tal, temerosa de que las chanzas llegaran a irremediables extremos. — Supongamos que V. es mi esposo. . . . Supongamos que V. es D. Eugenio de Zúñiga y Ponce de León. . . .

10 — ¡Lo soy!

— Supongamos, además, que me cupiese alguna culpa en haber tomado por V. al hombre que penetró en mi alcoba vestido de Corregidor. . . .

— ¡Infames! — gritó el viejo, echando mano a la espada, y encontrándose sólo con el sitio o sea con la faja de molinero murciano.

La navarra se tapó el rostro con un lado de la mantilla para ocultar las llamaradas [30] de sus celos.

— Supongamos todo lo que V. quiera . . . — continuó Doña Mercedes con una impasibilidad inexplicable. — Pero dígame V. 20 ahora, señor mío: ¿Tendría derecho a quejarse? ¿Podría V. acusarme como fiscal? [31] ¿Podría V. sentenciarme como juez? ¿Viene V. acaso del sermón? ¿Viene V. de confesar? ¿Viene V. de oír misa? ¿O de dónde viene V. con ese traje? ¿De dónde viene V. con esa señora? ¿Dónde ha pasado V. la mitad de la noche?

— Con permiso [32] . . . — exclamó la señá Frasquita, poniéndose de pie como empujada por un resorte, y atravesándose arrogantemente entre la Corregidora y su marido.

Éste, que iba a hablar, se quedó con la boca abierta al ver que la navarra entraba en fuego.[33]

30 Pero Doña Mercedes se anticipó, y dijo:

— Señora, no se fatigue V. en darme a mí explicaciones. . . . ¡Yo no se las pido a V., ni mucho menos! ¡Allí viene quien puede pedírselas a justo título. . . . ¡Entiéndase V. con él!

Al mismo tiempo se abrió la puerta de un gabinete, y apareció en ella el tío Lucas, vestido de Corregidor de pies a cabeza, y con bastón, guantes y espadín,[34] como si se presentase en las Salas de Cabildo.[35]

[29] echando . . . rabia, foaming with rage.
[30] llamaradas, flashes.
[31] fiscal, public prosecutor.
[32] Con permiso, I beg your pardon.
[33] entraba en fuego, was getting ready for action.
[34] espadín, rapier.
[35] Salas de Cabildo, Town Council rooms.

XXXII

LA FE MUEVE LAS MONTAÑAS

— Tengan Vds. muy buenas noches, — pronunció el recién llegado, quitándose el sombrero de tres picos, y hablando con la boca sumida, como solía D. Eugenio de Zúñiga.

En seguida se adelantó por el salón, balanceándose en todos sentidos, y fué a besar la mano de la Corregidora.

Todos se quedaron estupefactos.   El parecido [1] del tío Lucas con el verdadero Corregidor era maravilloso.

Así es que la servidumbre, y hasta el mismo Sr. Juan López, no pudieron contener una carcajada.

D. Eugenio sintió aquel nuevo agravio, y se lanzó sobre el tío Lucas 10 como un basilisco.[2]

Pero la señá Frasquita metió el montante,[3] apartando al Corregidor con el brazo de marras,[4] y Su Señoría, en evitación de otra voltereta [5] y del consiguiente ludibrio,[6] se dejó atropellar sin decir oxte ni moxte.[7] Estaba visto que aquella mujer había nacido para domadora [8] del pobre viejo.

El tío Lucas se puso más pálido que la muerte al ver que su mujer se le acercaba; pero luego se dominó, y, con una risa tan horrible que tuvo que llevarse la mano al corazón para que no se le hiciese pedazos,[9] dijo, remedando siempre al Corregidor: 20

— ¡Dios te guarde, Frasquita! ¿Le has enviado ya a tu sobrino el nombramiento?

¡Hubo que ver entonces a la navarra! Tiróse la mantilla atrás, levantó la frente con soberanía de leona, y, clavando en el falso Corregidor dos [10] ojos como dos [10] puñales:

— ¡Te desprecio, Lucas! — le dijo en mitad de la cara.

Todos creyeron que le había escupido.

¡Tal gesto, tal ademán y tal tono de voz acentuaron aquella frase!

El rostro del molinero se transfiguró al oír la voz de su mujer.   Una especie de inspiración, semejante a la de la fe religiosa, había penetrado 30 en su alma, inundándola de luz y de alegría. . . .   Así es que, olvidán-

---

[1] *parecido,* resemblance.
[2] *basilisco,* fury; a basilisk is a fabulous serpent.
[3] *metió el montante,* put in her oar.
[4] *de marras,* aforementioned.
[5] *voltereta,* tumble.
[6] *ludibrio,* derision.
[7] *sin . . . moxte,* without saying a word.
[8] *para domadora,* to be the subduer.
[9] *se . . . pedazos,* it would not break.   [10] *dos,* omit in translating.

dose por un momento de cuanto había visto y creído ver en el molino, exclamó, con las lágrimas en los ojos y la sinceridad en los labios:

— ¿Conque tú eres mi Frasquita?

— ¡No! — respondió la navarra fuera de sí. — ¡Yo no soy ya tu Frasquita! Yo soy . . . ¡Pregúntaselo a tus hazañas de esta noche, y ellas te dirán lo que has hecho del corazón que tanto te quería! . . .

Y se echó a llorar, como una montaña de hielo que se hunde y principia a derretirse.

La Corregidora se adelantó hacia ella sin poder contenerse, y la
10 estrechó en sus brazos con el mayor cariño.

La señá Frasquita se puso entonces a besarla, sin saber tampoco lo que se [11] hacía, diciéndole entre sus sollozos, como una niña que busca amparo en su madre.

— ¡Señora, señora! ¡Qué desgraciada soy!

— ¡No tanto como V. se figura! — contestábale la Corregidora, llorando también generosamente. [12]

— ¡Yo sí que soy [13] desgraciado! — gemía al mismo tiempo el tío Lucas, andando a puñetazos [14] con sus lágrimas, como avergonzado de verterlas.

— Pues ¿y yo? [15] — prorrumpió al fin Don Eugenio, sintiéndose
20 ablandado por el contagioso lloro de los demás, o esperando salvarse también por la vía húmeda; quiero decir, por la vía del llanto. — ¡Ah, yo soy un pícaro! ¡un monstruo! ¡un calavera deshecho, que ha llevado su merecido!

Y rompió a berrear [16] tristemente, abrazado a la barriga [17] del Sr. Juan López.

Y éste y los criados lloraban de igual manera, y todo parecía concluido, y, sin embargo, nadie se había explicado.

XXXIII

PUES ¿Y TÚ? [1]

El tío Lucas fué el primero que salió a flote en aquel mar de lágrimas.

Era que [2] empezaba a acordarse otra vez de lo que había visto por
30 el ojo de la llave.

---

[11] *se*, omit in translating.

[12] *generosamente*, copiously.

[13] *Yo . . . soy*, I am indeed; see Translation Aid XVI, No. 3, b, p. 525.

[14] *andando a puñetazos*, fighting back.

[15] *¿y yo?* See Translation Aid XX, No. 3, p. 533.

[16] *berrear*, to bellow.   [17] *barriga*, paunch.

[1] *¿y tú?* what about you?   [2] *Era que*, The reason was.

— ¡Señores, vamos a cuentas! . . . — dijo de pronto.

— No hay cuentas que valgan, tío Lucas . . . exclamó la Corregidora. — ¡Su mujer de V. es una bendita!

— Bien, . . . sí; . . . pero . . .

— ¡Nada de pero![3] . . . Déjela V. hablar, y verá cómo se justifica. Desde que la vi, me dió el corazón que era una santa, a pesar de todo lo que V. me había contado. . . .

— ¡Bueno; que hable! . . . — dijo el tío Lucas.

— ¡Yo no hablo![4] — contestó la molinera. — ¡El que tiene que hablar eres tú! . . . Porque la verdad es que tú . . .   10

Y la señá Frasquita no dijo más, por impedírselo[5] el invencible respeto que le inspiraba la Corregidora.

— Pues ¿y tú? — respondió el tío Lucas, perdiendo de nuevo toda fe.

— Ahora no se trata de ella . . . — gritó el Corregidor, tornando también a sus celos. — ¡Se trata de V. y de esta señora! ¡Ah, Merceditas! . . . ¿Quién había de decirme[6] que tú? . . .

— Pues ¿y tú? — repuso la Corregidora midiéndolo con la vista.

Y durante algunos momentos, los dos matrimonios repitieron cien veces las mismas frases:

— ¿Y tú?   20

— Pues ¿y tú?

— ¡Vaya que[7] tú!

— ¡No que tú!

— Pero ¿cómo has podido tú? . . .

Etc., etc., etc.

La cosa hubiera sido interminable, si la Corregidora, revistiéndose de dignidad, no dijese por último a D. Eugenio:

— ¡Mira, cállate tú ahora! Nuestra cuestión particular la ventilaremos[8] más adelante. Lo que urge[9] en este momento es devolver la paz al corazón del tío Lucas: cosa muy fácil, a mi juicio; pues 30 allí distingo al Sr. Juan López y a Toñuelo, que están saltando por[10] justificar a la señá Frasquita.

— ¡Yo no necesito que me justifiquen los hombres! — respondió ésta. — Tengo dos testigos de mayor crédito,[11] a quienes no se dirá que he seducido ni sobornado. . . .

---

[3] ¡Nada de pero! No buts about it!

[4] no hablo, won't speak.

[5] por impedírselo, because she was prevented by; see Translation Aid XI, No. 2, p. 514.

[6] había de decirme, would have thought.

[7] Vaya que, Come now.

[8] ventilaremos, we shall air.

[9] urge, is urgent.

[10] están . . . por, are anxious to.

[11] de . . . crédito, more reliable.

— Y ¿dónde están? — preguntó el molinero.

— Están abajo, en la puerta . . .

— Pues diles que suban, con permiso de esta señora.

— Las pobres no podrían subir . . .

— ¡Ah! ¡Son dos mujeres! . . . ¡Vaya un testimonio fidedigno![12]

— Tampoco son dos mujeres. Sólo son dos hembras. . . .

— ¡Peor que peor![13] ¡Serán dos niñas! . . . Hazme el favor de decirme sus nombres.

— La una se llama *Piñona* y la otra *Liviana*.

10 — ¡Nuestras dos burras! Frasquita: ¿te estás riendo de mí?

— No; que[14] estoy hablando muy formal.[15] Yo puedo probarte, con el testimonio de nuestras burras, que no me hallaba en el molino cuando tú viste en él al señor Corregidor.

— ¡Por Dios te pido que te expliques! . . .

— ¡Oye, Lucas! . . . y muérete de vergüenza por haber dudado de mi honradez. Mientras tú ibas esta noche desde el Lugar a nuestra casa, yo me dirigía desde nuestra casa al Lugar, y, por consiguiente, nos cruzamos en el camino. Pero tú marchabas fuera de él, o, por mejor decir, te habías detenido a echar unas yescas[16] en medio de un 20 sembrado. . . .

— ¡Es verdad que me detuve! . . . Continúa.

— En esto rebuznó[17] tu borrica. . . .

— ¡Justamente! ¡Ah, qué feliz soy! . . . ¡Habla, habla; que cada palabra tuya me devuelve un año de vida!

— Y a aquel rebuzno[18] le contestó otro en el camino . . .

— ¡Oh! sí . . . sí. . . . ¡Bendita seas! ¡Me parece estarlo oyendo![19]

— Eran *Liviana* y *Piñona*, que se habían reconocido y se saludaban como buenas amigas, mientras que nosotros dos ni nos saludamos 30 ni nos reconocimos. . . .

— ¡No me digas más! . . . ¡No me digas más! . . .

— Tan no nos reconocimos[20] — continuó la seña Frasquita, — que los dos nos asustamos y salimos huyendo en direcciones contrarias. . . . ¡Conque ya ves que yo no estaba en el molino! Si quieres saber ahora

---

[12] *fidedigno*, trustworthy.

[13] *¡Peor que peor!* Worse and worse!

[14] *que*, omit in translating.

[15] *formal*, seriously; see Translation Aid IV, No. 2, p. 503.

[16] *echar . . . yescas*, to strike a light.

[17] *rebuznó*, brayed.

[18] *rebuzno*, bray.

[19] *estarlo oyendo*, that I can still hear it; see Translation Aid III, No. 1, a, p. 501.

[20] *Tan . . . reconocimos*, So far were we from recognizing each other.

por qué encontraste al señor Corregidor en nuestra cama, tienta esas ropas que llevas puestas,[21] y que todavía estarán húmedas, y te lo dirán mejor que yo. ¡Su Señoría se cayó en el caz del molino, y Garduña lo desnudó y lo acostó allí! Si quieres saber por qué abrí la puerta, . . . fué porque creí que eras tú el que se ahogaba y me llamaba a gritos. Y, en fin, si quieres saber lo del nombramiento . . . Pero no tengo más que decir por la presente. Cuando estemos solos, te enteraré de ése y otros particulares . . . que no debo referir delante de esta señora.

— ¡Todo lo que ha dicho la señá Frasquita es la pura [22] verdad! — gritó el señor Juan López, deseando congraciarse con [23] Doña Mercedes, visto que ella imperaba en el Corregimiento.

— ¡Todo! ¡Todo! — añadió Toñuelo, siguiendo la corriente de su amo.

— ¡Hasta ahora, . . . todo! — agregó el Corregidor, muy complacido de que las explicaciones de la navarra no hubieran ido más lejos. . . .

— ¡Conque eres inocente! — exclamaba en tanto el tío Lucas, rindiéndose a la evidencia. — ¡Frasquita mía, Frasquita de mi alma! ¡Perdóname la injusticia, y deja que te dé un abrazo! . . .

— Ésa es harina de otro costal [24] . . . — contestó la molinera, hurtando el cuerpo.[25] — Antes de abrazarte, necesito oír tus explicaciones. . . .

— Yo las daré por él y por mí . . . — dijo Doña Mercedes.

— ¡Hace una hora que las estoy esperando! — profirió [26] el Corregidor, tratando de erguirse.

— Pero no las daré — continuó la Corregidora, volviendo la espalda desdeñosamente a su marido — hasta que estos señores hayan descambiado vestimentas; . . . y, aun entonces, se las daré tan [27] sólo a quien [28] merezca oírlas.

— Vamos. . . . Vamos a descambiar . . . — díjole el murciano a D. Eugenio, alegrándose mucho de no haberlo asesinado, pero mirándolo todavía con un odio verdaderamente morisco. — ¡El traje de Vuestra Señoría me ahoga! ¡He sido muy desgraciado mientras lo he tenido puesto! [29] . . .

---

[21] *llevas puestas*, you have on.

[22] *pura*, whole.

[23] *congraciarse con*, to get into the good graces of.

[24] *Ésa . . . costal*, That's a horse of a different color; see Translation Aid XXII, No. 2, p. 539.

[25] *hurtando el cuerpo*, dodging.

[26] *profirió*, said.

[27] *tan*. do not translate.

[28] *quien*, those who.

[29] *puesto*, on.

— ¡Porque no lo entiendes! [30] — respondióle el Corregidor. — ¡Yo estoy, en cambio, deseando ponérmelo, para ahorcarte a ti y a medio mundo, si no me satisfacen las exculpaciones [31] de mi mujer!

La Corregidora, que oyó estas palabras, tranquilizó a la reunión con una suave sonrisa, propia de aquellos afanados ángeles cuyo ministerio es guardar a los hombres.

XXXIV

TAMBIÉN LA CORREGIDORA ES GUAPA

Salido que hubieron [1] de la sala el Corregidor y el tío Lucas, sentóse de nuevo la Corregidora en el sofá; colocó a su lado a la señá Frasquita, y, dirigiéndose a los domésticos y ministriles [2] que obstruían la puerta, 10 les dijo con afable sencillez:

— ¡Vaya, muchachos! . . . Contad ahora vosotros a esta excelente mujer todo lo malo que sepáis de mí.

Avanzó el cuarto estado,[3] y diez voces quisieron hablar a un mismo tiempo; pero el ama de leche, como la persona que más alas [4] tenía en la casa, impuso silencio a los demás, y dijo de esta manera:

— Ha de saber V.,[5] señá Frasquita, que estábamos yo y mi Señora esta noche al cuidado de los niños, esperando a ver si venía el amo y rezando el tercer Rosario para hacer tiempo [6] (pues la razón [7] traída por Garduña había sido que andaba el señor Corregidor detrás de 20 unos facinerosos [8] muy terribles, y no era cosa de acostarse hasta verlo entrar sin novedad), cuando sentimos ruido de gente en la alcoba inmediata, que es donde mis señores tienen su cama de matrimonio.[9] Cogimos la luz, muertas de miedo, y fuimos a ver quién andaba [10] en la alcoba, cuando ¡ay, Virgen del Carmen!,[11] al entrar, vimos que un

---

[30] *¡Porque . . . entiendes!* That's because you were not born to wear it!
[31] *exculpaciones,* explanations.

---

[1] *Salido . . . hubieron,* As soon as . . . had left; see Translation Aid VI, No. 2, p. 505.
[2] *ministriles,* petty officers.
[3] *cuarto estado,* fourth estate, here meaning the servants.
[4] *alas,* importance.
[5] *Ha de saber V.,* You must know.
[6] *hacer tiempo,* to kill time.
[7] *razón,* word.
[8] *facinerosos,* criminals.
[9] *cama de matrimonio,* (double) bed.
[10] *andaba,* was.
[11] *Virgen del Carmen,* Merciful heavens.

hombre, vestido como mi señor, pero que no era él (¡como que era
su marido de V.!), trataba de esconderse debajo de la cama. «¡Ladrones!» principiamos a gritar desaforadamente y un momento después
la habitación estaba llena de gente, y los alguaciles sacaban arrastrando [12] de su escondite [13] al fingido Corregidor. Mi Señora, que,
como todos, había reconocido al tío Lucas, y que lo vió con aquel
traje, temió que hubiese matado al amo, y empezó a dar unos lamentos
que partían las piedras.[14] . . . «¡A la cárcel! ¡A la cárcel!» decíamos
entretanto los demás. «¡Ladrón! ¡Asesino!» era la mejor palabra
que oía el tío Lucas; y así es que estaba como un difunto, arrimado 10
a la pared, sin decir esta boca es mía. Pero, viendo luego que se lo
llevaban a la cárcel, dijo . . . lo que voy a repetir, aunque verdaderamente mejor sería para callado: [15] «Señora, yo no soy ladrón ni
asesino: el ladrón y el asesino . . . de mi honra está en mi casa,
acostado con mi mujer.»

— ¡Pobre Lucas! — suspiró la señá Frasquita.

— ¡Pobre de mí! — murmuró la Corregidora tranquilamente.

— Eso dijimos todos. . . . «¡Pobre tío Lucas y pobre Señora!»
Porque . . . la verdad,[16] señá Frasquita, ya teníamos idea de que mi
señor había puesto los ojos en V. . . . y, aunque nadie se figuraba 20
que V. . . .

— ¡Ama! — exclamó severamente la Corregidora. — ¡No siga V.
por ese camino! . . .

— Continuaré yo por el otro . . . — dijo un alguacil, aprovechando
aquella coyuntura para apoderarse de la palabra.[17] — El tío Lucas (que
nos engañó de lo lindo con su traje y su manera de andar cuando
entró en la casa; tanto que todos lo tomamos por el señor Corregidor),
no había venido con muy buenas intenciones que digamos,[18] y si la
Señora no hubiera estado levantada, . . . figúrese V. lo que habría
sucedido. . . .   30

— ¡Vamos! ¡Cállate tú también! — interrumpió la cocinera.

— ¡No estás diciendo más que tonterías! Pues, sí, señá Frasquita;
el tío Lucas, para explicar su presencia en la alcoba de mi ama, tuvo
que confesar las intenciones que traía.[19] . . . ¡Por cierto que la
Señora no se pudo contener al oírlo, y le arrimó una bofetada en medio

---

[12] *sacaban arrastrando*, were dragging out.
[13] *escondite*, hiding place.
[14] *partían . . . piedras*, would have melted stones.
[15] *mejor . . . callado*, it would be better to keep it silent.
[16] *verdad*, add: is.
[17] *apoderarse . . . palabra*, to take the floor.
[18] *que digamos*, at all.
[19] *traía*, he had.

de [20] la boca, que le dejó la mitad de las palabras dentro del cuerpo! [21] Yo misma lo llené de insultos y denuestos, y quise sacarle los ojos. . . . Porque ya conoce V., señá Frasquita, que, aunque sea su marido de V., eso de venir con sus manos lavadas.[22] . . .

— ¡Eres una bachillera! — gritó el portero, poniéndose delante de la oradora. — ¿Qué más hubieras querido tú? [23] . . . En fin, señá Frasquita; óigame V. a mí, y vamos al asunto. La Señora hizo y dijo lo que debía; . . . pero luego, calmado ya su enojo, compadecióse del tío Lucas y paró mientes en el mal proceder del señor Corregidor, viniendo a [24] pronunciar estas o parecidas palabras: — «Por infame que haya sido su pensamiento de V., tío Lucas, y aunque nunca podré perdonar tanta insolencia, es menester que su mujer de V. y mi esposo crean durante algunas horas que han sido cogidos en sus propias redes, y que V., auxiliado por ese disfraz,[25] les ha devuelto afrenta por afrenta. ¡Ninguna venganza mejor podemos tomar de ellos que este engaño, tan fácil de desvanecer cuando nos acomode!» Adoptada tan graciosa resolución, la señora y el tío Lucas nos aleccionaron [26] a todos de lo que teníamos que hacer y decir cuando volviese Su Señoría; y por cierto que yo le he pegado a Sebastián Garduña tal palo en la rabadilla,[27] que creo no se le olvidará en mucho tiempo la noche de San Simón y San Judas! [28] . . .

Cuando el portero dejó de hablar, ya hacía rato que la Corregidora y la molinera cuchicheaban al oído,[29] abrazándose y besándose a cada momento, y no pudiendo en ocasiones contener la risa.

¡Lástima que no se oyera lo que hablaban! . . . Pero el lector se lo figurará sin gran esfuerzo: y, si no el lector, la lectora.

XXXV

DECRETO IMPERIAL

Regresaron en esto a la sala el Corregidor y el tío Lucas, vestido cada cual con su propia ropa.

[20] *en medio de,* square in.
[21] *palabras . . . cuerpo,* speech unspoken.
[22] *venir . . . lavadas,* coming here all set to carry out evil designs.
[23] *¿Qué . . . tú?* That's just what you would have wanted.
[24] *viniendo a,* finally.
[25] *disfraz,* disguise.
[26] *aleccionaron,* instructed.
[27] *rabadilla,* rump.
[28] *noche . . . Judas,* night of St. Simon and St. Jude, October 28.
[29] *ya . . . oído,* the miller's wife and the mayor's wife had already been whispering to each other for some time.

— ¡Ahora me toca a mí! — entró diciendo el insigne D. Eugenio de Zúñiga.

Y, después de dar en el suelo un par de bastonazos como para recobrar su energía (a guisa de Anteo [1] oficial, que no se sentía fuerte hasta que su caña de Indias [2] tocaba en la tierra), díjole a la Corregidora con un énfasis y una frescura indescriptibles:

— ¡Merceditas, . . . estoy esperando tus explicaciones!

Entretanto, la molinera se había levantado y le tiraba al tío Lucas un pellizco [3] de paz, que le hizo ver estrellas, mirándolo al mismo tiempo con desenojados [4] y hechiceros ojos.

El Corregidor, que observara [5] aquella pantomima, quedóse hecho una pieza, [6] sin acertar a explicarse una reconciliación tan inmotivada.

Dirigióse, pues, de nuevo a su mujer, y le dijo, hecho un vinagre: [7]

— ¡Señora! ¡Todos se entienden menos nosotros! Sáqueme V. de dudas. . . . ¡Se lo mando como marido y como Corregidor!

Y dió otro bastonazo en el suelo.

— ¿Conque se marcha V.? — exclamó doña Mercedes, acercándose a la señá Frasquita y sin hacer caso de D. Eugenio. — Pues vaya V. descuidada, que este escándalo no tendrá ningunas consecuencias. ¡Rosa!: alumbra a estos señores, que dicen que se marchan. . . . Vaya V. con Dios, tío Lucas.

— ¡Oh . . . no! — gritó el de Zúñiga, interponiéndose. — ¡Lo que es [8] el tío Lucas no se marcha! ¡El tío Lucas queda arrestado hasta que sepa yo toda la verdad! ¡Hola, alguaciles! ¡Favor al Rey! . . .

Ni un solo ministro obedeció a D. Eugenio. Todos miraban a la Corregidora.

— ¡A ver, hombre! ¡Deja el paso libre! — añadió ésta, pasando casi sobre su marido, y despidiendo a todo el mundo con la mayor finura; es decir, con la cabeza ladeada, [9] cogiéndose la falda con la punta de los dedos, y agachándose [10] graciosamente, hasta completar la reverencia que a la sazón estaba de moda, y que se llamaba *la pompa*. [11]

---

[1] *Anteo*, Antaeus, son of the earth; he received his strength from contact with the earth. Hercules defeated him by holding him in the air.

[2] *caña de Indias*, bamboo cane.

[3] *pellizco*, pinch.

[4] *desenojados*, appeased.

[5] *observara*, the plupfct. indicative; see Translation Aid VII, No. 2, e, p. 507.

[6] *hecho una pieza*, dumfounded.

[7] *hecho un vinagre*, sourly.

[8] *Lo que es*, As for.

[9] *ladeada*, to one side.

[10] *agachándose*, stooping.

[11] *pompa*, peacock's tail.

— Pero yo . . . Pero tú . . . Pero nosotros . . . Pero aquellos
. . . — seguía mascujando [12] el vejete, tirándole a su mujer del vestido
y perturbando sus cortesías mejor iniciadas.

¡Inútil afán! ¡Nadie hacía caso de Su Señoría!

Marchado que se hubieron todos,[13] y solos ya en el salón los desavenidos [14] cónyuges, la Corregidora se dignó al fin decirle a su esposo,
con el acento que hubiera empleado una czarina de todas las Rusias
para fulminar [15] sobre un ministro caído la orden de perpetuo destierro
a la Siberia:

10 — Mil años que vivas,[16] ignorarás lo que ha pasado esta noche
en mi alcoba. . . . Si hubieras estado en ella, como era regular,
no tendrías necesidad de preguntárselo a nadie. Por lo que a mí toca,[17]
no hay ya, ni habrá jamás, razón ninguna que me obligue a satisfacerte;
pues te desprecio de tal modo, que si no fueras el padre de mis hijos,
te arrojaría ahora mismo por ese balcón, como te arrojo para siempre
de mi dormitorio. Conque, buenas noches, caballero.

Pronunciadas estas palabras, que don Eugenio oyó sin pestañear [18]
(pues lo que es a solas no se atrevía con su mujer [19]), la Corregidora
penetró en el gabinete, y del gabinete pasó a la alcoba, cerrando las
20 puertas detrás de sí; y el pobre hombre se quedó plantado en medio
de la sala, murmurando entre encías [20] (que [21] no entre dientes) y
con un cinismo de que no habrá habido otro ejemplo:

— ¡Pues, señor, no esperaba yo escapar tan bien! . . .

XXXVI

CONCLUSIÓN, MORALEJA [1] Y EPÍLOGO

Piaban [2] los pajarillos saludando el alba, cuando el tío Lucas y la
señá Frasquita salían de la Ciudad con dirección a su molino.

---

[12] *mascujando*, mumbling.
[13] *Marchado . . . todos*, When all had left; see Translation Aid VI, No. 2, p. 505.
[14] *desavenidos*, discordant.
[15] *fulminar*, to hurl angrily.
[16] *Mil . . . vivas*, Even though you live a thousand years.
[17] *Por . . . toca*, As for me.
[18] *pestañear*, blinking.
[19] *lo . . . mujer*, he did not dare to face his wife alone.
[20] *encías*, gums.
[21] *que*, and.

[1] *moraleja*, moral.
[2] *Piaban*, were chirping.

Los esposos iban a pie, y delante de ellos caminaban apareadas [3] las dos burras.

— El domingo tienes que ir a confesar — le decía la molinera a su marido, — pues necesitas limpiarte de todos tus malos juicios y criminales propósitos de esta noche. . . .

— Has pensado muy bien . . . — contestó el molinero. — Pero tú, entretanto, vas a hacerme otro favor, y es dar a los pobres los colchones y ropas de nuestra cama, y ponerla toda de nuevo. ¡Yo no me acuesto donde ha sudado aquel bicho venenoso!

— ¡No me lo nombres, Lucas! — replicó la seña Frasquita. — Conque hablemos de otra cosa. Quisiera merecerte un segundo favor. . . .

— Pide por esa boca. [4] . . .

— El verano que viene vas a llevarme a tomar los baños de Solán de Cabras.

— ¿Para qué?

— Para ver si tenemos [5] hijos.

— ¡Felicísima idea! Te llevaré, si Dios nos da vida.

Y con esto llegaron al molino, a punto que el sol, sin haber salido todavía, doraba ya las cúspides [6] de las montañas.

.   .   .   .

A la tarde, con gran sorpresa de los esposos, que no esperaban nuevas visitas de altos personajes después de un escándalo como el de la precedente noche, concurrió al molino más señorío que nunca. El venerable Prelado, muchos canónigos, el jurisconsulto, [7] dos priores de frailes y otras varias personas (que luego se supo habían sido convocadas allí por Su Señoría Ilustrísima) ocuparon materialmente la plazoletilla del emparrado. [8]

Sólo faltaba el Corregidor.

Una vez reunida la tertulia, el señor Obispo tomó la palabra, [9] y dijo: que, por lo mismo que [10] habían pasado ciertas cosas en aquella casa, sus canónigos y él seguirían yendo a ella lo mismo que antes, para que ni los honrados molineros ni las demás personas allí presentes participasen de la censura pública, sólo merecida por aquel que había

[3] *apareadas*, side by side.
[4] *Pide . . . boca*, You have only to ask.
[5] *tenemos*, we can have.
[6] *cúspides*, peaks.
[7] *jurisconsulto*, lawyer.
[8] *emparrado*, arbor.
[9] *tomó la palabra*, took the floor.
[10] *por . . . que*, just because.

profanado con su torpe conducta una reunión tan morigerada [11] y tan honesta. Exhortó paternalmente a la señá Frasquita para que en lo sucesivo fuese menos provocativa y tentadora en sus dichos y ademanes, y procurase llevar más cubiertos los brazos [12] y más alto el escote [13] del jubón: aconsejó al tío Lucas más desinterés, mayor circunspección y menos inmodestia en su trato con los superiores; y acabó dando la bendición a todos y diciendo: que, como aquel día no ayunaba, se comería con mucho gusto un par de racimos de uvas.

Lo mismo opinaron todos . . . respecto de este último particular, 10 . . . y la parra se quedó temblando aquella tarde. ¡En dos arrobas de uvas apreció el gasto el molinero!

. . . .

Cerca de tres años continuaron estas sabrosas reuniones, hasta que, contra la previsión de todo el mundo, entraron en España los ejércitos de Napoleón y se armó la Guerra de la Independencia.

El señor Obispo, el magistral y el penitenciario murieron el año de 8, y el abogado y los demás contertulios en los [14] de 9, 10, 11 y 12, por no poder sufrir la vista de los franceses, polacos y otras alimañas [15] que invadieron aquella tierra ¡y que fumaban en pipa, en el presbiterio de las iglesias, durante la misa de la tropa! [16]

20 El Corregidor, que nunca más tornó al molino, fué destituido por un mariscal francés, y murió en la cárcel de corte,[17] por no haber querido ni un solo instante (dicho sea en honra suya) transigir con la dominación extranjera.

Doña Mercedes no se volvió a casar, y educó perfectamente a sus hijos, retirándose a la vejez a un convento, donde acabó sus días en opinión de santa.

Garduña se hizo afrancesado.[18]

El Sr. Juan López fué guerrillero,[19] y mandó una partida, y murió, lo mismo que su alguacil, en la famosa batalla de Baza,[20] después de 30 haber matado muchísimos franceses.

[11] *morigerada*, well behaved.
[12] *llevar . . . brazos*, to cover up her arms better.
[13] *escote*, neck.
[14] *los*, supply: *años*.
[15] *alimañas*, rabble.
[16] *misa . . . tropa*, regimental mass.
[17] *corte*, Madrid.
[18] *afrancesado*, a French sympathizer.
[19] *guerrillero*, a guerrilla fighter.
[20] *Baza*, town near Granada; the Spaniards were defeated by the French here on October 10, 1810.

Finalmente: el tío Lucas y la seña Frasquita (aunque no llegaron a tener hijos, a pesar de haber ido al Solán de Cabras y de haber hecho muchos votos y rogativas [21]) siguieron siempre amándose del propio modo, y alcanzaron una edad muy avanzada, viendo desaparecer el absolutismo en 1812 y 1820, y reaparecer en 1814 y 1823, hasta que, por último, se estableció de veras el sistema constitucional a la muerte del rey absoluto, y ellos pasaron a mejor vida (precisamente al estallar la guerra civil de los *Siete años* [22]), sin que los sombreros de copa [23] que ya usaba todo el mundo pudiesen hacerles olvidar aquellos tiempos simbolizados por el sombrero de tres picos. 10

FIN

[21] *rogativas*, rogations.
[22] *guerra civil de los Siete años*, First Carlist War; see p. 156.
[23] *sombreros de copa*, top hats.

MAÑANA DE SOL

SERAFÍN Y JOAQUÍN ÁLVAREZ QUINTERO*

ಜಿ

PERSONAJES

Doña Laura	Don Gonzalo
Petra	Juanito

MAÑANA DE SOL

Lugar apartado de un paseo público, en Madrid. Un banco a la izquierda del actor. Es una mañana de otoño templada y alegre.

Doña Laura y Petra *salen por la derecha. Doña Laura es una viejecita setentona,[1] muy pulcra, de cabellos muy blancos y manos muy finas y bien cuidadas. Aunque está en la edad de chochear,[2] no chochea.[3] Se apoya de una mano en una sombrilla, y de la otra en el brazo de Petra, su criada.*

Doña Laura. Ya llegamos. . . . Gracias a Dios. Temí que me hubieran quitado el sitio. Hace una mañanita tan templada. . . .

Petra. Pica el sol.

Doña Laura. A ti, que tienes veinte años. *Siéntase en el banco.* ¡Ay! . . . Hoy me he cansado más que otros días. *Pausa. Obser-*

---

*Serafín Álvarez Quintero (1871–1938) y Joaquín Álvarez Quintero (1873–). Hermanos y colaboradores, muy conocidos por sus pintorescos cuadros de la vida andaluza. En ellos la gracia de la expresión y el optimismo del fondo se han fundido para darnos una visión alegre de la vida, rica en colorido y sana en sus manifestaciones. Entre sus mejores obras figuran *El patio*, 1900; *Las flores*, 1901; *Mañana de sol*, 1905; *El genio alegre*, 1906; *Doña Clarines*, 1909; *Puebla de las mujeres*, 1912; *Los mosquitos*, 1927.

[1] *setentona*, septuagenarian.
[2] *chochear*, being childish.
[3] *no chochea*, she is not childish.

468

vando a Petra, que parece impaciente.   Vete, si quieres, a charlar con tu guarda.

PETRA.   Señora, el guarda no es mío; es del jardín.

DOÑA LAURA.   Es más tuyo que del jardín.   Anda en su busca,[4] pero no te alejes.

PETRA.   Está allí esperándome.

DOÑA LAURA.   Diez minutos de conversación, y aquí en seguida.

PETRA.   Bueno, señora.

DOÑA LAURA (*deteniéndola*).   Pero escucha.

PETRA.   ¿Qué quiere usted?   10

DOÑA LAURA.   ¡Que te llevas las miguitas de pan!

PETRA.   Es verdad; ni sé dónde tengo la cabeza.

DOÑA LAURA.   En la escarapela [5] del guarda.

PETRA.   Tome usted.[6]   (*Le da un cartucho [7] de papel pequeñito y se va por la izquierda.*)

DOÑA LAURA.   Anda con Dios.[8]   (*Mirando hacia los árboles de la derecha.*)   Ya están llegando los tunantes.[9]   ¡Cómo me han cogido la hora! [10] . . . (*Se levanta, va hacia la derecha y arroja adentro, en tres puñaditos,[11] las migas de pan.*)   Éstas, para los más atrevidos. . . . Estas, para los más glotones.[12] . . .   Y éstas, para los más granujas,[13] 20 que son los más chicos. . . .   Je . . . (*Vuelve a su banco y desde él observa complacida el festín de los pájaros.*)   Pero, hombre, que siempre has de bajar tú el primero.   Porque eres el mismo: te conozco.   Cabeza gorda, boqueras [14] grandes. . . .   Igual a mi administrador.   Ya baja otro.   Y otro.   Ahora dos juntos.   Ahora tres.   Ese chico va a llegar hasta aquí.   Bien; muy bien: aquél coge su miga y se va a una rama a comérsela.   Es un filósofo.   Pero ¡qué nube!   ¿De dónde salen tantos?   Se conoce que ha corrido la voz. . . .   Je, je . . .   Gorrión habrá [15] que venga desde la Guindalera.[16]   Je, je . . .   Vaya, no pelearse, que hay [17] para todos.   Mañana traigo más.   30

---

[4] *en su busca,* in search of him.
[5] *escarapela,* badge.
[6] *Tome usted,* Here.
[7] *cartucho,* paper cone.
[8] *Anda con Dios,* Good-bye.
[9] *tunantes,* rascals.
[10] *¡Cómo . . . hora!* How they have learned the hour of my coming!
[11] *puñaditos,* small handfuls.
[12] *glotones,* greedy.
[13] *granujas,* rascally.
[14] *boqueras,* corners of the mouth.
[15] *Gorrión habrá,* There must be sparrows.
[16] *la Guindalera,* a suburb of Madrid.
[17] *hay.* add: enough.

(*Salen* **Don** Gonzalo y Juanito *por la izquierda del foro. Don Gonzalo es un viejo contemporáneo de doña Laura, un poco cascarrabias.*[18] *Al andar arrastra los pies. Viene de mal temple, del brazo de Juanito, su criado.*)

DON GONZALO. Vagos, más que vagos. . . . Más valía que estuvieran diciendo misa. . . .

JUANITO. Aquí se puede usted sentar: no hay más que una señora. (*Doña Laura vuelve la cabeza y escucha el diálogo.*)

DON GONZALO. No me da la gana, Juanito. Yo quiero un banco solo.

JUANITO. ¡Si[19] no lo hay!

DON GONZALO. ¡Es que[20] aquél es mío!

JUANITO. Pero si se han sentado tres curas . . .

10   DON GONZALO. ¡Pues que se levanten! . . . ¿Se levantan, Juanito?

JUANITO. ¡Qué se han de levantar![21] Allí están de charla.

DON GONZALO. Como si los hubieran pegado al banco. . . . No; si cuando[22] los curas cogen un sitio . . . ¡cualquiera los echa![23] Ven por aquí, Juanito, ven por aquí. (*Se encamina hacia la derecha resueltamente. Juanito lo sigue.*)

DOÑA LAURA (*indignada*). ¡Hombre de Dios!

DON GONZALO (*volviéndose*). ¿Es a mí?[24]

DOÑA LAURA. Sí, señor; a usted.

20   DON GONZALO. ¿Qué pasa?

DOÑA LAURA. ¡Que[25] me ha espantado usted los gorriones, que estaban comiendo miguitas de pan!

DON GONZALO. ¿Y yo qué tengo que ver con los gorriones?

DOÑA LAURA. ¡Tengo yo![26]

DON GONZALO. ¡El paseo es público!

DOÑA LAURA. Entonces no se queje usted de que le quiten el asiento los curas.

DON GONZALO. Señora, no estamos presentados. No sé por qué se toma usted la libertad de dirigirme la palabra. Sígueme, Juanito.

30 (*Se van los dos por la derecha.*)

---

[18] *un . . . cascarrabias,* somewhat grouchy.
[19] *Si,* But.
[20] *Es que,* do not translate; see Translation Aid XVII, No. 3, p. 527.
[21] *¡Qué . . . levantar!* Of course they are not getting up!
[22] *si cuando,* when.
[23] *¡cualquiera . . . echa!* no one can get rid of them!
[24] *¿Es a mí?* Are you talking to me?
[25] *Que,* dependent on *pasa* understood; do not translate.
[26] *¡Tengo yo!* But I do!

Doña Laura. ¡El demonio del viejo! [27] No hay [28] como llegar a cierta edad para ponerse impertinente. (*Pausa.*) Me alegro; le han quitado aquel banco también. ¡Anda! para que me espante [29] los pajaritos. Está furioso. . . . Sí, sí; busca, busca. Como no [30] te sientes en el sombrero. . . . ¡Pobrecillo! Se limpia el sudor. . . . Ya viene, ya viene. . . . Con los pies levanta más polvo que un coche.

Don Gonzalo (*saliendo por donde se fué y encaminándose a la izquierda*). ¿Se habrán ido los curas, Juanito?

Juanito. No sueñe usted con eso, señor. Allí siguen.[31]

Don Gonzalo. ¡Por vida! . . . (*Mirando a todas partes perplejo.*) Este Ayuntamiento, que no pone más bancos para estas mañanas de sol. . . . Nada,[32] que me tengo que conformar con el de la vieja. (*Refunfuñando,*[33] *siéntase al otro extremo que doña Laura,*[34] *y la mira con indignación.*) Buenos días.

Doña Laura. ¡Hola! ¿Usted por aquí?

Don Gonzalo. Insisto en que no estamos presentados.

Doña Laura. Como me saluda usted, le contesto.

Don Gonzalo. A los buenos días se contesta con los buenos días, que es lo que ha debido usted hacer.[35]

Doña Laura. También usted ha debido pedirme permiso para sentarse en este banco, que es mío.

Don Gonzalo. Aquí no hay bancos de nadie.

Doña Laura. Pues usted decía que el de los curas era suyo.

Don Gonzalo. Bueno, bueno, bueno . . . se concluyó.[36] (*Entre dientes.*) Vieja chocha [37] . . . Podía estar haciendo calceta.[38] . . .

Doña Laura. No gruña usted, porque no me voy.

Don Gonzalo (*sacudiéndose las botas con el pañuelo*). Si regaran un poco más, tampoco perderíamos nada.

Doña Laura. Ocurrencia es: limpiarse las botas con el pañuelo de la nariz.[39]

Don Gonzalo. ¿Eh?

[27] *¡El . . . viejo!* Devilish old man.
[28] *hay*, add: nothing.
[29] *para . . . espante*, that's what he gets for frightening my.
[30] *Como no*, Not unless.
[31] *Allí siguen*, They are still there.
[32] *Nada*, It's no use; see Translation Aid X, No. 2, p. 512.
[33] *Refunfuñando*, Grumbling.
[34] *al . . . Laura*, at the end opposite Doña Laura.
[35] *ha . . . hacer*, should have done.
[36] *se concluyó*, that's enough.
[37] *chocha*, doddering.
[38] *haciendo calceta*, knitting.
[39] *pañuelo . . . nariz*, handkerchief.

Doña Laura. ¿Se sonará usted con un cepillo?

Don Gonzalo. ¿Eh? Pero, señora, ¿con qué derecho? . . .

Doña Laura. Con el de vecindad.

Don Gonzalo (*cortando por lo sano* [40]). Mira, Juanito, dame el libro; que no tengo ganas de oír más tonteras.

Doña Laura. Es usted muy amable.

Don Gonzalo. Si no fuera usted tan entrometida [41] . . .

Doña Laura. Tengo el defecto de decir todo lo que pienso.

Don Gonzalo. Y el de hablar más de lo que conviene. Dame el 10 libro, Juanito.

Juanito. Vaya, [42] señor. (*Saca del bolsillo un libro y se lo entrega. Paseando luego por el foro, se aleja hacia la derecha y desaparece.*)

(*Don Gonzalo, mirando a doña Laura siempre con rabia, se pone unas gafas prehistóricas, saca una gran lente, y con el auxilio de toda esa cristalería* [43] *se dispone a leer.*)

Doña Laura. Creí que iba usted a sacar ahora un telescopio.

Don Gonzalo. ¡Oiga usted!

Doña Laura. Debe usted de tener muy buena vista.

Don Gonzalo. Como [44] cuatro veces mejor que usted.

Doña Laura. Ya, ya se conoce.

Don Gonzalo. Algunas [45] liebres y algunas perdices lo pudieran atestiguar.

20 Doña Laura. ¿Es usted cazador?

Don Gonzalo. Lo he sido. . . . Y aún . . . aún . . .

Doña Laura. ¿Ah, sí?

Don Gonzalo. Sí, señora. Todos los domingos, ¿sabe usted? cojo mi escopeta y mi perro, ¿sabe usted? y me voy a una finca de mi propiedad, cerca de Aravaca. . . . A matar el tiempo, ¿sabe usted?

Doña Laura. Sí; como no mate usted el tiempo [46] . . . ¡lo que es otra cosa!

Don Gonzalo. ¿Conque no? [47] Ya le enseñaría [48] yo a usted una cabeza de jabalí [49] que tengo en mi despacho.

30 Doña Laura. ¡Toma! [50] y yo [51] a usted una piel de tigre que tengo en mi sala. ¡Vaya un argumento!

[40] *cortando . . . sano*, taking a desperate step.
[41] *entrometida*, meddlesome.
[42] *Vaya*, Oh, yes.
[43] *cristalería*, glassware.
[44] *Como*, Some.
[45] *Algunas*, A number of.
[46] *como . . . tiempo*, time . . . that's all you could kill, I'm afraid!
[47] *¿Conque no?* You don't believe it?
[48] *Ya le enseñaría*, I could show you.
[49] *jabalí*, wild boar.
[50] *¡Toma!* Why!
[51] *yo*, add: could show.

Don Gonzalo. Bien está, señora. Déjeme usted leer. No estoy por darle a usted más palique.[52]

Doña Laura. Pues con callar, hace usted su gusto.[53]

Don Gonzalo. Antes voy a tomar un polvito. (*Saca una caja de rapé.*) De esto sí le doy.[54] ¿Quiere usted?

Doña Laura. Según. ¿Es fino?

Don Gonzalo. No lo hay mejor.[55] Le agradará.

Doña Laura. A mí me descarga mucho la cabeza.

Don Gonzalo. Y a mí.

Doña Laura. ¿Usted estornuda?[56]

Don Gonzalo. Sí, señora: tres veces.

Doña Laura. Hombre, y yo otras tres: ¡qué casualidad!

(*Después de tomar cada uno su polvito, aguardan los estornudos*[57] *haciendo visajes,*[58] *y estornudan alternativamente.*)

Doña Laura. ¡Ah . . . chis!

Don Gonzalo. ¡Ah . . . chis!

Doña Laura. ¡Ah . . . chis!

Don Gonzalo. ¡Ah . . . chis!

Doña Laura. ¡Ah . . . chis!

Don Gonzalo. ¡Ah . . . chis!

Doña Laura. ¡Jesús!

Don Gonzalo. Gracias. Buen provechito.

Doña Laura. Igualmente. (Nos ha reconciliado el rapé.)

Don Gonzalo. Ahora me va usted a dispensar que lea en voz alta.

Doña Laura. Lea usted como guste: no me incomoda.

Don Gonzalo (*leyendo*).

> Todo en amor es triste;
> mas, triste y todo, es lo mejor que existe.

De Campoamor; es de Campoamor.

Doña Laura. ¡Ah!

Don Gonzalo (*leyendo*).

> Las niñas de las madres que amé tanto,
> me besan ya como se besa a un santo.

Éstas son humoradas.[59]

---

[52] *darle . . . palique*, to make any more conversation for you.
[53] *Pues . . . gusto*, By keeping quiet, you can have your own way.
[54] *De . . . doy*, I *will* give you some of this.
[55] *No . . . mejor*, There is none better.
[56] *estornuda*, sneeze.
[57] *estornudos*, sneezes.
[58] *visajes*, grimaces.
[59] *humoradas*, name given by Campoamor to a witty type of poem.

Doña Laura.   Humoradas, sí.

Don Gonzalo.   Prefiero las doloras.[60]

Doña Laura.   Y yo.

Don Gonzalo.   También hay algunas en este tomo. (*Busca las doloras y lee.*) Escuche usted ésta:

> Pasan veinte años: vuelve él . . .

Doña Laura.   No sé qué me da [61] verlo a usted leer con tantos cristales. . . .

Don Gonzalo.   ¿Pero es que usted, por ventura, lee sin gafas?

10   Doña Laura.   ¡Claro!

Don Gonzalo.   ¿A su edad? . . .   Me permito [62] dudarlo.

Doña Laura.   Déme usted el libro. (*Lo toma de mano de don Gonzalo, y lee.*)

> Pasan veinte años: vuelve él,
> y al verse, exclaman él y ella:
> (— ¡Santo Dios! ¿y éste es aquél? . . .)
> (— ¡Dios mío! ¿y ésta es aquélla? . . .)

(*Le devuelve el libro.*)

Don Gonzalo.   En efecto: tiene usted una vista envidiable.

20   Doña Laura.   (¡Como que me sé los versos de memoria!)

Don Gonzalo.   Yo soy muy aficionado a los buenos versos. . . . Mucho.   Y hasta los compuse en mi mocedad.

Doña Laura.   ¿Buenos?

Don Gonzalo.   De todo había.[63]   Fuí amigo de Espronceda, de Zorrilla, de Bécquer. . . .   A Zorrilla lo conocí en América.

Doña Laura.   ¿Ha estado usted en América?

Don Gonzalo.   Varias veces.   La primera vez fuí de seis años.[64]

Doña Laura.   ¿Lo llevaría a usted Colón [65] en una carabela?

Don Gonzalo (*riéndose*).   No tanto,[66] no tanto. . . .   Viejo soy,
30 pero no conocí a los Reyes Católicos. . . .

Doña Laura.   Je, je . . .

Don Gonzalo.   También fuí gran amigo de éste: de Campoamor. En Valencia nos conocimos. . . .   Yo soy valenciano.

Doña Laura.   ¿Sí?

---

[60] *doloras*, a longer type of poem cultivated by Campoamor.
[61] *No . . . da*, I can't tell you what impression I get.
[62] *Me permito*, Permit me.
[63] *De . . . había*, There was a little of everything.
[64] *de . . . años*, at the age of six.
[65] *Lo . . . Colón*, Did Columbus perhaps take you.
[66] *No tanto*, It's not that bad.

Don Gonzalo. Allí me crié; allí pasé mi primera juventud. . . .
¿Conoce usted aquello? [67]

Doña Laura. Sí, señor. Cercana a Valencia, a dos o tres leguas
de camino,[68] había una finca que si aún existe se acordará de mí. Pasé
en ella algunas temporadas. De esto hace muchos años; [69] muchos.
Estaba próxima al mar, oculta entre naranjos y limoneros . . . le
decían . . . ¿cómo le decían? . . . *Maricela.*

Don Gonzalo. ¿*Maricela*?

Doña Laura. *Maricela.* ¿Le suena [70] a usted el nombre?

Don Gonzalo. ¡Ya lo creo! Como que si yo no estoy trascor- 10
dado [71] — con los años se va la cabeza,[72] — allí vivió la mujer más preciosa que nunca he visto. ¡Y ya he visto algunas [73] en mi vida! . . .
Deje usted,[74] deje usted. . . . Su nombre era Laura. El apellido
no lo recuerdo. . . . (*Haciendo memoria.*[75]) Laura . . . Laura . . .
¡Laura Llorente!

Doña Laura. Laura Llorente . . .

Don Gonzalo. ¿Qué? (*Se miran con atracción misteriosa.*)

Doña Laura. Nada. . . . Me está usted recordando a mi mejor
amiga.

Don Gonzalo. ¡Es casualidad!   20

Doña Laura. Sí que es peregrina casualidad. La *Niña de Plata.*

Don Gonzalo. La *Niña de Plata.* . . . Así le decían los huertanos [76] y los pescadores. ¿Querrá [77] usted creer que la veo ahora
mismo, como si la tuviera presente, en aquella ventana de las campanillas [78] azules? . . . ¿Se acuerda usted de aquella ventana? . . .

Doña Laura. Me acuerdo. Era la de su cuarto. Me acuerdo.

Don Gonzalo. En ella se pasaba horas enteras. . . . En mis
tiempos, digo.

Doña Laura (*suspirando*). Y en los míos también.

Don Gonzalo. Era ideal, ideal. . . . Blanca como la nieve . . . 30
Los cabellos muy negros . . . Los ojos muy negros y muy dulces

---

[67] *aquello*, that region.
[68] *de camino*, by the road.
[69] *De . . . años*, That was many years ago.
[70] *suena*, add: familiar.
[71] *yo . . . trascordado*, I remember well.
[72] *se . . . cabeza*, one loses one's memory.
[73] *algunas*, quite a number.
[74] *Deje usted*, Let me think.
[75] *Haciendo memoria*, Searching his memory.
[76] *huertanos*, farmers.
[77] *Querrá*, Would.
[78] *campanillas*, bell flowers.

. . . De su frente parecía que brotaba luz . . . Su cuerpo era fino,
esbelto, de curvas muy suaves . . .

¡Qué formas de belleza soberana
modela Dios en la escultura humana!

Era un sueño, era un sueño.

DOÑA LAURA. (¡Si supieras que la tienes al lado,[79] ya verías lo que
los sueños valen!) Yo la quise de veras, muy de veras. Fué muy
desgraciada. Tuvo unos amores muy tristes.

DON GONZALO. Muy tristes. (*Se miran de nuevo.*)

10 DOÑA LAURA. ¿Usted lo sabe?

DON GONZALO. Sí.

DOÑA LAURA. (¡Qué cosas hace Dios! Este hombre es aquél.)

DON GONZALO. Precisamente el enamorado galán, si es que nos
referimos los dos al mismo caso. . . .

DOÑA LAURA. ¿Al del duelo?

DON GONZALO. Justo: al del duelo. El enamorado galán era . . .
era un pariente mío, un muchacho de toda mi predilección.[80]

DOÑA LAURA. Ya, vamos, ya.[81] Un pariente . . . A mí me
contó ella en una de sus últimas cartas, la historia de aquellos amores,
20 verdaderamente románticos.

DON GONZALO. Platónicos. No se hablaron nunca.

DOÑA LAURA. Él, su pariente de usted, pasaba todas las mañanas
a caballo por la veredilla de los rosales, y arrojaba a la ventana un ramo
de flores, que ella cogía.

DON GONZALO. Y luego, a la tarde, volvía a pasar el gallardo
jinete, y recogía un ramo de flores que ella le echaba. ¿No es esto?[82]

DOÑA LAURA. Eso es. A ella querían casarla con un comerciante
. . . un cualquiera, sin más títulos que el de enamorado.

DON GONZALO. Y una noche que mi pariente rondaba[83] la finca
30 para oírla cantar, se presentó de improviso aquel hombre.

DOÑA LAURA. Y le provocó.

DON GONZALO. Y se enzarzaron.[84]

DOÑA LAURA. Y hubo desafío.

DON GONZALO. Al amanecer: en la playa. Y allí se quedó malamente herido el provocador. Mi pariente tuvo que esconderse primero, y luego que huir.

[79] *la . . . lado*, she is at your side.
[80] *de . . . predilección*, of whom I was very fond.
[81] *Ya . . . ya*, Yes, I see; see Translation Aid III, No. 4, p. 502.
[82] *¿No . . . esto?* Isn't that right?
[83] *rondaba*, was going about.
[84] *se enzarzaron*, they fought.

Doña Laura. Conoce usted al dedillo[85] la historia.

Don Gonzalo. Y usted también.

Doña Laura. Ya le he dicho a usted que ella me la contó.

Don Gonzalo. Y mi pariente a mí . . . (Esta mujer es Laura. . . . ¡Qué cosas hace Dios!)

Doña Laura. (No sospecha quién soy: ¿para qué decírselo? Que conserve aquella ilusión. . . .)

Don Gonzalo. (No presume que habla con el galán. . . . ¡Qué ha de[86] presumirlo! . . . Callaré.) (*Pausa.*)

Doña Laura. ¿Y fué usted, acaso, quien le aconsejó a su pariente 10 que no volviera a pensar en Laura? (¡Anda con ésa![87])

Don Gonzalo. ¿Yo? ¡Pero si mi pariente no la olvidó un segundo!

Doña Laura. Pues ¿cómo se explica[88] su conducta?

Don Gonzalo. ¿Usted sabe? . . . Mire usted, señora: el muchacho se refugió primero en mi casa — temeroso de las consecuencias del duelo con aquel hombre, muy querido allá; — luego se trasladó a Sevilla; después vino a Madrid. . . . Le escribió a Laura ¡qué sé yo el número de cartas! — algunas en verso, me consta. . . . — Pero sin duda las debieron de interceptar los padres de ella, porque Laura no 20 contestó. . . . Gonzalo, entonces, desesperado, desengañado, se incorporó al ejército de África, y allí, en una trinchera, encontró la muerte, abrazado a la bandera española y repitiendo el nombre de su amor: Laura . . . Laura . . . Laura . . .

Doña Laura. (¡Qué embustero!)

Don Gonzalo. (No me he podido matar de un modo más gallardo.)

Doña Laura. ¿Sentiría usted a par del alma[89] esa desgracia?

Don Gonzalo. Igual que si se tratase de mi persona. En cambio, la ingrata, quién sabe si estaría a los dos meses[90] cazando mariposas 30 en su jardín, indiferente a todo. . . .

Doña Laura. Ah, no, señor; no, señor. . . .

Don Gonzalo. Pues es condición[91] de mujeres. . . .

Doña Laura. Pues aunque sea condición de mujeres, la *Niña de Plata* no era así. Mi amiga esperó noticias un día, y otro, y otro . . . y un mes, y un año . . . y la carta no llegaba nunca. Una tarde, a la

---

[85] *al dedillo*, to a T.
[86] *¡Qué ha de*, How can she.
[87] *¡Anda con ésa!* There's one for you!
[88] *se explica*, can one explain.
[89] *a par del alma*, deeply.
[90] *a . . . meses*, two months later.
[91] *condición*, nature.

puesta del sol, con el primer lucero de la noche, se la vió salir resuelta camino de la playa . . . de aquella playa donde el predilecto de su corazón se jugó la vida. Escribió su nombre en la arena — el nombre de él, — y se sentó luego en una roca, fija la mirada en el horizonte. . . . Las olas murmuraban su monólogo eterno . . . e iban poco a poco cubriendo la roca en que estaba la niña. . . . ¿Quiere usted saber más? . . . Acabó de subir la marea . . . y la arrastró consigo. . . .

Don Gonzalo. ¡Jesús!

Doña Laura. Cuentan los pescadores de la playa, que en mucho tiempo no pudieron borrar las olas aquel nombre escrito en la arena. (¡A mí no me ganas tú a finales poéticos!)

Don Gonzalo. (¡Miente más que yo!) (Pausa.)

Doña Laura. ¡Pobre Laura!

Don Gonzalo. ¡Pobre Gonzalo!

Doña Laura. (¡Yo no le digo que a los dos años [92] me casé con un fabricante de cervezas!)

Don Gonzalo. (¡Yo no le digo que a los tres meses me largué [93] a París con una bailarina!)

Doña Laura. Pero ¿ha visto usted cómo nos ha unido la casualidad, y cómo una aventura añeja ha hecho que hablemos lo mismo que si fuéramos amigos antiguos?

Don Gonzalo. Y eso que [94] empezamos riñendo.

Doña Laura. Porque usted me espantó los gorriones.

Don Gonzalo. Venía muy mal templado.

Doña Laura. Ya, ya lo vi. ¿Va usted a volver mañana?

Don Gonzalo. Si hace sol, desde luego. Y no sólo no espantaré los gorriones, sino que también les traeré miguitas. . . .

Doña Laura. Muchas gracias, señor. . . . Son buena gente; [95] se lo merecen todo. Por cierto que no sé dónde anda mi chica. . . . (Se levanta.) ¿Qué hora será ya?

Don Gonzalo (levantándose). Cerca de las doce. También ese bribón de Juanito. . . . (Va hacia la derecha.)

Doña Laura (desde la izquierda del foro, mirando hacia dentro). Allí la diviso con su guarda. . . . (Hace señas con la mano para que se acerque.)

Don Gonzalo (contemplando, mientras, a la señora). (No . . . no me descubro. . . . Estoy hecho un mamarracho tan grande.[96] . . .

[92] a . . . años, two years later.
[93] me largué, I ran off.
[94] Y . . . que, Even though.
[95] gente, folk.
[96] Estoy . . . grande, I've become such a scarecrow.

Que recuerde siempre al mozo que pasaba al galope y le echaba las flores a la ventana de las campanillas azules. . . .)

Doña Laura.   ¡Qué trabajo le ha costado despedirse!   Ya viene.

Don Gonzalo.   Juanito, en cambio. . . .   ¿Dónde estará Juanito? Se habrá engolfado [97] con alguna niñera.[98]   (*Mirando hacia la derecha primero, y haciendo señas como doña Laura después.*)   Diablo de muchacho. . . .

Doña Laura (*contemplando al viejo*).   (No . . . no me descubro. . . . Estoy hecha una estantigua.[99] . . . Vale más que recuerde siempre a la niña de los ojos negros, que le arrojaba las flores cuando él pasaba por la veredilla de los rosales. . . .)

(*Juanito sale por la derecha y Petra por la izquierda.   Petra trae un manojo de violetas.*)

Doña Laura.   Vamos, mujer; creí que no llegabas [100] nunca.

Don Gonzalo.   Pero, Juanito, ¡por Dios! que son las tantas. . . .

Petra.   Estas violetas me ha dado mi novio para usted.

Doña Laura.   Mira qué fino. . . .   Las agradezco mucho. . . . (*Al cogerlas se le caen dos o tres al suelo.*)   Son muy hermosas . . .

Don Gonzalo (*despidiéndose*).   Pues, señora mía, yo he tenido un honor muy grande . . . un placer inmenso . . .

Doña Laura (*lo mismo*).   Y yo una verdadera satisfacción . . .

Don Gonzalo.   ¿Hasta mañana?

Doña Laura.   Hasta mañana.

Don Gonzalo.   Si hace sol . . .

Doña Laura.   Si hace sol . . .   ¿Irá usted a su banco?

Don Gonzalo.   No, señora; que vendré a éste.

Doña Laura.   Este banco es muy de usted.[101]   (*Se ríen.*)

Don Gonzalo.   Y repito que traeré miga para los gorriones. . . . (*Vuelven a reírse.*)

Doña Laura.   Hasta mañana.

Don Gonzalo.   Hasta mañana.

(*Doña Laura se encamina con Petra hacia la derecha.   Don Gonzalo, antes de irse con Juanito hacia la izquierda, tembloroso y con gran esfuerzo se agacha [102] a coger las violetas caídas.   Doña Laura vuelve naturalmente el rostro y lo ve.*)

Juanito.   ¿Qué hace usted, señor?

Don Gonzalo.   Espera, hombre, espera. . . .

[97] *Se . . . engolfado*, He must be taken up with.
[98] *niñera*, nursemaid.
[99] *Estoy . . . estantigua*, I look like a fright.
[100] *llegabas*, would get here.
[101] *Este . . . usted*, You are very welcome to this bench.
[102] *se agacha*, stoops down.

Doña Laura. (No me cabe duda: es él. . . .)

Don Gonzalo. (Estoy en lo firme: es ella. . . .) (*Después de hacerse un nuevo saludo de despedida.*)

Doña Laura. (¡Santo Dios! ¿y éste es aquél? . . .)

Don Gonzalo. (¡Dios mío! ¿y ésta es aquélla? . . .)

(*Se van, apoyado cada uno en el brazo de su servidor y volviendo la cara sonrientes, como si el pasara por la veredilla de los rosales y ella estuviera en la ventana de las campanillas azules.*)

TELÓN

RIMA[1] II

G USTAVO ADOLFO BÉCQUER*

Saeta que voladora[2]
cruza, arrojada al azar,
sin adivinarse dónde
temblando se clavará;

hoja que del árbol seca
arrebata el vendaval,
sin que nadie acierte el surco
donde a caer volverá;[3]

gigante ola que el viento
riza y empuja en el mar,　　　　　　10
y rueda y pasa, y no sabe
qué playas buscando va;

luz que en cercos[4] temblorosos
brilla, próxima a expirar,
ignorándose cuál de ellos
el último brillará;

eso soy yo, que al acaso
cruzo el mundo, sin pensar
de dónde vengo, ni adónde
mis pasos me llevarán.　　　　　　20

* GUSTAVO ADOLFO BÉCQUER (1836–1870). Huérfano a los diez años, fué educado por su abuela. Trabajó en oficinas y periódicos sin llegar a conocer el verdadero bienestar.

Sus versos son tal vez los más genuinamente líricos de su tiempo. En sus *Rimas* se revela como poeta de pasiones intensas, triste y desilusionado. Fué uno de los últimos románticos.

[1] *Rima*, see Translation Aid XXII, No. 3, p. 539.
[2] *voladora*, swiftly.
[3] *volverá a caer.*
[4] *cercos*, circles.

RIMA VII

GUSTAVO ADOLFO BÉCQUER

Del salón en el ángulo oscuro,
de su dueño tal vez olvidada,
silenciosa y cubierta de polvo
veíase el arpa.

¡Cuánta nota [1] dormía en sus cuerdas,
como el pájaro duerme en las ramas,
esperando la mano de nieve
que sabe arrancarlas!

¡Ay! — pensé — ¡cuántas veces el genio
10   así duerme en el fondo del alma,
y una voz, como Lázaro, espera
que le diga: «¡Levántate y anda!»

RIMA XIII

GUSTAVO ADOLFO BÉCQUER

Tu pupila es azul, y cuando ríes,
su claridad suave me recuerda
el trémulo fulgor de la mañana
que en el mar se refleja.

Tu pupila es azul, y cuando lloras,
las transparentes lágrimas en ella
se me figuran [1] gotas de rocío
20   *sobre una violeta.*

Tu pupila es azul, y si en su fondo
como un punto de luz radia una idea,
me parece en el cielo de la tarde
¡una perdida estrella!

---

[1] *Cuánta nota,* How many notes.

[1] *se me figuran,* seem to me.

MADRIGAL

GUTIERRE DE CETINA*

Ojos claros, serenos,
Si de un dulce mirar [1] sois alabados,
¿Por qué, si me miráis, miráis airados?
Si cuanto más piadosos,
Más [2] bellos parecéis a aquel que os mira,
¿Por qué a mí solo me miráis con ira?
Ojos claros, serenos,
Ya que así me miráis, ¡miradme al menos!

* GUTIERRE DE CETINA (1518?–1554?). Soldado y poeta, murió trágicamente en una calle de los Ángeles donde se le tomó equivocadamente por otro. Su madrigal *Ojos claros, serenos* le ha hecho célebre. Aunque el tema es viejo, Cetina supo darle nueva expresión en versos de reposado y sincero lirismo.

[1] *mirar*, glance.
[2] *Si cuanto . . . Más*, If, when more forgiving, more.

¡QUIÉN SUPIERA ESCRIBIR! [1]

RAMÓN DE CAMPOAMOR*

I

— Escribidme una carta, señor cura.
   — Ya sé para quién es.
— ¿Sabéis quién es, porque una noche obscura
   Nos visteis juntos? — Pues.

— Perdonad, mas . . .   — No extraño ese tropiezo.
   La noche . . . la ocasión . . .
Dadme pluma y papel. Gracias. Empiezo:
   Mi querido Ramón:

— ¿Querido? . . .   Pero, en fin, ya lo habéis puesto . . .
10   — Si no queréis . . .   — ¡Sí, sí!
— *¡Qué triste estoy!* ¿No es eso? — Por supuesto.
   — *¡Qué triste estoy sin ti!*

Una congoja, al empezar, me viene . . .
   — ¿Cómo sabéis mi mal? . . .
— Para un viejo, una niña siempre tiene
   El pecho de cristal.

¿Qué es sin ti el mundo? Un valle de amargura.
   ¿Y contigo? Un edén.
— Haced la letra clara, señor cura,
20   Que lo entienda eso bien.

— *El beso aquel que de marchar a punto*
   Te di . . . — ¿Cómo sabéis? . . .
— Cuando se va y se viene y se está junto,
   Siempre . . . no os afrentéis.

---

*RAMÓN DE CAMPOAMOR (1819–1901). Autor de *Doloras* (1846) y *Humoradas* (1886–1888). Sentimental e irónico, «juntó su candor de niño con su experiencia de anciano.» Según opinión propia, en sus versos se hallan unidos la ligereza con el sentimiento, y la precisión con la filosofía.

Sus versos gozaron de gran popularidad en todo el mundo hispánico. Entre españoles o hispanoamericanos de cierta cultura no hay quien no conozca la composición que aquí presentamos.

[1] *¡Quién . . . escribir!* Would that I could write!

Y si volver tu afecto no procura
  Tanto me harás sufrir . . .
— ¿Sufrir y nada más? No, señor cura,
  ¡Que me voy a morir!

— ¿Morir? ¿Sabéis que es ofender al cielo? . . .
  — Pues, sí, señor; ¡morir!
— Yo no pongo *morir.* — ¡Qué hombre de hielo
  ¡Quién supiera escribir!

II

¡Señor Rector, señor Rector! En vano
  Me queréis complacer,   10
Si no encarnan los signos de la mano
  Todo el ser de mi ser.[2]

Escribidle, por Dios, que el alma mía
  Ya en mí no quiere estar;
Que la pena no me ahoga cada día . . .
  Porque puedo llorar.

Que mis labios, las rosas de su aliento,
  No se saben abrir;
Que olvidan de la risa el movimiento
  A fuerza de sentir.   20

Que mis ojos, que él tiene por tan bellos,
  Cargados con mi afán,
Como no tienen quien se mire en ellos,
  Cerrados siempre están.

Que es,[3] de cuantos tormentos he sufrido,
  La ausencia el más atroz;[4]
Que es un perpetuo sueño de mi oído
  El eco de su voz.

[2] *Si . . . ser,* If the words your hand writes do not express the innermost feelings of my heart.

[3] *es,* place after *ausencia,* l. 26.

[4] *el . . . atroz,* the worst.

Que siendo por su causa, ¡el alma mía
Goza tanto en sufrir! . . .
Dios mío, ¡cuántas cosas le diría
Si supiera escribir! . . .

III

Epílogo

— Pues señor, ¡bravo amor! Copio y concluyo:
A don Ramón . . . En fin,
Que es inútil saber para esto arguyo
Ni el griego ni el latín.

CANCIÓN DE JINETE

FEDERICO GARCÍA LORCA*

Córdoba.
Lejana y sola.

Jaca [1] negra, luna grande,
y aceitunas en mi alforja.
Aunque sepa los caminos
yo nunca llegaré a Córdoba.

Por el llano, por el viento,
jaca negra, luna roja,
la muerte me está mirando
desde las torres de Córdoba.   10

¡Ay qué camino tan largo!
¡Ay mi jaca valerosa!
¡Ay que la muerte me espera,
antes de llegar a Córdoba!

Córdoba.
Lejana y sola.

*FEDERICO GARCÍA LORCA (1899?–1936). Entre los poetas modernos, García Lorca fué uno de los más significativos por el hondo hispanismo tradicional de sus romances y por la novedad estética de sus odas. En toda su obra lírica se descubre un temperamento sensitivo, de refinado gusto.

García Lorca siempre da la impresión de haber vencido la dificultad sin esfuerzo y es porque este genial andaluz era todo un artista: poeta, músico y pintor.

Su poesía es de rico contenido folklórico. En ella revela el poeta su amor por el hombre del pueblo. Vagó por todas partes para popularizar el teatro clásico español o para recitar sus propios versos.

En los primeros días de la guerra civil última murió trágicamente cerca de Granada. Con su muerte perdió España a uno de sus más insignes poetas.

[1] *Jaca*, Pony.

COBARDÍA

AMADO NERVO*

Pasó con su madre. ¡Qué rara belleza!
¡Qué rubios cabellos de trigo garzul! [1]
¡Qué ritmo en el paso! ¡Qué innata realeza
De porte! [2] ¡Qué formas [3] bajo el fino tul!

Pasó con su madre. Volvió la cabeza.
¡Me clavó muy hondo su mirada azul!

Quedé como en éxtasis . . . Con gentil premura,[4]
«¡Síguela!» gritaron cuerpo y alma al par.[5]
Pero tuve miedo de amar con locura,
De abrir mis heridas, que suelen sangrar,[6]
¡Y no obstante toda mi sed de ternura,
Cerrando los ojos, la dejé pasar!

10

---

* AMADO NERVO (1870–1919). Poeta mejicano y «pequeño filósofo,» cuya vida y obra son toda una ascensión hacia la perfección espiritual. Gran amigo de Rubén Darío, Nervo terminó siendo un «monje de la poesía,» ascético en sus costumbres, confiado en la misericordia divina.

El amor, humano o divino, es tema que aparece en casi toda su obra y constituye la base de su filosofía del amor universal. Su labor literaria fué vasta. La serie de sus *Obras Completas* consta de veinte y nueve volúmenes.

[1] *trigo garzul,* color of yellow wheat.
[2] *¡Qué . . . porte!* What natural majesty!
[3] *formas,* stateliness.
[4] *gentil premura,* pagan urge.
[5] *al par,* together.
[6] *suelen sangrar,* are wont to bleed.

CANCIÓN

JUAN GUZMÁN CRUCHAGA *

Alma,[1] no me digas nada
que para tu voz dormida
ya está mi puerta cerrada.

Una lámpara encendida
esperó toda la vida
tu llegada.
Hoy la hallarás extinguida.

Los fríos de la otoñada [2]
penetraron por la herida
de la ventana entornada.[3]
Mi lámpara estremecida [4]
dió una inmensa llamarada.[5]

Hoy la hallarás extinguida.

Alma, no me digas nada
que para tu voz dormida
ya está mi puerta cerrada.

10

* Juan Guzmán Cruchaga (1896–   ). Poeta chileno, nacido en Santiago.
Hombre de espíritu evocador, ha viajado por Méjico, la China, Bolivia, meditando
sus inquietudes. Es autor de varios volúmenes de versos sencillos y suaves, siempre en medio tono, sobre recuerdos, o el amor perdido o las sugestiones del paisaje.

[1] *Alma*, symbolical of love.
[2] *otoñada*, autumn, declining years.
[3] *entornada*, (left) ajar.
[4] *estremecida*, (finally) shaken.
[5] *llamarada*, flash.

EL RUEGO

ALFONSINA STORNI*

Señor,[1] Señor, hace ya tiempo, un día
soñé un amor como jamás pudiera
soñarlo nadie, algún amor que fuera
la vida toda, toda la poesía.

Y pasaba el invierno y no venía,
y pasaba también la primavera,
y el verano de nuevo persistía,
y el otoño me hallaba con mi espera.

Señor, Señor: mi espalda está desnuda.
¡Haz restallar [2] allí, con mano ruda,
el látigo que sangra [3] a los perversos! [4]

Que [5] está la tarde ya sobre mi vida,
y esta pasión ardiente y desmedida [6]
la he perdido,[7] Señor, haciendo versos!

---

* ALFONSINA STORNI (1892–1938).   Poetisa argentina, intensa y melodiosa, en
cuyos versos se encierra la nota de rebeldía de una ardiente alma femenina.   Sus
temas son el amor y la muerte.   Nos ha dejado varios volúmenes de versos.
   Tras muchas desilusiones, una enfermedad implacable la llevó al suicidio en
octubre de 1938.

[1] *Señor*, Lord.
[2] *Haz restallar*, Crack.
[3] *sangra*, draws blood.
[4] *perversos*, wicked.
[5] *Que*, omit in translation.
[6] *desmedida*, turbulent.
[7] *perdido*, wasted.

NOCTURNO

JOSÉ ASUNCIÓN SILVA*

Una noche
una noche toda llena de murmullos, de perfumes y de músicas de alas;
una noche
en que ardían en la sombra nupcial y húmeda las luciérnagas [1] fan-
    tásticas,
a mi lado lentamente, contra mí ceñida toda,[2] muda y pálida,
como si un presentimiento de amarguras infinitas
hasta el más secreto fondo de las fibras te agitara,
por la senda florecida que atraviesa la llanura,
caminabas;   10
y la luna llena
por los cielos azulosos, infinitos y profundos esparcía su luz blanca;
y tu sombra,
fina y lánguida,
y mi sombra,
por los rayos de la luna proyectadas,
sobre las arenas tristes
de la senda se juntaban,
y eran una,
y eran una,   20
y eran una sola sombra larga,
y eran una sola sombra larga,
y eran una sola sombra larga . . .

* José Asunción Silva (1865–1896).   Poeta colombiano de los más famosos.
Sus versos son musicales, intensamente líricos y ricos en matices.   Silva, que
nació para aristócrata intelectual, sólo conoció dolores y fracasos: muerte de su
hermana Elvira (a quien recuerda en el *Nocturno* que citamos), reveses de fortuna,
pérdida de un libro de versos, incomprensión de sus contemporáneos. . . .   En
plena juventud, se quitó la vida con la serenidad de un pesimista convencido.

[1] *luciérnagas*, fireflies.
[2] *ceñida toda*, clinging closely.

Esta noche
solo; el alma [3]
llena de las infinitas amarguras y agonías de tu muerte,
separado de ti misma por el tiempo, por la tumba y la distancia,
por el infinito negro
donde nuestra voz no alcanza,
mudo y solo
por la senda caminaba . . .
Y se oían los ladridos de los perros a la luna,
10 a la luna pálida,
y el chirrido [4]
de las ranas . . .
Sentí frío. Era el frío que tenían en tu alcoba
tus mejillas y tus sienes y tus manos adoradas,
entre las blancuras níveas [5]
de las mortuorias [6] sábanas.
Era el frío del sepulcro, era el hielo de la muerte,
era el frío de la nada.[7]
Y mi sombra,
20 por los rayos de la luna proyectada,
iba sola,
iba sola,
iba sola por la estepa [8] solitaria;
y tu sombra esbelta y ágil,
fina y lánguida,
como en esa noche tibia de la muerta primavera,
como en esa noche llena de murmullos, de perfumes y de músicas
de alas,
se acercó y marchó con ella,
30 se acercó y marchó con ella,
se acercó y marchó con ella . . . ¡Oh, las sombras enlazadas!
¡Oh, las sombras de los cuerpos que se juntan con las sombras de
las almas!
¡Oh, las sombras que se buscan en las noches de tristezas y de lágrimas! . . .

[3] *el alma*, my soul.
[4] *chirrido*, croaking.
[5] *níveas*, snowy.
[6] *mortuorias*, mortuary.
[7] *la nada*, nothingness.
[8] *estepa*, barren plain.

¡QUIÉN SABE!

JOSÉ SANTOS CHOCANO*

Indio que asomas [1] a la puerta
de esa tu rústica mansión:
¿para mi sed no tienes agua?
¿para mi frío, cobertor? [2]
¿parco [3] maíz para mi hambre?
¿para mi sueño, mal rincón?
¿breve quietud para mi andanza? [4] . . .
          — ¡Quién sabe, señor!

Indio que labras con fatiga
tierras que de otros dueños son: 10
¿ignoras tú que deben tuyas
ser, por tu sangre y tu sudor?
¿ignoras tú que audaz codicia,
siglos atrás, te las quitó?
¿ignoras tú que eres el Amo?
          — ¡Quién sabe, señor!

Indio de frente [5] taciturna
y de pupilas sin fulgor:
¿qué pensamiento es el que escondes
en tu enigmática expresión?   20

*José Santos Chocano (1875?–1934). Poeta y político peruano, nacido en Lima. Su vida pública, tempestuosa y combativa, fué una serie de contradicciones. Viajó por España y América y fué duramente atacado. Aunque creyó ser «el poeta de América,» indio y español por temperamento, no fué reconocido como tal. Como poeta es épico-lírico, sonoro y enfático. Su libro más significativo es *Alma América*, 1906.

En sus últimos años, llevó una vida retirada. En diciembre de 1934 murió trágicamente en Chile.

[1] *asomas*, come.
[2] *cobertor*, covering.
[3] *parco*, little.
[4] *andanza*, wandering.
[5] *frente*, expression, countenance.

¿qué es lo que buscas en tu vida?
¿qué es lo que imploras a tu Dios?
¿qué es lo que sueña tu silencio?
          — ¡Quién sabe, señor!

¡Oh, raza antigua y misteriosa,
de impenetrable corazón,
que sin gozar ves la alegría
y sin sufrir ves el dolor:
eres augusta como el Ande,[6]
el Grande Océano y el Sol!
Ese tu gesto que parece
como de vil resignación,
es de una sabia indiferencia
y de un orgullo sin rencor . . .

Corre en mis venas sangre tuya,
y, por tal sangre, si mi Dios
me interrogase qué prefiero,
cruz o laurel, espina o flor,
beso que apague mis suspiros
o hiel [7] que colme mi canción,
responderíale dudando:
          — ¡Quién sabe, señor!

[6] *el Ande = los Andes.*
[7] *hiel*, sorrow.

A DON FRANCISCO GINER DE LOS RÍOS

ANTONIO MACHADO*

Como se fué el maestro,
la luz de esta mañana
me dijo: Van [1] tres días
que mi hermano Francisco no trabaja.[2]
¿Murió? . . . Sólo sabemos
que se nos fué por una senda clara,
diciéndonos: Hacedme
un duelo de labores [3] y esperanzas.
Sed buenos y no más, sed lo que he sido
entre vosotros: alma.   10
Vivid, la vida sigue,
los muertos mueren y las sombras pasan;
lleva quien deja y vive el que ha vivido.
¡Yunques,[4] sonad; enmudeced, campanas!

Y hacia otra luz más pura
partió el hermano de la luz del alba,
del sol de los talleres,
el viejo alegre de la vida santa.
. . . Oh, sí, llevad, amigos,
su cuerpo a la montaña,   20
a los azules montes
del ancho Guadarrama.
Allí hay barrancos hondos
de pinos verdes donde el viento canta.

* ANTONIO MACHADO (1875-1939). Aunque nacido en Sevilla, Antonio
Machado tenía la austeridad de un castellano. Grave y nostálgico, caminó por
los campos de Castilla meditando valores espirituales en comunión con el paisaje.
Fué discípulo de don Francisco Giner de los Ríos, «el maestro» de toda una
generación, cuya memoria convirtió en símbolo y guía en los sentidos versos que
aquí se citan.

[1] *Van*, It is now.
[2] *no trabaja*, has not worked.
[3] *labores*, work.
[4] *Yunques*, Anvils.

Su corazón repose
bajo una encina casta,
en tierra de tomillos,[5] donde juegan
mariposas doradas . . .
Allí el maestro un día
soñaba un nuevo florecer de España.

[5] *tomillos,* thyme.

TRANSLATION AIDS

TRANSLATION AID I

1. Uses of the preposition **a**:

    a. After verbs of motion when the point of destination or the purpose of the action is expressed: [1]

    Váyanse Vds. a las escaleras 1, 7; pueden volver a su trabajo 3, 3; vengo a que hablemos del asunto 9, 4.

    b. To introduce indirect objects. The preposition **a** may or may not be translated when a direct object is also given:

    le coge a uno la cabeza takes hold of one's head 4, 15; dale un besito a este señor 9, 20; metiéndole a su papá una pluma por un ojo sticking a pen into his father's eye 10, 16.

    c. To introduce a direct object denoting definite persons or a personi-fied thing. In this case, **a** is not translated:

    un bombero coge a la chica 2, 13; ya veo a los fotógrafos 2, 25.

    d. To distinguish between the subject and the object:

    los policías contienen a la multitud 2, 1.

    e. In the combination **al** + *infinitive*, translate using *on* or *upon* + *present participle*:

    al ver satisfecho su capricho 11, 23.

---

[1] In these references the first number indicates the page, and the second the line where the passage occurs.

f. With a number of verbs, reflexive or otherwise. In some cases the preposition **a** gives the verb a new meaning:

1. preferir a 3, 25   renunciar a 15, 3
   someter a 5, 9   recurrir a 15, 23
   comenzar a 6, 2

   dirigirse a 11, 6   ponerse a 13, 7
   agarrarse a 11, 14   atreverse a 15, 30
   antojarse a 11, 16   exponerse a 16, 14
   apresurarse a 12, 9

2. Su desmayo obedecía a (was due to) una falsa alarma 3, 19;
   a la capa de jabón ha sucedido (has been followed by) una
   de pomada 5, 10; Esta expresión respondía al (resulted
   from the) gusto que experimentaban mascando goma 7, 9.

g. In idioms:

   junto a 1, 11   frente a 7, 7
   a todo vapor 1, 16   poco a poco 8, 17
   a todo esto 2, 4   a los ocho días 15, 1
   de a palmo 2, 28

2. Verbs which require prepositions must be learned with their prepositions. Look up the meaning of the following:

   deber de 1, 15   cansarse de 9, 15
   quedar en 2, 9   dejar de 11, 23
   enterarse de 3, 9   contar con 11, 31
   tratarse de 3, 14   pensar en 12, 13
   despojar de 4, 8   deshacerse en 13, 2
   convertirse en 4, 14   acabar por 13, 12
   dejar de 5, 20   convenir en 14, 4
   dar de 5, 21   haber de 14, 14
   pasar por 5, 30   pasarse por 14, 17
   apoderarse de 6, 2   obsequiar con 15, 3
   carecer de 6, 3   preguntar por 16, 13
   envanecerse de 8, 2   apoyar en 16, 17
   echar en 8, 25

3. Prepositional phrases should be learned as single units. Look up the
   meaning of:

   en son de 3, 22   a fuerza de 8, 23
   en medio de 6, 3   en busca de 12, 10
   por valor de 7, 11   en el acto de 14, 4
   en forma de 7, 21   con acento de 15, 11
   en fuerza de 8, 4

4. In translating nouns modified by adjectival phrases introduced by **de,** it is best not to give a literal rendering. Look up the following:

> el edificio de oficinas 1, 2
> la escalera de salvamento 1, 7
> las voces de mujeres 1, 14
> el cuerpo de bomberos 1, 16
> las voces de mando 1, 17
> la cama de operaciones 4, 14
> el golpe de brocha 5, 5
> la goma de mascar 7, 6
> el neumático de automóvil 7, 25
> el crisol de las razas 8, 25
> el tubo del quinqué 11, 13
> las yemas de coco 15, 4

5. Deceptive cognates. Look up the meaning of the following words:

perspectiva 1, 2	desgraciado 10, 4
precipitarse 1, 5	noticias 10, 6
contener 2, 1	efectivamente 10, 7
formidable 2, 14	cardenal 10, 24
revelar 2, 25	sofocar 11, 3
instantánea 2, 26	tubo 11, 13
sofocado 3, 6	habitación 12, 10
prueba 3, 8	fino 13, 1
conducirse 3, 13	elección 13, 12
capa 5, 6	dependiente 13, 16
ángulo 5, 25	corrección 14, 17
neumático 7, 22	admitir 14, 27
pase usted 9, 2	desgracia 15, 2
perfectamente 9, 12	acento 15, 11
acciones 9, 13	relaciones 15, 13
consentido 9, 18	exponerse 16, 14

TRANSLATION AID II

1. Translations of se.

a. Impersonal subjects *one, they:* **cuando se mienta** when one mentions 17, 6; **no se echa a menos** 18, 11; **adviértense** 18, 16.

b. Passive voice: **se veían** were seen, could be seen 19, 29; **ya no se le ve** 21, 5; **cuanto más se le acercaba al haz del agua** 24, 16; **se le recibía** 31, 17.

c. Reflexive pronoun (often not translated reflexively): **se despide para el mar** goes off to sea 18, 30; **no se quejó** did not complain 22, 2.

d. When it implies movement away from, translate using *away*, if necessary: **se había alejado bastante** it had gone quite far away 20, 17; **para que no se le escapara** 22, 19; **temiendo que el pescado se fuese** 24, 8.

e. As an indirect object it is not translated when a direct object accompanies the verb: **se limpió el sudor** 20, 15; **restregándose los ojos** 20, 24; **se remangaban los brazos** 26, 12.

f. Indirect object pronoun in combinations of two object pronouns; translate as such: **ya se lo he dicho** I told it to him 27, 24. If a noun indirect object is also given, **se** is not translated: **se lo llevó a su compañero** he took it to his companion 21, 24.

g. Reciprocal **se** = (to) each other, (to) one another: **Se hicieron mutuas confidencias** 99, 5; **se prometieron trabajar con alma y vida** 99, 6; **Veíanse furtivamente** 99, 18.

2. Position of pronouns:

a. Contrary to ordinary rules, an object pronoun may follow and be attached to a verb which is neither an infinitive, nor a present participle, nor an affirmative command. This may be done for stylistic variety when a verb is in the indicative. In most cases such a verb is at the beginning of a sentence or phrase: **recogíanlas** 26, 20; **Oíanse** 29, 15; **veíanse** 29, 17; **Llamábase** 34, 3.

b. Often the reflexive pronoun is separated from its infinitive, making the main verb look like a transitive verb instead: **se va a perder** 19, 1; **se pueda presentar** 19, 25; **se quiere casar** 25, 8; **se fueron a sentar** 45, 35. These verbs should be translated as **perderse, presentarse, casarse,** and **sentarse** respectively.

3. **Ir.**

The verb **ir** may be used with a present participle to denote gradual progression of an action. This combination may then be translated by a simple tense alone or accompanied by such words as *usually* and the like: **se va apagando** it gradually becomes dim 18, 21; **se fué transformando** 23, 16; **iban arrojando** 26, 19; **fueron recogiendo** 29, 20.

TRANSLATION AID III

1. Clauses.

a. An infinitive in Spanish is often best translated by an English relative clause: **don Claudio pensó hacer una buena boda** Don Claudio thought that he would make a good match 31, 27; **Bien pensé no traer veinte libras** 32, 5; **Pero ¿tú crees casarte, inocente?** 48, 4; **Al fin pensó hallar uno (recurso) seguro** 51, 25; **Se me figuró escuchar la respiración de una persona** 84, 32; **creyó percibir otra vez la respiración que antes la asustara** 86, 3; **sintió en la garganta un nudo tan estrecho que pensó ahogarse** 123, 18.

b. After the preposition **hasta** the infinitive is translated by a finite verb: **Aguardaba . . . hasta verlas salir** She waited . . . until she saw them go out 51, 8; **se dió a correr . . . hasta perder el aliento** 73, 32; **El huracán zumbaba con fuerza en los oídos, hasta aturdirlos y ensordecerlos** 72, 30.

c. After a preposition an infinitive is generally translated by a present participle: **dió señales de ser** (of being) **tan avisado como en la caza** 34, 23; **en el momento de entregarlos** (of handing them over) 36, 9.

2. **Deber** (de).

Deber (de) followed by an infinitive presents no translation problem when it denotes present time: **tú debes de levantar hoy muy cerca de quince duros** 32, 12. If **deber** (de) refers to a past action and emphasizes the idea of completion, it should be translated with a perfect tense: **Ésta, que debía de saberlo . . .** (must have known) 32, 8; **la sacristana debía de estimarlo como si fuese de oro y marfil** (must have valued) 68, 24; **El tono y la actitud con que pronunció estas palabras debían de semejar mucho . . .** (must have resembled) 103, 17.

3. Definite article.

The definite article is generally used in Spanish with nouns denoting parts of the body and articles of clothing. This also applies to other related nouns. In translating, a possessive pronoun is indicated in most cases: **José también enderezó los** (his) **pasos hacia él** 29, 24; **después de haberle chupado la** (his) **sangre** 38, 23; **Al cabo, sin levantar la** (his) **vista y con la** (a) **voz enronquecida . . .** 39, 3; **En todo el día, no os quito del** (from my) **pensamiento** 39, 28; **se dió a correr . . . hasta perder el aliento** (ran out of breath) 73, 32.

4. Translations of ya.

a. The most common meaning of ya is *already:* **Sí, aquí está ya** 28, 18.

b. *Now:* **¿por qué no hablas ya con mi madre?** 28, 35.

c. *By and by, soon, later:* **Lo demás ya vendrá** 40, 6; **Necesito de tu ayuda para una cosa que ya sabrás** 89, 2.

d. *Then:* **Cuando concluya** (la costera), **si ha sido buena, ya hablaremos** 40, 13.

e. *Yes:* **Ya, vamos, ya** 476, 18.

f. Ya is sometimes omitted in translation: **La** (romería) **de la Luz es ya de mañana en un mes** 85, 11; **Ya me parecía que . . . no podías ser cosa buena** 96, 19.

g. For idioms containing ya individual translations should be learned: **ya que no** even if not 17, 3; **ya no** no longer 39, 11; **Ya lo creo** Of course 87, 30; **ya que** since 127, 7.

TRANSLATION AID IV

1. Plural nouns.

   Spanish uses a great number of plural nouns which are translated into English in the singular: **tengo negocios que ventilar** I have some business to transact 45, 27; **arrostraba las iras del Océano** 46, 22; **con alientos para emprender otra campaña** 46, 12; **crecieron sus ánimos** 49, 13; **favoreciendo con empeño sus amores** 49, 17; **(Deseaba) oponerse con todas sus fuerzas a esta boda** 51, 20; **su cabeza rellena de maldades** 51, 23; **se detenía . . . para . . . escrutar los horizontes de la mar** 73, 28.

2. Adverbs.

   The use of an adjective with the force of an adverb is quite common in Spanish: **esperaban recelosos . . . el resultado de aquella plática** they were waiting anxiously for the result of that conversation 26, 26; **Las hijas acudieron solícitas** 48, 31; **Los ojos de Elisa iban presurosos a buscar . . . las lanchas pescadoras** 50, 33; **ni se ocupaba en otra cosa que . . . en discurrir solitario por las orillas de la mar** 52, 2; **pasando súbito del gozo a la tristeza** 54, 20. These sentences and phrases are best translated by an adverb or an adverbial phrase.

3. Prepositional phrases with **con**.

   A large number of prepositional phrases introduced by **con** are best translated by an adverb: **con más decencia** more decently 26, 28; **con ansiedad** 26, 30; **con dulzura** 28, 15; **con resolución** 47, 14; **con afán** 51, 2; **con calma** 62, 25; **con empeño** 62, 30; **con zumba** 67, 8.

4. Translation of **que**.

   Aside from the more common cases **que** may mean:

   a. *When:* **¿No traes ahí el dinero? — Sí, señora; pero hasta mañana que haga la cuenta, no sé . . . lo que me corresponde** 47, 3.

   b. *As:* **Mientras permanecen a su abrigo, observan la misma vida que los marineros del país** 41, 9.

   c. *For, because:* **— Pues, aguárdate, hija mía, que necesito concluir lo que tengo entre manos** 35, 14.

   d. *Let him . . ., let her . . ., let them . . .* in the optative: **que entregue la cama y la ropa** 111, 15.

   e. In dialogue it is not translated when it introduces a phrase or sentence dependent on a verb understood or previously used: **¡Pero anda, que no les arriendo la ganancia!** Honestly, I would not like to be in their shoes! 69, 20; **Que hoy fueron a embargar los muebles a Eugenia** 69, 19.

TRANSLATION AID V

1. **Translations of lo.**

   a. When used with an adjective to denote a substantive idea, translate using a noun: **lo fresco** fresh fish 26, 26; **lo mejor** the best thing 39, 13; **lo porvenir** the future 49, 20.

   b. When used to represent an adjective previously given, do not translate; its place may be taken by the subject of the following verb: **Mientras el tiempo fué propicio (y lo es casi siempre allí . . .)** 56, 10; — **Encerrada, pronto lo serás tú . . .** 65, 24.

   c. When representing a noun mentioned before, translate as *one:* **José nunca había sido un orador elocuente. En aquella sazón se sintió desposeído . . . de las cualidades que lo constituyen** (make one) 38, 17.

   d. When used with an adjective followed by **que,** translate as *how:* **bien enterados de lo mucho que** (how much) **aquél había sufrido** 75, 7.

   e. For idiomatic expressions individual translations should be learned: **por lo visto** 67, 4; **por lo menos** 53, 14; **lo mismo . . . que** 56, 8; **a lo lejos** 77, 30; **a lo largo** 82, 6; **hacer lo posible** 60, 17; **dar en lo vivo** 52, 10

2. **Word order.**

   Note the following: **vieron otras dos personas** 77, 30; **Otros muchos lo han hecho** 84, 17; **las idas y venidas** 71, 18; **más tarde o más temprano** 49, 19; **llevaba las cuentas todas** 37, 9; **¡Qué verano tan dichoso aquél!** 50, 6; **ni lo advertían siquiera** 85, 30; **otras varias** 100, 17; **¡Horrible noche aquélla!** 121, 20.

3. **Position of the subject.**

   When the subject of a Spanish sentence is placed after the verb, it is possible to alter the order of words easily in translating if the sentence is short. However, when other clauses or phrases modify or simply follow the subject, it may be better to use *there* before the main verb and not to rearrange the elements of the sentence: **De esta suerte, al compás que iba creciendo** (*verb 1*) **en el pecho del tonto la afición** (*subject 1*) **a Elisa, iba aumentando** (*verb 2*) **también el odio** (*subject 2*) **hacia José, a quien consideraba como su enemigo mortal, hasta el punto de que no tropezaba jamás con él sin que le dejase de echar miradas iracundas . . .** 53, 1.

   While an inversion of order could be made in the case of verb 1 and subject 1, it seems preferable to translate verb 2 as *there increased* and leave the rest of the sentence unchanged. Other examples: **Servíanle de compañeros . . .** 34, 14; **Pero llegó un día en que el pueblo . . .** 35, 3; **Habían entrado en la tienda . . .** 35, 26; *see also* 46, 20; 51, 7; 70, 14; 56, 12; 105, 9.

TRANSLATION AID VI

1. The infinitive.

The infinitive can be used in Spanish as a noun with or without a definite article. It is then translated by a noun, usually one ending in *-ing:* **acostumbrada a este gruñir y rezar constante** accustomed to this constant grumbling and praying 112, 5; **le disgustaba mucho el verse** (seeing herself) **obligada a poner de manifiesto su oposi-ción** 51, 21; **Lo que más le vejaba . . . era el oír** (hearing) **que su casa se estaba cayendo** 52, 8; **En el pensamiento de los tres estaba el excogitar** (the problem of devising) **medios de realizar el apetecido matrimonio** 99, 21.

2. Participial construction.

The past participle can be used in Spanish at the beginning of a sentence or clause with the force of an adjective modifying the subject. This construction is similar to the Latin ablative absolute. Its translations are several, but the most common is *having (been) + past participle:* **Devuelto el papel . . . el caballero le dijo . . .** The paper having been returned, the gentleman said to him 100, 31. Other possible translations: after the paper had been returned, when (once, as soon as) the paper was returned. Other examples: **Repuesto José de la sorpresa, corrió al sitio donde había quedado su lancha nueva** 57, 27; **Repuestos de la sorpresa que les había producido, se les desató la lengua** 109, 33; **Terminada la costera del bonito . . . quedaron las lanchas paradas algún tiempo . . .** 113, 16; **reunidos los patrones de las lanchas, acordaron velar todas las noches tres de ellos** 115, 2; **Al fin éstas (familias), perdida casi enteramente la esperanza, abandonaron la playa** 121, 17.

3. Distributive construction:

a. With nouns denoting parts of the body or articles of clothing.

b. With psychological terms used with reference to the human body.

In either case Spanish uses the singular form when each person of a group is assumed to have only one of each kind. Such nouns and terms are translated into English in the plural.

Examples of a: **Todos conservaban en la mano derecha** (right hands) **los hilos de los aparejos** 20, 5; **Pero la nariz** (noses) **de los tertulianos . . .** 30, 6; **Los habitantes de Rodillero . . . sacudían la cabeza** (heads) **con disgusto** 42, 2; **se interrogaban con los ojos y con la lengua** (tongues) 71, 21; **los hombres que gastaban sombrero** (hats) 72, 28.

Examples of b: **Hay, no obstante, en el fondo de su alma** (their souls) **una chispa de espiritualismo** 18, 25; **El peligro constante en que viven les mueve a poner el pensamiento** (minds) **y la esperanza** (hopes) **en Dios** 18, 28.

4. Redundant **no**.

In Spanish a redundant **no** is sometimes used for emphasis. This negative is not translated: **Se propuso no hacer uso de él en tanto que no lo averiguase** He made up his mind not to make use of it until he found it out 89, 8; **se negó a otorgar su perdón, mientras la misma Teresa y José no viniesen a pedírselo** (until Theresa herself and José would come to beg it) 96, 25; **No hay perdón, mientras la misma Teresa no venga a pedirlo de rodillas** 96, 32.

TRANSLATION AID VII

1. Commands.

A command may be expressed in Spanish by:

a. An infinitive: **¡Achicar, muchachos, achicar!** Bail out, boys, bail out! 120, 16; **¡Arriar en banda, escotas y drizas!** Down with the main sheets and halyards! 118, 6; **Nada de amilanarse** Do not flinch! 119, 13; **Nada de asustarse** 120, 29.

b. A present tense: **cuando tu padre no los quiera, me los llevas a mí** (bring them to me) 53, 30.

c. An elliptical (incomplete) sentence: **¡A casa!** Go home! 31, 15; **¡A San Esteban!** 72, 15; **Mucho sigilo y mucha prudencia** Be secretive and prudent! 88, 22.

d. The present subjunctive: — **Que te vayas de aquí** Get out of here! 36, 15; — **A ver, dos de ustedes que vengan conmigo** 111, 19.

2. Use of tenses.

a. The present tense may be used for the preterite to make the action more dramatic. If the rest of the paragraph is in the preterite such present should be translated into the English past: **cuando le fué posible ¡zas!, da** (gave) **un fuerte empujón a su amigo** 44, 31; **Pensaba que su hermana quedaba con seis niños. . . . He aquí que se oyen** (were heard) **fuertes gritos y . . . entra** (entered) **la hermana de nuestro marinero** 74, 26–32.

b. The present tense is often used instead of the future. This present should be translated into the English future: **Yo te acompaño** I'll go with you 58, 23; **no hay perdón** there won't be any forgiveness 96, 32; **el día menos pensado se queda en un patatús** (she will die of a fit) 108, 15. **¡Al que me dé un grito, le retuerzo el pescuezo!** (I'll wring his neck) 120, 4.

c. The present perfect is very commonly used instead of the preterite even when a time element in the Spanish sentence indicates the use of the latter tense: **El domingo me lo has puesto a real** Last Sunday you let me have it for a real 38, 2; **no sé si recordará lo que en el invierno me ha dicho** (told me) 39, 8; **yo he visto**

(saw) **hace rato escapar una lancha** 58, 8; other examples on
38, 1; 54, 11; 63, 25; 84, 28; 85, 19; 103, 10; 106, 28; 118, 17.

d. The imperfect tense is translated by a pluperfect in sentences
containing **hacía** (que): **creía . . . que las relaciones . . .
estaban** (had been) **rotas hacía ya largo tiempo** 82, 29.

e. For stylistic variety an older form of the pluperfect indicative
resembling the imperfect subjunctive in **-ra** may be used instead of
the pluperfect: **Pero Elisa creyó percibir otra vez la respiración
que antes la asustara** (had frightened) 86, 3.

3. Deceptive cognates.

A number of Spanish words, similar in spelling to supposed or real
English cognates deserve special attention. The student is advised
to look up these words in the text of *José* in order to ascertain their
true meaning:

la vista 17, 10
  rudo, -a 18, 9
  proporcionar 18, 11
el ingenio 18, 18
  distinto, -a 19, 8
el genio 19, 9
el natural 19, 19; 56, 8
  marchar 20, 8
el patrón 20, 14
la frente 20, 15
las facciones 20, 20
  gracioso, -a 20, 21
la embarcación 21, 11
el banco 21, 13
  inclinarse 22, 3
el talante 23, 8
  suceder (a) 23, 18; 26, 10
la marcha 24, 4
  vibrante 24, 12
  difícil 24, 13
  descargar 26, 19
  colérico, -a 27, 3
  concertado, -a 28, 5
las miserias 28, 32
la claridad 29, 30
el color 30, 21
la condición 30, 24
  procurar 31, 3
la corrección 31, 4
la pluma 32, 24

la cólera 33, 10
el mixto 33, 11
  pretender 33, 12; 90, 19
  partir 33, 17
la apología 33, 20
  anciano 33, 29
la habitación 34, 12
la renta 34, 18
la correspondencia 34, 28
la inteligencia 34, 31
el comercio 37, 10
la noticia 39, 19
la precipitación 40, 1
el portal 40, 28
  extender 41, 1
  reposar 41, 14
el oficio 42, 15; 124, 11
  asistir 42, 31
  seducir 43, 14
  reflexivo, -a 44, 37
la pasión 45, 1; 108, 8
  ventilar 45, 27
  afectar 46, 33
la compaña 47, 4
  revolver 47, 9
  mantener 47, 25
  contestar 49, 1
los ánimos 49, 13
  abreviar 49, 21
las instancias 50, 6

TRANSLATION AID VIII

1. Ironical statements.

In ordinary Spanish conversation irony is at times expressed by stating the opposite of what is really meant. Quite often these statements call for interpretations of their true meanings, as direct renderings would be inadequate: ¡Barata me va a salir la correspondencia! This correspondence is going to cost me plenty! 128, 2; ¡En seguida me coge a mí la tal Adelita! That confounded Adelita isn't going to catch me! 132, 25; **¡Amigo, lo que es para poner paz en los matrimonios es usted que ni pintado!** For bringing peace to married couples you are a dyed-in-the-wool failure! 154, 28; **¡Pues buena soy yo para oír estas cosas con calma!** I'm no woman to hear these things calmly! 149, 5.

The most common translation for this type of statement is an exclamation containing the adjective *fine:* **¡Contenta tienes a tu mujer ...!** That's a fine way to make your wife happy! 136, 4; **¡No está mal nene el sobrinito!** A fine " baby " my nephew turned out to be! 137, 7; **no está mala inocencia la suya** a fine innocence hers is! 143, 31.

2. Ellipsis.

The omission of a word or words is as common in Spanish as in English. In translating, very often the missing words have to be supplied. Notice the following examples from *Las Codornices:* **el principal** main floor 128, 6; **¿qué tal desde anoche?** how have you been since last night? 128, 10; **¿qué más prueba?** what better proof could I give you? 130, 2; **fué el cincuenta y nueve** it was the year 1859 130, 14; **. . . y la verdad . . .** to tell the truth 132, 13; **¿Decía usted?** What did you say? 133, 33; **de primera** first class 142, 28; **mi futura** my fiancée (future wife) 154, 14; **pero ¿y el otro retrato?** but where is the other portrait? 154, 1.

A sentence may omit a verb which has been mentioned shortly before. At times it is necessary to repeat this verb: **Y yo a escribir una carta** *understood:* voy 141, 8; **¿conque sí?** *understood:* **se lo ha confesado** 149, 17; **¿Cómo que no?** *understood:* **no nos hemos conocido** 151, 9; **¿conque tú?** *understood:* **eres** 152, 9.

3. Diminutives.

In translating diminutives it is often necessary to convey the general idea of the passage in which the diminutive is found. Examples:

a. Small value: **cosillas** small things, trifles 148, 12.

b. Daintiness: **gabinetito** pretty sitting room 142, 13; **cartita** dainty little letter 143, 16; **papelito** lovenote 142, 8.

c. Affection: **Perecito** old Perecito 139, 23; **juntitos** like two lovebirds 128, 11.

d. Scorn or ridicule: **sobrinito** confounded nephew 137, 7; **Adelita** confounded Adelita 132, 25; **lagrimitas** alligator tears 146, 32.

e. Compassion: **pobrecita** poor thing 142, 32.

f. Convenience: **tempranito** nice and early 131, 13; **una semanita** nice week 136, 9.

g. Propriety: **formalito** very well behaved 147, 21.

4. Idioms with la and las.

This type of idiom calls for special translations: **Nos las echamos de calaveras** We brag of being rakes 132, 7; **¡Qué bien nos las arreglábamos los dos!** How well we two managed our affairs! 140, 23; **¡Buena la ha hecho usted!** A fine mess you have made of it! 150, 15; **(Rodillero) se las puede haber con cualquier otro (pueblo)** Rodillero can compete with any other town 17, 4; **¡Ahora me las vas a pagar todas!** Now you'll pay for everything! 78, 34; **no sé cómo nos las vamos a componer** I don't know how we are going to arrange it 309, 19; **allá San Pedro se las arregle** we'll let Saint Peter settle that! 309, 25.

TRANSLATION AID IX

1. Uses of si.

Si is often used in Spanish at the beginning of a sentence or clause expressing various kinds of emotions more or less emphatically. In some cases this **si** corresponds to English *why* or *but*. Most of the time it is best not to translate it: **¡Si no hay semejante cosa!** But it's nothing like that! 129, 21; **¡Si esa chica es tonta de la cabeza!** Why, that girl is a fool! 137, 17. In the examples that follow **si** may be ignored completely: **Si yo no cazo** 127, 27; **Si es tan buena** 128, 7; also 137, 4; 138, 20; 143, 21; 150, 8.

A type of si found after certain superfluous words is left untranslated: **Pues si de una cacería me viene a mí todo esto** 130, 7; **¡Vaya si se conserva usted!** 139, 13.

2. Deceptive words.

Some common Spanish words and expressions have special meanings at times. Look up the translation of the following examples:

vaya 126, 15	hijo 139, 16
vamos 126, 26	buen mozo 140, 15
acabemos 127, 1	¡Toma! 142, 26
mujer 127, 18	claro está 143, 20
hija 127, 34	nada, nada 145, 20
está bien 129, 12	Dios mío 145, 24
mande usted 129, 16	¿Cómo? 145, 30
llevar 130, 13	hija mía 146, 6
ya 130, 23	¡Calle! 146, 35
buscar 131, 7	dice usted bien 150, 20
vamos 132, 15	voy 150, 25
chico 134, 16	ver 151, 17
bueno 135, 16	¡Jesús, María y José! 153, 5
señora 136, 8	¡Santo Dios! 154, 13
palabra 137, 20	¡Es igual! 154, 22

3. Deceptive cognates.

The following Spanish words suggest English words of similar spelling which, however, are not the real equivalents. Ascertain their true meaning by looking them up in the text.

cierto, -a 125, 1
justo 126, 5
abandonarme 126, 10
la escena 126, 32
tranquilo, -a 127, 3
¡claro! 127, 13
el propio 128, 2
el principal 128, 6
el disgusto 128, 21
disgustar 129, 22
contar 130, 10
regular 130, 18
la manera 130, 28
las raciones 130, 28
suceder 130, 30
la época 131, 1
resistirse 131, 6
el recurso 131, 8
proyectar 131, 12
la resistencia 131, 13
excusar 131, 21
el genio 131, 21
conservar 131, 22
resultar 132, 8
antiguo, -a 132, 10
la historia 132, 10
costar 132, 11
las relaciones 132, 12
ignorar 132, 13
rígido, -a 134, 4
grave 134, 16
actual 135, 9
el ministerio 135, 9
interior 135, 15

disgustado, -a 136, 15
la pluma 137, 2
desgraciado, -a 137, 9
guardar 137, 13
tranquilizar 137, 17
celebrar 138, 24
la patrona 140, 2
el gabinete 140, 8
precioso, -a 141, 18
las expresiones 143, 3
lo cierto 143, 4
el cargo 143, 8
la tranquilidad 144, 10
el espíritu 144, 11
arreglarse 144, 18
preciso 145, 20
molestarse 145, 28
marcharse 145, 30
la noticia 146, 22
enérgico, -a 147, 6
saludar 147, 12
¡qué barbaridad! 148, 1
Jesús 148, 20
la cita 149, 6
la habitación 149, 25
la determinación 150, 17
el simón 150, 24
dispensar 151, 30
significar 152, 23
blancos 153, 3
la equivocación 153, 13
la futura 154, 14
distinto, -a 154, 23
el matrimonio 154, 28

TRANSLATION AID X

1. Object pronouns.

a. An extra indirect object pronoun, called anticipatory pronoun, is commonly used in current Spanish when an indirect object (noun) is given. The pronoun is not translated. Examples: **Carlos le había dicho a su hermana** . . . 166, 25; **dile a Arcale dónde** tengo el tabaco 174, 8; **Vamos en seguida a dar*le* el aviso a Capistun** 189, 15.

b. Ordinarily no extra object pronoun is used when a direct noun object follows the verb: **Doña Águeda iba a despedir a la Ignacia** 178, 4. However, some Spanish authors, and Baroja among them, use an extra object pronoun in constructions of this kind. This pronoun as in *a* above is not translated: **Cuando *le* tomó por su cuenta a Martín, le enseñó toda su ciencia** 162, 4; **allí no *le* quería a Martín** 163, 22; **Tellagorri *le* llevó a Martín al cementerio** 164, 18; **Cuando *le* veía a Martín andar a caballo . . . le deseaba un desliz peligroso** 166, 6; **No *le* olvides tampoco a Marquesch** 173, 29; ***Le* hizo pasar Briones a Martín** 254, 7.

c. If the direct noun object precedes the main verb, an extra direct object pronoun must be used, but as in *a* and *b* this pronoun is not translated: **A Martín Zalacaín *le* había odiado desde pequeño** 166, 4; **Todo lo que intentaba *lo* llevaba bien** 183, 10; **dijo que si a aquel bárbaro *le* ponían a comer al principio, no dejaba nada a los demás** 195, 27. Other examples: 219, 6; 258, 24; 315, 5; 357, 18.

2. Translations of **nada**.

The ordinary translations for **nada** are *nothing* and *not . . . anything*. In conversational Spanish, however, **nada** may be used with various meanings which are dependent upon the context: **Nada; la maestra no chistaba** (No response . . . *or* Silence . . .) 39, 15; **¡Nada, nada! Es preciso que esto se acabe para siempre** (Don't tell me any more! . . .) 145, 20; **¡Nada, nada! Háblale tú y, si ella quiere, ya está** (We don't need to discuss it at all! . . .) 178, 31; **Nada, tráetelo en seguida** (Not a word . . .) 231, 30; **¡Qué pluma . . . qué tinta . . .! ¡Nada, un borrón!** (You see! A blot!) 292, 21, **¡Nada, que no puedo leer!** (It's no use trying! . . .) 310, 27; **Prefiero esperarle . . . si a usted no le molesta. — Nada absolutamente.** (Not at all) 326, 11; **¡Nada! ¡no!** (No! no!) **Lo que necesito es vengarme** 430, 23; **¡Nada! ¡Nada! ¡Indudablemente es un espía!** (Impossible! Impossible!) 439, 16; **Golpes y más golpes . . . y ¡nada!** (No results!) 447, 17; **Nada, que me tengo que conformar . . .** (It's no use! . . .) 471, 12.

3. The verb **soler**.

This verb can be translated by a number of expressions denoting habitual action. If in the Spanish sentence there is also an expression denoting habit, either the verb **soler** or the expression denoting habit may be ignored.

a. **Solía llevar una gorrita** He was in the habit of wearing a small cap 168, 25; **Es vino de la Rioja — solían decir** (they used to say) 184, 18; **Suele bordar en el convento** (She usually embroiders) 225, 6; **balanceándose de la propia manera que solía D. Eugenio de Zúñiga** swaying in the same manner that was habitual with D. Eugenio de Zúñiga 431, 21. Other examples: 382, 11; 301, 4; 385, 8.

b. In the following sentences the phrase **muchas veces** repeats the idea expressed by **soler: Cuando Catalina solía ir allí con la criada a coger flores, Martín las seguía muchas veces** 167, 3; **— ¿Pero y los centinelas? — No suelen haber muchas veces.** (There usually aren't any) 244, 22.

4. Deceptive cognates. Look up the meaning of the following words:

educarse 157, title	formal 166, 18
la infancia 157, 12	el saludo 169, 4
el labrador 158, 1; 168, 23	la marcha 169, 5
obscuro, -a 158, 1	las costumbres 171, 4
la obscuridad 158, 3	guiar 171, 13
decidido, -a 158, 13	marchar 171, 21
animar 158, 17	abusar de 172, 13
el motivo 158, 21	guardar 173, 13
la reunión 158, 28	las balas 174, 1
intentar 159, 7	registrar 174, 9
la fama 159, 9	las monedas 174, 11
robar 159, 15	la simpatía 175, 7
el suceso 159, 26	el colegio 175, 10
la pena 160, 5	el carabinero 175, 21
la porción 160, 19	distinto, -a 176, 1
efectivamente 161, 1	el oficial 176, 10
los inteligentes 161, 17	presenciar 176, 17
dominar 162, 22	el tono 177, 4
las historias 163, 8	elásticamente 177, 12
el monte 163, 13	la casualidad 177, 31
la pasta 163, 35	dedicarse 177, 34
ignorar 164, 1	murmurador, -a 178, 1
la diligencia 164, 15	las murmuraciones 178, 8
las rentas 165, 4	la noticia 178, 12
el solar 165, 17	pretender 179, 2

TRANSLATION AID XI

1. Split constructions.

There are several constructions in Spanish which should be studied as single units even though they may be broken into two parts by one or more intervening words.

a. **así . . . como** (. . . as well as . . .): **así los clérigos como los seglares** the clergy as well as the laymen 384, 15; **así por la** enormidad de su sombrero de tres picos y lo vistoso de su capa de grana como por lo particularísimo de su grotesco donaire . . . 392, 24.

b. lo mismo . . . que (as well as, both . . . and): Lo mismo Capistun que Martín, tenían como punto de descanso el pueblo de Zaro 183, 19; En las orillas del Bidasoa, lo mismo en la frontera española que en la francesa, se sentía un gran entusiasmo por la causa del Pretendiente 186, 31.

c. no . . . más que (only, except): esto no sería más que el comienzo de su carrera espléndida 181, 27; no pensaba más que en comer y beber bien. Durante el camino no habló más que de guisos y comidas 192, 21; Para Praschcu la guerra no era más que una serie de comilonas 192, 26.

d. no . . . más sino que (only): No sabía de ella más sino que era un sitio obscuro 158, 15.

e. no . . . otra cosa que (nothing but): No hago otra cosa que dar vueltas para ver de qué modo arreglamos pronto ese dichoso casorio 39, 29.

f. no . . . ya (no longer): ¡Porque entonces tú no serías ya tú! 398, 2.

g. tan . . . como (as . . . as): fuéle tan fácil al tío Lucas rendir el corazón de la señá Frasquita como fácil le había sido captarse el aprecio del General y del Prelado 388, 7.

h. tan pronto . . . como (now . . . now): El sendero tan pronto se acercaba a la torrentera, llena de malezas y de troncos podridos de árboles, como se separaba de ella 256, 17; tan pronto me creía mecido por las olas como me imaginaba que . . . me arrullaba una nodriza de voz bronca 271, 10.

2. Passive for active voice.

The passive voice is more common in English than in Spanish. Sometimes a Spanish active voice is best translated by an English passive voice, especially when the sentence is long: Si no hubiera fijado (su atención en Elisa), le hubieran obligado a ello (he would have been forced to it by) las palabras de sus amigos y los consejos de las comadres del pueblo 43, 32; Al llegar a la cumbre . . . les sorprendió a los viandantes (the travelers were caught in) una tempestad de viento y de nieve 185, 26; Para mí las ciudades están hechas por miserables y sirven para que las saqueen (to be sacked by) los hombres fuertes 188, 3; A Belcha le llamaban así (was so called) por ser pequeño y moreno 193, 2. Other examples: 201, 18; 227, 3.

3. Deceptive verbs.

Some common Spanish verbs have special meanings dependent upon the content of the sentences in which they appear. The student should become familiar with these verbs. In the following examples the ordinary meaning is given first in parentheses.

a. **conocer** (to know): Le enseñó a conocer (to distinguish) **las setas buenas de las venenosas** 162, 7.

b. **estar** (to be): ¡Estaba usted (you looked) tan niña, tan muñeca . . .! 346, 7; ora lechugas en rama . . . que están muy buenas (which taste very good) **cuando se las acompaña de macarros de pan y aceite** 382, 13.

c. **ir** (to go): — ¿Qué pasa? — El herido que quiere agua. — Voy. (I'm coming) 222, 28; Si quiere Vd. mañana vaya Vd. (come) a mi casa 169, 19; El coche iba (was) casi lleno 197, 12.

d. **llevar** (to carry): Llevaba (He had spent) ya más de un año sin saber nada de su novia 207, 5; lleva (he has been) tres años haciéndole el amor 334, 13; se ha llevado (has had) una sorpresa formidable 347, 7; llegaba el correo . . . llevando (bringing) algún número de la Gaceta 379, 14.

e. **pensar** (to think): Capistun . . . pensaba (intended) retirarse a vivir a su país 207, 1; pensaban (intended) tenerlo encerrado sin motivo alguno 229, 15.

f. **querer** (to want): ¿Qué quiere usted? What do you expect? 257, 8; y ella naturalmente no quiso ir (refused to go) 307, 18; ¿Quiere Vd. verlo bien? Will you (please) look carefully? 230, 30.

g. **saber** (to know): Cuando Carlos supo (found out) que Martín estaba solamente herido . . . se sintió furioso 183, 1.

h. **sentir** (to feel, regret): Cuatro días después Carlos lo sintió (heard him) en la huerta 182, 14; ha sentido los tiros hace poco 190, 3.

4. Deceptive cognates. Look up the meaning of the following words:

la cólera 180, 8
  soportar 180, 9
  intentar 180, 11
la tentativa 180, 21
  celebrado, -a 181, 11
los cañones 182, 9
la bala 182, 11
las noticias 182, 31
  dedicarse 183, 6
la partida 185, 17
  largo, -a 185, 26
los carabineros 186, 6
el extremo 186, 12
  fabricar 186, 17
las fibras 186, 17
el temporal 186, 19

la porción 186, 29
  ilustrado, -a 187, 19
los miserables 188, 3
  pasar 188, 27; 190, 14
la partida 189, 10
  efectivamente 190, 5
  guardado, -a 191, 32
  decidido, -a 192, title
  insinuante 192, 15
  quitar 192, 23
el oficio 193, 4
  próximo, -a 193, 7
el rancho 193, 12
la fama 194, 21
los hábitos 194, 28

TRANSLATION AID XII

1. Idiomatic uses of **ir** (**vamos, vaya,** etc.).

In conversational Spanish a few forms of the verb **ir** are used in an exclamatory sense. In all cases idiomatic translations are required.

a. ¡Vamos! (Come on!) ¡Ánimo! — decía Martín 199, 14.

b. ¡Ah, vamos! (Oh! I see!) 202, 17; — No soy español. — ¡Ah, vamos! 221, 1.

c. ¡Le mato, vamos, le mato! I'll kill him, yes, I'll kill him! 149, 13.

d. Vaya. (Come!) Bajen ustedes. 197, 23; ¡Vaya, vaya! ¡Hija mía! . . . (Come, come! . . .) 146, 6.

e. Don Juan (*la mira bastante mortificado, va a acercarse a ella, pero lo piensa mejor y se dispone a marcharse*). Vaya . . . (Well . . .) pues buenos días . . . 328, 25.

f. ¡Vaya con Perecito! So this is old Perecito! 139, 23.

g. ¡Vaya si se conserva Vd! I should say you are well preserved! 148, 2; ¡Y vaya si es bonita! 145, 2; ¡Vaya si estoy aceptable! 140, 19.

h. ¡Vaya unos ojos! What eyes! 134, 6; ¡Vaya un lujo de casa! 140, 1.

i. No vaya a resultar que ésta también esté casada (I hope it won't turn out that . . .!) 144, 15; No nos vayan a oír Don't let them hear us! 188, 12; No vayas a dejarme viuda, Martín. Don't make a widow of me, Martin! 255, 32; Pero no te vayas tú a figurar. . . . Don't think he was any too good either! 308, 11.

2. Expressions of scorn and familiarity.

Scorn or familiarity are often implied in Spanish sentences containing the word **unos** or the demonstrative **ése**. Such sentences should not be translated literally.

a. Zalacaín . . . dijo que los franceses eran unos (a bunch of) cochinos 187, 9; ¡Mire Vd. que éstos son unos bandidos! 218, 13.

b. Lo que es a mí ya no me engaña ésa (that woman) 144, 2; Ése trae plan That fellow has something up his sleeve! 399, 2; ¡También le gusta a ése la molinera! 410, 7; ¡Sólo Dios . . ., y Ése . . . ha querido esto! 428, 1.

3. Causative construction.

The verb **hacer** is used to indicate that something is caused to be done. When so used it may be translated by the verbs *to have* or *to order:* Tellagorri hacía que (had) su nieto entrara en el río 164, 14; hizo que llamaran a otro más joven he had a younger one called 173, 9; **La muchacha . . . era la señorita a quien habían hecho** (ordered) **bajar del coche** 203, 6; **Se detuvieron en Lasao . . . a hacer que** (to have) **su administrador firmara un documento** 212, 5.

4. Deceptive cognates. Look up the true meaning of the following:

la inacción 197, 1
la diligencia 197, 2
  avisar 197, 5
  plantarse 197, 13
la finura 197, 24
  marchar 198, 25
  atención 198, 26
el idioma 198, 28
  quitar 199, 1
  reunirse 199, 9
la bala 199, 27
  regular 200, 1
  efectivamente 200, 9
  retirar 200, 13
  apuntar 201, 23
  aguardar 201, 33
  recordar 202, 5
  reconocer 202, 23
la habitación 202, 29
  raro, -a 203, 24
  largo, -a 204, 14
la noticia 204, 18
  pasar 204, 20
la discreción 205, 1
  fino, -a 205, 25
  atento, -a 205, 25
  ignorar 207, 6
la fila 207, 16
la letra 207, 18
el patrón 207, 22

ascender 207, 24
el principal 208, 14
  firmado 208, 24
el inconveniente 209, 6
  guardar 209, 23
la partida 209, 29
  importar 209, 32
  obscuro, -a 210, 23
la marcha 211, 4
  firmar 211, 9
el sentimiento 211, 25
  próximo, -a 212, 10
el tipo 213, 1
la historia 213, 4
  gracioso, -a 213, 10
el principio 213, 26
el pariente 214, 9
el extranjero 214, 18
el oficio 214, 28
el periodista 214, 30
el reparo 214, 34
  desmantelado, -a 216, 12
la alcoba 216, 13
  pasear 216, 32
la administración 217, 32
el periódico 218, 11
el oficial 218, 25
  tostado, -a 220, 29
la condición 221, 12
  opaco, -a 221, 14

TRANSLATION AID XIII

1. Translations of the present subjunctive.

The present subjunctive can be translated:

  a. By the English present tense: **¿Estás dispuesta a hacer todo lo que te diga?** (I tell you) 225, 34; **Quizá sea** (it is) **una equivocación** 227, 24; **mi madre y mi hermana exigen que vaya** (you come) **a comer con ellas** 241, 34.

b. By the infinitive: **Le he dicho que espere** (to wait), **pero no quiere que te diga** (to tell you) **nada** 179, 9; **¿Quieren ustedes que yo lea** (Do you want me to read) **lo que dice el cronista?** 170, 5.

c. By using *may:* **Por muy enamorada que esté una** (one may be) **de la realidad a veces necesita un poco de ensueño** 319, 3.

d. By using *should:* **A estos militares** . . . **no les gusta que un paisano haga** (should do) **cosas más difíciles que las suyas** 241, 4.

e. By using *let* in the optative: **Cada cual que conserve** (Let everyone keep) **lo que tenga** 161, 29; **Que no nos vean juntos** Don't let them see us together 218, 27; **Que no salgan** Don't let them get out 234, 25. As the optative is in reality a noun clause with its main verb understood, it may also be translated by an infinitive, as in (b) above, when a main verb is supplied: **Que venga también el señor Benito** Tell señor Benito to come also 233, 10; **Que no te pase algo al final** I don't want anything to happen to you at the last minute 255, 28; **Que le sienten a Vd. muy bien las uvas** I hope the grapes agree with you 410, 10; **Que pase Vd. muy buena noche** I hope you have a good night's sleep 410, 12.

2. Translations of the imperfect subjunctive.

The imperfect subjunctive may be translated:

a. By the English past tense: **Si Vd. no tuviera** (had) **inconveniente** 222, 5.

b. By the infinitive, in noun clauses: **encargó a su hija que trajese** (to bring) **un vaso de vino para Tellagorri** 169, 26; **Rogó al oficial le dejara** (to let) **estar a Catalina a su lado** 240, 4; **incitó a Rosita para que cantara** (to sing) 242, 15.

c. By using *might:* **La Ignacia tuvo que guardar la botella para que el enfermo no se la bebiera** (might not drink it up) **de un trago** 173, 13; **vivía temblando de que le pasara algo** (something might happen to him) 204, 20.

d. By using *should* or *would:* **parecía lógico que** . . . **Martín fuese** (should be) **como su padre y su madre** 158, 10; **no le parecía ningún crimen que Martín cogiera** (should get) **frutas de los árboles y se las comiese, ni que corriese** (should run) **por la muralla** 166, 27; **Decidieron como más práctico que Capistun se volviera** (should return) 188, 31; **Carlos hubiese querido** (would have liked) **humillarle para siempre** 180, 19; **hubiera gozado** (would have enjoyed) **conquistando a la Ignacia** 181, 22.

e. By the conditional or the conditional perfect in the result clause of a conditional sentence: **Si no le hubiese retenido el pensa-**

miento de encontrar a Catalina, **se hubiera ido** (he would have gone) **a América** 207, 3; **Lástima hubiera sido** . . . It would have been a pity . . . 347, 25.

f. By the present participle after **sin que** and a few verbs: **daba la vuelta a la muralla sin que le asustasen** (without being afraid of) **las piedras derrumbadas** 159, 4; **se empeñó en que fuera** (on her going) **al teatro con él** 307, 17.

g. By *should like* and *ought* in mild statements using **quisiera** and **debiera: no le quisiera** (I should not like) **tener a Vd. de rival** 218, 10; **yo quisiera que todo viviese** 257, 19; **debieras** (you ought to) **estar encerrada** 65, 22.

3. Translations of **hasta**.

a. till, until: **a pulso se levantó hasta poder mirar por la reja** 228, 20; **aguardó hasta muy entrada la mañana** 231, 9.

b. even: **Hasta los hermanos de la Doctrina Cristiana habían dado vacaciones a los niños** 206, 26; **Educada en el bienestar y hasta en el lujo** . . . 278, 16.

c. (up) to: **éste le llevó hasta un cuarto obscuro** 226, 23; **Avanzaron con esta confianza hasta cerca de la puerta del Mercadal** 247, 10; **la voz dolorida le guió hasta** (to) **otra buhardilla** 265, 5.

d. down to: **¿A qué no nos expondríamos por Vuestra Señoría hasta los gatos de esta casa?** What risks wouldn't all of us, down to the cats in this house, run for the sake of your Lordship? 401, 23.

4. Deceptive cognates.

Look up the meaning of the following words:

la letra 221, 28
 firmado, -a 221, 28
la firma 221, 29
 marcharse 222, 2
el militar 222, 4
el inconveniente 222, 7
el (piso) principal 222, 8
las alcobas 222, 9
 pasar 222, 21
la patrona 222, 31
el vaso 222, 36
 incorporarse 222, 36
la patrona 223, 4
 guardar 223, 8
 obscuro, -a 224, 7
 pasear 225, 7

extranjero, -a 225, 8
 marcharse 225, 31
el sereno 226, 12
 a obscuras 226, 32
 figurarse 227, 10
el motivo 227, 23
la equivocación 227, 24
el rancho 228, 1
la ocasión 228, 15
 largo, -a 228, 15
 a pulso 228, 20
el marco 228, 33
el extremo 228, 34
el cristal 230, 2
 efectivamente 230, 23
 registrar 230, 32

aguardar 231, 9	plantarse 235, 27
entrada 231, 9	el oficial 236, 3
el comandante 231, 20	importar 236, 4
a escape 231, 30	la bala 237, 25
el lunar 232, 33	atender 237, 30
grave 233, 2	la persecución 238, 1
la marcha 233, 31	la exhalación 238, 30
intentar 234, 23	adivinar 239, 1
la porción 234, 32	reconocer 241, 9
el genio 234, 36	cierto, -a 241, 17

TRANSLATION AID XIV

1. Plural subject.

When there is a plural noun in apposition with a subject that is understood it is necessary to supply the latter in translating: **Los jóvenes sois muy impacientes;** here the verb **sois** (2nd person plural) agrees with the subject **vosotros** understood. The complete sentence is then **Vosotros los jóvenes sois muy impacientes** You young folks are very impatient 39, 31. Other examples: **las chicas del día** (you modern girls) **tardáis un siglo en vestiros** 129, 6; **los hombres somos así** we men are like that 130, 20; **en cambio las mujeres** (we women) **salimos del portal muy despacio** 299, 26; **Las mujeres de ahora** (You modern women) **sois más nobles** 303, 14.

Similarly, the prepositional object pronoun is also supplied in English to establish the proper agreement: **La mayoría somos gente tranquila** Most of us are peaceful people 257, 16; **todas las mujeres de corazón** (all of us women with feeling) **le debemos eterno agradecimiento** 319, 18.

2. Translations of **mismo.**

a. The usual translation of **mismo** is *same:* **La misma decoración** 352, 13.

b. When used emphatically with another noun, **mismo** may be translated by a reflexive pronoun. In this case **mismo** may either precede or follow the noun: **Se encontraban en la misma frontera** (itself) 186, 1; **la misma superiora** (the mother superior herself) **bajó las cortinas** 233, 17; **ella misma** (she herself) **sacó dos caballos de la cuadra** 235, 3; **pensando concluirlos él mismo** 267, 27.

c. When used emphatically with nouns denoting things, **mismo** may be translated by *very:* ¡no hay más que ponerlo en ejecución esta misma noche! (this very evening) 411, 23.

d. Idioms: **Todo lo agradezco lo mismo** (just the same) 295, 19; **por lo mismo** for that very reason 345, 30; **mañana mismo** first thing tomorrow 354, 1; **allí mismo** right there 292, 9; **ahora mismo** right now 335, 13; **hoy mismo** this very day 144, 6.

3. The verb **haber de**.

This verb is used in Spanish to denote expectation, probability, indefiniteness, or futurity. Although it can often be translated by *to be to*, it is best to examine first the meaning of the passage in which it appears. Because of the intimate relationship between the passage and **haber de**, the possible translations of this verb are very numerous: **En este caserío nació . . . Martín Zalacaín de Urbia, el que más tarde había de ser llamado** (was to be called) Zalacaín el Aventurero 157, 12; **¡Quién había de decir que tendríamos que asistir a su entierro!** (Who would have thought! . . .) 262, 4; **¿No he de quererte?** (Why shouldn't I love you!) 126, 3; **¿Hay o no hay alguna cita misteriosa? — ¡Qué ha de haber!** (How could there be!) 129, 29; **con la pequeña hacienda que has de heredar** (you will inherit) **a mi muerte . . .** 263, 4; **él había de ser rico** (he had to be rich) 264, 9; **Sólo sabía que en su pueblo no había de conseguirlo** (would not achieve it) 264, 10; **tenía por cosa segura que** (la fortuna) **había de presentársele** (would come to him) 264, 16; **ella no había de admitirla** (she would not accept it) 266, 34; **— ¿Es alguna deshonra? — ¡Qué ha de ser!** (Of course not!) 332, 7; **¿Qué ha de pasar?** What should be going on! 403, 20.

4. Deceptive cognates. Look up the meaning of the following words:

marcharse 243, 4	la chimenea 249, 6
las letras 243, 17	el cristal 251, 2
intentar 244, 2	el extranjero 251, 16
la razón 244, 5	envolver 252, 18
el extremo 244, 13	próximo, -a 252, 21
el oficial 244, 30	la porción 253, 5
la partida 244, 31	las noticias 253, 17
la ocasión 245, 21	el comandante 253, 25
equivocado, -a 245, 22	dominar 254, 15
efectivamente 246, 28	el inconveniente 254, 33
pasar 247, 6	actualmente 255, 1
el extremo 247, 7	la capa 256, 15
fresco, -a 247, 17	plantarse 257, 2
la bala 247, 27	marchar 257, 20
inflexible 248, 13	conveniente 257, 26
reunirse 248, 22	atender 260, 13
la infancia 249, 1	el periodista 260, 18

TRANSLATION AID XV

1. Indirect object pronouns.

There are many verbs in Spanish which are used in the third person with an indirect object pronoun. In this case most of these verbs cannot be translated literally. Example: ¿Qué le pasa? What is the matter with you? Literally, What happens to you? Examine the following sentences carefully and compare their literal meaning with the translation given:

a. caber: Ya no *le* cabía la menor duda He no longer had any doubts 267, 23.

b. chocar: No *le* choque a usted. Don't find it strange 154, 22.

c. extrañar: El pobre hombre estaba intranquilo como si *le* extrañase (as if surprised) que le dejara permanecer en aquel sitio 273, 22.

d. faltar: ¡Era lo que *me* faltaba! That's the last straw! 133, 12.

e. gustar: Ésta no *me* gusta I don't like this one 288, 24.

f. importar: ¡Maldito lo que *me* importaría! Hanged if I'd care! 398, 3.

g. pasar: ¿Qué *le* pasa al fondo? What's wrong with the substance? 318, 17.

h. parecer: ¿*Le* parece que envíe por el burro? Will it be all right if I send for the donkey? 384, 8.

i. quedar: *me* quedan muy pocas horas de vida I have very few hours left to live 266, 8.

j. sentar: *le* sientan muy mal las apariciones apparitions do not agree with her 356, 24.

k. tocar: ¡Eso *me* toca a mí! That's my duty! 415, 25.

The student is requested to look up the meaning of the following sentences:

a. Hombre, no faltaba sino que tú *me* echaras ahora la culpa, 150, 16.

b. ¡*Me* da una envidia verle marchar! 299, 16.

c. Casi *me* dan lástima 303, 7.

d. *Le* da reparo ir a visitar a un caballero 320, 9.

e. ¡*Me* daba compasión pensar que el piececito . . . se iba a quedar descalzo! 338, 3.

f. ¡No *me* da la gana! 351, 14.

g. Quiero que aprenda a dominar los nervios, que buena falta *le* hace 359, 2.

h. *Le* está a usted muy bien empleado 364, 14.

i. (Una señal pequeña) . . . que *le* hará a usted muchísima gracia 365, 11.

j. No sabe lo que la queremos, aunque *nos* esté mal el decirlo 373, 14.

k. Tampoco *me* daría gran cuidado 397, 33.

l. ¡Maldita la falta que *me* hacían . . . esos consejos! 414, 20.

m. La realidad *le* hacía menos daño que la duda 429, 5.

2. Position of object pronouns.

Object pronouns (including reflexives) follow and are attached to a verb when the verb is an infinitive, a present participle or an affirmative command. In literary Spanish, however, an object pronoun (or a reflexive pronoun) may be attached to a verb, contrary to the general rule, when the verb is in the indicative and especially if it is at the beginning of a sentence or clause:

a. At the beginning of a sentence: **Balanceábame sobre la espalda impulsado por el terrible traqueteo** 271, 4. Other examples: 277, 9; 278, 12; 279, 27; 289, 31.

b. At the beginning of a clause (common): **y al verle entrar, tendíale los brazos al cuello** 274, 9. Other examples: 273, 28; 280, 6; 286, 31.

c. At the end of a clause (rare): **las franjas de los almohadones arremolinábanse** 271, 5.

3. Articles.

In idiomatic Spanish the definite and indefinite articles are not uncommonly omitted where English would require them. On the other hand, articles used in Spanish constructions may on occasion be omitted in translating.

a. Definite article supplied: **me olvidaba de que tú tienes derecho** (the right) **a saber lo que es** 90, 37; **lo mejor que puedes hacer es llevarla a casa de Ohando** (the Ohando house) 173, 27; **Había nacido en Campizos, . . . hijo de labradores** (the son of peasants) 278, 10.

b. Definite article omitted: **La sociedad es una grandísima egoísta** 264, 22; **Chucho andaba cuatro veces el camino como los perros** 285, 5; **El tío Lucas** (Uncle Lucas) . . . 383, 11; **la señá Frasquita** Señá Frasquita 384, 21.

c. Indefinite article supplied: **una dentadura de rumiante** (a ruminant) **. . . que se descubría al contraerse los labios con sonrisa** (a smile) **de estúpido agradecimiento** 272, 19; **tiene la costumbre de viajar sin billete** (a ticket) 276, 2; **tenía que verse perseguido como alimaña feroz** (as if he were a ferocious beast) 276, 23. Other examples: 264, 1; 265, 26; 266, 7; 268, 10; 273, 1; 279, 10; 282, 11.

4. Deceptive cognates. Look up the meaning of the following words:

la carrera 263, 1
la hacienda 263, 5
ignorado 263, 9
miserable 263, 9
la habitación 264, 26
el sentimiento 265, 4; 283, 23
desgraciado, -a 265, 11
próximo 266, 18
el motivo 266, 31
dudar 266, 33
admitir 266, 34
puntualmente 267, 7
en efecto 267, 15
presenciar 267, 24
el individuo 268, 7
inmediato 268, 16
el sujeto 268, 17
actual 268, 19
disgustar 268, 30
tratar 269, 14
el contrario 269, 20
el disgusto 269, 23
el periódico 270, 2
la noticia 270, 2
el departamento 270, 6
delicioso, -a 270, 12
la diligencia 271, 3
balancearse 271, 4
el cristal 271, 6
la frescura 271, 15
la marcha 271, 19; 274, 4
el asalto 271, 28
el vagón 271, 29
obscuro, -a 272, 23
asaltar 273, 4
intentar 273, 7
el remedio 274, 30
limitar 275, 1

incorporarse 275, 2
distinto, -a 275, 16
efectivamente 275, 21
repentino, -a 276, 16
la miseria 276, 22
profundamente 277, 1
fresco, -a 277, 8
sano, -a 278, 8
el labrador 278, 11
regularmente 278, 11
acomodado, -a 278, 11
el dependiente 278, 13
la hacienda 278, 14
el comercio 278, 15
educado, -a 278, 16
figurarse 279, 7
experimentar 279, 8
inflexible 279, 16
el acento 279, 24
gracioso, -a 280, 5
formidable 281, 3
pinchar 281, 12
cierto, -a 281, 14
en efecto 281, 14
la americana 281, 28
decidido, -a 281, 31
penetrar 281, 31
pretender 282, 7
tener inconveniente 282, 19
resistir 283, 21
la porción 286, 4
infantil 286, 6
la infancia 286, 9
la aspiración 288, 3
registrar 288, 4
aspirar 288, 11
retirado, -a 289, 26
la criatura 289, 30

TRANSLATION AID XVI

1. Some uses of señor, señora, señorito, señorita.

    a. Señor and señora may be used before a noun in formal speech, in which case, if not omitted in rendering into English, they should not be translated as *mister* and *madam*: señor juez your honor 104,

14; **señor alcalde** his honor, the mayor 66, 8; **el señor director** our worthy director 298, 11. Omitted: el señor Obispo 384, 15; el Sr. Corregidor 384, 16.

b. Señor and señora are also used to express irony: **nuestro señor hermano** our *dear* brother 293, 8; **la señora doncella** her ladyship the maid 305, 9; **su señor hermano** her *darling* brother 349, 25.

c. Señora, which usually means madam, wife, or Mrs., has at times different connotations: **una buena señora** any old woman 330, 18; **muy gran señora** very much the great lady 367, 23.

d. Señorito also has various meanings: **los señoritos de su cuerda** the young gentlemen of his group 176, 4; **el difunto señorito Enrique** the late master Henry 307, 5. In direct address señorito can be translated as you, . . . sir: ¿**Llamaba el señorito?** Did you call, sir? 341, 25; ¿**El señorito me pregunta a mí quien es el señorito?** Are you asking me who you are, sir? 342, 6.

e. Similarly, señorita may be used with a definite article in direct address: **Por las moscas no tiene que apurarse la señorita** You don't have to worry about the flies, miss 336, 32.

2. Disjunctive object pronouns.

These pronouns (prepositional forms) are usually not translated. When there is no verb in the sentence, the disjunctive object pronouns stand alone; in translating them, either a verb is supplied or the object pronoun is rendered as a subject: Rosario. — **Lo cobardes que sois, que os da miedo pasar unos cuantos apuros** . . . Emilio. — A ella, no (*understood:* le da miedo) She isn't (afraid) 294, 25; Irene. — **No se nos ha ocurrido.** Don Juan. — ¿A él . . . tampoco? Irene. — We haven't thought of it. Don Juan. — He hasn't either? 327, 30; ¿**Yo a usted?** (¿Yo la he comprometido a usted?) 337, 31; **cuando a mí . . . aun se me podía llamar joven y rubia** When I could still be called . . . 369, 3.

3. Idiomatic uses of **sí** and **no.**

a. In translating elliptical sentences with idiomatic **sí** or **no** and a verb understood, it may either be necessary to use the verb that is understood or to make a reference to it: **De la casa, no; pero de la mesa, sí** Of the house he isn't (the master), but of the table he is 293, 7; **A mí, sí; pero a ti, no** It does worry me but not you 303, 26; ¿**Conque sí?** So he did? 149, 17; ¿**Cómo que no?** What do you mean you haven't met? 151, 9.

b. When **sí** is used for the sake of emphasis it is usually translated by *indeed* or some other emphatic word: **Sí que parece que va a haber tormenta** It does seem that there is going to be a storm 311, 1; **Fino sí es** It is indeed fine 314, 3; ¡**Pues sí que el motivo es de**

importancia! The reason is indeed important! 315, 13; ¡Eso sí
que no! Certainly not! 334, 17; Usted, sí, por lo visto Apparently it was you who needed it! 343, 17. In a few cases it may
be possible to translate sí or no literally: El sol . . . es el sol.
— En castellano, sí 302, 1.

    c. Sí and no are also used in a number of idioms. Their translation
depends on the sense of the sentence containing them: Claro que
sí 296, 21; Me parece que no 353, 1; Yo te digo que sí 125, 2.

4. Deceptive cognates. Look up the meaning of the following words:

la meridiana 292, 1	las plantas 308, 21
la estampa 292, 1	tranquilo, -a 309, 8
el fondo 292, 3	la habitación 311, 18
el aparato 292, 6	la obscuridad 312, 1
la chimenea 292, 9	procurar 312, 30
el término 292, 10	la incorrección 313, 1
el éxito 292, 14	la etiqueta 315, 4
componerse 293, 25	demostrar 316, 7
particular 294, 6	delicioso, -a 316, 16
distinto, -a 295, 22	el sereno 316, 29
simpático, -a 296, 24	la fama 317, 15
figurarse 298, 11	la pasión 318, 24
ingenioso, -a 298, 12	alterado, -a 320, 1
precioso, -a 298, 19	el anuncio 320, 31
la confianza 301, 11	solicitar 321, 8
importar 304, 3	el medio 321, 14
la necesidad 305, 23	la dirección 321, 25
el disgusto 306, 23	la firma 321, 28
la gloria 307, 10	celebrar 322, 6
el cristal 307, 23	precipitarse 322, 29
el marco 307, 24	incorporarse 322, 33

TRANSLATION AID XVII

1. Some translations of ¿cómo?, ¡cómo! and como.

    a. ¿Cómo?

        1. What? 332, 32; 367, 16.

        2. What do you mean?: ¿Cómo que no está mal? 318, 13;
¿Cómo imposible? 323, 13; ¿Cómo que no sabes? 324, 16.

        3. Why?: ¿Cómo tú? 296, 16; ¿Cómo no brillan en la obscuri-
dad semejantes relámpagos? 428, 32.

        4. How does it happen that?: ¿Cómo tiene ese hombre tu
babucha? 324, 14; ¿Cómo no se ha casado usted? 327, 24.

    b. ¡Cómo!

        1. How well!: ¡Cómo dice las cosas este hombre! 310, 13.

c. **Como.**

  1. As if: **Entran como atraídas por los gritos** 322, 36; **Miramos
  . . . como temiendo que alguien nos detenga** 299, 28.

  2. If: **Como no vengas, vuelvo a sacarte los ojos** 348, 29.

  3. But: **Como cuando una pisa fuerte, . . . se te alteran los
  nervios** 304, 11.

  4. Omit: **Como que ahora no tiene Vd. ni una cana** 139, 14.

2. Idiomatic uses of **aquí, ahí, acá, allá.**

  a. **Aquí.**

    1. Suddenly: **He aquí que se oyen fuertes gritos** 74, 31.

    2. This way: **Por aquí, pase Vd.** 138, 25.

  b. **Ahí.**

    1. With you: **¿No traes ahí el dinero?** 47, 3.

    2. Idioms: **¡Ahí es nada!** A mere trifle! 340, 28; **¡Ahí verá
    usted!** That's the way it was; What do you know about that!
    328, 5; 341, 5.

  c. **Acá.**

    1. With the force of an indirect object pronoun: **Trae acá** Give
    it to me 292, 28; **Dame acá** 133, 5.

  d. **Allá.**

    1. To denote personal unconcern or non-participation in an action:
    A mí no me cuente nada. . . . Allá ellos lo arreglaron
    They settled it (without me) 27, 6; **¿Cuántas libras pesó el
    pescado? No lo sé . . . allá la señá Isabel** That's señá
    Isabel's business 32, 6; **¿No es esto, José? — Allá usted,
    señora** 37, 21.

    2. To denote futurity: **allá veremos** we shall see 21, 9.

3. **Es que.**

  a. Most of the time **es que** (short form of **ello es que**) is left untranslated: **Es que me figuré** 321, 13; other examples 313, 29; 332, 1.

  b. In a few cases it may be translated by *why* or *but:* **Es que . . ., a
  decir verdad . . .** 344, 34; **Es que está trabajando** 346, 23.

4. Deceptive cognates. Look up the meaning of the following words:

las modas 325, 6	**celebrar** 330, 14
interiores 325, 11	**renunciar** 330, 20
claro, -a 325, 20	**ascender** 330, 21
simpático, -a 325, 25	**figurarse** 330, 35
el valor 326, 29	**encontrar** 331, 18
marcharse 328, 26	**pasar** 331, 32
pretender 330, 10	**sugestionado, -a** 332, 29

antipático, -a 333, 18
la florista 333, 22
la granada 334, 3
suspender 334, 20
contemporáneo, -a 334, 22
infinito, -a 336, 16
sostener 336, 25
inclinarse 337, 28
menor 338, 28
guardar 339, 9
sensible 339, 28
la declaración 339, 29
suceder 340, 6
emocionarse 340, 30

el vaso 341, 27
la aflicción 342, 12
la crisis 342, 15
el portero 343, 9
demostrar 344, 6
apasionado, -a 344, 7
correcto, -a 344, 8
soportar 344, 11
el remedio 344, 29
la letra 345, 18
invencible 346, 6
el propósito 346, 14
la intimidad 347, 2
la presentación 347, 13

TRANSLATION AID XVIII

1. Future of probability.

Among the most common translations are:

a. probably: **Se habrá enterado de lo muy a gusto que te diviertes**
She has probably found out what a wonderful time you are having
353, 33; **Se habrá asustado** She is probably frightened 364, 7.
Occasionally it may be necessary to place the word *probably* quite far
from the verb: **Pocos españoles, aun contando a los menos
sabios y leídos, desconocerán la historieta . . .** Probably
few Spaniards, even counting the least informed and least educated,
do not know the story . . . 374, 1.

b. must: **Será el calor** It must be on account of the heat 354, 11;
Será del paseíto de esta mañana It must be on account of this
morning's walk 356, 13; **¡Tú sabrás por qué!** 358, 26.

c. I wonder: **¿Qué habrá guardado ése . . .?** I wonder what that
man has put away! 135, 27; **¿Tendrá dedicatoria?** I wonder if
it has an inscription! 137, 6.

d. suppose: **¡Se nos habrá subido a la cabeza el chaparrón!** I
suppose it was the shower that went to our heads! 323, 20; **¿Le
querrá Vd. mucho?** I suppose you love him very much! 326, 33;
¿Con qué dirás que nos encontramos? What do you suppose
we found? 131, 15.

e. can, could: **No será tanta la diferencia** The difference cannot be
so great 147, 27; **¿Habrá en el mundo muchacha más bobalicona?** Could there possibly be a more stupid girl than you? 70, 4.

2. Conditional of probability.

Similar translations can be used for the conditional of probability:
Se esforzaba . . . en averiguar cuál de ellas sería (could be) **la**

lancha de su novio 51, 3; Todo se volvía cavilar . . . de qué modo habría llegado (could have come) aquel dinero a manos del arruinado hidalgo 89, 6; figurándose . . . que los dineros . . . andarían (were probably) muy cerca de concluirse 112, 33; Se dió por supuesto . . . que . . . se habría (must have) matado de una caída 114, 19.

3. Variations in the use of object pronouns.

The use of object pronouns is many times the expression of personal preferences. In translating, the student should pay close attention to the sense of the sentence. Here are some of the more common variations:

a. la for le: En cuanto tengo un duro de más *la* compro un par de guantes 295, 13; — ¿Qué garantía me ofrece usted . . .? — ¿De pagar*la* a usted puntualmente? 370, 30.

b. le for lo: — A usted es natural que mi sombrero . . . (Le *ha estado buscando, y en este momento* le *encuentra,* le *recoge y* le *contempla*) 315, 18.

c. lo for le: Cuando *lo* (him) arrastraban consigo a la calle era para sentar*lo* en ella medio desnudo 42, 19.

d. les for los: Ya *les* oyes 301, 12; El autor *les* coloca en situaciones . . . absurdas 318, 27.

e. les for las: la pícara de la patrona *les* amenazaba con echarlas a la calle 142, 22.

f. These variations are found also in combinations of two objects: se le da (se lo da) 321, 24; es probable que Vd. me le (lo) hubiese negado 344, 23.

4. Translation of sin que.

The subjunctive that regularly follows sin que may be translated by means of the present participle, preceded at times by a possessive: Salen las dos del brazo sin que se sepa . . . quién sostiene a quién (without its being known) 306, 1; Entra sin que ella le vea He enters (without her seeing him) unnoticed by her 337, 9; Si se marcha Vd. sin que se lo haya dicho (without her telling you) 373, 11.

5. Deceptive cognates. Look up the meaning of the following words:

intentar 352, 17	resultar 354, 8
dominar 352, 17	flamenco, -a 354, 30
la americana 352, 19	rico, -a 355, 4
molestar 353, 10	la dama 355, 20
el continental 353, 16	avisar 357, 5
pasar 353, 24	registrar 357, 7
la absoluta 354, 2	la labor 358, 8
el mal genio 354, 7	la contrariedad 358, 17

TRANSLATION AID XIX

1. Finding the subject.

   A good translation is impossible unless the subject of the sentence
   has been found. Some of the more common pitfalls encountered by
   the student are:

   a. Subject at the end of a sentence: **En la mesa inmediata a la en
      que se sentó hablaban de política varios sujetos** 268, 16; **Tanto
      como ellas lo odiaban amábalo el buen Fresnedo** 278, 27.

   b. Subject confused with an object: **¡Demasiado sé yo a quién le
      gusto y a quién no le gusto!** WRONG: I know only too well
      whom I like and whom I don't like! RIGHT: I know only too
      well who likes me and who does not like me! 397, 9; **La advertencia
      de Bautista la consideró Martín de gran importancia** 219, 6.
      Here the subject is **Martín** and not **la advertencia**.

   c. Subject in a long sentence: **Se ufanaba y regocijaba de que a
      todos les agradase tanto como a él; y, aunque comprendía
      que en el fondo del corazón se la envidiaban algunos de ellos,
      la codiciaban como simples mortales y hubieran dado cualquier
      cosa porque fuese menos mujer de bien, la dejaba sola** (he
      left her alone) **días enteros . . .** 391, 14.   In this sentence, the
      subject *he* for the first two verbs is again repeated after three inter-
      vening clauses. Long sentences of this type should be carefully
      analyzed before attempting a translation.

2. Past participles.

   a. The Spanish past participle is often translated by the English present
      participle: **recordamos haber visto colgadas** (hanging) **de un
      clavo . . . aquellas dos anticuadas prendas** 393, 5; **tuvo la
      suerte de verla asomada a** (looking out of) **una ventana** 225, 18;
      tendido (lying) **en el suelo . . . vió a un hombre** 265, 8;
      . . . de modo que sirva para leer a la persona que esté sentada
      (sitting) **o tendida** (lying) **en el sofá** 292, 7.

b. The past participle is used in Spanish after **ser** and **estar** with the force of an adjective: **era amado** 392, 1; **estoy sentada** 400, 24. Other instances of **estar** + past participle: **El emparrado en el cual estaba subido** (perched) **el tío Lucas** 396, 25; **¡No está mal pensado!** That's not a bad idea! 399, 8; **Estaba dormido como un tronco** He was sleeping like a log 404, 23; **Estaba visto (It was obvious) que aquella mujer había nacido para domadora del pobre viejo** 455, 15.

c. After the auxiliary **haber** the past participle is used as a verb: **lo había oído** 404, 15. This should not be confused with the combination of impersonal **haber** and an adjective: **Reparó el tío Lucas en unas ropas que había colgadas** (were hanging) **en . . . dos o tres sillas** 427, 1. Literally: . . . some clothes that there were hung on . . . two or three chairs.

d. Great care should be taken in translating a past participle used after the verb **tener** so as to convey, whenever possible, the idea of resultant condition: **Aquí tienen ya preparados sus asientos** WRONG: Here they have already prepared their seats. RIGHT: Their seats are ready 399, 22; **la docena de comedias que tengo pensadas** (I have in mind) 295, 30; **cuando le tiene casi completamente desabrochado** . . . when it is almost completely unbuttoned 306, 5.

In some cases, however, constructions denoting resultant condition cannot be translated except by using the verb *to have* and a past participle in spite of the ambiguity resulting therefrom: . . . **poco arriesgaba un rústico . . . en tenerse ganada** (having won for himself) **la voluntad de . . . personas de campanillas** 383, 8; **nos tenía muy mal acostumbradas** he had spoiled us terribly 308, 18.

3. Comparisons.

There are numerous comparisons in Spanish which call for idiomatic translations:

a. Comparisons with **como**: **roja como una amapola** red as a beet 106, 9; **pálida como una muerta** pale as a corpse 182, 20; **trabajaba como un negro** he worked his head off 278, 5; **llorando . . . como una Magdalena** crying disconsolately 307, 20; **Al entrar como Pedro por su casa** Upon entering as if she owned the place 347, 1; **como si tal cosa** as if nothing had happened 137, 16; **me engañó como a un pobre hombre** she deceived me as if I were a poor fish, she made a sap out of me 444, 17; **trascurrían minutos largos como eternidades** there passed minutes long as centuries 447, 23; **se lanzó sobre el tío Lucas como un basilisco** like a fury 455, 10.

b. Comparisons with **más que**: **mentía más que la** *Gaceta* he lied like a trooper 308, 17; **más feo que Picio** uglier than the devil 387, 20; **más feo que el bú** as ugly as sin 398, 26; **más bueno que el pan** as good as gold 398, 27; **Vd. le tiembla más que a una vara verde** you shake like an aspen leaf 402, 23; **La señá Frasquita estaba más amarilla que la cera** Señá Frasquita was as pale as a sheet 447, 14; **el tío Lucas se puso más pálido que la muerte** Uncle Lucas became deathly pale 455, 17.

4. Deceptive cognates. Look up the meaning of the following words:

leído, -a 374, 1
vulgar 374, 2
el pastor 374, 3
referir 374, 5
el rústico 374, 5
el papel 374, 6
el romance 375, 3
la relación 375, 3
la noticia 375, 23
recordar 376, 11
el gracioso 377, 1
discreto, -a 377, 15
suceder 378 title
la moneda 378, 15
ponderar 379, 9
intentar 379, 12
diario, -a 379, 16
los mayores 379, 21
particular 380, 8
la suposición 380, 11
asistir 380, 19
la población 381, 20
caracterizado, -a 382, 3
fino, -a 382, 10
el rústico 383, 8
la contribución 383, 17
gracioso, -a 384, 17
la estampa 385, 11
real 385, 12
la criatura 385, 14
asistir 386, 20
largo, -a 386, 21
simpático, -a 388, 1
la gracia 388, 2
el pastor 388, 3

la ocurrencia 388, 12
el matrimonio 389, 14
la sucesión 389, 14
consistir 391, 21
la penetración 392, 1
impropio, -a 392, 20
la grana 392, 25
lo particularísimo 392, 25
el carbón 393, 11
obscuro, -a 394, 5
la cólera 394, 5
la lujuria 394, 6
las facciones 394, 6
principalísimo 394, 15
propio, -a 395, 1
descubrirse 395, 16
la bestia 395, 24
guardarse 396, 7
el compás 396, 24
las noticias 397, 9
ignorar 398, 19
declararse 399, 5
guardar 399, 16
la reverencia 399, 19
plantar 400, 25
fresco, -a 400, 29
el acento 401, 6
actual 401, 18
exponerse 401, 22
el genio 402, 23
cierto, -a 402, 27
pasar 403, 1
materialmente 403, 8
intentar 404, 31
descubrir 405, 2

TRANSLATION AID XX

1. **The verb tener.**

   a. The verb **tener** is used in a number of idioms which in English require the verb *to be:* **Tú tenías razón** You were right 399, 3; **no tenemos prisa** we are not in a hurry 421, 5. The student is requested to ascertain the meaning of the following: **¡Qué ganas tengo de que os caséis!** 294, 18; **¿Cuántos años tienes?** 296, 27; **¡Si tuviéramos tan poco miedo como los hombres . . .!** 300, 20; **tenga usted cuidado con ese señor gordo** 332, 17; **hace padecer a quien no tiene la culpa** 358, 28; **¿Por qué . . . voy a tener más sueño que vosotras?** 359, 26; **¡No tenga Vd. tantos celos!** 397, 24. For other examples see the general vocabulary under **tener.**

   b. **Tener** is also used in sentences referring to qualities of the human body or its parts. Again the verb *to be* is used in translating: **Tiene Vd. un pelo tan endemoniado** Your hair is so devilish ·313, 25; **tengo las manos** (my hands are) **tan bonitas que parecen de cera** 333, 30; **Tenía más de dos varas de estatura** She was over five feet, six inches tall 385, 18; **Tengo los pies muy hinchados** My feet are very swollen 418, 9.

2. **Idiomatic uses of the verb hacer.**

   a. With idioms referring to the weather. In this case the verb *to be* is needed in translating: **todavía hacía demasiado calor** it was still too hot 392, 21; **Esta noche no hace viento** 361, 3. Sometimes the verb **hacer** is also used instead of **haber** to refer to visible phenomena: **La noche está muy hermosa y hace luna** (and there is moonlight) 418, 7.

   b. In expressions of past time the verb **hacer** is translated by English *ago:* **Ya te lo dije yo hace tiempo** 397, 4.

   c. In expressions of time indicating that an action continues up to the present, the perfect tenses are called for in English although the simple tenses appear in Spanish: **hacía ya algún tiempo que aquel molino era el predilecto punto de llegada** for some time that mill *had been* the favorite meeting place 382, 1; **hacía un año que no nos veíamos** we *had* not *seen* each other for a year 132, 11.

   d. Similarly, sentences containing **desde hace** are also translated by the perfect tenses. In some cases the word **desde** is understood: **¡Qué vida la mía desde hace una hora!** What a life mine *has been* this past hour! 425, 20; **Nos conocemos hace muchos años** (Understood: **desde hace**) We *have known* each other for many years 147, 17.

3. **Idiomatic uses of y.**

   In Spanish the conjunction **y** is often used at the beginning of a sentence or clause in an elliptical construction, *i.e.*, one in which one or

more words are understood. The proper translations in this case are:
a. And what about . . .? *b*. And how is (are) . . .? Examples:
a. — ¿Y Lucas? ¿Duerme? 400, 13; — Pues, ¿y mi sobrina?
409, 14; — Pues, ¿y yo? — prorrumpió al fin don Eugenio . . .
456, 19; — Pues, ¿y tú? — respondió el tío Lucas 457, 13. *b*. — ¿y
la señá Frasquita? ¿Se conserva tan guapa? 421, 1.

4. Deceptive cognates. Look up the meaning of the following words:

la gana 405, 8
    plantado, -a 405, 14
    probar 405, 20
el extremo 405, 24
el familiar 406, 2
    reposado, -a 406, 4
el acento 406, 4
    casualmente 406, 33
la cólera 406, 34
la concurrencia 407, 16
el penitenciario 409, 15
el magistral 409, 22
el oficio 409, 27
    saludar 411, 30
    guardar 412, 5
la bachillería 412, 17
    importar 412, 19
    desgraciado, -a 413, 3
el labrador 413, 9
el dormitorio 414, 27
el bachillero 415, 6
    quitar 415, 25
    disimulado, -a 416, 10
    inmediato, -a 416, 11
el candil 416, 29
la bala 416, 31
el rústico 417, 21
el particular 417, 26
la bestia 418, 12
el oficio 418, 19
    raro, -a 418, 28

suceder 418, 33
divisar 419, 23
la declaración 420, 10
el particular 420, 23
el rancho 423, 12
el cigarro 424, 20
el rumor 424, 23
    vender 424, 26
    propio, -a 425, 6
el refrán 425, 9
    particular 425, 13
a escape 425, 17
la banda 425, 18
    robar 426, 9
la chimenea 426, 20
    entrado, -a 426, 22
el cañón 427, 20
la tabla 428, 31
    simple 430, 19
    puntualmente 430, 28
la justicia 431, 1
la condición 431, 2
    balancearse 431, 21
la frase 431, 23
el acento 432, 8
    efectivamente 432, 13
    casualmente 434, 6
la elección 434, 17
el papel 434, 28
    justificarse 435, 28

TRANSLATION AID XXI

1. Reflexive verbs.

Reflexive verbs used in the third person in conjunction with an
indirect object usually are serious stumbling blocks to the student
because of combinations of *little* words such as **se me, se le, se nos,**

se les, etc. Constructions with these combinations should not be translated literally. Examples:

aficionarse: Notó que el enfermo se le iba aficionando . . . was growing fond of him 266, 5.

agolparse: La sangre se le agolpó toda al corazón . . . rushed to his heart 288, 30.

antojarse: Se le antojó que nos fuéramos a pasar un día en Aranjuez She took it into her head . . . 131, 4; se le antoja un ardid de doña Barbarita 361, 36.

derretirse: . . . y derritiéndosele la gacha becoming mushy 405, 1.

deshacerse: . . . una trenza tan floja que casi inmediatamente se le deshace comes loose 306, 10.

erizarse: Y los bigotes se le erizaron . . . bristled 279, 15.

humedecerse: Al buen Fresnedo se le humedecían los ojos Good Fresnedo's eyes filled with tears 284, 18.

morirse: era una hija que se le murió hace años . . . died 269, 21.

nublarse: se le nublaron los ojos his eyes became dim 261, 11.

ocurrirse: se me ocurrió una gran idea I got . . . 131, 10. Also 414, 26; 420, 7.

ofenderse: No te rías . . . que se nos va a ofender she will be offended 304, 26.

olvidarse: A Vd. se le olvida que está hablando con el Rey You forget . . . 440, 16; also 429, 21.

presentarse: con ello podía ir viviendo hasta que se le presentara la fortuna . . . should come to him 264, 15.

quedarse: la misma vida que no puedo emplear se me queda dentro stays inside of me 257, 18.

subirse: ¡Se nos habrá subido a la cabeza el chaparrón! . . . has gone to our heads 323, 20.

2. Translations of por.

Do not use the same translation for Spanish words that have various meanings. Take for example the translations of the preposition **por:**

about: . . . que venga a preguntar por el señor 443, 9.

after: . . . los pueblos adonde iba por grano 391, 11.

along: no era raro ver discurrir por las calles tal o cual linterna 408, 23.

around: por Pascuas se solía añadir algún pestiño 382, 20.

at: por aquella época 131, 9.

because: murieron . . . por no poder sufrir la vista de los franceses 466, 15.

because of, on account of: rostro . . . arrugado por la falta absoluta de dientes y muelas 394, 2

by: **considerado ya su texto por todos . . .** 376, 20.

for: **Por varias y diversas razones . . .** 382, 1.

for the sake of: **¿A qué no nos expondríamos por Vuestra Señoría . . .?** 401, 23.

however . . .: **por bonita que sea, no me ha de gustar** 326, 27.

in: **por las tardes** 384, 14.

in order to: **por decirlo de una vez** 393, 22.

moved by: **Rosarito, por el instinto de orden, que es su característica, arregla . . . los trastos** 306, 2.

out of: **— No me atreví. — Por timidez, ¿verdad?** 344, 3.

over: **paseando la vista por todos los circunstantes** 453, 22.

per *or* a: **una vez por semana** 379, 14.

through: **paseando por el campo** 380, 16.

times: **tres por cuatro doce** 33, 8.

to: **metiéndose los puños por los ijares** 431, 12.

with: **empezando por el Sr. Obispo . . .** 384, 15.

No attempt has been made in the preceding list to include idiomatic expressions with **por**. These are very abundant. The following appear in the novel *El sombrero de tres picos:* **por señas** 375, 12; **por consiguiente** 376, 12; **por el orden de** 377, 1; **por ejemplo** 380, 10; **por delante** 382, 15; **por fuera** 384, title; **acabar por** 385, 15; **por tanto** 386, 2; **por último** 387, 15; **por dentro** 387, title; **por medio de** 390, 13; **por parte de** 391, 13; **por razón de** 392, 18; **por dondequiera que** 395, 15; **por vía de** 395, 25; **por eso** 396, 1; **por allí** 399, 1; **por lo visto** 399, 2; **por cierto** (que) 399, 10; **por aquí** 399, 19; **por lo bajo** 403, 27; **por mejor decir** 408, 27; **por su parte** 412, 7; **por supuesto** 414, 16; **¡por vida de . . .!** 415, 5; **por si** 422, 29; **por la parte de** 429, 28; **por ahora** 431, 25; **por lo demás** 433, 16; **por la escalera abajo** 438, 28; **ni por asomo** 443, 1; **por tierra** 445, 15; **por la escalera arriba** 449, 11; **por encima de** 449, 15; **por ende** 450, 14; **por razones de** 450, 23; **por lo que toca a** 452, 17; **por ningún lado** 454, 4; **por la presente** 459, 7; **por ese camino** 461, 23; **pide por esa boca** 465, 12; **por lo mismo** 465, 29.

3. The expression **ojalá.**

The expression **ojalá** (from Arabic *in sha'llah* if God wills) has the force of a verb and may be found either by itself or followed by the subjunctive. In either case it is best to supply, in translating, a verb or an expression of hoping or wishing:

a. Rosario — **¿Mimada por quién?**

Doña Barbarita — **Por todo el mundo.**

Rosario — **. . . ¡Ojalá!** (I wish I were) 358, 11.

Rosario — **¿Tú no sales hoy?**

Mario — **¡Ojalá!** (I wish I were not!) 298, 9.

b. ¡Ojalá supiera (I wish I knew) del mismo modo por qué no te gusto a ti! 397, 10; Y ojalá (I hope) que no lo sepas en tu vida 309, 10.

4. Deceptive cognates. Look up the meaning of the following words:

procurar 436, 25
el dormitorio 437, 2
marcharse 437, 6
el candil 437, 22
la visión 438, 30
la bestia 439, 22
el accidente 439, 23
referir 440, 6
suceder 440, 19
pasar 440, 25
desgraciado, -a 441, 12
figurarse 443, 14
la grana 443, 28
la frase 444, 4
penetrar 444, 7
la población 444, 7
el acento 444, 16
intentar 445, 12
largo, -a 445, 30
plantado, -a 446, 3
materialmente 446, 6
propio, -a 446, 25
justificar 446, 29
el desgraciado 447, 1
la facultad 447, 4
la habitación 448, 17
repentinamente 448, 19
el escándalo 449, 1
gracioso, -a 449, 2
el timbre 449, 2
el rústico 449, 8
principalísimo, -a 450, 1
el continente 450, 16
villano, -a 450, 19

la desgracia 451, 4
precisamente 451, 13
guardar 451, 22
divinamente 452, 16
abusar 453, 16
saludar 453, 30
cierto, -a 453, 33
presenciar 453, 36
el resorte 454, 26
balancearse 455, 4
igual 456, 26
particular 457, 28
formal 458, 11
el particular 459, 8
referir 459, 8
la reunión 460, 4
guardar 460, 6
la razón 460, 18
inmediato, -a 460, 22
la bachillera 462, 5
la oradora 462, 6
la finura 463, 29
la reverencia 463, 31
ignorar 464, 10
honesto, -a 466, 2
apreciar 466, 11
armarse 466, 14
el magistral 466, 15
el penitenciario 466, 15
sufrir 466, 17
educar 466, 24
la opinión 466, 26
propio, -a 467, 3

TRANSLATION AID XXII

1. Idiomatic expressions.

In translating an idiomatic expression, it is well to make a literal translation first, even if only mentally, in order to discover what idiomatic expression in English expresses a similar idea with similar words.

A comparison will then reveal the similarities and differences between the two languages. By way of example several Spanish expressions are given here with their literal and idiomatic translations:

le tenía en un puño (she had him in one fist) she had him under her thumb 31, 20.

saber de buena tinta (to know from good ink) to have it on good authority 52, 24.

ser uña y carne (to be nail and flesh) to be hand and glove 96, 18

se prometieron trabajar con alma y vida (. . . with soul and life) . . . heart and soul 99, 6.

en aquel instante podía ahogársele con un cabello (. . . he could have been choked with a hair) . . . you could have knocked him down with a feather 105, 4.

hecha un mar de lágrimas (turned into a sea of tears) bathed in tears 142, 14.

en buenas manos está el pandero (the tambourine is in good hands) the whole thing is in good hands now! 144, 12.

aquí hay gato encerrado (here there is a cat locked up) there is a nigger in the woodpile 152, 3.

no vuelvas a las mil y quinientas (don't come back at the one thousand and five hundredth hour) don't come back at all hours of the night 297, 13.

estoy tomando arranque (I am taking a start) I am getting a running start 298, 14.

me importan un comino (. . . matter to me as much as a cumin seed) I don't care a whoop about them 350, 12.

si fuera yo, . . . te daba la absoluta (if I were in her place I would give you your discharge) if I were in her place I would give you the air 354, 1.

personas de campanillas (persons with bells) persons of consequence 383, 10.

era el ojo derecho de . . . (she was the right eye of . . .) she was the apple of their eye 388, 10.

tener buenas aldabas (to have good latches) to have a lot of pull 401, 20.

habrá la de San Quintín (there'll be another St. Quentin battle) there'll be an awful rumpus 412, 11.

los ojos . . . echaban llamas (her eyes threw off flames) her eyes were flashing 417, 32.

no he pegado los ojos (I have not closed my eyes) I haven't slept a wink 422, 13.

estoy calado hasta los huesos (I am soaked to the bones) I am soaked to the skin 433, 12.

exclamó para su capote (he exclaimed to his cloak) he said to himself 443, 28.

¡nada de pero! (nothing of but!) no buts about it! 457, 5.

sin decir esta boca es mía (without saying this mouth is mine) without saying a word 461, 11.

hecho un vinagre (turned into vinegar) sourly 463, 13.

2. Sayings.

In Spanish sayings are at times used in part or in their entirety. The student should strive to find, when translating, the closest English counterpart, or at least to translate the thought and not merely the words. In the following examples the literal and idiomatic translations are given for purposes of comparison:

De casta le viene al galgo (el ser rabilargo) (The greyhound has a long tail because of its breed) Blood will tell 136, 11.

El diablo, harto de carne, se metió fraile (the devil, satiated with flesh, became a monk) When the devil was sick, the devil a monk would be 297, 28.

Donde menos se piensa salta la liebre (Where least expected the hare will jump) The devil comes when least expected 298, note 98.

con tu pan te lo comas (eat it with your bread) that's your affair 309, 15.

Le dijo el grajo al cuervo ¡quítate allá que tiznas! (Said the jackdaw to the crow: get out of here; you are soiling me!) The pot called the kettle black 408, title.

se parece al sargento Utrera que reventó de feo (he looks like Sergeant Utrera, who burst from sheer ugliness) he is as ugly as sin 411, 15.

Ésa es harina de otro costal (That is flour from another sack) That's a horse of another color! 459, 21.

3. Translating Spanish poetry.

a. In translating Spanish poetry into English, read the entire poem in Spanish first. An effort should then be made to apprehend the central thought, poetic mood and structural pattern of the poem as a unit so that some guide may be had for the selection of the proper English words. A cursory analysis of the poem will prove extremely helpful. For example, in the poem *Canción*, p. 489, several questions may come up: Who is speaking? To whom? What "voice" and what "door" is the poet alluding to? What is the metaphorical or symbolical meaning of *lámpara* on line 4?

What is implied — not merely denoted — by *los fríos de la otoñada*, line 8? What *herida* is the poet speaking of? Why was the window *entornada*? What is implied by lines 11 to 12? Why is the lamp *extinguida*? What is the purpose of the repetition of lines 14 to 16?

b. When translating Spanish poetry use a style suited to the character and tone of the original so that the final English rendering may not turn out prosaic and insipid. In selecting the appropriate English words it must be remembered that beauty of form and content is more important than absolute accuracy of rendering. As long as the essentials are not interfered with, the student may feel free to depart — within reasonable limits — from the original Spanish phraseology. In so doing, words must be chosen not merely for what they mean but also for what they imply or suggest. In poetry both denotation and connotation are extremely important. A translation which makes no distinction between the basic and the metaphorical meanings of words cannot be but mediocre if not frankly bad.

Compare the original Spanish of José A. Silva's *Nocturno*, p. 491, with the translation of Thomas Walsh (*Hispanic Anthology*, New York, 1920, p. 584).

NOCTURNE

One night,
One night all full of murmurs, of perfumes and the brush of wings,
Within whose mellow nuptial glooms there shone fantastic fireflies,
Meekly at my side, slender, hushed and pale
As though with infinite presentiment of woe
Your very depths of being were troubled, —
By the path of flowers that led across the plain,
You came treading
And the rounded moon
Through heaven's blue and infinite profound was shedding whiteness.

And your shadow
Languid, delicate;
And my shadow,
Sketched by the white moonlight's ray
Upon the solemn sands
Of the path, were joined together,
As one together,
As one together,
As one together in a great single shadow,
As one together in a great single shadow,
As one together in a great single shadow. —

.   .   .   .

4. Deceptive cognates.   Look up the meaning of the following words:

quitar 468, 8

el vago 470, 5

presentado, -a 470, 32

el extremo 471, 13

saludar 471, 17

la ocurrencia 471, 29

la casualidad 473, 12

en efecto 474, 19

precioso, -a 475, 11

desgraciado, -a 476, 8

el pariente 476, 17

la historia 476, 19

la desgracia 477, 28

la condición 477, 33

las noticias 477, 35

fino, -a 479, 17

VOCABULARY

ଠଔ

ABBREVIATIONS

adj.	adjective	*indir.*	indirect
adv.	adverb	*inf.*	infinitive
art.	article	*m.*	masculine
aug.	augmentative	*obj.*	object
comp.	comparative	*p. p.*	past participle
cond.	conditional	*pfct.*	perfect
dem.	demonstrative	*pl.*	plural
dim.	diminutive	*pop.*	population
dir.	direct	*pr.*	pronoun
excl.	exclamation	*pr. n.*	proper noun
f.	feminine	*pres.*	present
fam.	familiar	*pres. p.*	present participle
fut.	future	*pret.*	preterite
impfct.	imperfect	*s.*	singular
ind.	indicative	*subj.*	subjunctive

A

a to, at, until, in, for, into, about, under, by, of, toward, on, over, from, and, with, along, against, after; — **los tres o cuatro días** three or four days later; ¿— qué? why?; *sign of personal accusative, untranslated*

¡Aaaah! Ah!

el abad abbot

la abadesa abbess

abajo down, downstairs, down there, get out, below; ¡—! down with!; **de arriba** — up and down, from head to foot; **más** — farther down; **por la calle** — down the street

abalanzarse (a) (sobre) to rush upon, rush to

abandonado, -a abandoned

abandonar to abandon, give up, leave, leave alone

abandonarse to yield, give oneself up

el abandono forlornness, solitude, loneliness

abanicarse to fan oneself

el abanico fan; **en** — in the shape of a fan

la abarca sandal

Abarzuza *small town five kilometers from Estella*

abatido, -a discouraged

el abatimiento dejection, lifelessness, weariness

abatir to depress, beat down

abdicar to abdicate

la abeja bee

la abertura opening, aperture

abierto, -a *p. p. of* **abrir** opened, open, outstretched, flat, cut, bleeding

el abismo abyss, depths

ablandado, -a softened

ablandar to appease, soften; **se dejó** — she calmed down

ablandarse to relent

abochornarse to blush, be ashamed

el abogado lawyer

abonar to pay, answer for, warrant

aborrecer to hate

aborrecido, -a hated

abrasar to burn

la abrazadera sling

abrazado, -a embracing, clinging to, clasping

abrazar to embrace

abrazarse (a) to embrace (each other)

el abrazo embrace

abreviar to hurry, shorten, hasten

abrigado, -a sheltered

el abrigo overcoat, shelter, cover, protection

Abril *pr. n.*

el abril April

abrir to open, open the door, open up; — **el apetito** to whet *or* sharpen one's appetite

abrirse to open up, crack up

abrochado, -a buttoned

abrocharse to button up

abrumar to oppress

abrupto, -a abrupt

la absoluta absolute dismissal; **dar la** — to give someone the air

absolutamente absolutely, utterly; — **nada** (nothing) at all

el absolutismo absolutism

absoluto, -a absolute, unlimited

absorber to absorb, engross

absorto, -a absorbed in thought, amazed

la abstinencia abstinence

absurdo, -a absurd

el absurdo absurdity

la abuela grandmother, grandma

la abuelita *dim. of* **abuela** (dear) grandmother, grandma, granny

el abuelo grandfather; *pl.* grandparents, ancestors

la abundancia abundance; **en —** abundantly

abundante abundant, thick

abundar to abound

abundoso, -a abundant

aburrido, -a bored

el aburrimiento boredom

aburrirse to be (or become) bored

abusar (**de**) to take advantage of, abuse

el abuso abuse

acá here; **dame —** give it to me, give me; **por —** this way

acabado, -a perfect, complete, full

acabar to end, finish, complete, accomplish, come to an end, stop, settle; **acabáramos** that's a horse of another color; **acabemos** let us get it over with; **— con** to put an end to; **acabar de +** *inf.* (*used in present and imperfect tenses*) to have just, finish; **no acababa de soltarla** would not let it go; **acabó de subir** finally rose; **— por** to end up by; **acabasteis por daros una cita** you ended up by making a date

acabarse to end, be over; **se acabó el trabajo** no more work

académico, -a academic, studied

el académico academician

acaecer to happen, take place

acaloradamente heatedly

acalorado, -a heated

acalorarse to become heated

acallar to quiet

acampar to camp, be encamped

acariciar to caress, cherish, entertain

acariciarse to stroke

acaso perhaps, perchance, by chance; **al —** by chance; **por si —** as a precaution, in case something should happen, just in case

el acatamiento deference

acaudalado, -a wealthy

acceder to accede, comply

accesible accessible

el acceso attack, fit

accidental accidental; **el mecanismo —** handling of the events

el accidente accident, mishap, incident, sudden attack

la acción action, act, share, stock

el aceite olive oil, oil

la aceituna olive

el acento voice, tone, accent, tone of voice

acentuar to accentuate, punctuate

acentuarse to become accentuated, be aggravated

aceptable acceptable, pretty good

aceptado, -a accepted

aceptar to accept

acepto, -a acceptable

la acequia canal, watercourse

la acera walk, sidewalk

acerca (**de**) about, concerning

acercar (**a**) to bring closer (to)

acercarse (**a**) to approach, get closer, come close, come near; **— mucho** to come very close

el acero steel

acertar (**ie**) to be right, succeed, hit upon, guess, be able, manage; **— a** to happen, succeed; **— con** to hit upon

el acertijo riddle

aciago, -a unfortunate

el acicate sting

el acierto skill, tact

la aclaración explanation

aclarar to grow light

acobardado, -a intimidated

acobardar to intimidate; **no te dejes —** don't lose courage

acoger to receive

la acogida reception

acogotar to kill (with a blow on the neck)

acometer to attack, seize, assail, broach

acometido, -a attacked

acomodado, -a well-to-do

acomodar to suit

acompañado, -a (de) accompanied (by), along with

el acompañante companion

acompañar to accompany, stay with, go along, go with, come with

acompasadamente rhythmically

acongojado, -a grieved, oppressed, agonizing, sorrowful, in anguish, distressed

aconsejar to advise, suggest

acontecer to happen, occur

el acontecimiento event

lo acordado that which was agreed upon

acordar (ue) to agree, determine

acordarse (ue) (de) to remember, recall, pay attention, care about, like, think of; **— mucho de** to think often of

el acordeón accordion

acortar to decrease

acosado, -a harassed

acostado, -a retired, in bed, lying

acostar (ue) to put to bed

acostarse (ue) to go to bed, retire

acostumbrado, -a accustomed, customary, usual; **nos tenía muy mal —as** had spoiled us terribly

acostumbrar (a) to accustom, be in the habit of, be accustomed to, used to; **más de lo que acostumbro** later than usual; *sometimes means only* usually

acostumbrarse (a) to get accustomed (to)

el acreedor creditor; **ser — a** to be worthy of

acribillado, -a full of holes

acribillar to riddle

la actitud attitude, posture

la actividad activity

activo, -a active

el acto act; **— continuo** at once; **en el —** at once; **en el — de** at the time of

el actor actor

actual present

actualmente at present

acuático, -a aquatic

acudir to come, run, come up, go, appeal, gather, hasten

el acueducto aqueduct

el acuerdo agreement, consent, accord; **completamente de —** in complete agreement; **con un —** unanimously; **de —** agreed

acumular to accumulate

acurrucado, -a curled up

acurrucarse to curl up

acusar to accuse, betray

achacar to attribute

los achaques matters

achicar to bail out

adecuado, -a adequate, fitting, appropriate, proper, worthy, consonant with

el adefesio mess

Adela *pr. n.*

adelantar to advance, rise, progress; **no se adelanta nada** one doesn't get anywhere

adelantarse to advance

adelante forward, come in!, ahead, on; **de hoy en —** from now on, henceforward; **hacia —** forward; **más —** farther ahead, later on; **por —** along

Adelita *pr. n.*

el ademán gesture, attitude, bearing, manner; **como en — de** as if

además besides, furthermore; **— de** in addition to, besides

adentro in, inside; **¡ — con él!** pull it in!; **más —** farther in; **para mis —s** to myself

aderezar to cook, prepare

aderezarse to prepare, set up

adeudar to owe

adiós goodbye, farewell

el aditamento appendage, addition

adivinar to divine, guess, make out, discern

el adjetivo adjective

adjudicar to administer

la administración office

el administrador administrator

administrar to administer

admirable admirable, excellent, superior

admirablemente admirably, well, excellent(ly); ¡está —! it is excellent!

la admiración admiration, surprise, astonishment

admirado, -a admired

el admirador admirer

admirar to admire

admirativo, -a admiring

admitir to admit, permit, accept, grant

adolecer to become ill

adonde where, to which; ¿adónde? where?

adoptado, -a adopted

adoptar to adopt

adorado, -a adored

adorar to worship, adore, love

adormilado, -a asleep

adornado, -a adorned

adornar to adorn, decorate

el adorno adornment, decoration

adosado, -a attached

adquirido, -a acquired

adquirir (ie) to acquire, take on; — el convencimiento to become convinced

la adquisición acquisition

la aduana customhouse

Aduana: Calle de la — street in Madrid

aducir to bring forward, present, adduce

adulador, -a flattering

el adversario adversary

la advertencia warning, remark, caution

advertido, -a warned, cautioned

advertir (ie) to note, point out, warn, inform, remark, notice, tell; le (te) advierto I want you to know

aéreo, -a aerial, through the air, airy

afable affable, kindly

afablemente affably, agreeably, courteously

el afán eagerness, endeavor, anxiety; pl. troubles, worries; con — eagerly

afanado, -a hard-working

la afectación affectation, pretense

afectado, -a affected, feigned

afectar to affect, pretend, feign

el afecto affection, fondness; con — affectionately

afectuosamente affectionately

afectuoso, -a affectionate, fond

afeitado, -a shaved

afeitar to shave

afeitarse to shave

aferrar to catch, anchor, hook

la afición inclination, taste, fondness, love

aficionado, -a (a) fond (of), devoted

aficionarse to grow fond of

afilado, -a tapering, slender, sharp

afinar to be exact; — la puntería to take good aim

la afirmación affirmation, assent, contention

afirmar to affirm, state, assent, maintain, assert

afirmativamente affirmatively

afirmativo, -a affirmative

la aflicción grief; con — hurt

afligido, -a afflicted, worried, in distress

afligir to afflict, worry

aflojar to let go, relax

afortunadamente fortunately

afortunado, -a fortunate; el muy — the lucky fellow

afrancesado, -a Frenchified, French partisan

la afrenta insult, affront, dishonor

afrentarse to be offended

África pr. n. Africa

afuera outside

las afueras outskirts

agacharse to stoop, crouch down, bend

la agalla gill

agarrado, -a grasped, hanging (to), holding; estoy bien — I'm holding on tight

agarrar to grab, seize, grasp, lay hands on

agarrarse a to grasp

agasajar to entertain, regale

el agasajo flattery, caress

agazapado, -a crouched down

agazaparse to crouch, hide oneself

agenciarse to acquire for oneself (by fair means or foul)

el **agente** agent; — **de policía** detective

ágil agile, spry

agilísimo, -a very agile

la **agitación** flurry, agitation, excitement

agitado, -a agitated, troubled, turbulent

agitar to shake, agitate, trouble, stir, wave

agitarse to mill about, rush about, flutter, move (about)

agolparse to rush

la **agonía** agony, suffering

el **agosto** August

agotar to exhaust

agotarse to be tired, be satiated

agradable agreeable, pleasing, pleasant

agradar to please, like

agradecer to be grateful, thank, be thankful for, appreciate

agradecido, -a grateful(ly)

el **agradecimiento** gratitude

el **agrado** pleasure, satisfaction

el **agravio** insult

agregar to add

agregarse to join, be added

agresivo, -a aggressive(ly), striking, loud

la **agricultura** agriculture

agrio, -a bitter, sour

agrupado, -a grouped

el **agua** f. water; **ya son pocas las —s malas** bad times will soon be over; — **de azahar** orange blossom water; **entre —s** swamped

el **aguamanil** small washstand, washbasin set

aguantar to stand, endure, put up with, suffer

aguantarse to be patient

aguardar to wait, await, wait for; — **a** to wait until

aguardarse to wait

el **aguardiente** brandy

la **agudeza** sharpness, keenness

agudísimo, -a very sharp, very acute

agudo, -a penetrating, piercing, sharp, high-pitched, shrill

Águeda pr. n. Agatha

el **agüero** omen, augury; **de (malísimo) mal —** (very) ominous

el **águila** f. eagle; — **austriaca de dos cabezas** double-headed Austrian eagle

aguileño, -a aquiline

el **agujero** hole

Agustín pr. n.

aguzar to sharpen

¡ah! oh! ah!; **¡ah de . . .!** ahoy there . . .!

aherrojado, -a shackled, chained

ahí there, out there, with you, this; **¡ — es nada!** a mere trifle!; — **tienes** here is, there is; **¡ — verá usted!** well, what do you know about that!; **por —** over there

la **ahijada** goddaughter

ahogadamente chokingly

ahogado, -a choked, smothered

ahogar to drown out, choke, smother, stifle

ahogarse to choke, drown, suffocate

el **ahogo** anguish, affliction; **de —** choking

ahora now, right away, just now; — **bien** well, then; **de —** of today; — **mismo** right now; **por —** for the present; **¿y —?** and now what?

ahorcar to hang, be hanged; — **los hábitos** to leave the priesthood

ahorrar to save

el **ahorro** saving

ahuecar to deepen, give a tone of solemnity

ahuyentar to drive away

ai = **ahí**

airado, -a angry, angrily

el **aire** air, look, aspect, expression; **¡aire!** clear out; **al —** in the open; **darse —** to fan oneself;

darse —s de indiferencia to pretend indifference; no tomes esos —s don't put on such airs

aislado, -a isolated

Aizarnazábal *pr. n., village near Azpeitia, pop. 409*

¡ajajá! ha ha!

ajeno, -a someone else's, another's, belonging to someone else; el amor — someone else's love

el ajuar furniture

ajustar to adjust, settle

al = a + el to the, with, in, in the, when, at the; al + *inf.* upon + *pres. part.; may also be translated by* when + *past tense or by the pres. part.*

el ala wing, importance

alabado, -a praised

alabastrino, -a alabaster

el alambre wire

alargar to hold out, hand to, bring, stretch out, hand over

la alarma alarm

alarmadísimo, -a very much alarmed

alarmado, -a alarmed

alarmar to alarm

alarmarse to be alarmed

el alba dawn

Albacete *pr. n., city in Murcia, pop. 14,753*

el albañil mason

la albarca leather sandal

Albornoz *pr. n.*

alborotar to make a fuss, get excited

alborotarse to get rough

el álbum album

la alcabala excise tax

la alcachofa artichoke

el alcahuete go-between

el alcalde mayor; Alcaldes a mí, que soy de Archena Bring on your mayors; I'm from Archena

la alcaldesa mayor's wife

el alcance reach; al — de within reach of

alcanzar to reach, overtake, succeed, attain, catch up to, be able

Alcázar de San Juan *pr. n., important rail junction in New Castile; pop. 11,499*

la alcoba bedroom

el alcohol alcohol

Alcoy *pr. n., city near Alicante, pop. 32,053*

la alcurnia ancestry, breed

la aldaba knocker; tener buenas —s to have a lot of pull

el aldabón large knocker

el aldabonazo blow with a knocker

la aldea village

la aldeana country woman

el aldeano villager

los Alduides *village in French Pyrenees located in mountain pass, situated on river of the same name*

aleccionar to instruct

alegrar to cheer up

alegrarse (de) to be glad (of), be pleased, prize, appreciate

alegre tipsy, happy, merry, joyful, pleasant, happily, cheerful

alegremente merrily, cheerfully

la alegría joy, happiness; ¡qué —! that's fine!

alejado, -a far

alejar to keep away, get out of the way, move away, put out, dispel, drive away

alejarse to go away, withdraw, row away, go far; — corriendo to run away; — mucho to go far out

el Aleluya Hallelujah

alemán, -a German

el alemán German

Alemania *pr. n.* Germany

alentado, -a encouraged

alentar (ie) to encourage

el alepín bombazine

aletargado, -a lethargic, stunned, in a lethargy

alevoso, -a malevolent

la alferecía epilepsy

el alfiler pin; — de a ochavo a penny pin

el alfilerazo pin-scratch, the art of annoying (men)

la alfombra rug, carpet

la alforja saddle bag; *see* sacar

la algazara uproar

algo something, anything, somewhat, a little; para — for some reason, not for nothing; por — not for nothing, I have a good reason for (to); por — será there must be a reason for it

el algodón cotton; un — a piece of cotton

el alguacil bailiff

alguien someone, anyone

algún some; see alguno

alguno, -a some, an occasional, any, someone, one, more than one; *pl.* some, few; —a estatuilla a small statue or two; no . . . — no(t) . . . whatever; — que otro an occasional one

la alhaja jewel

la alianza alliance

el aliento breath, courage, vigor; sin — breathlessly; tomar — to breathe, take a deep breath

el alijo smuggled goods

la alimaña rabble, animal

alimentar to feed, cherish, support

alimentarse to feed oneself, to live

el alimento food, fuel

el aliño tidiness, neatness

alistado, -a enlisted, enrolled

el alivio relief

el alma *f.* soul, spirit, darling, heart; see sentir; con — y vida heart and soul, body and soul; con el — en un hilo with his heart in his mouth; de mi — darling, my dear; ¡Dios mío de mi —! Good heavens!; hija de mi — my dear child; Lucas de mi — my darling Luke; mala — hardhearted person

el almagre red ocher

el almanaque almanac

la almendra almond

la almohada pillow

la almohadilla cushion

el almohadón large pillow, cushion, pillow case

almorsá see almorzar

almorzar (ue) to lunch, breakfast

el almuerzo lunch, breakfast

la alocución harangue

el alojamiento lodging, room

alojarse to lodge, take lodging

la alpargata sandal, *made of white canvas with a fiber sole; the ordinary footgear of the Spanish peasant and laborer*

el alpargatero sandal-maker

alpujarreño, -a from the Alpujarras (*mountains of Andalusia*)

alquilar to rent

el alquitrán tar, pitch

alrededor around; a su — about him; — de around; los —es vicinity

altamente highly

la altanería haughtiness

altanero, -a arrogant, haughty

el altar altar

la alteración alteration, change

alteradísimo, -a very much disconcerted or upset

alterado, -a excited, disconcerted

alterar to change; se te alteran los nervios it gets on your nerves, your nerves get upset

alternado, -a alternate

alternar to alternate

alternativamente alternately

alterno, -a alternate

altísimo, -a very high

altito, -a a little bit high

altivo, -a haughty

alto, -a high, tall, upper, lofty, loud, outstanding, noble, late; ¡—! halt! stop!; dos varas de — two yards' distance; en — on high, aloft

el alto halt, height

lo alto top, highest part

la altura height; a la — del pelo at the hair line; de — on the open sea, high seas

el aludido the one alluded to

aludir to allude

alumbrado, -a lighted

el alumbrado lighting system

alumbrar to light, illuminate, light the way

el alumno student; — interno interne

la **alusión** allusion, hint
Álvarez Quintero, Joaquín
(*1873–*) *contemporary Spanish
playwright*
Álvarez Quintero, Serafín (*1871–
1938*) *Spanish playwright, brother
of Joaquín Álvarez Quintero*
el **alvéolo** socket, frame
el **alza** rise; **estar en —** to be up
alzar to raise; **— las manos al
cielo** to throw up one's hands
alzarse to rise, get up; **— a pico**
to rise straight up
Alzate *pr. n.*, *town near Vera*
allá there, down, off there; *may
denote futurity;* **— a la tarde**
along toward the afternoon;
— ellos that's their business;
— usted you should know;
— San Pedro se las arregle
we'll let Saint Peter settle that;
— veremos we shall see; **por —**
over there, around there, that way
allegado, -a close
allende beyond
allí there; **— mismo** right there;
por — over there, there
el **ama** *f.* mistress, nurse, housekeeper; **— de leche** wet nurse
la **amabilidad** kindness, amiability,
friendliness, affability, politeness; **con —** affably
amabilísimo, -a extremely amiable
or polite
amable agreeable, kind, affable,
amiable, nice, kindly, amiably
amablemente affably, agreeably,
amiably
Amadeo de Saboya Amadeo I
of Spain, *king from 1870 to 1873*
amado, -a beloved
Amalia *pr. n.*
amanecer to dawn; **antes de —**
before dawn; **los barcos amanecen** the boats will be found at
dawn
el **amanecer** dawn, daybreak
amansado, -a mollified, softened
amansarse to quiet down, become
pacified
amante *adj.* loving

el **amante** lover, sweetheart; *pl.*
sweethearts
la **amapola** poppy
amar to love
amargamente bitterly
amargar to embitter
amargo, -a bitter
el **amargor** bitterness
la **amargura** bitterness, sorrow; **con
— bitterly**; *pl.* bitterness
amarillento, -a yellowish
amarillo, -a yellow, pale, sallow
el **amarillo** yellow
amartelarse to fall in love
la **amarra** cable; **— de tierra** land
cable
amarrado, -a tied
amarrar to tie, fasten
amasar to knead
Amaviturrieta *pr. n.*, *name of a
cave*
la **ambición** ambition
ambicionar to aspire, have ambi-
tions
el **ambiente** atmosphere, surroundings, milieu
el **ámbito** extent, length; *pl.* depths
ambos, -as both
amedrentado, -a frightened
la **amenaza** threat
amenazador, -a threatening
amenazar (**con**) to threaten
amenguar to diminish, decrease
amenizar to make pleasant
la **América** America. *This word is
often used to imply Spanish America
or Latin America exclusively.*
la **americana** American woman, coat,
business suit
el **americano** American; *Spaniard
who has returned from America*
Amezqueta *pr. n.*, *Guipuzcoan village near Tolosa, pop. 320*
el **amezquetano** native of Amezqueta
amical friendly
la **amiga** friend
amigo, -a fond, friendly
el **amigo** friend; **muy — de a** very
good friend of
amilanarse to flinch
aminorar to decrease

la amistad friendship

amistosamente in a friendly fashion

amistoso, -a friendly

el amo master; *pl.* master and mistress

la amonestación warning, admonition

amontonar to heap up, pile up

el amor love, love affair, infatuation; *pl.* love affair, love, endearing words; **al — de la lumbre** by the warmth of the fire; **con —** lovingly; **— propio** conceit, self-respect; **por el — de Dios,** for Heaven's sake

amoroso, -a amorous

amoscarse to become irritated

amparado, -a protected, sheltered

amparar to protect, provide for

el amparo protection, help, shelter

amplio, -a large

amueblado, -a furnished

amurar to tack, change the direction of a vessel by shifting the sails

Ana *pr. n.* Ann

Anacleto *pr. n.*

la anciana old lady

anciano, -a old

el anciano old man

el ancla anchor

anclar to anchor, cast anchor

ancho, -a wide, broad; **a sus —as** at their leisure

Anchusa *pr. n.*

las andadas: volver a las — to repeat oneself, go back to one's former ways

Andalucía Andalusia

andaluz, -a Andalusian

el andaluz Andalusian

la andanza event, trip, wandering

andar to walk (about), go, go about, be, move along, get along, be involved, go away, feel, progress; **¡anda!** good! come! come on! go on! honestly! well!; **¡anda, anda!** my, my!; **¡anda éste!** oh, go on!; **¡anda tú!** go away!; **¡andando!** hurry up!, get going!; **andando los años** as time went on, in the course of time; **andando el tiempo** as time goes on; **¡ande Vd.!** go on! go ahead! **— a caballo** to ride horseback; **— a gatas con una mano** to crawl using but one hand; **— a la pata coja** to hop on one foot; **— a puñetazos con sus lágrimas** fighting back his tears; **— a tientas** to grope one's way; **— arrastrado** to live in misery; **— de puntillas** to walk on tiptoe; **— con economías** to pinch pennies; **— con pasos de duende** to pussyfoot; **— en cuestiones** to argue, dispute; **Anda con Dios** So long!; **¿todavía andamos en eso?** is this kind of thing still going on?; **¡Anda con ésa!** There's one for you; **— hacia atrás** to step backward; **— muy cerca (de)** to be very close (to); **— suelto** to circulate freely; **la procesión le andaba por dentro** he was tied up in knots inside

andariego, -a restless, roving

el andarín runner

el Ande *pr. n.* Andes

el andén platform

Andía *pr. n.*, *mountains in Álava and Navarre*

Andoain *pr. n.*, *village near Tolosa, pop. 1,553*

andrajoso, -a ragged; **hecho un —** looking ragged

Andrés *pr. n.* Andrew; **— mía** Andrew dear

la anécdota anecdote

el anfitrión host

el ángel angel

los Ángeles *pr. n.*

angosto, -a narrow, tight

la anguarina long-sleeved coat

Anguinet, Benita *pr. n.*, *apparently a magician well known to the public when Las codornices was presented*

el ángulo angle, corner

la angustia anguish; con — distressed, in distress

angustiadísimo, -a very much distressed

angustiado, -a distressed, anguished

angustioso, -a painful, difficult

anhelado, -a longed for

anhelante breathless(ly)

el anhelo longing, anxiety

anidar to nest

el anillo ring

el ánima f. soul

la animación animation

animado, -a animated, lively

el animal animal, creature, beast, "monster"; ¡ — ! blockhead

el animalito little animal, creature

animar to urge, encourage

animarse to grow lively, be encouraged, cheer up

las ánimas angelus, *ringing of bells announcing prayers for the souls in purgatory*

el ánimo mind, courage, intention, spirit, purpose; *pl.* courage

animoso, -a courageous, spirited

aniquilar to annihilate, exhaust

anoche last night

anochecer to grow dark

el anochecer nightfall, twilight

anonadado, -a overwhelmed

anonadar to annihilate

Anselmo *pr. n.* Anselm

el ansia anxiety

ansiado, -a longed for

la ansiedad anxiety; con — anxiously

ansiosamente anxiously

ansioso, -a anxious, anxiously

ante before, by, between; — todo above all

el antecesor predecessor

antediluviano, -a antediluvian

Anteo *pr. n.* Antaeus

los anteojos glasses

el antepasado ancestor, predecessor

el antepecho railing

anterior preceding (one), former, previous, prior, before; lo — the preceding(speech),the foregoing

antes before, sooner, first, rather, on the contrary; — bien rather; — eres tú you are more important (to me); — o después sooner or later; — de (que) before, rather than; — de poco before long; — que before, rather than; el de — the preceding one

la antesala anteroom, reception room

la anticipación: con bastante — quite a bit ahead of them

anticiparse to forestall

el anticristo Antichrist

anticuado, -a antiquated

el antiespasmódico antispasmodic

la antigüedad antiquity, ancient times, age; orden de — chronological order

antiguo, -a old, former, ancient; a la —a española in the old-fashioned Spanish style; desde muy — since long ago

la antipatía antipathy

antipático, -a disagreeable, unpleasant

antojarse (a) to take it into one's head, desire, seem, take a notion; antojársele a uno to think, fancy, take it into one's head; porque se me antoja because I just feel like it

el antojo pleasure, whim

la antonomasia antonomasia, *naming something by one of its characteristics*

la antorcha torch

Antromero *pr. n.*

anudado, -a tied, knotted

la anuencia consent

anular to annul

anunciar to announce

el anuncio announcement, prophet, advertisement

el anzuelo hook

la añadidura: por — to boot

añadir to add

añadirse to be added

añejo, -a old

el año year; al — in the course of the year; al — de casada a

year after marriage; — **de gracia**
the year of our Lord; **a los dos**
—s at the end of two years; **a**
los ocho —s at the age of
eight; **de seis —s** at the age
of six; **el — que viene** next
year

Añoa *pr. n., small French village*
about one kilometer from the Span-
ish frontier, close to the Spanish
custom house of Dancharinea

apacible peaceful

apadrinar to be best man

apagado, -a extinguished, weak,
feeble, dull

apagar to extinguish, smother,
put out, turn off (light)

apagarse to become extinguished,
grow dim, dull

apalabrado, -a engaged

apalear to handle, beat; **que**
apalea millones who just shovels around millions

el aparato apparatus, signs, show,
display, fixture, ceremony

apareado, -a side by side

aparecer to appear

el aparecido stranger, intruder, apparition

aparejado, -a saddled, rigged,
ready

aparejar to saddle

el aparejo tackle, equipment

aparentar to pretend

aparente conspicuous, apparent

la aparición appearance, apparition;
en la — to all appearances

apartado, -a (de) standing apart
(from), secluded, (far) away,
distant

apartar to shove away, brush aside,
push away, ward off, remove,
lift, separate; **— (de)** to take
(from); **¡aparta!** go away!

apartarse (de) to go away, move
away, leave, go out (from), depart from, go aside

aparte apart, separate, aside; *see*
pucherito

apasionado, -a passionate, vehement

el apasionamiento devotion, vehemence; **con —** vehemently

apearse to dismount, get off

apegado, -a attached

el apego attachment, fondness

la apelación appeal

apelar to resort

el apellido surname

apenas scarcely, hardly, barely, as
soon as; **— si** scarcely

el apéndice appendage

la apertura opening, aperture

apesadumbrado, -a downcast

apesadumbrarse to worry

el apesadumbrarse worry, worrying

apetecer to desire, want

apetecido, -a desirable, desired

el apetito appetite; *see* **despierto**

apisonado, -a hard, packed

apisonador, -a ramming, tramp-
ling

aplacar to appease, calm down

aplacarse to calm down

aplacerse to take pleasure

aplanchado, -a pressed, ironed

aplastado, -a flattened out

aplastarse to flatten out

aplaudir to applaud

aplazado, -a postponed

aplazar to postpone

la aplicación diligence, perseverance

aplicado, -a applied

aplicar to apply, give; **— el oído**
to listen carefully

el aplomo self-possession

apocado, -a cowardly, timid, weak,
poor-spirited

el apocalipsis apocalypse

el apoderado delegate

apoderarse (de) to take possession of, seize, take; **— de la**
palabra to take the floor

el apodo nickname

apolillar to be eaten by moths;
sin — free from moths

apolillarse to be moth-eaten,
worm-eaten

la apología eulogy

el aposento room

apostar (ue) to bet

apostrofar to insult, reproach

el **apóstrofe** imprecation

apoyado, -a leaning; — **en la mesa** standing (leaning) against the table

apoyar to rest (on), lean (against), support, press, place

apoyarse (**en**) to lean (against), rest (on)

el **apoyo** support

la **apreciación** appreciation

apreciar to estimate, esteem, appreciate

el **aprecio** esteem, appreciation, admiration

apremiante urgent, pressing

aprender to learn, hear; **aprende, Pérez** let this be an example to you, Pérez

aprendido, -a learned

apresuradamente in a hurry, hurriedly

apresurarse (**a**) to hasten, hurry

apretado, -a clenched, compact

apretar (**ie**) to press, clench, hasten

apretarse (**ie**) to hold

el **aprieto** difficulty, fix, predicament; **en el último** — in the direst of circumstances

aprisionar to take hold of

la **aprobación** approval; **con** — approvingly

aprobar (**ue**) to approve

apropiado, -a appropriate, suitable

aprovechar to profit by, take advantage of

aproximadamente approximately

aproximarse to approach each other, approach

la **aptitud** aptitude, ability

apuntado, -a pointed

apuntar to aim, put down, note down, jot down, dawn, write down

el **apunte** memorandum

apuradico, -a pressed

apuradísimo, -a very much distressed

apurado, -a in a fix, distressed, difficult

apurar to drain

apurarse to worry

el **apuro** hardship, difficulty, fix, distress, trouble

aquel, -la that

aquél, -la that one, the former

Aquelarre *pr. n., mountain said to exist near Zugarramurdi, scene of the witches' sabbath*

aquello that, that thing; — **de** that matter of

aquí here; — **me tienes** here I am; **por** — around here, this way, here, at this moment

el **árabe** Arab

aragonés, -a Aragonese

Arana *pr. n.*

Aranjuez *pr. n., a town not far from Madrid, famous for its strawberries*

Aravaca *pr. n., village in the province of Madrid, pop. 861*

arbitrar to devise

arbitrario, -a arbitrary

el **árbol** tree

el **arbusto** bush

Arcale *pr. n.*

el **arcángel** archangel

la **arcángela** *see* **arcángel**

la **arcilla** clay

el **arco** arch; *pl.* arcade

Archena *pr. n., a small Murcian town; see note, p. 424*

Archipi *pr. n.*

el **archivo** archives

arder to burn

el **ardid** pretext, trick, stratagem

ardiente ardent, keen, burning, fiery

ardientemente ardently

la **arena** sand

arengar to harangue

la **arenisca** sandstone; **piedra** — sandstone

argentino, -a silvery, Argentine

argüir to argue

el **argumento** argument

Arichulegui *pr. n., a mountain near Oyarzun*

árido, -a arid, dry

la **aristocracia** aristocracy

el **aristócrata** aristocrat

aristocrático, -a aristocratic

la **aritmética** arithmetic
el **arma** *f.* weapon, gun, arm
armado, -a armed
el **armador** boat builder
Armagnac *pr. n., a part of Gascony*
armar to man, arm, start; **armando una batahola que . . .** raising such a row that . . .; **— escándalo** to raise Cain, to raise a rumpus
el **armarito** *dim. of* **armario** small cabinet
armarse to break out, come up, be
la **armonía** harmony
Arnedo *pr. n.*
Arneguy *pr. n., French village in the Pyrenees, pop. 800*
el **Arno** *pr. n., Italian river that flows through the city of Florence*
el **arpa** harp
arqueado, -a bowed, arched, hooked
arquear to arch, raise
la **arracada** earring
arraigado, -a rooted
arrancado, -a pulled out, torn out, removed, taken, wrested
arrancar to pull out, pull off, pull up, tear out, snatch away, pluck forth, wrest, tear off, tear loose, remove, take out
el **arranque** curve, arch, start, fit; **tomar —** to get a running start
arrastrado, -a drawn, dragged, slow, carried away, tossed; **andar —** to live in misery
arrastrar to drag, draw (out), bring, beach
arrastrarse to crawl
arrayua *exclamation of approval:* that's right! that's it! *or of alarm;* hang it!
arre giddap
arrear to drive (a donkey), spur
arrebatado, -a rash, violent
arrebatar to snatch, take away, tear away, blow off
el **arrebato** rapture
arreciar to increase (in intensity), fall hard (rain)
arreglado, -a arranged

arreglar to arrange, fix (up), make ready, straighten up, settle; **allá San Pedro se las arregle** we'll let Saint Peter settle that; **¿ — las uñas?** manicure?; **todo se arreglará** everything will come out all right
arreglarse to fix oneself up, get ready; **¡ qué bien nos las arreglábamos!** how well we two managed our affairs!; **arreglárselas** to manage
el **arreglo** remedy, arrangement; **tiene fácil —** it is easily remedied
arremangado, -a rolled up (of sleeves)
arremolinarse to sway, swing
arrendar (ie) to hire; **no les arriendo la ganancia** I would not like to be in the shoes of
arrepentido, -a repentant
arrepentir (ie) to repent, regret
arrepentirse (ie) to repent, change one's mind
arrestado, -a arrested
arrestar to arrest
arriar to let out, give line (to a fish), lower
arriba up, upstairs, up above, far up; **de — abajo** up and down, from top to bottom, from head to foot
arribar to bear away, fall off to leeward, put to shore, arrive
arriesgar to risk
arrimado, -a (a) leaning (against)
arrimar to give, lean, draw up
arrimarse to lean (against), draw close
arrinconado, -a in a corner
arriscado, -a bold
Arrizuri *pr. n. see* **Peñaplata**
la **arroba** twenty-five pounds
arrobado, -a enraptured
arrodillarse to kneel (down)
arrogante arrogant
arrogantemente arrogantly
arrojado, -a thrown, shot
arrojar to throw, cast, throw (out)
arrojarse to venture, throw oneself, rush

arrollar to roll up
arrostrar to face
el arroyo brook, stream, gutter
arrugado, -a wrinkled
arruinado, -a ruined
arruinar to ruin
arruinarse to ruin oneself
arrullado, -a calmed, lulled
arrullar to lull
el arte art, technique; bellas —s
   fine arts
artero, -a cunning, tricky
articular to utter
el artículo article
artificial artificial
la artillería artillery
el artista artist
artísticamente artistically
artístico, -a artistic
artomovi = automóvil
Asa pr. n., village in Álava, near
   Laguardia
asado, -a roasted, roast
el asador roasting spit
asaltado, -a assailed
asaltar to assail, charge
el asalto assault, attack
ascender (ie) to be promoted,
   climb, ascend, amount (to),
   promote; — de empleo to be
   promoted
el ascendiente ascendancy, power
la ascensión ascension
el ascenso promotion
el ascensor elevator
ascético, -a ascetic
el asco nausea; ¡qué — de hombres! these despicable men!
la asechanza snare, ambush
asegurado, -a assured
asegurar to fasten, assert, assure,
   affirm, contend
asentarse (ie) to be located
el asentimiento assent
asentir (ie) to assent
asesinar to assassinate, murder
el asesinato assassination, murder
el asesino assassin, murderer
asestar to deal, strike
asfixiado, -a asphyxiated, suffo-
   cated

así so, thus, like that, so on, like
   this, that way, that is the way,
   this is how; ¡—! there!;
   — como like, just like, the
   same as; así . . . como as well
   as; — como duro somewhat
   hard; — que as soon as, so;
   — y todo in spite of all this
el asidero hold, handle
asido, -a seized, grasped
asiduo, -a habitué, frequenter
el asiento seat, chair
el asilo shelter
asimismo likewise
asir to grasp
el asistente orderly, assistant
asistir (a) to attend, be present,
   help
asmático, -a asthmatic
el asno donkey
el asociado associate
asomado, -a (a) appearing (on),
   looking out, peeping out of
asomar to show, look out, put
   out, put over, appear
asomarse (a) to appear, look out,
   peep into, lean over, look in
asombrado, -a astonished
asombrar to astonish
asombrarse to be astonished
el asombro astonishment; no es
   ningún — nothing extraordinary
asombroso, -a astonishing
asomo: ni por —(s) not even
   in the least, by no means
aspeado, -a foot-sore
el aspecto appearance, aspect
la aspereza roughness
áspero, -a harsh, bitter, coarse
la aspiración breath, aspiration
aspirar to aspire, breathe, inhale;
   — con fuerza to breathe deeply
la astilla chip, sliver
Asturias pr. n., mountainous region
   in northwestern Spain
astuto, -a astute, artful, cunning
el asuntillo little matter
el asunto subject, matter, affair
asustadísimo, -a very frightened,
   terrified

asustadizo, -a timid
asustado, -a frightened, with an expression of fright
asustar to frighten, scare
asustarse to become frightened
atacado, -a attacked
atacar to attack, strike
atado, -a tied
atajar to cut short, interrupt, stop
el ataque attack, fit; dar un — to have a fit
atar to tie
atascar to choke
atemorizado, -a frightened
la atención attention; ¡ — ! listen, look out
atender (ie) to note, pay attention to, heed, consider, take care of, attend to, wait upon, listen, satisfy
atenerse (a) to rely upon; saber a qué — to know what to expect
el atentado attack, attempt to commit a crime
atentamente attentively, carefully
atento, -a polite, attentive, mindful
aterrado, -a terrified
aterrar to terrify
atesar (ie) to tighten
atestado, -a crowded
atestiguar to bear witness to
atiborrado, -a stuffed, crammed
el atildamiento neatness
atisbar to catch sight of
la atmósfera atmosphere, air
el átomo atom
atónito, -a astonished
atormentar to worry, torment
atornillar to screw
la atracción attraction
atractivo, -a attractive
atraer to bring close, attract
atraído, -a attracted
atrancar to bar, bolt
atrapar to catch
atrás (de) back, backward, behind; hacia — back, backward
atrasado, -a backward, behind the times
atravesado, -a crossed, stuck, pierced, slung across

atravesar (ie) to cross, interrupt, pierce
atravesarse (ie) to come between
atreverse (a) to dare (to do), stand up to, try
atrevido, -a daring
el atrevimiento daring
atribuir to attribute
atribulado, -a distressed
atrincnerado, -a entrenched
el atrio courtyard
la atrocidad atrocity, awful thing
atropellado, -a run over
atropellar to knock down, push aside, insult
el atropello outrage
atroz atrocious, awful
aturdidamente dumbfounded(ly), stupid(ly)
aturdido, -a bewildered, stunned
aturdir to confuse, stun, deafen, daze
aturdirse to dull one's conscience
atusarse to stroke, pull
la audacia audacity
audaz audacious, bold
la audiencia audience
augurar to prophesy, augur
augusto, -a magnificent, august
aumentado, -a increased
aumentar to increase, augment
aun, aún even, still, yet
aunque although, even though, even if
aupar to lift (a child)
la aurora dawn
la ausencia absence
ausente absent
el auspicio auspice
la austeridad austerity
austero, -a austere, stern
el Austria pr. n. Austria
austriaco, -a Austrian
el auto: — sacramental religious play
el autodidacto self-taught man
el autógrafo autograph (poem)
el automóvil automobile
la autonomía autonomy
el autor author
la autora author, perpetrator, cause

la **autoridad** authority; **con —** authoritatively
autorizado, -a authorized
autorizarse to permit oneself
auxiliado, -a helped, aided
auxiliar extra, additional
el **auxilio** aid, help; *pl.* aid, assistance
la **avanzada** outpost
avanzado, -a advanced; **lo —** the lateness
avanzar to advance, step forward, take, progress; **— en años** to grow older; **— por** to project into
la **avaricia** avarice, greed
el **avaro** miser
el **ave** bird; **pluma de —** quill
Ave María Hail Mary. *An exclamation equivalent to* goodness, gracious!
Ave María Purísima Heavens above, Hail, purest Mary
la **avellana** hazelnut
el **avellano** hazelnut tree
avenirse (a) to agree
aventajar to surpass
la **aventura** adventure
aventurarse (a) to dare, venture
el **aventurero** adventurer
avergonzado, -a ashamed
avergonzar (ue) to shame, embarrass, make someone feel ashamed
la **avería** injury, damage; **padecer —** to have a smash-up
averiguar to find out, ascertain, investigate
la **aversión** aversion
avezado, -a accustomed
aviado, -a: estar — to be in a fix
ávidamente eagerly
la **avidez** avidity
avieso, -a mischievous, perverse
el **avío** equipment; **—s de fumar** materials for smoking
avisado, -a sagacious, clever, skillful, accomplished
avisar to inform, warn, announce, tell, call
el **aviso** warning, notice
avispado, -a lively, clever, quickwitted

avivar to enliven
avivarse to revive, flare up
avizor, -a spying; **ojo —** eagle eye
¡**ay**! oh!, alas!, my!, ouch!; **ay de . . .** woe unto . . .
el **ay** complaint, cry
ayer yesterday
la **ayuda** help
ayudado, -a helped
la **ayudanta** assistant
el **ayudante** aide, assistant, adjutant
ayudar to help, aid, contribute
ayunar to fast
el **ayuntamiento** municipal government, city council
el **azahar** orange blossom
el **azar** chance; **al —** by chance
azaroso, -a hazardous, unfortunate
el **azogue** quicksilver; **tienes —** you are very fidgety
azorado, -a confused
azotado, -a lashed
azotar to lash, beat
el **azote** blow, lash; *pl.* lashing
Azpeitia *pr. n., town in Guipúzcoa, near Tolosa*
Azqueta *pr. n., small village situated between Estella and Logroño*
el **azúcar** sugar
Azucarero *pr. n.* Sugar Bowl
la **azucena** (white) lily
azul blue; *see* **poner**
azulado, -a bluish
azuloso, -a bluish, blue

B

babia: estar en — not to know what is going on, to be a fool *or* crazy
babor: banda de — port side
baboso, -a over-affectionate, driveling
la **babucha** slipper
el **bacalao** codfish
la **bachillera** chatterbox
la **bachillería** chatter
el **bachillero** chatterbox
el **badulaque** idiot
¡**bah**! bah!

la **bahía** bay
la **bailaora** dancer
  bailar to dance, rock, beat
el **bailarín** dancer
la **bailarina** dancing girl, dancer
el **baile** dance
  bajar to descend, come down, go down, bring down, get out, lower, get off, sell at a lower price
  bajarse to get down, go down
la **bajeza** baseness
  bajito, -a rather short, in a low voice
  bajo under, below, beneath, on; **por lo —** in a low tone, undertone
  bajo, -a low, base, lower, bowed; **más — que alto** short rather than tall; **piso —** ground floor
la **bala** bullet
  balancearse to sway
la **balanza** balance, scale
  balbucear to stammer
  balbucir to stammer (out)
el **balcón** balcony, protruding ledge
el **balde** bucket; **de —** gratis, for nothing
la **ballesta** crossbow
la **banca** bank; **casa de —** banking house, bank
el **banco** bench, seat
la **banda** side; **— de babor** port side
la **bandera** flag
el **bandido** bandit
el **bandolero** highwayman, bandit
el **banquero** banker, backer
el **banquete** banquet
  Banzones *pr. n., name of a port, fictitious*
  bañado, -a bathed
  bañar to bathe, soak, flood
  bañarse to bathe
el **baño** bath
la **baqueta** ramrod
el **bar** (*English*) saloon
la **baraja** deck of cards
  barato, -a cheap; **¡—a me va a salir la correspondencia!** this correspondence is going to cost me plenty!
la **baraúnda** confusion, noise

la **barba** chin, beard
  Bárbara *pr. n.* **Santa —** Saint Barbara; **¡Santa — bendita!** My, oh my!, Merciful heavens!
  bárbaramente barbarously, cruelly
la **barbaridad** barbarous thing, awful thing, nonsense; **¡qué —!** how awful!
la **barbarie** barbarity, barbarism; **acto de —** barbarous act; **¡Qué —!** What do you mean, barbarity?
  Barbarita *pr. n.*
  bárbaro, -a barbarous
el **bárbaro** barbarian
  barbilampiño, -a beardless
la **barbilla** point of the chin
  barbudo, -a bearded
la **barca** boat
  Bárcena *pr. n.*
el **barco** boat, vessel, ship; **— ae guerra** warship
  barnizado, -a tanned
  Baroja, Pío (*1872– *) *Spanish novelist*
el **barón** baron
la **barra** obstacle, bar, barrier
la **barraca** cabin
el **barranco** gorge, pass, ravine
  Barreal *pr. n.*
  barrer to sweep
la **barrica** cask
la **barriga** belly, abdomen, paunch
el **barril** barrel
el **barrio** suburb, district; **—s bajos** workingmen's quarters in old Madrid; **el otro —** the other world
el **barrizal** mud hole
el **barro** clay, mud
el **barrote** bar
el **barullo** confusion
la **base** basis
  Basilisa *pr. n.*
el **basilisco** basilisk; **hecho un —** furious
  bastante quite, enough, sufficiently, rather, considerably, considerable, very much, a good deal, plenty, greatly; *pl.* a good many, many, quite a few: **lo —** sufficiently, enough

bastar to be sufficient, enough, suffice; **¡basta!** that's enough! that will do!; **¿no le basta a Vd.?** are you not satisfied?; **basta de lagrimitas** stop your tears; **basta de temores** away with fears

Bastián *pr. n., short for* Sebastián

el bastón cane, staff

el bastonazo blow with a cane

la bata dressing gown

el batacazo upset, violent overturn

la batahola row, rumpus

la batalla battle

batallar to fight, battle

el batallón battalion

la batida hunt; **hacer la —** to beat the bush, to round them up

batir to examine, reconnoiter, beat, shake, bounce

batirse to fight, struggle

la batista batiste, a very fine variety of cotton fabric

el baúl trunk

el bautismo baptism; **de —** baptismal

Bautista *pr. n.* Batiste

el bautizo baptism

Bayona *pr. n.* Bayonne, *city in southern France, pop. 26,000*

la bayoneta bayonet

el bayonetazo bayonet thrust

Baza *pr. n., city near Granada*

Baztán: Val de Baztán *a valley in northern Navarre*

Bearn *part of Navarre in France*

beatíficamente beatifically

beatífico, -a beatific

el bebedor drinker

beber to drink, dry away, swallow

beberse to drink (down) (up)

la bebida drink

el becerro calf, calfskin

Bécquer, Gustavo Adolfo (*1836–1870*) *Spanish romantic poet*

Belcha *pr. n.*

la beldad beauty

los belenes mix-ups, affairs

Belle Eugénie *pr. n., French name of a boat*

la belleza beauty

bello, -a beautiful, handsome, fine

la bellota tassel

bendecir to bless

la bendición benediction

la bendita saint

bendito, -a blessed

el beneficio favor

la benevolencia benevolence; **con —** benevolently

benévolo, -a benevolent, kindly

benigno, -a benign, gentle, mild

Benito *pr. n.* Benedict

el benjamín the youngest (one), *allusion to the youngest son of Jacob*

Bernardo *pr. n.* Bernard

bernos = vernos

berrear to bellow

el berrinche anger, sulkiness; **se tomó un —** had a fit of anger

la berza cabbage

besar to kiss

el besito little kiss

el beso kiss

el bestia brute

la bestia animal, beast, brute, brutish

el besugo sea bream

Bettina *pr. n.*

el bibelot (French) knickknack

bibías = vivías

Biblioteca Nacional *pr. n., the national library of Spain in Madrid*

el bicho insect, beast, animal, (little) creature

el Bidasoa *pr. n., river between France and Spain*

bien well, very well, very good, all right, right, rightly, quite, fine, very, fully well, carefully, yes, absolutely, happily, properly, hard; **— a su pesar** much to his regret; **está —** all right; **— está** all right; **más —** rather, more suited; **no —** scarcely; **o —** or else, or; **— que** although; **aunque no esté — el decirlo** although it is not for us to say it; **está muy —** very well; **hombre de —** honest man, respectable man; **lo — que** as well as; **pues —** very well, well then; **si —** although

el bien property, goods, good, blessing; *pl.* property; **por su —** for his own good; **—es de fortuna** means; **— mío** my darling; **mujer de —** honest *or* respectable woman

el bienestar comfort, well-being

el bienhechor benefactor

bienquisto, -a well liked, esteemed, respected

el bígaro large sea snail

el bigote moustache

Bilbao *pr. n., capital of Vizcaya, pop. 79,000*

la bilis ire

el billete ticket, banknote

Biriatu *pr. n., small French village on the eastern side of the Bidasoa River*

biselado, -a beveled

el bisteque beef steak

el bizcocho lady finger, sponge cake

la biznieta great-granddaughter

Blanca *pr. n.* Blanche

blanco, -a white

la blancura whiteness

blandir to brandish

blando, -a soft

blanquear to whitewash, whiten, show white

blanquísimo, -a very white

blanquito, -a pure white

Blas *pr. n.* Biase

el blasón blazon, emblem

la blonda silk lace

bloquear to block, blockade

la blusa blouse

la boba stupid girl

bobalicón, -a stupid

bobo, -a stupid, dumbbell, clown; *also pr. n.*

la boca mouth; **— abajo** face down; **— arriba** face up; **— del estómago** pit of the stomach; **— hecha un agua** mouth-watering

la bocacha bell-muzzled gun, blunderbuss

el bocado morsel; **sin probar —** without eating anything

la bocamanga cuff, sleeve

la bocanada gust

la bocina horn, bugle, trumpet, megaphone

el bochorno sultry weather

bochornosísimo, -a very sultry

la boda wedding, match, marriage

la bodega wine cellar, warehouse, cellar

la bofetada slap, blow

el bofetón blow

bogar to row

la boina cap, tam

bola: ¡Dale, —! Do we have to go into that again?

bolbamos = volvamos

el boletín news bulletin, list

el bolillo bobbin

Bolivia *pr. n.* Bolivia

los bolos ninepins

el bolsillo pocket, handbag, purse

el bolso handbag, purse

la bomba pump

bombardear to bombard

el bombardeo bombardment

el bombero fireman

el bombón bonbon

Bonaparte *pr. n., surname of Napoleon*

la bondad kindness; **tener la —** please, to have the kindness; **con —** gently

bondadoso, -a kindly, generous, kind

bonito, -a pretty, fine, beautiful

el bonito bonito, striped tunny, *silvery fish with bluish lines along its back, from one to two feet long*

la boqueada last gasp; **dar las —s** to be nearly over

la boquera corner of mouth

el boquerón anchovy

el boquete gap, hole

Borbón *pr. n.* Bourbon, *the royal family of Spain since 1700*

borbónico, -a Bourbon

la borda hut

bordado, -a embroidered, bordered

el bordado embroidery

bordar to embroider

el **borde** edge, shore
bordear to skirt
bordo: a — on board
la **borla** tassel
la **borrachera** carousal, drunken feast
el **borrachín** sot
borracho, -a drunk, intoxicated
el **borracho** drunkard
el **borrachón** big drunkard
borrar to erase, wipe out, obliterate
borrarse to be lost
la **borrasca** storm
borrascoso, -a stormy
la **borrica** female donkey
el **borrico** donkey, jackass, ass, stupid fool
el **borriquete** sail, topmast sail
el **borriquillo** little donkey
el **borrón** blot
la **Borte** *pr. n. French village in the Pyrenees*
el **bosque** forest
el **bosquecillo** thicket
bostezar to yawn
el **bostezo** yawn
la **bota** boot, high shoe, shoe; —s de montar riding boots
botar to throw, launch; — al agua to launch; — a tierra to haul ashore
el **bote** can, boat
la **botella** bottle
el **botín** booty
el **botón** button
el **boxeador** boxer
boxear to box
el **boyerizo** ox driver
bramar to bellow
la **brasa** burning coal
el **brasero** brazier, charcoal burner
bravamente bravely
bravo, -a fine, brave, courageous
¡**bravo!** bravo!
la **bravura** courage, bravado
la **braza** fathom, six feet
la **brazada** armful
el **brazado** armful
el **brazo** arm, tool; **arremangados** —s sleeves rolled up; **con los**

—s **en jarras** with arms akimbo; **dar el** — a torcer to give in; **del** — arm in arm; **en** —s in one's arms
la **brea** tar, pitch; **dar** — to calk, cover the bottom of a boat with tar *or* pitch
la **brecha** hole
la **brega** quarrel, scrap
el **breñal** bramble patch, brambled ground
breve brief, short
la **brevedad** brevity; **a la mayor** — as soon as possible
brevemente for a short time
brevísimo, -a very brief
el **bribón** rascal
la **bribona** old wretch, scoundrel
brillante shining, gleaming, brilliant
brillar to shine, gleam
brincar to leap, jump
el **brinco** jump
brindar to offer, drink a toast, toast, treat, bestow upon
el **brío** spirit, energy
Briones *pr. n.*
la **brisa** breeze
la **brisca** a card game
la **brocha** brush
la **broma** jest, joke; **a** — lightly; **en** — jokingly; **no tendríais gana de** —s you wouldn't feel like joking; **tono de** — joking tone
bromear to joke, jest
el **bromista** joker
la **bromita** *dim. of* **broma** little joke
el **bronce** bronze
bronco, -a hoarse
brotar to issue, come forth, breathe forth
bruces: de — face down
la **bruja** witch
la **brujería** witchcraft; *pl.* superstitions, witchcraft
bruscamente brusquely, abruptly
Bruselas *pr. n.* Brussels, Belgium
brutal brutal, primitive
la **brutalidad** brutality
brutalmente brutally

el bruto brute, boor; **en —** in the rough

el bu bogeyman

el bucle curl

buen *see* bueno

bueno, **-a** good. well, all right, nice, good-looking, kind, a good thing; **—os días** good day; **es —a** is right, fits; **tan —a persona** such a nice fellow; **tanto —** what an honor

Buenos Aires *pr. n., capital of Argentina*

bufar to snort

el bufete desk

el bufido snort

bufón, **-a** clownish, comical, funny

la bufonada jest

la buhardilla garret

el bulto shape, form, bundle, bulk, mass, outline, figure (of person)

bullir to boil; **le bullía el deseo de** he was very anxious to

burdo, **-a** coarse, clumsy

Burguete *pr. n., village near Pamplona, pop. 435*

la burla jest, jesting, mockery

burlarse de to make fun of

burlón, **-a** mocking, jesting, joking

burlonamente jokingly

la burra female donkey

el burro donkey

la busca search; **en su —** in search of him

buscar to seek, look for, get, find, call for; **— a tientas** to grope for, grope around; **buscando con la vista** looking around; **buscándole las vueltas** trying to get around him

la butaca armchair

C

ca oh no, by no means, nonsense

cabal full, right; **darse cuenta —** to realize fully

cabalgador, **-a** upper, riding

cabalmente precisely

caballeresco gentlemanly

la caballería chivalry, riding animals, animals, horses

caballerito *dim. of* caballero young gentleman (*ironical*).

caballero, **-a** mounted, riding

el caballero gentleman, sir

el caballo horse; **a —** on horseback

la cabaña cabin

la cabecera bolster

el cabecero head end of a bed

el cabecilla leader, chief

la cabecita little head

el cabello hair

caber to be contained in, fit; **—le alguna culpa a uno** to be to blame; **no cabía duda** there was no doubt; **no me cabe duda** I have no doubt of it; **ya no cabe duda** there is no longer doubt about it; **si cabe** if possible

la cabesa *see* cabeza

el cabestrillo sling

la cabeza head, mind; **de —** head-first

la cabezada halter, head-stall; **dar —s** to nod

la cabezota thick head, "noddle"

el cabildo town corporation, town council

cabizbajo, **-a** pensive

el cable rope, cable

el cabo end, cape, master, chief, corporal, cord, rope, line; *see* llevar; **al —** finally, after all; **al — de** after, at the end of, well out of; **con prenderme están al — de la calle** all they have to do is to arrest me; **— de mar** harbor master; **el — de mes** (day of a) monthly mass

la cabra goat

el cabrero goatherd

cabrío *see* macho

la cabriola caper, leap

la cacería hunting trip

la cacerola casserole, pot

la cacharrera crockery seller

el cacharro earthen dish, jug; *pl.* pottery

el cachivache pot, utensil. trash

el **Cacho** *pr. n.* Lefty
el **cachorrillo** pocket pistol
cada each, every; — **cual** each one;
— **uno es** — **uno** each one has
its own characteristics; — **vez
más** more and more, greater and
greater
el **cadáver** body, corpse, dead person
la **cadena** chain
caer to fall, drop in, come, be,
come on; — **de boca tan largo
como era** to fall at full length
face down; **cayó en un accidente** had a sudden attack;
¿**caen muchos?** are you catching many?; — **con** to be infatu-
ated with; **si le caigo en gracia**
if I make a hit with him; **viene
a** — finally falls
caerse to fall down, fall away,
leave; **se cae de su peso** it is
self-evident
el **café** coffee, café; **de** — **en** —
from café to café
la **caída** fall
caído, -a fallen, falling
Caín *pr. n. see* **pasar**
la **caja** box, snuffbox, body (of a carriage), coffin
el **cajón** box, drawer
la **calabaza** gourd
calado, -a soaked; — **hasta los
huesos** soaked to the skin
el **calafate** the calker
calafateado, -a strengthened
la **calamidad** mess, calamity
lo **calamitoso** calamitous *or* unhappy
character
el **calavera** rake, madcap, wild fellow
la **calaverada** prank, escapade, spree
calceta: hacer — to knit
el **calcetín** sock
calcular to calculate, figure, judge
el **cálculo** calculation
la **caldera** kettle, caldron
la **caldereta** fish stew
calentar (ie) to warm, heat; — **las
costillas** to thrash
la **calentura** fever
la **calidad** quality, rank; **en** — **de**
in the nature of

caliente hot
calinerie (*French*) persuasion; **con**
— coaxingly
la **calma** calm, patience; — **chicha**
dead calm; **con** — calmly; **en**
— calm
calmado, -a calmed, allayed
calmar to calm
calmarse to calm down, die down,
pass, be over
el **calor** heat; **de** — hot
calumniar to slander
caluroso, -a warm, hot
la **calvera** open place
calvo, -a bald
la **calzada** highway, road
calzado, -a shod
calzar to carry (bullets), wear (on
the feet)
el **calzón** trousers, pants
el **calzonazos** weakling, "sissy"
callado, -a silent, still, quiet, discreet
callar to be quiet, hush, keep still,
keep quiet; ¡**calle!** *or* ¡**calla!**
what's this?
callarse to keep still, hush, stop
talking, remain silent
la **calle** street, town, lane; — **arriba,**
— **abajo** up and down the street;
por esas —**s** in the street;
— **mayor** main street
la **calleja** narrow street, narrow pas-
sageway, lane
el **callejón** alley; — **sin salida** blind
alley
la **cama** bed; — **de matrimonio**
double bed; — **de operaciones**
operating table
la **cámara** chamber, room, cabin
el **camarada** comrade
el **camarín** small chamber, place behind an altar where the images
are dressed and the ornaments
kept
el **camarote** cabin
el **camastro** wretched bed
cambiar to change, exchange, tell
each other; **a** — about ship;
— **de** to change
cambiarse to change

el cambio change; a — de in exchange for; en — on the other hand

la camilla stretcher

el caminante traveler

caminar to walk, journey, travel, go

la caminata trip, journey

el camino road, way, highway, trip, route, line, path; a medio — halfway; — de bound for, on the way to; — real highway; de — on the way; por el — on my way

la camisa chemise, shirt

el camisón nightgown

la camita little bed

el campamento camp

la campana bell

el campanario bell tower, steeple

la campanilla (small) bell, bell flower; persona de —s person of consequence

campanudo, -a pompous

la campaña campaign; hizo la — he took part in the campaign; en — campaigning; salir a — to go out campaigning

campear to be prominent, displayed

campesino, -a peasant, country

el campesino peasant, farmer

campestre rural, rustic

la campiña countryside

Campizos pr. n., village supposedly in Austurias, native province of Palacio Valdés

el campo field, country, camp; a — traviesa across country; el — santo cemetery

Campoamor, Ramón de (1819–1901) Spanish poet

la cana gray hair

el canal canal

el canalla scoundrel, cur

¡canastos! the deuce!, well!

la canción refrain, song

candeal white (wheat)

la candela light, candle

candente burning, white-hot

la candidata applicant

la candidez ingenuousness, candor

cándido, -a innocent

el candil (oil) lamp

el candor simplicity, innocence

candoroso, -a innocent

el cangrejo crab

canónigo, -a canon

el canónigo canon, member of cathedral chapter

canoso, -a gray

cansadísimo, -a extremely tired

cansado, -a tired

el cansancio weariness, fatigue

cansar to tire

cansarse to get tired, tire of, grow weary or tired

Cantabria pr. n.; cordillera de — Cantabrian mountains

cantábrico Cantabrian

cantar to sing

la cantarilla small pitcher

el cántaro pitcher

cantats, amics (Provençal) sing, friends

la cantidad sum, quantity, amount

el cantil ledge

el cantinero sutler

el canto song

el cantor singer

canturriar to hum

la caña handle, helm, pole, reed; la — de Indias bamboo cane

la cañada dale, ravine

el caño pipe

el cañón barrel, cannon

cañonear to cannonade, shell

la capa cloak, cape, layer; de — caída hopeless, downhill

el capataz foreman

capaz capable, apt

la capellanía chaplaincy

la capilla chapel

Capistun pr. n.

la capitación poll tax

el capitán captain

capitanear to captain, lead

el capitular capitular, canon

el capítulo chapter

el capote cloak; para su — to himself; — de monte short overcoat el **capricho** caprice, whim, notion, pleasure

caprichoso, -a whimsical, capricious

captar to win, gain, capture

el **capuchón** cloak with a hood

el **capullo** bud

la **cara** face, expression, look; *see* volver; — a — face to face, in the face; — de mosquita muerta meek face; con esa — looking like that; poner mala — to look cross

la **carabela** caravel

el **carabinero** customs guard

el **caracol** snail; ¡—es! good gracious!

el **carácter** character, nature, strong character, strength of character, disposition

la **característica** characteristic; es su — is characteristic of her

característico, -a characteristic

caracterizado, -a distinguished

caracterizar to characterize, be characteristic of

el **carbón** charcoal, coal

Carbonell *pr. n.*

carca Carlist

la **carcajada** laughter, burst of laughter

la **cárcel** jail, imprisonment

el **carcelero** jailer

carcomido, -a worm-eaten

el **cardenal** welt

carecer (de) to lack, be in need of

el **carel** wales, bends (of a boat), gunwale

la **carena** careening, repairing

la **carencia** lack

la **carga** load, burden, shipment

cargado, -a loaded, laden, bent, with a load; — de espaldas stoop-shouldered

cargar to load, annoy, irritate; — con to carry

cargarse to get "fed up"

el **cargo** charge, accusation, duty, office

la **cariátide** caryatid, *statue of female figure used as a column*

la **caricatura** caricature

la **caricia** caress

la **caridad** charity; por — out of kindness

el **cariño** affection, love; con — affectionately; por mi — for love of me; tomar — to grow fond of

cariñosamente affectionately

cariñoso, -a affectionate(ly), friendly, endearing

la **carita** *dim. of* cara little face

caritativo, -a charitable

el **cariz** appearance

el **carlismo** Carlism

carlista Carlist

el **carlista** Carlist

Carlo Magno *pr. n.* Charlemagne

Carlos *pr. n.* Charles

Don Carlos *or* **Carlos VII** *pr. n., pretender to the Spanish throne*

Carmen *pr. n.* Carmel; *see* virgen

Carmita *pr. n., dim. of* Carmen

carnavalesco, -a gaudy, like a carnival

la **carne** meat, flesh; *pl.* weight, flesh

el **carnero** sheep, ram

carnestolendas carnival, three days before Lent

caro, -a dear, dearly, expensive

Caro *pr. n.*

la **carpeta** desk-pad, filing folder, table cover

la **carpintería** carpentry

el **carpintero** carpenter

carraspear to clear one's throat

la **carrera** career, course, race, speed, running, profession, sea lanes; a la — swiftly, quickly; — de abogado legal profession; en la — as she runs

la **carreta** long cart

la **carretera** road, highway

carretero, -a cart, for carts

el **carretero** teamster

el **carricoche** wagonette, old-fashioned coach

el **carril** cart road

Carrillo *pr. n.*

el **carro** cart

el **carromato** narrow two-wheeled cart

el carruaje carriage

la carta letter, card; — blanca
blanket permission; — de presentación letter of introduction;
— declaración love letter

el cartelón placard, poster

la cartita *dim. of* carta note

el cartoncito little piece of cardboard

la cartuchera cartridge belt

el cartuchito *dim. of* cartucho little
paper bag

el cartucho cartridge, paper cone

el cartujo Carthusian monk, hermit

la casa house, home, firm, shop, living quarters; a — home; — de
banca banking house, bank; —
de campo country house; — de
huéspedes boarding house; —
de socorro dispensary; en — at
home; en — de at the home of;
en — de Ohando at the Ohando
home; está Vd. en su — you
are welcome; por — around the
house

la casaca dress coat, coat

la casada married woman, married
life

casadero, -a marriageable

casado, -a married

el casado married person

el casamiento marriage

casar (con) to marry, marry off

el casarón large house

casarse (con) to get married,
marry, be married; . . . que nos
hemos casado that we have
been married

cascado, -a cracked

el cascarrabias grouchy person; un
poco — somewhat grouchy,
irritable

el casco hull

los cascos: *see* romperse

el caserío group of buildings, farmhouse, hamlet

el caserón *aug. of* casa mansion

casi almost

Casimirín *pr. n.* little Casimir

Casimiro *pr. n.* Casimir

la casita cottage, home

el caso event, fact, case, situation,
place, "shoes," thing, moment;
el — es the fact is; — de in case
of; ¡ — raro! what a strange
thing!; creerse en el — (de)
to think it proper (to), think it
up to; en último — as a last
resort; hacer — to pay attention; vamos al — let's get down
to business

el casorio marriage

la casta family, breed, race; de — le
viene (al galgo) it runs in the
family, blood will tell, he is a
chip off the old block

la castaña chestnut

el castañar chestnut grove

castañetear to chatter

el castellano Castilian, Spanish

Castellanos *pr. n.*

castigar to punish

el castigo punishment

Castilla *pr. n.* Castile

las Castillas *pr. n.* Old and New
Castile

el castillete castle

el castillo castle, nobility

casto, -a chaste

castrense military, connected with
the army

casual accidental, chance

la casualidad chance, coincidence;
por — by chance; no va a dar
la pícara — it will not be our
bad luck

casualmente by chance

la casucha cottage, hut

Catalina *pr. n.* Catherine

Cataliñ *pr. n.* Catherine

el catálogo catalogue, list

Cataluña *pr. n.* Catalonia, *northeastern province of Spain; its chief
city is Barcelona*

¡cataplum! this is the end!

el catarro cold

la catástrofe catastrophe, calamity,
disaster

el catecismo catechism

la catedral cathedral

la categoría category, classification,
class distinction

el catón primer, reader

catorce fourteen

el catre cot

la causa case, cause; a — de because of; **por** — de on account of, because of; **por su** — on their account

causado, -a caused

el causante cause (referring to persons)

la causante occasioner, cause

causar to cause, produce

la cautela caution

cautelosamente cautiously

cauteloso, -a cautious

cavar to dig

cavernoso, -a deep

la cavilación consideration, brooding; **muchas —es** much thinking; **¡son —es tuyas!** it is only your imagination!

cavilar to wonder

el cavilar thinking, finding fault

caviloso, -a brooding

el caz millrace

la caza game, hunt, chase, hunting; a — de out hunting, out catching; de — hunting; — **mayor** big game

el cazador hunter

la cazadora coat

cazar to hunt, chase, catch, shoot; **cazando en el aire la mirada** catching the direction of her glance

cebado, -a fed, fattened

el cebo bait

la cebolla onion

ceder to yield, give in, comply, grant; — **el paso** to make way

cegado, -a blinded

cegar (ie) to blind, overcome

la ceja eyebrow; **se le mete algo entre — y —** gets something into his head

cejar to slacken, flag

celebrado, -a held

celebrar to celebrate, be glad, hold; **celebro tanto** I am very glad to know you

celebrarse to take place, be held, be celebrated

célebre famous

la celeridad haste, celerity; **con —** fast

celeste celestial

celestial celestial, heavenly

el celo: está en el — is in love

los celos jealousy

celoso, -a jealous

el cementerio cemetery

la cena supper

cenar to eat supper, sup

cenarse to sup

el cendal gauze, haze

la cenicienta Cinderella

ceniciento, -a gray

la ceniza ashes, ash, haze

el censo annual ground rent

la censura censure

centelleante sparkling, flashing

centellear to flash, gleam

el centenar hundred

el centeno rye

el centinela sentinel

central central

céntrico, -a central

el centro center

ceñido, -a clinging

ceñir (i) to gird on, surround, cling

el ceño frown; *see* **fruncir; con mal —** with a dark look; **con el — fruncido** frowning

cepillar to brush

cepillarse to brush one's clothes

el cepillo brush; — **del pelo** hair brush

la cera wax

cerca near, nearby; — **de** near, nearly; de — near, from nearby; **por — de** near

la cerca inclosure, hedge, wall

cercado, -a inclosed, surrounded

las cercanías vicinity

cercano, -a near

cercar to surround

cerciorarse to make sure

el cerco circle

el cerdo hog, pig

el cerebro brain

la **ceremonia** ceremony
ceremonioso, -a ceremonious
la **cereza** sweet cherry
el **cerezo** sweet cherry tree
la **cerilla** candle, match
cernerse (**ie**) to hover
el **cero** zero
cerrado, -a closed, locked, thick
cerrar (**ie**) to close, fall (said of night), lock, lock up, block, seal, close the window *or* door, inclose; — **contra** to close in upon; — **el paso** to block someone's way
cerril rude, uncivil, surly
el **cerrojo** bolt
la **certidumbre** certainty
certificar to certify
cerúleo, -a heavenly blue
la **cerveza** beer
cesante without a job
cesar to stop, cease, be over; **sin** — incessantly
el **césped** turf, grass
la **cesta** basket, racket
el **cestillo** little basket
el **cestito** little basket
el **cesto** basket; — **para** (*or* **de**) **papeles** waste-paper basket
Cestona *pr. n., municipality near Azpeitia, pop. 2,661*
Cetina, Gutierre (*1518?–1554?*) *Renaissance poet of Spain*
el **cetro** scepter
la **cicatería** *s. and pl.* stinginess
la **cicatriz** scar
ciego, -a blind
el **ciego** blind man
cielín honey, darling
el **cielo** sky, heaven; **¡Cielos!** Heavens!; *see* **alzar;** — **santo** good heavens
cien one hundred
la **ciencia** science, learning, lore, knowledge; **a** — **cierta** beyond the shadow of a doubt
científico, -a scientific
ciento, -a one hundred; **por** — per cent
ciertamente certainly
cierto, -a certain, a certain, true,

some, somewhat, definite, to be sure; **por** — surely, in truth, to be sure, by the way, of course, certainly; **por** — **que** to be sure, certainly; **a ciencia** —**a** beyond the shadow of a doubt; — **que no** no, indeed; **en** — **modo** in a way; **lo** — it is sure; **lo** — **es** the fact is
la **cifra** figure
cifrado, -a figured; **tenía** —**a su esperanza** had his hopes fixed
cifrar to have
la **cigarra** locust
la **cigarrera** cigarette-maker
el **cigarrillo** cigarette
el **cigarrito** cigarette
el **cigarro** cigarette, cigar; — **puro** cigar
la **cima** summit, top
cimbrarse to bend
el **cincel** chisel
cinco five
cincuenta fifty; — **y tantos** fifty-odd
cínico, -a cynical, impudent
el **cínico** cynic
el **cinismo** impudence
la **cinta** ribbon, band
el **cinto** belt
la **cintura** waist; *see* **meter**
el **cinturón** girdle, belt
Cipriano *pr. n.*
circundar to surround
el **circunloquio** circumlocution, beating around the bush
la **circunspección** circumspection
la **circunstancia** circumstance
el **circunstante** bystander; *pl.* those present
el **cirio** candle, wax taper
la **ciruela** plum
el **cirujano** surgeon, doctor
la **cita** rendezvous, engagement, "date," appointment; — **amorosa** rendezvous
citado, -a aforementioned, aforesaid
citar to make an appointment with, quote, cite
la **ciudad** city

el **ciudadano** citizen, city dweller, fellow
la **ciudadela** citadel, fortress
civil civil
el **clamor** clamor
Clara *pr. n.* Clara, Claire; — **mía** my dear Claire
claramente clearly
clarear to grow light
la **claridad** light
el **clarín** bugle
claro, -a clear, evident, obvious, light, bright, frank, straightforward; ¡ —! of course; — (**es**) **que** of course; — **está** of course; **bien** — **está** that's easy to tell; **es** — of course, naturally; — **que sí** of course (I will, I am, I do); **de** —**as luces** perspicacious; *see* **sacar**
el **claro** hole, open space
la **clase** class, kind, distinction, high class, manner
clásico, -a classic, classical
la **clasificación** classification
Claudio *pr. n.* Claude
el **claustro** cloister
clavado, -a fixed, nailed, clasped
clavar to nail, stick, fix (upon), thrust, stick in, put, give, shoot (a glance)
el **clavel** carnation, pink
claveteado, -a hob-nailed
el **clavo** nail; ¡**por los** —**s de Cristo!** in the name of all that is holy!
Cleopatra *pr. n.* Cleopatra, *the famous ancient Egyptian queen*
el **clérigo** priest; *pl.* clergy
el **clero** clergy
la **clientela** clientele
cobarde cowardly; **lo** —**s** how cowardly
el **cobarde** coward
cobardemente in a cowardly manner
la **cobardía** cowardice
el **cobertizo** shed
el **cobertor** quilt
cobrar to collect, feel, charge; — **de más** to overcharge; — **confianza** to gain confidence

el **cobre** copper
cobrizo, -a copper-colored, reddish
el **cocido** stew
la **cocina** kitchen
la **cocinera** cook
el **cocinero** cook, chef
el **coco** coconut
el **coche** carriage, coach, cab
el **cochecito** little coach
el **cochero** coachman; — **interino** substitute coachman; — **en propiedad** regular coachman
cochino, -a nasty
el **cochino** pig, swine, coward; ¡—**s!** you swine!
el **codazo** nudge
la **codicia** greed, covetousness
codiciado, -a coveted, desired
codiciar to covet, long for
codicioso, -a greedy
el **código** code
el **codo** elbow; — **con** — elbow to elbow
la **codorniz** quail
el **cofrade** brother (of some brotherhood), companion, fellow member
el **cofre** chest, coffer
el **cofrecillo** little chest
coger to seize, pick, pick up, catch, grab, take, overtake, occupy; **cómo me han cogido la hora** how they have learned the hour of my coming
cogerse: — **los papillotes** to put in one's curl-papers
cogido, -a held, seized, caught, taken, grasped, clasped; **con la mano** —**a** holding her hand
la **cohesión** cohesion
cohibirse to restrain oneself
cohonestar to justify
cojear to limp
cojo, -a lame; **andando a la pata** —**a** hopping on one foot
el **cojo** lame man
la **cola** tail
el **colaborador** collaborator
colaborar to collaborate
la **colación** repast, refreshment

colarse (ue) to slip, intrude
el colchón mattress
el colegio school
colegir (i) to infer
la cólera anger, wrath, rage
colérico, -a irascible, wrathful, angry, irritable
colgado, -a hanging
colgante hanging
el colgante pendant
colgar (ue) to hang
la colina hill
colmar to fill
la colmena hive
Colmillo *pr. n.*
el colmo conundrum, height
colocado, -a placed, located
colocar to place; el punto de vista en que uno se coloque the point of view which one takes
colocarse to put oneself
colombiano, -a Colombian
Colón, Cristóbal *pr. n.* Christopher Columbus
colonia cologne; agua de — toilet water
el coloquio conversation, talk
el color color, appearance, complexion; *see* pez; de — colored
colorado, -a red; ponerse — to blush
el colorido coloring
colosal colossal
la columna column
Collado *pr. n.*
la coma comma; poner las —s placing the commas (pauses)
la comadre gossip
la comandancia commander's office, authorities
el comandante major
la comarca district, neighboring territory, region, place
comarcano, -a neighboring
el combate combat
combatir to fight, combat
combativo, -a combative
la combinación combination, crossing, scheme
la comedia play, comedy

el comedor dining room
el comensal table companion
el comentario comment, remark
comenzar (ie) to begin; — a pedradas to begin to throw stones
comer to eat, dine, dinner; *see* pan; invitar a — to invite to dinner; la hora de — dinner time
el comerciante merchant, business man
comerciar (con) to deal, trade (in), do business
el comercio commerce, business, trade
comerse to eat up, eat; comiéndose la partida catching on, but giving no sign of it
el comestible food; tienda de —s grocery store
cometer to commit
cómico, -a comic, comical, humorous
el cómico comedian
la comida dinner, meal, food
el comienzo beginning, bottom; dar — to begin
la comilona gorging, big feast
el comino cumin seed; ¡me importan un —! do not matter to me in the least!
la comisión commission
el comisionista commission agent
la comisura corner
el comité committee, revolutionary committee
la comitiva retinue
como as, since, like, as if, if, something like, about, but, just as, as for, as long as; — a at about; — de . . . like one of . . .; — que why, since, as a matter of fact
¿cómo? how?, why?, how come?, what?, what do you mean?, in what way?, how is it that?; ¿—a? how much?, at what price?
¡cómo! how; ¡ — . . .! how well!
cómodamente comfortably

la comodidad comfort
cómodo, -a comfortable
compacto, -a compact
compadecer to pity, be sorry for
compadecerse (de) (con) to be in accord, take pity on, feel sorry for
la compaña company, crew
el compañerismo companionship
el compañero companion, mate, friend, sailor
la compañía company, band; en — de together with
comparable comparable
la comparación comparison
comparado, -a compared, in comparison
comparar to compare
comparecer to appear
compartir (con) to share (in), harmonize, unite
el compás entrance, courtyard, measure; a — de in accord with; al — que as, to the extent that, in proportion as
la compasión compassion, pity, sympathy; pl. compassion
compasivo, -a compassionate
compendiar to summarize
el compendio compendium, summary
complacer to please, humor
complacerse (en) to take pleasure (in)
complacido, -a pleased
completamente completely, absolutely, from head to foot
completar to complete
completo, -a complete; por — at full length, completely
complicado, -a complicated
cómplice abetting
el cómplice accomplice
la complicidad complicity
el complot plot
componer to fix, repair, compose, arrange, mend; me las compondré I'll settle it, fix it up; nos las vamos a — we are going to arrange it
componerse to consist, be com-

posed, get dressed up, get spruced up
la composición composition
la compra purchase, shopping; de —s shopping; hacer unas —s to do some shopping
comprar to buy
comprender to realize, understand, comprehend
comprendido, -a understood, comprised
comprobar (ue) to verify, confirm, ascertain
comprometer to involve, compromise
comprometerse to give one's word, compromise oneself
comprometido, -a compromised
el compromiso predicament
compuesto, -a p. p. of componer dressed up
común common; por lo — on the whole, usually
el común majority
la comunicación communication; es la — communicates with
comunicar to communicate, tell, give
comunicativo, -a communicative
la comunión communion
comúnmente generally, ordinarily
con with, against, by, through, from, on, toward, in, though, provided, seeing (how), for, to, under, before; — lo que whereupon; — que saying that; — tal de (que) provided (that)
concebido, -a conceived, couched, phrased
concebir (i) to conceive, understand, cherish, entertain
conceder to grant, concede, give
concedido, -a granted
el concepto concept, opinion
concertado, -a harmonious
concertar (ie) to arrange, agree upon
la concesión concession
la conciencia conscience
el conciliábulo meeting, unlawful assembly

conciliador, -a conciliating(ly)

conciliar to conciliate, induce; **—** **el sueño** to get to sleep

concluir (con) to end, put an end to, finish, break off relations, be over, conclude; **— de** to finish; **se concluyó** that's enough

concluirse to be over; **muy cerca de —** very nearly used up

la conclusión conclusion

la concurrencia gathering

concurrir to gather, attend

el concurso assembly, gathering

Concha, Manuel Gutiérrez de la *(1809–1895) general in charge of government troops during Carlist war*

la condecoración decoration

condecorado, -a decorated

la condena penalty

¡condenación! curses!

condenado, -a confounded; **la —a del ama** that confounded housekeeper

el condenado condemned person

condenar to condemn

condenarse to condemn one-self

condescendiente condescending(ly)

la condición nature, ability, talents, disposition, condition, state, quality, position, nobility

el condiscípulo fellow student

conducir to lead (into), carry, bring, drive

conducirse to behave, act

la conducta conduct, behavior, example

el conejo rabbit, pet rabbit; **— de Indias** guinea pig

la conferencia conference

confesar (ie) to confess, admit

la confesión confession

el confesor confessor

confiado, -a trusting

la confianza intimacy, confidence, trust, faith; **con —** confidently; **amigo de —** a good friend of yours; **tener — con** to know well enough

confiar to trust, depend on

la confidencia secret

confidencial confidential(ly)

confidencialmente confidentially

el confín confine, end, limit

confirmado, -a confirmed

confirmar to confirm

confirmarse to be confirmed

confiscar to confiscate

la confitería confectionery, candy shop

el confitero confectioner

los confites sugarplums, sweets

conformarse to conform, put up with

conforme as, agreed, according to an agreement, in accord, in con-sonance

el confort comfort

confundir to confuse

confundirse to mix, mingle

confusamente vaguely

la confusión confusion, embarrass-ment

confuso, -a confused

la congoja anguish, anxiety

congraciarse (con) to get into the good graces of

congregarse to gather

el congrio conger eel

la congrua income

el conhuésped fellow guest

conjurar to implore, beseech

conmigo with me, me, at me

la conmiseración pity

conmover (ue) to stir up, affect, touch

conmoverse (ue) to be moved

conmovido, -a moved

el conocedor interpreter; **buen — de** well acquainted with

conocer to know, meet, become acquainted with, recognize, real-ize, be aware of, distinguish; **¡en qué lo ha conocido Vd.!** how do you figure that?; **se conoce** it is evident; **se te conoce en** I can tell by

conocido, -a known, well known, familiar

el conocido acquaintance

el **conocimiento** knowledge, consciousness

conque so, so then, well; ¿ — no? you don't believe it?; ¿ — sí? is that so!

la **conquista** conquest, sweetheart

conquistador, -a conquering, becoming to a conqueror, fatuous

el **conquistador** conqueror

conquistar to conquer, win, gain, capture

consabido, -a aforementioned

consagrar to devote

consagrarse (a) to devote oneself (to)

la **consecuencia** consequence; a — de as the consequence of

conseguir (i) to succeed (in), get, obtain, achieve, win, cause, make, bring about, accomplish, manage; **consigue levantarse** finally gets up

el **consejo** advice, counsel, piece of advice; *pl.* advice; **por — de** on the advice of

consentido, -a spoiled

el **consentimiento** consent

consentir (ie) (en) to consent (to), permit, let, allow

la **conservación** preservation

conservar to preserve, keep; **— la sangre fría** to keep one's head

conservarse to be preserved

considerable considerable, large

la **consideración** consideration

considerado, -a considered, considerate

considerar to consider, believe, see, examine

consignado, -a consigned

consignar to consign

consigo with himself, with them, with it, along

consiguiente consequent; **de —** consequently; **por —** consequently

la **consistencia** consistency

consistente (en) consisting (of)

consistir en to be the result of, consist of; **— que** it is because

los **Consistoriales** members of an assembly. *In this case the word is used figuratively for* town hall.

consistorialmente consistorially

la **consolación** consolation

consolar (ue) to console, comfort

consolarse (ue) to console oneself

el **consorte** consort, spouse

la **consorte** wife

conspirar to conspire

la **constancia** steadiness, constancy

constante constant

constantemente constantly, always, continuously

constar to be certain; **me consta** I am sure; **— de** to consist of; **conste (que)** understand; **hacer — to** make clear

consternado, -a terrified

constitucional constitutional

constituido, -a constituted, consisting

constituir to constitute, make

construir to build, have someone build

el **consuelo** consolation

la **consulta** consultation; **de —** reference

consultado, -a consulted

consultar to consult

consumado, -a consummate, accomplished, completed

consumir to consume; **a medio — half used**

el **contacto** contact

el **contador** meter

contagiado, -a infected, won over

contagioso, -a contagious

contar (ue) to count, figure, tell (about), relate, say, be; **— con** to count, count on, reckon with, expect, figure on

la **contemplación** contemplation; **en — de** contemplating, looking at

contemplar to watch, behold, look at, contemplate, see

contemporáneo, -a contemporary, modern

el **contemporáneo** contemporary, of the same age

contener to restrain, hold (back), control, repress, contain, stop
contenerse to restrain oneself
contenido, -a restrained
el **contenido** content
contentarse (con) to be satisfied (with); ya se le contentó el antojo a la viuda the whim of the widow has been satisfied now
contentísimo, -a very happy
contento, -a (de) (con) satisfied (with), pleased, happy, happily, self-satisfied
el **contento** joy, satisfaction
el **contertulio** fellow guest
la **contestación** answer, reply
contestar (a) to answer, reply; — que no to answer negatively
la **contienda** conflict, contest, dispute, fight
contigo with you (fam.), with thee
contiguo, -a contiguous, adjoining; las —as the neighboring ones, those around it
el **continental** special delivery letter
el **continente** bearing, mien, attitude, air
continuado, -a continued, steady, continuous
continuamente continually
continuar to continue, remain
continuo, -a continual
el **contorno** vicinity, outline, neighborhood; pl. surrounding country
contra against; en — de against, opposing
el **contrabandista** smuggler
el **contrabando** smuggling, contraband; de — by smuggling
contradecir to contradict
la **contradicción** contradiction
contraer to contract, draw back; — matrimonio to marry
contraerse to contract, tighten
el **contrapeso** counterpoise
contrariar to cross
la **contrariedad** setback; tener una — to have something go wrong
contrario, -a contrary, opposite, opposed; al — on the contrary,

by no means; por el — on the contrary; todo lo — just the opposite
el **contrario** opponent
lo **contrario** the contrary; de lo — otherwise
contrarrestar to counteract
contrastar to contrast
el **contraste** contrast, sudden change of weather
el **contratiempo** mishap, misfortune
el **contrato** contract
la **contribución** tax
contribuir to contribute
la **convalecencia** convalescence
convaleciente convalescent
la **convecina** companion, neighbor
convencer to convince; se dejó — he let himself be persuaded
convencerse (de) to be convinced (of)
convencidísimo, -a with much conviction
convencido, -a confirmed, convinced
el **convencimiento** conviction
convenido, -a agreed, agreed upon
conveniente advisable, convenient
el **convenio** agreement, convention
convenir (en) to suit, agree, be becoming, advisable, suitable
convenirse to come to terms, be agreed
convensido = **convencido**
el **convento** monastery, convent
la **conversación** conversation
convertido, -a converted
convertir (ie) to convert, change
convertirse (ie) (en) to be converted, change, become
convicto, -a convicted
convidar (a) to invite
el **convite** invitation
convocar to convoke, call together
el **convoy** convoy
la **convulsión** convulsion
convulso, -a convulsed
conyugal conjugal
los **cónyuges** husband and wife

la copa glass, crown (of tree)
copiado, -a copied
copiar to copy
copiosamente copiously, abundantly
la copita small glass
la copla couplet, verse, popular song
el copo flake, small bundle
copudo, -a thick-topped
coqueta flirtatious
la coqueta flirt
coquetear to flirt
la coquetería coquetry, flirtation
el coraje courage, fortitude, passion, anger
el corazón heart; ¡ — ! dear heart!; de — of feeling, truly; . . . de mi — my darling . . .; ¡hijo de mi — ! my beloved boy!; de todo — heartily
la corbata necktie, tie, neckcloth
el corcel charger, horse
el corcovado hunchback
el cordel rope
el cordero lamb
la cordillera mountain range; — de Cantabria Cantabrian mountains
Córdoba pr. n. Cordova, city of Andalusia, former Moorish capital of Spain; pop. 53,798
el cordonazo de San Francisco equinoctial storms of autumn
los cordones aiguillettes
corear to sing the chorus, join in the chorus
el Corneta de Lasala pr. n. bugler from Lasala
la cornisa cornice; — de red baggage rack (made of net)
el coro choir, chorus
la corola corolla
la corona crown, wreath
el coronel colonel
la coronilla top of the head
corporal physical; lo — (her) physical being
el corral corral, inclosure, yard
el corralón large corral, inclosure, yard
la correa strap

la corrección correction, alteration, reform
correctamente correctly, politely
correctísimo, -a very correct, most correct
correcto, -a correct, proper, perfect
corredizo, -a running; lazo — running knot, slipknot
el corredor corridor
el corregidor mayor
la corregidora mayor's wife
el corregimiento residence (of the corregidor)
corregir (i) to correct
corregirse (i) to correct oneself
el correo mail
correr to run, be, prevail in, draw, circulate, pass, go by, travel, go, go through; — aventuras to have adventures; — impreso to be in print; no corre un pelo de aire there isn't a breath of air; ha corrido la voz word has been passed around; bien la habrán corrido ustedes I'll bet you had a very gay time together; voy corriendo I'll go right away; a todo — at full speed
la correría excursion, escapade, foray, exploit, expedition; pl. travels
la correspondencia correspondence, return
corresponder to reciprocate, repay, respond, belong to, correspond
correspondiente corresponding, suitable, appropriate, destined
corrido: de — quickly, by heart
corriente current, ordinary, normal
¡corriente! all right, O.K.
el corriente current, course; poner al — to inform, explain
la corriente current; — de aire draft
el corrillo circle, group
el corro circle, group
corroboración: en — de to corroborate
corroborar to corroborate

corroer to gnaw away at

Corsario Corsair (*nickname*)

corso, -a Corsican

cortado, -a cut, severed, taken aback

el cortaplumas penknife

cortar to cut (off), amputate; — el paso to head off, block someone's way; — el pelo haircut; — por lo sano to take a desperate step

cortarse to cut oneself, feel embarrassed, be taken aback

el corte cut

la corte court, capital, Madrid

cortejar to court

el cortejo funeral procession

cortesano, -a courteous, courtly, of Madrid

la cortesía courtesy, attention

cortésmente courteously, politely

la corteza crust, bark

la cortijada hamlet

el cortijo farm house

la cortina curtain

cortísimo, -a very short, very meager

corto, -a short, scant, small, brief, meager; quedarse — to underestimate

la cosa thing, affair, matter, reason; ¡—s de pobres! such is the life of the poor!; ¡—s de la vida! such is life!; ¡como si tal —! as if nothing had happened!; y fué — hecha and it was settled; gran — very much; otra — something else, another matter; no para otra — not for anything else; no era otra — que it was only; qué otra — what else; no ser — buena not to be any good; una — something, one thing

el coscorrón bump (on the head), knuckle blow on the head

la cosecha crop

coser to sew

cosido, -a sewn

las cosillas *dim. of* cosa: comprar unas — to buy a few trifles

las cosquillas: *see* hacer tickling

la costa cost, expense, coast, shore; a — de at the expense of; a — mía at my expense; a toda — by all means, at all costs

el costal sack, bag

costanero -a on the coast

costar (ue) to cost, cause; — un ojo de la cara to cost a lot; — trabajo to be hard, difficult, to take work

costear to skirt, pay the cost of

la costera fishing season

la costilla rib

la costumbre custom, morals, habit; de — usual, customary; ser — to be customary; según es — as customary

el coterráneo fellow citizen

cotidiano, -a daily

el couplet (*French*) popular song

la coyuntura juncture, occasion

Cracasch *pr. n.*

craneano, -a cranial, scalp

la creación creation

creado, -a created

crear to create, develop

crecer to grow, grow up, rise, increase

las creces interest

crecido, -a long

creciente increasing

la credencial credential, proof

el crédito credit, credence; de mayor — more reliable

la creencia belief

creer to believe, think; ¿tú crees? do you think so?; ¿usted cree? do you think so?; no lo creo I don't think so; creo que sí I think so; ¡ya lo creo! yes, indeed, I should say so! of course; I should say not!; ¡ya lo creo que . . .! I should say . . .

creerse to believe, consider oneself; — en el caso de to think it is up to one, think it proper

el crepúsculo twilight, dusk

crespo, -a curled, curly

la cresta crest

la criada servant, maid
el criadero hatchery
el criado servant; — de campaña
aide-de-camp
el criador creator
criar to create, bring up, nurse,
raise
criarse to grow, be brought up
la criatura baby, creature, child, poor
little thing
la criaturita *dim. of* criatura little one
el crimen crime
criminal criminal
el criminal criminal
el crío baby
la crisis crisis, fit
el crisol melting pot, crucible
crispado, -a clenched
el cristal windowpane, glass
la cristalería glassware
cristiano, -a Christian
Cristo *pr. n.* Christ; — Padre
heavenly days!
la crítica criticism, critique
crítico, -a critical
el crítico critic
la crónica chronicle, story
crónico, -a chronic
el cronista chronicler
cruel cruel, cruelly
la crueldad cruelty
cruelmente cruelly
el crujido crunching, creaking
crujiente cracking, rustling
crujir to crunch
el crujir scratching
la cruz cross, x, withers, point where
shoulder blades cross the spine
cruzado, -a crossed
cruzar to cross, exchange, go
across, pass through, enter;
— con to pass
cruzarse to pass each other, cross,
pull together
el cuaderno notebook
la cuadra stable
el cuadro picture, check, square,
plaid, bed (of vegetables); — de
género sketch of customs;
a —s checked, checkered; a —s
escoceses Scotch plaid

cuajado, -a laden
cual like, someone or other; a —
más each one more than the
other; con lo — whereupon,
wherefore; por lo — for which
reason, because of which; — si
as if
el cual which, who, whom, that
lo cual which, all this
¿cuál? which?, which one?
la cualidad quality
cualquier, -a any, some
cualquiera anyone, one, any, any
at all, no one; un — a nobody;
— que whatever
cuando when, the time of, at the
time of, whenever; de — en —
from time to time; de vez en —
from time to time; — menos
at least
¿cuándo? when?
cuanto as much (as), all that, all
the; *pl.* as many (as), all those
who; en — as soon as; en — a
as for, in regard to; — más . . .
más the more . . . the more;
otras —as several others; unos
—s several, a number of, a few;
¿—? how much?; ¡—! how
(much)! *pl.* how many!
cuarenta forty
el cuartel barracks; — general
headquarters
el cuartelillo barracks for privates
la cuartilla sheet (of paper)
la cuartilla: —s de taquigrafía
shorthand notebooks
el cuartillo pint, scant quarter hour,
one-fourth of one real
el cuartito little room
cuarto, -a fourth, quarter
el cuarto room, quarter, coin worth
four maravedís; *pl.* pennies,
money; — de trabajo study
cuatro four, a few; — palabras a
few things
cuatrocientos, -as four hundred
la cubierta covering, roof, cover
cubierto, -a covered
el cubierto table silver
cubrir to cover

cubrirse to cover one's head, put on a hat, cloud over, become cloudy

cuclillas: en — crouching, squatting

el **cucurucho** paper cone

la **cuchara** spoon

la **cucharilla** teaspoon

cuchichear to whisper

el **cuchicheo** whispering

el **cuchillo** knife

el **cuello** neck, throat, collar

el **cuenquecito** *dim. of* cuenco little bowl

la **cuenta** bill, account, concern, business; **de —** of account, of importance; **a — de** on account of, in partial payment of; **dar — a** to explain; **darse — de** to realize; **deja lo demás de mí —** leave the rest to me; **¡eso es mía!** that is my affair!; **hacer —s galanas** to build castles in the air; **por nuestra —** on our account; **no les sale la — ** it does not turn out as they expect; **tener en —** to take into consideration

el **cuento** story, short story, tale, fairy tale; **— de niño** childhood story

la **cuerda** cord, group, kind, rope, string, line; *see* dar

la **Cuerda Granadina** *pr. n., a Granada literary society of which Alarcón was a member*

cuerdo, -a sensible

el **Cuerno** *pr. n.* a cape

el **cuerno** horn

el **cuero** leather

cueros: poner en — to undress, strip

el **cuerpecito** little body

el **cuerpo** body, members of a group, group; **— de guardia** guard room; **tu — lo paga** you'll pay for it

el **cuervo** crow

la **cuesta** slope; **en —** steep

Cuesta de la Agonía *mountains between Navarre and Guipúzcoa*

cuestas: a — on one's shoulders

la **cuestión** question, matter, argument, quarrel; **andar en —es** to argue

la **cueva** cave

cuidado, -a well cared for, well kept

el **cuidado** care, worry; **¡—!** be careful!; **— con** be careful of; **¡— que . . .!** my! but . . .!; **al — de** taking care of; **con —** carefully; **en —** on guard; **no hay —** don't worry; **perder —** not to worry; **no tenga Vd. —** don't worry; **tener — (de)** to take care; **tener — con** to be careful of; **te trae muy sin —** does not concern you in the least; **le trae perfectamente sin —** does not interest him in the least

cuidadosamente carefully

cuidadoso, -a careful

cuidar (de) to take care of, care for

cuidarse (de) to be concerned with

la **culebra** snake

la **culpa** fault, blame, guilt; **la — me la tengo yo** it is my fault; **por — (de)** on account of; **tener la —** to be to blame

la **culpable** the one guilty (*referring to a woman*)

cultivar to cultivate

la **cultura** culture

la **cumbre** summit

cumplidamente fully, amply

cumplido, -a fulfilled, completely; **bien —os** fully

el **cumplimiento** fulfillment

cumplir to fulfill, complete, do one's duty, be . . . years of age, do; **acabo de — veintitrés** I have just passed my twenty-third birthday; **veintitrés he cumplido** I was twenty-three

cumplirse to come to an end; **se cumplía el mes** was the end of the month

la **cuna** cradle

cundir to spread

la cuneta ditch
el cuñado brother-in-law
la cupletista vaudeville singer
el Cura Manuel Santa Cruz, *leader of a Carlist band. Condemned to death for his depredations by General Cevallos, another Carlist, Santa Cruz was finally interned by the French.*
el cura priest; señor — father, priest; este — yours truly
la cura treatment; hacer una — to give a treatment
curar to cure, treat; —se to recover
el curato parish
la curiosidad curiosity; con — curiously, inquiringly
el curioso curious person
el curtidor tanner
Curtidores *pr. n.* Tanners
la curva curve
la cúspide summit, peak
custodiado, -a guarded
cuyo, -a whose, of which, which
la czarina czarina

CH

la chabacanería vulgarity
el chaleco vest
el champagne (*French*) champagne
el champoing shampoo
la chanza joke; en — as a joke
el chaparrón shower, downpour
chapotear to paddle
el chapuz plunge
la chaqueta jacket, coat
el chaquetón jacket
la charada charade
la charanga brass band
el charco puddle, pool
la charla chat; de — chatting
charlar to chat, talk
el chasco disappointment, joke, trick; *see* llevarse; juego de — jests, practical joke; mal — disappointment
chasquear to crack
la chica girl
chico, -a small, tiny; los —s y grandes great and small

el chico boy, lad, little fellow, child, young fellow; *pl.* children; ¡ —! my boy!, man!; el — de Martínez young Martínez; desde — since childhood
el chicuelo urchin, "kid," boy
chicha: calma — dead calm
el chichón bruise
Chile *pr. n.* Chile
chileno, -a Chilean
chillar to squawk, cry out, yell, scream
el chillido squawk, screech, scream, squeal, cry
la chimenea fireplace, smokestack
la China *pr. n.* China
el chino Chinaman, poor fool
chipilín sonny
la chiquilla little girl, "sis," (small) child, "kiddo"; eres una — you are just like a child; muy — very childishly; ¡qué —! what a baby (you are)
la chiquillería childishness, childish thing
el chiquillo small child, little boy, tot; *pl.* children
el chiquitín little fellow
chiquito, -a tiny, small
el chiribitil small room
el chirrido shrill sound, singing, creaking
chis sound of person sneezing, kerchoo
el chisgarabís meddler, "pest"
chismoso, -a gossiping
la chispa spark
chispeante sparkling, flashing
chisporrotear to crackle, sputter
el chisporroteo scintillation
chistar to utter; no — not to say a word
el chiste joke; sí que tiene — isn't it idiotic?
chistoso, -a joking, humorous, funny, comical
chitón hush
chocar to clash, strike, collide, shock, be shocked, be provoked, find it strange; — con to bump into

el chocolate chocolate
chochear to dote
chocho, -a doddering, doting, childish
el choque collision
chorrear to drip, be dripping wet
la choza hut
el chozo hut
el chubasco squall, heavy shower
Chuchín *dim. of* Chucho
Chucho *dim. of* Jesús
la chuleta chop
la chupa vest, waistcoat
chupar to suck; —te la sangre to bleed you to death
el chupetín jacket, vest
el chupón hanger-on
la chuscada joke
chusco, -a funny, droll
el chusco clown, joker

D

D. *abbreviation of* Don
dado, -a given
la dama lady
Damián *pr. n.* Damian
Dancharinea *pr. n., see* Añoa
Dantchari *pr. n.*
la danza dance
el danzante dancer
el daño harm, injury, damage, detriment
dar to give, offer, strike, beat, run into, utter, take, tap, have, make, say, get, cause; — a to face, open on; a mí me va a — algo I am going to faint; — un ataque to have a fit; — aviso to warn; — boqueadas (to be) almost over; — el brazo a torcer to give in; — brea to calk, cover the bottom of a boat with pitch; — las buenas noches to say goodnight; — cabezadas to nod; — comienzo a to begin; me daba compasión it touched me; — con to meet, find, come upon; — con el codo to nudge; — con la puerta to slam the door; —le a uno el corazón one's heart

tells one; —le a uno de bofetones to beat one up; — una cita to make a date; — un codazo to nudge; — de comer to feed; — cuenta a to explain, reveal, speak; — cuenta de to account for; — cuerda (a) to wind up; — (gran) cuidado to worry (much); — un chasco to play a trick on; — efecto to fulfill, carry out; — en to arrive in, get to; me daba en la nariz I had a suspicion; — en lo vivo to hurt to the quick; dándoles la espalda with her back turned to them; —le a uno la gana to want, feel like; — golpes to beat; — gritos to shout, scream; ¡dale, bola! do we have to go over that again?; — lugar a to leave room for; —le la mano a uno to shake hands with someone; — miedo to frighten, inspire fear, be frightful; — lo mismo to be all the same; — la hora to tell time, strike the hour; van a — las once it is almost eleven, it is going to strike eleven; — lástima to feel sorry; —le a uno lástima to make someone feel bad; — la lengua to chat; — la luz to turn on the light; — la mano to shake hands; — noticia de to divulge; —le palique a uno to engage in small talk with someone; — una palmada to tap; — parte to inform, report; — un paseo to take a walk (ride); — paso to give access; — un paso to take a step; — una patada to stamp one's foot; — patraditas to stamp one's foot; me da pereza I feel so lazy; — por to consider as; —le (a alguien) por to take a notion to; — por supuesto to be supposed; — un portazo to slam the door; — que pensar to get suspicious of; nos dará el rato (s)he will

give us a bad time; — la razón
a to justify, say one is right;
— remate (a) to finish; — reparo to hesitate, be afraid of;
—le a una tal risa to strike one
so funny; — saltos to jump;
— de sí to last; — el sí to say
"I do"; — sobre to face, strike,
hit; — al traste con to ruin,
spoil; no me des tratamiento
don't title me; — tropezones
to stumble; — tumbos to pitch
and toss; te dan vapores you
will have fainting spells; —le
vergüenza to be ashamed, timid;
— viajatas to take trips; — de
vivir a to provide a living for;
— voces to shout, scream;
— vueltas to roll, toss, turn;
— la vuelta a to go around;
— la vuelta to turn around, go
back, return; — media vuelta
to turn halfway around; — una
vuelta to take a walk; — vueltas to turn around, pace up and
down; — zancajadas take long
strides; no le fué dado it was
impossible for him

Darío, Rubén (1867–1916) *Ni-
caraguan poet, one of the leading
modernists*

darse to surrender, consider oneself; — a to begin; — aire to
fan oneself; — aires de indiferencia to pretend indifference;
— una cita to make a date; —
de trompicones to pound each
other; — a gritos to start crying
out; — cuenta de to realize;
— una palmada to slap oneself;
— polvos to powder one's face;
no — por entendido to pretend
to have forgotten, pretend not to
understand; — por ofendido to
feel offended; — prisionero to
surrender; — traza to manage

el dato fact; *pl.* data

Dax *pr. n., French Basque town,
pop. 19,300*

de of, from, in, by, as, than, concerning, for, with, on, like, to,

in the style of, at, over, made of.
out of, about

el deán cathedral dean

debajo below, underneath; — de
under, below

deber to owe; ought, must,
should; — de *conveys idea of*
must, probably; he debido
decir I should have said

el deber duty; en el — de duty
bound to

deberse to owe allegiance, belong

debido, -a proper, due; como es
— of the right kind, respectable

débil weak, feeble

los débiles the weak

débilmente weakly, feebly

debutar to make one's debut

el decano senior, dean

la decencia decency, tidiness; vestida con más — better dressed

decente decent, respectable

decentito *dim. of* decente fairly
decent

la decepción disappointment, disillusionment; con — disappointed

decidido, -a determined, bold,
resolute

decidir to decide, induce

decidirse to decide; — por to
choose

decir to say, tell, mention, talk,
speak, tell about, call, mean,
think; lo dicho you heard me,
just what I said; diga Vd. tell
me about it; que digamos so to
speak; digo I mean, I'm telling
you; Vd. dirá it's up to you,
what do you think?; tú dirás at
your service; al — according to,
in the opinion of; aunque me
esté mal el —lo although it
isn't for me to say it; como
si dijéramos so to speak;
¡cuando digo . .! I tell you, I
must say; — bien to be right;
— que sí to give one's consent;
dicho se está it goes without
saying; es — that is to say; eso
es — that means; no lo digo

por ti I am not referring to you;
no lo dirás por ti you can't say
that about yourself, you can't be
including yourself; **por mejor
— rather; querer —** to mean;
¡quién habría de —lo! who
would have thought it!; **sin —
esta boca es mía** without saying
a word; **sin — oxte ni moxte**
without saying boo, without
saying a word
decirse to speak, say; **sé lo que
me digo** I know what I am
talking about
la **decisión** determination, decision;
con — decisively
decisivo, -a decisive
la **declaración** declaration of love,
proposal, confession
declarar to declare, confess
declararse to declare one's love,
propose, begin; **— en fuga** to
decide to flee
declinar to decline, set
el **declive** slope, down grade
la **decoración** (stage) setting
el **decoro** decorum, decency, dignity
decoroso, -a decorous, decent,
satisfactory
decrépito, -a tumble-down
decretar to decree
el **decreto** decree
dedicado, -a (a) devoted, who devotes himself, doing, dedicated
dedicar to devote, dedicate, have
(affection for someone)
dedicarse (a) to devote oneself
(to); **se dedica a cazar** spends
his time hunting
la **dedicatoria** inscription, dedication
dedillo: al — perfectly, in all its
details
el **dedo** finger
deducir to deduce, infer
dedujeron *see* **deducir**
el **defecto** defect, fault
defender (ie) to defend
defenderse (ie) to defend oneself,
guard (against)
defendido, -a defended, guarded,
protected

la **defensa** defense
el **defensor** defender
definitivamente definitely, finally
defraudado, -a outwitted, fooled
degenerar to degenerate
degues = dejes
la **dejadez** laziness; **la — artística**
lack of inspiration
dejar to leave, let, allow, stop,
make, abandon, neglect, leave
alone, come out of; **deja** let it
go; **¡déjame!** let me get in!;
déjame a mí now it is my turn;
¿a cómo me dejas eso? at
what price will you let me have
it?; **¡déjeme!** let me go!; **—
caer** to drop; **— cesante** to dismiss, fire; **— de** to cease, stop,
fail to; **— de oírse** to die away,
fade away; **— de vivir** to die;
— dicho to leave word; **déjeme
a mí de reyes** cut out this king
stuff, don't mention kings to
me; **— escapar** to utter; **—
plantado (-a)** to stand (someone) up; **— salir** to let out; **—
señalado** to have . . . fixed
dejarse to let oneself, permit oneself; **— caer** to let oneself down,
drop, fall; **— de** to stop, cut out
del = de + el of the, from the, in
the
el **delantal** apron
delante ahead, first, in front; **— de**
before, in front of, in the presence of, before one's eyes; **por
—** ahead; **por — de** before, in
front of
el **delantero** forward (*a position in
pelota*)
el **delegado** deputy
el **deleite** joy, delight, pleasure
deleitoso, -a delightful
delgado, -a thin
deliberadamente deliberately
deliberar to deliberate
delicadamente carefully
la **delicadeza** delicacy, courtesy, sensitiveness; **con —** carefully
delicadísimo, -a very delicate
delicado, -a delicate

la **delicia** delight

delicioso, -a delightful, wonderful, happy

delirar to rave, be delirious

el **delirio** delirium

el **delito** crime, guilt

demacrado, -a emaciated

la **demanda** claim, request, petition, search, quest

el **demandadero** messenger (in convent)

demandar to sue, demand, petition; — **judicialmente** to bring suit

lo **demás** the rest; los — the remaining, the rest of, the rest, other, others; — de except; por lo — in other respects, furthermore, besides

demasiado too, too much, only too well, too well

democrático, -a democratic

el **demonio** devil, demon; el — del viejo the devilish old man, the old devil; **estaré hecha un —** I must look like the devil; ¡**qué —!** what the dickens!; ¡**un —!** the devil!

demontre: qué — what the deuce

demostrar (ue) to demonstrate, show

demudado, -a changed, altered, distorted

el **denominador** denominator

denominar to denominate, call

denso, -a dense

la **dentadura** teeth

el **dentista** dentist

dentro within, inside, off stage; — de inside (of), within; hacia — in, inside, into; por — from within; por — de within

el **denuesto** insult, abuse

denunciar to denounce, report

el **departamento** department, compartment

depender (de) to depend (on)

el **dependiente** clerk; **primer —** chief clerk

la **depositada** person sequestered

depositado, -a sequestered

depositar to deposit, set down, sequester

la **depositaria** trustee

el **depósito** deposit, trust, sequestration

deprimido, -a dejected

la **derecha** side, right, right hand; **a la —** on (at) the right

derechamente straight

derecho, -a straight, right; *see* poner

el **derecho** right(s), privilege, law

derramarse (por) to spread, pervade, be shed

derredor: en — around, round about

derretir (i) to melt

derretirse (i) to melt; **derritiéndosele la gacha** becoming sentimental, loving, "spooney," "mushy"

el **derribado: los cuatro —s** the four who had been knocked down

derribar to tear down, knock down; **—la de espaldas** to push her over backward

la **derrota** defeat, rout

derrotado, -a defeated

derruido, -a ruined, in ruins, torn down, dilapidated

derrumbado, -a fallen, tumbledown

desabrido, -a insipid, peevish, unpleasant

el **desabrimiento** asperity, disagreement; **con —** coldly

desabrochado, -a unfastened

desabrochar(se) to unbutton

desafiar to challenge (to a duel), defy

el **desafío** duel, challenge; **con —** defiantly; **de —** defiant

desaforadamente loudly, violently

desagradable disagreeable

desagradar (a) to displease

desagradecido, -a ungrateful

el **desagrado** displeasure

desagraviar to conciliate

desahogado, -a empty

desahogarse to unburden oneself, "get it off one's chest" el **desaire** rebuff

desalado, -a hasty, hastily, running swiftly

el **desaliento** dismay, discouragement, dejection

desalmado, -a heartless, merciless

el **desalmado** merciless person

desamarrar to untie

desangrarse to bleed (to death)

desaparecer to disappear

desarbolar: — **del medio** to cut off the main mast

desarreglar to disarrange

desarrollar to develop

el **desastre** disaster, defeat

desatar to untie

desatarse to become loose, break, break forth, become untied; — **en** to give vent to

desatender (ie) to disregard

el **desatino** nonsense

desavenido, -a quarreling, disagreeing, discordant

la **desazón** uneasiness

desbandada: a la — in disorder

desbaratar to destroy

desbarrar to talk nonsense

desbocado, -a runaway, foulmouthed

descalabrado, -a slightly wounded

la **descalabradura** contusion, wound

descalzo, -a barefooted, bare

descambiar to exchange

descansadamente quietly, peacefully, with one's mind at ease

descansado, -a restful, easy

descansar to rest, rest well, be lying; **descansó armas** he came to arm's rest

el **descanso** rest, relief, landing

la **descarga** volley, downpour; — **cerrada** close volley

descargado, -a unloaded

descargar to discharge, let loose, clear, unload

descarnado, -a fleshless, emaciated

descarriarse to go astray

descascado, -a broken

el **descastadote** ungrateful fellow; ¡—! vou inconsiderate rascal!

descender (ie) to descend, go down, get down

descendiente descended

el **descendiente** descendant

el **descenso** descent

descerrajar to take off the lock of

descifrar to decipher

descolgar (ue) to take down

descolgarse (ue) to let oneself down, swing down, swoop down, descend

descolorido, -a pale

descollar (ue) to rise, stand out

descomponerse to become disconcerted, become altered, deranged

descompuesto, -a angry

descomunal huge, colossal, extraordinary

desconcertar (ie) to disconcert

el **desconcierto** disconcertment, confusion

la **desconfianza** distrust, diffidence, fear

desconfiar (de) to distrust, despair

desconocer not to know, to be ignorant of

desconocido, -a unknown

el **desconocido** stranger, unknown person

desconsoladamente disconsolately

desconsolado, -a disconsolate, downhearted

el **desconsuelo** despair, grief

descontento, -a dissatisfied, angry

descorrer to draw back, draw (a curtain)

descortés discourteous

descosido, -a ripped

descoyuntarse to dislocate

describir to describe

la **descripción** description

descuartizar to cut

descubierto, -a uncovered, discovered, open, bare; **a la —** in the open; **poner al —** to uncover

el descubrimiento discovery

descubrir to discover, disclose, find out, show, reveal, penetrate, uncover

descubrirse to take off one's hat

descuidado, -a free from worry, with one's mind at ease, carefree, unawares, careless, unworried; **vaya Vd. —** don't worry

descuidar not to worry, neglect

descuidarse to neglect

el descuido slip, carelessness, inattention, oversight

desde since, from; **— entonces** from that time on; **— luego** at once, of course; **— que** since

Desdémona *pr. n.* Desdemona

el desdén contempt, scorn, disdain; **con —** scornfully

desdeñosamente disdainfully

desdeñoso, -a disdainful

la desdicha misfortune

desdichado, -a unfortunate, unhappy, poor

el desdichado wretch, unfortunate person

desdoblar to unfold

deseado, -a desired

desear to wish, want, desire

desearse *see* **verse**

desechar to throw back

el desecho discard; **de —** discarded

desembarcar to disembark

desembocar to flow into

desembozarse to throw back one's cape

desempeñar to fulfill, discharge, fill, be in charge, perform

desencajado, -a bulging

el desencanto disillusionment, disappointment

el desenfado freedom

desenganchar to unhitch, unfasten

desengañado, -a disillusioned

el desengaño disillusionment

desenojado, -a appeased

desenredar to untangle

desente = decente

desenvainar to unsheathe

desenvolver (ue) to unfold, unwrap, display

desenvolverse (ue) to develop, grow, rise in the world

el deseo wish, desire; **le bullía el — de** he was very anxious to

deseoso, -a desirous, wishing

desequilibrado, -a unbalanced, scatterbrained

el desertor deserter, fugitive

la desesperación despair, desperation; **era una —** it was enough to drive one to despair

desesperadamente desperately

desesperado, -a despairing, desperate

desfallecer to grow weak, faint

desfallecido, -a faint, weak

desfigurado, -a roughened

desgajado, -a broken off

desgarrado, -a torn

desgarrar to rend, tear

el desgarro impudence

desgastado, -a eroded, worn away, worn

la desgracia misfortune, mishap, accident, disaster; **por —** unfortunately

la desgraciada wretch

desgraciadamente unfortunately

desgraciado, -a unfortunate, unhappy, wretched, harmful; **¡ — de mí!** woe is me!; **— de ti (Vd.)** woe is you! woe unto you!

el desgraciado wretch, wretched man

desgreñado, -a disheveled

deshabitado, -a uninhabited

deshacer to come loose, break, dissolve, undo, destroy, counteract

deshacerse to break up, outdo oneself, break forth (in); **— de** to get rid of

la deshecha disintegration

deshecho, -a violent, hopeless, smashed to pieces, unbridled

el deshielo thaw, break-up

el deshollinador chimney sweeper

la deshonra dishonor, disgrace

deshonrado, -a dishonored, disgraced

deshonrar to dishonor

desí = decir

el desierto desert, wilderness

designar to designate

desigual unequal, uneven(ly)

la desigualdad inequality

la desilusión disillusion, disillusionment

desilusionado, -a disillusioned, disappointed

desilusionarse to be disillusioned

el desinterés disinterestedness

desinteresado, -a disinterested

desirte = decirte

deslenguado, -a evil-tongued, slanderous, loud-mouthed

deslindar to define

el desliz slip

deslizarse to slip (by), slide, glide

deslumbrado, -a dazzled

deslumbrador, -a dazzling

deslumbrante dazzling

deslumbrar to dazzle

desmantelado, -a dismantled, dilapidated

desmañado, -a clumsy, lazy, "clumsy thing"

desmayado, -a fainting, in a faint

desmayarse to faint

el desmayo swoon, faint, fainting spell

desmedido, -a turbulent, excessive

desmerecer to be unworthy of

desmesuradamente immeasurably, very wide

el desmonte clearing, bare land, pile of dirt

desmoralizado, -a demoralized

desnarigado, -a with the nose cut off

desnaturalizarse to change one's character

el desnivel slope

desnudar to undress

desnudarse to undress

desnudo, -a bare, naked; — de medio cuerpo arriba naked from the waist up

desobedecer to disobey

la desobediencia disobedience

la desolación desolation

desolado, -a desolate

desollar to skin

el desorden disorder, confusion

desordenado, -a careless, disorderly; de lo más — terribly disorderly

despabilar to rouse

despabilarse to become clever or sharp

despacio slow, slowly, deliberately

despacito (very) slowly, gently, softly

despachar to get through, settle, send, dispatch, finish

despacharse to run about

el despachito dim. of despacho small study

el despacho office, study

desparramarse to scatter

despavorido, -a terrified, aghast

el despecho vexation, spite

despedazado, -a cut to pieces

la despedida farewell

despedir (i) to say goodbye, dismiss, give off, give forth, emit; — chispas to flash

despedirse (i) to say goodbye, take leave of each other, part; — para el mar to go off to sea

despegar to open, unglue, detach, separate

despeinarse to take down one's hair

despejado, -a clear

despellejar to flay, skin

la despensa pantry

despeñarse to fall over a precipice, fall headlong

el desperdicio waste; pl. leftovers, remains

desperezarse to stretch (oneself)

despertar (ie) to awaken, wake up

despertarse (ie) to wake, wake up

despierto, -a awake, bright, wide awake; — de espíritu quickwitted; tener — el apetito to be very hungry

desplomarse to fall

despoblarse (ue) to become deserted

despojar to deprive, despoil, take off, cut off

despojarse (**de**) to relinquish

el despojo castoffs, spoils, leavings, plunder, despoliation, robbery

desposeído, -a deprived

despóticamente despotically

el despotismo despotism

despreciable despicable

despreciar to scorn, despise, look down on

despreciativo, -a scornful

el desprecio scorn, contempt; **de —** scornful

desprenderse (**de**) to part (from)

el desprendimiento disinterestedness, generosity

despreocupado, -a unconventional

el despropósito nonsense

desprovisto, -a devoid

después after, afterward, later, then; **— de** after; **poco —** shortly afterward; **— (de) que** after

destacar to stand out

destacarse to stand out

destartalado, -a shabby, poorly furnished

el destello flash

el destierro exile

destinado, -a destined, intended

destinar to destine, devote

el destino job, fate, destiny, destination; **fatal —** doom

destituir to depose

destornillar to unscrew

la destreza skill, dexterity

destrozado, -a torn, ragged, destroyed

el destrozo destruction

destruir to destroy

desusado, -a unusual, unheard of

el desván garret

desvanecer to dispel

desvanecido, -a fainting

el desvarío delirium; **con —** frantic(ally)

desvelado, -a sleepless

desvelar to keep awake

la desventura misfortune, unhappiness

desvergonzado, -a brazen, shameless

la desvergüenza shamelessness

desviado, -a turned aside, deviated

desviar to keep away

el desvío aversion

el detalle detail, accessory

la detención stopping, detention

detener to stop, detain, arrest; **— el paso** to stop

detenerse to stop, pause

el detenimiento care, circumspection

la determinación intention, plan, scheme, decision

determinado, -a determined

determinar to determine; **— de** to resolve

determinarse (**a**) to decide

la detonación report, detonation

detrás behind; **— de** behind, after; **por — (de)** behind, in the rear

la deuda debt

el deudo retainer, relative

devanarse: — los sesos to rack one's brains

devastador, -a devastating, destructive

la devoción devotion

devolver (**ue**) to return, give back

devorar to devour

el día day; **el — de ayer** yesterday; **— de labor** work day; **el — menos pensado** some fine day, any day; **—s pasados** some days ago; **— del santo** birthday; **un — es un — this** is a special day; **de un — a otro** any day; **un — u otro** one of those days, some time or other; **a los ocho —s** a week later; **al — siguiente** the next day; **buenos —s** good day, good morning, goodbye; **de —** by day; **de algunos —s a esta parte** for some days past; **de y de noche** day and night; **del —** of today; **de pleno —** in full daylight; **de todos los —s** daily; **el mejor —** some fine day; **para**

el — from day to day; **por el** — in
the day time; (**en**) **todo el** — all
day long; **todos los** —s every day
la **diablesa** she-devil
el **diablo** devil, demon; **¡el — me
lleve si . . .!** I'll be hanged if
. . .!; **¡qué mil** —s! what the
devil!, what the deuce!
diabólico, -a diabolical
el **diálogo** dialogue
Diana *pr. n.*
diariamente daily
diario, -a daily
dibujarse to be outlined, drawn,
appear
el **dibujo** sketch, drawing
el **diciembre** December
el **dictado** title, name, denomination,
appellation
dictar to dictate
el **dicterio** insult
la **dicha** happiness, bliss
dicho, -a aforesaid, spoken, said;
pl. same; **mejor** — or rather,
that is to say
lo **dicho** what had been said, just
what I said
el **dicho** saying
dichosísimo, -a most happy
dichoso, -a happy, blessed, confounded, highly touted
diecinueve nineteen
dieciocho eighteen
dieciséis sixteen
el **diente** tooth; **entre** —s muttering
to himself, in an undertone
diestro, -a expert, dexterous
el **diestro** halter, bridle; **llevar del
—** to lead by the bridle
diez ten; — **y seis** sixteen
el **diezmo** tithes, one-tenth of one's
income paid to the church
la **diferencia** difference; **¡qué — con
. . .!** how different from . . .!
diferenciar to differentiate
diferenciarse to differ
diferente different, various
diferir (ie) to differ, defer, postpone
difícil hard, difficult, unlikely; **lo
—** the difficult thing

la **dificultad** difficulty
la **difunta** deceased
difunto, -a deceased, late
el **difunto** corpse, dead man, ghost,
deceased; *pl.* dead
dignarse to deign, condescend
la **dignidad** dignity, merit
digno, -a dignified, worthy, self-
respecting; — **de vivirse** worth
living
el **dije** locket
dilatado, -a wide
dilatar to postpone
dile *imperative of* **decir** tell her
el **dilema** dilemma
la **diligencia** stagecoach, formality
diligente diligent, industrious
diluviar to rain pitchforks
el **diminutivo** diminutive
diminuto, -a diminutive, tiny
dinámico, -a dynamic
la **dinamita** dynamite
la **dinastía** dynasty
el **dineral** mint of money, fortune
el **dinero** money, funds
la **diócesis** diocese
Dios God; *see* **hombre, gracias,
ira**; — **le haya perdonado** may
God forgive him, God rest his
soul; **¡ — mío!** good heavens!
dear Lord; **¡ — mío de mi alma!**
good heavens!; **¡así — me
mate!** may heaven strike me
dead!; **¡por —!** for heaven's
sake!; **por el amor de —** for
heaven's sake; **¡por vida de —
que . . .!** I swear that . . .!;
que — tenga en gloria may he
be with God in heaven; **¡Santo
—!** *or* **¡ — santo!** good heavens! heavens above!
la **diosa** goddess
la **diplomacia** diplomacy
diplomático, -a diplomatic
la **dirección** direction, destination,
address; **con — a** toward; **en
— a** toward; **en — de** toward;
llevar la — to manage
directamente directly
directo, -a direct(ly)
el **director** director

dirigido, -a directed

dirigir to direct, manage, run, shoot, address, cast; — **la palabra** to address, speak to

dirigirse (**a**) to go (to), address, turn to, come, go toward, direct at each other

la disciplina discipline, cat-o'-nine-tails

el discípulo pupil, student

la discordia dissension, discontentment, discord

la discreción discretion, wisdom

los discreteos affectations, witticisms

discreto, -a witty, discreet, wise, sensible

la disculpa excuse

disculpar to excuse, forgive, make an excuse for someone

disculparse to excuse oneself

discurrir (**por**) to discuss, gossip, roam, reason, reflect, wander (about)

el discurso discourse, speech

la discusión discussion

discutido, -a discussed

discutir to discuss, argue

la disensión dissension

el disfraz disguise

disfrazado, -a (**de**) disguised (as)

disfrazar to disguise

disfrutar (**de**) to enjoy (oneself)

disgustadísimo, -a very much displeased

disgustado, -a angry

disgustar to displease

disgustarse to be displeased, trouble oneself

el disgusto displeasure, trouble, quarrel, dispute, annoyance, disgust, disappointment, unwillingness, distress; *pl.* trouble; *see* **llevar**; — **gordo** big row

disimuladamente on the sly, slyly

disimulado, -a hidden, concealed

disimular to overlook, let pass, conceal, cover up

el disimulo pretense, dissimulation, mask; **con** — covertly, slyly

disiparse to be dispersed

la dislocación dislocation

dislocar to dislocate

disminuir to diminish, lessen

disparado, -a like a shot

disparar to shoot, fire

el disparate nonsense, piece of foolishness

el disparo shot

dispensar to excuse, pardon; — **a** to bestow, be used; **Vd. dispense** excuse me

displicente peevish(ly), cross(ly)

displicentísimo, -a very peevish-(ly), very cross(ly)

disponer (**de**) to dispose, get ready, arrange, settle, use

disponerse (**a**) to be prepared, be placed, be arranged, get ready

la disposición intention, disposition, condition

dispuesto, -a fit, capable, disposed, ready; — **a todo** ready to endure anything, ready to do everything

la disputa dispute, argument, discussion

disputar to argue, dispute

la distancia distance; **a poca** — a short distance away

distante distant, at a distance, away

distar to be distant

distinguido, -a distinguished; **muy poco** — most unbecoming, very inelegant

distinguir to distinguish, single out, make out, discern

distinguirse to distinguish oneself; **consiguió que se distinguiese** he succeeded in revealing

distinto, -a different

la distracción amusement, absent-mindedness

distraer to distract, confuse, amuse

distraerse to become inattentive, wander, pass the time

distraídamente absent-mindedly

distraído, -a absent-minded, distracted

distribuir to distribute

el distrito district

disuadir to dissuade

el diván couch, sofa, divan

la diversión amusement

diverso, -a diverse, varied, different, sundry

divertido, -a amusing

divertirse (ie) to amuse oneself, have a good time, trifle with; **¡que Vds. se diviertan!** I hope you have a good time!

dividirse to divide

divinamente divinely, wonderfully

divino, -a divine, heavenly

divisar to make out, discern, perceive, see

diz they say, it is said

do ut des (*Latin*) I give so that you may give, *i.e.*, one good turn deserves another

doblado, -a bent

doblar to fold, fold over, turn, round, bend

doblarse to bend

doble double

doblemente doubly

doce twelve; **las —** twelve o'clock

la docena dozen

dócil docile, obedient

dócilmente meekly

la doctora doctor

la doctrina doctrine, catechism *see* **libro**

doctrinario, -a doctrinal

el documento document

el dogo: perro — bulldog

el dólar dollar

doler (ue) to grieve, distress, hurt

dolidísimo, -a very distressed

dolido, -a pitying, pained, distressed

doliente sorrowful

el dolor pain, grief, sorrow

la dolora dolora *a type of poem cultivated by Campoamor; see Quién supiera escribir, p. 484.*

Dolores *pr. n.*

dolorido, -a afflicted, painful, aching, sorrowful

dolorosamente painfully; *see* **impresionar**

doloroso, -a sorrowful, painful

la domadora tamer, subduer

domesticar to domesticate, tame

doméstico, -a domestic

el doméstico servant

el domicilio domicile, home, house

la dominación domination, control

dominado, -a dominated, controlled

dominante domineering

dominar to control, dominate, know thoroughly, overlook

dominarse to control oneself

el dómine schoolmaster

el domingo Sunday; **los —s** on Sundays; **todos los —s** every Sunday

el dominio power; **en los —s de** at the mercy of

don *untranslatable title used before Christian names of men*

el don gift; **— de gentes** gift of making friends

el donaire witticism, grace, elegance

la doncella maid, maiden; **de —** as a maid; **la señora —** her ladyship the maid

donde where, in which, which, that, on which, the headquarters of; **a —** where to, whither; **de —** from where, whence; **en —** where, in which; **para —** for which place; **por —** which way, where, in, at the place, by which; **por — ha salido** the same way he got out; **por — ha venido** the way you came

¿dónde? where?; **¿por — iba a entrar?** how could he get in?

dondequiera: por — que wherever

donosamente charmingly

doña *untranslatable title used before Christian names of women*

dorado, -a golden

dorar to gild

dormido, -a asleep, slumbering, sleeping, trusting, sleepy; **quedarse —** to fall asleep

dormir (ue) to sleep, sleep off, rest: **— la mona** to sleep off a drunk; **actitud de** — sleeping posture; — **la siesta** to take a nap

dormirse (ue) to go to sleep, fall asleep

dormitar to doze

el dormitorio bedroom

dos two; **los** — both; **de** — **en** — by twos, in couples

doscientos, -as two hundred

el dosel canopy

el drama drama

dramático, -a dramatic; **autor** — dramatist

el dramaturgo dramatist

el dril drill, duck

la driza halyard

la duda doubt; **sin** — doubtless, undoubtedly

dudar (de) to doubt, hesitate

dudoso, -a doubtful, uncertain

el duelo mourning, duel

el duende goblin, ghost

el dueño master, owner, possessor; — **de sí mismo** self-possessed; **mis tres** —**s** my three lords and masters; **soy** — **de** I am free to

dulce sweet

el dulce candy, sweets

dulcificar to sweeten, soften

la dulzura sweetness; **con** — sweetly

la dulleta loose wrap

Dumas, Alexandre, père (*1802-1870*) *French novelist and dramatist, known particularly for such works as* The Three Musketeers

el duque duke

la duración duration; **es de mucha** — it wears very well

duramente severely, harshly, violently

Durán, Agustín (*1793-1862*) *Spanish erudite, noted especially for his collection of ballads*

durante during, in

durar to last, persist

la dureza harshness

duro, -a hard, harsh; **a** —**as penas** with great difficulty

el duro dollar; Spanish coin worth five pesetas

E

e and; *used for* **y** *before words beginning with* **i** *or* **hi**

¡ea! so there!, there!, well!, anyway!, come!

el ebrio drunkard

el Ebro *pr. n.* Ebro River

eclipsarse to be eclipsed

el eco echo

la economía economy; *see* **andar**

echado, -a thrown, tossed

echar to throw (out), hurl, bestow, pour, light, raise, cast, shoot, put, place, put out, toss, fling, figure, get, make, put upon; — **a** to begin; — **a volar** to send flying; — **abajo** to spoil, ruin; —**le** — **un brazo por** put an arm around; — **una carta** to mail a letter; — **el cerrojo** to lock with a bolt; — **la cuenta** to figure up (an account); — **la culpa (de todo)** to blame (for everything); — **chispas** at top speed, to emit sparks, rave; — **los dientes** to eat; — **espuma por la boca** to foam at the mouth; — **espumarajos de rabia** to foam at the mouth with rage; — **al mundo** to create, place on this earth; — **de cabeza** to throw headfirst; — **de menos** to miss; — **en cara** to reproach; — **en olvido** to forget; — **fuera** to "kick" out; — **las lamparillas** to light the night tapers; — **llamas** to flash; — **la llave** to turn the key; — **mano a** to lay hands on; — **una ojeada** to cast a glance; — **piropos** to pay compliments; — **raíces** to be rooted, grow roots; — **flojo sueño** to have a fine sleep; — **un vistazo** to look over; — **yescas** to strike a light

echarse to strike out, throw oneself, rush, lie; — **a** to start, begin; — **al mar** to put out to sea; — **a perder** to be ruined, spoil;

la noche se echó encima night fell; antes de que el invierno se nos eche encima before winter is upon us; —las de to put on airs of, brag of being

Echevarría *pr. n.*

la edad age; de — old; de corta — young; de más — older; — Media Middle Ages

el edén paradise, Eden

la edición edition

el edificio building

la educación education

educado, -a educated, raised, well acquainted with; bien — well bred

educar to educate, bring up

efectivamente actually, really, in fact, indeed

el efecto effect, impression; en — in fact, as a matter of fact; dar — to fulfill

efectuarse to take place

la eficacia efficacy

eficaz efficacious

efusión effusion, cordiality

efusivamente effusively, cordially

efusivo, -a effusive(ly), cordial(ly)

Ega *pr. n., river flowing through Estella, empties into the Ebro*

egoísmo egotism, selfishness

egoísta selfish, egotistical

la egoísta egotist

la egolatría self-admiration

Egozcue *pr. n.*

¿eh? eh?, eh!, heh!, what?, what did you say?, isn't that right?, what do you say?, did you?, have you?, wasn't she?, *etc.*, what's this?; ¿sí, —? oh, yes?; ¡—! eh!, what!, here!

la ejecución execution

ejecutar to execute, perform, do, carry out

ejecutivo, -a imperative

el ejecutor executor, administrator

¡ejem! hm!, ahem!

ejemplar exemplary

el ejemplar example, copy, specimen

la ejemplaridad the effect of a warning

el ejemplo example; por — for example

ejercer to exercise, practice

el ejercicio exercise, practice

ejercitar to exercise

ejercitarse (en) to practice

el ejército army

el the, that, the one; — de (la de) that of; — de antes the preceding one; — que (la que, los que, las que) he who, the one who, the one that, which, whom, that which, who; de los que one of those who, one (to)

él he, it, him, himself

elásticamente with a springy step, athletically

elástico, -a flexible, supple

El Ciego *pr. n., town near Laguardia, pop. 1,560*

Elduayen *pr. n., village near Tolosa, pop. 224*

la elección choice, election

eléctrico, -a electric

el elefante elephant

la elegancia elegance

elegante elegant, chic

elegantemente elegantly

elegantísimo, -a a very elegant

elegido, -a selected

elegir (i) to choose

elemental elementary

el elemento element

elevadísimo, -a very lofty

elevado, -a tall, high

elevar to raise

Elisa *pr. n.*

Elisita *dim. of* Elisa, little Elisa

Elizondo *pr. n., town near Baztán, important in Carlist wars; pop. about 1,000*

la elocuencia eloquence

elocuente eloquent

eludir to avoid

Elvira *pr. n.* Elvira

ella she, her, it; ¡—! it is she!, de — hers

ello it; todo — all of it

ellos they, them; ¡—! here they come!

la embajada message, plea

embalsarse to form a pool
embarazar to upset
embarazoso, -a embarrassing
la embarcación boat, vessel
embarcar to embark
embarcarse to embark
embargado, -a overwhelmed, seized, wrapped up
embargar to overwhelm, fill, embargo, attack
embargo: sin — nevertheless; sin — de que even though, in spite of the fact that
embarrancar to run aground
embebecido, -a absorbed
embebido, -a taken up
embelesado -a fascinated, charmed
embelesar to entrance
el embeleso rapture, fascination
la embestida attack, assault, clashing
embestir (i) (con) to rush (against), charge
emborracharse to get drunk
emborronar to spoil
embozado, -a muffled, wrapped
embozarse to wrap up, muffle up
el embozo muffler
embravecido, -a enraged
embreado, -a tarred
embriagado, -a intoxicated
la embriaguez drunkenness
embrollado, -a muddled, confused
embromar to joke with, "josh," "kid," tease, annoy
el embuste deceit, deception
el embustero deceiver
emigrar to emigrate
Emilio pr. n.
la eminencia high spot
la emoción emotion, feeling(s), conviction, stir; con — feelingly
emocionado, -a filled with emotion
emocionarse to be thrilled
el emolumento emolument, fee, salary
empalagoso, -a cloying, oversweet

empalidecer to grow pale, become pale
empapado, -a soaked, wet, pervaded, replete
empapar to soak
emparejado, -a side by side
el emparrado grape arbor
empedrado, -a paved
el empedrado pavement
el empellón push
empeñado, -a insisting, insistent, in debt
empeñarse (en) to insist (on)
el empeño term, engagement, insistence, anxious desire, eagerness, import; con — fixedly, eagerly; tener — to be eager or anxious
el emperador emperor
empezado, -a begun, opened
empezar (ie) to begin; — por to begin with
empinarse to stand on tiptoe
empírico, -a empirical, experimental
empleado, -a employed; le está muy bien — it serves you right; seguirá Vd. — you are still working
el empleado employee
emplear to employ, use, take, spend
emplearse to work, busy oneself at
el empleo position; ascender de — to be promoted
empobrecer to impoverish
empolvado, -a dusty
empollar to hatch
empotrado, -a imbedded
emprendedor, -a enterprising
emprender to undertake, start
empujar to push, propel, drive, lead
el empujón push, shove; a —es by means of shoves
empuñar to grasp, hold, seize
en in, on, at, about, with, to, among, by, against, for, over, before, in front of, into, during
las enaguas petticoat, skirt
el enajenamiento rapture

enajenar to sell, transfer

enamoradísimo, -a madly in love

enamorado, -a (de) enamored, in love (with), fond of

el enamorado lover, person in love, sweetheart

enamorar to enamor, cause to fall in love

enamorarse (de) to fall in love (with), to be enamored (of)

encadenar to enchain

el encaje lace; de — lace-making

encalmado, -a becalmed, in a dead calm

encaminado, -a directed

encaminar to direct

encaminarse (hacia) (a) to head (for), go (toward), make one's way

encandilado, -a interested, confused, surprised

encantador, -a charming, enchanting

encantar to charm, delight

el encanto charm, enchantment

encapotado, -a overcast

encaramarse to climb

encararse (con) to face

encarecer to praise

encargado, -a in charge of; voy — I am in charge

el encargado the one in charge

encargar to charge, commission, order

encargarse (de) to take it upon oneself to, assume the responsibility of, take charge, undertake, order

el encargo commission, errand, request; con acento de — supremo in the tone of one who makes an earnest request

encarnado, -a red

encarnar to embody, incarnate

encarnizado, -a cruel, bloodthirsty

el encarnizamiento cruelty

encasquetar to slam on (one's head)

encender (ie) to light, to turn on; — candela to strike a light

encenderse (ie) to light; — de rubor to blush

encendido, -a lighted, red, inflamed, burning, on, excited, violent

encerrado, -a inclosed, confined, locked up, imprisoned

encerrar (ie) to contain, inclose, lock up, imprison, put away

encerrarse (ie) to lock oneself up

las encías gums

encima on top; — de above, on; por — over (himself); por — de above, over

la encina oak

encoger to draw in

encogerse to shrug, shrink, be dismayed; — de hombros to shrug one's shoulders

encogido, -a timid, huddled up

encomendar (ie) to entrust, commit

el encomio praise

encontradizo, -a that may be met on the way; se hizo con él — pretended to have met him by chance

encontrar (ue) to find, encounter, meet; no se encuentra there is none to be found

encontrarse (ue) (con) to meet, be, find oneself, find

el encopetado presumptuous person

el encuentro meeting, encounter; ir al — de to go to meet (find); salir al — to come out to meet; su — meeting her

encumbrado, -a lofty

ende thence; por — therefore

endeblillo, -a rather weak, feeble

endemoniado, -a devilish

enderezar to direct

endomingado, -a dressed in one's Sunday best

endulzarse to soften

la enemiga enemy

enemigo, -a hostile, adverse, unfriendly

el enemigo enemy, rival

la enemistad enmity

la **energía** energy, vitality, force; con — energetically

enérgicamente sharply, clearly, energetically

enérgico, -a energetic, forceful, firm, untiring

el **energúmeno** person possessed

el **enero** January

enfadadísimo, -a very angry

enfadado, -a angry

enfadarse to get angry

el **enfado** anger

el **énfasis** emphasis; con — emphatically

enfáticamente emphatically

enfático, -a emphatic

enfermar to fall ill, get sick, make ill

la **enfermedad** illness, sickness

enfermizo, -a sickly

enfermo, -a sick, ill

el **enfermo** invalid, patient, sick man

enfilar to look down from one end to the other

enfrente opposite; de — opposite, across the street, in front; — de before, opposite, face to face with

enfurecerse to become infuriated

enfurecido, -a furious, furiously

enfurruñado, -a angry, sulky

enganchado, -a caught

enganchar to hook, connect

engancharse to catch (on), to get caught

engañado, -a fooled, deceived

engañar to deceive, fool, cheat, betray

el **engaño** deceit, deception

engatusar to fool (someone)

engendrar to engender, foster

engolfarse to become absorbed, taken up with

engomado, -a gummy, gummed up

engullir to devour

la **enhorabuena** congratulation; que sea muy — I wish you happiness, good luck to you

el **enigma** enigma

enigmático, -a enigmatic

enjuagarse to rinse out

enjugar to dry, wipe

enjuto, -a lean, thin, withered

enlazado, -a united, joined, clasped

enloquecido, -a crazy

enmarañado, -a tangled

enmarañarse to become entangled

enmudecer to remain silent, keep still

ennegrecerse to grow darker, blacken

enojarse to become angry

el **enojo** annoyance, anger

enorgullecer to make proud

enorme enormous, great

la **enormidad** enormity, huge size

la **enramada** arbor, grove

enredado, -a entangled, on top of each other

enredar to entangle, interfere with

enredarse to become involved, entangled

enredoso, -a tangly, snarly

Enrique pr. n. Henry

enriquecido, -a enriched

enrojecer to redden

enrojecerse to blush

enronquecido, -a hoarse

enroscado, -a curled up

la **ensalada** salad

el **ensalmo** charm, enchantment

ensangrentado, -a bloody

ensayado, -a studied

ensayar to practice, rehearse

ensayarse to rehearse

la **ensenada** small bay, cove

la **enseñanza** instruction

enseñar to show, teach

los **enseres** implements, goods, utensils

ensordecer to deafen

ensotanado, -a cassocked

el **ensueño** illusion, dreaming

entablado, -a begun

entablar to engage in

entablarse to begin, establish

entender (ie) to understand, hear; — de razones to listen to reason

el **entender** knowledge, understanding

entenderse (ie) to speak together, understand one another; **entendámonos** let's get this straight; — **con** to come to an understanding with, deal with

entendido, -a *see* darse; **estar —s** to have an understanding

el **entendimiento** understanding, intelligence

enterado, -a aware

enteramente entirely, completely

enterar to inform

enterarse (de) to learn, find out, understand

la **entereza** integrity, honesty

entero, -a entire, whole; **por —** entirely, completely

el **entero** whole number

enterrado, -a buried, interred

enterrar (ie) to bury

el **entierro** burial

entoldado, -a overcast

entonar to intone

entonces then, at that time; **desde —** from that time on; **en aquel —** at that time; **por —** at that time

entornado, -a partially open, ajar

la **entrada** entrance, arrival

entrado, -a late; **muy —a la mañana** very late in the morning

entrañablemente dearly

las **entrañas** sentiments, feelings; **hijo de mis —** my darling child

entrar (en) to enter, come in, go in, come into, get in, go aboard; **le entraba** came over him; — **a** to begin; — **a bordo** to be taken in; — **de** to work as; — **en fuego** to open fire; — **en materia** to get to the subject; — **en sospechas** to become suspicious; **hacer — volando** to send flying in; **me va a — un miedo espantoso** I'll be terribly frightened

entrarse to enter

entre between, among, in, about, amid; **entre . . . y . . .** half . . . half . . ., both . . . and; **por —** among, between

entregado, -a in the hands of

entregar to hand, surrender, deliver, hand over

entregarse to surrender

el **entremés** interlude

entretanto meanwhile, in the meantime

entretener to entertain

entretenerse to delay

el **entretenimiento** entertainment, amusement

la **entrevista** interview, rendezvous

entrometido, -a meddlesome

entusiasmado, -a enthusiastic, enthusiastically, pleased, excited, taken up

entusiasmarse to get excited

el **entusiasmo** enthusiasm; **con —** enthusiastically

entusiasta enthusiastically

la **enumeración** enumeration

enumerar to enumerate

envalentonarse to pick up courage

envanecerse de to be proud of

envejecido, -a aged

enviar to send

la **envidia** envy; **me da —** it makes me envious

envidiable enviable

envidiar to envy

envidioso, -a envious

el **envidioso** envious person; *in excl.* envious fool

el **envoltura** covering, wrapping

envolver (ue) to envelop, surround

envuelto, -a wrapped, enveloped; — **en** covered with

enzarzarse to become involved, wrangle, fight

la **épica** epic

épico, -a epic

épico-lírico, -a epico-lyrical

la **epidemia** epidemic

epigramático, -a epigrammatic

el **epiléptico** epileptic

el **epílogo** epilogue

episcopal episcopal

el **episodio** episode

la **época** epoch, period, season, time

la **epopeya** epic

el **equilibrio** balance, mental balance, sanity

el **equilibrista** tight-rope walker

el **equipaje** baggage

la **equis** x *letter of the alphabet*

equivaler to be equivalent

la **equivocación** mistake

equivocadamente by mistake

equivocado, -a mistaken, wrong

equivocarse to be wrong, be mistaken, make mistakes or errors; — **de** to make a mistake in

er = el

erguido, -a erect, proud

erguirse (i) to straighten up, rise

erizar to set on end; **que erizaban los cabellos** that were hair-raising

erizarse to bristle

la **ermita** hermitage

Ernesto *pr. n.* Ernest

errante wandering

Erroitza *pr. n.*

erróneo, -a wrong, erroneous

la **erudición** erudition

erudito, -a learned, erudite

esbelto, -a slender, slight, well proportioned

el **esbirro** bailiff

el **escabeche** pickled fish, pickling

escalar to scale, climb; — **a pico** to climb straight up

la **escalera** stairs, stairway; —**s abajo** down the stairs; **arrojar por las —s** to throw (someone) down the stairs; — **de salvamento** fire escape

la **escalerilla** little stairs

el **escalofrío** chill

el **escalón** stop

el **escamoteo** sleight-of-hand

escampar to stop raining; ¡**ya escampa!** it stopped raining!

escandalizadísimo, -a very much scandalized

escandalizado, -a scandalized, shocked

escandalizar to scandalize, shock, raise a scandal

escandalizarse to be shocked

el **escándalo** commotion, noise, hubbub, scandal

escandalosamente scandalously, madly

escandaloso, -a scandalous

escapar to run away, escape; — **a** to avoid

escaparse to run away, escape, get away

la **escapatoria** escape

escape: a — quickly, at full speed, in a hurry, right away

escaramuzar to skirmish, quarrel

la **escarapela** badge, cockade

escarbar to scratch, dig

escarnecer to mock, jeer at

la **escarola** endive

escarpado, -a steep

escasísimo, -a very dim

escaso, -a meager, scarce, scanty

la **escena** stage, scene; **en —** on the stage

el **escepticismo** scepticism

escéptico, -a sceptical(ly)

esclarecer to light up

esclarecido, -a lighted up

la **esclava** slave

la **esclavina** shoulder cape

la **esclavitud** slavery

el **esclavo** slave; **hecho un —** like a slave

la **escoba** broom

la **escobilla** brush, little broom

escocer (ue) to smart

escocés, -a Scotch

escoger to choose, pick out, select

escogido, -a chosen

escoltado, -a escorted

escoltar to escort

el **escombro** debris, rubbish

esconder to hide

esconderse to hide (oneself)

a escondidas secretly

escondido, -a out-of-the-way, hidden

el **escondite** hiding place; **jugar al —** to play hide-and-seek

la **escopeta** musket, gun; — **de dos cañones** double-barreled shotgun la **escota** (main) sheet, sheet-rope

el **escote** neck (of a dress)

el **escribano** notary, clerk (of a court of justice)

escribir to write

escrito, -a written, enrolled; **por —** in writing; **que en el cielo estás —a** whose name is enrolled in heaven

el **escritorio** office, desk; **de —** of the desk type; **mesa —** writing table

la **escriturilla** *dim. of* **escritura** little document

el **escrúpulo** scruple

escrupulosamente scrupulously, very carefully

escrupuloso, -a scrupulous

escrutador, -a scrutinizing, searching

escrutar to scrutinize

la **escuadrilla** small squadron

escuchar to listen (to), hear; **¿qué escucho?** what is this?

el **escudo** coat-of-arms, shield

la **escuela** school

esculpido, -a carved

la **escultura** sculpture

escultural sculptural

la **escupidera** cuspidor, spittoon

escupir to spit

escurrir to drain (the last drops); **— el bulto** to slip away; **— el hombro** to shirk the job

ese, -a that

ése, ésa that (one), he; **¡a —!** get him!; **ése** that man, that fellow; **ésa** that woman

esencial essential

lo esencial the essential thing

la **esfera** sphere

esforzarse (ue) (por) to struggle, exert oneself, make an effort

el **esfuerzo** effort

el **eslabón** steel

Eslava *pr. n., a Madrilenian theater*

esmerarse to take care

el **esmero** care, careful attention

eso that, all that, that place; **¡ —!** that's right, that's what; **— de** that matter of, the word, this

pretext of; **a — de** at about; **— es** that's right, that's it; **¡ — es!** that is a fine how-do-you-do!; **y — que** although, and that in spite of the fact that, even though; **¿no es —?** isn't that so (right)?; **no es —** that isn't it; **— sí** that is true; **por —** therefore, for that reason, that is why, on that account

el **espacio** space, time, stretch; **buen — a** long time

la **espada** sword

el **espadín** rapier, dress sword

la **espalda** back; *pl.* back; **a —s de** behind her back; **dándoles la —** with her back turned to them; **de —s (a)** backward, on one's back, with her back (to), with his back turned

el **espaldar** back

espantado, -a frightened

el **espanta-hombres** "scare-man"

el **espantajo** scarecrow

el **espanta-pájaros** scarecrow

espantar to frighten

el **espanto** fright, terror; **con — terrified**

espantoso, -a horrible, frightful, dreadful, terrible; *see* **entrar**

España *pr. n.* Spain

español Spanish

el **español** Spaniard

esparcido, -a scattered

esparcir to spread, scatter, send forth, give forth

Espartero, Baldomero (*1793–1879*) *Spanish general and one of the outstanding political figures of the nineteenth century.*

el **esparto** esparto grass

el **espasmo** spasm

especial special

la **especialidad** specialty

especialísimo, -a very particular, very special

especialmente especially

la **especie** kind, rumor

especioso, -a specious

el **espectáculo** spectacle

el **espectro** ghost, specter

el espejito *dim. of* **espejo** small mirror

el espejo mirror

la espera wait, hope, waiting; **en — de** waiting for, expecting

la esperanza hope, expectation

Esperanza *pr. n.*

esperanzado, -a hopeful

esperar to wait (for), hope, expect, await; **lo que era de —** what was to be expected

esperarse to wait

esperezarse to stretch

espesarse to grow thicker, deepen

espeso, -a thick

la espetera kitchen rack

el espía spy

espiar to spy

la espina thorn

el espinazo backbone, spine

la espinilla shin

Espinosa *pr. n.*

el espionaje espionage, spying

el espíritu spirit, mind, heart; *see* **despierto**

espiritual spiritual

el espiritualismo spirituality

la esplendidez splendor

espléndido, -a splendid

Espolón *pr. n.*

espontáneamente spontaneously

espontáneo, -a spontaneous

la esposa wife

el esposo husband; *pl.* husband and wife

Espoz y Mina *pr. n., street in the center of Madrid, connecting the Puerta del Sol and the Plaza del Ángel*

Espronceda y Delgado, José (*1808–1842*) *famous Spanish romantic poet*

la espuma foam; **echar — por la boca** to foam at the mouth

el espumarajo foam at the mouth

la esquela note

la esquila small cowbell

el esquilón small bell

la esquina corner

esquinado, -a angular

establecer to establish

establecido, -a established

el establecimiento establishment

el establo stable

la estación station, season

las estadísticas statistics

el estado state, condition, estate; **en — honesto** marriageable; **— llano** commoners, commoner estate; **— mayor** general staff

los Estados Unidos de Norteamérica *pr. n.* United States

estafado, -a swindled

estallar to burst, explode, sound, break out, rise up

el estamento estate; **el tercer —** third estate, i.e., the commoners

la estampa image, print

la estancia room

el estanque pond, pool

el estante shelf

la estantería book shelves, shelves

la estantigua phantom, fright; **estar hecha una —** to look like a fright

estar to be, taste, look (like), appear, be at home, remain, stay, stand, hang; **¿estamos?** do you understand that?; **¡así estamos . . .!** this is how we've been carrying on . . .!; **— al tanto de** to understand; **está bien** all right; **no debe — bueno** probably isn't in his right mind; **— de acuerdo** to be agreed; **— de compras** to have gone out shopping; **— de visita** to be making a call; **— de vuelta** to be back; **está Vd. en su casa** you are welcome; **— en su derecho** to be within one's rights; **— en babia** not to know what is going on; **— hecho . . .** to have become . . .; **no está mal** he is not so bad; **aunque no esté bien el decirlo** although it is not right for us to say it; **nos esté mal el decirlo** it isn't for us to say it; **— para** to be about to, be on the point of, be in the mood for; **— por** to be inclined toward, feel like; **— sano de la cabeza** to be in one's right mind;

(no) — **sobrado de** (not) to have any too much (money); **ya está** it is all settled, that's all there is to it, that's enough!, there you are now!

estarse to stay up, stay, pass, be, remain

la **estatua** statue

la **estatuilla** *dim. of* estatua small statue

la **estatura** stature, height

este, -a this

éste, -a this (one), the latter, he

Esteban *pr. n.*

Estebanillo *dim. of* Esteban Stephen

Estella *pr. n., city in Navarre, near Pamplona, pop. about 6,000; used as army headquarters by D. Carlos in civil war of 1840*

la **estepa** barren plain, steppe

la **estera** mat

la **esterilidad** sterility

la **esterilla** *dim. of* estera small mat

estético, -a aesthetic

el **estilo** style, fashion, tenor; **y así por el —** of similar tenor

estilográfica: pluma — fountain pen

la **estimación** esteem

estimado, -a well liked

estimar to value

el **estío** summer

estirar to stretch

estirarse to stretch

el **estirón** pull

la **estirpe** lineage

esto this one, this thing, that; **con — at** this moment; **en — at** this point, at this time, by this time, in the meantime; **— de Juanita** in Juanita's case; **— de que** this business (of having); **— es** that is to say; **por — for** this reason

la **estocada** thrust

la **estofa** material

el **estoicismo** stoicism

el **estómago** stomach

estorbar to bother, interfere, hinder, impede, hamper, be in the way, be annoying

el **estorbo** hindrance

estornudar to sneeze

el **estornudo** sneeze

el **estrago** havoc, ravage

estrangular to choke

la **estratagema** stratagem

estrechar to clasp, shake, embrace, press, hold tightly

estrechísimamente very tightly

estrecho, -a narrow, tight, strict

la **estrella** star; **— filante** shooting star

estrellado, -a starry

estrellarse to be shattered, dashed to bits

la **estrellita** *dim. of* estrella little star; **La — Polar** the North Star

estremecerse to shake, shudder, reverberate, shake oneself, quiver

estremecido, -a trembling, flickering

el **estremecimiento** shudder, shiver, tremor

Estremera, José *(1852–1895) Spanish poet and dramatist*

estrenar to use for the first time, present for the first time, put on a dress for the first time

el **estrépito** noise; **con —** noisily

estriado, -a streaked

el **estribo** running board

estridente strident

estropear to cripple, spoil

estropearse to be mutilated, spoiled

el **estruendo** roar; **con —** uproariously

estruendoso, -a uproarious

el **estuche** case

el **estudiante** student

el **estudio** studio, study

estudiar to study, take up (a course)

la **estufa** hothouse, store

la **estupefacción** stupefaction

estupefacto, -a speechless, stupefied

estupendo, -a stupendous

la **estupidez** stupidity, stupid thing

estúpido, -a stupid

etc. = et cétera

et cétera and so on
lo eternal eternal
la eternidad eternity
eterno, -a eternal, everlasting
la etiqueta etiquette; see traje
Eugenia *pr. n.*
Eugenio *pr. n.* Eugene
Euguí *pr. n., village near Pamplona, pop. 324*
¡eup! hello, there!
Europa *pr. n.* Europe
europeo, -a European
Eva *pr. n.* Eve
evanescente evanescent
la evasiva evasive answer; con —s evasively
el evento event
la evidencia evidence, certainty; hasta la — beyond doubt
evidente evident; de modo — beyond doubt
evidentemente obviously, evidently
evitación: en — de avoiding
evitar to avoid, prevent
evitarse to avoid
la evocación reminiscence
evocador, -a evocative
ex- former, ex-
la exactitud exactness, truth, accuracy, exactitude
exacto, -a exact, exactly, proper
exageradísimo, -a very extravagant, very exaggerated
la exaltación excitement
exaltar to exalt
el examen examination
examinar to examine
exánime lifeless
exasperado, -a exasperated
la excavación excavation
la excelencia excellence
excelente excellent
excepto except
exceptuar to except; sin — uno without exception
excesivamente exceedingly
el exceso excess, indulgence; con — excessively, extremely
excitado, -a excited
excitar to excite, arouse, incite

la exclamación exclamation
exclamar to exclaim
exclusivamente purely, wholly, exclusively
exclusivo, -a exclusive, sole
excogitar to devise, find
la exculpación excuse
la excursión excursion
la excusa excuse
excusar to excuse; excuso decirte I need not tell you
execrable execrable, despicable
la exención exemption
exento, -a exempt
el exguerrillero former guerrilla fighter
la exhalación shooting star
exhalar to utter, give off
exhortar to exhort
exigir to demand, require, exact
exiguo, -a small
la existencia existence, life
existente existent
existir to exist, be
el éxito success
exótico, -a exotic
el expartidario former partisan
la expectación expectation
expeditamente speedily, hurriedly
la experiencia experience
experimentado, -a experienced
experimentar to experience, feel, try, test
el experimento experiment
expirar to expire
la explanada esplanade
la explicación explanation
explicar to explain
explicarse to account for, explain to oneself, understand, express oneself, explain, be explained
explorar to explore, examine
la explotación exploitation
explotar to exploit
exponer to expose, expound, advance, bring forward
exponerse to run a risk, expose oneself
el exprés express (train)
expresado, -a expressed

expresar to express, say

la expresión expression; *pl.* regards

expresivo, -a heartfelt, expressive

expreso, -a express

ex profeso expressly, especially

expuesto exposed, exposing

exquisito, -a exquisite, perfect, pure

el exsecretario ex-secretary

el éxtasis ecstasy

extático, -a ecstatic

extender (ie) to extend, hold out, spread, stretch, execute

extenderse (ie) to spread, be spread, extend, stretch out

extendido, -a spread out

la extensión expanse, extent

extensísimo, -a very ample

extenso, -a extensive, ample, wide

el exterminio annihilation

la extinción extinction, extinguishing

extinguido, -a extinguished

extraer to extract

extramuros outside of the city walls

extranjero, -a foreign; salir para el — to go abroad

el extranjero foreigner

extranjis: de — foreign

extrañado, -a astonished, surprised

extrañar to wonder (at), surprise

extrañarle a uno to astonish

extrañarse to wonder, be surprised

extraño, -a strange, odd; por lo — because of its strangeness, so strange it was

extraoficialmente unofficially

extraordinariamente extraordinarily

extraordinario, -a extraordinary, remarkable, unusual; de — unusual

la extravagancia folly, extravagance

extravagante extravagant, odd

extraviado, -a out-of-the-way

extremadamente extremely, exceedingly, much, greatly

extremado, -a great, exaggerated

extremar to exaggerate, carry to extremes; — la velocidad to run extremely fast

la extremidad extremity, limb

el extremo extreme, end, side; en — very much

Ezpeleta *pr. n.*

F

la fábrica factory

la fabricación manufacture

fabricado, -a manufactured, constructed

el fabricante manufacturer, brewer

fabricar to manufacture

la fábula fable

la facción uprising, faction

las facciones features

facial facial

fácil easy, likely, probable

la facilidad facility, ease

facilitar to provide, facilitate

fácilmente easily

el facineroso evil-doer, criminal

el factor factor; — pánico panic factor

la facultad authority, power

Facundo *pr. n.*

la fachada façade, front

la faena task, chore, work, struggle

Fagollaga *pr. n., village located between Vera and Oyarzun*

la faja sash

el fajo sheaf, roll

la falda skirt, *colloquial for* woman

la falsedad faithlessness

falsete falsetto

falso, -a false, pretended, counterfeit, embarrassing

la falta offense, misdeed, lack, need, error, mistake, absence; hacer — to need, want, be needed, be necessary; buena — le hace she certainly needs it

faltar to lack, be lacking, missing, fail, be left, be unfaithful; nos falta . . . we still have to . . .; — a to disregard, break a promise *or* precedent, fail in; — a la obediencia to disobey; nadie

te ha faltado nobody has insulted you *or* been disrespectful; **—le a uno un tornillo** to have a screw loose; **¡era lo que me faltaba!** this is the last straw!; **no faltaba sino que tú me echaras ahora la culpa** it would be the last straw that you should now blame me; **¡pues no (me) faltaba más!** naturally! this is the last straw!; **no faltaría más** why, of course! of course not!; **— la respiración** to be out of breath; **sin — uno** without exception

falto, -a (de) lacking (in)

la faltriquera pocket

fallar to decide (a suit at law), fail

la fama reputation, name, fame

famélico, -a hungry

la familia family, official family

familiar familiar

el familiar servant, retainer

famoso, -a famous, fine *(ironical)*

fanático, -a fanatical

el fandango fandango, *a type of Spanish dance*

la fanega *a land measure equal to about an acre and a half; a dry measure containing a little more than a bushel and a half*

la fanfarronada boast

fantaseador, -a fanciful, imaginative

la fantasía imagination, fancy, imaginings

el fantasma ghost, phantom

fantástico, -a fantastic, fanciful

el fardo bundle, weight

la farmacia pharmacy

el farol light, lamp, lantern

el farolillo light, small lantern

la farsa farce, deception

fastidiar to offend, bore; **nos hemos fastidiado** we are in a fine mess

fastidioso, -a bothersome

fatal fatal; **— destino** doom

fatalista fatalistic

fatídico, -a oracular, prophetic

la fatiga fatigue, exhaustion

fatigar to tire

fatigoso, -a painful, arduous

la fatuidad conceit, fatuousness; **¡qué —!** how conceited!

fatuo, -a fatuous, conceited

las fauces gullet

la fauna fauna, animals

el favor favor; *see* **hacer**; **— al rey** in the name of the king; **a — de** in favor of; **por —** for heaven's sake, please

favorable favorable, advantageous

favorecer to favor, flatter

la Favorita *opera by Donizetti*

la faz face

la fe faith, new faith; **— de bautismo** baptismal certificate

el febrero February

febril feverish

la fecha date

la felicidad happiness

felicísimo, -a very happy, very bright

felicitado, -a congratulated

felicitar to congratulate

Felipe *pr. n.* Philip

Félix *pr. n.* Felix

feliz happy, gay, blissful

la felpa plush

el felpón fringe of plush balls

femenino, -a feminine; **lo —** the femininity

fenecer to die (away), come to an end, drag

fenomenal phenomenal

el fenómeno phenomenon

feo, -a ugly, homely, "sour-puss"

feraz fertile, abundant

Fermín *pr. n.*

Fernández *pr. n.*

Fernando *pr. n.* Ferdinand

Fernando VII *(1808–1833) king noted for his attempts to preserve absolutism*

la ferocidad ferocity, fierceness

feroz ferocious, fierce, terrible

el ferrocarril railway, railroading

fertilísimo, -a very fertile

el fervor fervor; **con —** ardently

fervoroso, -a fervent

el **festín** banquet, feast
festivo, -a jolly
festoneado, -a festooned
feudal feudal
la **feudataria** vassal
el **fiador** guarantor
la **fianza** security, guaranty
fiar : — **de** to trust (in)
fiarse (**en**) (**de**) to rely on, trust in
la **fibra** fiber, splinter, innermost recesses of one's soul
ficticio, -a false
fidedigno, -a reliable, trustworthy
la **fidelidad** fidelity; **guardar** — to be faithful
la **fiebre** fever
el **fiel** faithful
la **fiera** beast, wild animal, fury; **como** —**s** wildly; **hecho una** — furiously
fiero, -a fierce(ly), great
la **fiesta** party, celebration, holiday, feast
la **figura** figure, personality, shape, body, form, face
figurar to figure
figurarse to imagine, think, seem
la **figurilla** *dim. of* **figura** puny figure
fijamente definitely, fixedly
fijar to fix
fijarse (**en**) to notice, be fixed on, fix one's attention on, pay attention; — **bien** to note well
fijo, -a fixed; *see* **punto**
la **fila** line, rank, row; **en** — in a row
filante shooting
la **filiación** personal description
filial filial
las **Filipinas** Philippines, Philippine Islands
el **filo** edge
la **filosofía** philosophy
filosófico philosophical(ly)
el **filósofo** philosopher; **pequeño** — philosopher in his own way
filtrar to filter
filtrarse to filter through
el **fin** end, purpose, goal, intention; **a** —**es de** at the end of; **a** — **de** (**que**) in order (that), so that; **al** — finally, at last, at least, after

all; **con el** — **de que** to the end that; **en** — in short, well, after all, finally; **por** — at last, finally; **sin** — endless number
el **final** end, ending
finalmente finally
finamente delicately, subtly, politely
la **finca** farm, estate
la **fineza** courtesy, courteous attention
fingido, -a feigned, false, pretended; **será** — she is probably pretending
fingir to pretend, feign
finísimo very fine, very thin
fino, -a courteous, well bred, nice, delicate, fine, of fine quality, attentive, polite, subtle; **más** — of better quality
la **finura** courtesy, elegance, politeness
la **firma** signature
firmado, -a signed
el **firmamento** sky
firmar to sign
firme resolute, strong, firm, unswerving; **estar en lo** — to be right
la **firmeza** firmness; **con** — firmly
el **fiscal** public prosecutor
fisionómico, -a facial
la **fisonomía** face
flaco, -a thin, lean
flamante brand new
flamenco gypsy style (*of dance*)
flaquear to grow weak
la **flaqueza** weakness
la **flauta** flute; **nota de** — flutelike note
la **flecha** arrow
la **Flèche** *pr. n.* Arrow (*French*)
flojo, -a weak, lax, lazy, careless
la **flor** flower, acme; **en** — in bloom; —**es de María** hymns to the Virgin
la **flora** flora, plants
florecer to bloom
el **florecer** flowering, flourishing
florecido, -a flowery
la **florecita** little flower

Florencia *pr. n.* Florence
florentino, -a Florentine
Florianni *pr. n.*
el floricultor floriculturist
florido, -a flowery
la florista flower-girl
flotar to float
a flote floating, afloat
fluir to flow
el flujo stream, flow
la fogata fire, blaze
el fogonazo flash
fogoso, -a impetuous, ardent, fiery, vehement
folklórico, -a folkloric
el folletín: de — in serial form, serially
la fonda inn
el fondo basis, essential nature, depth, bottom, heart, background, back, substance (of books); *see* mar; **al —** in the background; **en el —** at heart, fundamentally
el foragido outlaw
forano, -a (foráneo): viento — wind from the sea
el forastero stranger, outsider
forcejear to struggle
la forma form; *pl.* figure, stateliness; **de — que** so that, in such a way, to such an extent
formado, -a composed, formed, in formation
formal serious, seriously, well behaved, respectable
formalísimo, -a very serious, very proper
formalito, -a *dim. of* **formal** well behaved
formalizar to formalize
formalmente formally
formar to form, produce; **— intención** to make up one's mind, resolve
formarse to be formed
formidable formidable, frightful, tremendous, huge, great, dreadful
la fórmula formula
formular to state, present

el foro back of stage; **la izquierda del —** left back stage
la fortaleza fortress, fortitude, force; **con —** strongly
fortuito, -a fortuitous, accidental
la fortuna (good) fortune, good luck, fate; **por —** fortunately; **mejorar de —** to improve one's fortune
forzar (ue) to force; **— la marcha** to go by forced marches
forzoso, -a obligatory, necessary
el fósforo match
fósil fossilized, petrified
el foso moat
el fotógrafo photographer
el fracaso failure
la fracción fraction
la fragancia fragrance
la fragata frigate
la fragua forge
el fraile friar, monk
la francachela party, repast
francamente frankly, truly
francés, -a French
el francés French, Frenchman
Francia *pr. n.* France
el franciscano Franciscan friar
Francisco *pr. n.* Francis
franco, -a frank
franco-prusiano, -a Franco-Prussian
la franela flannel
la franja fringe
la franqueza frankness; **con —** frankly
el frasco flask, bottle; **— de viaje** pocket flask
Frascuela *dim. of* **Francisca** Fanny
la frase phrase, sentence
Frasquita *nickname for* **Francisca** Fanny
el frasquito small flask, small bottle
la fraternidad brotherhood, fraternity
fratricida fratricidal
la frecuencia frequency; **con —** frequently
frecuentar to frequent, attend
frecuente frequent
el fregado washing (of dishes)

fregar to scour, wash

la fregatriz dishwasher

el frenesí frenzy

frenéticamente frantically

frenético, -a frenzied; poner —
to drive mad

el freno brake

el frente front; — a before, in front
of, opposite, in the presence of;
al — de in front of, before;
— a — face to face, right in front
of; hacer — to form a line
opposing the enemy, face the
enemy

la frente forehead, brow, expression,
countenance

la fresa strawberry

fresco, -a fresh, cool, ruddy, rosy,
in a fix; lo — fresh (fish)

el fresco coolness, cool air, fresh air,
fresh wind, breeze, fresco; pintado al — frescoed

la frescura insolence, coolness,
nerve; ¡con qué —! how light-
heartedly!

Fresnedo pr. n.

fresquito, -a nice and cool

la frialdad coldness

fríamente coldly

frío, -a cold

el frío cold, chill

la friolera trifle; ¡una —! a mere
nothing!

frisar (en) to border (on)

frito, -a fried

frondoso, -a leafy

la frontera frontier, boundary

frotarse to rub

la fruición enjoyment, relish

fruncido, -a frowning, ruffled;
con el ceño — frowning

fruncir to contract, pucker; — las
cejas to knit one's brows, frown;
— el ceño to frown

fruncirse to ruffle

frustrado, -a frustrated

la fruta fruit

frutal adj. fruit

la frutería fruit store

el fruto fruit, product

el fuego fire, lightning

la fuente spring, fountain, platter,
dish

fuer: a — de in the manner of; see
verídico

fuera (de) outside, out, out of,
away (from); — de casa away
from home; — de sí beside oneself with rage, furious; por —
from without; por — de without, outside of

el fuero special laws, exemption

fuerte strong, loud, heavy, intense,
heavily, firmly, strong, violently,
hard

el fuerte fort

fuertemente strongly, bitterly,
loudly, violently, markedly,
tightly, very

la fuerza force, strength, violence;
pl. might, strength, forces; a
— de by dint of, because of;
a — de —s by main strength;
con — loudly, stridently, firmly,
hard, forcefully, violently, deeply; en — de by dint of; por
— necessarily, certainly

la fuga flight

fugarse to flee, run away, escape

el fugitivo fugitive

el fulgor brilliance, light, glow, re-
splendence, flash

fulminar to fulminate, hurl angrily

fumar to smoke; — en pipa to
smoke a pipe

la función function, duty

funcionar to function, work

el funcionario civil authority

la funda holster

fundado, -a founded, based

el fundador founder

fundamental fundamental

el fundamento basis

fundir to fuse

el funeral funeral service

funesto, -a sad, doleful

el furgón caisson, transport wagon

la furia rage, fury; con — furiously

furiosamente furiously

furioso, -a furious(ly), in a rage

el furor fury; con — furiously

furtivamente furtively, stealthily

G

el **fusil** gun
 fusilar to shoot
la **fusilería** musketry, shooting
la **futura** future wife

G

el **gabán** overcoat
la **gabela** excise tax, impost
el **gabinete** anteroom, study, sitting room
el **gabinetito** *dim. of* **gabinete** small sitting room
 Gabriela *pr. n.*
la **gaceta** gazette
la **Gaceta** *pr. n.* Gazette, *paper in which official government notices and decrees are published;* **mentir más que la —** to lie more than the newspaper, lie like a trooper
la **gacha** sentiments, caress; *see* **derretirse**
las **gafas** spectacles, glasses
la **gala** gala; **hacer — de** to display, indulge in
 galán, -a elegant; **hacer cuentas —as** to build castles in the air
el **galán** gallant, suitor, beau
 galante gallant, chivalrous, gallantly, attentive, considerate, polite
la **galantería** gallantry, flattery
el **galeote** galley slave
el **galgo** greyhound; *see* **casta**
 galopar to gallop
el **galope** gallop; **al —** at a gallop
la **gallardía** elegance
 gallardo, -a gallant, handsome
la **galleta** cracker
 galleta: — de Burdeos hardtack
la **gallina** hen, chicken
el **gallinero** chicken coop
el **gallo** rooster
el **gamo** deer
la **gamuza** chamois
la **gana** desire; **de buena —** willingly, heartily; **con —s** willingly; **no me da la —** I don't want to; **¡qué —s tengo!** how anxious I am!; **tener — de** to wish, long for, feel like; **que**

 tenías tantísima — that you were so anxious
el **ganado** cattle
la **ganancia** earnings, winnings, profits; *see* **arrendar**
 ganar to gain, earn, win, reach, surpass, beat, make money, make profits, catch, draw, attract; **— el pan** to make a living; **— la partida** to beat, get ahead of
 ganarse to earn; **— la vida (el pan)** to earn one's living
el **gancho** hook
 ganchudo, -a hooked
 gangoso, -a nasal
 ganoso, -a desirous
el **gañán** peasant
la **garantía** guaranty
 garantizar to guarantee
el **garbanzo** chick-pea
el **garbo** grace, elegant carriage, bearing
 garboso, -a genteel, gallant
 García *pr. n.*
 García Lorca, Federico *(1899?–1936) modern Spanish poet*
 Garduña *pr. n.* Weasel
la **garduña** weasel
la **garganta** throat
la **garra** claw, clutch
el **garrotazo** blow with a club; **a —s** by means of blows with a club
el **garrote** club
el **gas** gas
la **gasa** gauze, haze
 gascón Gascon
el **gascón** Gascon
 Gaspar *pr. n.* Jasper
 gastado, -a worn-out
 gastar to wear, spend, ruin
 gastarse to spend
el **gasto** cost, expense
 gatear to crawl on all fours
el **gato** cat; **aquí hay — encerrado** there's a nigger in the woodpile
 Gayarre, Julián *(1843–1890) Spanish tenor, the greatest Spain has produced*
 gemelo, -a twin; **alma —** soul mate

el **gemido** groan, moan

gemir (i) to groan

el **gendarme** gendarme, French police

la **generación** generation

general general

el **general** general

la **generalidad** generality

generalizarse to become general

generalmente generally, usually

genérico, -a generic

el **género** manner, kind, goods, merchandise, gender; *see* **cuadro**

generosamente generously, copiously

la **generosidad** generosity

generosísimo, -a extremely generous

generoso, -a generous, high-spirited, kind

genial genial

el **geniaso** (**geniazo**) *aug. of* **genio** bad temper

el **genio** temper, disposition, genius

la **gente** people, men, folk; *pl.* people; — **del campo** country people; ¡**viene** —! someone is coming

gentil genteel, exquisite, charming, pagan

gentílico, -a gentile

genuinamente genuinely

la **geografía** geography

el **germano-americano** German-American

gesticular to gesticulate

gestionar to take steps toward, negotiate

el **gesto** gesture, face, expression, grimace, motion

gigante gigantic

gigantesco, -a gigantic

gimiendo *see* **gemir**

el **gimnasta** gymnast

Giner de los Ríos, Francisco (*1839–1915*) *one of most influential figures of modern Spain, reformer of educational system of the nation, essayist and philosopher*

girar to turn, spin, whirl; — **la vista en torno** to look around

el **giro** turn

glacial glacial, frigid

la **gloria** glory; **daba** — it was a joy

glorioso, -a glorious

la **glosa** remark

glotón, -a gluttonous

gobernado, -a governed

los **gobernados** the governed

gobernar to govern, steer

el **gobierno** government

el **goce** pleasure, joy

godo, -a Gothic

el **godo** Goth

el **golilla** member of ruling class

las **golosinas** sweets

el **golpazo** blow

el **golpe** blow, knock, thud, stroke, coup, dash, slam, slap, lash; **dar un** — to strike; **de** — with a slam, suddenly; **de** — **y porrazo** bluntly and brutally; — **de gracia** coup de grace, finishing stroke; — **de la mar** surge, breaker

golpear to pound, knock

el **golpecito** tap

la **goma** gum, stick of gum; — **de mascar** chewing gum

la **góndola** gondola

González *pr. n.*

González, Venancio (*1831–1897*) *Spanish politician*

Gonzalo *pr. n.*

gordo, -a thick, fat, heavy, large, stout, big; *see* **disgusto**; **algo** — something good

el **gordo** fat man

gorjear to chirp, jabber, gurgle

la **gorra** cap

el **gorrión** sparrow

la **gorrita** *dim. of* **gorra** little cap

el **gorrón** parasite

la **gota** drop

el **goterón** big drop

Goya *pr. n., Spanish artist*

gozar (**de**) (**en**) to enjoy, take pleasure

gozarse to revel

el **gozo** joy

gozoso, -a joyful

el **grabado** engraving

la **gracia** grace, charm; **si le caigo en —** if I make a hit with him; **que le hará muchísima —** which will be very becoming to you; **¡es una —!** isn't it nice! (*ironic*); **sin —** stupid; **¡tiene —!** that is amusing!

gracias thanks, thank you, thank goodness; **muchas —** thank you very much; **— a Dios** thank goodness, thank God; **— a que** fortunately; **mil —** thank you very much

graciosamente charmingly, bewitchingly, gracefully

gracioso, -a charming, witty, funny, amusing, comical, pleasant

el **gracioso** wit, clown

la **gradación** gradation

el **grado** degree; **de buen —** willingly; **en — sumo** greatly

gradualmente gradually

graduar to measure, gauge, calculate

el **grajo** jackdaw

gramatical grammatical; **con indignación —** with the indignation of a grammarian

gran large, great, big; *see* **grande; — pícaro** mean wretch

la **grana** scarlet color

Granada *pr. n.*, name of noble family; city of southern Spain

la **granada** grenade, shell, pomegranate

grande large, great, famous, big, lively

grandemente greatly

la **grandeza** grandeur, greatness

grandioso, -a great, splendid

grandísimo, -a (the) greatest, very large, (very) great, you big oaf, a great deal of

el **granero** granary

la **granizada** hailstorm

el **grano** grain

granuja roguish

el **granuja** rascal, rogue

grasiento, -a greasy

la **gratitud** gratitude

grato, -a pleasant, precious

grave grave, serious, seriously ill, severe, solemn; **lo —** the serious thing

la **gravedad** gravity, seriousness

gravemente gravely, soberly, demurely

gravísimo, -a very serious

el **gremio** guild

la **gresca** quarrel

griego, -a Greek

el **griego** Greek

la **grieta** crack, crevice

gris gray

la **grita** shouting, clamor

gritar to cry out, shout (at), scream, shriek

el **griterío** shouting

el **grito** shriek, cry, shout; **a —s** loudly, with shouts

grosero, -a indelicate, coarse, rude, discourteous, menial

grotesco, -a grotesque

grueso, -a fat, plump, heavy, stout, large

el **grueso** main body

el **gruñido** grunt

gruñir to grumble, groan

grupas: a — behind him

el **grupo** group

Guadarrama *pr. n., range of mountains north of Madrid; also a town in the mountains, pop. about 1,000*

la **guantada** slap, blow

el **guante** glove

guapo, -a handsome, beautiful, good-looking, pretty

el **guarda** guard

guardado, -a put away, preserved

guardar to keep, preserve, refrain, put away, hold on, guard, watch over, hide, be in, keep up, maintain; **— fidelidad** to be faithful; **— rencor** to bear a grudge; **— semejanza** to resemble; **— silencio** to keep silent

guardarse to keep

el **guardia** guard, policeman; **¡—s!** police!; **— civil** rural policeman; **en —** on guard

la **guardia** guard, watch; — **civil** rural police; **hacer la —** to watch, be on duty

la **guardilla** attic

guarecerse to take shelter

guarecido, -a sheltered, taking refuge

la **guarida** lair, den

la **guarnición** guard, hilt

la **guasa** mockery, joking air; **en —** mockingly

guasón, -a mocking, teasing

la **guerra** war, feud

guerrero warlike, military

el **guerrero** warrior

la **guerrilla** guerrilla band; **en —** in guerrilla fashion

el **guerrillero** guerrilla fighter

el **guía** guide

guiar to guide, drive, lead

guiarse to be guided

el **guijo** gravel

Guillermo *pr. n.* William

la **guinda** sour cherry

la **Guindalera** *pr. n., a suburb of Madrid*

el **guindo** sour cherry tree

guiñar to wink; — **el ojo** to wink

el **guiño** wink; *see* **hacer**

el **guiri** liberal

la **guirnalda** wreath, garland

la **guisa** manner; **a — de** by way of, like

guisado, -a cooked, stewed

el **guisado** stew

guisar to cook

el **guiso** cooked dish, food

la **guitarra** guitar

el **gusano** worm; — **de seda** silkworm

gustar to be pleasing, like, please, wish; — **de** to like; — **más** to like better

el **gusto** pleasure, taste, joy; **lo muy a — que** how enthusiastically; **que es un —** merrily on, like the dickens; **¡qué —!** isn't it wonderful?

gustoso, -a willingly

Guzmán Cruchaga, Juan (1896–) *Chilean poet*

H

el **haba** *f.* bean

la **Habana** *pr. n.* Havana, *capital of Cuba*

haber to have (*auxiliary*), take place, to be (*impersonal*); **no hay como** there is nothing like; **— de** + *inf.* to be to, must, have to, *fut. tense*; **¿cómo me ha de querer?** how is he going to like me?; **¿no he de quererte?** why shouldn't I love you?; **¡quién había de decir!** who would have thought!; **¿qué h de robarte yo?** what could 1 steal from you?; **¡qué ha de saber!** of course he doesn't know!; **no hay de qué** don't mention it; **¡hay más!** that's not all!; **— necesidad** to be necessary; **no hay para qué** there is no need to do that; **no había por qué** there was no reason; **¿qué hay?** what's the matter?, what's up?; **— que** to be necessary, one must; **hubo que ver** you should have seen; **no hay más remedio** there is nothing else to be done, there is no other way out, it can't be helped; **hay para todos** there is enough for all; **habérselas con** to dispute with, have it out with, deal with, vie with; **va a — there** is going to be; **lo que hay es . . .** the truth is, the point is, the fact is

hábil able, uninjured, clever

la **habilidad** accomplishment, ability, cleverness

habilidoso, -a capable

la **habitación** room

el **habitante** inhabitant

habitar to inhabit, live, dwell

el **hábito** robe, habit, vestments, custom

habituado, -a accustomed

habitual habitual

el **habla** speech, conversation

hablar to talk (about), speak, say; — **de** to say; — **de tú** to speak familiarly; **háblame de V.** call me you; — **en plata** to talk plainly, straight from the shoulder; **lo que se habla** what is being said; **ya hablaremos** we'll talk it over

el hacendado landowner

hacendoso, -a industrious

hacer to do, make, cause, bring about, perform, act, pretend, produce, tie, fix, utter, take; — + *inf.* to have + *p. p.;* **¿hace o no hace?** do you accept or not?; — **aire** to fan; — **agua** to ship water; — **alto** to halt; **hacía un año que . . .** for a year; **hace . . . años . . .** years ago; **haec mucho tiempo** a long time ago; — **calceta** to knit; — **una aspiración** to take a breath; **haces bien** you are right; — **caso de** to pay attention to; — **como si** to act as if, pretend; — **compras** to do shopping; — **cosquillas** to tickle; **hacía demasiado calor** it was too hot; — **cuenta** to settle; — **cuentas galanas** to build castles in the air; — **daño** to hurt, harm; — **las delicias** to delight; — **disparos** to fire, shoot; — **un efecto** to have an effect; —**le falta a uno** to need, want, be needed; — **el favor de** please; **hecho una fiera** furiously; — **frente** to form a line opposing the enemy, face the enemy; **hace fresco** it is cool; — **(mucho) frío** to be (very) cold; — **fuego** to fire; — **gala de** to display, indulge in; **no nos hacía ninguna gracia** was no joke to us; — **guardia** to stand guard; — **la guardia** to watch, be on duty; — **la guerra** to wage war; — **guiños** to wink; — **una limosnita** to show (someone) a little favor; **hace luna** the moon is shining; — **media** to knit; — **memoria** to search one's memory; —**men-**

ción to mention; **no hace más que tres meses** it is only three months; **hace diez minutos que . . .** for ten minutes; — **la mortecina** to feign death, pretend to be dead; **hace una noche bochornosísima** it is a very sultry night; **hacía una noche deliciosa** it was a beautiful night; — **pamemas** to pretend, do something nonsensical; — **un papel** to play a role; — **pasar** to have one pass; — **pedazos** to tear to pieces; **hace poco** a short while ago; — **una pregunta** to ask a question; — **presente** to remind, inform; — **puntería** to aim, take aim; — **pupa** to do harm, hurt; — **rabiar (a)** to make (someone) rage; — **reverencias** to bow; **hecho un Rockefeller** as rich as Rockefeller; — **ruido** to cause a stir; **hace un par de semanas** two weeks ago; — **un signo afirmativo** to nod; **hice salir** I sent out; **hace sol** the sun is shining; **he hecho mi suerte** my fortune is made; — **tiempo** to kill time; **tiempo hacía** some time ago; **hace tiempo** long ago; **hacía tiempo** it was a long time since; **hacía bastante tiempo** for quite a long time, a long time ago; — **traición** tc betray; — **un viaje** to take a trip; — **una vida** to lead a life; — **viento** to be windy; **estoy hecho . . .** I have become . . .; **hecho un vinagre** sourly; — **visitas** to pay visits; **hecho una pieza** dumfounded; **¡buena la ha hecho Vd.!** a fine mess you've made of things!; **mal hecho** wrong; **si quisierais —me el favor (de)** will you please

hacerse to become, pretend (to be), be made; — **cargo de** to understand, realize; — **cruces** to cross oneself; — **un chichón**

to become bruised; — **de** to
become of; — **de noche** to
become dark; — **el asustadizo**
to pretend to be frightened; —
más el hombre pretending to be
more of a man; — **la ilusión** to
delude oneself; — **ilusiones** to
entertain illusions; — **el indiferente** to pretend indifference;
— **la interesante** to affect an air
of self-importance *or* of being an
intriguing woman; — **la muy
modesta** to pretend to be very
humble *or* modest; — **pedazos**
to break into pieces

hacia toward, for, to, in the direction of; — **arriba** upward; —
adelante forward; — **atrás**
backward; — **casa** home; —
dentro into

la **hacienda** property, estate, fortune,
treasury department; *pl.* chores

la **hache** *the letter* h

el **hada** *f.* fairy

hala come on, get up, get going

halagado, -a flattered, pleased

halagador, -a flattering, alluring

halagar to flatter

halagüeño, -a endearing, alluring;
le ponía semblante — she
looked sweetly at him

hallar to find, meet; — **al paso**
to meet

hallarse to be; — **con** to find

el **hambre** hunger; **¿hay —?** are you
hungry?

hambriento, -a hungry, starving

hamo = amo

la **harina** flour; **ésa es — de otro
costal** that's a horse of a different
color

harinero, -a dealing with flour,
flour *adj.*

harto, -a full, satiated, very, quite,
enough; **que — lo necesitaban**
for they needed it badly

hasta until, even, as far as, as
many as, up to, to, up till, down
to, to the point of; — **un punto**
to such a point; — **que** until

el **haya** *f.* beech

el **haz** surface

la **hazaña** deed, feat, action

el **hazmerreír** laughing stock

he: — **aquí** at this point, this is
how, suddenly, here is; — **aquí
(que)** lo and behold, at this
point

la **hebilla** buckle

hechicero, -a bewitching, enchanting

hecho, -a made, become

el **hecho** fact, deed, action

helado, -a astounded, frozen,
petrified

el **helecho** fern

helénico, -a Greek, Hellenic

la **hélice** propeller

hembra female

la **hembra** female

el **heno** hay

heráldico, -a heraldic

Hércules *pr. n.*

la **heredad** farm, property

heredar to inherit

el **heredero** heir

el **hereje** heretic; *used also as an
expression of reproach:* old cynic

la **herencia** heritage, bequest, inherit-
ance, estate

la **herida** wound, opening

herido, -a wounded

el **herido** wounded man

herir (ie) to wound, hurt

la **hermana** sister

la **hermanita** little sister

el **hermanito** *dim. of* **hermano** little
brother

el **hermano** brother; **señor —**
"dear" brother

Hermenegildo *pr. n.*

herméticamente hermetically

hermosísimo, -a very beautiful

hermoso, -a beautiful, pretty,
good-looking

la **hermosura** beauty

Hernández *pr. n.*

Hernani *pr. n., town near San
Sebastián, pop. 1,887*

el **héroe** hero

heroico, -a heroic

la heroína heroine
el heroísmo heroism; con — heroically
la herradura horseshoe
la herramienta tool
el herrero blacksmith
hervido, -a boiled
hidalgo, -a noble
el hidalgo nobleman
la hiel gall
el hielo ice, chill
la hierba grass, weed, hay; — mala weed
el hierbajo weed
la hierbecita *dim. of* hierba grass; *pl.* short grass
el hierro poker, iron
el higo fig
la higuera fig tree
la hija daughter, my dear, child; — de mi alma my dear child; — mía my dear
la hijita *dim. of* hija my dear
el hijo son, boy, lad, sir, my dear; *pl.* children; — mío my boy; ¡—s míos! children!; mal — black sheep; — de mi alma my dear boy
el hilo thread, line, yarn; *see* soltar
hincar: —le el diente to bite into it
hinchado, -a swollen, puffed up
hinchar to swell
hincharse to swell (with pride)
el hipocondríaco hypochondriac
la hipocresía hypocrisy
hipócrita *adj.* hypocritical; *n., m. and f.* hypocrite
hipotecado, -a mortgaged
la hipótesis hypothesis, supposition
hirió *see* herir
hirviente boiling, raging
hispánico, -a Hispanic
el hispanismo Hispanicism, native Spanish qualities
hispanoamericano, -a Spanish American
el hispanoamericano Spanish American
la histérica hysterical woman, neurotic woman

histérico, -a hysterical
la historia story, history; de — with a past; de muchísima — with a shady past
histórico, -a historical
la historieta short story
hito: de — en — fixedly; *see* mirar
el hocico snout, nose, muzzle; *pl.* mouth, face
el hogar home, hearth
la hoguera fire, bonfire
la hoja leaf, parc
hola hello!, well, well!, ah, ha!
la holganza idleness
la holgura ease
hollar to tread (upon)
el hombre man, fellow; ¡—! man alive, goodness, see here; ¡qué —s! such men!; — de bien respectable man, honest man; ¡— de Dios! man alive!, for heaven's sake, man!; todo un — every inch a man; un pobre — a poor sort of man, "poor fish," innocent fellow; — político politician; — de rapiña predatory man
el hombretón big fellow, sturdy fellow
el hombro shoulder; *see* encogerse, escurrir
el homenaje homage
hondamente deeply
hondo, -a deep, deeply, penetrating
honesto, -a decent, virtuous; muchacha en estado — unmarried girl, marriageable girl
el honor honor
la honra honor
la honradez honesty, honor
honrado, -a honest, honorable, honored, respected
honrar to honor
honroso, -a honorable
la hopa execution robe
la hora hour, time, minute; altas —s late hours; la — de comer dinner time; a las —s del día in the daytime; a estas —s at

this time, at this unusual hour;
la — menos pensada at any
moment, when least expected;
a la media — half an hour later
la horca gallows
la horda horde
el horizonte horizon
el horno oven
horrendo, -a horrible
horrible horrible, very bad, terrible; **de un modo —** terribly
horriblemente horribly, terribly
horrísono, -a frightful sounding,
horrisonant, horrible
el horror horror; **¡ —!** horrors!;
¡un —! it is frightful!
horrorizado, -a horrified
horrorizar to horrify
horroroso, -a horrible, horrifying
hosco, -a sullen, gloomy
el hospedaje lodging
el hospital hospital
hostigado, -a harassed
la hostilidad hostility
el hotel hotel
hoy today, at present, now; **—
mismo** this very day
el hoyo dimple
el hoyuelo dimple
hueco, -a puffed, inflated, full,
hollow
el hueco hollow, opening
huele see **oler**
el huérfano orphan
la huerta garden, farm, vegetable
garden; **— valenciana** Valencian garden land, the irrigated
land around Valencia
el huertano farmer
el huertecillo little orchard
el huerto orchard
el hueso bone; **mojado hasta los
—s** wet to the skin
el huésped guest; **casa de —es**
boarding house
huesudo, -a bony
el huevo egg
huir to flee, avoid
huirse to wander off
la humanidad humanity

humanizarse to become human,
soften
humano, -a human
la humareda cloud of smoke
humear to smoke
la humedad moisture, dampness
humedecer to dampen, moisten
humedecerse to become moist
humedecido, -a a moist
húmedo, -a humid, damp
la humildad humility
humilde humble
humildemente humbly
humildísima very humble, meek
la humillación humiliation
humillar to humiliate
humillarse to humble oneself
el humo smoke; **al negro de —**
with lampblack
el humor humor; **de (buen) —** in
good humor; **de mal —** in a bad
humor, ill-humoredly; **tener
mal —** to be in a bad humor
la humorada witty poem, *a type used
by Campoamor*
hundido, -a sunken
hundir to sink
hundirse to be wrecked, sink, collapse
el huracán hurricane
huracanado, -a *see* **soplar**
huraño, -a sullen
el hurón ferret
huronear to ferret about, pry
¡hurra! hurrah!
hurtar to steal; **— el cuerpo to
flee**
husmear to sniff (something),
pry about
¡huy! my!, mercy!
huyendo *see* **huir**

I

Ibantelly *pr. n.*
Ibáñez, Vincente Blasco (*1867–
1928*) *outstanding Spanish novelist,
whose works exhibit social tendencies*
Ibaya *pr. n., a river*
la ida going; **las —s y venidas** the
comings and goings

la idea idea, thought
ideal ideal
idealista idealistic
idear to think of
idem *Latin* ditto
idéntico, -a identical, the same
identificar to identify
el idioma language
la idiosincrasia personal temperament
idiota idiotic
el idiota idiot
el ídolo idol
la iglesia church
Ignacia *pr. n.* Ignatia
Ignacita *dim. of* Ignacia little Ignatia
la ignominia ignominy
ignominioso, -a ignominious
ignorado, -a little known, unknown
la ignorancia ignorance
ignorante ignorant
ignorar not to know, to be ignorant of
igual equal, like, the same, just like; — a the same as; — que the same as; ¡es —! one and the same!; me es — it is all the same to me; estoy — it is all the same to me
igualar to equal, level, make equal
igualarse to become equal, be tied; el partido se igualó the score was tied
la igualdad equality
igualmente equally, the same to you
el ijar side
ilegible illegible
ileso, -a unharmed
iluminado, -a illuminated
iluminar to light, illuminate, lighten
iluminarse to beam
la ilusión illusion, idyl; hacerse — to delude oneself; con — with the aid of her imagination
iluso, -a deluded, deceived
ilustrado, -a enlightened, wise, illustrated

ilustre illustrious, distinguished
ilustrísimo, -a most illustrious; Vuestra —a Your Worship
la imagen image, picture
la imaginación imagination, mind
imaginar to think of, imagine
imaginarse to imagine
el imán magnet, charm
el imbécil idiot, imbecile
imitar to imitate, mimic, follow
la impaciencia impatience; con — impatiently
impacientarse to become impatient
impaciente impatient(ly)
la imparcialidad impartiality
la impasibilidad impassiveness
impasible unperturbed
impedir (i) to prevent, keep from, oppose
impenetrable impenetrable
imperar to hold sway, rule
imperativo, -a imperative
imperial imperial (*French*)
el imperio authority
imperiosamente imperiously
imperioso, -a commanding, imperious, imperative
la impertinencia impertinence, presumption; con — impertinently
impertinente impertinent
los impertinentes lorgnette
imperturbable imperturbable, serene(ly), unruffled
el ímpetu impetuosity, impulse, impetus; con — rashly, hard
impetuosamente impetuously
impetuosísimo, -a very swift
impetuoso, -a impetuous, impulsive, violently
implacable implacable
implorar to implore
imponente imposing, impressing
imponer to impose, inspire fear, "spring on," impress (upon)
la importancia importance; de — important
importante important
importantísimo, -a very important

importar to matter, care about, be of importance, concern; **a nadie le importa nada** it does not concern anybody; **a Vd. no le importa** it is none of your business, mind your own business; **¡bastante me importa a mí!** what do I care about . . .!; **no me importan un comino** do not matter to me in the least; **no te importa** you don't care; **¡qué me importa!** what do I care!

la **imposibilidad** impossibility

imposible impossible; **¡—!** this is impossible!

la **imposición** imposition

la **impostura** imposture

impotente unable

impregnarse (de) to become impregnated (with)

la **imprenta** press

la **impresión** impression

impresionable impressionable, emotional, sensitive

impresionar to impress; **— dolorosamente** to fill with sorrow

impreso, -a printed, in print

la **imprevisión** lack of foresight

improbable improbable

impropio, -a unsuitable

improvisar to improvise

improviso: de — suddenly, unexpectedly

la **imprudencia** imprudence, indiscretion

imprudente imprudent

impulsado, -a impelled, moved

impulsivamente impulsively

el **impulso** impulse; **a —s de** propelled by, blown by

la **impunidad** impunity

la **inacción** inaction, inactivity

inadvertido, -a unnoticed

inaudito, -a unheard of, incredible

incapaz incapable, unable

incendiar to set fire to

el **incendio** fire, arson

la **incertidumbre** uncertainty

incesante incessant, constant

el **incidente** incident

incitante inciting, provocative

incitar to urge, incite

la **inclemencia** rigor

la **inclinación** inclination, liking

inclinado, -a inclined, tipped, pulled down, leaning

inclinar to bend, incline; **— la cabeza** to nod

inclinarse to incline, lean, favor, bend, bow, bend over; **— profundamente** to make a deep bow

incluir to include

incluso, -a including

la **incógnita** unknown quantity

la **incoherencia** incoherence; **con — ** incoherently

incomodado, -a vexed

incomodar to inconvenience, bother, trouble

incomodarse (con) to be angry (at)

incomparable incomparable

incomparablemente incomparably

incompleto, -a incomplete, defective

la **incomprensión** lack of comprehension

la **inconsciencia** lack of realization

inconscientemente unconsciously

incontinenti immediately

incontrastable irresistible

el **inconveniente** objection

incorporar to raise up

incorporarse to sit up, straighten up, join, get up

la **incorrección** impropriety

incorrecto, -a improper, unseemly

incorregible incorrigible

increíble unbelievable

increpar to rebuke, scold, chide, reproach

la **indagación** investigation, inquiry

indagar to investigate, find out

Indalecio pr. n.

indecente indecent, foul

la **indecisión** indecision

indecoroso, -a indecorous, unbecoming

indefinible indefinable

la **indemnización** reimbursement

la **independencia** independence
independiente independent
indernisasión = indemnización
indescriptible indescribable
las **Indias** *pr. n.* Indies
la **indicación** indication, hint, suggestion
indicado, -a indicated, agreed upon
indicar to indicate, show, reveal, point to
indicarse to become evident
la **indiferencia** indifference
indiferente indifferent; **tono —** tone of indifference
la **indignación** indignation; **con —** indignant(ly); **de —** indignant
indignadísimo, -a very indignant(ly)
indignado, -a indignant, indignantly
indignar to make indignant
indignarse to be indignant, become indignant
indigno, -a unworthy
el **indio** Indian
indirectamente indirectly
indisculpable inexcusable
indisoluble indissoluble
indispensable indispensable, necessary, usual
el **individualismo** individualism
el **individualista** individualist
el **individuo** individual, member
indivisible undivided
la **índole** character, nature
indomable indomitable, unconquerable
indómito, -a untamed
inducir to induce, persuade, lead
indudablemente indubitably, without a doubt, undoubtedly
la **indulgencia** indulgence
inefable ineffable
la **inercia** inertia
inesperadamente unexpectedly
inesperado, -a unexpected
inevitable inevitable
inexplicable inexplicable
infame infamous, base
el **infame** wretch

la **infamia** dishonor, infamy, infamous deed, disgrace, baseness
la **infancia** childhood, infancy
el **infante** prince
la **infantería** infantry
infantil childish, childhood
infeliz unhappy, unfortunate
el **infeliz** unhappy man, poor devil, poor thing, poor fellow
la **infeliz** poor woman; **la — de las naranjas** that poor wretch who sells oranges
infelizote, -a unhappy
el **inferior** inferior in rank
la **inferioridad** inferiority
infernal infernal
la **infidelidad** infidelity, treachery
el **infierno** hell, inferno
ínfimo, -a very low
infinitamente infinitely, greatly
infinito, -a very great, infinite, very, infinitely, very much, greatly; *pl.* numberless, a great number of
el **infinito** infinity
inflexible unyielding, uncompromising
la **inflexión** inflection
infligir to administer, impose, inflict
la **influencia** influence
influir (en) to influence, have an influence
el **influjo** influence
el **informe** detail; *pl.* data, information; **sin más —s** without further investigation
la **infortunada** unfortunate woman
infortunado, -a unfortunate
el **infortunado** unfortunate man
el **infortunio** misfortune
infructuoso, -a fruitless, in vain
infundado, -a unfounded, groundless
infundir to inspire, infuse, arouse
el **ingeniero** engineer
el **ingenio** wit, cleverness, talent, mind
ingenioso, -a ingenious, clever, witty

la **ingenuidad** candor, frankness
ingenuo, -a ingenuous, fair, frank
inglés, -a English
el **inglés** English
la **ingrata** ingrate
el **ingratón** *aug. of* **ingrato** ingrate
el **ingreso** income, entrance
inhabitable uninhabitable
inherente inherent
inhumano, -a inhuman
iniciado, -a initiated, begun
iniciar to initiate, begin
iniciarse to begin
la **injuria** offense, insult
injuriado, -a wronged, injured, outraged
injuriar to insult
injurioso, -a offensive
la **injusticia** injustice
injustificado, -a unjustified
injusto, -a unjust
inmediatamente immediately, immediately afterward, shortly, at once; **— que** as soon as
inmediato, -a next, adjoining, nearby, immediate, neighboring
inmejorable incomparable, beyond improvement
inmensamente immensely
inmenso, -a immense, very great
inmerecido, -a undeserved
inminente imminent
la **inmodestia** immodesty, indelicacy
inmortal immortal
inmotivado, -a unmotivated
inmóvil motionless
la **inmundicia** dirt
inmutable unchangeable
inmutarse to become disturbed
innato, -a innate, inborn
innecesario, -a unnecessary
innoble ignoble
innumerable innumerable
la **inocencia** innocence, simplicity; **con toda —** very innocently
inocente innocent, idyllic
el **inocente** poor fool
inocentemente innocently
inocentísimo, -a very innocent
inofensivo, -a inoffensive
inolbidable = **inolvidable**

inolvidable never-to-be-forgotten, unforgettable
inopinadamente unexpectedly
inoportunamente inopportunely, when uncalled for
inquieto, -a restless
la **inquietud** restlessness
la **Inquisición** Inquisition
inquisitorial inquisitive
inseguro, -a unsteady, unsafe
inseguro: lo — the trembling tone
insensato, -a stupid, insensate
insigne illustrious
insignificante insignificant
insinuante ingratiating, insinuating
insinuar to insinuate, suggest
la **insistencia** insistence; **con —** insistently
insistir (en) to insist
insociable unsociable
la **insolencia** insolence; **¡habrá —!** such insolence!, was there ever such insolence!
insolente insolent
el **insolente** insolent fellow
insondable unfathomable
insoportable unbearable
la **inspiración** inspiration
inspirar to breathe, inspire, cause
la **instancia** instance, request, earnestness; *pl.* insinuations; **a —s de** at the insistence of; **con —** earnestly
la **instantánea** snapshot
el **instante** instant, short while, moment; **al —** at once, immediately; **a los pocos —s** in a short time
instar to urge
instintivo, -a instinctive, innate
el **instinto** instinct; **— de curiosidad** out of curiosity
la **institutriz** governess
la **instrucción** instruction
instruido, -a well educated
el **instrumento** instrument, implement
insubordinar to rebel
insultado, -a insulted

insultar to insult, offend
el insulto insult
insuperable insurmountable
integral integral, necessarv
intelectual intellectual
la inteligencia intelligence, skill, master mind, understanding
inteligente intelligent
el inteligente expert
inteligentísimo, -a very intelligent
la intemperie the open air, exposure, rough weather, bad weather
la intención intention; formar — to make up one's mind, resolve
intencional intentional
intensamente intensely
intensísimo, -a very bright, very brilliant
intenso, -a intense
intentar to try, attempt
interceptar to intercept
el interés interest, interesting thing, personal profit
la interesada interested party
interesado, -a interested
interesante interesting; hacerse la — to affect an air of being an intriguing woman
interesantísimo, -a very interesting
interesar to interest, be interested in
interesarse (por) to be interested (in)
interino, -a temporary, substitute
interior inner, domestic, inside, interior; por el — by city mail
el interior interior, inside
la interioridad domestic affair
interiormente inwardly
la interjección interjection, oath
interlocutor, -a answering
el interlocutor interlocutor, speaker
interminable unending, interminable
intermitente intermittent
internarse (en) to enter, go into
interno, -a internal
el interpelado person addressed
interponerse to interpose, intervene, stand between

interpretar to interpret
interrogar to ask, question
interrumpido, -a interrupted, intermittent; con marcha —a in short jogs, jerkily
interrumpir to interrupt
interrumpirse to interrupt oneself
la interrupción interruption
el interruptor switch
el intervalo interval; a —s at times
intervenir to intervene, break in
la intimidad familiarity
intimidar to intimidate
íntimo, -a intimate
intolerable unbearable, intolerable
intranquilo, -a uneasy, restless
intransitable impassable
intrépido, -a intrepid
la intriga intrigue
intrigadísimo, -a very much intrigued
intrigado, -a intrigued
intrigante adj. scheming, crafty
el intrigante schemer
introducirse to enter
el intruso intruder, squatter
inundado, -a flooded
inundar to flood, inundate, fill
inusitado, -a unusual
inútil useless, vain, in vain
inútilmente in vain
inutilizarse to become useless
invadido, -a invaded, flooded
invadir to invade
invencible winning, invincible
inventar to invent, find; — la pólvora to set the world on fire
el invernadero conservatory
inverosímil improbable
investigar to investigate
el invierno winter
el invitado guest
invitar to invite
invocar to invoke
Iñasi nickname of Ignacia
Íñigo pr. n.
Ipintza pr. n.
ir to go, be, become, come, fare, follow, go along; indicates progression; iba sentado was sitting; iban arrojando threw

(one by one); **iban cuatro juegos por nada** the score was 4–0; **— al encuentro** to go to meet; **— al encuentro de** to go after, go to find or meet; **— a un paseo** to go walking; **— con** to concern; **— de caza** to go hunting; **— de tiendas** to go shopping; **— por** to go after; **— tirando** to get along; **— viviendo** to get along, scrape along; **— volando** to go in a hurry, go at once; **¿qué va a ser . . .?** what is going to become . . .?; **¡qué va a ser!** of course he isn't!; **¿quién va?** who goes there?; **va andando** walks; **va cambiando** changes; **va de veras** is real; **¡vamos!** come!, come on!, let us go!, I see!, come now!, yes, sir, why, oh!; **vamos a . . .** we shall, we'll, let us; **vamos a cuentas** let's settle accounts; **vamos al caso** let's get down to business; **vamos allá** let's go!, let's get to work; **vamos andando** let's get going; **vamos unos cuantos amigos** only a few friends are going; **van de americana** are wearing a business suit; **¡vaya!** come!, well!, why!, here!; **¡vaya . . .!** what . . .!; **¡vaya con Perecito!** so this is old Perecito!; **¡vaya si . . .** blessed if (with a negative), how + *adj.* (*in exclamations*); **vaya Vd. con Dios** goodbye; **vaya un, -a . . .** what a . . .; **¡vaya unos ojos!** what eyes!; **vayan Vds. mucho con Dios** go to the devil; **ya va** he is coming; **¡(ya) voy!** I'm coming!

la ira wrath, rage, anger, ire; **con —** angrily; **¡— de Dios, alegres!** tipsy, my eye!

la iracundia wrath, anger

iracundo, -a wrathful(ly), irate, angry, angrily, irascible

Iraeta *pr. n., suburb of Cestona, pop. 109*

Iraty *pr. n., a woods*

Irene *pr. n.* Irene

irguiéndose, se irguió *see* **erguirse**

la ironía irony

irónicamente ironically

irónico, -a ironical

irracional unreasonable, irrational

irreductible stubborn

irregular irregular

irremediable irremediable

irreprochable impeccable (y)

irresistible irresistible

irrespirable unbreathable, unfit to breathe

irrisorio, -a laughable

irritado, -a angry, irritated

irritante irritating

irritar to irritate

irritarse to be aroused

irse to go away, go, leave, get out, get away; *may denote progression;* **— a la cama** to go to bed; **— a pique** to sink; **vete con Dios** goodbye

Irún *pr. n., frontier city on the Bidasoa, pop. 9,172*

Isabel *pr. n.* Isabel, Elizabeth

la isla island

Isquiña *pr. n.*

Italia *pr. n.* Italy

italiano, -a Italian

izado, -a hoisted

izar to hoist; **a medio —** half hoisted

la izquierda left; **a la —** on (at) the left; **— del foro** left back stage

izquierdo, -a left

J

¡ja! ha!

el jabalí wild boar

el jabón soap

el Jabonero *pr. n.* Soapmaker

el jaco nag

jactarse to boast

jadeante panting

el jaique hooded cape

el jaleo excitement

jamás never, ever

el jamelgo nag
el jamón ham
la jamona plump woman
la jaqueca headache
el jaraiz wine pit (where grapes are pressed)
el jardín garden; los Jardines the park of El Buen Retiro
jarras: en — akimbo; *see* ponerse
el jarrito *dim. of* jarro small pitcher
el jazmín jasmine
je ha
¡je, je! hee! hee!
el jefe chief, officer; — del tren conductor
el jergón straw mattress
jeringar to annoy, pester
Jesús *pr. n.* Jesus; ¡ —! heavers, bless you (*said after a sneeze*); ¡ —, María y José! good heavens!
ji *word used to imitate sound of sobs*
la jiba hump
la jícara (chocolate) cup
el jinete rider, horseman
jo (*Basque*) strike
jocoso, -a waggish, humorous, joking
la jofaina washbasin
el jolgorio spree, celebration
Jorge *pr. n.*, *see* tirar
la joroba hump
jorobado, -a hunchbacked
José *pr. n.* Joseph; *see* Jesús
Josefa *pr. n.* Josephine
Joshé *pr. n. for* José Joseph
la jota j, *letter of the alphabet*
Jovellanos, Gaspar Melchor de (*1744–1811*) *Spanish statesman, economist, poet and dramatist; fought all his life for enlightenment in Spain. Was under both French and English influence in his ideas.*
joven young
el joven young man, youth
la joven girl, young woman
jovial jovial
la jovialidad joviality
la joya jewel, gem
Juan *pr. n.* John; el día de San — the 24th of June

Juanete *pr. n.* Johnny
Juanita *pr. n.* Jenny
Juanito *pr. n.*, *dim. of* Juan Johnny
el jubón waist, jacket
Judas *pr. n.* Jude, Judas
las judías beans
judicialmente judicially; demandar — to bring suit
el judío Jew
Judit *pr. n.* Judith
el juego game, gambling, point; — de pelota handball court
el jueves Thursday
el juez judge; el — de paz justice of the peace; señor — Your Honor
la jugada play; — maestra master stroke, master play
el jugador gambler, player
jugar (ue) to play, trifle; — a los bolos to play ninepins; —sela to mock, make sport of, outwit (someone)
jugarse: — la vida to have one's life at stake, to risk *or* expose one's life
el juguete toy, short comedy
el juicio judgment, opinion, idea, mind; perder el — por to go crazy about
el julio July
la jumenta female donkey
el jumento donkey
el junco rush
el junio June
juntamente at the same time
juntar to collect, get together, join, put together, save; — las letras to learn to spell
juntarse to join, come together, get together, gather
juntito, -a *dim. of* junto together; —s like two love birds
junto, -a close together; *pl.* together; *adv.* close (to), near, along, together, beside
la juntura joint
jurado sworn; ¿ —? do you swear it?; ¡ —! I swear it
el juramento oath, curse, vow
jurar to swear
el jurisconsulto lawyer, jurist

la **jurisdicción** jurisdiction
justamente exactly, precisely
la **justicia** justice, law, truth
justificadísimo, -a perfectly justified
justificado, -a justified
justificar to justify, clear
justificarse to clear oneself, vindicate oneself
justipreciar to calculate
justo, -a just, exactly, fair; **es muy — you** have every right to . . .
justo right, that's just it; **¡ —!** exactly!
la **juventud** youth
juzgado, -a judged
el **juzgado** court of justice
juzgar to judge, consider; **a — por** to judge from, judging from
juzgarse to consider oneself

K

el **kilómetro** kilometer
el **kimono** kimono
el **kiosko** kiosk, summer house

L

la *fem. s. art.* the
la *dir. obj. pr.* her, it
el **laberinto** labyrinth
el **labio** lip; *pl.* words
la **labor** work
laborioso, -a laborious, painstaking
la **Borte** *pr. n., French village in the Pyrenees*
labrado, -a cultivated, roughened, worn, carved
el **labrador** farmer, peasant
la **labranza** farming
labrar to work, mold
Labraz *pr. n., Basque town in Baroja's novels*
el **labriego** farm hand
Lácar *pr. n., village in Navarre; scene of Carlist victory in 1875*
ladeado, -a tilted, to one side
ladearse to lean (on one side)
ladino, -a sly, cunning

el **lado** side, direction; **al — de** beside; **en otro —** elsewhere; **a su —** by them; **a todos —s** all around, all about; **a un — y a otro** on both sides; **de al —** near by; **de un — para otro** all around; **uno para un — y otro para otro** in opposite directions
el **ladrido** bark
el **ladrón** thief, scoundrel, coward
la **ladrona** thief
el **lagar** wine press
la **lagartija** lizard
el **lago** lake
la **lágrima** tear
la **lagrimita** *dim. of* **lágrima** tear, alligator tear
Laguardia *pr. n., town in Álava, pop. 2,300*
lamentable lamentable, regrettable, mournful
la **lamentación** lamentation
lamentar to regret
lamentarse to lament
el **lamento** lament, moan, cry, lamentation
lamer to lick
lamerse to lick oneself
la **lámpara** lamp, light; **— del techo** center light
la **lamparilla** little lamp, night taper; *see* **echar**
la **lana** wool; **perro de —s** poodle
el **lance** incident, event, turn
Lanciego *pr. n., town near Laguardia, pop. 937*
la **lancha** launch, fishing boat, boat, **— pescadora** fishing smack
el **landó** landau
el **langostino** crawfish
lánguidamente languidly
languidecer to languish
lánguido, -a languid
lanzar to utter, throw, launch, send forth, egg on, give, cast, let out, hurl; **lanzando rayos de cólera por los ojos** her eyes flashing (sparkling with rage)
lanzarse to leap, spring, rush, rush out, throw oneself, plunge, dare, dart out

la **lapa** barnacle
la **lápida** gravestone
el **lápiz** pencil
Lara: Teatro — *name of a Madrid theater*
largamente for a long time
largar to let go, let out
largarse to run off
largo, -a long, great; **a lo — (de)** along
larguísimo, -a very long
larguito, -a rather long, quite long, nice and long
Larrau *pr. n., village in southwestern France*
Larrun *pr. n., name of a mountain in southwestern France*
Lasala *pr. n.*
Lasao *pr. n.*
la **lástima** pity; **dar —** to feel sorry; **me daba —** it made me feel bad; **¡qué — de muchacha!** I pity the girl!; **— que** it is a pity that
lastimero, -a pitiful, moving, mournful, plaintive
lastimosamente with pity
lastimoso, -a pitiful
el **lastre** ballast
latente latent, dormant
lateral lateral, on the side
lateralmente to one side, laterally
el **latigazo** lash
el **látigo** whip, lash
el **latín** Latin
latino, -a Latin
latir to beat
Laura *pr. n.* Laura
el **laurel** laurel
la **lavanda** lavender
lavar to wash
lavarse to wash
Lázaro *pr. n.* Lazarus
el **lazo** knot, bow, snare, trap, bond; **le hace el —** ties the knot of his tie for him; **— corredizo** slipknot
le *ind. obj. pr.* to him, her, you, it, *etc.*
leal loyal, honest
lealmente honestly, loyally
la **lealtad** loyalty
la **lección** lesson

el **lector** reader (man)
la **lectora** woman reader
la **lectura** reading
la **leche** milk
el **lecho** bed
lechoso, -a milky
la **lechuga** lettuce; **— en rama** leaf lettuce
leer to read
legalizar to legalize
Leganés *small town near Madrid known for its insane asylum*
legar to bequeath
el **legitimista** legitimist
legítimo, -a lawful, legitimate, genuine, well founded
la **legua** league (*about three miles*)
la **legumbre** vegetable
leído, -a well read
lejano, -a distant
lejos far, afar, distant, far away, away; **a lo —** from afar, in the distance, far; **de —** from a distance; **más —** farther away; **— de** far from
la **lengua** language, tongue; *see* **tener; dar la —** to chat; **mala —** foul-mouthed (woman); **media —** imperfect pronunciation, child's speech
el **lenguaje** language
la **lengüeta** prong, fluke
el **lenitivo** relief
lentamente slowly
la **lente** magnifying glass, reading glass
la **lentitud** slowness, deliberation, **¡qué —!** how slow!
lento, -a slow, slowly
la **leña** firewood
León *pr. n.*
el **león** lion
la **leona** lioness; bookworm (*coined from* **leer**)
les to you, to them; *sometimes used for* **los**
Lesaca *pr. n., town near Irún, pop. 1,014*
el **letargo** drowsiness
la **letra** letter, draft, handwriting; *pl.* letters, learning, education-

see pie; —s de molde print;
maestro de primeras —s primary school teacher; **no conocía las** —s he did not know
how to read

levantado, -a raised, up (out of
bed), raised up

levantar to raise, lift, pick up,
erect, to be . . . high, make
(money), take; **levanta al cielo
las dos manos** he throws up his
hands

levantarse to be raised, rise, get
up, come up; **al — el telón**
when the curtain rises; **se
levanta de un respingo** she
jumps to her feet

Levante: parte de — east

levantisco, -a restless, turbulent;
andar — to feel restless

leve slight, light

levemente slightly

Levi-Álvarez *pr. n.*

levísimo, -a very soft

la levita frock coat; **de media —**
well-to-do

la ley law

Lezaun *pr. n., Navarrese village*

liar to roll

libar to sip, suck

liberal liberal

el liberal liberal

el liberalismo liberalism

la libertad liberty, freedom

libertado, -a rescued, saved

libertar to free

libertino, -a licentious, dissolute,
libertine

el libertino dissolute fellow

la libra pound

librado, -a preserved

librar: **¡líbrenos Dios!** God forbid!

librarse (de) to get rid of, free
oneself; **me libraré muy bien
de . . .** I'll take good care
not . . .

libre free, spared, vacant, open, clear

la librea livery; **con —** in livery

la libreja *dim. of* libra about a pound

libremente freely

el libro book; **— de caballerías**
chivalrous novel; **— de consulta** reference book; **— de
cuentas** account book; **— de la
Doctrina** catechism

la licencia license, permit, permission; **— absoluta** honorable
discharge

el licenciado licentiate, holder of a
second academic degree

la licenciosa licentious woman

el licor liquor

la liebre hare

el lienzo section (of a wall)

ligeramente quickly, lightly,
slightly

la ligereza lightness, speed

ligero, -a light, swift, slight; **a la
—** hurriedly, rapidly

la lila lilac

Lima *pr. n., capital of Peru*

limitar to limit, bound, decrease

el límite limit; **sin —** boundless,
everlasting

el limonero lemon tree

la limosna alms

la limosnita alms; *see* hacer

limpiar to clean, cleanse, wipe;
— las botas to shine shoes;
¿— las botas? shoe shine?

limpiarse to wipe, dry (tears)

límpido, -a limpid, pure

limpio, -a clean, spotless, attractive, shined; **en —** copied;
sacar en — to get (something)
out of (someone)

el linaje family, lineage, ancestry

linajudo, -a noble, aristocratic

el lince lynx, sharp-eyed person;
ojos de — expert eyes

lindo, -a pretty, beautiful; **de lo
—** beautifully; **me engañó de
lo —** she made a sap out of me

la línea line, direction, fraction of an
inch, $\frac{1}{12}$ of an inch

la linterna lantern

el lío bundle, mix-up, confusion

lírico, -a lyrical

el lirismo lyricism; **con —** lyrically

lisonjeado, -a flattered

lisonjear to flatter, please

la lista list
listo, -a clever, quick, ready
literario, -a literary
literato, -a literary
la literatura literature
Liviana *pr. n.*, *name of Lucas'
donkey*
liviano, -a slight, trifling; el más
— slightest
lívido, -a livid
Lizárraga *pr. n.*, *village in Navarre;
also name of a Carlist general
(1817–1877)*
lo *m. and n. obj. pr.* it, him, what,
how, so; *occasionally omitted in
translation;* — de that matter of
lo que what, that which, how
much, how, that, whatever, just
what, which; de — — than;
con — — whereupon; — — es
(eso de) as for (that matter of);
— — es eso such a thing;
— — es por aquí as for around
here
lobero: perdigón — buckshot
el lobo wolf; a paso de — stealthily
lóbrego, -a gloomy, dismal
la loca crazy woman
el local place
locamente madly
loco, -a mad, crazy, insane; — de
atar raving mad; *see* volverse
el loco lunatic, madman
la locomotora locomotive
locuaz loquacious, talkative
la locura crazy act, madness, folly;
hacer —s to cut up
el locutorio locutory, reception room
el lodo mud
la lógica logic
lógico, -a logical
lograr to succeed (in), achieve,
obtain, attain; nada lograrían
de ella they would get no satisfaction from her
Logroño *pr. n.*, *city of Old Castile
bordering on Navarre; pop.
17,525*
el lomo back (of an animal)
la lona canvas, sail
la lonja slice

López *pr. n.*
el loro parrot
los *m. pl. art.* the
los *m. obj. pr.* them, you
la losa flat stone
Los Arcos *pr. n.*, *town between Estella and Viana, pop. 2,260*
Loyola *see* San Ignacio de Loyola
lozano, -a luxuriant
Lucas *pr. n.* Lucas, Luke
Lucena *pr. n.*, *Andalusian city near
Córdoba, famous for its brass lamps*
el lucero morning star, bright star;
— del alba morning star; — de
la noche evening star
la lucidez lucidity, intelligence
lúcido, -a lucid, clear
luciente shining
la luciérnaga firefly
Lucifer *pr. n.* Lucifer, prince of the
devils
lucir to display, shine
lucirse to show off
lucrarse to profit
la lucha struggle, fight
luchar to struggle, fight
el ludibrio derision
luego then, later, afterward, immediately, soon, pretty soon;
desde — at once, of course, certainly, to be sure; hasta — so
long; que as soon as; tan
— como as soon as
luengo, -a long
el lugar place, village, spot; dar — a
to leave room for
el lugarcillo little village
el lugarcito little village
la lugareña villager
el lugareño villager
el lugarteniente lieutenant
lúgubre dismal, gloomy, lugu-
brious
lúgubremente gloomily
Luis *pr. n.* Louis
el lujo luxury; un — de casa a luxurious house; de — de luxe
lujoso, -a luxurious
la lujuria lust, sensuality
la lumbre fire, light
luminoso, -a luminous, of light

la luna moon, moonlight; de — moonlight, moonlit; — de miel honeymoon

el lunar mole

el lunes Monday

Luschía *pr. n.*

el lustre position, importance

el lustro lustrum, period of five years

la luz light; a la — del sol in the daytime, into the sunlight; a media — in semi-darkness; de claras luces perspicacious; entre dos luces at twilight; entre — y — at dusk

Luz *pr. n.* la de la — = la de Santa María de la Luz

LL

la llaga wound, sore spot

la llama flame

llamado, -a called, named, chosen; el — the one called

el llamamiento call

llamar to call, rap, knock, name, ring, draw; ¿han llamado? is someone ringing?; — a la aldaba to knock with the knocker; — a gritos to call out loudly, shout at; — con un golpe to knock; donde no le llaman where you are not wanted

la llamarada flash, burst of flame

llamarse to be named, called; ¿cómo se llama Vd.? what is your name?; se llama his (her) name is

llameante blazing, flashing

llamear to flash, blaze

la llanada plain

la llaneza simplicity, familiarity

llano, -a flat, level, even, plain; estado — commoners, commoner estate

el llano plain

Llanos *pr. n.* Plains; *boulevard in Estella*

el llanto weeping, tears, crying

la llanura plain, lowlands, surface, expanse (of water)

la llave key

el llavín night key, latchkey

la llegada arrival

llegar (a) to arrive, reach, get here, come, get, succeed in, come to, amount to, come in, get into, come up to; — a to become, get to; — a hacerse la ilusión to succeed in deluding oneself; — a pasar to succeed in passing; — a tiempo to be in time; — a tocarse to come together; no llegó a venir never came; — de to return from; — hasta to reach; todo llegará everything will come in due time

llenar to fill, cover, fill out, fulfill

lleno, -a full, filled, covered; *see* mano; de — entirely

Llerena *pr. n.*

llevado, -a drawn, carried

llevar to carry (off), take (away), bring, have, wear, bear, lead, raise, send, handle, win, carry out, accomplish, have, put, spend, draw, carry away, keep, feel; — a to take, put near; — a cabo to carry out; — el ánimo de to feel like; — un solemne chasco to be jolly well disappointed; — la dirección (de) to manage; — encargos to run errands, carry commissions; — mal fin to have evil intentions; no —las todas consigo to be frightened, disconcerted; — un disgusto grande to be extremely displeased; — su merecido to receive one's just deserts; ¿cuánto tiempo llevo . . .? how long have I been . . .?; lleva tres años for three years . . . has been; llevaba . . . unos meses de casado I had been married . . . a few months; — puesto to have on; — secuestrado to kidnap

llevarse to carry off, take along, raise, take away, put; — una sorpresa to have a surprise; ¡no se van a llevar mal chasco . . .! the joke will be on . . .!

llorar to cry, weep; ¿has llorado? have you been crying?; llorando como una Magdalena crying disconsolately

Llorente *pr. n.*

lloriquear to whimper

el lloro weeping

lloroso, -a tearful

llover (ue) to rain

lloviznar to drizzle

la lluvia rain

M

el macarro macaroon

macizo, -a massive, compact, firm

machacado, -a crushed

Machado, Antonio (*1875–1939*) *one of the chief modern Spanish poets*

Machichaco *pr. n.*, *cape in Vizcaya, northwest of Bermeo*

el macho donkey, male; — cabrío billy goat, male goat

la madera wood

la madrastra stepmother; sociedad — heartless (cruel) society

la madre mother; de — motherly; ¡ — del alma! man alive!; ¡ — de mi alma! Holy Mother!; — de familia mother of a family

la madreselva honeysuckle

Madrid *pr. n.*, *capital city of Spain, a cosmopolitan center; usually sets the fashions for Spain; at the time Uncle Luke was there it was a city of about 200,000; today over a million.*

el madrigal madrigal

madrileño, -a Madrilenian

el madrileño Madrilenian, native of Madrid

la madrina godmother

la madrugá *see* madrugada

la madrugada early morning; de — in the very early morning, at dawn

madrugar to get up early

la maestra schoolmaster's wife

el maestro teacher, master, master tailor, school teacher; — de

escuela school teacher; — de primeras letras primary school teacher

Magdalena *pr. n.* Magdalene; *see* llorar

mágico, -a magic

el magisterio teaching

magistral masterly

el magistral preacher

magnético, -a magnetic

la magnificencia magnificence

magnífico, -a magnificent, fine

la magnolia magnolia

magullado, -a bruised

el maíz corn

el maizal cornfield

la majadería foolishness, absurdity

la majestad majesty; con — majestically

majestuosamente majestically

majestuoso, -a majestic

majo, -a gaudy, showy, loud

mal badly, bad, ill; *see* malo, decir; no está — he isn't so bad; menos — that's something; ¡ —! too bad!; menos — que at any rate

el mal evil, trouble, illness

Málaga *pr. n.*, *city on Andalusian coast, pop. 112,916*

malamente badly

la maldad wickedness, misdeed, felony, evil; *pl.* wickedness, misdeeds

maldecir (de) to curse

la maldición curse

maldito, -a cursed, in the least, at all, confounded; — lo que me importaría devil the bit would it matter to me, it wouldn't matter the least bit to me, hanged if I'd care; ¡ — seas! curse you!

la maledicencia gossip

el malestar discomfort

la maleta valise, satchel, suitcase

la maleza underbrush

malhadado, -a ill-fated

el malhechor evil-doer, criminal

malhumorado, -a ill-humored(ly) bad-humored

la **malicia** mischief, malice; **con —** mischievously; **tener la suficiente —** to be clever enough

maliciosamente slyly, mischievously

malicioso, -a mischievous, suspicious, wicked

malísimo, -a very bad

malo, a bad, evil, sick, ill, wrong, wretched, foul; **— de** hard to; **¿qué hay en ello de —?** what's wrong with it?; **lo —** the worst of it

la **malquerencia** hatred

maltratado, -a maltreated

maltratar to maltreat

maltrecho, -a hurt, injured, battered, bruised

la **malvada** scoundrel

el **malvado** knave, villain

el **malviz** redwing

la **mamá** mother

el **mamarracho** old idiot, idiot, grotesque figure; **estar hecho un —** to look like a scarecrow

el **manantial** source

mancillar to stain

la **mancha** spot

la **Mancha** *pr. n., plains of the plateau of New Castile*

manchado, -a spotted, soiled

manchar to spot, stain

la **manda** bequest, offer

el **mandadero** messenger

mandado, -a commanded

mandar to order, command, send, ask, dictate, give orders; **usted mande (mande usted)** yes?; **como manda Dios** as he should; **¿qué manda Vd.?** what do you wish, sir?; **mande el señorito** is there anything you wish?, Yes, sir?

la **mandíbula** jaw

el **mandilito** little apron

el **mando** command, control

la **manecita** little hand

manejar to manage, control

el **manejo** management, maneuver

la **manera** manner, way, means; **a — de** like; **de esta —** in this way;

de mala — gruffly, in a bad way; **de ninguna —** by (any) no means, not at all; **de — que** so, so that; **de qué —** how; **de todas —s** anyway; **de una — extraordinaria** extremely well; **en cierta —** to a certain extent; **¡qué — de comer!** the way she ate!

la **manga** sleeve

el **manguito** oversleeve

la **manía** mania, fad

el **manicomio** insane asylum

la **manicura** manicurist

la **manifestación** manifestation, evidence

manifestar to declare, say, tell, show, manifest

manifestarse to show oneself (itself)

manifiesto: poner de — to make evident

la **maniobra** maneuver; **de —s** drilling

maniobrar to maneuver, handle, steer

el **maniquete** black lace mitten

Manisch *pr. n.*

el **manjar** dish, food

la **mano** hand, power; **a —s llenas** by the handful(s); **dar la —** to shake hands; **de —s a boca** unexpectedly; **de — vuelta** with the back of her hand; **en —s de** into the hands of, into the custody of

el **manojo** bundle, bunch

Manolilla *pr. n.* Emily

manoseado, -a thumbed, dog-eared

mansalva: a — without risk

la **mansión** dwelling, mansion

manso, -a gentle

la **manta** blanket

el **mantecado** biscuit kneaded with lard

mantener to maintain, keep up, contend, support, sustain, keep

mantenerse to keep (oneself), be, support oneself

la **mantilla** shawl, *usually of lace and worn over the head*

el **manto** mantle, shawl
el **mantón** large shawl
Manuel *pr. n.* Emanuel
Manuela *pr. n.* Emma
el **manzano** apple tree
la **maña** trick, cunning
mañana tomorrow; — **mismo** no later than tomorrow, tomorrow at the latest, first thing tomorrow; — **por** (**a**) **la** — tomorrow morning; **pasado** — day after tomorrow
la **mañana** morning; **de la** — in the morning, A.M.; **muy de** — very early in the morning; — **de sol** sunny morning
la **mañanita** nice morning
el **mapa** map
maqueado, -a lacquered
la **máquina** machine, typewriter; — **de escribir** typewriter; **otras** [**cuartillas**] **de** — typewriter paper
la **maquinación** scheme
maquinalmente mechanically
la **maquinaria** machinery
el (**la**) **mar** sea, flood, seashore; **baja** — low tide; — **de fondo** deep swell, heavy swell; **hecha un** — **de lágrimas** bathed in tears
el **maragato** Maragato, *native of a region in the province of León called Maragatería*
la **maravilla** wonder
maravillado, -a surprised
maravilloso, -a marvelous
marcadísimo, -a very marked
marcado, -a marked
marcar to mark, indicate
el **marco** frame
la **marcha** progress, traveling, march, speed, pace, walking course; **en** — in motion; **en tren de** — about to leave; **suspender la** — to stop
marchar to go, walk, be, leave, work, go away, walk along
marcharse to go, go away, leave
marchito, -a withered
Mare Nostrum *Latin* Our Sea, *i.e.,* the Mediterranean

la **marea** tide, catch
marear to nauseate
la **marejada** swell, surf, agitation
Marengo *pr. n.*, *town in Italy, scene of battle in 1800 in which Napoleon defeated the Austrians*
el **mareo** nausea
el **marfil** ivory
Margarita *pr. n.* Margaret
el **margen** (*also f.*) edge, border
María *pr. n.* Mary; *see* **Jesús**; ¡ — **Santísima**! good heavens!; ¡ **Ave** —! goodness gracious!; ¡ **Ay**, —! good heavens!
María Luisa (*1754–1819*) *wife of Charles IV, notorious for her part in the fatal policies of Godoy*
Marianito *pr. n.*
Mariano *pr. n.*
María-Pepa *pr. n.*
Maricela *pr. n.*, *name of estate*
el **maridito** *dim. of* **marido** hubby
el **marido** husband
la **marinería** sailors
el **marinero** sailor
el **marino** sailor
Mario *pr. n.*
Mariona *pr. n.*
la **mariposa** butterfly
Mariquita *pr. n.*
el **mariscal** marshal
marítimo, -a maritime
el **mármol** marble
Marqués *pr. n.*
el **marqués** marquis
la **marquesa** marchioness; — **viuda** widowed marchioness
Marquesch *pr. n.*
marras: de — aforementioned
el **martes** Tuesday
el **martillo** hammer; **al** — by percussion
Martín *pr. n.* Martin
Martínez *pr. n.*
Martínez Sierra, Gregorio (*1881– *) *outstanding Spanish dramatist*
el **mártir** martyr
el **marzo** March
mas but

más more, any more, most, better, any longer, even more, other, else, plus, rather, anything else; — **allá** farther on; — **bien** rather, more suited; — **de** over; **de** — extra; **nada** — only, for no other reason; **ni** — **ni menos** precisely; **no** . . . — **que** only, anything but, except; **por** — **que** however (much), although; **qué** — what else; **sin** — **ni** — without any more ado

la **masa** mass

el **masaje** massage

mascado, -a chewed

mascar to chew

el **mascar** chewing

la **masticación** chewing, mastication

masticar to chew, masticate

mascujar to mumble

el **mástil** mast

el **mastuerzo** simpleton; **el muy** — that lucky fool

el **matalón** worn-out horse, nag

matar to kill

matarse to kill oneself, be killed, die

les **matelots** (*French*) sailors

matemático, -a mathematical, accurate

la **materia** material, matter, subject

material material, rude, economic

materialmente literally

maternal maternal

maternalmente maternally

Matiella *pr. n.*

el **matiz** shade, tone, nuance

matizado, -a tinted

el **matorral** thicket

el **matrimonio** matrimony, married life, married couple, marriage

la **matrona** matron

el **maula**: ¡**vaya un** —! what a dope!

máxime especially

máximo, -a highest

Maya *pr. n., village in the valley of Baztán; also the name of a peak*

el **mayo** May, May-time

mayor (*comp. of* **grande**) larger, older, greater. greatest. eldest.

main; — **de edad** of age; **los** —**es** elders, predecessors

el **mayorazgo** first-born son

la **mayoría** majority, most

mayormente especially, special

mayúscula capital; **caza** — Game with a capital G

el **mazo** package, bundle

la **mazorca** ear

me me, to me, myself

mecánico, -a mechanical

el **mecanismo** mechanism, handling

la **mecanógrafa** typist

el **mecanógrafo** typist

la **mecedora** rocking chair

mecer to rock

mecido, -a rocked

el **mechero** (gas) jet, (gas) lamp

el **mechón** lock (of hair)

la **media** stocking; *see* **hacer**

mediado, -a half over

la **media-fanega** half-fanega basket

mediano, -a average, medium

la **medianoche** midnight

mediante by means of, through (the payment of); **Dios** — God willing; — **la cantidad de** through the payment of

mediar to take half

el **medicamento** medicine

la **medicina** medicine

el **médico** doctor

la **medida** measure, measurement; **a** — **que** as, in proportion as, while

Medina *pr. n.*

medio, -a half, mid; —**a** *in time*, half past; —**a luz** dim light; **a** —**as** half, halfway, equally, in partnership; **a** — **poner** half on; **a** —**a tarde** at mid-afternoon; **ni** — at all

el **medio** means, middle, surroundings, way, pretext; **en** — **de** in the midst of, in the middle of, square, between; **en** — **del campo** out in the open country; **en** — **del estómago** in the pit of his stomach˙ **por en** — **de** through the middle of

el **mediodía** south, noon

medir (i) to measure, weigh, judge

la **meditación** meditation, meditative mood

meditar to meditate

medroso, -a dreadful, fearful, faint-hearted

Mefistófeles Mephistopheles, the devil

Meira *pr. n.*

mejicano, -a Mexican

Méjico *pr. n.* Mexico

la **mejilla** cheek

mejor (*comp. of* **bueno** *and* **bien**) better, best, over; — **dicho** or rather, that is to say; **lo** — the best thing to do; **lo** — **que puede** as best he can; **por** — **decir** rather

mejorar to improve, better

la **mejoría** improvement

la **melancolía** melancholy; **con** — sadly

melancólico, -a melancholy

la **melena** mane

melifluo, -a honeyed

el **melindre** fastidiousness, affectation, coyness

la **melisa** balm; **agua de**—balm-water

el **melocotón** peach

el **melocotonero** peach tree

melodioso, -a melodious

melodramático, -a melodramatic

el **melón** muskmelon, melon

meloso, -a honeyed

membranoso, -a membranous

la **memoria** memory

la **mención** mention; *see* **hacer**

mencionado, -a above-mentioned

el **mendigo** beggar

Mendizábal *pr. n.* Juan Álvarez y Mendizábal (*1790–1853*), *a Spanish politician*

el **mendrugo** crust

menear to shake

menester necessary

menor (*comp. of* **pequeño** *and* **poco**) less, least, smaller, smallest, younger, slighter; **al por** — retail; **los** — minor orders

menos (*comp. of* **poco**) less, least, except; — **mal** that's something; **al** — at least; (**a**) **lo** — at least; **lo de** — the least of it; **ni** — least of all; **ni mucho** — by any means, far from it; **o poco** — or thereabout; **poco** — **que** little short of; (**por**) **lo** — at least

menoscabar to lessen, diminish

mentalmente to himself

mentar (ie) to mention

la **mente** mind

la **mentecata** fool

el **mentecato** imbecile

mentir (ie) to lie

la **mentira** lie, falsehood; **parece** — it seems unbelievable; **son** —**s** are just so many lies

el **mentor** mentor, teacher

menudear to occur frequently, be frequent

menudo, -a tiny, small; **¡—a catástrofe!** wouldn't it be terrible! (*ironic*); **a** — often

Mercadal *pr. n.* **Puerta de** — *city gate of Laguardia*

la **mercancía** merchandise

la **merced** favor, grace, mercy, thanks; — **a** thanks to

Mercedes *pr. n.*

Merceditas *pr. n., dim. of* **Mercedes**

Mercurio Mercury, Roman divinity of commerce and gain

merecedor, -a deserving

merecer to deserve, merit

merecerse to deserve

merecido, -a merited, deserved

el **merecido** just deserts

la **meridiana** cot, couch

la **merienda** (afternoon) lunch

la **merluza** hake, halibut

mermar to diminish

el **mes** month; **a los dos** (**tres**) —**es** at the end of two (three) months

la **mesa** table, desk; — **de despacho** desk, library table; — **de la máquina** typewriter table; — **de mecanógrafo** typewriter table; — **de noche** night table; — **para escribir** writing table; —

redonda table for regular boarders

mesarse to tear (hair)

la **meseta** landing (of a staircase), plateau

la **mesilla** *dim. of* **mesa** small table

la **mesita** small table; — **de noche** night table

metálico, -a metallic, metal

metamorfosearse to transform oneself, change

meté = **meter**

meter to put (into), make, get into, place, throw in, induce (to do); — **dentro** to haul in; —**le en cintura** to keep him under control *or* in hand; — **el diente** to bite; **metióle los talones** he dug his heels into her, he spurred her on; — **el montante** to put in an oar, interfere; **¿dónde se mete Vd.?** where have you been keeping yourself?

meterse (**en**) to get, get into, stick one's nose into, meddle with, go, put (on), become, be; **se le mete algo entre ceja y ceja** gets something into his head; **metámonos en harina** let's get to work; — **los puños en los ijares** to hold one's sides

metido, -a (**a**) turned into, put

metódico, -a methodical

el **metro** meter

mezclar to mix, mingle

mezclarse to take part, mingle, mix; — **en** to join

mi my

mí me, myself; **por** — as far as I am concerned, on my account

Micolalde *pr. n.*

el **microbio** microbe, germ

midiendo *see* **medir**

el **miedo** fear; **dar** — to be afraid of; **tener** — to be afraid; **¡qué** —! how terrible!

miedoso, -a fearful

la **miel** honey; **luna de** — honeymoon

el **miembro** member

la **miente** mind, thought

mientras (**que**) while, meanwhile, as long as; — **tanto** meanwhile

el **miércoles** Wednesday

la **miga** crumb, inside of a loaf of bread

Miguel *pr. n.* Michael

la **miguita** *dim. of* **miga** crumb

el **mil** thousand, all kinds of; (**a**) **las** — **y quinientas** (at) all hours of the night

el **milagro** miracle

milagroso, -a miraculous

Milán *pr. n.* Milan, Italy

la **milicia** militia

militar military

el **militar** soldier, army man

militarmente in a military fashion

la **milla** mile

el **millón** million

el **millonario** millionaire

mimado, -a spoiled

mimar to pet, caress, indulge

el **mimbre** willow

el **mimo** caressing; **con mucho** — affectionately, indulgently

mimoso, -a gentle

la **mina** mine

Minerva Minerva, goddess of wisdom and patroness of all the arts and trades

miniatura: en — in miniature

mínimo, -a small, least; **más** — very least, very slightest

el **ministerio** duty, ministry, department, cabinet

el **ministril** petty officer of the law

el **ministro** constable, minister, executor

la **minoría** minority

minuciosamente carefully

el **minuto** minute

mío, -a my, mine, of mine, dear; **el** (**la**) — (**-a**) mine; **¡señor** —! my dear sir!

el **miquelete** member of militia of Guipúzcoa

la **mira** consideration

la **mirada** glance, look, eyes, gaze

el **mirador** bay window

el **miramiento** consideration

mirar to look at, watch, consider; ¡mira! look here!, see here!, now that is . . .!; — a todas partes to look around; — bien to mind; — con buenos ojos to look upon (someone) favorably; — de hito en hito to stare; mirando de reojo looking out of the corner of the eye; ¡mira tú que . . .! why, the idea of . . .!

el mirar look

la mirilla peep hole

el miriñaque crinoline, hoop-skirt

la misa mass; — de prima early mass; — de la tropa regimental mass

miserable wretched, miserable

el miserable wretch

miserablemente wretchedly, miserably

la miseria misery, poverty, indigence, want; *pl.* petty things

la misericordia mercy, charity

la misión mission, duty

mismísimo, -a himself, herself, very (same)

mismo, -a same, self, very, own, self-same, same one; ahora — right now; desde allí — from right there; lo — just the same, the same way, that way, the same thing, the same fate; lo — que the same as, as well as, just as, as much as; lo — . . . que both . . . and, . . . as well as; mañana — first thing tomorrow; por lo — que just because, for the very reason that

el misterio mystery; con — mysteriously; de — mysterious

misterioso, -a mysterious(ly)

místico, -a mystical

mitá *see* mitad

la mitad half, middle; a — de camino halfway: en — de la cara square in the face; la — que half as much as

mitigar to mitigate, lessen

el mitón mitt, glove without fingers

el mixto mixed number

la mocedad youth

el mocetón big fellow

la moda fashion, style; de — fashionable; pasado de — cast-off

modelar to model

el modelo *m. and f.* model

modernísmo, -a very modern

moderno, -a modern

modestamente modestly

la modestia modesty; con — modestly, plainly

modesto modest; hacerse la muy —a to pretend to be very humble *or* modest

el modismo idiom

el modisto modiste, couturier; sombrero de gran — hat of a famous brand

el modo way, manner, means; a — de something like, like; de — alguno under any circumstances; de — que so that, so then; de aquel — in that way; en cierto — to a certain extent; de cualquier — in one way or another, after a fashion; de ese — like that, like this; de este — in this manner, on account of this; de mal — irregularly, unwillingly; de ningún — by no means, not at all; de otro — in another way, otherwise; de qué — how; de tal — in such a way; de todos —s anyway

la modulación modulation

mofarse (de) to make fun of

el mohín grimace, gesture

mohino, -a sulky

mojado, -a moist, damp, wet

mojarse to get wet

el mojicón slap

molde *see* letra

la mole bulk, mass

moler (ue) to grind

molestar to inconvenience, bother, trouble, annoy; no me molesta I don't mind; si a Vd. no le molesta if it is no trouble to you, if you don't mind

molestarse (en) to trouble, bother

la **molestia** annoyance, bother, trouble

molesto, -a annoying, bothersome, annoyed, vexed

molido, -a fatigued, worn out

la **molienda** milling, grinding

la **molinera** miller's wife

el **molinero** miller; *pl.* the miller and his wife

el **molino** mill

el **momento** moment, short while, importance, consequence; **al —** in a moment; **por —s** every moment, momentarily, more and more

la **mona** female monkey

la **monada** cute little tyke

la **monarquía** monarchy

la **moneda** coin; **— falsa** counterfeit

la **monería** cunning action

la **monja** nun

el **monje** monk

mono, -a pretty, cute

el **mono** monkey

el **monólogo** monologue

el **monosílabo** monosyllable

monótono, -a monotonous

Monserrat *pr. n., village in Guipúzcoa, near San Sebastián*

el **monstruo** monster

montado, -a mounted, riding

el **montante** broadsword; *see* **meter**

la **montaña** mountain, highlands, mountain district

el **montañés** mountaineer, highlander

montar to mount, ride, climb, amount; **botas de —** riding boots; **tanto montaba** it was all the same

el **monte** forest, woods, mountain, pile, woodland

Montecristo *pr. n., reference to* The Count of Montecristo *by Dumas in which figures a tale of treasure*

Montemolín, Conde de *son of don Carlos, known to the Carlists as Carlos VI*

Monte Muru *pr. n., battle in the Carlist wars*

la **montera** cloth cap

la **monterilla** *dim. of* **montera** little cloth cap

Monteros *pr. n.*

el **montón** pile, crowd

monumental monumental

la **mora** blackberry

la **morada** dwelling

moral moral

la **moral** morality

la **moraleja** moral

la **moralidad** morality

Morán *pr. n.*

la **morcilla** bl od pudding, blood sausage

morder (ue) to bite; **—se la lengua** to hold back (one's words), to hold one's tongue; **mordiéndose las palabras** cuttingly

Morer *pr. n.*

moreno, -a dark, brunet

el **moribundo** dying man

morigerado, -a well behaved

morir (ue) to die; **a —** madly; **le gustan a —** is crazy about; **vas a — a mis manos** I'll kill you with my own hands

morirse (ue) to die; **— de hambre** to starve

morisco, -a Moorish

el **moro** Moor; **había —s en la costa** there was going to be another blessed event

morrocotudo, -a strong, hard

la **mortaja** shroud

mortal *adj.* mortal

el **mortal** person, human being, mortal

la **mortandad** slaughter

la **mortecina: hacer la —** to feign death, pretend to be dead

mortificado, -a mortified, vexed

mortificar to mortify

mortuorio, -a mortuary

moruno, -a Moorish

la **mosca** fly; **— de macho** horse fly

Mosén *title given to lesser nobles; an Aragonese title*

la **mosquita** *dim. of* **mosca** little fly; **cara de — muerta** meek face

el mosquito mosquito
el mostrador counter
mostrar (ue) to show, seem
mostrarse (ue) to appear, show (oneself), seem (to be)
el mote nickname
motivar to justify, cause, motivate, give rise to
el motivo motive, reason, purpose; con — de because of
mover (ue) to move, lead
moverse (ue) to move, stir
movible mobile
movido, -a moved
la movilidad mobility
el movimiento movement, impulse
la moza young woman, girl; buena — fine girl; real — swell girl, beauty
el mozo youth, boy, young man, stable boy, porter, youngster; buen — good-looking, handsome, dashing (fellow)
la muchacha girl, child
el muchacho boy, young man; pl. children
la muchedumbre crowd, flock, mob
muchísimo, -a very much, a lot of, great, long, very often; pl. very many
muchito: un — a good bit
mucho, -a much, a great deal, very much, long (time), very, quite, too much, great, wide, often, a lot, intensely, dearly; pl. many; con — long before; lo — que how much; ni — menos far from it, by any means; — más still more; por — que however much, although; un — very much
mudar (de) to change; — de casa to move
mudo, -a silent, still, mute
el mueble piece of furniture; pl. furniture
la mueca grimace
la muela molar
el muelle wharf, pier
la muerta dead woman, corpse
la muerte death; de — fatal

muerto, -a dead, dying; — de sueño dead with sleep; marea —a slack tide
el muerto the dead, dead man
la muestra sign, indication
la muga landmark, boundary marker
el mugido lowing
mugir to low
mugriento, -a grimy, dirty
mujé = mujer
la mujer woman, wife, dear, my dear; — de bien honest or respectable woman
la mujercita dim. of mujer little wife
mujeril feminine
la mujeruca (ordinary) woman
la mula mule
la mulilla little mule
el mulo mule
múltiple multiple; —s many
la multiplicación multiplication
multiplicar to multiply
multiplicarse to multiply
la multitud multitude
mundano, -a worldly, mundane
mundial world; guerra — world war
el mundo world, people; por el — aimlessly; todo el — everybody
las municiones munitions, ammunition
municipal municipal
la muñeca doll, doll-like, wrist
la muralla wall
Murcia pr. n., province of southeastern Spain
murciano, -a Murcian
el murciélago bat
el murmullo murmur
la murmuración ill-speaking, gossip, backbiting
murmurador, -a slanderous, backbiting, gossiping
murmurar to mutter, mumble, murmur, grumble, complain
el muro wall
el mus a card game
la musculatura muscles
el musgo moss
la música music
musical musical

el **músico** musician
el **muslo** thigh
mutilado, -a mutilated
mutuamente mutually
mutuo, -a mutual
muy very, very much the, too

N

el **nácar** mother-of-pearl
nacer to be born
nacido, -a born; **los —s** those born
la **nación** nation
nacional national
nada nothing, no, not at all, nothing at all, anything, not a bit; **¡—!** no result!, no reply!, say no more!, hang it!, silence!, no use trying!; **¡—, —!** no, no!, by no means!, say no more!, no use talking!; **¡— absolutamente!** not at all, not in the least, not one bit; **absolutamente —** at all; **¡— de . . .!** don't . . .!; **— de eso** nothing of the kind; **— de pero** no buts about it; **— más que** just, only, nothing but, no one else but; **para —** at all; **por —** for no reason at all
la **nada** void, nothingness
nadar to swim
nadie nobody, no one, anybody, anyone
Napoleón *pr. n.* Napoleon
la **naranja** orange
el **naranjo** orange tree
el **nardo** spikenard, *a plant with white flowers used in making perfume*
narigón, -a large-nosed
la **nariz** nose; **me daba en la —** I had a suspicion
la **narración** narration, story
el **narrador** narrator
narrar to narrate
natal native
natatorio, -a swimming
nativo, -a natural, native
natural natural

el **natural** nature, native
la **naturaleza** nature
la **naturalidad** ingenuity, artlessness, naturalness; **con —** calmly
naturalmente naturally, of course
el **naufragio** shipwreck
el **náufrago** shipwrecked person
la **navaja** razor
Navarra *pr. n.* Navarre
navarro, -a Navarrese, from Navarre
el **navarro** Navarrese, man from Navarre
la **navegación** navigation, sailing; **— de altura** sailing the high seas
el **navegante** sailor
navegar to navigate, go to sea
necesario, -a necessary; **lo —** all that is necessary
la **necesidad** need, necessity; **no había —** it was not necessary; **no habrá —** it won't be necessary; **sin —** unnecessarily; **sin — de** without having to
necesitado, -a in need of, forced (to); **estar —** to be in need
necesitar (de) to need, have to, be in need of; **se necesita** it is necessary
necio, -a foolish
el **necio** fool
la **negación** denial
negar (ie) to deny, refuse
negarse (ie) a to refuse
negativamente negatively
el **negocio** dealings, business, matter, affair; *pl.* business, matters; **el — de sus amores** her love affair
el **negrillo** poplar
el **negrito** little dark fellow
negro, -a black, unfortunate, dark, bad
el **negro** slave, Negro; **trabajaré como un —** I'll work my head off; **al — de humo** with lampblack
la **negrura** darkness, blackness
el **nene** baby
el **nervio** nerve; **ataque de —s** nervous attack

la **nerviosidad** nervousness
nerviosísimo, -a very nervous(ly)
el **nerviosismo** tantrum
nervioso, -a nervous, nervously
Nervo, Amado (*1870–1919*) *Mexican poet*
el **neumático** tire
la **nevada** snowfall
nevado, -a snowy
nevar (ie) to snow
ni nor, neither, not, not even;
— . . . — neither . . . nor
Nicasio *pr. n.*
Nicolás *pr. n.* Nicholas
el **nido** nest
la **nieta** granddaughter
el **nieto** grandson, grandchild, great-nephew; *pl.* grandchildren
la **nieve** snow
el **nihilista** nihilist
Nijinski Nijinski, *a famous Russian dancer*
ningún no
ninguno, -a no, none, not any, any, neither (one), anyone, at all, no other, no one, nobody, nothing
la **niña** girl, small girl, daughter, child, childlike; **desde** — since she was a small girl
la **niñera** nurse girl; **de** — as nurse girl
la **niñez** childhood
niño, -a childlike, boyish, girlish, "kiddish"
el **niño** small boy, child, kid; *pl.* children; **de** — as a child
Niobe *pr. n.*
Nivelle *pr. n., river rising in the Spanish Pyrenees*
níveo, -a snowy
no no, not, neither; ¿—? isn't that so? isn't there?; — . . . **ya** no longer
nobiliario, -a nobiliary; **orgullo** — pride of nobility
noble noble, superb
el **noble** nobleman
noblemente nobly, splendidly
la **nobleza** nobility
nocturno, -a nocturnal
el **nocturno** nocturne

la **noche** night, evening; **buenas —s** good evening, goodnight; **de** — by night, (at) night; **ser de** — to be night; **de la** — in the evening, P.M.; **esta** — tonight; **media** — midnight; **por la** — in the evening; **todas las —s** every night
la **nodriza** nurse
el **nombramiento** nomination, appointment
nombrar to name, nominate, mention
el **nombre** name, noun; **por otro** — otherwise known as
la **nomenclatura** nomenclature
el **nordeste** northeast
normal normal
el **noroeste** northwest wind
el **norte** north
Norteamérica North America
nos us, to us, ourselves, each other
nosotros, -as we, us
nostálgico, -a nostalgic
la **nota** note
notable notable, remarkable, conspicuous
notablemente visibly, noticeably
notar to notice
el **notario** notary
la **noticia** news, information; **tener** — de to know, hear about; *pl.* news, information
noticioso, -a having been informed
notificar to announce, notify, tell
la **novedad** novelty, innovation, news; **sin** — safe and sound; **si ha habido** — if anything has happened
la **novela** novel
el **novelista** novelist
noventa ninety
la **novia** bride, sweetheart; **retrato de** — wedding picture
el **noviembre** November
el **novio** groom, sweetheart, fiancé; *pl.* bride and groom; **de** — as a lover, courting
el **nubarrón** large, heavy cloud
la **nube** cloud, swarm

la **nubecilla** little cloud
nublado, -a cloudy
nublarse to cloud over, become dim
el **nudo** knot
nuestro, -a our, of ours; **lo —** our troubles
Nueva *pr. n.*
la **nueva** news
nuevamente again
nueve nine; **a las —** at nine o'clock
nuevo, -a new; **de —** again; **¿qué hay de —?** what's up?, what news?; **lo — —** the new
la **nuez** Adam's apple, walnut
el **numerador** numerator
numerar to number; **sin —** unnumbered, without numeration
el **número** number
numeroso, -a numerous, large
nunca never, ever
el **nuncio** messenger
nupcial nuptial
las **nupcias** nuptials; **casada en terceras —** married for the third time
la **nutria** otter

O

o or, either, nor, or rather; **— . . . — ** either . . . or
obedecer to obey, be due to
la **obediencia** obedience
el **obispo** bishop
objetar to object
el **objeto** object, purpose
oblicuo, -a oblique, slanting
la **obligación** duty, duties
obligado, -a forced, compelled, obliged
obligar to oblige, force
la **obra** work, deed, knitting; **en — de** in about; **poner en vías de —** to carry out
obrar to act, perform
la **obrilla** *dim. of* obra little work
obscuramente indistinctly
obscurecer to get dark; **a la hora de —** at twilight
el **obscurecer** dusk

obscurecerse to cloud over, become somber
la **obscuridad** darkness, dullness, apathy
obscuro, -a dark, obscure, gloomy, vague; **a —as** in the dark
obsequiar to entertain, treat
el **obsequio** courtesy, attention, favor
la **observación** remark, observation
observar to observe, notice, lead, see
el **obstáculo** obstacle
obstante: no — (que) notwithstanding, nevertheless, however
obstinadamente obstinately
obstinado, -a obstinate
obstruir to obstruct
obtener to obtain, get
obtenido, -a obtained
la **ocasión** occasion, time, opportunity; **en —es** at times
ocasionar to cause, give rise to
occidental western
el **océano** ocean; **— grande** Pacific Ocean
Ocin beltz *pr. n.*
octavo, -a eighth
el **octubre** October
ocultar to hide, conceal
ocultarse to hide
oculto, -a hidden, secret; **estar —** to be hiding
la **ocupación** occupation, task; **las —es de la casa** household tasks
ocupado, -a busy, occupied, taken up
ocupar to occupy, fill; **—se de** to bother about, concern oneself with, attend to, take care of, look after; **—se en** to busy oneself in, engage in, be busy (doing something)
la **ocurrencia** witty remark, happening, bright idea
ocurrido, -a that had taken place
lo ocurrido that which had happened
ocurrir to happen, occur; **¿qué ocurre?** what is it?, what is the matter?; **—sele a uno** to occur to one, take a notion to, think of

el ochavo *small coin* penny, farthing
ochenta eighty
ocho eight; — días a week
Ochoa *pr. n.*
la oda ode
odiado, -a hated
odiar to hate
el odio hatred, loathing; *pl.* hatred
O'Donnell, Carlos (*1834–1903*) *Spanish politician and military figure*
O'Donnell, Leopoldo (*1809–1867*) *Spanish general and politician*
el oeste west
ofender to offend
ofenderse to feel offended, be offended; se nos va a — she will be offended
ofendidísimo, -a very much offended
ofendido, -a offended
la oferta offer, promise
oficial official
el oficial workman; officer; estar de — to be a workman
oficialmente in due form, officially
oficiar to officiate
la oficina office
el oficio office, trade, calling, job, service, occupation; de — by trade, by office; fuera de — in a private capacity; — de pescador fishing trade
ofrecer to offer, pay, be, have, present
ofrecerse to offer oneself; — a la vista to appear before one's eyes
¡oh! oh!, by the way
Ohando *pr. n.*
el oído ear; al — in the ear; con el — atento listening intently
Oiquina *pr. n., valley in Guipúzcoa, near Zumaya; also a village*
oír to hear, listen; ¡oiga usted! listen here!; — decir *or* hablar to hear tell; lo que Vd. oye you heard what I said; ya les oyes you heard them
el oír hearing

¡ojalá! I wish, I hope, would that; ¿tú no sales hoy? ¡ojalá! aren't you going out today? I wish I were not; ¡—! is that so?
la ojeada glance; echar una — to cast a glance
la ojeriza dislike, grudge
el ojillo *dim. of* ojo small eye
el ojo eye; — de la llave keyhole; con buenos —s favorably; ver con buenos —s to look favorably upon; le costó un — de la cara it cost him very dearly. a lot; ¡mucho —! be very careful! look out!
la ola wave
Olaberri *pr. n., mountain pass between Navarre and France*
la oleada big wave
el óleo oil; *see* pintar
oler (ue) to smell, scent
olfatear to smell, sniff
el olfato sense of smell
olímpico, -a haughty, olympic
el olivar olive grove
el olor smell, odor
olvidado, -a forgotten
olvidar to forget
olvidarse (de) to forget; —le a uno to forget
el olvido oversight, oblivion, forgetfulness
el ómnibus bus, omnibus
omnipotente omnipotent, almighty
once eleven; las — eleven o'clock
ondear to wave
Oñate *pr. n., town in Guipúzcoa*
opaco, -a dense, dull, opaque
la operación operation, occupation, activity, process, effect
operarse to be occasioned, occur
opinar to opine, think
la opinión opinion, public opinion, the eyes of the public, reputation, idea; en — de santa with the reputation of a saint
el opio opium
oponer to oppose, offer
oponerse (a) to be opposed, oppose

oportunamente conveniently, opportunely

la oportunidad opportunity, timeliness

oportuno, -a opportune, timely, necessary

la oposición opposition

oprimido, -a heavy, weighed down

oprimirse to feel heavy

optar (por) to choose

el optimismo optimism

opuesto, -a opposite

ora . . . ora now . . . now

la oración prayer, angelus; acudir en — to go to pray

el orador orator

la oradora speaker

el orden kind, order, orderliness; con — carefully; por el — de on the order of

la orden order, command

ordenado, -a well ordered, in order

el ordenanza orderly

ordenar to ordain, order, arrange

ordinariamente ordinarily

la ordinariez coarseness

ordinario, -a common, vulgar

la oreja ear; see tirar

orejudo, -a large-eared

orgánico, -a organic

organizar to organize

el orgullo pride

orgullosamente proudly

orgulloso, -a proud

el origen origin

el original original

originarse to spring up

la orilla bank, shore; — del mar seashore; —s de along

orlado, -a bordered

Ormaiztegui pr. n., village in Guipúzcoa near Azpeitia, pop. 655; birthplace of Zumalacárregui

el oro gold; de — gold, golden; see poner

la ortografía orthography, spelling

orzado, -a luffed

orzar to turn into the wind

os you, to you (pl. fam.)

la osadía daring, audacity

osar to dare

oscilante oscillating, flickering

oscilar to oscillate, swing

la oscuridad darkness

oscuro, -a dark

el oso bear; — blanco polar bear

Ospitalech pr. n.

ostentar to exhibit, show

la ostra oyster

Otelo pr. n. Othello, character in Shakespeare's tragedy of that name

la otoñada autumn season

el otoño fall, autumn

otorgar to grant

otro, -a other, another, former, any other, the other, someone else, different, another like him; pl. other, more; —s cuantos several others

la ovación ovation

la oveja sheep

el ovillo ball

oxte see decir

Oyarzun pr. n., village near San Sebastián; pop. 651

el oyente listener, auditor

Oyón pr. n., town in Álava, near Laguardia; pop. about 1,000

P

Pablo pr. n. Paul

la paciencia patience; con — patiently

pacientemente patiently

pacífico, -a peaceable, mild, peaceful

Paco pr. n. Frank

la pacotilla fortune, venture, pile

padecer to suffer; no hace — does not inflict; — avería to have a smash-up

el padrastro stepfather

el padre father; pl. parents, ancestors

el padrenuestro Lord's Prayer

la paga pay

pagado, -a paid

Páganos: Puerta de — city gate leading to Páganos

pagar to pay (for), repay, reward; tu cuerpo lo paga you'll pay for it; pagársela a uno to get even with one

el pagaré promissory note
la página page
el pago payment
el país country, region
el paisaje landscape
el paisano fellow-countryman, peasant
Paix (*French*) *see* rue
la paja straw
el pajar straw loft, hay loft
la pajarera aviary
el pajarillo *dim. of* pájaro little bird
el pajarito *dim. of* pájaro little bird
el pájaro bird, person
el pajarraco (large) bird
el paje page
pajizo, -a straw-colored
la pala baker's shovel
la palabra word, floor, word of honor, promise, voice; *see* quitarse, morder; ¿ —? on your word of honor?; cuatro —s a few things, a thing or two; de — by word of mouth, with words; dirigir la — to talk to someone
la palabrita *dim. of* palabra word; dos —s a few words
el palacio palace, bishop's palace
el paleto hayseed
pálido, -a pale, faint
los palillos castanets
el palique small talk, chitchat
la paliza beating, drubbing
la palma palm
la palmada blow (with the palm of the hand), slap; se da una — slaps himself; *see* dar
la palmadita (little) pat
la palmatoria candle-holder, ferule
la palmeta ruler, slaps with the ruler
el palmetazo blow with the ruler
el palmo span, eight inches, degree
el palo stick, blow, pole, club, mast; — del medio mainmast
la paloma pigeon, dove; — torcaz ringdove, wild pigeon
el palomar dovecote
la palomita *dim. of* paloma little dove; mi — my dear
palpitante palpitating

la pamema *see* hacer
el pámpano grape leaf
Pamplona *pr. n., capital city of Navarre; as such it represents Señá Frasquita in Chapter XI of* El sombrero de tres picos. *The city was besieged in the Carlist wars.*
el pan bread, dough; — de aceite dough containing olive oil; más bueno que el — as good as gold; con tu — te lo comas that's your affair
la panadera baker's wife
la panadería bakery
el panadero baker
Pancorbo *pr. n., town near Burgos, pop. 1,446; also a mountain pass*
el pandero tambourine; en buenas manos está el — (*proverb*) the whole thing is in good hands now
la pandilla group, gang
el panel floor board (of a boat)
el pánico panic
el panorama panorama
el pantalón pants, trousers
la pantalla shade, screen
la pantomima pantomime
la panza belly, stomach
el paño cloth, material
la pañoleta shawl, triangular in shape
el pañolón Spanish shawl
el pañuelo handkerchief, kerchief
el papá father, papa, dad; *pl.* parents
el papaíto daddy
el papanatas ninny
la paparrucha trash, humbug
el papel paper, rôle; — de cartas sheet of letter paper; — de escribir writing paper; hacer un — to play a rôle
el papelista paper-hanger
el papelito little note, strip of paper
el papillote (*French*) curl-paper
el paquete package, packet
el paquetito *dim. of* paquete small package
el par pair, couple; al — at the same time; a la — at the same time; a — del alma deeply

para for, in order to, as, toward, to, until; — **después** until after; — **que** in order that, so that, for; ¿— **qué?** why?, what for?

el paradero whereabouts

parado, -a stopping, standing, stopped, idle, discontinued

el paraguas umbrella

el paraíso paradise

el paraje spot, place

paralelo, -a parallel

paralizar to paralyze

el parangón comparison; **poner en** — to compare

parapetarse to entrench oneself

el parapeto breastwork, parapet

parar to stop; — **en** to end up in, fall; — **mientes** to take note of, consider well

pararse to stop

el parásito parasite

parco, -a little, scanty

pardo, -a brown

el Pardo *pr. n., country palace of the former Spanish kings north of Madrid*

pareados, -as side by side

parecer to seem, resemble, appear, seem to be, think, come out, be all right with, look like; **al** — apparently; —**le a uno** to think, think best, not to mind; ¿**te parece?** is it all right with you?; **como me parece** as I please; ¿**le parece poco?** does it not seem enough to you?; — **por** to come to; ¿**le parece que envíe . . .?** will it be all right if I send . . .?; **si te parece** to make things worse, if it is all right with you, if you have to; — **mentira** to seem unbelievable; **me parece que no** I don't think so; **parece que sí** it seems so; **ya pareció** here is; ¡**ya pareció aquello!** she is bringing that up again!; —**se a** to resemble, look like

parecido, -a like, similar; **muy** — **a** it is a very good resemblance

el parecido resemblance

la pared wall

la paredilla *dim. of* **pared** little wall

la pareja pair, couple, wife, partners

la parejita *dim. of* **pareja** fine couple

parese = parece

las parias tribute; **rendir** — to pay homage

el pariente relative

París *pr. n.* Paris

el parlamento parliament

el paro stopping, end

el parquet (*French*) parquetry, inlaid woods

la parra grapevine

el párrafo paragraph

el parral grape arbor

la parroquia parish, parish church

la parte part, portion, share, side, place; **dar** — to report; **de** — **a** — through and through, from one side to the other; **de** — **de** on behalf of; **de mi** — on my side; **en todas** —**s** everywhere; **la mayor** — most, the majority, the greater part; **por nuestra** — on our part; **a ninguna** — nowhere; **de la** — **de fuera** outside; **por otra** — on the other hand, for that matter; **por la** — **de** by way of; **por** — **de** on behalf of, on the part of; **por (en) ninguna** — nowhere; **por su** — for his part; **ser** — **a** to be sufficient reason to; **la tercera** — one-third; **por (a) todas** —**s** everywhere, all around

el parte message

la participación share

participar (**de**) to share

particular private, peculiar, special, strange

el particular particular, point, details, private individual

lo particularísimo most extraordinary nature

particularmente particularly

la partida guerilla band; consignment; game, departure

la partidaria partisan, supporter

el partidario supporter

el partido game, match, party, success; **tener — con** to be successful with; **tomar el —** to decide

partir to depart, divide, split, cut; **a — de esa hora** from that hour on; **— en** to say, do with

el párvulo child, youth

pasado, -a past, previous, before, happened; **— de moda** cast-off; **— mañana** day after tomorrow

lo pasado what had happened

el pasamano handrail

el pasante teacher, tutor

el pasaporte passport

pasar to pass, spend, happen, get along, go on, endure, go through, go, come in, advance, promote, take into, enjoy, waste, pass out, be gone, walk, cross, have, transpire; **¿qué pasa?** what is the matter?, what is going on here?; **pase usted** after you; **que pase** tell her (him) to come in; **que Vd. lo pase bien** goodbye, good luck to you; **¿qué le pasa?** what's wrong with?; **nos había hecho** — lo suyo gave us his trouble; **— cerca** to go by; **— la mano (por)** to stroke; **— las de Caín** to have a terrible time; **— las penas** to forget one's troubles; **— el rato** to while away the time; **aquí pasa algo** something is going on here; **¿qué me va a —?** what could be the matter?; **a la pobrecita le pasa lo mismo que a mí** the poor thing is in the same predicament in which I am; **ya pasó** it is all over now; **— por** to call

el pasar fairly good living

pasarse to spend, pass, go by; **— por** to call at; **qué vidita te pasas** what a grand life you will have

la pascua holiday; *applied particularly to Christmas, Epiphany, Easter, and Pentecost;* **y Santas Pascuas** there are no two ways about it

el paseante walker, hiker

pasear to walk, take a walk, parade, take out, pass, turn, walk about; **— en coche** to ride in a coach; **— la luz** to direct the light; **— una mirada** to cast a sweeping glance; **salió paseando** went out for a walk

pasearse to take a walk, walk, walk about, parade

el paseíto *dim. of* paseo little walk

el paseo walk, promenade, avenue, public promenade; *pl.* pacing; **de —** out walking; **ir a un —** to go walking

el pasillo corridor

la pasión love, infatuation, anger, emotion, affection, passion

pasmado, -a amazed

el paso step, footstep, pace, passage, way, progress, stretch; **a — de lobo** stealthily; **al —** at the same time, at a walk; **al — de** under; **a pocos —s** a few steps away; **dar —** to give access; **de —** in passing, at the same time; **detener el —** to stop; **mal —** difficult situation

la pasta: de buena — of good disposition

la pastilla tablet

el pastor herdsman, shepherd, priest; **— de cabras** goatherd

la pata leg, foot; *see* andar; **— de alambre** spindleshanks

la patada stamp with the foot, kick

la patadita stamp; **dar —s** to stamp (one's foot)

patalear to stamp (one's foot)

el patán clodhopper, hayseed, hick

la patata potato

el patatús fit

paternal paternal

paternalmente paternally

la paternidad: vuestra — Your Reverence

paterno, -a paternal

patético, -a pathetic, pathetically

la *patharra* (*Basque*) liquor

patibulario, -a horrible, terrifying

el patíbulo gallows

el **patinejo** small court, yard

el **patio** court, courtyard

patitas *see* **poner**

el **pato** duck

la **patria** fatherland; — **chica** homeland, *a regional home as opposed to a national home*

el **patriota** patriot

el **patrón** chief, boss, skipper

la **patrona** landlady

el **patrono** skipper

la **patrulla** patrol

Pau *pr. n., city in France, former capital of Béarn; pop. 26,200*

la **pausa** pause; **con mucha — y cuidado** very slowly and carefully

la **pava** turkey hen; *see* **pelar**

el **pavor** terror

pavoroso, -a frightful

la **payasada** clownish trick

la **paz** peace; *pl.* **paces; hacer las —** to make peace

¡pche! *or* **¡pchs!** pshaw

el **pebetero** perfume censer

el **pecado** sin, offense

pecaminoso, -a sinful

pecar to sin

la **pecera** fish bowl

la **pécora** wily fox

peculiar peculiar

el **pecho** bosom, heart, front of a dress, chest, breast

el **pedagogo** pedagogue, schoolmaster, teacher

el **pedazo** piece, parcel; — **de bárbaro** you barbarian!, you old meany!

el **pedernal** flint

el **pedestal** pedestal

pedido, -a requested

pedir (i) to ask for, request, demand, order, beg; — **a préstamo** to borrow; — **cuentas a** to ask an account of; — **limosna** to beg (for alms); **pide por esa boca** you have only to ask

la **pedrada** throwing of stones; **a —s** from stoning, by means of stoning

Pedro *pr. n.* Peter; — **el Cruel** *reigned 1350–1369; legendary as a cruel and unscrupulous ruler;* **como — por su casa** as if she owned the place

el **pedrusco** rough stone

pegado, -a stuck (together), sticking, adhering, attached, nailed

pegajoso, -a sticky, close

pegar to beat, slap, hit, stick, close, strike, glue, give (a blow); **se la pega** he is duping her; — **fuego** to set fire; **no he pegado los ojos** I haven't slept a wink; — **un palo** to strike with a stick; — **un tiro** to fire a shot (at), shoot

pegarse to fight

el **pegote** sponger

la **peina** high comb

peinado, -a groomed

el **peine** comb

pelar to pluck; — **la pava** to make love

peldóneme = perdóneme

la **pelea** fight

pelear to fight

pelearse to fight, quarrel

el **peligro** danger; **de —** dangerous; **hay —** (en) it is dangerous (to)

peligrosísimo, -a very dangerous

peligroso, -a dangerous

la **pelindrusca** hussy

el **pelmaso** fool

el **pelo** hair; *see* **tener; a —** bareheaded; **con más —s y señales** in greater detail

la **pelota** Basque handball, jai alai, ball

la **pelotera** quarrel

la **peluquería** barber shop

el **peluquero** barber

la **pelleja** skin

el **pellejo** hide; **estar en el — de** to be in someone's shoes

el **pellizco** pinch

la **pena** penalty; grief, sorrow, trouble, difficulty; **a duras —s** with great difficulty; — **del talión** law of retaliation, an eye for an eye and a tooth for a tooth

el penado convict, culprit
penar to suffer
la pendencia quarrel
pendenciero, -a quarrelsome
pender to hang, depend
pendiente hanging, unsettled, pending, steep
los pendientes earrings
el péndulo pendulum
la penetración insight
penetrante penetrating
penetrar (en) to penetrate, enter, go in
la península peninsula
la penitencia penance
el penitenciario confessor
penoso, -a hard
pensado, -a thought, intended; ¡no está mal —! that's an idea!; no seas mal — don't be evil-minded; el día menos — any day, some fine day
el pensamiento thought, thoughts, mind
pensar (ie) (en) to think (of), intend, think up, think about; lo piensa mejor thinks it over
pensativo, -a thoughtful, absorbed in thought
la pensión allowance, pension
la penumbra semi-darkness
la peña rock, cliff
Peña pr. n.
Peña de los Castillos pr. n.
Peñacerrada Castilian village near Laguardia, pop. 293
Peñaplata name of a mountain near the village of Zugarramurdi; in Basque Arrizuri
el peñasco rock
Peñascosa pr. n.
la peonza top
peor worse, worst; lo — the worst (of it); — que — all the worse
Pepa nickname of Josefa Josephine
Pepe pr. n. Joseph, Joe
Pepita nickname of Josefa Josephine
Pepito nickname of José Joe
pequeñito, -a tiny

pequeño, -a small, little; desde — since childhood
el pequeño child; pl. children
el pequeñuelo child
la pera pear
el peral pear tree
el percal percale
la percalina percaline, lining cotton
percibir to perceive, detect, see, hear, collect
percollar (ue) to wring someone's neck
percudirse to be tarnished, stained
perder (ie) to lose, waste, ruin, waste away; — cuidado not to worry; — de vista to lose sight of; — la vida to die
perderse (ie) to ruin oneself, lose one's head, lose oneself, be lost, be ruined
la perdición ruin
la perdida dissolute woman
la pérdida loss
perdidamente madly
perdido, -a ruined, sunk, lost, wretched, wrecked
el perdido wretch
el perdigón shot; — lobero buckshot
perdiguero, -a bird
la perdiz partridge
el perdón pardon, forgiveness
perdonable excusable
perdonar to pardon, excuse, forgive
perecer to perish, die, sink, disappear
Perecito pr. n. dim. of Pérez
la peregrinación pilgrimage
peregrino, -a strange, wonderful
perentorio, -a authoritative
Pérez pr. n.
Pérez Escrich, Enrique (1829–1897) one of the most popular Spanish novelists of the nineteenth century, author of second-rate serial novels
la pereza laziness; me da — I feel so lazy
perezosamente lazily
la perfección perfection

perfectamente perfectly, absolutely, perfectly well, fine, all right; *see* **traer**

perfecto, -a perfect, absolute

la **pérfida** faithless woman

el **perfil** profile

perfumado, -a perfumed

el **perfume** perfume

el **pericón** fan

la **perilla** goatee

el **periódico** newspaper

el **periodista** journalist

la **peripecia** adventure

el **periquete: en un —** in a jiffy

el **perito** expert

el **perjuicio** injury, detriment; **sin — de** reserving the right to

perjurar to swear falsely; **jura y perjura** swears and swears

la **perla** pearl

el **perlequeque** *word probably coined by María Pepa:* **dándote —s** having tantrums

la **perlesía** palsy

permanecer to stay, remain, be

el **permiso** permission; **con —** with your permission, I beg your pardon

permitir to permit, allow, excuse, grant; **permítame Vd.** pardon me

permitirse to permit oneself, take the liberty to

pero but, however

el **pero** objection; **no hay — que valga** no buts about it

perorar to orate, declaim

la **perorata** speech

perpetuo, -a perpetual; **¡Tomasa —a!** life imprisonment with Tomasa!

perplejo, -a perplexed, puzzled

la **perra** dog

la **perrería** nasty thing

el **perro** dog; **— de lanas** poodle; **— dogo** bulldog; **estar de —s** to be unfit for dogs, be beastly

la **persecución** pursuit

perseguido, -a pursued

el **perseguidor** pursuer

perseguir (i) to pursue, persecute

las **persianas** Venetian blinds

la **persistencia** persistence

persistir to persist, insist, continue

la **persona** person, personage, fellow, not anybody, nobody; *pl.* people, relatives; **como las —s** like the ordinary person, like a special person *or* personage; **mi —** myself; **todas las —s** everyone

el **personaje** personage, character, celebrity

personal personal

la **personalidad** personality, person

personalmente personally

personarse to present oneself

personificado, -a personified

la **perspectiva** perspective, prospect

persuadido, -a persuaded, convinced

persuadir to persuade

persuadirse (a) to become convinced

persuasivo, -a persuasive

pertenecer to belong

perturbar to disturb, hinder

peruano, -a Peruvian

perverso, -a perverse, wicked

el **perverso** wicked person, perverse person

pervertir (ie) to distort

pesadamente heavily

pesadísimo, -a extremely heavy

pesado, -a heavy, boring, difficult, dull

la **pesadumbre** sorrow, trouble

pesar to weigh

el **pesar** worry, grief, sorrow, regret; *pl.* sorrow; **a — de** in spite of; **a — de que** in spite of the fact that; **a su —** in spite of themselves; **a — suyo** in spite of herself; **muy a — mío** very much to my regret; **con — re**gretfully

pesaroso, -a sad

la **pesca** catch, fishing, fish (caught); **venir a la —** to come to fish

el **pescado** fish

pescador, -a fishing

el pescador fisherman; **pueblo de
—es** fishing village
el pescante driver's seat
pescar to catch, fish, fish for; **—
al martillo** to fish by percussion
el pescuezo neck
el pesebre manger
la pesebrera row of mangers
la peseta peseta; *monetary unit of
Spain*
el pesimista pessimist
el peso weight; **en —** bodily
pestañear to blink
la peste pest; *pl.* nasty things
el pestiño honeyed fritter
la petaca cigarette case
el petate good-for-nothing fellow
la petición petition
Petra *pr. n.*
petrificado, -a petrified
el petróleo petroleum, oil
el pez fish; **peces de colores** gold-
fish; **¡buen —!** a fine fish!
Pez *pr. n.*
la pezuña hoof, big foot
piadoso, -a merciful, kind, forgiving
piar to twitter, chirp
picado, -a marked, pricked, rough;
— de viruelas pockmarked
el picaporte (spring) latch
picar to pick, pluck, bite, break
into fine pieces (as tobacco),
burn
la pícara rascal, wretch, scoundrel;
¡grandísima —! you big rascal!
la picardía rascality, foulness, dirty
trick
picaresco, -a roguish
pícaro, -a rascally, wretched, confounded; *see* **casualidad**
el pícaro rascal, mean wretch, black
sheep, rogue
el picatoste bread fried crisp in butter
or oil
Picio: más feo que — uglier than
sin
el pico corner, point, beak, bill, peak;
a — straight up; **las siete y —**
a little after seven

la pichona my dear
el pie foot; *see* **sacar**; **a —** on foot;
al — de over; **al — de la letra**
to the letter; **de —** standing;
en — standing (up); **ponerse
en —** to stand up
el piececito *dim. of* **pie** little foot
la piedad pity, piety
la piedra stone, flint; **— arenisca**
sandstone
la piel hide, skin
la pierna leg; **—s arqueadas** bow-
legged; **por debajo de la —**
with one hand tied behind the
back
la pieza piece; **buena —** rascal, old
rascal, hypocrite; **hecho una —**
dumfounded; **— por —** one by
one
Pilar *Virgin of Pilar at the Cathedral of Zaragoza; patron saint
of Aragon*
el piloto pilot
el pillo rascal; **¡ay, qué —!** why,
you old rascal!
el pimentón red pepper
el pimpollo little fellow
el pinar pine grove
el pincel brush
la pincelada brush stroke
pinchar to prick, sting
pingüe liberal, rich
el pino pine
pintado, -a painted, reflected; **—
al fresco** frescoed
el pintamonas dauber
pintar to paint; **¡me pinto al
óleo!** I make an oil painting of
myself!
el pintor painter
pintoresco, -a picturesque
la pintura paint, dye work
Piñón *pr. n., see* **Castillo**
Piñona *pr. n., name of Lucas'
donkey*
el pío pío peeping
la pipa pipe, barrel, barrelful; **— de
barro** clay pipe
pique: echar a — to sink; **irse
a —** to sink
la piqueta pick

las Pirámides Pyramids
el Pirineo Pyrenees
el piropo compliment
la pirueta pirouette
la pisada hoofbeat
pisado, -a trampled
el pisapapeles paperweight
pisar to step (on), walk (on); no pisó el suelo de la calle con los pies did not set her foot on the ground (of the street)
el piso floor, story; — bajo ground floor; — principal second floor
pisotear to trample
la pista trail
la pistola pistol
el pitido whistle
pizpireta lively
placer to please
el placer pleasure
placerse to take pleasure
plácido, -a calm, placid
el plan plan, scheme, design
planchar to iron, press
el planeta planet
la planicie surface
plano, -a flat
el plano plane, plan, chart
la planta plant, sole; pl. feet
plantá = plantada see dejar
la plantación plantation, plot
plantado, -a standing, stationed, set, placed, standing upright, motionless
plantar to place, plant
plantarse to station oneself; reach, arrive; stand
la plata silver; buena como la — as good as gold
la plataforma platform
la plática conversation
el platillo saucer
el plato plate, dish
platónico, -a Platonic
la playa shore, beach, shoal
la plaza position, job, square; sentar — to enlist
el plazo time, date
la plazoleta dim. of plaza small court, small square

la plazoletilla dim. of plazoleta small square
la plazuela small square, small open space
la plebe common people, populace
plegar (ie) to fold
la plegaria prayer
el pleito law suit
pleno, -a full, open
la pleuresía pleurisy
el pliego sheet (of paper)
el pliegue fold, recess
el plieguecillo dim. of pliego small sheet
plomizo, -a lead-colored
el plomo lead; de — leaden
la pluma pen, penpoint, feather; — estilográfica fountain pen; — de ave quill
la población town, population
poblado, -a peopled, planted, dotted
el poblado town
poblar (ue) to people, inhabit
pobre poor; ¡— de mí! poor me!
el pobre poor fellow, poor man
la pobre poor thing
la pobrecilla poor thing
el pobrecillo poor fellow
la pobrecita poor thing; ¡— de mi alma! poor little darling!
el pobrecito poor little fellow, poor thing
el pobrete poor person
el pobretón poor rat
la pobretona worthless pauper
la pobreza poverty
poco, -a little, small, short, rather, few; pl. few, not many, small amount of, little; a — in a short while, a short while later; a — de llegar shortly after arriving; — a — little by little; — después a little later; un — de a little; — entusiasmado how taken up; — más o menos or thereabout; en — estuvo que he was about (to); es muy — that is not enough; — ni mucho at all; no — very (much), a good deal;

por — almost; **un** — somewhat, for a short time; **ya son** —as **las aguas malas** bad times will soon be over

poder (ue) to be able; can, may; **¿se puede?** may I come in?; **puede que** perhaps, it may be; **puede que sea** it may be; **a más no** — as much as possible, as hard as she could; — **más** to be more influential, powerful; **no puede menos de** cannot help but; **no puedo menos** I can't do anything else; **si no podía menos** you could not have done anything else; **poco hemos de** — we won't be worth much

el **poder** power, custody, charge; **a** — **de** by dint of; **en** — **de** in the hands of; **mayor** — peak

el **poderío** power

poderoso, -a powerful; **fueron** —s were strong inducements; **no serían** —s a would not have been powerful enough to; **ser** — **a** to be able

podrido, -a rotten

el **poema** poem

la **poesía** poem, poetry

el **poeta** poet

poético, -a poetic, poetical

la **poetisa** poetess

el **polaco** Pole

la **polaina** legging

polar polar; *see* **Estrellita**

el **policía** policeman

la **policía** police; **agente de** — detective

el **polígono** polygon

la **polilla** moth

la **política** politics

político, -a political

el **político** politician

el **poltrón** coward

el **polvito** pinch of snuff

el **polvo** dust, powder, pinch

la **pólvora** gunpowder

polvoreado, -a dusted, sprinkled, strewn

polvoriento, -a dusty

la **pomada** pomade

el **pomar** apple tree

Pomona *pr. n., goddess of fruits and gardens*

la **pompa** peacock's tail

Pompadour, Madame de (*1720–1764*), *favorite of Louis XV, king of France*

pomposo, -a pompous

ponderar to exaggerate

poner to put, put on, put down, raise, set, set up, establish, put in, contribute, affix, arrange, put out, let, spell, assume, present, make, insert, write, leave, place, have, rest, fix, let (someone) have, figure, supply, put forward, light; — **cara** to make a face; **puso la cara triste** he looked sad, a sad look came over his face; **la cara que yo puse** the expression on my face; — **mala cara** to look cross; — **cuidado** (en) to take care; — **de manifiesto** to make evident; — **de patitas en la calle** to kick right out, throw out into the street; — **derecho** to put in the right position, set straight; — **dos letras** to write a few lines; —**le a uno fuera de sí** to infuriate one; —**le a uno de oro y azul** to rake one over the coals; **me pone de veinticinco colores** makes me look like the rainbow; — **al corriente** (de) to acquaint (with), explain, inform; — **en cueros** to undress, strip; — **en orden** to arrange; — **en parangón** to compare; — **en seco** to pull out of the water; — **en vías de obra** to carry out; — **manos a la obra** to set to work; — **oído atento** to listen attentively; — **el pie en** to enter; — **semblante . . .** to have a . . . face; — **semblante halagüeño** to look sweetly at; **¿a cómo has puesto . . .?** at what price did you sell . . .? (did you let her have . . .?); **a medio** — half on

ponerse to become, put on, turn, get, feel, look, stand, have; **— a** to begin; **— al habla** to engage in conversation; **— al tanto** to become aware of, catch on; **— bueno** to recover, get well; **— colorado** to blush; **— de (en) pie** to stand up, get up; **— de rodillas** to kneel down; **— en jarras** to place one's arms akimbo, place one's hands on the hips; **— encarnado** to become red; **— hecho una sopa** to get sopping wet; **— malo** to get sick, faint; **— pálido** to turn pale; **— tonta** to act foolishly; **cómo se pondría Tomasa** how furious Tomasa became

poniente setting

la **popa** stern, poop

popeline (*French*) poplin

popular popular, people's

la **popularidad** popularity

popularizar to popularize

poquísimo, -a very little; *pl.* very few

poquito very little, little, little bit

por for, by, along, through, by means of, per, at, in order to, on, over, because (of), upon, around, for the sake of, in, on account of, in favor of, out of, about, after, referring to, times, as; **— más que** although; **— + . . . + que** no matter how; **— ende** therefore; **— eso** on that account, for that reason; **— mí** as far as I am concerned, on my account; **— muy** no matter how (much), however; **— si** in case

la **porcelana** porcelain

la **porción** portion, number, part, degree; **una — de** a number of, a lot of

el **pormenor** detail

el **poro** pore

porque because, in order that, so that

¿por qué? why?, why not?

la **porquería** awful thing; **¡esto es una —!** this is awful!

el **porrazo** blow with a club; *see* **golpe**

la **portada** façade

el **portal** doorway, gate, entrance, vestibule

portarse (con) to behave (toward)

portátil portable; **un —** movable electric lamp

el **portazo: dar un —** to slam the door

el **porte** carriage

el **portero** porter, gate man, door man, janitor

la **portezuela** door

el **pórtico** entrance

el **portón** court door (of a house)

el **portugués** Portuguese

el **porvenir** future; **lo —** future

pos: en — de after

la **posada** inn, tavern

la **posadera** innkeeper's wife

el **posadero** innkeeper

posar to rest, place

posarse to rest

la **posdata** postscript

poseer to own, possess

poseído, -a possessed

la **posesión** possession, property, domain, charge

la **posibilidad** possibility

posible possible; **en lo —** as far as possible; **¡es —!** that's possible!; **hacer lo —** to do one's best

la **posición** position

el **pósito** public granary; **— pío** public granary from which loans are made without interest charges to those who cannot afford the added cost; **— real** granary for supplies of the army, filled by compulsory contributions

el **posma** stupid person

el **poste** post

postergado, -a ignored, disregarded

el **postillón** postilion

postizo, -a artificial

postrado, -a exhausted, prostrate

postre: a la — finally, in the end

postrer, postrero, -a last

las postrimerías latter part

póstumo, -a posthumous

la postura posture, position

potable drinkable, drinking

la potencia power

la potestad power

potito = poquito little bit, tiny bit

el poyo seat

el pozo well, pool

práctico, -a practical

la pradera meadow

el prado meadow

Praschcu *pr. n.*

precario, -a precarious

la precaución precaution; con — cautiously

precaverse to be on guard

precedente preceding

preceder to precede, come before

el precepto: día de — obligatory holy day

el precio price; de poco — cheap

preciosísimo, -a very beautiful

precioso, -a beautiful, charming, precious

el precipicio precipice

la precipitación haste, suddenness

precipitadamente precipitately, hastily, hurriedly

precipitado, -a hurried, hurriedly, abrupt, abruptly

precipitarse to rush (upon)

precisado, -a forced

precisamente precisely, exactly, just, to be exact, just at this time, right now

la precisión precision, clarity

preciso, -a necessary

precursor, -a preceding, announcing

el precursor forerunner, precursor

predecir to foretell, anticipate

el predicador preacher

predicar to preach

la predilección predilection, choice

predilecto, -a favorite

el predilecto choice, chosen one

predominar to predominate

el prefacio preface

la preferencia preference

preferente preferential, prominent, important

preferible preferable

el preferido favorite

preferir (ie) to prefer

pregonar to proclaim

la pregunta question

preguntar to ask, inquire

preguntarse to ask oneself, wonder

prehistórico, -a prehistoric

el prelado prelate

preliminar preliminary

el preliminar preliminary arrangement

el preludio prelude

prematuro, -a unfounded, premature

el premio reward

la premura pressure, urgency, urge, insistence

la prenda garment

prendado, -a captivated

prender to arrest, arise, seize, take root

la preocupación preoccupation, precaution

preocupado, -a preoccupied, worried

preocupar to worry, concern

la preparación preparation

preparado, -a prepared

preparar to get ready, prepare

prepararse (a) to get ready, be prepared

el preparativo preparation

la preponderancia preponderance

la presa dam, victim, prize, fish, prey

el presbiterio presbytery

la prescripción prescription

la presencia presence, existence, appearance

presenciar to witness

la presentación introduction

presentado, -a presented, introduced

presentar to present, introduce, give

presentarse to present oneself, present, appear, exist, be

presente here, present; **los —s** those present; **por la —** for the present; **tener —** to keep in mind

el presentimiento presentiment, foreboding

presentir (**ie**) to forebode, have a presentiment (foreboding) of, foresee

preservar to protect

la presidencia presidency

el presidente president

el presidio jail, prison, penitentiary

presidir to preside; **—el duelo** to be chief mourner

presiosa = **preciosa**

preso *p. p. of* **prender**

preso, -a arrested

el préstamo loan; **pedir a —** to borrow

prestar to lend, pay

prestarse to lend oneself

la presteza haste, speed; **con —** quickly; **con toda —** very speedily

la prestidigitadora juggler, magician

el prestigio prestige

presto soon, quickly

presumir to presume (to be), pretend (to be), suspect

presuroso, -a prompt, hurried, hastily

pretender to claim, court, try, apply for, want, intend, mean; **¿pretendes que yo . . .?** do you want me . . .?

el pretendiente pretender

la pretensión pretension, pretense, claim

pretextar to pretend, give as an excuse; **pretextando cualquier cosa** giving some sort of excuse

el pretexto pretext

prevenido, -a on guard, ready

prevenir to notify, warn

prevenirse to prearrange

preventivo, -a preventive

prever to foresee

previamente previously

previo, -a previous

la previsión foresight

la prima cousin; **misa de —** early mass

la primavera spring

primer *see* **primero**

primeramente first

primero, -a first, early; **de —a** first class; **lo —o** the former, first thing; **— que** before

las primicias first fruits

primitivo, -a primitive, original

primorosamente charmingly

primorosísimo, -a very beautiful, very dainty

primoroso, -a beautiful, dainty, attractive

la princesa princess

principal important, principal, main, distinguished

el principal chief, ground floor

principalísimo, -a most distinguished

principalmente principally, mainly

principiar to begin

el principio beginning, start, entrée, main course, meat cou.se, principle; **al —** at first, at the beginning; **en un —** at first; **a —s de** about the beginning of

el prior prior, superior

la prisa hurry, haste; **a toda —** with all possible haste, in great haste, very rapidly; **con —** hurriedly, in haste; **de —** quickly, fast, hurriedly; **tener —** to be in a hurry; **todo lo de — que** as fast as

el prisionero prisoner

la privación privation

privado, -a prevented, private

privarse (**de**) to deprive oneself (of)

privilegiado, -a privileged

el privilegio privilege

la pro profit, benefit; **buena — le haga** may he profit by it; **en — de** in favor of

la proa prow, bow

la probabilidad probability

probable probable

probablemente probably

probado, -a proved, experienced

probar (ue) to try, taste, prove; sin — bocado without eating anything

probarse (ue) to try on

el problema problem

la procacidad impudence

la procedencia origin

proceder to proceed, derive, be derived, come from

el proceder conduct, behavior

el procedimiento proceeding, procedure, process

el prócer nobleman, grandee

procesado, -a prosecuted, sued

la procesión procession; la — le andaba por dentro he was tied up in knots inside

la proclamación proclamation

proclamar to proclaim

procurar to try, attempt, succeed, procure, provide, make sure

el prodigio prodigy

producido, -a produced

producir to produce, articulate

la proeza prowess, feat

profanar to disgrace

proferido, -a uttered

proferir (ie) to utter, exclaim, express, say

profesar to profess

profético, -a prophetic

profundamente profoundly, deeply, soundly

la profundidad depth

profundísimo, -a very deep, very marked

profundo, -a profound, deep

el progreso progress

la prohibición prohibition

prohibir to forbid, prohibit

prolongado, -a reaching down to, prolonged

la promesa promise

prometer to promise

prometerse to promise each other

la prometida sweetheart

prominente prominent

prontamente soon, quickly

pronto soon, quickly, quick, at once; de — suddenly; por de

— for the time being; por lo — for the time being; tan — . . . como now . . . now

la pronunciación pronunciation

pronunciado, -a pronounced, uttered

pronunciar to pronounce, utter, say, make

propalar to divulge

propasarse to go so far as, forget oneself

propicio, -a kindly disposed, favorable, propitious

la propiedad property; de mi — which I own

el propietario proprietor, landholder

la propina tip; de — to boot, in addition

propio, -a self, own, very, same, right, appropriate, worthy, natural; — de peculiar to, fitting for, proper to; amor — self-respect

el propio messenger

proponer to propose

proponerse to plan, decide, resolve, make up one's mind

la proporción proportion; a — in proportion

proporcionar to give, furnish, provide

la proposición proposition

el propósito purpose, intention, plan; a — by the way, suitable, à propos; a — de speaking of

prorrumpir to burst out, break forth

la prosa prose

prosaico, -a prosaic, commonplace

proseguir (i) to continue, go on

prosperar to prosper

la protección protection; de — protective

protector, -a protecting, patronizing

el protector protector

proteger to protect, take under one's wing

protegido, -a sheltered, protected

protervo, -a perverse

la protesta protest; con — in protest

protestar to protest

provechito: buen — may it benefit you, to your health

el provecho profit, use

proveerse (de) to provide oneself with

providencial providential

la provincia province

la provisión provisions, provision

provisto, -a (de) provided (with)

el provocador provoker

provocar to provoke

provocativo, -a provocative

próximamente more or less, approximately, about

la proximidad proximity

próximo, -a next, near, coming, nearby, close, forthcoming; — a near, almost, about to, soon to; más — closest, nearest

proyectado, -a projected

proyectar to plan

el proyectil projectile

el proyecto plan, project

la prudencia prudence

Prudencio pr. n.

prudente wise, prudent

prudentemente prudently

la prueba proof, trial, drill

¡psch! pshaw!

¡pse! pshaw!

psicológico, -a psychological

¡pts! bosh! exclamation of disgust

publicar to publish

público, -a public

el público public

el pucherito dim. of puchero small pot, small kettle; puede Vd. poner su — aparte you may cook your own meals in a separate little kettle all your own

el puchero kettle, pot, stew, boiled dinner

pudiente powerful

el pudor modesty

pudrir to rot

la puebla town

el pueblecillo village, small town

el pueblecito village, small town

el pueblo people, folks, village, town, nation

Puente pr. n.

el puente bridge

la puerca pig

la puerta door, gate; de — en — from door to door

la puertecilla dim. of puerta small door

el puerto mountain pass, pass, port, harbor

pues well, since, why, then, because, but, as; — bien very well, well then; — que since; ¿— qué? well?; — no not at all; — si why; — sí yes indeed, absolutely

la puesta setting; — del sol sunset

puesto, -a placed, on (of clothes), made, put; — que since

el puesto place, position, job

el pugilato struggle

pugnar to struggle

pulcramente neatly

pulcro, -a beautiful, neat, tidy

la pulidez neatness, elegance

pulido, -a clean, shining, neat

la pulmonía pneumonia

el pulpo cuttlefish

el pulso pulse, hand; a — by sheer strength, with one's hands

¡pum! bang!

la punta tip, corner, end, point

el puntapié kick

la puntería accurate aim, aim

puntiagudo, -a sharp, pointed

la puntilla lace, piece of lace; de —s on tiptoe

el puntito little point

el punto point, figure, place, dot, moment; a — de on the point of, about to; a — que at the time that; al — at once, immediately; bien a — just in time; — de color shade; — de llegada meeting place; de todo — absolutely; en — sharp, on the dot; en — a as regards; en un — in a moment; en aquel — y hora at that very instant, right then and there; — fuerte outstanding figure; hasta el — de to the extent of; subir de — to be overdone

la puntuación punctuation
puntual punctual
puntualmente exactly
la puntuasión = puntuación
el puñadito little handful
el puñado handful
el puñal dagger
el puñetazo punch, blow with the fist
el puño fist, handle; le tenía en un — kept him under her thumb
la pupila pupil (of the eye), eye
el Purgatorio purgatory
purísimo, -a purest, most pure
puro, -a pure, absolute, sheer, mere
putativo, -a reputed
Puy *pr. n., Nuestra Señora del Puy is a sanctuary north of Estella.*

Q

Q. D. G. = Que Dios Guarde God keep him
que which, that, who, because, for, but, as, than, when; a — until, in order to
¿qué? what? which? how? What do you say?; ¿a —? why?; ¿— tal? how?, how are you?, how have you been?; ¿y —? and what of it?, what about it?, so what?
¡qué! what, what a, how, such; ¡— de! how many!
el quebradero de cabeza puzzle
el quebrado fraction
quebrar (ie) to snap, break
la queda curfew
quedar to stay, remain, be, be left, stop, stand, become, have left; —le a uno to have (left); — de acuerdo to agree; — dormido to fall asleep; — en to agree; quedamos en eso we'll leave it at that; ¿en qué quedamos? what have you decided?; queda Vd. en su casa make yourself at home; no queda más remedio que there is nothing else to do but; no — más recurso not to be anything else to do but;

— por to be still left; — viuda to become a widow
quedarse to remain, stay, be, be left, stop, get a job; a qué carta — which way to turn, what course to take; — con to keep, endure, restrain; — corto to underestimate; — en un patatús to die from a fit; — con la boca abierta to be speechless
el quehacer chore, work, task
la queja complaint, moan
quejarse to complain
quejumbroso, -a complaining
quemado, -a burned, by burning
quemar to burn
quemarse to burn
querer (ie) to want, wish, like, love, will, try, grant, expect, intend, approve of, mean; ¿quiere(s) . . .? will you . . .?; quiera el cielo heaven grant; — decir to mean; — mal to dislike; como Vd. quiera just as you please; no — to refuse; ¿qué quiere Vd.? what do you expect?; sea de esto lo que quiera be it as it may; sin — without meaning to, unintentionally
querido, -a liked, beloved, dear, loved, my dear, my dear boy
quero = quiero
el queso cheese
queto = quieto
Quevedo, Francisco de (1580–1645) *one of the foremost seventeenth-century authors and a brilliant satirist*
¡quiá! no, indeed!, not at all!, nonsense!
el quicio hinge
quien who, one who, he who, the one who, anyone who, whoever, no one; a — whom, to whom, anyone who
¿quién? who?, who is it?, anyone?; ¿a —? who?, whom?, someone?; ¿de —? whose
quienquiera whoever
quieto, -a quiet, still

la quietud rest, quiet
Quijada *pr. n.*
la quilla keel
la química chemistry, dyes
quince fifteen; — días two weeks
quinientos, -as five hundred
la quinina quinine
el quinqué lamp
Quintín: habrá la de San —
there's going to be an awful
rumpus
quinto, -a fifth
el quiñón share
quitar to take, take away, remove,
take off, destroy, diminish, minimize, subtract, leave out;
¡quita! stop!, don't bother!
quita allá keep away; quítate de
get out of; no quita que sea
does not prevent its being
quitarse to get away, get out, take
off; — la palabra to interrupt
each other
quizá perhaps
quizás perhaps

R

la raba codfish roe
la rabadilla rump
la rabia anger, rage; con — angrily;
.e tenía una — tremenda
hated it terribly
rabiar to rage
la rabieta ill-humor, fit of temper
el rabillo little tail; con el — del
ojo out of the corner of his eye
rabioso, -a furious(ly), angry,
angrily
el rabo tail
ei racimillo spike
el racimo bunch of grapes
la ración serving
racional rational, reasonable
radiante radiant
radiar to radiate
Rafaela *pr. n.*
la ráfaga gust of wind
raidísimo, -a very worn, threadbare
raído, -a worn, threadbare

la raíz root; echar raíces to grow
roots
rajar to tear, rip
la rama branch, stalk
la ramblilla dry ravine
el ramillete bouquet, group
el ramillo frog, trimming around
buttonhole, twig
Ramírez *pr. n.*
el ramo branch, bouquet; — de
lujo special line, fancy specialty
Ramón *pr. n.* Raymond
rampante rampant, rearing
la rana frog
rancio, -a old, stale
el rancho mess, group
el rango rank, station
la rapacidad rapacity
rapaz rapacious
el rapaz ship's boy, helper; de —
as a helper
el rapé snuff
rápidamente rapidly, quickly
la rapidez speed; con — quickly
rapidísimamente very rapidly,
very quickly
rapidísimo, -a very rapid
rápido, -a quick, rapid, rapidly
la rapiña robbery; *see* hombre
raptar to kidnap
raro, -a rare(ly), unusual, strange,
exquisite; —a vez very seldom
rasado, -a full, filled
el rascacielos skyscraper
rascar to scratch
rasgado,-a torn; ojos —s large eyes
el rasgo feature, act
el rasguño scratch
la rasón *see* razón
la raspa spine, bones
el rastro trace
ratero, -a pocket-picking
ratificarse (en) to ratify, confirm
el ratito *dim. of* rato little while
el rato time, short while, while,
period, moment; a —s from
time to time; al poco — after
a short while; nos dará el —
she will give us a bad time;
pasar el — to while away the
time; un buen — quite a while

el **ratón** mouse
el **raudal** torrent
la **raya** line; a —s striped
el **rayo** ray, thunderbolt; **lanzando** —s de cólera por los ojos her eyes flashing with rage; — visual field of vision
la **raza** race
la **razón** reason, word, message, information, senses, consciousness, excuse; *see* **sobrado**; con — (and) rightfully so; dar la — to justify; — de ser justifiable excuse
el **razonamiento** argument
la **reacción** reaction
real royal, real
el **real** *Spanish coin worth 25 céntimos or one-fourth of one peseta*
realce: de — in relief
la **realeza** regal dignity
la **realidad** reality
el **realismo** realism
realista royalist
la **realización** realization
realizar to realize, accomplish, carry out
realizarse to take place
realmente really
reanimado, -a enlivened
reanimar to revive, encourage
reaparecer to reappear
la **rebaja** reduction, rebate, discount
rebajar to reduce
rebajarse to stoop, lower oneself
rebelarse to rebel
rebelde rebellious
la **rebeldía** rebellion
la **rebelión** rebellion
rebonito, -a very pretty
rebosar to run over, overflow
rebullir to stir
rebuscar to search again
rebuznar to bray
el **rebuzno** bray
el **recadista** messenger boy
el **recado** message
recaer to go back to
recalcar to emphasize
recamado, -a decorated, embroidered

el **recargo** surcharge
el **recato** modesty
el **recaudo**: a buen — well guarded
recelar to suspect, fear
el **recelo** fear, suspicion, misgivings
receloso, -a suspicious, distrustful(ly), fearful(ly)
recetar to prescribe
reciamente loudly, hard
recibido, -a received
el **recibimiento** reception, reception room
recibir to receive
el **recibo** receipt
los **recién casados** newly-weds
el **recién llegado** newcomer
reciente recent
el **recinto** place
recio, -a stout, stormy, hard
la **reciprocidad** reciprocity; **en** buena — in fair exchange
recitar to recite
la **reclamación** protest, complaint
reclamar to claim, demand payment for
recobrar to recover
el **recodo** bend, angle
recoger to get together, take, take in, catch, get, pick up pick, gather, gather together, admit
recogerse to retire
recogido, -a gathered together, retired, withdrawn
Recoletos Recollects, *members of a strict branch of the Franciscan order*
la **recomendación** request, recommendation
recomendar (ie) to charge, recommend
reconcentrado, -a concentrated, intense
la **reconciliación** reconciliation
reconciliar to reconcile
reconciliarse to make up with someone
el **recondenado** confounded fellow, you old fox
recóndito, -a recondite, hidden
reconocer to recognize, admit, examine, reconnoiter, acknowledge; las hace — makes them

recognizable, discloses their origin

el **reconocimiento** reconnaissance

la **reconquista** reconquest

la **reconvención** reproach, reproof

recordar (ue) to remind, remember, recall; **no —** to forget

recorrer to go over, travel over, roam along, walk through; **quedaba por —** there was still left to be traversed

el **recorrido** expedition

recortar to cut out, cut up

recrearse to amuse oneself

recreativo, -a recreational

la **recriminación** recrimination, reproach

la **rectitud** rectitude

recto, -a straight

el **rector** rector; **señor —** father

el **recuerdo** recollection, remembrance, souvenir, memory, thought; *pl.* memories, greetings

recuperar to recover

recurdo *see* **recuerdo**

recurrir to resort

el **recurso** resource, means, resort, pretext, expedient

rechazar to reject

rechinar to creak

el **rechinar** creaking

la **red** network, net, seine

redimir to redeem

réditos: a — at interest

redoblar to increase

el **redoble** patter

redondito, -a chubby, plump

redondo, -a round, roly-poly

reducido, -a brought within the limits, reduced

reducir to reduce, set

reemplazar to replace, substitute

reemprender to renew, resume, begin again

el **refajo** undershirt

referente: — a regarding, referring to, about

referir (ie) to tell, relate, narrate, refer

referirse (a) to refer to

refinado, -a refined, artful

el **refinamiento** refinement

reflejar to reflect

reflejarse to be reflected, be revealed

la **reflexión** consideration, thought, reflection

reflexionar (en) to reflect, meditate, consider, think over

reflexivamente thoughtfully

reflexivo, -a thoughtful, reserved

la **reforma** reform, alteration

reforzado, -a reinforced

el **refrán** proverb

refregar (ie) to rub

refrenar to restrain

refrescar to cool down, cool off, freshen, get cooler

refugiado, -a sheltered, taken refuge

refugiarse to take refuge

el **refugio** refuge

refunfuñar to grumble

regalado, -a spoiled, pampered

regalar to give, present, make a gift of, regale, delight, give away, give presents

el **regalito** *dim. of* **regalo** little present

el **regalo** present

el **regaño** scolding

regar (ie) to water, sprinkle

el **regazo** lap

la **regente** regent

el **regidor** alderman; **— perpetuo** alderman for life

el **régimen** regime

el **regimiento** regiment; **de —** regimental

la **región** region, zone

regional regional

registrar to search

la **regla** rule; **— de tres** rule of three, *rule for finding the value of an unknown in terms of three known values;* **no sé por qué — de tres** I should like to know why; **en —** in order

regocijado, -a joyful, merry, festive

regocijarse to rejoice

el **regocijo** rejoicing, joy

regordete, -a chubby

regresar to return

regular regular, average, proper, fair, so-so

la **regularidad** regularity

regularmente fairly

la **reina** queen

el **reinado** reign

reinar to reign, prevail

el **reino** kingdom

reír (i) to laugh

reírse (i) (de) to laugh (at)

la **reja** window grating

la **rejilla** cane

rejuvenecer to rejuvenate, make someone feel young again

la **relación** story, relation, account, business relation; *pl.* love affair, affair; **estar en —es** to be in love

relacionarse (con) to establish relations (with)

relamerse to relish, rejoice

el **relámpago** flash, lightning, flash of lightning

relampaguear to flash

relativo, -a relative

el **relato** relation, tale

la **religión** religion

religioso, -a religious

el **reloj** clock, watch; **— de pared** wall clock; **— de sol** sundial

el **relojito** *dim. of* **reloj** little clock

el **rellano** landing place, flat piece of land, flat surface

relleno, -a brimming, chock-full, stuffed

remangarse to roll up, tuck up, bare the arms; **— el brazo** to roll up one's sleeves

el **remanso** backwater, still water, pool

remascar to rechew, chew again

rematadamente extremely

rematado, -a completely, stark, mad, stark mad, crazy

rematar to finish, put an end to

el **remate** end

remedar to imitate

remediar to remedy

el **remedio** remedy, help; **no hay más —** there is no other way out, there is nothing else to be done, it can't be helped; **no había más — que** there was nothing to be done but; **¡qué —!** what was to be done!; **no queda más — que** there is nothing else to be done but; **sin —** hopeless, hopelessly, without fail; **no tuvo más — que** he could do nothing but

remendado, -a patched

remendar (ie) to mend

remitir to remit, send

el **remo** oar

el **remojón** soaking

el **remolino** whirlwind

el **remordimiento** remorse

remoto, -a remote

removido, -a moved

renacer to be reborn

el **rencor** rancor, resentment, grudge, hatred; **con —** resentfully

rencoroso, -a spiteful

rendido, -a exhausted, tired out, worn out, overcome by

rendir (i) to overcome, pay

rendirse (i) to surrender, yield

renovado, -a renewed

renovar (ue) to resume, renew

la **renta** income, revenue, tax

renunciar (a) to renounce, give up, resign, abdicate

reñido, -a quarreled; **estar — con** not to be on speaking terms with

reñir (i) to fight, scold

el **reo** culprit, criminal, offender

reojo: de — out of the corner of one's eye, sideways

reparar (en) to notice, care about, note, remember; repair, restore

el **reparo** objection, misgivings; **le da a Vd. —** you hesitate

repartir to divide, distribute

el **reparto** cast, division

repasar to cross again

el **repecho** slope

Repela *pr. n.*

repente: de — suddenly

repentinamente suddenly

repentino, -a sudden
el repertorio repertory
repetido, -a repeated; —as veces
repeatedly
repetir (i) to repeat, insist
el repique pealing of bells
replegarse to fall back
la réplica reply
replicar to reply, talk back
reponer to reply, answer; replace,
restore
el reporterismo journalism, reporting
reposado, -a peaceful, even, calm,
dignified
reposar to rest, repose; — el
calor to cool off
el reposo repose, rest
reprender to reprimand, scold
el representante representative
representar to represent, show;
— un papel to play a rôle
representarse to realize, understand, imagine
reprimir to suppress
reprobar (ue) to reprove
el réprobo reprobate
reprochar to reproach
el reproche reproach; con — re-
proachfully
la república republic
el republicano republican
repuesto, -a replaced, restored,
reseated, recovered
repugnante repugnant
repugnar to be repugnant
repulsivo, -a repulsive
la reputación reputation
reputado, -a reputed; — por said
to be
requebrar (ie) to flatter, pay
compliments
requemado, -a very tanned, tanned
requerir (ie) to require, demand
el resabio bad trait, bad habit
la resaca surge, undertow
resarcir to indemnify, pay, make
good
resbaladizo, -a slippery
resbalar to slide, slip (by), move,
flow
resbalarse to slip, slide, glide

resentirse (ie) to fall ill
la reserva reserve, secrecy; de —
spare, extra
reservadamente privately
reservado, -a confidential, private,
reserved
residir to reside
la resignación resignation; ¡—! resign yourself!
resignado, -a resigned
resignar to resign
resignarse to resign oneself, sub-
mit
la resistencia objection, opposition,
resistance
resistir to resist, endure, restrain,
stand
resistirse to resist
la resolución resolution, determination, outcome; con — resolutely
resolver (ue) to resolve, solve,
decide
resonar (ue) to resound, sound
el resorte spring; como por —
like a jumping jack
el respaldo back
respectivo, -a respective
respecto: — a regarding, in regard to; — de regarding
respetable respectable, distinguished, considerable
respetar to respect
el respeto veneration, respect, politeness
respetuosamente respectfully
respetuosísimamente very respectfully
respetuoso, -a respectful(ly)
el respingo jerk, jump, start; se
levanta de un — she jumps to
her feet
la respiración breathing, breath
respirar to breathe; ¡ay, respiro!
I am relieved!
el respiro outlet, respite
resplandecer to shine
el resplandor glow, glimmer, light,
afterglow, gleam
responder to answer, reply, correspond; — a to result from; —

de to assure, give the assurance of; **respóndele que no** answer no

la **responsabilidad** responsibility
responsable responsible
la **respuesta** response, return, reply
restablecer to restore
restallar to crack
restante rest, remainder
restañar to stanch
restar to remain, have left
la **restauración** restoration
el **resto** remainder, rest, remnant
restregarse (ie) to rub oneself
resucitar to come back (to life)
resueltamente resolutely, firmly, steadfastly
resuelto, -a resolute, determined, resolutely, ready for
la **resulta** result; **de cuyas —s** as a result of which; **de —s de** as the result of
el **resultado** result, outcome; **en último —** as a last resort
resultar to turn out, follow, develop
el **retaco** short fowling piece
el **retén** detachment, reserve
retener to stop, detain, retain, hold
el **retintín** sarcastic tone of voice, irony, emphasis
la **retirada** retreat, withdrawal
retirado, -a back, retired, secluded
retirar to withdraw, draw back, take back, retire, remove, suppress
retirarse to withdraw, retire, retreat, go away; ¡**retiraos!** get out!
retorcer (ue) to wring, twist, turn up
retorcerse (ue) to writhe, twist, bend
retorcido, -a twisted
la **retórica** rhetoric
retornar to return
retratado, -a: aquí está —a here is her picture
retratar to portray
retratarse to have one's picture taken

el **retrato** portrait, picture; **— de novia** wedding picture
la **retreta** tattoo
retroceder to draw back, retreat, go back, step backward
retrospectivo, -a retrospective
retumbar to resound
reunido, -a gathered, together
los **reunidos** those gathered
la **reunión** gathering, group, assembly, combination, composite
reunir to gather, collect
reunirse (con) to join, gather, hold a meeting, meet
la **revelación** revelation, disclosure
revelar to reveal, develop
reventar (ie) to burst, die, break open
la **reverencia** reverence, bow; **hacer —s** to bow
reverendo, -a reverend
el **reverso** reverse
el **revés** reverse, back-handed blow; **al —** on the contrary
revestirse (i) (de) to reassume
la **revista** magazine, review
la **revolución** churning, commotion, revolution
revolver (ue) to stir up, upset, disarrange, poke, return (to the fishing), rummage, page through
el **revólver** revolver
revolverse (ue) to turn around
la **revuelta** turn (of the ravine), revolt
revuelto, -a in confusion, upside down, in disorder, winding
lo **revuelto** restlessness, confusion
el **rey** king; **los Reyes Católicos** the Catholic Monarchs, Ferdinand and Isabel
la **reyerta** quarrel
rezar to pray, say, read; **— el rosario** to recite the rosary
el **riachuelo** brook, stream
el **ribazo** sloping bank
la **ribera** seashore, shores, river bank
el **ribereño** valley dweller, lowlander
ribeteado, -a circled
ricamente luxuriously
Ricardo *pr. n.* Richard

rico, -a rich, delicious; ¡rica! darling!

los ricos the rich

la ridiculez ridiculousness, ridiculous feature

ridículo, -a ridiculous; en — ridiculous

rielar to shine, glisten, glimmer

riente laughing

el riesgo risk; a — de at the risk of; con — de at the risk of

la rigidez rigidity

rígido, -a rigorous, inflexible

el rigor rigor, harshness; —es de la intemperie exposure to bad weather

la rima rhyme

el rincón corner

riñendo see reñir

el riñón kidney

el río river

la Rioja *Spanish district corresponding roughly to the province of Logroño*

la riqueza wealth

riquísimo, -a rich, extremely rich

la risa laughter, laugh; soltaron el hilo de la — burst out laughing

la risotada burst of laughter

risueño, -a cheerful

el ritmo rhythm

el rival rival; de — as a rival

la rivalidad rivalry

Rívoli *pr. n., town in Italy, scene of battle in which Napoleon defeated the Austrians in 1797*

rizar to ripple, raise

rizarse to ripple

robar to steal, kidnap, rob (of)

el roble oak

Robledal *pr. n.*

el robo robbery

robusto, -a robust, stout, strong

la roca rock

rociado, -a moistened, sprinkled

rociar to sprinkle

el rocío dew

rodar (ue) to fall, roll (down), turn, slide, pass

rodeado, -a (de) surrounded (by)

rodear to surround, go around

la rodilla knee; de —s kneeling, on your (his, my) knees

Rodillero *pr. n., a fishing village of Asturias. Its real name is Cudillero.*

roer to gnaw, nibble, cut away

rogar (ue) to ask, beg

la rogativa rogation

rojizo, -a reddish

rojo, -a red

el rojo red

Rolando *pr. n.* Roland, *nephew of Charlemagne; hero at the battle of Roncesvalles*

el rollo roll

Roma Rome

Román *pr. n.*

la romana Roman woman

el romance ballad

el romancero ballad collection

romano, -a Roman

el romano Roman

románticamente romantically

romántico, -a romantic, romantically

el romántico romanticist

la romería pilgrimage, picnic

romper to break (through), break out, burst (forth), wear out, tear, tear open, tear up; — a to begin; — a llorar to burst out crying

romperse to break; — los cascos to split one's head; — la cabeza to break one's neck

el ron rum

Roncesvalles *town and pass in the Pyrenees, scene of the battle between Roland and the Saracens*

ronco, -a hoarse

la ronda patrol, round

rondar to hover about, go around

el ronquido (harsh) sound, snore

la ropa clothes, clothing, bedclothes

el ropavejero old clothes man

la rosa rose

Rosa *pr. n.* Rose

el rosa rose (color)

rosado, -a rosy

el rosal rose bush, rose

Rosario *pr. n.*

el rosario rosary
Rosarito *pr. n., dim. of* **Rosario**
el rosco twisted cake
la roseta: — **de maíz** pop corn
Rosita *pr. n., dim. of* **Rosa** Rosie
el rostro face, countenance
roto, -a broken, torn
rotundamente roundly
rozagante pompous
rozar (**con**) to brush, rub against
Rúa *pr. n., name of a street in Estella*
la rúa street
Rubens, Peter Paul (*1577–1640*) *Flemish artist*
rubio, -a blond; **entre** — **y canoso** half blond, half gray
Rubio *pr. n.*
el rubor embarrassment, shame; **encenderse de** — to blush
ruborizado, -a blushing
ruborizarse to blush
ruboroso, -a embarrassed, bashful
la rúbrica flourish
rudamente roughly
la rudeza simplicity
rudo, -a hard, stubborn, rough
la rue (*French*) street; — **de la Paix** *central Parisian street known for its fashionable shops*
Rueda *pr. n., small town in the province of Valladolid, known for its excellent white wine*
la rueda wheel
el ruego entreaty, pleading, prayer
Rufo *pr. n.* Rufus
el rugido roar
rugir to roar
el ruido noise, tone, stir, sound
ruidosamente noisily
la ruina ruin, destruction; *pl.* destruction
la ruindad baseness
ruinoso, -a ruined, in ruins
el ruiseñor nightingale
el rumbo course
el rumiante ruminant
el rumor sound, noise, rumor
la Rusia *pr. n.* Russia
rústico, -a rustic, country, peasant
el rústico peasant

S

S. M. = **Su Majestad** His Majesty
el sábado Saturday; — **de Gloria** Holy Saturday, day after Good Friday
la sábana sheet
saber to know, be able, know how, learn, find out, hear (from); **¿sabe usted?** do you see?; **¿Qué sé yo?** I don't know, how do I know?; **yo, ¿qué sé?** How do I know?; **¡qué ha de** — **!** of course he doesn't know!; **quién sabe** perhaps, who knows; **¡quién supiera escribir!** I wish that I could write, would that I could write; **si se puede** — if I may ask; **¡tú qué sabes!** how do you know?
saberse to understand, know very well; — **de memoria** to know by heart
sabio, -a learned, wise
el sabio sage, learned man
saborear to enjoy, relish
sabroso, -a delightful, entertaining, pleasurable, pleasant
sacar to take out, tear out, get (out), take away, bring out, stick out, arouse, scratch out, carry out, free, lead out, deliver; — **con bien** to get (somebody) out safely; — **de dudas** to put one's mind at rest; — **en claro** to find out, infer; **no sacará nada en limpio** you'll get nothing out of him; — **los ojos** to scratch out someone's eyes; — **los pies de las alforjas** to get too fresh, get out of hand; **¡Y cómo saca los pies de las alforjas!** How nervy you are getting!
el sacerdote priest
el saco sack, bag
sacramental sacramental; *see* **auto**
el sacramento sacrament
el sacrificador sacrificer
el sacrificio sacrifice; *pl.* penance
el sacrilegio sacrilege

el **sacristán** sacristan, sexton
la **sacristana** the sexton's wife
sacrosanto, -a sacred
la **sacudida** jerk, shake, pull
sacudir to shake, beat, strike, fan; — **una guantada** to slap; — **patadas** to kick like a fury
sacudirse to shake, flap
la **saeta** arrow
sagaz sagacious
sagrá *see* **sagrada**
sagrado, -a sacred
el **sainete** one-act comedy
Saint-Jean-Pied-de-Port *pr. n., French municipality, formerly capital of French Navarre; pop. 1,500*
sal *imperative of* **salir**
la **sal** salt, charm; **con —** witty, charming
la **sala** room, parlor
el **saldo** settlement
el **salero** charm, winning ways, appeal
la **salida** exit, sally, witty remark, emergence, coming out, departure, outskirts, way out; **las —s al bonito** the fishing trips after bonito
salido, -a bulging
saliente prominent
salir to leave, go out, turn out, come out, come up, enter (*in stage directions*), get over, set out, get out, graduate, come out right; **de ésta no sale usted** you won't recover from this; **—les al encuentro** to come to meet them; **no les sale la cuenta** it does not turn out as they expect; **que no te salía la voz del cuerpo** you have not uttered a sound, you have not been singing; **— a** to go out fishing for . . .; **— a flote** to rise to the surface; **— a la luz del día** to be born; **— a luz** to be published; **— al paso** to come out to meet; **ahora salimos con eso** now we come out with that; **— a la venta** to be offered for sale; **— caro** to turn out too expensive; **— de caza** to go hunting; **— de paseo** to come out to meet; **no ha salido de ti** wasn't thought up by you; **— fiador** to serve as guarantor; **— mal** to fail, flunk; **— para el extranjero** to go abroad; **— por** to go about; **hice —** I sent out
salirse to leave, go out
el **salmón** salmon
Salomón *pr. n.* Solomon
el **salón** drawing room, chamber, room, hall; **— de sesiones** council room
salpicar to spatter, splash
la **salsa** spray
saltar to jump, leap, be anxious, jump over, jump down, put out, jump in, burst out, spring
el **salteador** robber, highwayman, bandit
el **salto** jump, leap, bound; **de un —** with a start
saltón, -a bulging
la **salud** health
saludable healthful, healthy, wholesome
saludar to greet, speak to, salute, bow, wave farewell, say goodbye
el **saludo** greeting, salute, gesture, bow, salutation
la **salvación** salvation
salvado, -a saved
el **salvador** savior
salvaje savage, wild
salvamento *see* **escalera**
salvar to save, go over, jump over, cover
salvarse to save oneself
salvo, -a safe; **tener a —** to make safe
el **salvo-conducto** safe conduct, passport
san *see* **santo**
San Benito St. Benedict
San Esteban St. Stephen
San Ignacio de Loyola *Jesuit order, founded by St. Ignatius of Loyola*
San Juan St. John

San Juan de Luz *town near Bayonne, pop. 6,072*

San Juan del Pie del Puerto St.-Jean-Pied-de-Port, *town in French Navarre, near the pass of Roncesvalles*

San Nicolás St. Nicholas

San Pedro St. Peter

San Quintín St. Quentin; *see* Quintín

San Sebastián *capital of Guipúzcoa, pop. 45,636*

Sánchez *pr. n.*

sandio, -a stupid, inane

sangrar to bleed, draw blood

la sangre blood; — fría self-possession, one's head

la sangría bleeding, cheating

sangriento, -a bloody, cruel

sanguinario, -a bloody

sano, -a sound, healthy; estar — de la cabeza to be in one's right mind

Sansol *Navarrese village near Los Arcos, pop. 352*

la santa saint

Santa Ana St. Anne

Santa Clara St. Clara

Santa María St. Mary

Santander *port and summer resort in northern Spain; also the province in which it is situated*

Santiago St. James; *capital of Chile*

la santidad sanctity

santificado, -a sanctified, consecrated

santiguarse to cross oneself

santísimo, -a holy, blessed

santo, -a holy, blessed, saintly; *see* Dios

Santo Sepulcro Blessed Sepulcher

el santo saint; *see* día; el — de mi nombre (even) my name; —s y santas del cielo saints above!

Santos Chocano, José (*1875?–1934*) *Peruvian poet*

la saña rage, passion

el sapo toad

saquear to sack

Sara *pr. n.*

el sarcasmo sarcasm

sarcásticamente sarcastically

sarcástico, -a sarcastic, bitter

la sardina sardine

la sarga silk serge

el sargento sergeant

el sarmiento runner, shoot, twig

Sarrió *pr. n., imaginary geographic name, probably suggested by Sarria in the province of Lugo*

la sarta string

la sartén spider, frying pan

el sastre tailor; *see* traje

el satélite satellite, dependent

satírico, -a satirical

el sátiro satyr

la satisfacción satisfaction, pleasure, relief

satisfacer to satisfy

satisfechísimo, -a very much satisfied

satisfecho, -a satisfied, with satisfaction

el saúco alder

la saya skirt

la sazón season, time; a la — at that time, that hour

sazonar to season

se (*reflexive obj. pr.*) himself, herself, itself, yourself, themselves, yourselves; one; each other, to each other, one another

se (*indirect obj. pr.*) to him, her, them, you, it

sé *imperative of* ser be

Sebastián *pr. n.* Sebastian

secamente dryly, curtly

el secante blotter

secar to dry

secarse to dry

la sección section

seco, -a dry, thin, lean, curt, dryly; en — on land

secretamente secretly

la secretaria secretary

la secretaría secretaryship

el secretario secretary

el secreter (*French secrétaire*) writing desk

secreto, -a secret

el secreto secret, secrecy; en — privately, secretly

secuestrado, -a kidnaped

secundar to help, aid, foster

Secundino *pr. n.*

la sed thirst

la seda silk

sedentario, -a sedentary

la seducción seduction

seducido, -a enticed, attracted, tempted

seducir to corrupt, seduce, appeal to, deceive, entice

el seductor deceiver

segí = seguí

seglar lay

el seglar layman

seguida: en — at once, immediately, then, right away, at any time, (very) shortly

seguido, -a (de) successive, followed by

seguimiento: en — de following

seguir (i) to continue, follow, go on, be still, continue to be, remain, keep on, ensue; — adelante to progress, go ahead; — el humor to humor

según according to, as, following, that depends; — Vd. dice according to what you say; — que as, according to what

el segundo second; lo — the latter

la seguridad safety, security, assurance, certainty, self-assurance

segurísimo, -a very sure, very positive

seguro, -a safe, sure, certain, positive; de — surely, of course, for sure

seis six

sellado, -a stamped

sellar to seal, stamp

el sello stamp

la semana week

el semanario weekly

la semanita *dim. of* semana nice week

el semblante indication (of a change in the weather), expression, countenance, face, air, appearance

sembrado, -a strewn

el sembrado planted field

sembrar (ie) to plant, sow

séme *imperative of* ser

semejante like, similar, such a

la semejanza similarity; a — de like, as

semejar to resemble, be like

la semiaristocracia semi-aristocracy

el seminario seminary

la semiobscuridad dim light

sencillamente simply, plainly, just

la sencillez simplicity

sencillísimo, -a very simple

sencillo, -a simple, plain, simply, plainly, innocent

la senda path

Senda de las Damas *pr. n.*

el sendero path

sendos, -as one apiece; *see notes to text*

el seno bosom, heart, depth

sensible sensitive

sentadito, -a sedate, sitting still

sentado, -a seated, sitting

sentar (ie) to seat, suit, become, agree with, make someone sit; — bien to agree; — mal to disagree with, be unbecoming; — plaza de to enlist as

sentarse (ie) to sit down

la sentencia sentence

sentenciar to sentence

sentenciosamente sententiously

sentido, -a feeling, tender

el sentido direction, sense, senses, consciousness, meaning; buen — common sense; — común common sense

sentimental sentimental

el sentimentalismo sentimentality

sentimentalmente sentimentally

el sentimiento sentiment, emotion, feeling, grief

sentir (ie) to feel, regret, sense, hear, perceive, sorrow; — curiosidad to be curious; — en el alma to be extremely sorry

sentirse (ie) to feel, find oneself, become, be felt; — mal to feel indisposed

la **seña** sign, signal; *pl.* address; **hacer —s** to wave, make signs; **por —s** to be specific; **por más —s** by way of description, to be more specific

la **señá** *contraction of* **señora** Mrs., Mistress

la **señal** mark, scar, indication, sign, token, signal

señalado, -a signal, famous, red-letter, marked, fixed

señalar to indicate, point (to), point out, show, mark, set, require

señola = **señora**

el **señor** gentleman, Sir, Mr., Lord, master, His Majesty, my dear man, His Honor, Your Honor, Heavens! Goodness. *Sometimes omitted when part of an exclamation;* **el — cura** father, his reverence; **el — director** the worthy director; **— hermano** our *dear* brother; **— mío** my dear sir

la **señora** Mrs., lady, wife, woman, mistress, madam; **¡ —!** I beg your pardon!; **la — de Pérez** Mrs. Pérez; **una buena —** any old woman; **muy gran —** very much the great lady; **— mía** my dear madam; **toda una —** every inch a lady

señorear to command (give) a view of, overlook

la **señoría** lordship, excellency; **Su — Ilustrísima** His Reverence

señorial lordly

la **señorita** Miss, young lady, mistress

el **señorío** lordship, gentry

el **señorito** Mr., master, Sir, young gentleman, dandy, young man of the idle class; boss; **¡ —!** I beg your pardon, Sir

el **señorón** *aug. of* **señor** important person

separado, -a separate, separated

separar to separate, remove; **— los ojos del suelo** to take one's eyes off the floor

separarse to move away, separate, depart, leave, withdraw; **— de** to leave

el **septiembre** September

el **sepulcro** sepulcher, tomb

sepultado, -a buried

sepultar to bury

la **sequedad** dryness; **con —** dryly

ser to be, happen, turn out, become, take place; **— de** to become of, belong to, be made of; **a no — que** unless; **— de + inf.** to be worth while; **fué de ver** you ought to have seen; **— de noche** to be night; **— lástima** to be a pity; **— poderoso a** to be able to; **es que, era que** the fact is (was) that, but, *often left untranslated;* **o sea** or rather, or else, that is to say; **eran las dos** it was two o'clock; **— parte a** to be sufficient reason to; **fuese vino o licor** whether wine or liquor; **¡Qué ha de ser!** Of course not!; **que sea muy enhorabuena** I wish you happiness!; **ya va siendo** is now becoming (getting)

el **ser** being, man

Serafina *pr. n.*

serenamente serenely, calmly

serenar to calm, sober

serenarse to calm oneself

la **serenidad** calm, serenity, coolness

sereno, -a serene, calm, sober, steady

el **sereno** night watchman

seriamente seriously

la **serie** series

la **seriedad** seriousness, serious mood

serio, -a serious(ly); **en —** seriously, seriously speaking

el **sermón** sermon

sermonear to lecture, sermonize

serpentear to wind

el **servicio** service

el **servidor** servant; I, your humble servant *(used in deferential speech);* **— de Vd.** at your service la **servidora** servant; **esta —** yours truly, your humble servant; **— de usted** at your service

la **servidumbre** servants

servir (i) to serve, do, be of use, be good, be in service; **— de** to serve as, be good for, be, teach; **— para** to be good for, be used for; **no sirve para** you wouldn't do for; **sirvo para alguna cosa** I am good for something; **¿cree Vd. que no sirvo?** do you think that I wouldn't do?

servirse (i) to serve oneself, wait upon oneself; **— (de)** to use, make use of

sesenta sixty

el **sesgo** bent, turn

la **sesión** session

los **sesos** brains; *see* **devanarse**

la **seta** mushroom

setecientos, -as seven hundred

setenta seventy

setentón, -a seventy-year-old, septuagenarian

el **seto** hedge

el **seudónimo** pseudonym

severamente severely

la **severidad** severity

severo, -a strict, stern, severe

Sevilla *pr. n.* Seville; *chief city of Andalusia; former residence of Peter the Cruel*

el **sexo** sex

sexto, -a sixth

Shakespeare, William, *the famous English dramatist*

Shanti Andía *name of a character in Baroja's novel; Shanti is a Basque form for* Santiago.

si if, whether, even if, but; *used for emphasis:* **¡— lo es!** he surely is!; **— bien** although; **— es que** in case; **— no** except, otherwise, if I don't; **por —** in case, to see if; **y — no** and if you don't believe it

sí yes, indeed, so; **un — es no es** a dash; **— que** indeed, certainly, I should say; **— que la hay** of course there is; **claro que —** of course you will; **creo que —** I believe so; **dar el —** to say "I do"; **digo que —** you are; **te digo que —** I tell you it is; **eso — que no** indeed not; **porque —** because I want to

sí (*pr.*) himself, herself, yourself, themselves, yourselves

el **sibarita** Sybarite, epicure

la **Siberia** Siberia

sibilante hissing

la **sidra** cider

la **sidrería** cider shop

la **siembra** planted field

siempre always, still, ever; **para —** forever; **— que** whenever

la **sien** temple

la **sierpe** serpent, snake

la **sierra** mountain range

la **siesta** nap, afternoon nap

siete seven

el **sifón** siphon

el **sigilo** reserve, secrecy; **con —** secretly, stealthily

sigió = siguió

el **siglo** century, world

significar to mean, be the meaning of, signify

significativo, -a significant

el **signo** sign; **hacer un — afirmativo** to nod

siguiente following, next; **el —** the morrow; **lo —** the following

sije = sigue

la **sílaba** syllable

silbar to hiss, whistle

el **silbido** whistle

el **silencio** silence; **— de muerte** deathlike silence

silenciosamente silently

silencioso, -a silent, quiet

la **silueta** silhouette, outline

Silva, José Asunción (*1865–1896*) Colombian poet, *a leading modernist*

silvestre wild

la **silla** chair

el **sillón** easy chair

simbolizado, -a symbolized

el **símbolo** symbol

simétricamente symmetrically

Simón *pr. n.* Simon
el simón cab
la simpatía liking, affection, sympathy
simpático, -a agreeable, likable, nice, charming, pleasant
simpatizar to sympathize
simple mere, simple, ordinary
simplemente just
simular to pretend
simultáneamente simultaneously
simultáneo, -a simultaneous; all together, at the same time
sin without, out of; — **embargo** nevertheless, yet, however; **el** — **fin** endless number; — **que** without, before
sinceramente sincerely
la sinceridad sincerity
sincero, -a sincere(ly)
el síncope (*also f.*) swoon, fainting fit, fainting spell
singular singular, extraordinary, remarkable
la singularidad singularity, extraordinary features
siniestro, -a sinister
el sinnúmero no end, a lot
sino but, except; — **que** but; **no . . .** — only
el sinsabor trouble
sintético, -a synthetic
el sin ventura unlucky man, poor fellow
el sinvergüenza rascal, shameless person, immodest fellow
la sinvergüenza shameless witch, shameless hag
siquiera even, at least; **ni** — not even
la sirena siren
Siria *pr. n.* Syria
la sirvienta servant
el sistema system, method; — **de la ciencia** scientific system
sitiado, -a besieged
sitiar to besiege
el sitio place, room, siege; **tan en su** — so well arranged
la situación situation
situado, -a situated

el smoking dinner coat, tuxedo
el snobismo snobbishness
sobado, -a *see* **torta**
sobar to knead, pummel
la soberanía majesty
soberano, -a superb, superior haughty
el soberano sovereign
la soberbia haughtiness; **con** — angrily
soberbio, -a superb, proud, severe, hard, haughty
sobornar to bribe
la sobra: de — only too well, more than enough
sobrado, -a abundant, very good; **no estar (andar)** — **de** not to have any too much (money); **razón más que** —a plenty of reason
sobrar to have left over
las sobras remains, left-overs
sobre on, above, concerning, against, over, upon, in, on top of; — **todo** especially, above all
el sobre envelope
sobrecogido, -a surprised, paralyzed
sobremesa: de — after the meal
sobrenatural supernatural
sobreponerse to master, assert oneself
el sobresaliente: con — **en el título** with high honors
sobresalir to excel
sobresaltado, -a startled, fearful
sobresaltar to startle
el sobresalto fear
sobrevenir to take place
la sobrina niece
el sobrinito *dim. of* **sobrino** nephew
el sobrino nephew; *pl.* niece and nephew
la socarronería slyness, cunning
social social
el socialista socialist
la sociedad society, partnership, sociability
el socio partner
soco *first two syllables of* ¡**socorro** help!

Socoa *harbor and village near St.-Jean-de-Luz, pop. 500*

socorrer to give help, succor, help, assist

el **socorro** help, succor, aid

el **sofá** sofa

sofocante stifling, choking, suffocating

sofocar to stifle, extinguish, put out, choke, get out of breath

el **sol** sun, sunlight

solamente only

Solán de Cabras *pr. n., medicinal springs near Cuenca*

solar ancestral

el **solar** house, family

solariego, -a ancestral, manorial

solas: a — alone

solazarse to rejoice, find pleasure, enjoy oneself

la **soldada** wages, pay

el **soldado** soldier; **de —** as a soldier; **desde —** from the rank and file

soleado, -a sunny

la **soledad** loneliness, solitude

solemne solemn

solemnemente solemnly

la **solemnidad** solemn occasion, solemnity

soler (ue) to be accustomed to, be wont to, used to; usually

solicitar to solicit, apply for, demand

solícito, -a solicitous(ly)

la **solicitud** solicitude, petition

la **solidez** solidity

solitario, -a solitary, in loneliness, lonely

el **solitario** solitaire

solito, -a *dim. of* **solo** all alone

Soliva *pr. n.*

solo, -a lone, alone, single; *pl.* without a crew

sólo only, nothing but

soltar (ue) to drop, let go, release, utter, spring on, start, unfasten; **soltaron el hilo de la risa** burst out laughing; **— una carcajada estridente** to burst out into strident laughter

soltarse (ue) to come open, come off

la **soltera** spinster, spinsterhood

el **soltero** bachelor

sollozar to sob

el **sollozo** sob

la **sombra** shadow, shade, slightest suspicion

la **sombrerera** hat box

el **sombrero** hat; **— de copa** top hat; **— de paja** straw hat

la **sombrilla** parasol

sombrío, -a gloomy, somber

sometido, -a subjected

Somorrostro *river and valley in Vizcaya, near Bilbao*

el **son** sound; **en — de** by way of; **en — de desafío** defiantly

sonar (ue) to ring, sound, howl, make a noise, click, resound, be heard, sound familiar

sonarse (ue) to blow one's nose

sondear to sound, probe

el **sonido** sound

sonoro, -a sonorous

sonreír (i) to smile

sonriente smiling(ly)

la **sonrisa** smile

sonrosado, -a rosy

soñador, -a reminiscent(ly), dreamy

el **soñador** dreamer

soñar (ue) (con) to dream (of)

la **sopa** soup; *see* **ponerse; estar hecho una —** to be sopping wet

soplar to blow; **— huracanado** to blow a hurricane

el **soplo** breath, blowing

el **soportal** arcade

soportar to stand, bear, put up with

Soraberri *pr. n.*

sordamente faintly, in a muffled voice *or* tone

sordo, -a deaf, muffled, dull

sorna: con — sarcastically

sorprender to surprise, overhear

sorprenderse to be surprised

sorprendido, -a surprised, caught unawares, caught by surprise

la **sorpresa** surprise

sortear to avoid
la **sortija** ring
la **sosa** silly girl
sosegado, -a calm, all quiet
sosegar (ie) to calm, stop, quiet down
sosegarse (ie) to calm (down), become calm, quiet down
el **sosiego** calmness, peace
la **sospecha** suspicion
sospechar to suspect
sospechoso, -a suspicious, ominous
sostener to support, hold, hold up, keep up, maintain, endure, encourage, keep up someone's spirits; — **comparación** to compare, vie
sostenido, -a prolonged
el **sostenimiento** support, maintenance
el **sotavento** leeward; **por** — under the lee
ss. = siguientes
Storni, Alfonsina (*1892–1938*) *Argentine poetess*
su his, her, your, their, its
suave gentle, gently, soft(ly), serene
suavemente gently, softly, easily
la **suavidad** gentleness; **con** — gently
suavizarse to soften
subdividirse to subdivide
subido, -a up, mounted, short, perched
subir to go up, mount, climb, ascend, take up, put up, raise up, get on, come up, go upstairs, rise, increase; ¡**suben**! someone is coming up!; — **a saltos** to leap up; — **de punto** to be overdone
subirse to get on, mount, climb, go up; **ya se me sube la pólvora a la cabeza** I am losing my temper
súbitamente suddenly, quickly
súbito, -a sudden(ly)
sublime sublime
la **subordinación** subordination

el **subordinado** subordinate
subrayar to emphasize
el **subsidio** war tax
la **subsistencia** living; *pl.* living
substituido, -a substituted
suceder to happen, take place, follow, turn out; ¿**Qué le sucede a Vd.?** What is the matter with you?
la **sucesión** offspring, children, succession
sucesivamente successively
sucesivo, -a successive, following
lo **sucesivo** future
el **suceso** event, incident, accident, result, success, happening
sucio, -a soiled, dirty, bad, nasty
sudar to sweat; — **una gota** to sweat profusely
el **sudario** winding sheet, shroud
el **sudeste** sou'wester
el **sudor** sweat, perspiration; hard-earned money
la **suegra** mother-in-law
el **sueldo** salary, wages
el **suelo** ground, floor, bottom; — **de los bancos** bottom boards of the pews
suelto, -a loose, freely
el **sueño** dream, sleep; **tener** — to be sleepy
la **suerte** fortune, good fortune, fate, luck, manner; — **que** it is a lucky thing; **de** — **que** so that; **de tal** — so much so; **tener** — to be fortunate, lucky
suficiente enough, sufficient
suficientemente sufficiently
sufrido, -a long-suffering, patient
sufrir to suffer, endure, stand, put up with; — **un estremecimiento** to shudder
sugerir (ie) to suggest
la **sugestión** suggestion
sugestionado, -a impressed
sui generis (*Latin*) peculiar to himself, all his own
el **suicidio** suicide
sujetar to hold, tie, fasten, control, hold tight

sujetarse to hold

sujeto, -a tied, bound, clutched, subject, fast, fastened; — **a** under (someone's authority)

el **sujeto** person

el **sultán** sultan

sumamente extremely, very

sumar to add

sumergirse to dive, plunge, submerge

sumido, -a absorbed, sunk, sunken

la **sumisión** submission

sumiso, -a humble, meek

sumo, -a high, highest; a lo — at most

supeditado, -a subjected

superferolítico, -a highfalutin, super-fancy

superficial superficial

la **superficie** surface

superfluo, -a superfluous

superior superior, first class; **muy mujer —** arrogantly

el **superior** superior

la **superiora** mother superior

la **superioridad** superiority

superlativo, -a superlative

la **superstición** superstition

supersticioso, -a superstitious

supino, -a supine

la **súplica** plea, supplication

suplicante beseeching(ly), pleading, supplicating

suplicar to beg

el **suplicio** punishment, torture

suplir to substitute

suponer to suppose, know, realize, mean; **se supone que es** is supposed to be

la **suposición** distinction, supposition

supremo, -a supreme, earnest

suprimir to suppress

supuesto, -a supposed; — **que** since; **por —** (**que**) of course

el **supuesto** supposition

el **sur** south

surcar to plow, sail

el **surco** furrow

surgir to rise, come forth, bloom, appear, loom forth

la **susceptibilidad** susceptibility, sensitiveness

susceptible susceptible, sensitive, touchy

suspender to fail, flunk, stop, suspend, lift, hold up; — **la marcha** to stop

suspendido, -a suspended

suspenso, -a undecided, in suspense, surprised, unnerved

suspirar to sigh; — **por** to long for

el **suspiro** sigh; *pl.* sighing

sustentarse to support oneself

el **sustento** maintenance

sustituir to substitute, replace

la **sustituta** substitute

el **susto** fright, fear

susurrar to whisper

el **susurro** murmur

sutilmente artfully

suyo, -a his, of his, her, your, their, *etc.*

el **suyo, -a** his, hers, its, yours, theirs; **de —** by nature, naturally; **lo —** her style, his trouble; **los —s** their men folks, their relatives

T

la **Tabacalera** *pr. n.*

el **tabaco** tobacco

la **taberna** tavern

la **tabernera** innkeeper's wife

el **tabernero** tavern keeper

el **tabique** partition

la **tabla** board

la **tableta** top

la **tablita** small panel

Taboada, Luis (*1848–1906*) *Spanish journalist and humorist*

el **taburete** stool

tacaño, -a stingy

taciturno, -a melancholy, reserved, taciturn, reservedly, reticently, silent

taconear to walk heavily on one's heels

la **táctica** tactics

la **tacha** defect

el **tafetán** court-plaster
la **tahona** bakery
la **tajada** slice, morsel
tal such (a), such and such, aforesaid, mentioned, that, this;
Tal So-and-so; la — that confounded; — o cual such and
such, one or another; ¿qué —?
how have you been?, how are
you?; — **vez** perhaps; — **y
como** just as; **con** — **que** on
condition that
el **talante** frame of mind
el **talento** talent, gift; **de** — gifted,
talented
el **talión** retribution (see **pena**)
el **talón** heel
el **talonazo** dig of the heel
la **talla** figure, carving; **de** — of
carved wood (frame)
tallado, -a carved
el **taller** shop; — **de carpintería**
carpenter's shop
el **tallo** stem
tambalearse to stagger
también also, too
el **tambor** drum
tampoco no, either, neither; ¿—?
you can't do that either?
tan so, as, such (a), as much;
— **en su sitio** so well arranged;
— **sólo** only
la **tanda** batch, set, number
tantísimo, -a so very much, so
tanto, -a as much, so much so, so
long, so, so much, such a, such
a great; pl. as many, so many;
see **atreverse, ponerse; —
como** as well . . . as, either
. . . or; **en** — meanwhile, in the
meantime; **en** — **que** until, as
long as; **estar al** — **de** to
understand; **mientras** — in the
meantime; **ni** — **así** not that
much (accompanied by a gesture);
no — it isn't as bad as that, it
isn't so bad; **otro** — a like
amount, likewise; **otros** —**s**
as many; **por** — therefore;
por lo — therefore; **son las**
—**as** it is terribly late; **treinta**

y —**s** thirty-odd; **un** — somewhat
tapado, -a covered up
tapar to cover, stop up
la **tapia** wall
tapiado, -a walled up
tapizar to drape
el **tapón** stopper
la **taquigrafía** shorthand; **cuartillas
de** — shorthand note books
tarantán: tan — imitation of the
sound of drums
tararear to hum
tarasca: ¡grandísima —! you
old witch!
tardar (en) to delay, be long, take
long, take (time), be late, take a
long time to
tarde late, too late
la **tarde** afternoon, evening; **a la** —
in the afternoon; **de** — for
afternoon wear; **por la(s)
tarde(s)** in the afternoon, after-
noons
tardo, -a slow
la **tarea** task, work, duty
la **tarjeta** card, calling card
el **tarjetero** picture folder, card
case
tartamudear to stammer
tasado, -a assessed
Tata pr. n., applied to nurse by
children
la **tataranieta** great-great-grand-
daughter
Tauste pr. n.
la **taza** cup
te you, thee, to you, to thee
el **té** tea
teatral theatrical
el **teatro** theater, scene, drama; —
Español a Madrid theater, the
oldest in the country, playing only
works by Spaniards
la **técnica** technique
el **techo** roof, ceiling; **lámpara
del** — center light
la **techumbre** roof
el **tejado** roof
tejer to weave, knit
Tejera pr. n.

la tela material, cloth, fabric; — **metálica** screen wire netting
el telar loom
la telaraña cobweb
el teléfono telephone
telegráfico, -a telegraphic, telegraph
el telegrama telegram
Telesa = Teresa
el telescopio telescope
Telesforo *pr. n.*
el telón curtain
Tellagorri *pr. n.*
el tema subject, suggestion, theme
temblar to tremble, vibrate; **¡hay que —!** you had better look out
el temblor tremor
tembloroso, -a trembling
temer to fear, be afraid
temerario, -a rash, bold, daring
la temeridad temerity, rashness
temeroso, -a fearful
temible fearful, feared, dreaded
el temor fear; **sin — a** without fearing that; *pl.* apprehensions
el temperamento disposition, temperament
la temperatura temperature
la tempestad storm
tempestuoso, -a tempestuous
templado, -a firm, cool-headed, resolute, temperate, hardened, warm, mild; **mal —** in a bad humor, ill-humored
templar to temper
el temple temper, frame of mind
el templo temple
la temporada while, period of time
temporal temporary
el temporal storm
lo temporal the temporal, worldly
tempranito very early
temprano, -a early; **más —** sooner
la tenacidad tenacity
tenante *heraldry* supporter (of a shield)
tenaz firm, obstinate, tenacious, stubborn
la tenaza claw; *pl.* tongs, pliers
la tendencia tendency

tender (ie) to spread (out), lay, set, stretch out, hold out, lie, extend, cast, hand over
el tendero shopkeeper
tenderse (ie) to stretch out, lie (down)
la tendezuela little store
tendido, -a stretched out, at full length, lying, spread
tenebroso, -a dark, mysterious, gloomy, secret
tener to have, hold, keep, be, feel, maintain, use; **ahí (aquí) tiene Vd.** here is *or* here are; **aquí nos tienes** here we are; **ahí le tienes** there he is; **nos tenía muy mal acostumbradas** had spoiled us terribly; **— a bien** to be kind enough, think it well, consider it appropriate; **— a salvo** to keep (make) safe; **¿tienes algo?** did you hurt yourself?; **— . . . años** to be . . . years old; **— la bondad de** please, to have the kindness; **— buenas aldabas** to have a pull; **tengan Vds. muy buenas noches** very good evening to you; **— celos** to be jealous; **— confianza con** to know well enough; **— cuidado (con, de)** to be careful (of), take care (of); **no tengas cuidado** don't worry; **— la culpa** to be to blame, be one's fault; **— derecho a** to have the right to; **— despierto el apetito** to be very hungry; **— empeño** to be eager; **— en cuenta** to take into consideration; **— entre manos** to have on hand; **— fin** to come to an end; **— gana(s)** to be anxious, be eager, feel like, want, wish, long for; **— hambre** to be hungry; **— mal humor** to be in a bad humor; **no tengo nada con ella** I have nothing to do with her; **— inconveniente** to have an objection; **— lástima (de)** to pity, feel sorry for; **— a menos** to scorn; **— miedo**

to be afraid; — **noticia de** to know, hear about; — **gran partido con** to be extremely successful with, make a big hit with; **no — pelos en la lengua** not to hold one's tongue; **tengo pensado** I have in mind, intend; — **por** to consider, hold; — **por costumbre** to be one's custom or habit; — **presente** to keep in mind; — **prisa** to be in a hurry; **no — nada que hacer** to have nothing to do; — **que** + *inf.* to have to; — **suerte** to be lucky; — **que ver con** to have to do with; **¿qué tiene Vd.?** what is the matter with you?; — **razón** to be right; **nuestra desventura no tiene ya remedio** nothing can be done now about our misfortune; **no tuvo más remedio que** there was nothing for him to do but; — **la seguridad** to be sure; — **sueño** to be sleepy; — (**la**) **suerte** to be lucky, fortunate; — **la suficiente malicia** to be clever enough; **¿Qué tipo tiene?** What is her type?

el **teniente** lieutenant
teno = **tengo**
el **tenor** tenor; **a este —** in this manner
tentado, -a tempted
tentador, -a tempting
tentar (ie) to feel, tempt
la **tentativa** attempt
tenue tenuous, delicate, faint, thin
la **teología** theology
la **teoría** theory
tercero, -a, tercer third
la **terciana** ague
el **terciopelo** velvet
terco, -a stubborn
Teresa *pr. n.* Theresa
terminado, -a ended, over, completed; having done
terminante determined, peremptory
terminantemente absolutely
terminar (con, de) to end, finish, end in; **al —** at the end of

terminarse to be over
el **término** territory, limits, term, word, course; **primer —** front of the stage, at the start, in the first place; **segundo —** background; **último —** back of the stage
la **ternura** tenderness, affection
tero = **quiero**
el **terremoto** earthquake
el **terreno** ground; — **descubierto** open ground
terrero, -a earthen, dirt
terrestre terrestrial, land
terrible terrible, obvious, impossible, strong
terriblemente terribly
el **territorio** territory
el **terrón** lump
el **terror** terror, fear; **con —** terrified; **de —** terrified
terroso, -a earthy, clay-colored
terso, -a smooth
la **tertulia** party, social gathering
el **tertuliano** member of a **tertulia,** guest
el **tertulio** guest
el **tesoro** treasure
el **testamento** will
el **testarazo** bump, blow; **dar un —** to hit one's head
testarudo, -a stubborn, hard-headed
el **testarudo** stubborn person
el **testigo** witness
el **testimonio** testimony, token
el **testuz** head (of an animal)
tétrico, -a gloomy
el **texto** text
la **tez** skin, complexion
ti yourself, you; **a —** you
la **tía** aunt; *title given to old women;* **¡no hay tu —!** you can't fool me!
tibio, -a warm, lukewarm, tepid, mild
Ticiano Titian (*1477–1576*) *greatest of Venetian painters*
el **tiempo** time, weather, season; *pl.* days; **a —** opportunely, in time, at the right time; **al poco —**

a short while later; **a un —** at the same time; **en mucho —** for a long time; **mucho — a** long time; **en otro —** in former times; **hacer —** to kill time; **no . . . más —** any longer; **por más —** any longer; **tanto — so** long

la **tienda** shop, store; **— de comestibles** grocery

tientas: a — gropingly; *see* **andar, buscar**

el **tiento** care

tiernamente tenderly

tierno, -a tender(ly), affectionate; **lo —** tenderness

la **tierra** soil, earth, land, ground, distance, shore; **a —** ashore; **en —** ashore; **de la —** on earth; **— adentro** inland

el **tiesto** flower pot, pot

el **tigre** tiger

las **tijeras** scissors

la **tila** tea of linden flowers

el **tilo** linden tree

el **timbre** quality, bell

tímidamente timidly

la **timidez** timidity

tímido, -a timid, bashful, backward

el **timón** rudder, helm

el **timonel** helmsman

las **tinieblas** darkness

la **tinta** ink; **de buena —** on good authority

el **tinte** tinge, color

el **tinterito** little inkwell

el **tintero** inkwell

el **tío** uncle, simpleton; *title given to old man; pl.* uncle and aunt

el **tío-abuelo** great-uncle

típicamente typically

la **tiple** (soprano) singer, star

el **tipo** type, fellow, aspect, appearance; **¿Qué — tiene?** What is her type?

la **tira** strip; **a —s** in strips

tirado, -a thrown, tossed, drawn, scattered

el **tirador** shooter, shot, marksman

la **tiranía** tyranny

el **tirano** tyrant

tirar (de) to throw, pull, knock over, throw down, drop; **— a** to tend to; **— una estocada** to give a thrust; **— de la oreja a Jorge** to gamble at cards; **— un pellizco** to give a pinch; **— por la ventana** to squander; **ir tirando** to get along; **—se por una ventana** to act rashly; **—se contra la pelota** to rush at the ball

tiritar to shiver

el **tiro** throw, shot, report, team, trace, tug; **a —s** by shooting, with a gun; **— a boca de jarro** shot at point-blank range

el **tirón** pull, tug

el **tirso** thyrsus, lilac-like blossoms

titilar to twinkle, flash, look forth

titubear to stammer, hesitate

titular so-called

el **título** nobleman, title, claim, degree, diploma; **a justo —** rightfully

la **toalla** towel

tocar to touch, play, ring, stop, concern, get; **—le a uno** to fall to one's lot, be up to one, be one's duty, be one's turn, be one's due; **— en** to soften; **por (en) lo que toca a** as for, concerning; **— con la mano** to have (something) within reach

tocarse to touch; **llegaron a —** they came together

el **tocino** bacon

todavía still, yet, even

todo, -a all, every, whole, everything, anything, entire, absolute, any, great, entirely, all of; *pl.* everybody, all, every; **— lo posible** as much as possible; **— lo que** how much, all that, as much as; **— un día** a whole day; **— un poema** a poem in themselves, a veritable poem; **del —** completely, quite, altogether; **(en) — el día** all day long; **para —a la vida** for the rest of my life; **—as las noches** every night el **tojo** furze

el **toldo** awning, tent

Tolosa *pr. n., city of Guipúzcoa, pop. 11,311*

¡**toma**! why! well! of course!

tomado, -a flooded

tomar to take, eat, drink, turn, hold, gather, take on; **no tomes esos aires tan dignos** don't put on such dignified airs; **— arranque** to get a running start; **— el camino de** to be bound for; **—le la cara** to caress her face; **— cariño** to grow fond of; **— una determinación** to find a scheme; **— el fresco** to enjoy the cool air; **— hacia** to start for, head for; **— el sol** to enjoy the sun, sun oneself; **— la licencia absoluta** to receive an honorable discharge; **— la palabra** to take the floor; **— parte principal** to share; **— el partido** to decide; **—le el pelo a alguien** to kid someone, make a fool of someone; **— por (aquí)** to strike out (this way), turn off (here), set out along; **— por la escalera arriba** to go up the stairway; **— posesión** to take charge; **— una resolución** to make a resolution; **— la revancha** to turn the tables, do the same to someone; **— la vuelta de** to begin the return trip to; **— a uno por su cuenta** to take charge of someone

tomarse to take

Tomás *pr. n.* Thomas

Tomasa *pr. n.*

Tomasita *pr. n., dim. of* **Tomasa**

el **tomate** tomato

el **tomillo** thyme

el **tomo** volume

la **tonadilla** musical interlude

el **tonel** cask

la **tonelada** ton

el **tono** tone, nerve, vigor; **medio —** half tones

la **tonta** fool; **— de la cabeza** a perfect fool

tontamente foolishly

la **tontera** nonsense

la **tontería** foolish thing, silly thing, nonsense, foolishness

tonto, -a silly, stupid, foolish

el **tonto** fool, stupid fellow, silly fellow; **de — que es** being such a stupid fool

Toñuelo *pr. n.* Tony

topar to strike against; **— con** to come upon

el **toque** ringing, touch

el **torbellino** whirlwind

torcaz *see* **paloma**

torcer (ue) to twist, bend, turn; **dar el brazo a —** to give in; **— el gesto** to make a grimace

torcerse (ue) to twist

torcido, -a twisted, rolled back, bent

Tordesillas *pr. n.*

el **torero** bull-fighter

Toribio *pr. n.*

la **tormenta** storm

el **tormento** torment

tornadizo, -a changeable

tornar (a) to turn, return, do (something) again, come back; **tornó a ser** again was

tornarse to turn, return

la **tornera** doorkeeper

el **tornillo** screw

torno: en — de around, about

el **toro** bull; **ciertos son los —s** then, it is true; **jugar al —** to play at bull-fighting

torpe stupid

torpemente stupidly

la **torpeza** stupidity, dullness

Torralba *pr. n.*

la **torre** tower, heap

torrencial torrential

el **torrente** torrent, mountain river, ravine

la **torrentera** gorge

el **torreón** fortified tower

la **torta** cake; **— sobada** cake kneaded with olive oil or lard kneaded cake

la **tórtola** dove, turtle dove; **color de —** dove-colored

la **tortura** torture
la **tos** cough
 toscamente roughly, crudely
 tosco, -a rough, unpolished
 toser to cough; **cualquiera te tose** I'd like to see anyone high-hat you
 tostado, -a tanned
la **tostadora** toaster
 total total
 totalmente completely
 trabajador, -a hard-working, industrious
el **trabajador** laborer
 trabajar to work, devise, exert oneself, make an effort; **— de** to work as
el **trabajo** difficulty, work, effort; *pl.* trials, tribulations; **con —** laboriously
 trabar to establish; **— relaciones** to take up
el **trabuco** blunderbuss
la **tradición** tradition
 tradicional traditional
 traducir to translate
 traer to bring (in), carry, bear, keep, give, pull in, lead, have (on), wear; **trae tú, traiga Vd.**, give it to me; **trae acá** give it here; **— de comer** to bring something to eat; **las que traen los libros** those found in books; **le trae perfectamente sin cuidado** does not interest him in the least; **ése trae plan** he has some scheme up his sleeve
 traerse to bring
 traficar (con) to trade (in)
las **tragaderas** gullet
 tragar to swallow
 tragarse to swallow down
la **tragedia** tragedy
 trágicamente tragically
 trágico, -a tragic
 tragi-cómico, -a tragi-comic
el **trago** swallow, draught
la **traición** treachery, faithlessness; **a —** by treachery
 traicionero, -a treacherous

 traído, -a brought
 traidor, -a treacherous
el **traidor** traitor
 traidoramente treacherously
el **traje** suit, clothes, costume, dress, garb; **— de baño** swimming suit; **— de etiqueta** evening clothes; **— de media etiqueta** semi-formal clothes; **—s pasados de moda** cast-off clothes; **— sastre** tailored suit; **— de viaje** traveling clothes
el **trajín** lot of work, going and coming, frightful work
el **trallazo** lash (of the squall)
el **tramposo** cheat, swindler
la **tranca** crossbar
el **trance** danger; **a todo —** at all cost
 tranquilamente calmly, peacefully, quietly
la **tranquilidad** tranquillity, quiet, calm, peace
 tranquilizar to calm (down), tranquillize
 tranquilizarse to become calm, calm down, calm oneself
 tranquilo, -a tranquil, calm, peacefully, in peace
 transcurrir to pass, elapse
el **transeúnte** passerby
 transfigurar to transfigure, transform
 transformarse to change
 transido, -a exhausted, worn out
 transigir to give in, compromise
el **tránsito** transition
 transparente transparent, clear
 transportar to carry
 transversal transverse, cross
el **tranvía** streetcar
el **trapo** sail
el **traqueteo** jolting, jerking
 tras after; **— de** after
la **trascendencia** transcendency
 trascendental transcendental
 trascordado, -a: estar — to forget
 trasero, -a back, rear
 trasladado, -a transferred, moved
 trasladar to transfer, transport, move

trasladarse to move

traslucir to be inferred

traslucirse to shine through, be inferred

el trasluz: al — against the light, holding it up to the light

el traste: dar al — con to ruin, spoil

el Trastevere Trans-Tiber, *a quarter of Rome which is said to retain more of the old Roman characteristics than the other sections*

la trastienda hidden thought, back room

el trasto piece of furniture, bric-a-brac

trastornado, -a much upset

trastornar to upset

el trastorno upset, disorder, confusion, trouble, bother

tratado, -a treated

el tratamiento title, treatment; no me des — don't title me

tratar to treat, deal (with), discuss; — de + *inf.* to try to; de que tratamos under consideration

tratarse de to be a question of, concern, deal with; de que se trata under consideration; ¿cree Vd. que se trata de . . .? do you think it is the same person?; de eso se trata ahora that is the point in question now

el trato conversation, association, relations, treatment; *pl.* treatment

través: a — de through; al — de through

el travesaño crossbar

la travesía crossing

la travesura mischief

travieso, -a mischievous; *see* campo

la traza scheme, plan, characteristic, touch; darse — para to manage

trazar to trace, outline, write

el trecho space; a —s here and there; de — en — at intervals

treinta thirty

tremendo, -a tremendous, terrible, awful

tremolar to flutter

trémulo, -a tremulous, trembling

el tren train; en — de marcha about to leave

el tren-correo mail train

la trenza braid

trepador, -a climbing

trepar to climb

tres three; ¡a los —! all three! — eran — once upon a time there were three brothers

Tresagua *pr. n.*

trescientos, -as three hundred

Treviño *a county belonging to the province of Burgos*

el triángulo triangle

la tribulación affliction, tribulation

el tribunal tribunal

el tributo tribute

la trifulca row, squabble, quarrel

el trigo wheat; — garzul color of yellow wheat

la trilogía trilogy

la trinchera trench

el trinquete (handball) racket, foresail

la tripa intestines, entrails

triple triple

triplicar to triple

la tripulación crew

tripulado, -a manned

el tripulante sailor, member of crew

tripular to man

triste sad, sorry, wretched; lo — the sad part

la triste unfortunate woman

tristemente sadly

la tristeza sadness; con — sadly tristísimo, -a very sad

el triunfador success, winner

triunfal triumphant

triunfante successful, victorious, triumphant(ly)

triunfar to triumph, succeed

el triunfo triumph; de — triumphant; de — en — from triumph to triumph

la trocha trail

la trompa trunk

el trompicón blow

tronar (ue) to thunder

el tronco log, trunk

el trono throne

la tropa troop, troops

tropezar (ie) (con) to meet, come upon, stumble, strike, find, come across; el — con meeting

el tropezón stumble; dar infinitos —es to stumble often

el tropiezo impediment, obstacle, slip, error

trotar to trot

el trote trot; al — at a trot; al — largo at a quick trot

Troya pr. n. Troy; ¡allí fué —! then the fun began!

el trozo part, stretch, piece, section

la trucha trout

el trueno thunder

tu your, thy

tú thou, you

el tubo chimney

el tul tulle

la tumba tomb

tumbado, -a lying

tumbar to knock down

tumbarse to lie down

el tumbo fall; see dar

el tumulto tumult, upset, row

el tunante scoundrel, rogue, rascal

el túnel tunnel

el tuno rascal

tupido, -a thick

la turbación confusion

turbar to disturb

turbarse to feel upset, alarm, become confused, become obscured

Turquía Turkey

el tute a card game

tuyo, -a your, of yours; el tuyo yours, your son

U

u or

Ud. = usted you

¡uf! my!

ufanarse to take pride, be proud

la ufanía pride

ufano, -a proud(ly)

Ugarona pr. n., name of a stream

últimamente finally

último, -a last, final, far, late; al — finally, at last; por — finally

ultra ultra

el ultraje insult, outrage

un, -a a, an, one; a la — one (in counting)

unánime unanimous

la unción storm trysail

únicamente only

único, -a only, single; el — only one; lo — the only thing

unido, -a united, joined

el uniforme uniform

la uniformidad uniformity

la unión union, marriage; en — de together with

unir to unite, join, combine

unirse (con) (a) to join, be added

universal universal

universalmente universally

la universidad university; — Central University of Madrid

uno, -a one; pl. some, several, a few; a lot of, a bunch of; about; — a otro to each other; — a — one by one; — y otro the two (of them), both; —s y otros both, all, both groups

untado, -a greased, smeared

la uña finger nail, claw; — y carne hand and glove

Urbia pr. n.

Urbide pr. n.

Urdax pr. n., village of Navarre, pop. 222

urdir to plot, plan

urgente urgent

urgentísimo, -a most urgent, very urgent

urgir to be urgent

Urola pr. n., river of Guipúzcoa

usar to use, wear, employ

Usarcé Your Grace

Usía Your Honor

el uso use, enjoyment, usage; en — de in accordance with; en buen — in good condition

usté = usted

usted you, yourself

Usurbil pr. n., village of Guipúzcoa, pop. 296

útil useful, of use

la utilidad usefulness, utility

utilizado, -a used, utilized

utilizar to use

Utrera *pr. n., city of the province of Seville, pop. 12,579*

la uva grape

V

V. = usted

v. gr. = verbigracia for example

las vacaciones vacation; de — on vacation

vacante vacant

la vacilación hesitation

vacilante hesitating, vacillating, unsteady, hesitant

vacilar to hesitate, waver

vacío, -a empty

vacuno, -a bovine

el vagabundo vagabond

vagamente vaguely

vagar to wander

el vago idler; en — unsteadily

el vagón coach

el vaho vapor

Valcarlos *pr. n., Navarrese village, pop. 294, near the French frontier*

Valencia *pr. n., seaport on eastern coast; also a province*

el valenciano Valencian

valer to avail, be worth, be valid, serve, mean; — más to be better; — la pena to be worth while, be worth anything, be worth the trouble; más me valiera it would be better for me; le valió poco dinero brought him little money; más valdrá que you had better

valerosamente bravely

valeroso, -a valiant, brave

valerse (de) to make use of

valiente brave, valiant; brave boy

el valiente brave man, brave, hero

valientemente bravely

el valor courage, heart, nerve, impudence, value; — de cinco duros five dollars' worth; — de realidad real value; por — de to the value of

Valverde *pr. n.*

la valla fence

el valle vale, valley

la vanguardia vanguard

la vanidad vanity

el vanidoso vain fellow

vano, -a vain, useless

el vapor steam, steamer, vapor, mist, haze; *see* dar

el vaporcito small steamer

vapuleado, -a whipped

la vaqueta sole leather

la vaquita little cow

la vara ell, 33+ inches; rod, stick, yard

varado, -a stranded, grounded, run aground

variado, -a varied

la variedad variety

varios, -a various, several, a number of, different

el varón man, male; hermanos —es brothers; ojos de — lustful eyes

varonil manly, masculine

Varsovia *pr. n.* Warsaw

la vasalla vassal

el vasallo vassal

vasco, -a Basque

el vasco Basque

vasco-navarro, -a Basque-Navarrese

vascongado, -a Basque

el vascongado Basque

Vasconia *pr. n.* Basque provinces

el vascuence Basque (language)

vase *3rd s. pres. of* irse

el vaso glass

el vástago scion, offspring, child, descendant

vasto, -a spacious, vast

Vd. = usted

ve *imperative of* ir

la vecina neighbor

la vecindad vicinity, neighborhood, proximity

el vecindario neighborhood

la vecinita *dim. of* vecina little neighbor

vecino, -a (de) close, near, neighboring; más —as closest

el vecino neighbor, inhabitant, resident

la veda closed season

Vega *pr. n.*

vegetar to vegetate

la vehemencia vehemence; con — vehemently

veinte twenty

veinticinco twenty-five

veinticuatro twenty-four

veintidós twenty-two

veintitrés twenty-three

vejar to vex

el vejete little old man

la vejez old age

la vela candle, sail; de — on duty

el velador lamp table

velar to stay up, watch, veil, keep watch; — por to watch over

Velate *pr. n., a pass in the Pyrenees of Navarre*

Velche *pr. n.*

la veleidad velleity, whim, desire, inclination

la veleta weathervane

el velillo (small) veil

el velito *dim. of* velo veil

el velo curtain, shade, veil

la velocidad velocity, swiftness, speed; a toda — at full speed

el velón lamp, brass lamp

veloz rapid(ly), quick(ly), fast

velozmente rapidly

la vena vein

el venado deer, stag

Venaspre *pr. n., village forming part of the municipality of Lanciego, northeast of Laguardia*

el vencedor victor

vencer to conquer, master, overcome, win over, beat

vencido, -a conquered, beaten, overcome; — de yielding to; va de —a is drawing to a close

la venda bandage

vendado, -a bandaged

vendar to bandage

el vendaval strong wind from the sea, wind storm

el vendedor seller, vendor

vender to betray, sell

venderse to betray oneself

vendido, -a sold, betrayed

Venecia *pr. n.* Venice

el veneno poison; El capitán Veneno *Captain Poison, a novel by Pedro Antonio de Alarcón*

venenoso, -a poisonous

venerable venerable

la veneración veneration

la venganza vengeance, revenge

vengar to avenge

vengarse (de) to get vengeance, avenge oneself (on)

la venida coming

venir to come, be, appear, suit, go; *see* caer; — a cuenta to be to the point, be pertinent; — a to come to see about; — a + *inf.* finally; — a parar to stop finally, to end up with; — a entender to realize; ¿a qué viene? why?, what is the use of?; que viene next

venirse to come (along)

la venta sale, inn

la ventaja advantage

ventajoso, -a advantageous

la ventana nostril, window

la ventanilla small window, window (of coach)

el ventanillo small window

ventar to blow; ventará fresco there will be a fresh wind

ventear to scent, blow, be windy

ventilar to transact, air

Ventura *pr. n.*

la ventura happiness, joy, fortune, luck, chance; a la — at random; por — by chance

ver to see, look, find; verá Vd. look here; ¡a —! here, let's see, look out; a — si look out, or; — con buenos ojos to look favorably upon; — mundo to see the world; ahí verá Vd. that's the way it was; ¡como si lo viera! of course; estaba visto it was apparent; por lo — apparently; se ve it is apparent; se vió con he found himself face to face with; se vió que it was apparent; tener que — con to have to do with; ¡ya ve Vd.! think of it, there you are!

el ver appearance, seeing

Vera *pr. n., town on the Bidasoa, pop. 1,605*

veranear to summer

el verano summer

las veras seriousness, earnestness; **de —** really, truly; **va de —** is real

verbal verbal

la verdad truth, true; to tell the truth; **¿—?** isn't it so?, won't you?, isn't that true?, don't you?, *etc.;* **(a) la —** to tell the truth; **de —** really, truly; **es —** it is true, that's so; **¿no es —?** isn't that so? *(must be translated with the idea of the context in mind)*, haven't you?; **toda la —** the whole truth

verdaderamente truly, really

verdadero, -a true, veritable, veritably, real, regular

verde green, shady

verdear to become green

verdoso, -a greenish

el verdugo executioner, hangman

la verdura green, foliage

la vereda path, footpath

la veredilla little path

Vergara *pr. n., town in Guipúzcoa, pop. 3,300*

vergonzoso, -a bashful

la vergüenza modesty, sense of shame, shame

el verídico truthful person; **a fuer de —s** to be truthful

verificarse to take place

verse to be, find oneself, see oneself; **se veía y deseaba** worked very hard; **se vió que** it was apparent

la versión version

el verso verse

verter (ie) to shed

la vertiente slope

vertiginosamente, at great speed, vertiginously

vertiginoso, -a dizzy, vertiginous

el vértigo giddiness, dizziness; **sentir —** to feel dizzy

vespertino, -a late afternoon, evening

el vestíbulo vestibule

vestido, -a (de) (con) dressed (as) (in)

el vestido suit, dress, clothing

la vestimenta clothing

vestir (i) to dress, wear

vestirse (i) to dress oneself, get dressed, put on, dress

vete *imperative of* **irse**

vetusto, -a ancient

la vez time, occasion; **¡las veces!** how many times!; **a la —** at the same time; **a su —** in his turn; **a veces** at times, sometimes; **alguna —** ever, once, occasionally; **algunas veces** sometimes; **cada — más** more and more; **cada — mayores** greater and greater; **cada — que** whenever; **de — en cuando** from time to time, occasionally; **de una —** at once, once and for all; **dos veces** twice, doubly; **en — de** instead of; **infinitas veces** an infinite number of times; **muchas veces** often; **otra —** again; **pocas veces** seldom; **rara —** very seldom, hardly ever; **repetidas veces** repeatedly, time after time; **tal —** perhaps; **tal — que otra** once in a while; **una —** once, one day; **unas veces** sometimes

la vía way, railway; **en —s de arreglo** on the road to settlement, turn out right; **poner en —s de obra** to carry out

la vía férrea railway

la viajata trip

el viaje trip, journey; *see* **traje**; **de —** traveling

la viajera woman traveler

el viajero traveler

Viana *pr. n., town in Navarre, pop. 2,632*

la vianda food, victuals, meal

el viandante traveler

la víbora viper; **de —** viperous

vibrante taut, quivering, vibrant

vibratorio, -a vibrating

Vicencio *pr. n.*

el vicio vice

vicioso, -a bad

la víctima victim; con voz de — with a martyr-like voice

Víctor Manuel Victor Emmanuel I, King of Italy

la victoria victory

victorioso, -a victorious

la vida life, living; en su — never; — mía my dear; ¡ por — de los hombres! for goodness' sake!; ¡ Por vida . . .! My word!; ¡ por — de Dios que . . .! I swear that; con alma y — heart and soul

Vidania pr. n., village near Azpeitia, pop. 565

la vidita dim. of vida grand life

vídose = se vió

el vidrio glass

la vieja old woman, the old one

la viejecita little old woman

el viejecito little old man

viejo, -a old

el viejo old man; pl. old people

lo viejo the old

el viento wind, nonsense; al — in the wind

el vientre belly, stomach

el viernes Friday

la viga beam

vigésimo, -a twentieth

el vigía watch, lookout

la vigilancia guard, vigilance

vigilar to watch over

la vigilia wakefulness

Vigo pr. n., Galician seaport, pop. 53,614

el vigor vigor

vigorosamente vigorously

vil base, vile

el vil base person

la villa town

Villabona pr. n., village in Guipúzcoa, near Tolosa; pop. 855

la villanía villainy

villano, -a base, low-born

el villano peasant, low-born fellow, commoner

el villorrio hamlet, little village

el vinagre vinegar; hecho un — sourly

el vino wine; — de pulso homemade wine

el viñedo vineyard

violáceo, -a livid, violet-colored

la violencia violence, fury, impetuousness; con — impetuously, violently

violentamente suddenly, violently, roughly

violentísimo, -a very violent, very crude

violento, -a violent(ly)

violeta violet, purple

el violeta violet (color)

la violeta violet (flower)

la virgen virgin; ¡— del Carmen! Merciful heavens!, Heaven help me!; ¡ — santísima! Heavens!, Holy Mother!; ¡ — Santa! Heavens!; ¡por la — Santísima! for heaven's sake!

la virtud virtue, power; en — de by virtue of

virtuosísimo, -a most virtuous

virtuoso, -a upright

la viruela smallpox

el visaje grimace, face

visible visible, evident, obvious

visiblemente evidently, visibly

el visillo sash curtain

la visión vision, sight, view

la visita visit, call, hostess, company, visitor; estar de — to be making a call, on a visit, visiting; ir a una — to go to make a call

el visitante visitor

visitar to visit

vislumbrar to surmise, catch a glimpse of, glimpse

la víspera eve; pl. vespers; en —s de on the eve of

la vista sight, view, eyes, eyesight; see buscar; a la — de within sight of; en — de in view of, with reference to; ¡hasta la —! so long!, I'll see you later!

el vistazo glance

visto, -a seen, apparent, obvious; por lo — apparently, evidently; — que seeing that

vistoso, -a showy; lo — showiness

visual visual

Vital Aza (*1851–1912*) *one of the most popular authors of light humorous playlets*

la viuda widow, widowhood

la viudedad income, widow's pension

vivamente spiritedly, quickly, keenly, agitatedly, nervously, excitedly, energetically

los víveres food, victuals

la viveza liveliness, alertness, acuteness, energy, animation

la vivienda shelter, dwelling, house

vivir to live, be alive, live on; **viva** long live, hurrah for; **¿quién vive?** who goes there?; **vive Dios que** upon my word

vivísimo, -a very intense

vivo, -a lively, alive, keen(ly), warm, intense, bright(ly), vivid, deep, merrily, living, strong, brisk, vehement; **en lo (más) — to** the (very) quick

vizcaíno, -a Biscayan, Basque

el vizcaíno Biscayan, Basque

Vizcaya *pr. n.* Biscay, *province of northern Spain*

la vocación vocation, calling

vociferar to shout

volador, -a swift, swiftly

volar (ue) to fly, be blown away; **— corriendo** to run swiftly

volcar (ue) to upset

voltear to swoop, fly around

la voltereta tumble, somersault

el volumen volume

la voluntad will, good will

voluntariamente of his own free will, voluntarily

el voluntario volunteer

voluptuosamente voluptuously

la voluptuosidad voluptuousness

volver (ue) to return, come back, turn, turn around, put back, make; **— a +** *inf.* to do something again; **— a las andadas** to go back to one's former ways; **— la cara** to turn around; **— en sí** to come to, regain consciousness; **volvió sobre sus pasos** retraced his steps; **— sobre la promesa** to break the promise

volverse (ue) to return, go back, turn (around), turn to, come back; **— de espaldas** to turn one's back; **— loco** to go crazy, be beside oneself

vosotros, -as you (*fam. pl.*)

votar to swear

el voto vow, votive offering, tribute

la voz voice, cry, rumor, report, opinion, tone; *pl.* shouts; **la — de alarma** the alarm; **a una —** all together; **a voces** loudly; **en alta —** *or* **en — alta** aloud, loudly; **en — baja** in a low voice, in a whisper; **— en grito** very loudly; **a media —** in a low voice

el vuelo speed

la vuelta return, turn, walk (around), road back; *see* **buscar, estar; caminar la — de** to walk back to; **dar la —** to turn around, go back; **dar una —** to take a walk; **dar media —** to turn halfway around; **dar —s** to pace up and down; **estar de —** to be back

vuelto, -a turned

vuestro, -a your, of yours, yours

el vuestro yours, of yours

vulgar common, ordinary, vulgar

la vulgaridad vulgarity

el vulgo common people

Y

y and; **¿— yo?** and what about me?

ya already, now, then, later, quite, indeed, I see, yet, in due time, by this time, by and by; *sometimes left untranslated;* **¡—!** I see!; **— está** there you are, that's enough; **— no** *or* **no —** no longer, any more; **— que** now that, since; **— que no** if not, even if not

yacer to lie

Yécora *pr. n., village in Álava near Laguardia, pop. 561*

la **yema** egg yolk; candied yolk;
— de coco coconut ball
el **yermo** desert
el **yerno** son-in-law
yerto, -a stiff, petrified
la **yesca** tinder
yo I, me
el **yugo** yoke
el **yunque** anvil

Z

zafio, -a coarse, uncouth
la **zagala** maiden
el **zagalillo** shepherd boy
el **zaguán** vestibule
el **zaguero** back (position in *pelota*)
Zalacaín *pr. n.*
zalameramente coaxingly
la **zalamería** flattery
zalamero, -a flattering
Zamacois *pr. n.*
la **zamarra** sheepskin jacket
¡**zambombo**! why, you idiot!,
you fool!
zambullirse to dive
la **zancajada** long stride
zángano, -a good-for-nothing
la **zanja** ditch, trench
la **zapatilla** slipper
el **zapatito** little shoe
el **zapato** shoe
el **zaquizamí** garret; dirty little room
zarco, -a light blue
Zaro *pr. n., French Basque town*
la **zarpa** paw

la **zarza** bramble
la **zarzamora** blackberry
la **zarzuela** musical comedy
¡**zas**! bang!
el **zigzag** zigzag
la **zona** zone
el **zoquete** chunk
la **zorra** (female) fox
Zorrilla, José (*1817–1893*) *famed
Spanish romantic poet*
el **zorro** fox
el **zortzico** *song and dance in* $\frac{5}{8}$ *time,
native to the Basque provinces*
la **zozobra** anxiety, anguish
zozobrar to capsize
Zugarramurdi *pr. n., Navarrese
village of 300 inhabitants, near the
French frontier. Traditionally the
place where the witches celebrated
their sabbath.*
Zumalacárregui, Tomás (*1788–
1835*) *Carlist general, chiefly
responsible for Carlist successes.
Wounded at the siege of Bilbao, he
died several days later.*
Zumaya *pr. n., town and seaport in
Guipúzcoa, pop. 3,000*
la **zumba** jest; **con —** jestingly
zumbar to joke with, tease, resound, hum
el **zumbido** noise
zumbón, -a jocose
Zúñiga y Ponce de León *pr. n.
surname of the mayor*
zurdo, -a left-handed
zurrar to whip, flog, beat